U0529549

国家社会科学基金项目"世界社会主义与资本主义前途命运暨当代国际形势研究"(项目编号:18@ZH013)阶段性成果之八

苏联东欧社会主义实践
成败经验教训考

王伟光◎主编

中国社会科学出版社

图书在版编目（CIP）数据

苏联东欧社会主义实践成败经验教训考 / 王伟光主编． -- 北京：中国社会科学出版社，2024.8． -- ISBN 978-7-5227-2775-2

Ⅰ．D751

中国国家版本馆 CIP 数据核字第 20246RS003 号

出 版 人	赵剑英
责任编辑	王丽媛　孙延青
责任校对	杨　林
责任印制	王　超

出　　版	中国社会科学出版社
社　　址	北京鼓楼西大街甲 158 号
邮　　编	100720
网　　址	http://www.csspw.cn
发 行 部	010-84083685
门 市 部	010-84029450
经　　销	新华书店及其他书店

印　　刷	北京明恒达印务有限公司
装　　订	廊坊市广阳区广增装订厂
版　　次	2024 年 8 月第 1 版
印　　次	2024 年 8 月第 1 次印刷

开　　本	710×1000　1/16
印　　张	36.5
字　　数	492 千字
定　　价	188.00 元

凡购买中国社会科学出版社图书，如有质量问题请与本社营销中心联系调换
电话：010-84083683
版权所有　侵权必究

前　言

该文集是由我主持的国家社会科学基金项目"世界社会主义与资本主义前途命运暨当代国际形势研究"（项目编号：18@ZH013）的阶段性成果之八，编撰的是课题组成员关于苏联东欧社会主义实践成败经验教训的研究成果，这些成果对于我们今天所从事的中国特色社会主义现代化国家建设事业，具有一定的参考价值。该文集为四部分：一是总论；二是坚决捍卫列宁主义，坚决反对否定列宁与斯大林；三是苏联解体以及东欧剧变的根本原因、教训启示；四是国际共产主义运动和世界社会主义事业的当代走向。

这里特别需要说明的是，总论中我的两篇文章：第一篇《社会主义社会矛盾及其发展动力问题》写作于20世纪80年代中期苏联解体、东欧剧变前夕。第二篇《马克思主义和社会主义的历史命运》写作于21世纪第一个十年，即2008年世界性金融危机爆发的第三个年度，也即2010年。第一篇文章是关于苏联东欧社会主义各国和我国社会主义建设实践经验教训深层次的理论剖析。第二篇文章是关于苏联解体、东欧剧变，2008年世界金融危机爆发，当代资本主义和当代社会主义所出现的新变化、新特征的理论认识，关于社会主义、马克思主义历史命运的历史考证、愿景判断的理论思考。尽管第一篇文章发表距今已将近40年了，第二篇文章发表距今已十余年了，从历史实际的发展逻辑来看，我当时的认识与判断是有一定前瞻性和理论价值的，大体上是正确的，故放在文集总论中。尽管历史发生了极大变化，已经人去物非了，甚至有些提法还是当时的用语，比如"社会主义商品经济"已经不这么使用了，现在的提法是"社会主义市场经济"。但为了尊重历史事实，我并没有做原则性的改动，基本上维持原汁原味、原文原意，尽管有些个别认识现在看来是需要商榷的，但我都加以保留了。在坚决捍卫列宁主义，坚决反对否定列宁与斯大林这部分中，我的两篇文章《一场正义对邪恶的胜利》《不能忘却的历史，不能阻挠的趋势》论述的是历史事实，但要义是反对历史虚无主义，故收入文集中。在此予以说明，万望读者谅解。

张博、孙兆阳为文集的成书付出了辛勤劳动，在此表示感谢。

王伟光

2023 年 3 月 16 日

于北京市西城区后海北沿

目 录

一 总 论

社会主义社会矛盾及其发展动力问题 …………… 王伟光（3）
马克思主义与社会主义的历史命运 …………… 王伟光（33）

二 坚决捍卫马克思列宁主义，坚决反对否定列宁与斯大林

坚持和发展马克思主义，必须始终不渝地坚持和发展列宁主义
  ——纪念列宁诞辰150周年 …………… 王伟光（53）
彻底否定斯大林，给科学社会主义事业带来颠覆性的
  严重恶果 …………………………………… 王伟光（84）
列宁关于社会主义运动战略与策略的理论与
  启示 ………………………………………… 周　淼（142）
世界百年未有之大变局：列宁帝国主义理论的
  当代探析 …………………………………… 张立国（155）
还历史以真实
  ——郑重推荐《大元帅斯大林》一书 …… 王伟光（173）

值得一读，深为鉴借
　　——推荐《苏联的最后一年》一书 ………… 王伟光（177）
一场正义对邪恶的胜利 ………………………… 王伟光（180）
不能忘却的历史，不能阻挡的趋势 …………… 王伟光（182）
不可用哗众取宠的手法歪曲历史事实
　　——驳所谓斯大林和希特勒共谋挑起"二战"的
　　谬论 ………………………… 刘淑春　佟宪国（191）
斯大林与社会主义文明新形态 ………………… 叶晓锋（204）

三　苏联东欧蜕变的根本原因与深刻教训

苏联亡党亡国的根本原因、教训与启示
　　——写在苏维埃社会主义共和国联盟成立100周年
　　之际 …………………………………… 李慎明（215）
历史虚无主义与苏联解体 …………………… 李慎明等（310）
男儿为何不抗争
　　——苏联解体前苏共基层党组织与党员思想状况
　　分析 …………………………………… 李　燕（342）
戈尔巴乔夫的迷思 ……………………………… 张树华（353）
南斯拉夫联邦解体原因再探析 ………………… 马细谱（359）
戈尔巴乔夫去世引起的国内外舆情及启示 …… 赵丁琪（373）
苏联解体30年：俄罗斯社会苏联评价变迁审思 …… 武卉昕（383）

四　国际共产主义运动和世界社会主义
　　事业的当代走向

世界社会主义发展的历史进程与当代走向 ……… 林建华（395）
动荡变革期的国际共产主义运动砥砺前行

——2020—2021年国际共产主义运动发展

　　报告 ………………………………… 潘金娥（417）

百年沧桑，正道辉煌

——2021—2022年国际共产主义运动发展

　　报告 ………………………………… 潘金娥（432）

百年变局下国际左翼力量的新特征与新动向 ……… 周　淼（453）

原苏联地区共产党的现状、困境与战略调整 ……… 康晏如（463）

当前中东欧地区共产党的基本状况与目标任务 …… 李瑞琴（481）

当今国外共产党发展新态势 ………………………… 柴尚金（498）

发达资本主义国家共产党对实现社会主义方案的

　　当代探索 ……………………………………… 王　元（516）

美国"千禧社会主义"思潮的兴起、成因及

　　影响 ………………………………………… 周亚茹（535）

近年来拉美社会主义的发展：现状与

　　趋势 ……………………………… 李　菡　袁东振（545）

大变局下巴西共产党的社会主义理论与

　　实践探索 ……………………………………… 何露杨（564）

一

总 论

社会主义社会矛盾及其发展动力问题[*]

王伟光

一 重大而迫切的时代课题

自从1917年世界上第一个社会主义国家建立以来，现实社会主义的实践运动已经经历了七十余年的历程。几十年来，社会主义在发展过程中曾经取得了举世瞩目的巨大成就，在一定程度上显示了新制度的优越性。然而令人遗憾的是，一系列现实社会主义国家在其迄今的发展进程中，还没有达到科学社会主义理论所预期的两个目标：（1）发达的社会主义生产力；（2）高度的社会主义民主。也就是说，社会主义制度的优越性并没有充分地发挥出来。我国和其他社会主义国家的实践表明：社会主义制度的建立和发展，情况比人们事先预想的要复杂得多、困难得多，新社会成长过程中所经受的阵痛，比人们过去预料的时间要长得多，旧社会所遗留下来的残存物，比人们所想象到的要顽固得多，其消极影响也比人们所估计到的要大得多。由于人们对社会主义的矛盾和发展规律还缺乏全面的、正确的认识，致使社会主义国家的经济、政治发展走过了一条不平坦的道路，遭受过挫折，也发生了许多动乱。

第一，消灭了阶级剥削制度和阶级对立的社会主义国家，并不

---

[*] 该文原载于《经济利益·政治程序·社会稳定》，中共中央出版社1991年版。收入《王伟光自选集》，学习出版社2007年版。收入本书时只作了一些文字上的删改。

像人们想象的那样，是一个和谐一致、无矛盾、无冲突的理想化了的社会，相反，现实的社会主义国家在自身发展过程中，暴露出来一系列矛盾。

纵观社会主义国家几十年的发展历史，可以看出，现实的社会主义国家是一个充满矛盾的社会，其具体表现是：

（1）社会主义国家在社会生活方面存在着矛盾、冲突和动乱。无论是过去，还是现在，在社会主义国家内部，一直存在着一定程度、一定范围的阶级矛盾和阶级斗争，存在着官僚主义、贪污腐败，存在着刑事犯罪和反革命破坏活动；一直发生着不同利益群体之间的利益纷争，以及人民群众内部的种种摩擦和纠纷，断断续续地爆发了一系列民族纠纷、宗教冲突、群众闹事、示威游行、工人罢工、学生风潮等。这些现象和事件充分表明，社会主义国家内部矛盾不仅是客观存在的，而且在一定条件下还会激化，导致社会冲突，造成社会动乱，使社会主义国家陷入社会危机的境地。如1956年波匈事件，20世纪80年代的波兰团结工会运动，等等。

（2）许多社会主义国家在政治生活方面都程度不同地发生过混淆社会矛盾的性质、阶级斗争扩大化、社会主义民主和法制遭到严重破坏的现象，直至发生政治冲突和政治危机。政治生活方面的矛盾、冲突、危机，或者是复杂社会矛盾的激化而引发的，如波兹南事件、匈牙利事件、波兰几次党政领导的更迭等；或者是混淆了不同性质的矛盾，如苏联20世纪30年代以来以及战后东欧的肃反扩大化、我国的"反右"扩大化等；或者原本是由领导层的路线、方针的分歧、对立而发展到严重政治动乱的地步。而更多的政治冲突的发生，则是由于上述多方面原因在不同条件下的不同的结合而造成的。社会主义国家内部矛盾的存在是客观的，矛盾的发生是必然的。由于人们不能正确地认识和把握矛盾，由于没有健全的社会主义民主和法制，使得社会矛盾得不到及时的解决，结果这些矛盾逐步激化发展为政治冲突。政治冲突又致使原有一些民主和法制遭到严重破坏，从而使这些矛盾、冲突更加尖锐化，最终导致严重的政治后果。

（3）如果把视野扩大，社会主义国家的社会矛盾就不仅存在于一个国家的内部，而且在社会主义国家之间也存在着外部冲突和矛盾。一些社会主义国家之间发生了一系列纠纷和矛盾，甚至逐步升级，发展到出现流血事件，爆发局部战争的境地。从1948年苏联和南斯拉夫两党两国之间的分裂，到其后发生的一系列社会主义国家之间的矛盾和冲突，都表明社会主义国家之间存在着外部矛盾。这些外部矛盾尽管和一个国家的内部矛盾情况有所不同，但从广义上来说，也属于社会主义国家的社会矛盾，有待于我们从理论上加以探索和解决。上述三点说明，社会主义国家是充满矛盾的社会，对社会主义国家内部矛盾处理不当，就会酿成社会冲突和动乱，严重破坏社会主义民主和法制，危及社会主义制度本身的命运。

第二，按照科学社会主义经典作家的说法，社会主义一旦建立，就会以比资本主义高得多的劳动生产率和快得多的速度来发展自身的社会生产力。社会主义各国的现实建设成就雄辩地证明了这一点。然而，就目前社会主义国家经济发展状况而言，它并没有达到人们预想的结果，许多社会主义国家都曾遇到或正在遇到未曾估计到的经济困难。

各国社会主义制度的建立，特别是在国家工业化和战后经济恢复时期，经济有了迅速的增长，这在一定程度上印证了马克思主义经典作家的预言。据统计，第一个社会主义国家苏联从1917年到1953年国民收入增加了12.67倍，而同时期美国是2.03倍，德国是0.49倍，其他资本主义国家更低。苏联经济上的成就对许多国家的人民产生了巨大的影响。东欧各国解放初期，尤其是在20世纪50年代，国民经济都得到了很快的发展，经济增长率要比资本主义国家高得多。中国在三年恢复时期和第一个五年计划期间，经济发展迅速，社会主义经济在竞争中战胜了资本主义经济。这时，社会主义在世界人民的心目中享有崇高的威望，没有任何人怀疑社会主义的发展速度。

社会主义国家所取得的伟大成就，证明了社会主义的优越性，但是这并不等于说，社会主义生产力发展已经达到应有的程度了。实际上，苏联早在斯大林逝世前夕，尽管工业生产和国防力量有了进一步的增长，但农业状况却很不理想，日用消费品生产相当落后，经济上已经出现了许多困难。斯大林逝世后，1956—1965年两个五年计划任务一再落空，国民经济增长率不断下降，1951—1955年平均每年增长11.3%，1956—1960年降为9.1%，1961—1965年降为6.1%，1971—1975年降为5.7%，1981—1982年降为2%。到20世纪80年代初，已下降到几乎临近经济停顿的程度。从20世纪50年代中期以来，东欧社会主义各国经济处于波浪式的发展中，也逐渐放慢了发展速度，经济增长率都呈现出下降的趋势，甚至在20世纪70年代末—80年代以来，一些国家的经济增长还出现负增长。由于经济发展速度下降，东欧的某一些社会主义国家近年不同程度地遇到了严重的经济困难。中国经过三年"大跃进"之后，特别是经过"文化大革命"，经济发展也逐步下降。

另一方面，发达的资本主义国家经过战后的经济恢复，通过对生产关系的调整，对不发达国家采取了新的政策，特别是从20世纪70年代以来，科学技术革命得到迅速的发展，尽管有不可避免的周期性的经济危机、萧条和其他经济困难，但总的来说，经济速度增长很快，人民生活也相对提高。然而，同发达的资本主义国家相比，社会主义的经济发展水平、文化技术水平和管理水平确实还比较落后，人民生活确实还比较贫困，现在社会主义国家生产力的平均水平，还落后于发达的资本主义国家，许多社会主义国家在生产力发展方面，还面临着发达资本主义国家已经解决了的任务。而且，恰恰在世界上许多资本主义国家经济迅速增长的时期，有的社会主义国家却由于自己内部的矛盾和冲突，忽视了国际上科学技术的进步和经济上的交流，耽误了本应并且本能发展更快的经济建设。同时，由于第三世界的分化，在特殊条件下出现的一系列新兴工业国家和地区，特别是亚洲"四小龙"，若干年来经济有了飞速的发展，对社会主义国家经济发展形成了新的挑战。上述这些情况表明，社会主义生产力并没有得到应有的发展，社会主义制度所具有的强大发展动力没有很好地发挥出来。

与科学社会主义理论所预期的两个目标相联系的是两个重大的现实理论问题：如何认识和正确处理社会主义社会的矛盾，如何认识和充分发挥社会主义社会的内在发展动力。这是当代社会主义所面临的重大而又迫切的现实理论问题，是向马克思主义哲学提出，并且必须从哲学上加以回答的重大时代课题。马克思主义必须有重大的发展，这是现时代的大趋势。总结正反两方面的经验，发展马克思主义关于社会主义的理论，形成当代的社会主义论，这是理论发展的根本性问题。而说明和解决社会主义社会的矛盾和动力问题，又是当代社会主义论的重要哲学基础和问题的关键。

二 当代社会主义论的哲学基石

上面提出了问题，那么为什么要这样提出问题呢？下面作简单的说明和分析。

对社会主义社会矛盾和发展动力问题的认识，是解决对社会主义再认识问题的哲学基础。现实的社会主义大体经历了社会主义制度和体制的确立，第二次世界大战后社会主义制度和体制在东欧和亚洲一系列国家的推广，20世纪50年代后期以来社会主义各国先后开始进行改革这样三个时期。在第一个时期，和马克思原来的设想不同，苏联按照科学社会主义原理，在帝国主义包围下，第一个在一个经济落后的国家建立了社会主义制度，同时又由于苏联教条地搬用了马克思和恩格斯的某些原理，确立了以高度集中为主要特征的社会体制，这种体制在当时历史条件下发挥了一定的推动经济发展的作用。在第二个时期，东欧和亚洲国家先后取得了革命胜利，确立了社会主义制度，然而他们却一定程度上教条地搬用苏联一国的模式，把苏联一国僵化的体制推广到一系列社会主义国家。在这两个时期，与社会主义现行的僵化体制相一致，人们逐步形成了关于社会主义的一整套固定的僵化观念，社会主义各国逐步放慢了经济发展的速度，出现了许多社会主义的变形现象。在第三个时期，社会主义各国的实践者们逐步认识到，必须抛弃关于社会主义的一整套僵化的观念，对阻碍社会主义经济发展和民主进程的僵化体制必须加以彻底的改革，否则社会主义的优越性就不能充分地发挥出来，社会主义就不能最终战胜资本主义。总之，在现实社会主义的三个时期的发展过程中，已经出现了，或者正在出现着，或者即将出现一系列新情况、新问题和新矛盾，这些问题和矛盾与科学社会主义经典作家的理论设想之间存在着很大的差距。怎样建设社会主义，建设什么样的社会主义，这是摆在我们面前最重大的问题，要回答这个问题，必须重新认识社会主义。这就提出了对社会主义进行再认识的课题。

现实社会主义出现一系列社会冲突和社会动乱，社会经济没有发展上去，究其根本原因就在于现实社会主义在其发展进程中形成了一套僵化封闭的社会体制，无法有效地协调社会矛盾，充分发挥出发展动力的作用来。从主观原因来说，之所以会形成僵化封闭的社会体制，就在于我们没有搞清楚什么是社会主义，怎样建设社会主义这个根本认识问题。而重新认识社会主义，必须对社会主义社会矛盾和动力问题有一个准确、全面、科学的认识，这是社会主义发展的现时代赋予我们的重大哲学课题，是人们认识社会主义的哲学思想武器。

黑格尔从唯心主义观点出发揭示了哲学和时代的关系，他说：

"哲学的任务在于理解存在的东西,因为存在的东西就是理性,就个人来说,每个人都是他那时代的产儿。哲学也是这样,它是被把握在思想中的它的时代。"[①] 时代哲学是时代矛盾的理论结晶,任何社会历史的哲学命题,都是由该时代矛盾的尖锐化而提出来的。对该时代矛盾的正确的认识,科学的抽象,正是对该时代的特征、规律的认识,这种认识就是该时代的时代精神——时代哲学。资本主义时代所特有的矛盾是唯物史观产生的客观条件,唯物史观主要就是在对资本主义内在矛盾的理论概括和科学说明的基础上形成的时代哲学。由于现实的社会主义大都是建立在经济落后的国家,这些社会主义国家在实际发展进程中,存在着一系列的社会矛盾和社会问题。因此,发现和认识现实社会主义的社会矛盾和动力作用的新特性,揭示社会主义的社会矛盾和动力作用的客观规律,是当代马克思主义继承者所面临的重大的时代哲学课题。马克思回答了资本主义社会的矛盾和发展动力问题,从而创立自由资本主义时代的马克思主义。列宁分析了帝国主义时代的特性和矛盾,解决了社会主义在一国胜利的问题,从而创立了帝国主义时代的马克思主义——列宁主义。在当代,谁回答了社会主义的社会矛盾和发展动力问题,谁就完成了可以与马克思所完成的历史任务相媲美的现时代的历史任务,也就为社会主义论奠定了哲学基石。

解决社会主义发展规律这个问题,必须把握社会主义的本质,而把握社会主义的本质,就必须深刻认识社会主义社会矛盾的特殊性。认识事物就是认识事物的内在矛盾的特殊性,认识社会主义也就是要认识社会主义社会内在矛盾的特殊性。只有深刻认识社会主义社会矛盾的特殊性,才能认识社会主义的本质特征,认识社会主义社会有机体的整体结构特点。

解决如何建设社会主义这个问题,必须全面、系统地认识社会

---

① [德] 黑格尔:《法哲学原理》,商务印书馆1961年版,第12页。

主义社会发展的客观规律，而把握社会主义社会发展的客观规律，就必须深刻认识社会主义社会矛盾的运动规律。现实社会主义的运动实践表明，每当社会主义的领导力量对社会矛盾判断和处理失误，就会严重影响社会主义的民主和法制建设，就会给社会主义建设带来不应有的损失。实际上，社会主义社会矛盾是一个复杂的系统，有着特殊复杂的运动规律，人们只有自觉地、系统地认识社会主义的社会矛盾的运动规律，才能自觉地、而不是被动地，正确地、而不是错误地处理社会主义的社会矛盾；才能按照社会主义社会矛盾的客观规律，建立起能够有效协调社会矛盾的民主体制和法制体系，保证社会主义的协调发展。

现实社会主义为什么会存在前面提到的一系列矛盾呢？原则地说，不外乎有三大根源：

一是社会主义产生的历史根源。社会主义不是凭空产生的，而是从旧社会中脱胎出来的，它必然地要带有旧社会的胎记和残存物，这些旧社会的胎记和残存物表现为旧社会的政治、经济、文化、思想、道德等残余因素和残余影响的存在，表现为一定范围内存在的阶级斗争。这些残余因素和影响是社会主义出现变质和变形现象的重要客观原因。这些旧社会的残余因素和影响，必然同社会主义的新的因素之间发生一定的矛盾，从而构成社会主义社会矛盾存在的历史原因。在不同的国度里，旧社会的因素和影响的存在形式、范围和程度是大不相同的。比起其他封建主义较少的国家来说，在我们中国这样有着悠久的封建传统国家里，恐怕封建主义的因素和影响要更顽固，新旧因素之间的斗争要更持久。在社会主义社会的发展进程中，旧的残余因素有两种情况：一种情况是，在社会主义社会发展的某个阶段或某种条件下，有些残余因素对社会主义的发展会产生有利的影响，如我国现阶段存在的个体所有制经济，这类因素同社会主义新因素的矛盾在一定条件下是非对抗性矛盾；另一种情况是，有些残余因素是社会主义社会发展的破坏性因素，它们同社会主义新因素的矛盾是对抗性矛盾。

二是社会主义本身内部的客观根源。社会主义作为人类历史上新型社会形态的一个特定历史阶段，其本身必然有一个运动发展变化过程，这个发展变化过程就是社会主义不断产生矛盾、不断解决矛盾的自身运动过程，社会主义自身内部的客观原因，是社会主义社会矛盾存在的重要根源。

三是年轻的社会主义实践者们主观上的根源。社会主义是一个新生事物，什么是社会主义，怎样搞社会主义，对于年轻的社会主义实践者们来说，一直是一个需要在实践中不断加以认识的重大课题，也可以说，是一个尚未解决的课题。这样，在社会主义建设的指导思想上，社会主义的实践者们就难免不犯错误。社会主义实践者在主观认识上犯错误，必然会导致实践工作中的错误和挫折，必然会造成一些不应有的矛盾发生，或者使本来可以妥善解决的矛盾，暂时得不到解决，使矛盾向恶性方向发展。社会主义社会矛盾的运动规律是客观存在的，但往往由于人们对社会主义社会矛盾的客观规律缺乏认识，使客观存在的社会矛盾激化、逆转，以至于爆发社会动乱。因此，人们只有正确认识社会主义社会矛盾的运动规律，才能把主观造成的矛盾激化、矛盾逆转现象减少到最低限度，才能对客观存在的社会矛盾因势利导，使其向有利于社会主义发展的方向运动。

社会主义采用什么样的社会体制，才能推动社会生产力的迅速发展，这就必须解决什么是社会主义发展动力，怎样认识社会主义发展动力的运动规律这个问题。从矛盾产生的根源来说，并非社会主义的一切社会矛盾都是社会发展的动力，只有社会主义本身内部所存在的客观矛盾，就其社会功能来说，才是社会主义发展的内在动力和根本源泉。既然社会主义本身内部所存在的客观矛盾是社会主义发展的动力和源泉，那么解决采用什么样的体制，才能推动社会生产力的迅速发展这个问题，也就必须要解决对社会主义社会矛盾的社会功能的认识问题。实际上，社会主义社会矛盾和发展动力是两个互相联系而又有区别的哲学问题。社会矛盾植根于深厚的经济事实之中，经济原因乃是社会矛盾发生、存在和解决的最深厚的根源。从现实社会主义各国发生的矛盾和动乱来看，矛盾的激化、动乱的发生、危机的出现往往同经济发展相联系，政治局势是经济矛盾的具体表现。当执政党主观上犯错误，当社会或经济出现严重困难时，往往就伴随着社会矛盾的激化，甚至会发生严重的政治动乱，正常的民主生活和法制秩序会遭到破坏。由此看来，现实社会主义所发生的矛盾激化现象，如社会动乱、政治冲突、民族纠纷等，往往是直接或间接地同社会主义国家的经济发展问题联系在一起的。如果生产搞不上去，人们生活水平提不上去，经济发展搞不过资本主义，社会主义的优越性就不能充分体现出来，深藏于深厚的经济事实中的社会矛盾就很容易激化。社会主义经济的发展速度问题是决定社会主义社会矛盾发生、发展、变化和解决的条件。从哲学上来说，社会主义经济的发展速度问题，体现了社会主义的发展动力问题。因此，社会主义社会矛盾的发展、变化和解决，在一定程度上同社会主义的经济发展动力是否最大限度地发挥出其固有的能量来相联系。

然而，从矛盾的作用和功能来说，社会主义社会矛盾又是社会主义发展的内在动力和源泉，正确认识社会主义社会矛盾及其动力作用，是正确认识社会主义发展动力的必要前提条件。从某种意义上来说，社会主义社会矛盾比社会发展动力更具有基础和根本的意义。从社会现象的外在联系来看，社会矛盾激化，社会动荡不安，反过来必然会影响社会的经济发展速度，影响正常的社会经济建设。任何一个民族、任何一个国家都没有本事在社会动乱中进行经济腾飞。用哲学的话来说，社会矛盾的存在状态及其人们对社会矛盾的处理方式，又是社会动力作用正常发挥的条件。从社会现象的内在发展逻辑来看，社会矛盾乃是社会发展的内在动力和源泉。因此，认识社会主义的发展动力，就要从认识社会主义社会矛盾入手，关于社会主义社会矛盾的正确认识，是全面认识社会主义社会发展动力的必要前提。

关于社会主义社会矛盾和发展动力问题，从某种意义上说，可以归结为对社会主义社会矛盾的特殊性、运动规律和动力功能的认识，只有深刻地认识社会主义社会矛盾及其动力作用，才能认识社会主义的本质和客观规律，才能按照社会主义的发展规律，建立起有效协调社会主义社会矛盾，充分发挥出社会主义社会发展动力作用的社会体制，最终把社会主义建成具有高度民主和发达生产力的理想社会。

三 曲折认识过程中的深刻反思

从苏联宣布成为第一个进入社会主义社会的国家到今天，社会主义实践的发展已经有了五十余年的历史。这五十年的社会主义实践过程，也是人们对社会主义社会矛盾问题的认识过程，这个认识过程，大体可以划分为三个阶段。

第一阶段，以"完全适合论"和"统一动力论"为代表的，否认社会主义社会矛盾的基本倾向占统治地位的阶段（1936年到20世纪50年代初期）。

这个阶段是从1936年苏联宣布进入社会主义社会到20世纪50年代初期斯大林逝世前后。随着社会主义制度在苏联的建立，在人类历史上第一次出现了社会主义的实践。在新社会内部的矛盾还没有充分暴露，人们的实践经验还很缺乏的条件下，人们企图从和阶级社会，特别是和资本主义社会的对比中来把握新社会的特点，揭示新制度的优越性。在这种情况下，由于思想方法的片面性，斯大林提出了"完全适合论"和"统一动力论"，否认社会主义国家内部存在矛盾，以形而上学代替了社会主义社会发展辩证法，这是这一阶段关于社会主义社会矛盾问题的基本理论倾向。

在苏联宣布建立社会主义制度以前，斯大林承认社会主义过渡时期存在着矛盾、阶级和阶级斗争，他对当时苏联社会矛盾作过一些分析，在1930年他明确使用过"内部矛盾"（指工农之间的矛盾）和"外部矛盾"（指社会主义国家和资本主义国家之间的矛盾）这样的概念。[1] 而在1936年，当斯大林作《关于苏联宪法草案》报告宣布苏联进入社会主义社会时，他就提出工人、农民和知识分子三个社会集团之间的经济的和政治的矛盾，"在缩小，在消失"[2]。1937年8月，当需要对正在开始的大规模肃反活动作出理论说明时，斯大林提出了著名的"左"的论点："如果阶级斗争的一端在苏联境内有所行动，那么它的另一端却延伸到包围我们的资产阶级国家的境内去了。"[3] 这就是把苏联的社会矛盾都说成是剥削阶级残余进行的反抗和斗争，说成是敌我矛盾。而且把引发矛盾的主要原因归结为外部，归结为资本主义包围，否认了社会主义国家内部存在着矛盾。1938年斯大林在《论辩证唯物主义和历史唯物主义》一文中，首次指出：社会主义的"生产关系同生产力状况完全适合"的论点[4]，"完全适合"也就是说它们之间是没有矛盾的。这样，"完全适合"论就随着收载该文的《联共（布）党史简明教程》的普及而广为传播。既然认为社会主义社会是无矛盾的，不是由矛盾推动而前进的，那么在理论上就必须对社会主义社会发展动力问题作出新的说明。1939年8月，斯大林在联共（布）第四次代表大会上指出，苏联社会"在道义上和政治上的一致、苏联各族人民的友谊以及苏维埃爱国主义这样一些动力也得到了发展"[5]。这也就是说一致、统一是动力。斯大林关于社会主义动力问题没有其

---

[1] 《斯大林全集》第八卷，人民出版社1954年版，第62页。
[2] 《斯大林文集（1934—1952）》，人民出版社1985年版，第105页。
[3] 《斯大林文集（1934—1952）》，人民出版社1985年版，第153页。
[4] 《斯大林选集》（下卷），人民出版社1979年版，第449页。
[5] 《斯大林文集（1934—1952）》，人民出版社1985年版，第263页。

他的论述，这也就可看作斯大林的动力论。斯大林虽然没有关于社会主义社会矛盾问题的专门的、系统的理论论述，但从以上的一些论述中也完全可以看出，他直截了当地否认了社会主义的内在矛盾，他的论点显然是形而上学的。

斯大林的理论给苏联带来了有害的影响，由于斯大林的观点从20世纪30年代以来就一直在苏联占着统治地位，使形而上学代替辩证法，这种占统治地位的形而上学观点就成为苏联僵化的经济和政治体制形成的重要哲学支柱。在实践上，由于否认了社会主义内部人们之间的矛盾，导致以斯大林为代表的苏联党的领导在国家政治生活中严重混淆两类不同性质的矛盾，犯了一系列肃反扩大化的错误，严重破坏了社会主义的正常民主生活，长期阻滞了这种民主生活的发展进程；在经济上，由于否认了客观存在的矛盾运动，找不到真实的发展动力，形成了严重窒息社会主义经济活力的社会体制，造成了苏联后来社会经济发展的缓慢和停滞。

第二阶段，关于社会主义社会矛盾理论的初步形成阶段（20世纪50年代中期到20世纪60年代）。

这个阶段是从20世纪50年代中期开始持续到20世纪60年代。第二个认识阶段实际上是自1936年以来，关于社会主义社会矛盾的第一次大规模的论争，关于社会主义社会矛盾的理论在争论中开始形成。这个认识阶段是同社会主义国家出现的第一次改革浪潮的历史背景相联系的。第二次世界大战之后，苏联经受了战火考验，成为世界强国之一。与此同时，战后又涌现出一系列的社会主义国家。这个伟大的历史事实向世界人民证明了社会主义制度的优越性。然而，当世界历史进入一个新的转折点之后，资本主义各国相继调整了国内政策，对资本主义的体制进行了较为广泛的改革，进入了相对和平的科学技术和经济发展的时期。社会主义各国经过国家初创之后，也相继进入和平建设阶段。在这种历史条件下，社会主义各国的国内矛盾开始突出了：（1）斯大林时期所执行的某些过

"左"的那些路线和政策造成的后果,开始暴露出来;(2)社会主义各国按照苏联模式所建立的体制开始暴露出其固有的弊病,阻碍了社会主义经济的进步发展;(3)社会主义各国人民内部的利益矛盾开始凸显出来了。

除了20世纪40年代末期,南斯拉夫被开除出情报局,走上"工人自治"的独立发展道路外,1956年,苏共召开二十大,开展批判"个人迷信"和肃反扩大化的运动,触发了东欧一些社会主义国家要求摆脱苏联控制,冲开苏联模式的所谓民主和改革浪潮。由于波兰、匈牙利本身特殊的国内外矛盾的激化,再加上掌权的领导人错误地估计了形势,混淆了两类不同性质矛盾,以及帝国主义和反社会主义分子挑拨离间和资产阶级思潮的影响,造成了20世纪50年代的波匈事件。波匈流血事件使波匈两党开始思考,尤其是匈牙利社会主义工人党及时地总结了匈牙利事件的经验教训,开始有目的、有步骤地进行社会主义改革,扩大社会主义经济民主和政治民主,调整国内利益关系和矛盾关系,当然在这一进程中也孕育了资产阶级自由化的"右"倾思潮。20世纪50年代后期,匈牙利改革又连续引起苏联和东欧一些国家的局部性改革;50年代中期、后期的社会主义改革浪潮,进一步促使一些国家的共产党人看到,社会主义国家内部存在着矛盾、危机和冲突,必须调整和处理好社会主义社会矛盾,否则就会给社会主义带来严重的损失。于是,如何看待斯大林关于社会主义社会矛盾问题的论述,如何正确理解和处理社会主义社会矛盾问题,就成为当时最迫切的马克思主义现实的理论问题之一。这个阶段的特点是,开始肯定社会主义国家内部存在矛盾,并逐步提出社会主义社会矛盾的初步理论,中国共产党人和毛泽东同志关于社会主义社会矛盾问题的思想是这个阶段的最高理论成果。

在关于社会主义社会矛盾这个重大理论问题上,我们党和毛泽东同志有独创的理论贡献,提出了主要矛盾、基本矛盾、两类不同性质矛盾的理论,并且作了深刻的论证和阐述。1956年9月党的八大决议指出:"我们国内的主要矛盾,已经是人民对于建立先进的工业国的要求同落后的农业国的现实之间的矛盾,已经是人民对于经济文化迅速发展的需要同当前经济文化不能满足人民需要的状况之间的矛盾",明确了我们国内的主要矛盾。1956年,在苏共二十大批判斯大林所引起的一场政治风波之后,我党发表了《关于无产阶级专政的历史经验》和《再论无产阶级专政的历史经验》两篇文章,阐述了我党关于社会主义社会矛盾问题的认识,认为,社会主义的发展是在生产力和生产关系的矛盾中进行的,社会主义社会存在两种不同性质的矛盾。这是我党第一次公开阐明的有关社会主义社会矛盾、关于两类不同性质矛盾的原则性观点。1957年,我国完成了社会主义三大改造,过渡时期的基本任务已经完成,大规模的群众性的阶级斗争基本结束,而人民内部的各种矛盾突出出来了。鉴于波匈事件的教训,鉴于国内的新情况,毛泽东同志总结了我国社会主义建设的实践经验,注意到斯大林和当时苏联理论界关于社会主义社会矛盾的不正确认识,发表了《关于正确处理人民内部矛盾的问题》(以下简称《正处》)的讲话,创造性地发展了马克思主义关于社会主义社会矛盾的理论。它的主要贡献是:(1)把对立统一规律贯彻到对社会主义社会的研究,通过对社会主义社会矛盾特殊性的揭示,坚持了矛盾普遍性的原理,阐明了社会主义不是没有矛盾而是充满矛盾,只是这种矛盾和旧社会根本不同,它是非对抗性的矛盾,可以经过社会主义制度本身,不断得到解决。这也就批判了斯大林等人看到社会主义与阶级社会不同的某些特点,否定社会主义社会存在矛盾的形而上学观点,坚持了辩证法的宇宙观。(2)明确指出社会主义的基本矛盾仍然是生产关系和生产力之间、上层建筑和经济基础之间的矛盾,其特点是它们之间既有基本适应的一面,又有不相适应的一面。(3)提出了两类社会矛盾的学说,认为,敌我矛盾是对抗性的矛盾,人民内部矛盾是非对抗性的矛盾，二者解决的办法是不同的。人民内部矛盾是社会主义国家内部大量存在的矛盾。在这前后，刘少奇同志也对两类矛盾的学说作出一定的贡献，他认为，人民内部矛盾"大量地表现在人民群众同领导者之间的矛盾问题上。更确切地讲，是表现在领导上的官僚主义与人民群众的矛盾这个问题上"[①]。他还认为，人民内部矛盾"还特别表现在分配问题上面"[②]。这样刘少奇同志进一步阐述了人民内部矛盾的主要表现和人民内部矛盾的主要表现领域。(4) 在发展动力问题上，指出正是这些社会主义社会矛盾推动着社会主义社会向前发展。(5) 关于国内的主要矛盾，明确指出，革命时期的大规模的疾风暴雨式的群众阶级斗争已基本结束，我们的根本任务已经由解放生产力变为在新的生产关系下面保护和发展生产力。

中国共产党和毛泽东同志的上述理论，是关于社会主义社会矛盾认识史上的重要里程碑，它批判了形而上学观点，扭转了方向，把矛盾问题提到涉及社会主义社会发展的全局而不是局部，根本而不是枝节的理论问题的高度，并解决了一些重大的理论问题。尽管它还有许多不足，如没有彻底揭示出社会主义社会矛盾的经济根源和具体表现，没有解决与此相联系的社会主义民主建设问题，也没有涉及原有体制的弊端等问题，但毕竟还是为全面、科学地认识社会主义社会矛盾问题奠定了重要的基础。

事情的发展是曲折的。由于理论问题解决得不彻底，由于主观判断上的偏差，由于当时着重从政治思想上来分析社会主义社会矛盾，缺乏从根本的经济原因上来认识社会主义社会矛盾，在"反右"开始后，毛泽东同志开始逐步疏离了关于社会主义社会矛盾问题的正确论断，把阶级斗争看作我国社会主义面临的主要矛盾，后来发展到发动"文化大革命"，提出"以阶级斗争为纲"的提法。这是对我党和毛泽东同志关于社会主义基本矛盾、主要矛盾、两类

---

① 《刘少奇选集》下卷，人民出版社1985年版，第303页。
② 《刘少奇选集》下卷，人民出版社1985年版，第303页。

不同性质矛盾正确学说的背离。

第三阶段，深入研究社会主义社会矛盾，社会主义社会矛盾理论的进一步形成阶段（20世纪60年代后期到20世纪80年代）。

第三个阶段大约从20世纪60年代后期持续到20世纪80年代，在这个阶段出现了关于社会主义社会矛盾问题的第二次论争高潮。这个认识阶段是同社会主义国家第二次改革高潮相联系的。20世纪60年代以来，一直到80年代，世界上爆发了一系列全球性的重大事件：（1）经过力量的重新组合，社会主义阵营已经不复存在，社会主义各国之间发生了一系列冲突乃至流血事件，如中苏两党公开论战，中苏、中越边界流血事件等；（2）许多社会主义国家内部爆发了一系列社会动乱，如波兰80年代动乱等；（3）社会主义各国逐渐减慢了发展的速度，并且先后出现了各种经济困难，而资本主义世界的一些国家和地区在经济上却有了很快的发展，科技革命蓬勃兴起，日本、西德、亚洲"四小龙"等国家和地区的经济发展尤为显著。这些情况和事件发生的原因和性质虽然并不相同，但都进一步引起人们对社会主义社会发展动力和社会主义社会矛盾问题的思索，提出了对社会主义再认识的历史课题。理论上对社会主义的再认识，推动了社会主义改革实践的进一步发展。从20世纪50年代后半期开始，经过20世纪60—70年代，到20世纪80年代，一系列社会主义国家掀起了改革的浪潮。社会主义各国改革实践表明，关于社会主义社会矛盾的理论是社会主义改革的重要理论依据，只有正确认识社会主义社会矛盾，才能认识社会主义改革的动因，认清改革的方向、性质和特点，明确改革的范围和内容。正是社会主义的改革浪潮，促使对社会主义社会矛盾问题的认识进入了新的阶段。

当然，关于社会主义的改革，一开始就存在两条不同的改革路线的斗争，一是坚持社会主义方向的改革，二是坚持资本主义方向的改革。苏联戈尔巴乔夫、叶利钦主导的资产阶级自由化的改革，把苏联和东欧社会主义引上了一条不归路。这个历史教训是极其深刻而惨痛的。

关于社会主义社会矛盾的错误理论，以及在这个理论指导下发动的"文化大革命"，给中国人民和社会主义事业造成了深重的影响，这个教训从反面说明了正确认识社会主义社会矛盾的极端重要性。1978年党的十一届三中全会以来，我们党彻底清理和纠正了长期存在的"左"倾思想和理论观点，其中也纠正了关于社会主义社会矛盾问题的错误观点。党的十一届三中全会果断地停止使用"以阶级斗争为纲"的口号。1981年6月，党的十一届六中全会通过的《关于建国以来党的若干历史问题的决议》（以下简称《决议》）指出："在社会主义改造基本完成以后，我国所要解决的主要矛盾，是人民日益增长的物质文化需要同落后的社会生产之间的矛盾。"同时《决议》对社会主义时期的阶级斗争进行了新的理论概括，指出在剥削阶级作为阶级被消灭以后，阶级斗争已经不是社会主义的主要矛盾，但由于国内的因素和国际的影响，阶级斗争还将在一定范围内长期存在，在某种条件下还有可能激化。然而，我们党和理论界并没有仅仅停留在拨乱反正的工作上，而是从总体上提出了对社会主义再认识问题，进一步发展关于社会主义社会矛盾的理论。在对社会主义再认识的过程中，人们认识到，过去对社会主义的认识同现实社会主义的实践之间存在着矛盾，正是这种认识和实践的矛盾，促使我们党和理论界到社会主义实践中去探讨社会矛盾的特点和规律，深化了关于社会主义社会矛盾的理论认识，有了一些突破和飞跃：（1）充分认识到生产力在社会主义基本矛盾运动中的决定性作用，把生产力提到第一位，把发展生产力作为社会主义的根本任务，深化了对社会主义基本矛盾的认识。1984年10月党的十二届三中全会作出的《中共中央关于经济体制改革的决定》指出，把是否有利于发展社会生产力作为检验一切改革成败的最重要标准。1987年10月党的十三大报告指出："是否有利于发展生产力，应当成为我们考虑一切问题的出发点和检验一切工作的根本标准。"（2）深刻认识到我国多年来形成的过分集中的僵化的社会主义经济政治体制，它严重地束缚了社会生产力的发展，目前我国改革的迫切任务就是在坚持社会主义根本制度的前提下，改革不适应生产力发展的僵化的经济体制和原有的政治体制，进一步解放生产力，使社会主义真正变得生机盎然、充满活力，从而初步揭示了社会主义基本矛盾的具体表现和解决矛盾的根本途径。（3）坚持实事求是的思想路线，具体分析我国的国情，从我国生产力的实际状况出发，明确指出我国正处于社会主义初级阶段和我国目前阶段的主要矛盾，说明我们必须从这个最基本的重要国情和客观实际出发，不能做超越阶段的事情，全面提出了党在社会主义初级阶段的基本路线，为认识社会主义社会矛盾奠定了重要基础。正是在党的正确路线指引下，我国理论界从实际情况出发，对社会主义社会矛盾问题进行了广泛的探讨和研究，进一步深化了对社会主义社会矛盾问题的正确认识。

从以上的历史叙述中可以看出，关于社会主义社会的矛盾和发展动力问题，在半个世纪以前，斯大林提出两个基本观点：一是"完全适合论"，这是他看到社会主义同以往的阶级社会不同，消灭了阶级对立，社会主义社会成员之间根本利益是一致的，就误认为这种"一致"就是没有矛盾。事实上，社会主义不是不存在矛盾，只是和阶级剥削社会的矛盾性质不同，而矛盾性质不同不等于没有矛盾；一是"统一动力论"，他看到，既然在社会主义制度中，人民的根本利益是一致的，那么矛盾也就不成为动力了，只有一致才是动力。斯大林只看到了人民根本利益的一致，否认了人民在根本利益一致基础上还存在着矛盾，而正是这种矛盾才是推动社会主义前进的动力。斯大林关于社会主义社会矛盾的形而上学观点流传了整整半个世纪，曾一度影响着社会主义国家的思想阵地，给社会主义的实践带来了不良的影响。半个世纪以来围绕着斯大林提出的论点逐步展开的争论，是在马克思主义发展史上关于唯物辩证法和形而上学的一场大论战。这场论战不仅旷日持久，而且影响极为深远，关系到社会主义的前途和命运。在论战中辩证法逐步克服了形而上学，而毛泽东同志的《正确处理人民内部矛盾问题》是这一转变的标志。随着历史的发展，社会主义的实践者们也逐步突破错误观点的束缚，原则上承认社会主义存在着矛盾，认为矛盾是社会主义的动力和源泉，开始深入探讨社会主义社会矛盾的一系列理论问题。近年来，甚至提出社会主义存在着对抗性矛盾，存在着社会危机，必须改革不适应的体制，才能进一步解放和发展生产力的观点。

总之，半个世纪以来，关于社会主义社会矛盾问题，人们经历了一个正确与错误、真理与谬误的反复认识过程。可以说，至今人们尚未完成对社会主义社会矛盾的全面科学的认识，除了社会主义社会发展的客观条件给人们造成的局限以外，没有从经济入手，分析社会主义社会矛盾产生的最终根源，也是其中一个最重要的认识上的原因。对社会主义社会矛盾存在的经济根源不展开分析，就无法从总体上深入、完整、正确地把握社会主义社会矛盾的特点和运动规律。因此，现在摆在我们面前的重要任务是：从社会主义经济分析入手，揭示社会主义社会矛盾产生、发展和解决的经济根源，深刻认识社会主义社会利益矛盾，以便全面、科学地表述社会主义基本矛盾的具体表现和社会主义初级阶段的主要矛盾，实事求是地说明社会主义冲突、动乱、危机等社会矛盾激化、对抗现象，清楚地认识到什么是社会主义社会的发展动力，怎样通过坚持社会主义方向的改革，采取什么样的社会体制，才能有效地协调和处理社会主义社会矛盾，最大限度地发挥出社会主义固有的动力作用。

四 走出理论"涤罪所"的解脱之路

对社会主义社会矛盾认识过程的历史回顾表明，关于怎样认识和处理社会主义社会的矛盾问题，虽然已经取得了许多研究成果，但至今还是一个亟待解决的重大课题。对于这个有重大理论和实践意义的根本性问题，要形成具有科学形态的系统理论，还需要我们做艰巨的工作，还需要我们在人们已经达到的认识基础上继续前进，克服一些人认识方法上的缺陷，用历史唯物主义原理系统地总结正反两方面的实践经验，把握唯物辩证法，从社会主义现实出发，首先是从分析社会主义经济事实入手，不断进行深入的、系统的、全面的研究。为此，就要找到推动社会主义经济，从而推动整个社会发展的矛盾的主线，找到沿着主线、从经济分析入手、对社会主义社会矛盾进行深刻分析的正确思路来。只有这样，才能走出社会主义社会矛盾问题理论研究的"涤罪所"。

（一）生产与需要的矛盾是把握社会主义社会矛盾的主线

商品经济阶段是社会主义发展所不可逾越的历史阶段，现实社会主义社会必然存在商品经济。存在商品经济的现实社会主义的社会矛盾是极为复杂的，要认识这一复杂的矛盾系统，必须把握生产与需要矛盾这一主线。为了说明把握生产和需要的矛盾对认识社会主义社会矛盾的特殊意义，先简略地说明把握它对认识社会历史的一般意义。

人类社会历史就是不断地满足自身的需要而进行生产活动的历史，生产和需要的矛盾贯穿人类历史发展始终，横跨社会生产和社会消费两大领域，推动社会生产的发展，从而推动着社会历史的发展。马克思和恩格斯把生产和需要作为完整地说明整个历史发展的最重要的范畴之一。他们认为，生产和人的生产，人的生活需要和人的生产需要，这两种需要和两种生产，"从历史的最初时期起，从第一批人出现时，三者就同时存在着，而且就是现在也还在历史上起着作用"[1]。需要范畴反映了人对客观外界的一种依赖关系，生

---

[1] 《马克思恩格斯选集》第一卷，人民出版社1972年版，第34页。

产总是由需要引起的，没有需要也就没有生产，需要构成了"生产的观念上的内在动机"，构成"生产的前提"，构成"生产的动力"。离开需要就无法理解生产，人们的社会需要是刺激人们从事社会生产活动的内在动机。但是，"过程总是从生产重新开始的"，需要的满足，新的需要的产生是通过生产实现的。"生产本身就创造需要"①"需求本身也只是随着生产力一起发展起来的"②。因此，需要是生产观念上的起点，生产是需要的实际起点，正是生产和需要的辩证矛盾运动构成了社会经济发展的动力，从而成为推动社会历史矛盾运动的基础。

不过各个社会成员的需要并不是径直地，而是通过生产关系影响社会生产，推动社会生产力的发展。尽管生产与需要的矛盾贯穿于人类社会始终，但在不同的历史条件下，生产和需要矛盾的具体表现形式是不同的。在阶级剥削社会里，由于生产资料占有的私人性质，社会生产的直接目的是为了满足统治阶级的私人需要，而不是直接满足社会需要，不是直接满足劳动人民的物质文化生活的需要。恩格斯指出："鄙俗的贪欲是文明时代从它存在的第一日起直至今日的起推动作用的灵魂；财富，财富，第三还是财富，——不是社会的财富，而是这个微不足道的单个的个人的财富，这就是文明时代唯一的、具有决定意义的目的。"恩格斯在阐明这对社会生活其他方面发展的意义时又指出："如果说在文明时代的怀抱中科学曾经日益发展，艺术高度繁荣的时期一再出现，那也不过是因为在积累财富方面的现代的一切积聚财富的成就不这样就不可能获得罢了。"③这也就是说，在私有制社会里，科学、文化、艺术和教育等的发展，归根到底都是和统治阶级私人积累财富的目的相联系，受它制约的。这是对一元论的唯物主义历史观的一种精辟论述。因

---

① 《马克思恩格斯全集》第四十六卷（上），人民出版社1979年版，第402页。
② 《马克思恩格斯全集》第四十六卷（下），人民出版社1980年版，第114页。
③ 《马克思恩格斯选集》第四卷，人民出版社1995年版，第177页。

此，在阶级社会里，（1）需要对生产从而对社会发展的推动是以歪曲的、间接的形式表现出来的，是通过统治阶级追求己欲和私利的形式表现出来的。在奴隶社会，表现为奴隶主阶级对奴隶劳动成果的榨取；在封建社会，表现为地主阶级对农民阶级剩余劳动的夺取；在资本主义社会，则表现为资本家对利润的追求。经过生产关系的折射，资本主义社会生产与需要的矛盾表现为生产的无限扩大的趋势和劳动群众购买力相对缩小的矛盾，造成生产的相对过剩，形成周期性的经济危机。（2）生产和需要的矛盾在阶级社会中必然表现为人与人之间的阶级矛盾。例如在资本主义社会里，工人阶级必然会起来反对使他们的生活需要得不到满足的整个资本主义剥削制度，社会生产和需要的矛盾就表现为工人阶级为了获得自己的合理需要而同资产阶级之间发生的阶级斗争。总之，在阶级剥削制度下，社会的生产和需要的关系和矛盾采取了曲折的、间接的、对抗的形式，表现为阶级矛盾，最终导致通过阶级斗争推翻阶级剥削制度，把社会推向更高的历史阶段。

在社会主义国家中，生产与需要的联系和矛盾具有与阶级剥削社会不同的特点和表现形式。

（1）社会生产和社会需要二者之间的联系形式开始转变为直接性的，二者的矛盾性质转变为非对抗性的，而这种矛盾的运动则成为推动经济发展和社会发展的强大动力。

在以社会主义公有制为基础、为主体的条件下，社会主义的生产关系开始把生产和需要直接联系起来，满足不断增长的人民的物质文化需要成为社会主义生产的根本目的。在实践上，发展社会生产力就成为社会主义的根本任务。在社会主义条件下，需要和生产之间也会发生矛盾，但这种矛盾一般不再表现为阶级矛盾，而表现为在根本利益一致基础上的人民内部的、非对抗性的社会矛盾。社会生产和社会需要之间矛盾的不断产生和不断克服，推动着社会主义经济不断发展，成为经济运动的基本内容，成为推动经济发展的强大动力，因而也成为推动整个社会发展的最深厚的动力源泉。需要和生产之间的矛盾，在人际关系上展开为人民内部的各类矛盾，成为社会主义内在的发展动力。问题在于，要根据客观实际建立起能最大限度地发挥这种动力作用的合理的社会体制。

然而，在社会主义初级阶段，由于社会主义商品经济存在和发展的必然性，又给生产和需要的联系和矛盾带来一系列重要的特点。这主要是：社会主义商品经济决定社会产品并不是直接分配到消费者手中，而是需要经过商品交换，生产与需要之间的联系必须经过商品关系的中介。因此，生产和需要的联系在向直接性的转化过程中，呈现出直接性和间接性相结合的形式，既不是完全直接性的联系形式，又不是完全间接性的联系形式。社会生产和社会需要的矛盾同社会主义商品经济的矛盾交错在一起，交织成以生产和需要矛盾为主线的复杂的矛盾系统，社会整体需要构成了社会生产的根本动力，企业的特殊需要构成了局部生产的动力，劳动者的个人需要构成个人生产活动的动力，这些动力既统一又矛盾，构成了以社会整体需要为根本动力的推动经济发展的动力系统。

具体来说，国家代表全体人民的共同利益，满足社会的整体需要是国家计划、指导以至组织社会生产的直接目的，直接满足人民的需要是目的，而达成目的的手段是发展生产，目的和手段之间的矛盾运动推动了社会生产发展。而国家又必须通过商品经济的具体运行来实现社会生产和分配，这样，社会生产和社会需要的联系，就社会生产目的和社会生产手段的关系来说，采取了直接的形式；就社会生产和社会分配的实际运行来说，又采取了以商品交换为中介的一定程度的间接形式。

在社会主义商品经济中，公有制的生产单位（企业）具有相对独立性，它们在国家的计划指导下，为满足社会需要而生产的同时，也把自己局部的利益作为局部生产的目的，获得利益成为生产单位（企业）生产经营的动力。满足社会整体需要是通过具有特殊生产目的生产单位（企业）之间的竞争实现的。这样，也就使得生产和需要的联系具有一定的间接性，形成了社会生产目的和动力的二重化。然而，由于企业和国家的根本利益是一致的，全社会的利益作为主导性利益制约着企业的特殊利益，社会整体需要作为主导性的目的和动力制约着企业的生产与经营的目的和动力，构成矛盾统一的社会生产的目的和动力系统。非公有制的生产单位（企业）具有与公有制的生产单位（企业）不同的相对独立性，它的相对独立性具有私人趋利性和生产盲目性的特点，这种相对独立性对于社会整体需要、人民需要，如果不加以引导、限制，会发生产量的背离、冲突。这是我们研究存在非公有制条件下的社会主义生产与需要关系时，必须认真考虑并处理的缺陷。

由于在社会主义历史阶段，劳动还不能成为人们生活的第一需要，还仅仅是谋生的手段，所以满足个人物质文化生活的需要，实现个人利益，就成为劳动者个人从事生产劳动的具体目的和动力。作为不同的成员，劳动者的利益只有在这种不同层次的集体中才能个体化，他们的目的和利益既同企业、社会的目的和利益相矛盾，又同企业、社会的目的和利益相一致，他们的目的和利益必须与企业、社会的目的和利益相结合，并且受后者的制约。按劳分配是实现劳动者利益个体化的原则和基本方法。满足社会需要、满足局部需要是通过以个人需要为目的的劳动者之间的劳动竞争实现的。这样，社会生产和社会需要的联系和矛盾，同具有局部生产目的和利益要求的生产单位以及具有个人生产目的和利益要求的劳动者个人之间的矛盾交织在一起，使得生产和需要的联系和矛盾又多了一个层次的间接关系，形成了最终统一于整体社会需要的多重化的生产目的和生产动力系统。

在我国社会主义发展的现阶段，还存在着多种经济成分。一方面，个体经济和私营经济有着不同于公有制经济的生产目的和动力，同公有制经济存在着一定的矛盾，个体经济和私营经济的私人需要同社会需要有一定矛盾,同整个社会生产也有一定矛盾。但是另一方面,它们又不是孤立存在的,而是与社会主义经济相联系而存在的,作为社会主义经济的必要补充,它们的存在和发展也有利于社会生产力发展,客观上有助于满足社会的整体需要。社会生产和社会需要的矛盾同具有不同需要、不同经济成分之间的矛盾交织在一起。社会生产和社会需要的联系又多了个体经济和私人经济的私人需要和社会生产的矛盾这个层次,具有了更多层次的间接性,形成了更为复杂的生产目的和动力系统。

总之,在现实社会主义国家中,社会生产和社会需要的联系和矛盾,就是通过商品经济运行中的纵向的社会、集体、劳动者个体的矛盾关系,横向的集体之间、劳动者个体之间的矛盾关系,以及各种经济成分之间的矛盾关系,贯穿于人们的生产活动以至整个社会活动中,在联系形式上表现出不完全的直接性,以及由此而带来的其他一系列重要特点,如生产目的的多重化、生产动力的多样化,以及多重目的和多样动力的矛盾统一的特点。

(2) 社会生产和社会需要的矛盾在社会主义起根本性作用。

为什么说社会生产和需要的矛盾在社会主义起根本性作用呢?这就必须从生产和需要的矛盾同社会主义基本矛盾的相互关系,从基本矛盾的运动特点来探讨。生产与需要的矛盾运动赋予社会主义基本矛盾运动以新的特点,是社会主义基本矛盾运动的主干线。

首先,从社会主义社会生产和社会需要的矛盾运动同生产力和生产关系矛盾运动的关系来说,前者是后者的实质和核心。前面我们已经说过,社会生产和社会需要的矛盾运动是社会主义经济运动的基本内容,社会生产和社会需要矛盾的不断产生和不断克服,形成生产力和生产关系矛盾运动的实质,生产力和生产关系的矛盾运动正是围绕着生产和需要矛盾运动这一核心进行的。在社会主义条件下,需要是生产的直接目的,而需要又受到生产力发展状况和生产关系具体形式的制约,需要的满足和发展是通过生产力和生产关系矛盾的不断克服来实现的,这样,需要就成为人们运用和改善生产关系以促进生产力发展的根本动力,构成生产力和生产关系矛盾运动的起点和归宿。生产和需要的矛盾必然表现为生产力和生产关系的矛盾运动。当然,另一方面,生产总是处于一定生产关系下的生产,需要也总是处于一定经济关系下的需要,生产与需要矛盾的发展和解决,也要受到生产力和生产关系矛盾运动的影响。

其次,从同经济基础和上层建筑矛盾的关系来说,在社会主义条件下,社会生产和社会需要的矛盾运动又是经济基础和上层建筑矛盾运动的最深刻原因。经济基础和上层建筑的矛盾运动是在生产和需要矛盾运动的基础上展开的。在经济上,社会需要成为社会生产的直接目的;在政治上,就要求必须保证这种目的得到完满的实现。这也就是说,适应经济基础的发展,必须从政治上找到相应的形式,保证人民有权支配自己的生产资料,成为社会生产力、生产关系和一切社会关系的主人,这也正是社会主义民主政治的本质。至于社会主义意识形态的发展,科学、教育、文化的发展,其根本动因归根到底也是来自发展社会生产满足社会需要的要求。这样,社会需要通过社会主义民主政治和社会主义意识形态,从上层建筑方面对经济基础的发展起到促进作用。生产和需要的矛盾运动也就必然表现为经济基础和上层建筑的矛盾运动,前者成为推动和影响后者发展的根本原因。当然,反过来说,生产和需要的矛盾运动也要受经济基础和上层建筑矛盾运动的影响。

再次,在社会主义条件下,社会主义基本矛盾不表现为阶级矛盾和阶级斗争,生产和需要的矛盾也不表现为阶级冲突和阶级斗争,而表现为人民内部矛盾。社会生产和社会需要的矛盾同社会基本矛盾在人际关系上的表现是一致的,而人际矛盾最终落在人的需求分配上。

最后,社会生产和社会需要的矛盾,虽然贯穿于社会主义发展过程的始终,但是在不同的历史阶段具有不同的实际内容,因而显示出发展的阶段性来。这种阶段性同社会主义基本矛盾运动所体现出来的阶段性是一致的。我们可以把生产和需要矛盾运动的阶段性作为一个重要标准,来划分社会主义社会发展的阶段。人的需要是随着生产的不断发展而发展的,永远不会停留在一个固定的需求水准上。恩格斯说:"一有了生产,所谓生存斗争便不再围绕着单纯的生存资料进行,而要围绕着享受资料和发展资料进行。"[①] 在社会主义初级阶段,生产与需要的矛盾突出表现为不断增长的社会物质文化需要同相对落后的社会生产的矛盾,而这个矛盾的解决,就会使社会主义由初级阶段进入更高一级阶段。当人们一定的生活需要得到满足之后,人们又要求进一步享受和发展的需要。人的全面发展是社会主义社会需要的最高要求,这个最高的社会需要不断推动社会生产向广度和深度发展,因而也推动社会主义不断向更高阶段进展。

总而言之,社会主义社会生产和社会需要的矛盾运动,渗透到社会主义社会生活各个方面、各个领域,对社会主义的经济、政治和文化的发展,对社会和人的发展都具有重要的影响;同时它又贯穿于社会主义社会矛盾运动的全部历史过程,它的矛盾运动不断推动社会主义前进。所以说,社会生产和社会需要的矛盾渗透到社会主义社会方方面面,贯穿于社会主义社会历史全过程,起着根本性的作用。既然如此,那么我们在研究社会主义社会矛盾时,就应当把生产和需要的矛盾作为一条主线,沿着这条主线,展开对社会主义社会矛盾的具体分析。

(二) 马克思分析方法的启示

怎样抓住社会主义社会矛盾的研究主线,从经济分析入手,揭示社会主义社会的矛盾呢?从1842—1843年的《莱茵报》时期,经过1844—1845年的唯物史观创立时期,最后到《资本论》创作

[①] 《马克思恩格斯全集》第二十卷,人民出版社1971年版,第653页。

时期，马克思分析资本主义社会矛盾可资借鉴的思路是：从社会历史的一般分析转入物质利益分析，再从物质利益分析转入对"市民社会"的初步经济分析，从而揭示了社会基本矛盾的一般原理，建立了历史唯物主义理论体系；而后，又根据历史唯物主义关于社会基本矛盾的一般原理，对资本主义经济的细胞——商品进行理论分析，揭示出资本主义社会经济关系的内在矛盾，揭示出资本主义社会的利益矛盾，以及以上述经济矛盾和利益矛盾为基础的阶级矛盾，从而揭示出资本主义社会基本矛盾的运动规律。在这里，马克思为我们提供了研究社会主义社会矛盾问题的正确思路：不停留在对社会矛盾问题上的社会历史分析上，必须深入到分析社会矛盾产生的利益根源，对利益的分析又必须深入到对社会矛盾所赖以存在的经济事实的分析，从中揭示社会经济关系的内在矛盾，然后才能把握植根于社会经济事实中的社会矛盾，才能切实地、系统地把握社会主义社会矛盾及其运动规律，避免在社会主义社会矛盾的研究上存在脱离实际的空泛议论。

　　利益矛盾是一切社会矛盾、冲突和动荡产生的根源，社会矛盾不外是一定社会利益关系的体现，而利益关系是由一定的生产关系决定的。在这里，一定的经济关系决定一定的利益关系，一定的利益关系又决定一定的社会政治、文化等更为广泛的社会关系。经济范畴分析→利益范畴分析→社会历史范畴分析，这就是我们分析社会主义社会矛盾的具体思路。从经济分析入手，进行经济范畴分析，揭示社会主义最基本经济关系的内在矛盾；然后由经济分析进入利益分析，进行利益范畴分析，揭示社会主义社会利益矛盾；最后由利益分析进入社会历史分析，进行社会历史范畴分析，揭示作为社会有机体的社会主义社会结构的矛盾，从而把握社会主义社会矛盾运动的特殊规律和社会主义社会的动力系统，揭示体现在人际关系中的社会主义社会的人民内部矛盾。为了沿着正确方向推进社会主义的全面改革，为了回答本文一开始提出的两大课题，做这样的分析和研究是十分必要的。

现实社会主义是一个充满错综复杂矛盾的社会有机体。从世界史的进程来看，社会主义是作为扬弃几千年私有制的结果而出现的，它又要经过漫长的发展进程进入更高阶段的共产主义社会，因此，它的社会矛盾就呈现出特殊的复杂性。为了从错综复杂的社会矛盾中理出清晰的头绪和找到规律性，为了对社会矛盾做出具体的、系统的分析，还要运用科学抽象的方法，对社会矛盾加以归纳和分类，把握它们之间的联系和区别。

正确认识社会主义社会矛盾，是一个难度很大的重大理论问题，应当从社会主义现有的经济事实的剖析入手，首先展开对社会主义基本经济关系内在矛盾的分析，然后依次进入对社会主义利益矛盾的分析，对社会主义社会结构矛盾的分析，对社会主义人际关系矛盾的分析，对社会主义社会矛盾作用规律，即动力规律的分析，从而对社会主义社会矛盾体系展开初步的具体分析，最后才能得出通过改革，建立适应社会主义社会矛盾运动规律和动力作用规律的社会体制，保障社会主义事业健康、顺利发展的重要结论。

马克思主义与社会主义的历史命运[*]

王伟光

  2007年由美国次贷危机所引发的世界金融危机，进而诱使资本主义世界发生的全面危机，已经持续四年多了，尽管人们采取了种种救市措施，但它仍在顽强地发挥着负面影响，引发了欧洲主权债务危机、日本经济持续低迷、震撼美国连带整个西方世界的"占领华尔街"运动以及多国罢工、游行、骚乱等一系列经济、政治、社会事变，强烈地冲击整个世界经济并改变着世界格局。以此为时间节点，以世界性危机现象为反光镜，向前追溯到19世纪中叶，马克思、恩格斯创立科学社会主义至今一个半世纪以来，社会主义与资本主义两大力量、两种历史趋势生死博弈的风风雨雨，充分印证了马克思主义经典作家关于资本主义必然灭亡、社会主义必然胜利的历史发展大趋势的科学论断是颠扑不破的真理，雄辩地证明了社会主义、马克思主义的旺盛生命，昭示了社会主义与马克思主义的历史命运。

---

[*] 该文系作者2010年10月19日在中央党校给省部班学员作的报告，原题目为："世界金融危机与马克思主义、社会主义的历史命运"。在《求是》2010年第21、《中国特色社会主义研究中心》2010年第15期、《中共中央党校报告选》2010年第12期、《马克思主义哲学论丛》2011年第1辑、《马克思主义年鉴》2010年等刊物上发表或转载，收入李慎明主编《国际金融危机与当代资本主义》（社会科学文献出版社2010年版），编入王伟光《马克思主义与社会主义的历史命运》一书（社会科学文献出版社2013年版）。该文发表距今已过去了十余年，十余年的实践表明该文的判断与观点并不过时，故收入本文集时，以历史唯物主义的态度，并无修改。

一 纵观一个半世纪世界历史进程，雄辩证明社会主义的必然性和马克思主义的真理性

辩证法告诉我们：任何事物的发展都不是直线上升式发展，而是波浪式地前进、螺旋式地上升、曲折式地发展，社会历史发展也是如此。世界历史进程就是这一历史辩证法的铁定案例。社会主义运动正是遵循这一历史辩证法的逻辑在曲折中前进，虽有挫折与失败，但总体上是循时前行的，这一历史进程恰恰从实践角度检验了马克思主义颠扑不破的真理性。

对社会历史规律的观察，历时越久、跨度越大，也就越看得明白，其判断也就越经得起实践检验。世界历史进入资本主义社会形态的发展阶段，即伴随着工人阶级与资产阶级、社会主义与资本主义两个阶级、两种社会制度、两大历史前途的博弈，其历史较量的线索、特点、规律与趋势，随着历史的发展、空间的变换、时间的推移，越发清晰，人们也看得越发清楚，其历史必然性越发显现，越发显示马克思主义的科学性。

回眸一观，可以清楚看到，从科学社会主义诞生以来，世界历史进程已经发生了四次重大转折，社会主义呈由低到高、再到低、再从低起步之势，标志着社会主义在斗争中、在逆境中顽强地生长。这一历史进程尽管曲折，有高潮，也有低潮；有前进，也有倒退；有成功，也有失败，但在总体上印证了马克思主义关于社会主义必然胜利的历史发展总趋势的判断是完全正确的，同时也说明社会主义战胜资本主义的历史进程不会是一帆风顺的，也绝不可能在短时间内实现，必须经过一个相当长的历史跨度、经过几十代乃至上百代人千辛万苦甚至抛头颅洒热血的献身奋斗才能到来。既要看到历史发展的总趋势，坚信社会主义是必然要取代资本主义的，这是一个不可抗拒的、也不可改变的历史趋势；同时又要看到，社

主义代替资本主义是一个漫长的历史进程，充满曲折，充满斗争，甚至有可能出现暂时的倒退与挫折。既要反对社会主义"渺茫论"，又要反对社会主义"速胜论"。不能因为挫折和失败，就对实现社会主义丧失信念和信心，也不能因为顺利和成功，就对实现社会主义心存侥幸和性急。

四次世界性历史转折可以分前两次和后两次。前两次转折是发生在20世纪初叶和中叶，即"二战"结束前后。社会主义运动从兴起到发展，资本主义则由资本主义革命兴起的上升期，经过19世纪矛盾四起的自由竞争资本主义时期和垄断资本主义时期，经过一系列经济危机和两次世界大战的冲击，逐步走向下降期。

第一次世界性历史转折发生在20世纪初叶，其标志是1917年爆发的十月社会主义革命。19世纪中叶，马克思主义经典作家创建科学社会主义，替代了空想社会主义，工人运动从此有了正确的指南，纳入了科学社会主义轨道，开创了世界工人运动和社会主义运动的新篇章。进入20世纪初叶，科学社会主义理论指导的社会主义运动由轰轰烈烈的工人运动实践变成了社会主义制度实践。列宁成功地领导了十月社会主义革命，建立了第一个社会主义制度国家，这是20世纪初叶最重大的世界性事件，从此开启了人类历史的新纪元，社会主义运动开始走向阶段性高潮。

第二次世界性历史转折发生在20世纪中叶，其标志是1945年"二战"之后一系列国家社会主义革命成功，形成了一个社会主义阵营。矛盾激化引发危机，危机造成革命机遇。20世纪初叶爆发的第一次世界大战、20世纪中叶爆发的第二次世界大战，都是资本主义不可克服的内在矛盾激化的结果。由竞争资本主义由于其不可克服的内在矛盾而导致垄断，垄断资本主义代替自由竞争资本主义，不仅没有克服自由资本主义愈演愈烈的固有矛盾，反而进一步加剧了矛盾。早在自由竞争资本主义阶段，其固有矛盾不断激化，导致从1825年开始，经常爆发经济危机，危机的累加加紧演变成1873

年的资本主义空前激烈的世界性危机,这次总危机及之后不断叠加的危机,最终导致第一次世界大战的爆发。战争只能催生危机、加重危机,"一战"之后旋即爆发了1929—1933年资本主义世界性大危机,资本主义步入严重的衰退。面对这场空前的资本主义世界大危机,世人惊呼"末日来临""资本主义已经走到尽头"。危机的结果又要依靠战争来解决问题。战争是缓解资本主义内在矛盾、转嫁危机的外部冲突解决方式,但不能从根本上克服资本主义内在矛盾。垄断资本主义内在矛盾的进一步激化导致第二次世界大战爆发。第二次世界大战仍然是在帝国主义国家之间的争斗中始发的,西方资本主义制度是无法遏制战争的。当时只有社会主义苏联靠社会主义制度的优越性,动员全体人民、联合世界上一切反法西斯的力量,战胜德国法西斯,赢得了战争。两次世界大战,标志着资本主义逐步走向衰落,资本主义败象显见。危机与战争给革命带来前所未有的机遇,"一战"期间,俄国率先从资本主义统治的薄弱环节突破,建立了社会主义制度。"二战"前后,正是苏联及一系列社会主义国家崛起之时。随着中国等一系列落后国家革命相继获得成功,从东方站立起来了,建立了一系列社会主义国家,形成了社会主义阵营,1958年,毛泽东同志有一句话:"敌人一天天烂下去,我们一天天好起来。""不是西风压倒东风,而是东风压倒西风。"对形势总的估计虽过于乐观,但不乏反映社会主义高潮的一面。相反,战后,资本主义社会矛盾和总危机进一步加深,连续爆发危机,并波及北美、日本和西欧主要国家,演变为世界性危机。资本主义整体实力下降,遭受重大打击。当然,在西欧资本主义国家衰落时期,优越的国际环境和国内条件,致使美国这一新兴的资本主义国家抓住了战争机遇迅速兴起,代替了老牌资本主义国家。"二战"后的一段时间,资本主义发展处于低迷状态,而社会主义发展却处于上升状态,社会主义运动出现阶段性高潮。

从国际走势来看,20世纪八九十年代至今的三十余年中,又接连发生了后两次重大的世界性历史转折。社会主义运动由高潮到低潮，然而以中国特色社会主义为重要标志的世界社会主义却开始走出低谷。资本主义由低迷困境进入高速发展时期，美国金融危机却诱使现代资本主义濒入险境，呈衰退之势。

第三次世界性历史转折发生在20世纪末叶，其标志是20世纪80年代末90年代初的东欧剧变、社会主义阵营解体。社会主义进入低谷，这使世界形势发生了自"二战"以来最为重大的变化与转折。"二战"之后，20世纪上半叶，社会主义走上坡，资本主义走下坡。但世界进入20世纪下半叶，社会主义诸国却放慢了发展速度，甚至出现了停滞和负增长，导致社会主义诸国经济社会发展受挫，特别是苏联、东欧背离马克思主义，发生蜕变。我国经济发展走了20年弯路，直到"文化大革命"爆发，社会主义面临举步维艰的境遇。而现代资本主义吸取资本主义发展进程中的经验教训，同时也吸取社会主义国家发展的经验教训，展开资本主义改良，现代资本主义进入相对和缓发展时期。当然在资本主义相对和缓发展时期，危机也并没有中断，20世纪八九十年代美国就多次爆发波及世界的危机。这次转折表明，社会主义处于发展的低潮，现代资本主义处于相对缓和稳定的发展期。伴随着这个历史性转折，我国及国际上出现了一系列新情况、新问题，这对中国20世纪末叶以来至21世纪以来很长一段时间的社会主义发展进程发生着深远影响。中国艰难起步，坚定不移地推进1978年启动的改革开放，成功地开辟了中国特色社会主义发展道路。

第四次世界性历史转折发生在21世纪初叶，其标志是2008年爆发的世界金融危机。这对世界发展格局和中国特色社会主义建设将产生的影响仍无法估量。有句俗话"三十年河东，三十年河西"，短短二三十年时间，中国特色社会主义的成功使世界社会主义运动呈低潮中起步之势。从2006年到2011年，这五年中国国内生产总值（GDP）年均实际增长11.2%，比"十五"平均增速9.8%加快

1.4个百分点，比世界同期水平快8个百分点。2009年我国GDP居世界的位次由2005年的第四位上升到第三位，占世界经济总量的比重达到8.5%，比2005年上升3.6个百分点。2010年我国GDP总量已达39万亿元，人均GDP达4000美元，经济总量居世界第二位。与此同时，2011年，我国外汇储备和财政收入分别达到3.181万亿美元和10.37万亿元，位居世界前列。钢、煤、水泥等主要工业产品产量稳居世界第一位。联合国发表的2009年世界经济报告指出，如果中国能够在2009年实现8%的经济增长，对世界经济增长的贡献将达到惊人的50%。这意味着中国经济当之无愧地成为2009年带动全球经济复苏的最强引擎。2011年，我国外贸进出口总额为36421亿美元，是2005年的2.56倍，世界排位从2005年的第三位上升到第二位，其中出口额从第三位上升到第二位。从2006年到2011年，城镇居民人均可支配收入从11760元增长到23979元，年均实际增长9.7%，比"十五"的平均增速加快了0.1个百分点。从2006年到2011年，农村居民人均纯收入从3587元增长到6977元，年均实际增长8.9%，比"十五"的平均增速加快了3.6个百分点。

而美国金融危机却使美国以及其他西方发达资本主义国家陷入危险困境，美国独霸势态逆转下滑，资本主义整体实力呈下降态势。美国在20世纪50年代，发动了朝鲜战争，失败了，60年代发动了越南战争，也失败了；21世纪又发动了两场战争，一场是阿富汗战争，一场是伊拉克战争，两场战争花了7万亿美元，死了几千人，伤了上万人，伤兵要养一辈子，长远战争开支不小。2003年3月20日发动的伊拉克战争拖了7年，阿富汗战争是2001年10月7日开战，现在还看不到尽头。战争使美国实力下降，国库空虚。美国正在做战略调整与修补。二三十年前的世界性历史事件爆发是此消彼长，社会主义力量暂时下降，资本主义力量暂时上升；二三十年后的今天，又是此长彼消，社会主义力量始升，资本主义力量始降。30 年改革开放使中国经济大发展，1978 年至 1991 年进入中国的外资才二三百亿美元，2011 年超过 1160.11 亿美元。金融危机的爆发使世界力量对比发生戏剧性变化。

当然，这场危机并没有把西方资本主义摧垮，它还有实力，有一定生命力。比如这么严重的危机并没有导致出现革命的迹象。原因固然很多，在于它建立了比较完整的社会保障体制，比如，法国 GDP 的 46% 用于二次分配，搞社会保障，法国 GDP 两万多亿美元，人口六千万，有一个庞大的社会保障体系。普通老百姓吃不上饭才闹革命，只要能活下去，就不会革命。西方资本主义还是有一定实力的，对于这次金融危机对西方的冲击也不能估计过高。应当说，建立社会保障体系是资本主义在失败和痛苦中总结出来的，在自由竞争和垄断资本主义阶段，残酷剥削造成严重的两极分化，工人阶级和劳动人民活不下去了，自然要闹事、要革命。"二战"后，从资本主义整体利益出发，为了使资本主义制度不至于灭亡，得到保全，资产阶级利益集团从资本利润中拿出相当部分，建立了完备的社会保障体系，保障工人阶级和劳动人民的基本生活，不去闹事。当然这个办法也不是资本主义自己发明的，而是从社会主义思想中得到启示。然而，西方的福利制度也愈发显示其弊端，例如瑞典是典型的"从摇篮到坟墓都有保障"的福利国家，几十年下来，一是政府债台高筑，陷入债务危机，二是工人缺乏劳动积极性，政府一提出紧缩政策，工人就要罢工闹事，陷入循环往复性危机之圈。

二 中国特色社会主义道路的成功开创，中国改革开放对国际金融风险的有效抵御，彰显了社会主义顽强的生命力

马克思主义经典作家创立了科学社会主义，开创了工人运动和社会主义运动的新格局。当时，他们把注意力和着眼点主要放在西

方发达资本主义国家，根据当时的实际，曾设想社会主义革命将首先在生产力比较发达、工人阶级人数占多的资本主义国家发生，至少是几个主要发达资本主义国家同时发生才能胜利。而后的实践发展却超出了他们的具体判断，新的实践促使科学社会主义创始人开始注意并研究东方国家走社会主义道路的不同情况。19世纪末到20世纪初，当东方落后国家出现了社会主义革命的主客观条件时，马克思、恩格斯及时研究了东方社会主义革命的可能性问题，提出非资本主义国家走社会主义道路的可能性问题。马克思、恩格斯认为，东方非资本主义国家走向社会主义，在特定条件下，可以不通过资本主义制度的"卡夫丁峡谷"，而吸收资本主义制度所创造的一切积极成果，实现社会主义的跨越式发展。他们认为，社会主义力量有可能抓住这一历史性的机遇，走出一条"非资本主义"的发展道路。他们的设想为非资本主义国家进行社会主义革命、走上社会主义道路提供了理论依据。

"卡夫丁峡谷"典故出自古罗马史。公元前321年，萨姆尼特人在古罗马卡夫丁城附近的卡夫丁峡谷击败了罗马军队，并迫使罗马战俘从峡谷中用长矛架起的形似城门的"牛轭"下通过，借以羞辱战败军队。后来，人们就以"卡夫丁峡谷"来比喻灾难性的历史经历。"可以不通过资本主义制度的'卡夫丁峡谷'，而吸收资本主义制度所创造的一切积极成果，实现社会主义的跨越式发展"有两层含义：一是落后国家可以不经过资本主义的苦难，走出一条非资本主义的现代化成功之路；二是一切社会形态所历经的自然的、物质的、经济的历史过程是不可逾越的，但在一定条件下，社会制度、体制却是可以跨越的。

马克思、恩格斯最初关于社会主义革命在西方诸国同时胜利的结论，是建立在对社会历史一般发展规律的判断上。就一般发展规律来说，社会主义革命应当在资本主义生产力高度成熟，而资本主义生产关系再也不能容纳其生产力发展的条件下爆发，也就是说，走社会主义道路的国家，先要经过资本主义的成熟发展，然后经过社会主义革命，再进入社会主义。而现实是，社会主义革命的成功、社会主义制度的建立不是在西方发达资本主义国家，而是在资本主义尚不成熟，但具备一定历史条件的东方落后国家。马克思、恩格斯经过科学研究，分析了社会历史发展的特殊性，提出社会主义发展的非资本主义道路问题。列宁分析了帝国主义历史阶段经济政治发展不平衡的规律，提出社会主义革命可以率先在资本主义统治的薄弱环节突破的科学论断，成功地发动了俄国社会主义十月革命。俄国革命的成功也从实践上证明了马克思主义经典作家关于非资本主义道路的设想是科学的。然而，继列宁之后，斯大林建立的社会主义制度的苏联模式，所走的社会主义建设的苏联道路，尽管取得了伟大的成就，却在一定程度上忽略了苏联相对于西方诸发达资本主义国家落后的生产力，忽略了市场经济的必经性，超越国情，逐渐形成了高度僵化、高度集中的经济政治体制，束缚了生产力的发展，束缚了人民积极性的发挥，束缚了社会主义制度优越性的发挥。一系列革命成功的社会主义国家在社会主义建设实践中，在某种程度上忽略了更为落后的本国生产力实际，犯了照抄照搬别国模式的错误。在几十年的发展中，社会主义制度的优越性逐渐地被僵化的、不适当的经济政治体制所消耗，再加上客观原因和主观错误，特别是逐渐背弃了马克思主义正确路线，致使社会主义诸国陷入了发展困局。20世纪90年代苏联解体和东欧剧变，既有资本主义西化、分化社会主义国家的外因，同时又有社会主义模式僵化、脱离本国实际、主观上犯路线错误致使生产力发展上不去的内因。

社会主义革命成功之后，落后的国家到底怎样建设社会主义，必须从实践和理论上给予回答，中国特色社会主义道路的成功开创，破解了这一重大课题，走出了一条社会主义建设的成功道路。

按照马克思主义经典作家的"非资本主义"道路的理论设想，

落后国家可以不经过资本主义充分发展而跳跃式地推进社会主义革命，建立社会主义制度。但是资本主义已历经的市场经济发展、生产力高度成熟的自然历史过程却是不可逾越的。中国共产党人总结了社会主义国家建设的成功经验和失败的教训，将社会主义制度与市场经济相结合，通过改革开放，建立与中国社会主义现阶段生产力状况相适应的，与发展市场经济相协调的经济—政治体制，回答了"在落后的国家，什么是社会主义，怎样建设社会主义"问题，一切从实际出发，不照抄照搬别国模式，走自己的道路，成功地开创了中国特色社会主义建设道路。在国际金融风暴的冲击下，西方资本主义一片混乱，前景黯淡，至今尚未走出困境，而中国特色社会主义在中国共产党的领导下，同仇敌忾，顶住了金融风险，再次显示了社会主义制度的强大动员力和战斗力。历史发展的现实辩证法再次证明了社会主义的必然趋势，可以有曲折、有低潮、有失败、有逆转，但总的历史趋势是不可以为人的主观意志所改变的。从金融危机爆发到今天，已经两年多了，中国人民在中国共产党的正确领导下，成功地顶住了金融风暴的冲击，不仅实现了预定的发展的目标，而且取得了显著成绩，这既要归功于党的正确的领导和果断决策，更根本的是彰显了社会主义制度的政治优势，越加证明了社会主义的生命力、中国特色社会主义的生命力、马克思主义的生命力。

三　中国特色社会主义理论体系的创新，给马克思主义注入了新鲜的内容，显示了马克思主义的强劲创造力

中国共产党人在中国特色社会主义伟大实践中创新了马克思主义，赋予马克思主义以新的生命，创造性地推进了马克思主义的创造性发展。

当今世界正在发生全面而深刻的变化，当代中国也在发生广泛

而深远的变革。国际上，美国"次贷危机"引发的全球性经济危机，已经并正在给全世界发展带来严重和持续的影响。一方面，使当代资本主义面临重大挫折，给当代社会主义、马克思主义的发展提供了难得机遇，国际力量对比继续朝着有利于世界和平发展的方向演变，朝着有利于中国特色社会主义和平发展的方向转变；另一方面，使当代社会主义、马克思主义面临着前所未有的挑战，也面临着严峻的局面。国际敌对势力对我实施西化、分化的战略图谋没有改变，资强我弱的态势没有改变，一场新的全方位的综合国力竞争正在全球展开。

世界局势乃至格局将发生重大变化，世界发展进程和历史也将迎来重大转折。当前世界正处于前所未有的巨大变动之中，资本主义和社会主义两种历史趋势、两大力量、两种意识形态的较量出现了新的变数，激烈社会变化给当代社会主义、马克思主义提供了新的发展时空，提供了新的需求动力，又使其面对严峻复杂的局面。在国内，中国特色社会主义事业取得了伟大成就，中国发展道路与中国发展经验，已然成为当今世界的时代性标志，为人类文明的进步开辟了新的发展路径。这就为马克思主义意识形态发展提供了新的机会。国际风云变幻，透过世界金融危机和世界各种力量交锋的纷繁复杂的现象，可以认清，金融资本不过是资本的当代形态，我们所处的时代仍然没有超出马克思主义的理论视野，社会主义具有后发的生命力，当代资本主义无论采取何种形态，仍然逃脱不了马克思主义科学预见的命运。

马克思主义同中国实际相结合，实现中国化，产生两次历史性飞跃，形成了马克思主义中国化的两大理论成果。第一次飞跃的理论成果是被实践证明了的关于中国革命的正确理论原则和经验总结，当然也包括关于中国社会主义建设道路探索的正确的理论成果，即毛泽东思想。第二次飞跃的理论成果是中国特色社会主义理论体系。中国特色社会主义理论体系在新的历史条件下回答了新的课题，开拓了马克思主义新境界。中国特色社会主义理论体系集中回答中国特色社会主义这个主题。在回答该主题的历史进程中，在改革开放三十年过程中，我们党始终面临并依次科学回答了四个大问题——"什么是社会主义，怎样建设社会主义""建设一个什么样的党，怎样建设党""实现什么样的发展，怎样发展"。最后归结为回答一个总题目，"什么是马克思主义，怎样坚持和发展马克思主义"，从而深化了对"三大规律"，即社会主义建设规律、执政党执政规律、人类社会发展规律的认识，赋予马克思主义以崭新内容和旺盛生命力。

四　坚持马克思主义主流意识形态的指导，重视并加强党的意识形态工作

胡锦涛同志讲："经济工作搞不好要出大问题，意识形态工作搞不好也要出大问题。"[①] 这是极其重要的指示，必须坚决贯彻执行。

一是关于意识形态于我有利与不利局势的总判断。

国际金融危机所引发的世界格局的深刻变化，为加强和改进意识形态工作提供了有利的条件，当然也有不利的因素和严峻的挑战。

回顾20世纪八九十年代，第三次世界性的历史转折，社会主义陷入低谷，处于暂时劣势，资本主义反而上升，显示暂时优势，伴随该力量对比格局变幻，意识形态领域呈敌进我退之势，反社会主义、反马克思主义、反对共产党执政的声音甚嚣尘上，新自由主义应运而生，西方资本主义到处大力推销新自由主义理念，鼓噪一时，不可一世。

---

① 《胡锦涛文选》第二卷，人民出版社2016年版，第527页。

20年过去了,这次金融风险造成的第四次世界性历史转折,一方面使资本主义遭遇前所未有的打击,陷入全面制度危机,呈衰退之势,新自由主义宣布破产。西方世界多数国家2008年第三季度开始负增长,第四季度连续负增长,一直到2009年第三季度才开始出现正增长。按照通常的说法,经济危机应已结束了,但经济危机的恢复却是低速的、乏力的,西方主要经济体恢复得并不好,处于整体低迷状态。欧洲失业率居高不下,西班牙2011年失业率为22.9%,近50%年轻人失业。美国全国经济研究所测定,始于2007年12月的美国经济衰退于2009年6月结束,历时18个月,为"二战"之后美国经历最长的经济衰退期,失去800万个就业岗位,吞噬美国人21%的实际财产,家庭、企业、地方政府、联邦政府欠了大量糊涂债,蒸发掉4.1%的经济总量。美国经济学家持续看低美国经济。美国危机后失业率为9.6%,危机前为5%,只有59%的20岁以上男性有全职工作,复苏前景并不乐观。对西方国家来说,对经济发展比较悲观,看不到新的增长点,发达国家人口减少、消费不足,发展动力不足,多个国家濒临破产,冰岛、澳大利亚、希腊政府领导人下台,西班牙、意大利陷入困境,"复苏似乎越来越像是一场漫长的长征"。另一方面,中国特色社会主义取得成功,并顶住金融风险,社会主义从低谷中走出。美国和欧洲2010年9月20日联合发表报告,认为中国仅次于美国,与欧盟并列第二,均占全球实力16%,美国为22%,印度第三,占8%,依次是日本、俄罗斯、巴西均占5%,未来15年美国、欧盟实力持续下降。如果中国经济保持年均8%—9%的增长速度,再过17年经济总量可以赶上或超过美国。1978年,我国与美国经济总量差40多倍,2011年,美国GDP为15万亿美元,我国7.3万亿美元,相差不到3倍,短短30年由40多倍缩小到不足3倍。看来,再用二三十年赶上和超过美国是没有问题的,因为我们GDP增速是美国的3至4倍,1958年我们党提出的"赶英超美"口号,可能要成为现实了。现在，批评新自由主义、资本主义的声音日渐增多，即使在资本主义内部，批评之声也不绝于耳，大声呼唤马克思主义、社会主义的声音越发强烈，坚持和发展马克思主义、坚持和发展社会主义、坚持和发展党的领导底气足了。

对于这场"前所未有""有史以来最严重"的危机，资本主义政府大多将其归咎为"金融市场上的投机活动失控""不良竞争"或"借贷过度"，并希望通过政府救市，"规范"资本主义现行体制、机制，以达到解决危机、恢复繁荣的目的。而与之大相径庭的是，欧美一些资本主义国家的共产党人既看到了监管缺位、金融政策不当、金融发展失衡等酿成这场危机的直接原因，又反对将这场金融危机简单归结为金融生态出了问题，他们普遍认为危机的产生有其深刻的制度根源，危机标志着新自由主义的破产，是资本主义固有矛盾发展的必然结果。

法国共产党认为，世界经济危机源于金融机构过度的贪欲。这场金融危机归根结底是资本主义制度的危机。它不是从天而降的，不是资本主义的一次"失控"，而是资本主义的制度缺陷和唯利是图的本质造成的不可避免的结果。冲击全球的危机并非仅仅限于金融或经济领域，它同时也揭示了政治上的危机、资本主义生产方式的危机。从深层看，金融危机本质上是一场制度危机。美国共产党认为，金融化是新自由主义资本积累和治理模式的产物，它旨在恢复美国资本主义的发展势头及其在国内和国际事务中的主导地位。同时，它也是美国资本主义的弱点和矛盾发展的结果，使美国和世界经济陷入新的断层。德国共产党认为，这场金融危机具有全球性影响，它使得全球经济陷入衰退，并越来越影响到实体经济部门。危机产生的原因不是银行家的失误，也不是国家对银行监管失力。前者只是利用了这一体系本身的漏洞，造成投机行为的泛滥。投机一直是资本主义经济的构成要素。但在新的垄断资本主义发展阶段，它已经成为一个决定性因素，渗入经济政治生活的方方面面。

英国共产党认为，不能把当前经济和金融危机主要归结为"次贷"危机的结果。强调根本在于为了服务于大企业及其市场体系的利益，包括公共部门在内的英国几乎所有的经济部门都被置于金融资本的控制之下。葡萄牙共产党认为，不应该把这场危机仅仅解释为"次贷"泡沫的破灭，当前的危机也是世界经济愈益金融化、大资本投机行为的结果。这场危机表明"非干预主义国家""市场之看不见的手""可调节的市场"等新自由主义教条是错误的。资本主义再次展示了它的本性及其固有的深刻矛盾。资本主义体系非但没有解决人类社会面临的问题，反而使不平等、非正义和贫困进一步恶化。希腊共产党认为，危机现象是资本主义不可避免的经济命运，任何管理性政策都不可能解决其固有的腐朽性。金融危机再次表明资本主义不可能避免周期性危机的爆发，也再次证明了社会主义替代资本主义的必然性。

20世纪30年代的大萧条和今天横扫全球的经济衰退，无不印证了马克思、恩格斯有关资本主义在自身难以克服的矛盾中不断调整自己又不断走入危机的预言。1997年，亚洲的金融风暴，让马克思回归到世界资本主义的中心地带华尔街；时隔十年，2008年，当人类的发展再次陷入衰退的泥沼，苦苦搜寻可以持续的答案时，《资本论》再次登上了最畅销经济类学术著作的排行榜，成为拯救人类精神家园的"圣经"。据报道，2009年1月，《资本论》在柏林一度脱销，相关论坛、讲座令马克思的故乡——特里尔这座因萧条而倍感冬之冷寂的德国小城显得热闹而红火。尤其值得注意的是，为数不少的德国青年认为，在危机笼罩的时刻，有必要重温马克思主义政治经济学经典著作。有的德国学者指出，正统的经济学往往对危机避而不谈，而马克思认为，危机是资本主义的有机组成部分。有的西方学者认为，现代西方经济学的历史是在国家与市场的争论中一路走来的。马克思主义政治经济学一度被作为"异端邪说"而被排斥于西方主流经济学之外。时至今日，"市场原教旨主义"已经丧失了市场，国家干预经济已成为西方各国的惯用手段。然而，无论是市场还是国家，抑或是国家和市场的结合都不能避免危机重复发生且愈演愈烈。

形势的变化为我们党加强意识形态工作，做好知识分子工作，提供了极为有利的氛围、条件和机遇。当然，一方面，这种形势也越发促使西方资本主义更加运用两手策略，在经济上利用我们，公开讲我们好，拉拢我们、捧杀我们；另一方面，伴随在军事上加紧包围我们，在经济上加紧挤压我们，同时在意识形态领域加强进攻，大力西化、分化我们，"拉萨事件"就是这种国际大环境的产物，使我们面对更加复杂、严峻的考验。

二是当前意识形态工作的主流态势和严峻问题。

当前，我国意识形态领域主流是好的，继续保持积极健康向上的良好态势。在充分肯定意识形态领域主流的同时，还要清醒看到，意识形态领域你来我往、你死我活，战斗十分激烈。西方诸国与我国在意识形态、社会制度、人权、民主等问题的对抗、对立、争斗十分突出，思想理论领域呈现十分活跃、十分复杂的胶着状态，加强党的意识形态工作的任务更加艰巨繁重。特别是境内外敌对势力对我施压促变的一贯立场没有改变，通过各种途径、运用各种手段，对我在发展上遏制、思想上渗透、形象上丑化，企图压我改变政权性质，接受西方价值观念和制度模式，意识形态领域内的斗争将是长期的、复杂的。意识形态领域始终是渗透与反渗透的重要战场，对敌对势力的攻击任何时候都不可掉以轻心、不可疏于防范。

意识形态工作是党的一项极为重要的工作，事关党和国家工作全局，事关中国特色社会主义事业顺利发展，事关社会和谐稳定、国家长治久安。要始终牢记胡锦涛总书记关于意识形态工作的重要论断，千万不要忘记意识形态工作，进一步增强政治意识、大局意识、责任意识，切实把加强意识形态工作作为提高党的执政能力、巩固党的执政地位的重要内容，认真贯彻落实中央一系列决策部署，不断提高意识形态工作的科学化水平，始终牢牢掌握意识形态工作的领导权和主动权。

三是坚持马克思主义指导，加强马克思主义中国化和马克思主义学习型政党建设。

通过上述分析，可以清楚地得出以下几个重要结论：

1. 马克思主义是党和国家的灵魂、指南，坚持和发展马克思主义是中国特色社会主义取得胜利的根本思想保证。

2. 坚持马克思主义指导，在当代中国，必须把马克思主义与中国改革发展新的实践相结合，不断推进马克思主义中国化，用不断创新的中国化的马克思主义指导实践。

3. 在意识形态领域，必须坚持马克思主义主导地位，坚持社会主义主流意识形态，加强意识形态工作，这是坚持中国走社会主义道路、坚持中国共产党领导的政治底线。

4. 必须用中国化的马克思主义武装全党，特别是武装中高级干部。党是关键，领导干部是关键。建设马克思主义学习型政党是一个伟大的战略任务。毛泽东同志讲，政治路线确定之后，干部就是决定的因素。现在，党的理论、路线已经确定，关键在于贯彻落实，贯彻落实的关键在于干部，在于干部的政治理论素质和理论联系实际的能力。毛泽东同志指出："在担负主要领导责任的观点上说，如果我们党有一百个至二百个系统地而不是零碎地、实际地而不是空洞地学会了马克思列宁主义的同志，就会大大地提高我们党的战斗力量，并加速我们战胜日本帝国主义的工作。"① 毛泽东同志认为战胜日本帝国主义的一个关键在于理论武装党的高级领导干部。针对今天的情况来讲，如果我们党有一大批系统的而不是零碎地、实际的而不是空洞地掌握了中国特色社会主义理论体系的高素

---

① 《毛泽东选集》第二卷，人民出版社1991年版，第533页。

质的领导干部，将会大大提高我们党的战斗力，大大加快发展中国特色社会主义事业的进程。

5. 经过30多年改革开放，中国特色社会主义取得了举世瞩目的成就，但时至今日也存在一系列矛盾和问题，需要运用马克思主义立场、观点、方法加以认识，加以破解。苏轼在《晁错论》中有一段话很值得我们深思："天下之患，最不可为者，名为治平无事，而其实有不测之忧。坐观其变，而不为之所，则恐至于不可救。"全党一定要树立忧患意识，通过改革创新，破解前进道路中存在的种种难题、矛盾和问题，在发展中国特色社会主义伟大事业中创建学习型政党，通过创建学习型政党推进中国特色社会主义伟大事业。

二

坚决捍卫马克思列宁主义,坚决反对否定列宁与斯大林

坚持和发展马克思主义，
必须始终不渝地坚持和发展列宁主义[*]
——纪念列宁诞辰 150 周年

王伟光

2020 年是无产阶级伟大领袖列宁诞辰 150 周年。纪念列宁最好的方式，就是坚持和发展列宁主义。列宁运用马克思主义立场、观点、方法，分析、认识、把握时代本质和俄国具体国情，把马克思主义与无产阶级革命、帝国主义的时代条件以及俄国的国情实际相结合，科学地解答了马克思主义在当时历史条件下所面临的时代课题，制定了适合俄国国情的社会主义革命理论、路线、方针和政策，推动马克思主义付诸俄国革命实践，成功地发动了十月社会主义革命，建立了人类历史上第一个社会主义国家，创造性地领导了社会主义建设的实践探索，开拓了人类历史的新纪元，创造了马克思主义新的理论形态，把马克思主义推向列宁主义阶段。

一 马克思列宁主义是紧密联系在一起的科学完整的理论体系，始终是我们党的指导思想

中国共产党人是在俄国十月社会主义革命的影响下，在列宁

---

[*] 原载《世界社会主义研究动态》2020 年 11 月 13 日。

主义的教育下，接受和掌握了马克思主义，总结俄国的革命经验将马克思主义具体运用到中国实际的。中国新民主主义革命和社会主义革命的成功如此，中国社会主义建设和改革开放的成功亦是如此。

毛泽东同志代表中国共产党斩钉截铁地宣称："指导我们思想的理论基础是马克思列宁主义。"中国共产党人把马克思主义作为自己的旗帜和理论指南，从来都是把马克思列宁主义放在一起，作为一个完整的思想体系，作为最锐利的思想武器用以指导中国实践的。中国共产党的全部理论和实践表明，马克思主义和列宁主义是不可分割的，马克思列宁主义是完整的、系统的、科学的理论体系，在中国革命、建设和改革近百年的历史进程中，正是由于马克思列宁主义的指导，中国共产党才能够领导中国人民取得了一个又一个伟大胜利。坚持和发展马克思主义，必须坚持和发展列宁主义，必须把马克思列宁主义作为我们党始终坚持而不可改变的指导思想，这是我们党的一条根本经验。

坚持马克思列宁主义，并根据新的实践不断丰富和创新马克思列宁主义，是我们党必须始终不渝坚持的重大原则。苏联和东欧社会主义失败的根本原因就在于背离和放弃了马克思主义，而背离和放弃马克思主义的一个重要表现，就是背离和放弃了列宁主义。马克思主义的敌人和背叛者们背离和放弃马克思列宁主义的主要方式：一是大肆抹黑列宁，否定列宁领导的俄国十月社会主义革命。把列宁说成是"阴谋家""德国间谍"，拆列宁像、提出迁列宁墓，肆意贬低、恶意谩骂列宁，把十月革命说成是充满暴力的"超恐怖的革命""最悲惨的事件"，批评列宁为俄国发展选择了一条错误的道路，彻底否定了列宁所领导的十月社会主义革命的正确道路，掀起一股抹黑列宁、否定列宁主义的妖风；二是制造列宁主义和马克思主义的分离和对立，否定列宁主义。胡说什么列宁主义离开了马克思主义，列宁主义不是马克思主义，丢掉了列宁主义这把刀子。受国际上抹黑列宁、否定列宁主义妖风的影响，国内也出现了一股抹黑列宁、否定列宁主义的错误思潮，有的只提马克思主义，不提列宁主义、批判列宁主义，把我们党的马克思列宁主义旗帜砍掉，理论基础抽掉。这股抹黑列宁、否定列宁主义思潮的目的，就在于通过抹黑列宁、否定列宁主义、达到否定马克思主义，进而否定继承和发展列宁主义的毛泽东思想和中国特色社会主义思想理论体系，从而达到取消马克思主义的指导地位，否定中国共产党的领导，颠覆社会主义制度的不可告人的目的。

马克思列宁主义是不可分割的，取消列宁主义，不提马克思列宁主义，就丢掉了列宁主义这把刀子，从而铲除了党的正确的指导思想和理论基础，彻底改变党的马克思主义性质。针对否定列宁主义，把马克思主义与列宁主义对立起来的错误思潮，习近平总书记坚定地高举马克思列宁主义伟大旗帜，针锋相对地强调坚持和发展马克思列宁主义。他明确指出："马克思列宁主义、毛泽东思想一定不能丢，丢了就丧失根本。"[1] "马克思列宁主义，为中国人民点亮了前进的灯塔。"[2] 在党的十九大报告中他再次强调："新时代中国特色社会主义思想，是对马克思列宁主义、毛泽东思想、邓小平理论、'三个代表'重要思想、科学发展观的继承和发展。"[3] 马克思列宁主义是中国共产党的根和魂，丢掉了马克思列宁主义这个根和魂，中国共产党就失去了灵魂和方向，就会走上一条完全相反的道路。这样的结局，已被苏东蜕变的残酷斗争事实所证明。

---

[1] 《习近平谈治国理政》第一卷，外文出版社2018年版，第9页。
[2] 习近平：《在纪念毛泽东同志诞辰120周年座谈会上的讲话》，人民出版社2013年版，第4页。
[3] 习近平：《决胜全面建成小康社会 夺取新时代中国特色社会主义伟大胜利——在中国共产党第十九次全国代表大会上的报告》，人民出版社2017年版，第20页。

二 列宁是无产阶级的伟大领袖，为国际共产主义运动和人类社会进步做出了不朽的伟大贡献

斯大林曾高度评价列宁："在过去这个时期中，我们在社会主义建设的各个战线上取得了一系列决定性的成就。我们所以取得这些成就，是因为我们能够高举伟大的列宁旗帜。如果我们想要胜利，那我们今后还应当高举列宁的旗帜。"[①] 习近平总书记指出"对历史人物的评价，应该放在其所处时代和社会的历史条件下去分析"[②]。列宁作为无产阶级的伟大领袖，准确地把握当时时代的发展脉搏，回答了新的时代之问，发动了适应当时时代发展需要的实际的革命行动，在实践上引领了当时时代发展和社会进步新潮流。列宁为俄国十月社会主义革命和苏联社会主义建设，为全世界无产阶级解放作出了的历史性功绩，为人类历史进步作出了伟大的贡献。列宁不仅成功地领导了俄国十月社会主义革命，建立了全世界第一个社会主义国家，捍卫和巩固了苏维埃社会主义政权，而且在领导社会主义建设的进程中赢得了伟大成就。列宁所领导的十月社会主义革命和所创造的社会主义事业，突破了帝国主义在全球统治的薄弱环节，在资本主义世界体系内创造了新的社会主义社会形态。世界上出现了资本主义社会与社会主义社会并存竞争的新格局，人类历史开启从资本主义社会向社会主义社会过渡的新纪元。

第一，领导了十月社会主义革命，建立第一个社会主义国家。

第一次世界大战爆发，激化了资产阶级与无产阶级之间的矛盾，也给世界人民群众的生产和生活带来深重的灾难。俄国作为经济文化相对落后的国家，俄国劳动人民的生活颇为艰难，俄国无产

[①]《斯大林全集》第十二卷，人民出版社 1955 年版，第 324 页。
[②] 习近平：《在纪念毛泽东同志诞辰 120 周年座谈会上讲话》，人民出版社 2013 年版，第 11 页。

阶级及广大劳动人民要求革命的需求极为迫切，革命热情极为高涨。第一次世界大战加剧了俄国原有的尖锐的社会矛盾。"如果没有战争，俄国也许会过上几年甚至几十年而不发生反对资本家的革命。"[①] 1917年3月，俄国爆发了"二月革命"，推翻了沙皇的专制统治，取得了俄国资产阶级革命的成功。二月革命胜利后，俄国同时存在着苏维埃政府和资产阶级临时政府两个政权。"这种史无前例的异常独特的情况，使两种专政交织在一起：一种是资产阶级专政（因为李沃夫之流的政府是一种专政，就是说，是既不依靠法律，也不依靠预先表示出来的民意，而是依靠暴力夺取的一种政权，而且这种夺取是由一定的阶级即资产阶级来实现的）；另一种是无产阶级和农民的专政（工兵代表苏维埃）。"[②] 孟什维克和小资产阶级社会革命党占据苏维埃政权中的多数，自愿把政权让给资产阶级临时政府，"自己则只是充当监视和监督立宪会议的召开"[③]。资产阶级临时政府执行反动政策，"在各处拼命用各种办法排除、削弱和消灭兵工代表苏维埃"[④]，试图扑灭国内革命的火焰，实现资产阶级的统治。

在这种局势之下，列宁主张从资产阶级民主革命转变为社会主义革命，为布尔什维克统一到这一思想上而进行不懈的努力。当时党内有人主张推翻临时政府，有人主张继续资产阶级民主革命，反对转向社会主义革命，有的支持临时政府，对其进行监督。他严肃地批评党内的错误观点，宣传资产阶级民主革命转变为社会主义革命的可能性、现实性和必要性，揭露临时政府的虚伪性，批判孟什维克和社会革命党人的背叛行为，争取群众的支持，推动全党的认识趋于统一，努力实现"全部政权归苏维埃"的目标。他在1917

[①]《列宁全集》第三十卷，人民出版社1985年版，第27—28页。
[②]《列宁全集》第二十九卷，人民出版社1985年版，第153—154页。
[③]《列宁全集》第二十九卷，人民出版社1985年版，第153页。
[④]《列宁全集》第二十九卷，人民出版社1985年版，第154页。

年4月的《论无产阶级在这次革命中的任务》明确指出:"俄国当前形势的特点是从革命的第一阶段向革命的第二阶段过渡,第一阶段由于无产阶级的觉悟和组织程度不够,政权落到了资产阶级手中,第二阶段则应当使政权转到无产阶级和贫苦农民手中。"[①] 他明确表示:"只有苏维埃政权才能成为真正依靠大多数人民的稳固的政权。只有苏维埃政权才能是稳固的政权,才是在最猛烈的革命风暴中也不会被推翻的政权,只有这个政权才能保证革命不断地广泛地发展,保证苏维埃内部和平地进行党派斗争。不建立这个政权,就必然会产生犹豫、动荡和摇摆,不断发生'政权危机'和更换阁员的滑稽剧,忽而从左面、忽而从右面爆发。"[②]

列宁反复强调,只有苏维埃政权才能真正地代表人民的利益,解决人民的关切。无产阶级通过武装夺取政权提上了日程,提出准备武装斗争的策略,部署起义的各项工作。1917年7月至10月,列宁给党中央写了《布尔什维克应当夺取政权》和《马克思主义和起义》两封信。根据形势的发展制定了社会主义革命的系列纲领。1917年11月,布尔什维克发动彼得格勒武装起义,占领了临时政府所在地——冬宫,通过全俄工人士兵苏维埃代表大会选举产生人民委员会,列宁当选为委员会的主席,列宁领导的布尔什维克成功取得了十月社会主义革命的胜利,建立了第一个无产阶级和劳动人民群众的苏维埃政权,创立了第一个社会主义国家,为全世界无产阶级及其广大劳动人民获得解放提供了成功的经验。毛泽东同志多次高度评价十月革命的世界意义,指出"第一次帝国主义世界大战和第一次胜利的社会主义十月革命,改变了整个世界历史的方向,划分了整个世界历史的时代"[③],"从此以后,开始了第二种世

[①] 《列宁全集》第二十九卷,人民出版社1985年版,第114页。
[②] 《列宁全集》第三十二卷,人民出版社1985年版,第159页。
[③] 《毛泽东选集》第二卷,人民出版社1991年版,第667页。

界革命，即无产阶级的社会主义的世界革命"①，"十月革命给世界人民解放事业开辟了广大的可能性和现实的道路，十月革命建立了一条从西方无产者经过俄国革命到东方被压迫民族的新的反对世界帝国主义的革命战线"②。他充分肯定列宁领导的俄国十月革命的成功给我国带来的深远影响，指出："一向孤立的中国革命斗争，自从十月革命胜利以后，就不再感觉孤立了。我们有全世界的共产党和工人阶级的援助。"③"中国人从思想到生活，才出现了一个崭新的时期。中国人找到了马克思列宁主义这个放之四海而皆准的普遍真理，中国的面目就起了变化了。"④列宁所领导的无产阶级革命实践，为世界社会主义革命、殖民地半殖民地人民民主解放运动提供了实践榜样。

第二，坚持马克思主义指导思想，创建第一个无产阶级革命政党。

马克思恩格斯强调，无产阶级要实现推翻资本主义、实现共产主义历史使命，必须建立一个不同于资产阶级、小资产阶级民主派和其他社会主义流派的无产阶级政党。恩格斯在1889年《致格尔松·特里尔》一文中指出："无产阶级要在决定关头强大到足以取得胜利，就必须（马克思和我从1847年以来就坚持这种立场）组成一个不同于其他所有政党并与它们对立的特殊政党，一个自觉的阶级政党。"⑤ 19世纪末20世纪初，世界资本主义从自由竞争向垄断过渡，阶级矛盾更加尖锐，工人革命运动不断爆发，无产阶级斗争精神极为高涨，尤需无产阶级政党的领导。以列宁为代表的俄国无产阶级先进分子，勇敢地承担起光荣的历史使命。在领导俄国无产阶级革命的斗争实践中，列宁运用马克思主义建党原理创立了统

---

① 《毛泽东选集》第二卷，人民出版社1991年版，第671页。
② 《毛泽东选集》第四卷，人民出版社1991年版，第1357页。
③ 《毛泽东选集》第四卷，人民出版社1991年版，第1359页。
④ 《毛泽东选集》第四卷，人民出版社1991年版，第1470页。
⑤ 《马克思恩格斯文集》第十卷，人民出版社2009年版，第578页。

一的俄国无产阶级政党——布尔什维克，坚持和巩固无产阶级政党在俄国革命中的领导地位，积极地解决和探索党的建设的一系列重大问题，深刻地影响着世界各国无产阶级政党的建设和发展。

最初，俄国工人所开展革命活动，往往实现不了自己的目标，甚至屡屡失败。失败的教训使列宁认识到，俄国无产阶级必须在先进的思想——马克思主义的指导之下，组建属于无产阶级自己的政党。如何建立统一的无产阶级政党呢？列宁始终坚持思想上建党，坚持把马克思主义作为党的根本指导思想，主张要把党员思想统一到马克思主义上来，并把是否坚持思想建党，坚持马克思主义理论指导，作为划清马克思主义政党与受其他社会思潮影响的工人运动派别的根本差别。1902年，列宁在《怎么办？》这部著作中论证了建立统一无产阶级政党的必要性，明确马克思主义是党的指导思想，作为无产阶级政党建设的思想基础。在什么人可以加入无产阶级政党的问题上，列宁所领导的布尔什维克是马克思主义指导下的俄国工人阶级政党，布尔什维主义就是列宁所坚持的马克思主义。列宁领导布尔什维克，坚持马克思主义，同各种机会主义思潮做坚决斗争，赢得了广大群众的认可，不断地扩大布尔什维克的队伍。列宁所领导的布尔什维克成为世界上第一个无产阶级执政党，领导俄国无产阶级取得十月革命的胜利，建立了苏维埃政权，在苏联社会主义建设的过程中发挥着引领作用。布尔什维克的建党经验深刻地影响了世界其他国家无产阶级政党的建立，特别是中国共产党的建立，促进了无产阶级革命事业的开展，极大地推进了无产阶级的解放进程。毛泽东同志指出："中国共产党就是依照苏联共产党的榜样建立起来和发展起来的一个党。自从有了中国共产党，中国革命的面目就焕然一新了。"[①]

第三，坚持党对军队的绝对领导，缔造第一支人民的军队。

[①] 《毛泽东选集》第四卷，人民出版社1991年版，第1357页。

毛泽东同志曾说"按照马列主义的观点,国家组织第一是军队,没有军队就没有力量"[①]。在面对帝国主义的瓦解和国内激烈的战争态势,列宁认为不能利用过去的、资产阶级的军队,必须"建立新的军队"[②],使其成为由"完全由无产阶级和接近无产阶级的半无产的农民阶层组成"[③]。列宁建立了第一支无产阶级专政的工农红军,也是世界上第一支真正代表人民利益的军队。

列宁始终坚持党在红军中的领导地位,加强党支部工作在军队建设中的重要性,蕴含了党指挥枪的无产阶级军队建设的根本原则。早在1916年,他就指出:"在青年入伍以前和服役期间,都要扩大和加强社会民主党在军队中的工作。在各个部队里建立社会民主党小组。用社会主义观点说明在唯一正当的战争中,即在无产阶级为了从雇佣奴隶制下解放人类而对资产阶级进行的战争中,使用武器的历史必然性和正当性。"[④] 他强调军队思想建设的重要性,以纲领的形式要求在每个部队中成立党支部,设立政治委员。他主持制定的《俄国共产党(布尔什维克)纲领》规定:"除军事首长外,还必须设政治委员,由可靠的、具有忘我精神的共产党员担任,并在每一个部队中成立共产党支部,以建立内部思想的联系和自觉的纪律。"[⑤] 他积极地肯定党支部和党员干部的宣传工作在战争中的极端重要性,在总结党支部在战争中的作用时谈道:"尽管有一些军事专家叛变,我们仍然打垮了高尔察克和尤登尼奇,在各条战线上都取得了胜利。这是因为在红军中有共产党支部,它们起了巨大的宣传鼓动作用,人数不多的军官被这种环境所包围,受到共产党员的巨大压力,他们中间的大多数人就逃不出我们用来包围他

---

① 《毛泽东文集》第四卷,人民出版社1996年版,第326页。
② 《列宁全集》第三十四卷,人民出版社1985年版,第23页。
③ 《列宁全集》第三十六卷,人民出版社1985年版,第410页。
④ 《列宁全集》第二十八卷,人民出版社1990年版,第211页。
⑤ 《列宁全集》第三十六卷,人民出版社1985年版,第410页。

们的共产主义组织和宣传网。"①

列宁坚持人民军队要为人民的利益而斗争，主张通过严明的纪律来保证军队为人民服务。他认为，苏维埃工农红军不同于以往旧社会的军队，是为无产阶级解放事业而奋斗的革命武装。在红军建设的过程之中，他指明红军的本质，表明"红军是无产阶级专政的工具，它必然具有鲜明的阶级性质"②，而红军的使命就是"保卫革命的成果，保卫我们的人民政权，保卫兵工农代表苏维埃，保卫整个真正民主的新制度，抗击一切为了消灭革命而不择手段的人民的敌人"③。正因为红军明白维护人民利益是自身使命所在，才能自觉自愿地为俄国无产阶级革命和苏维埃政权进行斗争。他重视军队纪律的作用，强调严明的纪律是红军巩固、壮大的基础，是获取战争胜利的关键，更是同损害人民群众利益进行斗争的依据。1920年，在总结国内外战争经验的时候就强调建立军队纪律的重要性时，他说："我们已经熬过了我们被帝国主义军队四面包围而俄国劳动者还不能自觉执行我们的任务的那个时期。当时游击习气盛行，谁都想抓到武器，毫不考虑整体，地方上胡作非为的现象和抢劫行为到处可见。在这两年里，我们建立了统一的、纪律严明的军队。"④

第四，依靠无产阶级专政，巩固社会主义苏维埃的人民政权。

十月革命胜利之后，苏维埃政权遭到了十余个帝国主义国家的封锁和武装干涉，而苏维埃政权尚未建立自己的军队。面对这一严峻形势，列宁发现帝国主义之间的矛盾异常尖锐，可以利用帝国主义的激烈竞争来为苏维埃政权赢得生存的机会。例如，在面对德军的强大进攻，列宁主张与德国签订了《布列斯特和约》。面对帝国

---

① 《列宁全集》第三十七卷，人民出版社1986年版，第309页。
② 《列宁全集》第三十六卷，人民出版社1985年版，第410页。
③ 《列宁全集》第三十三卷，人民出版社1992年版，第221页。
④ 《列宁全集》第三十八卷，人民出版社1986年版，第193页。

主义纠集国内反动派发动反对苏维埃政权的反革命战争，他领导工农红军通过革命战争、反对反革命战争，保卫了社会主义制度。为了打赢战争，捍卫新生的社会主义政权，他领导布尔什维克在1918年至1921年实行了战时共产主义政策。战时共产主义政策的主要内容是：实行工业国有化，剥夺剥夺者，从没收大企业到没收中小企业；从粮食垄断、禁止私人买卖粮食到余粮征集制，国家用极低的价格购买农民的"余粮"，保证红军和城市军民有饭吃；限制市场和私人贸易；推行平均主义的分配制度；实行劳动义务制和劳动军事化，贯彻不劳动者不得食的原则。战时共产主义政策最大限度地集中人力、物力、财力，为赢得战争的胜利、捍卫十月革命的成果、保卫苏维埃政权提供了非常必要的物质支持。他领导布尔什维克、红军和人民捍卫了社会主义苏维埃政权。

第五，实行新经济政策，领导了社会主义建设实践探索。

十月革命胜利，苏联成为全世界第一个社会主义国家，如何过渡到社会主义社会，建设社会主义成为苏维埃政权面临的首要问题，也是马克思主义在当时所亟须解决的现实问题。列宁对社会主义的认识最初是马克思恩格斯关于社会主义是共产主义第一阶段的论述，但是，随着俄国社会主义实践出现了许多新情况、新问题，列宁不是以书本为标准来认识社会主义，而是从具体实践出发来认识社会主义，开展社会主义建设。1918年。他指出："现在一切都在于实践，现在已经到了这样一个历史关头：理论在变为实践，理论由实践赋予活力，由实践来修正，由实践来检验"[1]，"对俄国来说，根据书本争论社会主义纲领的时代也已经过去了，我深信已经一去不复返了。今天只能根据经验来谈论社会主义"[2]。也就是说，他开始从经济文化落后的国情实际出发来领导俄国的社会主义建设。

---

[1] 《列宁全集》第三十三卷，人民出版社1985年版，第208页。
[2] 《列宁全集》第三十四卷，人民出版社1985年版，第466页。

战时共产主义政策对于赢得国内战争胜利、保卫苏维埃政权是必要的，但战争结束后这一政策需要调整。列宁反思战时共产主义政策，指出："'战时共产主义'是战争和经济破坏迫使我们实行的。它不是而且也不能是一项适应无产阶级经济任务的政策。它是一种临时的办法。"[①] 与此同时，认为"我们计划（说我们计划欠周地设想也许较确切）用无产阶级国家直接下命令的办法在一个小农国家里按共产主义原则来调整国家的产品生产和分配。现实生活说明我们错了。为了作好向共产主义过渡的准备（通过多年的工作来准备），需要经过国家资本主义和社会主义这些过渡阶段。不能直接凭热情，而要借助于伟大革命所产生的热情，靠个人利益，靠同个人利益的结合，靠经济核算，在这个小农国家里先建立起牢固的桥梁，通过国家资本主义走向社会主义"[②]。正因为战时共产主义政策存在的这些问题，苏维埃政权在取得战争胜利后继续实行这一政策在一定程度上引起广大人民群众的不满。列宁及时认识到不改变政策就会失去群众的支持，适时从战时共产主义政策调整到适合当时苏维埃政权生产力水平的新经济政策。

列宁把发展生产力和提高生产率作为社会主义建设的重要任务和发展目标，重视社会主义发展的物质基础。他指出："无产阶级取得国家政权以后，它的最主要最根本的需要就是增加产品数量，大大提高社会生产力。"[③] 他清醒地认识到社会主义制度高于资本主义，但是生产力水平还远远落后于发达资本主义国家，提出社会主义一定要创造比资本主义更高生产率的任务。"劳动生产率，归根到底是使新社会制度取得胜利的最重要最主要的东西。资本主义创造了在农奴制度下所没有过的劳动生产率。资本主义可以被最终战胜，而且一定会被最终战胜，因为社会主义能创造新的高得多的劳

[①] 《列宁全集》第四十一卷，人民出版社1992年版，第208—209页。
[②] 《列宁全集》第四十二卷，人民出版社1987年版，第176页。
[③] 《列宁全集》第四十二卷，人民出版社1987年版，第369页

动生产率。"① 基于这一判断，他认为现代大工业意味着发展电气化，提出"共产主义就是苏维埃政权加全国电气化"②的著名口号，指出"一定要努力把小农经济基础变成大工业经济基础。只有当国家实现了电气化，为工业、农业和运输业打下了现代大工业的技术基础的时候，我们才能得到最后的胜利"③。为了提高苏联生产力发展水平，他认为经济文化落后的社会主义国家需要充分地利用资本主义的优秀成果来建设社会主义，形象地用"苏维埃政权＋普鲁士的铁路秩序＋美国的技术和托拉斯组织＋美国的国民教育等等等等＋＋＝总和＝社会主义"④来描述社会主义，指出"社会主义能否实现，就取决于我们把苏维埃政权和苏维埃管理组织同资本主义最新的进步的东西结合得好坏"⑤。

为了更好地建设社会主义，列宁提出新经济政策进行经济、政治、文化在内的全面改革，以适应当时苏维埃政权生产力的发展需要，增进同人民群众的密切联系，更好地服务群众。一方面，列宁提出改革苏维埃国家机关。因为苏维埃国家机关虽然是社会主义国家机关，但是建立在打碎旧的国家机器之上，仍然存有旧机关的弊端。另一方面，列宁重视进行文化改革，强调加强教育，提高人们的文化素质。为了发展教育，提出把其他部门削减下来的经费专用于教育领域，"使我们的整个国家预算首先去满足初级国民教育的需要"⑥，增加教师的工资待遇，提高教师地位，而这些本身是无产阶级文化发展的必然要求。在列宁的正确领导下，苏维埃政权领导人民迅速地恢复了国内经济，展开了大规模的社会主义建设。

---

① 《列宁全集》第三十七卷，人民出版社1986年版，第18页。
② 《列宁全集》第四十卷，人民出版社1986年版，第30页。
③ 《列宁全集》第四十卷，人民出版社1986年版，第156页。
④ 《列宁全集》第三十四卷，人民出版社1985年版，第520页。
⑤ 《列宁全集》第三十四卷，人民出版社1985年版，第170—171页。
⑥ 《列宁全集》第四十三卷，人民出版社1987年版，第357页。

三 列宁是伟大的马克思主义者，把马克思主义推进到列宁主义新境界

斯大林高度评价列宁的伟大之处，指出："列宁的伟大，正在于他没有做马克思主义字句的俘虏，而善于抓住马克思主义的实质，并从这个实质出发，向前发展了马克思和恩格斯的学说。"[①] 列宁准确判断和把握时代本质和特征，结合俄国国情和无产阶级革命、社会主义建设实际的特点，创造性运用和发展了马克思主义，把马克思主义发展到列宁主义阶段。列宁主义既是马克思主义在新的历史条件下的丰富和发展，又为马克思主义随着时代条件和实践的变化而不断发展创新提供重要前提和必要准备，在马克思主义发展到今天的历史进程中，起着承上启下、继往开来的伟大历史作用。列宁主义使马克思列宁主义成为中国共产党人和世界共产党人的行动指南，为社会主义国家现实问题的解决提供了科学的世界观和方法论指导。

第一，关于时代本质特征、帝国主义和无产阶级革命的理论。

19世纪末20世纪初，资本主义从自由竞争阶段发展到垄断阶段，也就是帝国主义阶段。如何科学把握时代本质、特征及发展规律，正确地认识资本主义产生的新变化，科学地把握帝国主义的本质及其发展规律，全面地把握帝国主义发展对无产阶级革命产生的深远影响，成为当时社会面临的重大时代课题，也是当时俄国社会发展所必须回应的现实问题。

列宁运用马克思主义立场、观点和方法，敏锐地洞察到全球资本主义进入垄断资本主义，即帝国主义阶段，揭示帝国主义的垄断、寄生或腐朽、垂死的资本主义基本特征，指出了垄断资本主义

[①]《斯大林全集》第八卷，人民出版社1954年版，第222页。

是资本主义发展的最高阶段，发现了世界帝国主义各国经济社会发展的不平衡性，认识到了帝国主义国家之间、社会主义和资本主义之间、资本主义各国与殖民地人民之间、资产阶级与无产阶级之间的矛盾更加尖锐，俄国作为当时经济文化相对落后的国家，各类矛盾聚集，矛盾程度更为严重，是帝国主义统治的薄弱环节，指出帝国主义对无产阶级，特别是俄国无产阶级的重大影响，俄国无产阶级可以率先进行社会主义革命，并取得成功。列宁关于时代本质、特征和发展规律以及帝国主义和资产阶级革命历史阶段的科学判断，为俄国十月社会主义革命，也为全世界无产阶级革命和国际共产主义运动，包括中国革命提供了理论依据和实践指南。

列宁运用马克思主义立场、观点、方法研究帝国主义的产生、发展和本质特征，准确预测帝国主义的发展趋势。他所著的《帝国主义是资本主义的最高阶段》一书集中体现了马克思主义的帝国主义理论。他指出："必须给帝国主义下一个尽量确切和完备的定义。帝国主义是资本主义的特殊历史阶段。这个特点分三个方面：（1）帝国主义是垄断的资本主义；（2）帝国主义是寄生的或腐朽的资本主义；（3）帝国主义是垂死的资本主义。"[①] 他的定义深刻揭示了帝国主义的经济基础和实质，明确了帝国主义的历史地位，分析了帝国主义矛盾的尖锐性和不可调和性，把握了垄断资本主义即帝国主义的历史阶段。他从经济基础出发来把握帝国主义"经济上的基本事实，就是资本主义的自由竞争为资本主义的垄断所代替"[②]，明确垄断是帝国主义的本质特征，帝国主义是资本主义的垄断阶段。这种垄断的资本主义阶段是生产集中到一定阶段的必然产物，是资本主义生产关系的阶段性质变。从资本主义经济基础出发，他科学地概括了帝国主义五个方面的特征："（1）生产和资本的集中发展到这样高的程度，以致造成了在经济生活中起决定作用

[①] 《列宁全集》第二十八卷，人民出版社1990年版，第69页。
[②] 《列宁全集》第二十七卷，人民出版社1990年版，第400页。

的垄断组织；（2）银行资本和工业资本已经融合起来，在这个'金融资本的'基础上形成了金融寡头；（3）和商品输出不同的资本输出具有特别重要的意义；（4）瓜分世界的资本家国际垄断同盟已经形成；（5）最大资本主义大国已把世界上的领土瓜分完毕。"① 他认为，垄断资本主义的经济基础和实质决定了帝国主义掠夺、侵略和争夺世界霸权的本性，其结果必然引发帝国主义国内外矛盾的尖锐化，也决定了其必将会向更高的社会形态演进。"帝国主义就其经济实质来说，是垄断资本主义。这就决定了帝国主义的历史地位，因为在自由竞争的基础上、而且正是从自由竞争中生长起来的垄断，是从资本主义社会经济结构向更高级的结构的过渡。"② 他明确判断："帝国主义是无产阶级社会革命的前夜。"③ 预测无产阶级革命的到来，指出帝国主义必将被更高级的社会形态——社会主义所取代。

帝国主义如何通过无产阶级革命过渡到社会主义呢？抑或如何突破帝国主义的统治而取得社会主义革命的胜利呢？马克思恩格斯基于自由竞争资本主义发展的现状，认为社会主义革命将同时在几个发达的资本主义国家同时爆发并取得胜利。无产阶级革命"将不是仅仅一个国家的革命，而是将在一切文明国家里，至少在英国、美国、法国、德国同时发生的革命，在这些国家的每一个国家中，共产主义革命发展得较快或较慢，要看这个国家是否有较发达的工业，较多的财富和比较大量的生产力"④。列宁发现垄断资本主义经济政治发展不平衡的规律，帝国主义体系必然存在的薄弱环节，当时的俄国是帝国主义统治链条上的薄弱环节，成为国内外各种矛盾的聚焦点。俄国当时的国内外条件，为无产阶级提供了突破帝国主

---

① 《列宁全集》第二十七卷，人民出版社1990年版，第401页。
② 《列宁全集》第二十七卷，人民出版社1990年版，第434页。
③ 《列宁全集》第二十七卷，人民出版社1990年版，第330页。
④ 《马克思恩格斯文集》第一卷，人民出版社2009年版，第687页。

义战线、赢得无产阶级革命胜利的机会。列宁作为无产阶级的领袖，提出社会主义可能在一国或多国首先取得胜利的理论，从根本上解决了帝国主义阶段无产阶级进行革命斗争的理论和实践问题。他在《无产阶级革命的军事纲领》中阐释道："资本主义的发展在各个国家是极不平衡的。而且在商品生产下也只能是这样。由此得出一个必然的结论：社会主义不能在所有国家内同时获得胜利。它将首先在一个或者几个国家内获得胜利，而其余的国家在一段时间内将仍然是资产阶级的或资产阶级以前的国家。"① 如何评判是否构成帝国主义薄弱环节呢？列宁认为应该至少具备四个条件：一定的大工业和现代无产阶级；统治阶级的统治基础和统治能力比较薄弱，难以照旧统治下去；无产阶级和劳动群众具有高度的革命热忱，不想照旧生活下去；有一个政治上成熟的马克思主义政党的领导与指导。他认为，当时的俄国正处于帝国主义体系的薄弱环节，可以进行社会主义革命。

列宁提出了殖民地民族解放运动是世界无产阶级革命一部分的理论。随着帝国主义瓜分世界，他敏锐地认识到帝国主义把民族问题扩大为民族殖民地问题，把马克思主义关于民族问题的理论发展为殖民地民族解放运动理论。他认为，在帝国主义阶段，民族问题出现了新的特点，是一个"全世界殖民政策的特殊时代"②。也就是说，所有殖民地民族都受到帝国主义国家的剥削与压迫，世界已经被分为压迫民族和被压迫民族。他在《民族和殖民地问题提纲初稿》中指出："全世界已经划分为两部分，一部分是为数众多的被压迫民族，另一部分是少数几个拥有巨量财富和强大军事实力的压迫民族。"③ 这表明，被压迫民族的解放问题已经不仅仅是地区性的问题，而成为一个世界性的问题。他基于马克思主义民族理论，结

---

① 《列宁全集》第二十八卷，人民出版社1990年版，第88页。
② 《列宁全集》第二十二卷，人民出版社1958年版，第247页。
③ 《列宁全集》第三十九卷，人民出版社1986年版，第229页。

合帝国主义时代特征，认为"应当把争取社会主义的革命斗争同民族问题的革命纲领联系起来"①。他阐述殖民地国家无产阶级斗争的策略，指出殖民地国家民族解放运动的前途和实现过程，提出殖民地国家可以不经过资本主义道路而直接过渡到社会主义的理论："在一切殖民地和落后国家，我们不仅应该组成能够独立进行斗争的基干队伍，即党的组织，不仅应该立即宣传组织农民苏维埃并使这种苏维埃适应资本主义前的条件，而且共产国际还应该指出，还应该从理论上说明，在先进国家无产阶级的帮助下，落后国家可以不经过资本主义发展阶段而过渡到苏维埃制度，然后经过一定的发展阶段过渡到共产主义。"②列宁的这些思想指导了无产阶级领导殖民地国家的民族解放运动，也是对马克思主义关于民族解放问题的重大贡献。

第二，关于国家、无产阶级专政和无产阶级新型民主的理论。

列宁丰富和发展了马克思主义的国家学说，坚持和发展了马克思主义关于无产阶级专政的理论。为了俄国无产阶级夺取政权、建立社会主义国家，他认真研究了马克思主义国家学说，撰写了《国家与革命》这部著作。他坚持马克思主义关于国家起源、本质、职能和主要构成的观点，关于无产阶级夺取资产阶级国家政权后必须彻底打碎旧的国家机器，建立新的无产阶级国家机器的观点，关于实行无产阶级政治统治的观点，关于无产阶级专政和无产阶级新型民主的观点。他指出无产阶级专政是无产阶级反对资产阶级的必然结果，也是科学社会主义思想的重要组成部分，继承和发展了马克思关于无产阶级专政学说。

早在1917年二月革命之后，列宁提出无产阶级应该独立地掌握政权，通过领导十月革命推翻资产阶级政权，建立无产阶级政权。十月革命后，列宁分析苏维埃俄国经济政治结构特点，阐述建

---

① 《列宁全集》第二十七卷，人民出版社1990年版，第78页。
② 《列宁全集》第三十九卷，人民出版社1986年版，第233页。

立无产阶级专政的必然性——一个阶级的专政"不仅对推翻了资产阶级的无产阶级是必要的,而且对介于资本主义和'无阶级社会'即共产主义之间的整整一个历史时期都是必要的,——只有懂得这一点的人,才算掌握了马克思国家学说的实质"①。

无产阶级专政通过什么形式实现呢?列宁在领导俄国无产阶级革命过程中,发现苏维埃是俄国无产阶级专政的具体形式和最好形式,指出"苏维埃是无产阶级专政的俄国形式"②。也就是说,各个民族和国家走向社会主义的方式是不一样的,各国应该基于本国的国情和民族特点来确定革命和政权的具体形式,而不能照搬俄国的形式。

列宁论述了无产阶级专政的实质和任务。他指出,马克思主义认为在无产阶级专政的暴力方面,主要不在于暴力,而是比资产阶级专政更加民主的新型专政,是对资产阶级实行专政,对无产者和广大人民实行民主。正因为如此,无产阶级专政的任务是改造旧的、压迫无产者和广大人民群众的生产关系,建立新型的社会主义生产关系。"无产阶级专政不只是对剥削者使用的暴力,甚至主要的不是暴力。这种革命暴力的经济基础,它的生命力和成功的保证,就在于无产阶级代表着并实现着比资本主义更高类型的社会劳动组织。实质就在这里。"③ 正因为如此,无产阶级专政的"主要实质在于劳动者的先进部队、先锋队、唯一领导者即无产阶级的组织性和纪律性"④。

列宁反复强调无产阶级及其先锋队共产党,是无产阶级专政的领导力量。关于无产阶级专政领导的问题,列宁指出共产党才能实现这种专政,党是无产阶级专政的最高领导力量,这是由共产党的

---

① 《列宁全集》第三十一卷,人民出版社1985年版,第33页。
② 《列宁全集》第三十五卷,人民出版社1985年版,第258页。
③ 《列宁全集》第三十七卷,人民出版社1986年版,第11页。
④ 《列宁全集》第三十六卷,人民出版社1985年版,第375页

本质所决定的，因为"只有这个先锋队才能抵制这些群众中不可避免的小资产阶级动摇性，抵制无产阶级中不可避免的种种行业狭隘性或行业偏见的传统和恶习的复发，并领导全体无产阶级的一切联合行动，也就是说在政治上领导无产阶级，并且通过无产阶级领导全体劳动群众。不这样，便不能实现无产阶级专政"①。他对无产阶级专政的实质、形式、内容、任务、领导等问题进行详细论述，极大地发展了马克思主义无产阶级专政学说。

列宁第一次在理论和实践上确立人民军队的建立，肯定共产党对人民军队的领导，使人民军队成为维护工人和农民利益、反抗资产阶级压迫、巩固无产阶级政权的强有力工具，发展和完善了马克思主义关于军队建设观点和国家学说。

在建立无产阶级专政的过程中，列宁探索了资产阶级民主更为民主的无产阶级新型民主，提出了社会主义新型民主的理论。无产阶级夺取政权之后采取什么样的无产阶级新型民主形式成为列宁面临的重要课题。他指出："彻底发展民主，找出彻底发展的种种形式，用实践来检验这些形式等等，这一切都是为社会革命进行斗争的基本任务之一。"② 探索建立彻底的、社会主义的新型民主，一直是他考虑并探索的重大问题。他领导俄国党从十月革命胜利之初实行的人民自治、直接民主制转向党代表人民进行管理的间接民主制，他领导布尔什维克党一直探索新型民主的实现形式。在探索中，他认为苏维埃新型民主政治体制有利于集中全国的力量实行统一的行动和统一的纪律，但是这种民主形式在一定程度上限制了人民群众的民主权利，滋生了官僚主义，因而他领导布尔什维克党改革高度集中的政治体制，在党内实行"工人民主制"、建立党内监察体制、实行党政分工、精简机构等措施来改造国家机构，扩大无产阶级监督权，推动党内民主逐步走向一种真正体现人民民主和社

---

① 《列宁全集》第四十一卷，人民出版社1986年版，第85页。
② 《列宁全集》第三十一卷，人民出版社1985年版，第75页。

会主义新型民主的政治民主。列宁关于无产阶级新型民主思想是对马克思主义关于社会主义民主政治建设的继承和发展，构成社会主义民主建设理论的重要内容。

第三，关于新型无产阶级政党的理论。

列宁结合国内外的实际情况深入地思考建设什么样的党、如何建设党的问题，逐渐形成了关于新型无产阶级政党建设的一系列理论成果，在实践中探求、丰富和发展马克思主义政党建设学说，形成了列宁主义党建理论。列宁在《我们运动的迫切任务》《从何着手》《怎么办？》等著作中，提出比较完整的无产阶级建党理论，将无产阶级政党建设与社会主义建设实际相结合，系统地阐释无产阶级政党的思想基础、力量源泉、组织原则。

列宁认为，无产阶级政党要把党的思想建设放在首位，以马克思主义为指导，坚持共产主义理想信念，始终作为马克思主义政党和无产阶级的先锋队，始终作为无产阶级革命和社会主义国家的领导力量。在布尔什维克党建党之初，他明确表示，把坚持马克思主义提高到关乎无产阶级政党和无产阶级事业生死存亡的高度。他认为，坚持马克思主义指导，是马克思主义科学性和先进性的必然要求，更是解决俄国社会现实发展问题的必然选择。列宁在《怎么办？》中明确表示"我们完全以马克思的理论为依据，因为它第一次把社会主义从空想变成科学，给这个科学奠定了巩固的基础，指出了继承发展和详细研究这个科学所应遵循的道路"[1]，强调"只有以先进理论为指南的党，才能实现先进战士的作用"[2]。他主张坚持马克思主义要结合本国国情，强调"对于俄国社会党人来说，尤其需要独立地探讨马克思的理论，因为它所提供的只是总的指导原理，而这些原理的应用具体地说，在英国不同于法国，在法国不同

---

[1]《列宁全集》第四卷，人民出版社2013年版，第160页。
[2]《列宁全集》第六卷，人民出版社2013年版，第24页。

于德国，在德国又不同于俄国"①。

列宁特别强调无产阶级政党领导权在革命和建设过程中的至关重要性，阐明无产阶级政党是苏维埃政权的领导力量，开创性地表明共产党无论在革命时期还是在社会主义建设的过程中，都要牢牢地掌握领导权。他指出"只有工人阶级的先进部分，只有工人阶级的先锋队，才能领导自己的国家"②。

列宁明确指出，无产阶级政党要善于保持和加强与群众的密切联系，才能成为强有力的政党，成为不可战胜的政党。列宁在布尔什维克党建立之后，认为人民群众的支持是俄国革命和社会主义建设取得成功的关键，明确无产阶级政党的先进性在于紧密联系群众，代表人民群众的根本利益。他指出"先锋队只有当它不脱离自己领导的群众并真正引导全体群众前进时，才能完成其先锋队的任务"③，"劳动群众拥护我们。我们的力量就在这里。全世界共产主义运动不可战胜的根源就在这里。多吸收群众中新的工作者入党，使他们独立参加建设新生活的工作，这就是我们克服一切困难的手段，这就是我们走向胜利的道路"④。他充分认识到脱离群众对于党的危害，表示"对于领导一个大国（现在还没有得到比较先进国家的直接援助）向社会主义过渡的工人阶级先锋队来说，最大最严重的危险之一，就是脱离群众"⑤。斯大林清晰阐释了列宁的党与群众密切联系的思想，指出"应该记住列宁的不朽名言：我们党的力量在于保持党和千百万非党群众之间的活的联系，这种联系愈实际，我们的成就就愈可靠"⑥。

列宁明确指出了无产阶级政党的根本组织原则——民主集中

---

① 《列宁全集》第四卷，人民出版社2013年版，第161页。
② 《列宁全集》第三十七卷，人民出版社1986年版，第349页。
③ 《列宁全集》第四十三卷，人民出版社1987年版，第23页。
④ 《列宁全集》第三十七卷，人民出版社1986年版，第217页。
⑤ 《列宁全集》第三十三卷，人民出版社1957年版，第162页。
⑥ 《斯大林全集》第六卷，人民出版社1956年版，第270页。

制，强调把无产阶级政党建设成为有纪律、有组织、有权威的新型政党。习近平总书记指出："列宁认为，党应该具有严密的组织、统一的意志和行动，只有按照集中制原则建立起来的党才是一个'真正钢铁般的组织'。"[1] 正如习近平总书记所指出的那样，列宁强调党的组织建设是完成无产阶级政党历史任务的重要保证，表示"无产阶级在争取政权的斗争中，除了组织，没有别的武器"，而无产阶级"所以能够成为而且必然会成为不可战胜的力量，就是因为它根据马克思主义原则形成的思想一致是用组织的物质统一来巩固的，这个组织把千百万劳动者团结成一支工人阶级的大军"[2]。无产阶级政党的根本组织原则是什么呢？他把民主集中制作为俄国共产党的组织原则，并在1906年召开的俄国社会民主工党第四次代表大会上，主持将民主集中制写入党章。他在起草《加入共产国际的条件》时，把民主集中制的原则又推广到共产国际中，规定"加入共产国际的党，应该是按照民主集中制的原则建立起来的"[3]。在革命时期，他更多的是强调集中，而随着战争的结束，他强调扩大党内民主，加强党内监督，发挥无产阶级政党的创造性，促进社会主义建设的生机与活力。主张党要吸引社会上的先进分子加入党组织之中，更要通过严格的纪律来治理党。他强调党员应在各个方面发挥模范带头作用，通过规定新党员预备期、严格入党手续、加强党员教育等方式来严格党的管理，将党员置于党纪国法的监督之下。

第四，关于新经济政策和社会主义建设的理论。

根据俄国社会主义建设的实际，列宁提出新经济政策和社会主义建设的理论，这是他对马克思主义、对科学社会主义的重大理论贡献。新经济政策是他基于苏维埃政权面临的国际形势和当时的社会现实而进行的政策调整，是为了战后经济的发展而不得不进行的经济政

---

[1] 习近平：《推进党的建设新的伟大工程要一以贯之》，《求是》2019年第19期。
[2] 《列宁全集》第八卷，人民出版社1986年版，第415页。
[3] 《列宁全集》第三十九卷，人民出版社1986年版，第202页。

策改革，是他关于社会主义建设理论与现实结合的产物。也是他由十月革命夺取政权过渡到社会主义的理论与实践。他指出："我们不顾一切旧事物，完全按照新的方式开始建设新经济。如果我们不开始建设新经济，那我们在头几个月或头几年就被打垮了。"①"目前我们踏上了实干的道路，我们必须走向社会主义，但不是把它当作用庄严的色彩画成的圣像。"② 农民占优势，是小农经济的汪洋大海。正是在这样的客观条件下。"新经济政策的实质是无产阶级同农民的联盟，是先锋队无产阶级同广大农民群众的结合"③，"我们正在学习怎样在一个小农国家里进一步建设社会主义大厦而不犯这些错误。"④ 新经济政策开始于1921年，主要内容是用粮食税代替余粮征集制，使农民有权支配纳税后的余粮；工业企业停止推行国有化，允许私人经营企业；大力发展商业，充分利用市场和商品货币关系，促进工农业商品的流通；加强与资本主义国家的经济合作与交往，同资本主义交往的最主要形式是实行租让制。新经济政策实施之后，国内经济得以迅速恢复与发展。

在俄国这样相对落后的国家怎样建设社会主义，这是俄国共产主义运动的一个重大课题。马克思主义经典作家设想的社会主义，是在高度成熟的资本主义国家经过无产阶级革命而建立的，而俄国是一个相对落后的国家。在推行新经济政策时，列宁不仅认识到新经济政策的积极方面，还敏锐地观察到了它的消极方面。他认识到新经济政策包含了一些与社会主义方面不相符合的内容，将新经济政策作为一种暂时的、又是必要的"退却"，意识到新经济政策背后所蕴含的政治风险，体现了列宁坚定的马克思主义原则性。他指出"这个政策之所以叫新经济政策，是因为它在向后转。我们现在退却，好像是在向

---

① 《列宁全集》第四十三卷，人民出版社1987年版，第75页。
② 《列宁全集》第四十三卷，人民出版社1987年版，第301页。
③ 《列宁全集》第四十二卷，人民出版社1987年版，第347页。
④ 《列宁全集》第四十二卷，人民出版社1987年版，第175页。

后退，但是我们这样做是为了先后退几步，然后再起跑，更有力地向前跳"①，"这个新经济政策所采取的每一个步骤都包含着许许多多的危险"②。"资本主义的恢复、资产阶级的发展和资产阶级关系在商业领域的发展等等，这些就是我们目前的经济建设所遇到的危险，就是我们目前逐步解决远比过去困难的任务时所遇到的危险。在这一点上切不可有丝毫的糊涂。"③ 新经济政策就是要利用资本主义的一些经济手段发展社会生产力，改善工人阶级的生活状况，目的是巩固工人阶级的地位，而不是利用资本主义来破坏社会主义的发展。新经济政策是必要的，但又不完全是社会主义性质的，他提醒全党不要把新经济政策当成社会主义的最终方向，否则就会倒向资本主义。新经济政策体现了列宁坚持社会主义理想与现实、马克思主义原则性与策略灵活性的高度统一，为经济落后国家走向社会主义做了有益探索。

列宁在总结新经济政策经验的基础上提出了建设社会主义的构想。一方面，深刻地总结和论证十月革命道路的合理性，对社会主义有了新认识。他指出，俄国作为一个经济文化落后的国家，进行社会主义革命是否符合马克思主义呢？孟什维克派的苏汉诺夫在1918年至1921年间写了《革命札记》，以回忆录形式描述了俄国二月革命到十月革命的历史，错误地提出俄国不具备进行社会主义革命和社会主义建设的观点。列宁肯定苏汉诺夫的"俄国生产力还没有发展到足以实现社会主义的水平"的观点是"无可争辩的论点"，但是同时指出，同苏汉诺夫争论的焦点不在于俄国生产力是否达到实现社会主义的水平，而是不应以俄国生产力水平为借口否定俄国社会主义革命、否定社会主义建设。列宁认为"既然建立社会主义需要有一定的文化水平（虽然谁也说不出这个一定的'文化水平'究竟是什么样的，因为这在各个西欧国家都是不同的），我们为什么不能首先用

---

① 《列宁全集》第四十三卷，人民出版社1987年版，第296页。
② 《列宁全集》第四十二卷，人民出版社1987年版，第231页。
③ 《列宁全集》第四十二卷，人民出版社1987年版，第232页。

革命手段取得达到这个一定水平的前提,然后在工农政权和苏维埃制度的基础上赶上别国人民呢?"① 他的这一论证体现了其所坚持的"个别发展阶段在发展的形式或顺序上表现出特殊性"②。

另一方面,结合社会主义的实践经验,提出更为科学的社会主义建设的新构想。在农业方面,列宁认为合作社的性质取决于政权和基本生产资料掌握在哪个阶级手里,提出通过农业合作社用社会主义原则改造农业;在工业方面,他指出通过实现工业化和电气化来发展建设社会主义的经济基础;在政治方面,他主张加强国家政权建设和执政党建设,使党成为名副其实的工人阶级先锋队;在文化方面,他强调开展文化建设和文化革命,提出"只要实现了这个文化革命,我们的国家就能成为完全社会主义的国家了"③。列宁关于建设社会主义的构想反映了他对社会主义认识的深化,体现了他努力从俄国经济文化落后的国情出发来考虑,建设一个"什么样的社会主义、怎样建设社会主义"的问题,坚持了马克思主义基本原理与社会主义建设具体实际相结合。

第五,关于创新和发展马克思主义的哲学。

列宁之所以能够成为无产阶级的伟大领袖,成功地缔造第一个社会主义国家,并领导社会主义建设,关键在于始终坚持运用马克思主义的立场、观点和方法来认识和解决实践问题,创新和发展了马克思主义哲学,开辟了马克思主义哲学新境界,形成了列宁哲学思想。列宁哲学思想是马克思主义哲学在无产阶级革命和帝国主义历史条件下的继承和发展。

列宁高度肯定马克思主义哲学指导作用,"马克思的哲学是完备的哲学唯物主义,它把伟大的认识工具给了人类,特别是给了工

---

① 《列宁全集》第四十三卷,人民出版社1987年版,第371页。
② 《列宁全集》第四十三卷,人民出版社1987年版,第371—372页。
③ 《列宁全集》第四十三卷,人民出版社1987年版,第368页。

人阶级"①,"只有马克思的哲学唯物主义,才给无产阶级指明了如何摆脱一切被压迫阶级至今深受其害的精神奴役的出路"②。结合社会主义革命和建设实际,列宁坚持和创新了辩证唯物主义和历史唯物主义。1894年,列宁撰写《什么是"人民之友"以及他们如何攻击社会民主党人?》,批判民粹派的唯心史观,坚持和丰富唯物史观;1902年撰写《怎么办?》,系统批判新的机会主义经济派的经济主义,进一步捍卫和发展唯物史观;1908年撰写《唯物主义和经验批判主义》,批判波格丹诺夫等哲学修正主义之流,用马赫主义修正辩证唯物主义的荒谬性和反动派,捍卫和发展辩证唯物主义和历史唯物主义;1914—1917年,为了掌握分析帝国主义和帝国主义战争,批判修正主义和社会沙文主义的思想武器,撰写《哲学笔记》《帝国主义是资本主义发展的最高阶段》和《国家与革命》,深入研究和阐述了辩证唯物主义和历史唯物主义,丰富和发展了马克思主义哲学,特别是丰富和发展马克思主义辩证法;1917—1924年,为了巩固无产阶级专政和探索社会主义建设,撰写一系列重要著作,创造性地运用辩证唯物主义和历史唯物主义探索社会主义建设规律,极大丰富和发展马克思主义哲学。

丰富和发展辩证唯物主义基本原理。列宁概括关于两条哲学基本路线的原理,"从物到感觉和思想呢,还是从思想和感觉到物?恩格斯坚持第一条路线,即唯物主义路线"③;把物质和物质的具体形态相区分,从哲学高度提出科学的物质定义,揭示物质的客观实在性,即"物质是标志客观实在的哲学范畴,这种客观实在是人通过感觉感知的,它不依赖于我们的感觉而存在,为我们的感觉所复写、摄影、反映"④,阐明物质与运动不可分的原理,坚持马克思主

---

① 《列宁全集》第二十三卷,人民出版社1990年版,第45页。
② 《列宁全集》第二十三卷,人民出版社1990年版,第48页。
③ 《列宁全集》第十八卷,人民出版社1988年版,第35页。
④ 《列宁全集》第十八卷,人民出版社1988年版,第130页。

义唯物论物质第一性的基本原理；全面研究两种根本对立的发展观，明确提出对立统一规律是辩证法的核心；强调认识对象的客观实在性和可知性，阐明认识的辩证法，在认识论上区分唯物主义和唯心主义，坚持唯物主义反映论，指出唯心主义认识论的根源是"直线性和片面性，死板和僵化，主观主义和主观盲目性就是唯心主义的认识论根源"①；强调实践观点在认识论中的重要地位，指出"生活、实践的观点，应该是认识论的首要的和基本的观点"②，把实践作为检验真理的标准，指出理论与实践的统一；反对分裂唯物论和辩证法，指出辩证法也就是马克思主义认识论；坚持真理的客观性，阐明绝对真理与相对真理的辩证关系，认识到绝对真理与相对真理在特定条件下可以相互转换，指出"人类思维按其本性是能够给我们提供并且正在提供由相对真理的总和所构成的绝对真理的。科学发展的每一阶段，都在给绝对真理这一总和增添新的一粟，可是每一科学原理的真理的界限都是相对的，它随着知识的增加时而扩张、时而缩小"③；着重论述真理标准的确定性与不确定性的辩证关系："这个标准也是这样的'不确定'，以便不让人的知识变成'绝对'，同时它又是这样的确定，以便同唯心主义和不可知论的一切变种进行无情的斗争。"④ 他指出真理是一个过程，阐明具体情况具体分析是马克思主义的灵魂。

丰富和发展历史唯物主义的基本原理。列宁论证社会发展的客观规律，阐述"经济的社会形态"的基本范畴，指出经济社会形态的发展是以生产力为基础的，主张社会发展规律是像自然规律一样，不以人的意志为转移；提出"只有把社会关系归结于生产关系，把生产关系归结于生产力的水平，才能有可靠的根据把社会形

---

① 《列宁全集》第五十五卷，人民出版社1990年版，第311页。
② 《列宁全集》第十八卷，人民出版社1988年版，第144页。
③ 《列宁全集》第十八卷，人民出版社1988年版，第135页。
④ 《列宁全集》第十八卷，人民出版社1988年版，第144页。

态的发展看做自然历史过程"①；论述历史发展必然性与个人作用在历史上的作用的辩证关系，阐明群众、阶级、政党和领袖的辩证关系，论述人民群众创造历史的思想；结合俄国社会的性质，指出改造俄国社会的唯一出路是"俄国经济制度是资产阶级社会，要摆脱这个社会只能有一条从资产阶级制度本质中必然产生的出路，这就是无产阶级反对资产阶级的阶级斗争"②；阐述上层建筑在社会发展中的能动作用，强调"没有革命的理论，就不会有革命的运动"③；提出俄国马克思主义者的迫切任务是组织无产阶级进行自觉的阶级斗争，阐发经济斗争与政治斗争关系，为无产阶级的阶级斗争指明方向；论述经济与政治的辩证关系，提出政治是以经济为基础，但是只有把经济斗争提高到政治斗争，通过政治革命才能实现无产阶级的根本利益，主张把政治斗争与经济斗争相结合，"一切经济斗争都必然要变成政治斗争……应该把这两种斗争紧紧地结合成无产阶级统一的阶级斗争。这种斗争的首要目的应该是争取政治权利，争取政治自由"④；揭示马克思主义哲学的真理性和科学性的统一关系，提出哲学上的党性原则，强调无产阶级党性是真正科学性的必要条件。认为只有坚持党性原则，才能掌握马克思主义哲学，指出社会主义向资本主义过渡时期存在阶级和阶级斗争，揭示无产阶级专政的实质，作出社会主义就是消灭阶级的著名论断。

四 列宁主义是马克思主义的重要组成部分，对中国特色社会主义建设具有极强的现实指导意义

纪念列宁诞辰150周年，学习列宁主义，就要准确地把握列宁

---

① 《列宁全集》第一卷，人民出版社1984年版，第110页。
② 《列宁全集》第一卷，人民出版社1984年版，第129页。
③ 《列宁全集》第二卷，人民出版社1984年版，第443页。
④ 《列宁全集》第四卷，人民出版社1984年版，第163页。

主义的发展脉络和基本精神，学会列宁是怎样运用马克思主义立场、观点和方法指导俄国无产阶级斗争和社会主义建设实践的，用以指导中国特色社会主义伟大实践，不断发展和创新21世纪马克思主义、当代中国马克思主义。列宁主义是对马克思主义的丰富和发展，是毛泽东思想和中国特色社会主义理论体系的理论来源。否定和背离列宁主义，最终必将否定马克思主义，否定"四项基本原则"。在新时代中国特色社会主义实践中，加强马克思主义学习，就必须加强列宁主义学习。

第一，要像列宁那样重视理论。列宁始终重视学习，特别是学习理论，"我们一定要给自己提出这样的任务：第一是学习，第二是学习，第三还是学习，然后是检查，使我们学到的东西真正深入血肉，真正地完全地成为生活的组成部分"，而这"是向一个以发展成社会主义国家为宗旨的国家应该提出的恰如其分的要求"[①]。学懂马克思列宁主义是我们认识当今世界和解决时代课题，是成功推进中国特色社会主义建设，也是新时代坚持和发展马克思列宁主义的必然要求。习近平总书记指出："只有学懂了马克思列宁主义、毛泽东思想、邓小平理论、'三个代表'重要思想、科学发展观，特别是领会了贯穿其中的马克思主义立场、观点、方法，才能心明眼亮，才能深刻认识和准确把握共产党执政规律、社会主义建设规律、人类社会发展规律，才能始终坚定理想信念，才能在纷繁复杂的形势下坚持科学指导思想和正确前进方向，才能带领人民走对路，才能把中国特色社会主义不断推向前进。"[②]

第二，要像列宁那样重视实践。列宁的伟大之处，就在于将马克思主义理论与实践相结合，解答革命和建设发展中所面临的理论挑战和现实难题，基于当时时代背景和俄国具体国情提出适合俄国发展需要的理论、路线、方针、政策，勇于实践、善于实践，引领

---

① 《列宁全集》第四十三卷，人民出版社1987年版，第380页。
② 《习近平谈治国理政》第一卷，外文出版社2018年版，第404—405页。

俄国走上社会主义道路。实践在发展，理论也要回答实践提出的新问题。要向列宁那样，既要敢于实践，当已有的理论、路线、方针、政策不适应社会发展需要之际，又要及时地进行调整并不断推进理论创新与实践创新的双向互动。要提高运用马克思主义解决实践问题的能力，回应新时代中国特色社会主义所面临的实践问题，解答中国特色社会主义发展面临的难题，总结中国特色社会主义发展的成功经验，通过理论创新指导实践创新，通过实践创新引领理论创新。

第三，要像列宁那样重视党的建设。马克思列宁主义经典作家高度重视党的建设，强调加强党的领导，充分发挥党的无产阶级先锋模范作用。列宁紧密结合无产阶级政党建设实际，提出无产阶级政党建设理论。对于拥有8900多万名党员、450多万个基层党组织的中国共产党，习近平总书记强调："把党建设成为始终走在时代前列、人民衷心拥护、勇于自我革命、经得起各种风浪考验、朝气蓬勃的马克思主义执政党"[①]，中国共产党作为马克思主义政党，必须加强党的建设，充分地发挥党在新时代中国特色社会主义事业中的领导作用，坚持马克思主义的理想信念，真正地以人民群众的利益为出发点和落脚点，赢得人民群众的支持，真正发挥中国特色社会主义领导核心的历史作用。

[①] 习近平：《决胜全面建成小康社会 夺取新时代中国特色社会主义伟大胜利——在中国共产党第十九次全国代表大会上的报告》，人民出版社2017年版，第62页。

彻底否定斯大林，给科学社会主义事业带来颠覆性的严重恶果[*]

王伟光

2023年3月5日是斯大林逝世70周年，特撰写此文以示纪念。对斯大林最好的纪念，就是正确认识斯大林、科学评价斯大林。此文完稿之际，恰逢国际舞台风云突变，俄乌冲突爆发。这正是继斯大林之后的苏联共产党主要领导人赫鲁晓夫、戈尔巴乔夫等彻底否定斯大林，丢掉列宁、斯大林这两把尖刀，背离马克思列宁主义路线，最终导致苏联解体、东欧剧变的历史必然结局。规律是反复出现的历史发展的必然逻辑联系，历史何等相似。历史规律不可违背，违背了就要受到惩罚。历史是一面镜子，历史是最好的老师。让我们从赫鲁晓夫、戈尔巴乔夫等人一路否定斯大林的历史进程中吸取深刻的历史教训吧！现在已经到了正确认识斯大林、科学评价斯大林，恢复斯大林的应有面貌，在新的时代条件下再给予斯大林以马克思列宁主义的科学评定的时候了。

一 对于斯大林的评价是一个重大的马克思列宁主义政治原则问题

关于斯大林的评价问题，不是一个单纯的恢复斯大林的个人名

---

[*] 该文原载《世界社会主义研究动态》2022年6月24日。《世界社会主义研究》2022年第6、7期，题目为《正确认识斯大林　科学评价斯大林》。

誉问题，也不是一个对历史人物的科学定论问题，而是一个关乎对马克思列宁主义，对苏联十月社会主义革命和社会主义建设，对科学社会主义和国际共产主义运动，对马克思主义政党及其领袖，包括中国共产党及其领袖的历史地位和作用的正确认识的问题，更是一个关乎马克思列宁主义、科学社会主义、中国特色社会主义，关乎工人阶级政党和工人阶级、全人类的前途命运的问题，是马克思列宁主义的一个重大政治原则问题。

斯大林是一个世界级的历史人物，是苏联共产党和社会主义建设的主要领导人，伟大的马克思列宁主义者和无产阶级革命家，也是公认的国际共产主义运动领袖。他对科学社会主义和国际共产主义运动的发展，对人类历史上第一个社会主义国家苏联的捍卫和建设，对开展世界反法西斯斗争、赢得第二次世界大战的胜利和推进世界和平，对推动人类社会进步、马克思列宁主义发展，都作出了重要贡献。

历史的经验教训值得记取和借鉴。歪曲、否定和抹黑斯大林，是苏联东欧共产党放弃和背叛马克思列宁主义、科学社会主义、无产阶级专政和共产党领导，最终导致苏联和东欧社会主义政权蜕变、垮台、丧失的一个最直接的原因，也是我国社会主义建设和改革开放进程中一度出现否定和反对四项基本原则、企图误导我国社会主义发展方向的资产阶级自由化错误思潮，险些造成严重后果的一个最直接的原因。中国特色社会主义的成功和苏联东欧社会主义的失败，从正反两方面说明了对斯大林的正确评价与错误评价必然会导致两种截然不同的后果。"中国共产党一贯认为，怎样认识和对待斯大林的问题，不只是对斯大林的个人评价问题，更重要的是，怎样总结列宁逝世以后无产阶级专政的历史经验的问题，怎样总结列宁逝世以后国际共产主义运动的历史经验的问题。"[①] "对历

[①] 《建国以来重要文献选编》第十七册，中央文献出版社1997年版，第57—58页。

史人物的评价,应该放在其所处时代和社会的历史条件下去分析,不能离开对历史条件、历史过程的全面认识和对历史规律的科学把握,不能忽略历史必然性和历史偶然性的关系。不能把历史顺境中的成功简单归功于个人,也不能把历史逆境中的挫折简单归咎于个人。不能用今天的时代条件、发展水平、认识水平去衡量和要求前人,不能苛求前人干出只有后人才能干出的业绩来。"①只有从理论、实践上搞清楚斯大林在马克思列宁主义发展史、世界社会主义发展史、苏联共产党史上的地位、作用及其功过是非,才能对斯大林及其领导的苏联社会主义建设事业作出正确评价;才能在对待和评价斯大林问题上树立正确的政治导向、思想导向、理论导向和行动导向;才能批判并粉碎反对科学社会主义的一切反动势力及其代言人在斯大林问题上大做文章,散布荒谬观点和观念的行为,揭露其通过"和平演变""颜色革命"以达到反对马克思列宁主义,反对科学社会主义,反对无产阶级专政,反对共产党及其领袖的不可告人的企图,尤其是揭露其旨在改变、演变、颠覆无产阶级专政(在我国是人民民主专政)的社会主义国家政权的丑恶本质。

如何认识、评价斯大林,苏联、俄罗斯人民经历了一个由全面肯定、无限崇拜斯大林的阶段,到全盘否定、彻底抹黑斯大林的阶段,现在又回到了重新认识、评价斯大林,逐步还原斯大林本来面貌的阶段。正是因为亲历了带来切肤之痛的动荡转型,俄罗斯人民越来越感觉到斯大林评价问题的重要性,越来越多的人倾向于给斯大林充分的正面评定。2008年,俄罗斯国家电视台举行了一次"最伟大的俄罗斯人"的评选活动,斯大林高居第三位(第四位至第六位分别是普希金、彼得大帝、列宁),仅次于亚历山大·涅夫斯基和彼得·斯托雷平。2016年年初,俄罗斯联邦政府教育与科学部要求全国中小学在两三年内全部使用新版历史教材,该套教材较

---

① 习近平:《论中国共产党历史》,中央文献出版社2021年版,第56—57页。

为全面地评价了斯大林,强调了他在卫国战争中的领导作用。近年来,在俄罗斯的公共文化设施中,出现不少以斯大林为主题的城市雕塑。2016年,正值赫鲁晓夫在苏共二十大抛出《关于个人崇拜及其后果》的报告(以下简称"秘密报告")60年之际,俄罗斯特维尔州等地竖立起了斯大林雕像。据俄罗斯《共青团真理报》报道,俄罗斯人对于百年来历届领导人的功过进行评价,对斯大林与列宁、普京均为正面评价,三者并列第一。[①] 2017年7月,俄罗斯著名民意调查机构列瓦达中心经过数据分析,指出"目前俄罗斯社会已经出现民间再斯大林化现象"。2019年,列瓦达中心这项长期持续的民意调查显示,对斯大林持完全肯定态度的受访者的比例为51%,为18年来的历史最高点。2019年5月9日,新西伯利亚市市长阿纳托利·洛科季为一座斯大林半身像揭幕,该座斯大林塑像位于俄罗斯联邦共产党新西伯利亚州委所在地。这些事实充分表明,俄罗斯人正在扭转对于斯大林的负面认识。

作为一个著名的历史人物,斯大林的理论和实践存在许多需要全面深入研究之处,应当辩证地进行科学研究,而在对斯大林的评价问题上,越来越多的俄罗斯人表现得更为客观、更为理性、更为全面。譬如,俄罗斯著名传记作家雷巴斯认为:"问题不在斯大林,问题在于俄罗斯。俄罗斯作为一个世界现象,它在千年之中经历了数次大的劫难,但还是能够站立起来。俄罗斯若是否定斯大林和他的残酷的合理性,就是不愿意了解他之所以会出现的环境及已经为此付出的代价。斯大林对国家是一个统一经济体和一种地缘政治现象的认知,在后苏联时期中所出现的众多问题的解决中都表现了出来。"[②] 更多的俄罗斯人认识到,关于斯大林评价的各种问题,都要在历史材料的精准系统分析中得出合理结论,而不是主观臆想、歪

---

① 参见李朋、高德宝《纵横捭阖——斯大林生平故事》,红旗出版社2017年版,第1页。
② [俄]斯维亚托斯拉夫·雷巴斯、[俄]叶卡捷林娜·雷巴斯:《斯大林传——命运与战略》(下),吴昊、张彬译,上海人民出版社2014年版,第1077页。

曲事实。如针对第二次世界大战中的军事领导的争论，苏联朱可夫元帅说："斯大林在领导整个武装斗争方面，得力于他的天赋的智慧和巨大的洞察力，他善于从战略上考虑问题，抓住主要环节，采取对策，适时组织大规模进攻战役。可以肯定地说，斯大林是当之无愧的最高统帅……斯大林的功绩在于，他正确地采纳了军事专家的意见，加以充实和提高，然后形成教令、指令、守则，推广到部队中去指导实践。此外，斯大林在战役保障方面，在建立战略预备队方面，在组织技术和兵器生产方面，总之在为前线提供一切必需品方面，表现出杰出的组织才能。不承认这一点是不正确的。"[①] 关于斯大林时期"大清洗"、民族问题等，同样需要进行客观、辩证、全面的分析研究。

俄罗斯总统普京对斯大林的评价颇具代表性。2009 年 12 月 3 日，他在电视直播连线交流特别节目中，被问及"您对斯大林的行为是肯定的还是否定的"时说："我保留了这个问题……我能看到这里的'圈套'：你说'是肯定的'，一部分人就会不满意；而你说'是否定的'，另一部分人又会不满意。不过既然时至今日有关斯大林和斯大林主义的话题仍然争论不休，我就特意留下了这一问题。依我之见，这个问题无法笼统地下结论。显而易见，从 1924 年至 1953 年，这个国家，这个当时由斯大林领导的国家发生了翻天覆地的变化：它从一个农业国变成了工业国。诚然，农业未能得以保留，我们大家都清楚地记得农业方面的困境，特别是在集体化的后期，记得人们排着长队去购买食品等等。在这一领域当时所发生的一切均未给农村带来任何积极的效应。不过工业化的确实现了。我们赢得了伟大卫国战争的胜利。不管怎么说，我们取得了胜利。即使我们还是要谈损失，你们知道，现在谁也无权指责那些组织和领导了这场胜利的人们，因为如果我们输掉了这场战争，那么

[①] [苏]朱可夫：《第二次世界大战——朱可夫亲历记》，翔文、张兵编译，国防大学出版社 1995 年版，第 50—51 页。

对我国产生的后果将是惨不忍睹的,甚至是难以想象的。这是不容置疑、客观存在的正面的东西……对任何历史事件都需要进行全面的分析。这就是我想要说的。"[1] 以马克思主义唯物史观的观点来看,普京的看法还有许多值得商榷的地方,但他毕竟在力争客观、全面、历史地评价斯大林。这里所列举的各方评价所涉及的斯大林的各类功绩,都堪称苏联历史上值得骄傲的重大历史事件,是永远抹不去的历史记忆,如果依然罔顾事实地对此进行质疑,那就是在可笑地有意混淆是非、颠倒黑白。

与苏联和俄罗斯以往全盘否定、彻底抹黑斯大林的错误思潮相呼应,国际上也掀起了一股全盘否定、彻底抹黑斯大林的逆流,国际共产主义运动中也有一股全面否定斯大林的暗流涌动,并一度在国际舆论场上起到主导作用。这股否定斯大林的错误思潮在苏联和俄罗斯,在国际上,乃至在我国,与反马克思列宁主义、反社会主义、反共产党的领导、反无产阶级专政的资产阶级自由化思潮沆瀣一气,形成一股顽固坚持资本主义道路的恶浪黑潮。彻底否定斯大林的错误思潮在我国思想政治、意识形态领域曾一度推波助澜,产生了一定的负面效应。必须坚决与歪曲、否定、抹黑斯大林的反动思潮和错误倾向作坚决的不懈的斗争,与乘歪曲、否定、抹黑斯大林之机,行歪曲、否定、抹黑马克思列宁主义、科学社会主义和共产党之实的言论和行为,做坚决不懈的斗争。

歪曲、否定、抹黑斯大林,有两种情况。一种是认识问题,属于我们自己阵营内部的不同意见;一种是立场问题,站在反马克思列宁主义、反社会主义、反人民的立场上,属于反动舆论。对于这两种情况要区别对待。利用对斯大林的歪曲、否定、抹黑,借以歪曲、否定、抹黑马克思列宁主义、社会主义和共产党,是反马克思列宁主义、反社会主义、反共产党的敌对势力的如意算盘和政治手

---

[1] [俄]斯维亚托斯拉夫·雷巴斯、[俄]叶卡捷琳娜·雷巴斯:《斯大林传——命运与战略》(上),吴昊、张彬译,上海人民出版社2014年版,译者前言第1—2页。

法。对此如果不予以深刻严厉的揭露、批判、防范和纠正,就会坠入其预设的思想政治陷阱,模糊我们的视线,给人民的事业造成严重的危害。

科学评价斯大林,首先要解决的是必须坚持运用马克思主义的立场、观点和方法科学对待斯大林问题。坚持马克思列宁主义的立场、观点和方法,说到底就是在分析与认识历史人物时坚持历史唯物主义。与历史唯物主义相对立的就是历史唯心主义。历史虚无主义是政治上的历史唯心主义。坚持运用马克思主义立场、观点和方法科学评价斯大林,首先必须坚持唯物史观的人民的立场、历史进步的立场、正面的立场、公正的立场。如果站在人民的立场、历史进步的立场、正面的立场、公正的立场上,就会认清斯大林一生的活动所具有的人民性、进步性、积极性和主流性。斯大林的一生是与无产阶级及广大人民群众的利益和事业,与代表人类进步的社会主义事业相联系的,是与反对一切腐朽、落后的剥削阶级相联系的。从这一立场出发认识和评价斯大林,我们就可以看到具有历史进步意义的、正面的、功大于过的斯大林。

在坚持正确立场的前提下,还要坚持运用马克思主义的观点和方法,全面、客观、历史、辩证、公正地分析和认识斯大林。对斯大林的评价,必须坚持客观性、准确性、科学性,避免主观性、随意性、情绪性,尊重历史发展的客观规律,尊重历史事实,实事求是地全面分析和把握其所处的历史场景、所发挥的历史作用,防止任何歪曲、想象、妄议、附会、滥加的评价,防止无限放大斯大林个人的缺点、失误,乃至个人性格方面的某些缺憾,防止无限放大斯大林领导下的苏联社会主义事业的某些问题、某些阴暗面、某些枝节零散的错事,甚至不加区别地把全部错误推到斯大林一人身上,以达到全盘否定斯大林的目的。应当充分承认斯大林作为一个无产阶级领袖人物对于历史进步的推动作用,充分把握斯大林在理论和实践上对于历史规律、历史趋势、历史战略的理论认识和社会实践，还斯大林以正面、客观和公正的评价。

对斯大林的科学评价，必须坚持全面性、系统性、完整性、辩证性，分清主次，认清历史条件所造成的历史人物的局限性，给予斯大林的历史实践活动以整体性把握，既充分承认其应有的历史业绩，肯定其优点、贡献，肯定其应有地位，防止人为削弱其历史作用，又适度把握斯大林在领导苏联社会主义建设进程中的失误之处及其复杂的成因和后果，既不能随意将斯大林拔高，同时又应避免将斯大林凭空贬低，把所有脏水一股脑都泼到他一个人身上。对于斯大林的一些指责需要进行辩证、全面、客观的分析和把握，而不是用有色眼镜加以无限放大。譬如，在1937—1938年肃反过程中发生了扩大化的严重错误，但不能完全说成是斯大林一个人的责任，当然也不能完全推掉斯大林的领导责任。在总结斯大林的生活和活动时，首先必须不重复帝国主义的中伤和谣言，以革命的、科学的态度对正反两方面都作出应有的评价。不能用斯大林的错误和缺点来抹除他为党、人民和国家所作出的贡献。

对斯大林的科学认识，涉及哲学、科学社会主义、政治经济学等马克思主义全部学说的科学全面认知。对斯大林提出的一系列理论观点的评价，关系到是否承认马克思主义的科学性、真理性、先进性，是否承认马克思主义的人民价值，是否承认马克思主义的实际应用及与具体实践相结合的必要性和重要性、可能性和现实性。对斯大林关于社会主义建设探索的理论与实践意义的评价，关系到是否承认共产主义、社会主义必将取代资本主义的科学社会主义学说的科学性、真理性和价值性，是否承认科学社会主义理论的普遍性、适用性，是否承认现实社会主义发展的曲折性、复杂性和长期性，是否承认科学社会主义原理可以随时随地与不同的国情相结合，为不同的国家所实际运用，并发展创新。对斯大林关于商品、市场、货币、所有制、工业化、集体化、经济政策等重大政治经济学问题的理论观点的评价，关系到是否承认马克思主义政治经济学的基本范畴、基本规律、基本内容、基本方法等，是否承认可以结合实际进一步运用马克思主义政治经济学基本原理，是否承认不断坚持和完善社会主义市场经济体制的必要性。总之，对斯大林全部理论和实践活动的科学评价，关系到增强对马克思列宁主义、科学社会主义所揭示的历史发展趋势必然实现的信心和定力，自觉做辩证唯物主义和历史唯物主义的信奉者、遵从者、探索者和创新者。

对斯大林的科学评价，与对"斯大林主义""斯大林模式"的评价密切相关。"斯大林主义"也好，"斯大林模式"也好，无非是一种称谓、名称，严格来讲是对某种思想体系的定义，对某种社会发展形态、制度、体制、道路、价值方式的定义。斯大林在世时之所以不同意使用"斯大林主义"的称谓来概括他在马克思列宁主义理论上的继承和建树，是出于他的谦虚，他认为自己是列宁的学生，不配称"斯大林主义"，所以一直不使用"斯大林主义"的说法。西方资产阶级思想家、政治家出于反苏、反社、反马、反共的需要，把攻击斯大林作为打击的重点，在他们对斯大林的攻击谩骂中所使用的"斯大林主义""斯大林模式"的称谓是一种"邪恶"的贬义代称，是对斯大林所坚持、继承和发展的马克思列宁主义的恶意贬损，对斯大林领导的苏联社会主义建设成就和经验的恶毒攻击。敌对势力使用的"斯大林主义""斯大林模式"是指斯大林所坚持和发展的马克思列宁主义，也是指苏联社会主义制度，甚至泛指整个社会主义制度，是企图妖魔化斯大林和苏联社会主义，妖魔化马克思列宁主义和科学社会主义。当然，对苏联社会主义建设的实践与理论的研究，离不开对斯大林的研究；对苏联社会主义建设的评价，也离不开对斯大林的评价，离不开对斯大林在马克思主义理论方面的建树的评价。斯大林在领导苏联社会主义建设的过程中，依据苏联的国情，创造了一系列苏联社会主义建设的经验与做法，有成功、可取的，也有失败、可鉴戒的。在斯大林的理论创造中，坚持和发展马克思列宁主义是主流，某些背离了马克思列宁主义的方面是支流。当然，我们在研究斯大林及斯大林所从事的苏联社会主义事业时使用"斯大林主义""斯大林模式"的提法，与西方敌对势力对斯大林的攻击、抹黑是有区别的，也就是说，在正确评价斯大林时，"斯大林主义""斯大林模式"的表述也不是不可使用，但必须以科学的态度使用。毛泽东同志曾说过："如果一定要说什么'斯大林主义'的话，就只能说，首先，它是共产主义，是马克思列宁主义，这是主要的一面；其次，它包含一些极为严重的、必须彻底纠正的、违反马克思列宁主义的错误。"但"我们认为，斯大林的错误同他的成绩比较起来，只居于第二位的地位"[1]。毛泽东同志主张，如果说斯大林主义，那就要肯定"斯大林主义就是马克思主义"，但"确切地说，是有缺点的马克思主义"[2]。我国理论界一般不使用"斯大林主义"和"斯大林模式"的说法，而是使用"苏联模式"的提法。对斯大林一生功过是非的研究、斯大林领导的苏联社会主义建设经验教训的研究和反思，关系社会主义理论和实践中的一系列深层次问题，需要以冷静、谨慎的态度进行系统、全面的研究，杜绝以偏概全、挂一漏万、鱼目混珠，在研究评价中要做到历史与现实、一般与个别、抽象与具体、主流与支流的辩证统一，增强解释力、说服力和实践力。

为了反击西方敌对势力彻底否定斯大林、贬低苏联社会主义建设成就的种种行为，在普京领导和支持下，2016年俄罗斯出版的《俄罗斯历史10年级教科书》把"十月革命"称为"伟大的俄国

---

[1] 《建国以来重要文献选编》第九册，中央文献出版社1994年版，第575页。
[2] 吴冷西：《十年论战——1956—1966中苏关系回忆录》（上），中央文献出版社1999年版，第68页。

革命",高度评价了苏联社会主义制度建立的历史意义;与此相联系,把一度被西方势力贬低为"极权主义"的"斯大林模式",重新定义为"苏联独特的社会主义现代化模式",这无疑否定了西方势力关于"斯大林模式"的贬义提法。教科书坚决否认"苏联解体是因为苏联体制已经无可救药"的观点,认为苏联解体的主要原因是领导人戈尔巴乔夫、叶利钦犯下了搞"公开性""私有化""历史虚无主义"的严重错误。

历史的经验教训最为宝贵,历史的代价沉重艰辛而令人深思,从历史中不断学习前进是共产党人的必经之途和重要诀窍。斯大林作为曾经叱咤风云、纵横捭阖、历经铅华而终身矢志的共产主义战士、无产阶级及其政党的领袖,坚持、运用、发展了马克思列宁主义基本原理,提出并实施了一系列建设社会主义、巩固社会主义、完善社会主义的新的思路、新的战略、新的理论,带领苏联人民取得反法西斯战争的重大胜利,稳固了苏联社会主义国家政权和共产党的全面领导,促进了苏联社会主义建设和人民生活水平的极大改善,在实践中证实了马克思主义、社会主义的真理性和价值力量。历史是客观的、公正的,斯大林的功绩不可磨灭,斯大林对于社会主义的发展进步所起的历史作用值得总结铭记。值此世界百年未有之大变局中多种历史际遇复杂交汇时期,为了最大限度增强历史清醒和定力,不断奋勇前进,必须认真总结斯大林评价中的是非得失,以科学公正的态度恢复历史本来面貌、重新认识斯大林、科学评价斯大林,这是坚持和发展马克思列宁主义,坚持和发展科学社会主义的重大原则问题。

二 歪曲、否定、抹黑斯大林,给马克思主义和社会主义事业带来灾难性、颠覆性、历史性的严重恶果

关于斯大林的评价问题是社会主义思想史、马克思主义发展

史、国际共产主义运动史中的重大焦点、难点、热点问题，也是一个牵一发而动全局的关键问题。赫鲁晓夫开了一个极其恶劣、充满危险、带来极其严重后果的先例。斯大林去世后不久，赫鲁晓夫于1956年2月25日在苏共第二十次代表大会最后一天抛出了"秘密报告"，以颠倒黑白、歪曲事实、简单粗暴、否定一切的质疑方式，彻底否定了斯大林。赫鲁晓夫的"秘密报告"以反对肃反扩大化和个人迷信为切入点，以"讲事实真相"为幌子，以夸大次要方面、支流而掩盖否定主要方面、主流的相对主义，以非此即彼的绝对主义，以只讲错误和负面的极端片面性的方法，以煽动、挑拨、搬弄是非，造假、销毁和隐匿文件的手段，以非理性、非客观、非历史、非全面、非辩证的方式全盘否定、彻底抹黑了斯大林，提出了"阶级斗争熄灭论""无产阶级专政无用论"，以及笼络高官的"治党新原则"、向西方乞求和平的"和平共处"外交原则等，全面放弃和篡改了马克思主义基本原理和科学社会主义基本原则。赫鲁晓夫于1964年10月被解除职务，其继承者勃列日涅夫继续坚持非斯大林化，以反对个人迷信、恢复斯大林时期受到处理的某些人物（有些处理是对的，有些处理是错的）名誉为由继续贬低否定斯大林。戈尔巴乔夫上台后，在苏联大搞"彻底颠覆斯大林"运动，全面否定、攻击斯大林的理论和实践，大肆推行所谓"人道的、民主的社会主义"改革，放弃马克思列宁主义的意识形态指导地位和共产党的领导地位，让西方敌对势力在极短时间内得手，最终导致苏联解体、苏共垮台，东欧社会主义国家一系列剧变，酿成20世纪的最重大社会历史悲剧。

彻底否定斯大林、大搞所谓非斯大林化逆流的实质并不在于反对个人崇拜，纠正斯大林的错误，而在于以此为借口彻底否定社会历史发展的客观规律和必然趋势，否定马克思列宁主义和科学社会主义，否定无产阶级专政和共产党的领导，背叛马克思列宁主义，抛弃科学社会主义，投入西方资本主义势力的怀抱。彻底否定、抹黑斯大林给苏联东欧人民和世界社会主义运动带来严重冲击和巨大损失以及无穷后患。1956年3月23日，毛泽东在主持召开中共中央书记处扩大会议讨论赫鲁晓夫的"秘密报告"和中国共产党的对策时指出："赫鲁晓夫这次揭了盖子，又捅了娄子。"[①] 所谓"揭了盖子"，就是说揭开了斯大林"个人迷信"的盖子。所谓"捅了娄子"，就是说赫鲁晓夫彻底否定斯大林，丑化和毁灭斯大林的形象。赫鲁晓夫在斯大林评价问题上的严重错误，造成极端恶劣的后果，使国际共产主义运动的声誉和实践严重受损，导致彻底否定马克思列宁主义，否定十月社会主义革命，否定苏联社会主义建设的成就，最终导致苏联东欧社会主义失败。后来的历史发展完全证明了毛泽东的分析与预测。"捅了娄子"所造成的恶果大大超过反对斯大林"个人迷信""揭了盖子"所带来的正面效应。

第一，导致了对马克思列宁主义信仰的迷乱和丧失。马克思列宁主义是共产党人的旗帜、灵魂和指导思想。颠覆社会主义政权，必然首先从思想上、理论上砍掉旗帜、丢弃灵魂、放弃马克思主义指导。斯大林坚持和发展了马克思列宁主义，强调马克思列宁主义的理论意义和指导意义。全盘否定斯大林，后果就是否定斯大林所始终不渝地坚持、捍卫和发展的马克思列宁主义。赫鲁晓夫所作的苏共二十大总结报告在一系列原则性问题上背弃了马克思列宁主义。他提出所谓"和平过渡"的论点，认为十月革命的道路"在当时的历史条件下"是"唯一正确的道路"，现在情况变化了，资本主义有可能"通过议会的道路"向社会主义过渡，继而提倡抽象的人道主义的社会主义。这不仅在理论上是完全错误的，而且带来了巨大的意识形态恶果。他以反斯大林为名，质疑列宁领导的俄国十月社会主义革命，质疑苏联社会主义建设的巨大成就和人民生活水平的提高，彻底背叛了马克思列宁主义、科学社会主义，致使许

[①] 《毛泽东年谱（1949—1976）》第二卷，中央文献出版社2013年版，第550页。

多苏联人长期以来心理上对于马克思列宁主义的信仰产生了动摇,对于过去极其崇拜的党的领袖产生怀疑,使相当多的苏共党员和民众放弃了对于马克思列宁主义的信仰,造成了思想上理论上的混乱和失误。这是苏联党的最高领导逐步放弃了马克思列宁主义的指导地位,颠覆了马克思列宁主义意识形态的主流地位,否定了苏联社会主义政权的合法性,从思想意识上轻松地葬送了列宁、斯大林领导了30多年,好不容易建立和建设起来的社会主义大国的最根本的思想理论原因。放弃和背叛马克思列宁主义的历史教训是极其深刻的,我们必须时时警醒、牢牢记取和全力避免这类历史悲剧的重演。习近平指出:"一个政权的瓦解往往是从思想领域开始的,政治动荡、政权更迭可能在一夜之间发生,但思想演化是个长期过程。思想防线被攻破了,其他防线就很难守住。我们必须把意识形态工作的领导权、管理权、话语权牢牢掌握在手中,任何时候都不能旁落,否则就要犯无可挽回的历史性错误。"[①]

第二,引发了对于科学社会主义和共产主义理想信念的怀疑和背离。走什么样的道路,选择什么样的制度,这是由马克思主义真理揭示的人类社会发展必然趋势决定的,是由根本利益一致的人民群众选择的,不是由哪一个人或哪一部分人的主观意志决定的。斯大林时期是苏联社会主义建设取得巨大成就的时期,斯大林领导苏联人民所取得的社会主义建设的伟大成就和反法西斯战争的伟大胜利,以铁的事实证明了社会主义必定焕发巨大的活力,具有资本主义无可比拟的优越性,说明了社会主义是人类社会发展的必然趋势,由社会主义过渡到共产主义是人类历史发展的必然。不能以斯大林在领导苏联社会主义建设中的失误来否定社会主义道路和制度,否定社会主义、共产主义的历史必然性。赫鲁晓夫对于斯大林的片面否定和批判,败坏了社会主义苏联的整体形象,动摇了人们

[①] 《习近平关于总体国家安全观论述摘编》,中央文献出版社2018年版,第100页。

对社会主义理论、道路和制度的信心。与赫鲁晓夫所掀起的否定斯大林的逆流相配合，一些别有用心之人以反对斯大林模式为借口，把科学社会主义贬低为不可能实现的虚假幻想，甚至诬蔑为集权专制加以反对，借助否定斯大林，以达到彻底否定马克思主义关于社会主义、共产主义学说的反动目的。无论作为未来理想社会的形态、道路、意识、价值，还是作为实际运动和现实实践，社会主义的科学性、客观性、必然性、人民性已经并将继续得到充分证明。

马克思主义科学社会主义价值观在反斯大林的逆流中被歪曲颠倒了，苏联和东欧社会主义国家已经初步建立起来的以共产主义远大理想为核心的社会主义价值观受到极大冲击，所谓"人权、民主、自由、平等"等普世价值，即抽象、空泛的资产阶级价值体系逐步取代了社会主义价值观，造成无产阶级政党和社会主义社会的价值堕距和失范，造成社会主义国家的价值观念、社会理想、制度模式、道路走向、战略选择上的明显倒退，造成执政党政治立场的错位、失位，造成社会主义、共产主义理想信念的丧失，从而使科学社会主义和共产主义事业遭受重大挫折。"世界社会主义实践的曲折历程告诉我们，马克思主义政党一旦放弃马克思主义信仰、社会主义和共产主义信念，就会土崩瓦解。"①

第三，造成了对于坚持共产党领导的信心和定力的挑战、削弱乃至颠覆、取消。对斯大林的否定，不只是对其个人的彻底否定，更是对列宁缔造的苏联共产党的彻底否定，是对马克思主义经典作家关于无产阶级政党学说的彻底否定，是对坚持共产党领导这个重大原则问题的彻底否定。无产阶级政党领袖是无产阶级及其政党的代表，否定、抹黑无产阶级政党领袖实质上就是否定无产阶级政党的事业和业绩，否定人民的事业和业绩。人为抹杀领袖的功绩不仅

---

① 习近平：《在全国党校工作会议上的讲话》，人民出版社2016年版，第7页。

不符合客观历史，而且会造成对党的事业和党本身的损害。按照列宁关于群众、阶级、政策、领袖的学说，社会主义作为全新持久的无产阶级革命运动，需要强有力的无产阶级政党的领导，需要强有力的无产阶级政党领袖的核心权威。斯大林在领导苏联社会主义建设过程中，明确提出并十分注重加强党的建设，培养了一大批信念强、作风硬的领导干部，锻造了一个领导有方、能力出众、威信极高的党，形成了以斯大林为核心的坚强的领导集体，这是苏联社会主义建设取得成功的根本组织保证。反对社会主义苏联，必然集中力量反对苏联共产党的领导、集中火力否定攻击丑化反对苏联共产党的领袖。

从俄国十月革命胜利到社会主义苏联屹立于世界之林，蓄谋颠覆人类历史上第一个社会主义国家的反动势力，一直就集中火力对准苏联共产党及其最高领袖。对斯大林的怀疑和否定，对苏共的整体形象造成强烈的负面影响，严重动摇了苏共在人民心目中的地位、动摇了苏共的领导。1990年2月，苏共中央二月全会通过了《走向人道的、民主的社会主义——苏共中央向党的第二十八次代表大会提出的行动纲领草案》，公然建议取消宪法第6条关于"苏共在苏联社会中的领导地位"的规定："苏共同其他社会政治团体和群众运动一样，参加国家和社会事务的管理……党将不再独揽国家大权。它的作用是成为通过共产党员发挥作用的、经民主认可的政治领袖，不觊觎特权和在苏联宪法中巩固自己的特殊地位。有鉴于此，党认为有必要以立法动议方式，就国家根本法第6条向苏联人民代表大会提出有关建议。"[①] 1990年3月，苏联第三次人民代表大会通过《关于设立苏联总统职位和苏联宪法修改补充法》，苏共不再具有法定执政党地位。1990年7月，苏共二十八大通过了纲领性声明《走向人道的、民主的社会主义》和新的苏共章程，正式把

---

① 《苏联问题资料》，东方出版社1990年版，第26页。

建立"人道的、民主的社会主义"作为苏共的指导思想和行动纲领。从苏共二十大赫鲁晓夫否定斯大林一直发展到苏共二十八大通过纲领性声明等，这不啻引火自燃、自毁长城，把一个在十月革命烈火中诞生成长起来、执政了70余年的大党在人民心中甚至在国家宪法中给以了结，从而否定共产党的地位和作用，最终达到取消乃至推翻苏联共产党执政地位的目的。苏共二十大"秘密报告"及其后来的"非斯大林化"，在社会主义阵营内部引发了对共产党及其领导、对党的领袖及其权威的质疑和反对，导致许多社会主义国家先后发生了一系列旨在推翻党的领导的社会动荡事件，在国际共产主义运动史上产生了极其恶劣的后果。

第四，致使对坚持无产阶级专政理论与实践的质疑、背叛和放弃。资本主义及其背后的旧势力具有前所未有的顽固性，不会自动退出历史舞台，只会千方百计采取各种形式保护自己的既得利益，利用资产阶级专政无情打击和镇压无产阶级，这就决定了代表无产阶级及广大劳动人民利益的无产阶级政党必须以革命方式推翻资产阶级的统治，建立无产阶级专政的社会主义国家政权。在取得政权以后，特别是在实现共产主义社会之前的整个过渡时期，必须以新型无产阶级专政的方式不断巩固社会主义的经济基础、巩固社会主义政权和社会主义意识形态的统治地位，反对各种敌对势力的破坏颠覆，防范化解各种潜在的重大风险，发展社会生产力，维护有利于社会主义稳定发展的社会秩序，最终彻底战胜资本主义。在斯大林领导下，苏联党和国家采取了一系列保卫苏联社会主义政权和建设成果的无产阶级专政措施。赫鲁晓夫打着反对专制、反对暴君的口号，看起来好像是在为遭受"大清洗"的人进行所谓人道主义辩护，实质上引发了对于无产阶级专政必要性、对于苏联社会主义国家政权合法性的怀疑和否定，对于马克思列宁主义无产阶级专政理论的怀疑、否定和抛弃，使得苏联和东欧各国在面对各种社会矛盾、面对西方敌对势力渗透引发的严重挑战时十分被动，使得社会主义国家政权遭到蚕食、颠覆，使得曾经在第二次世界大战中叱咤风云的社会主义的大党大国顷刻间灰飞烟灭。赫鲁晓夫等主动放弃无产阶级专政所带来的严重后果深刻启示我们，坚持和巩固无产阶级专政，始终是社会主义国家不可放弃的基本原则。邓小平指出："依靠无产阶级专政保卫社会主义制度，这是马克思主义的一个基本观点。马克思说过，阶级斗争学说不是他的发明，真正的发明是关于无产阶级专政的理论。历史经验证明，刚刚掌握政权的新兴阶级，一般来说，总是弱于敌对阶级的力量，因此要用专政的手段来巩固政权。对人民实行民主，对敌人实行专政，这就是人民民主专政。运用人民民主专政的力量，巩固人民的政权，是正义的事情，没有什么输理的地方。我们搞社会主义才几十年，还处在初级阶段。巩固和发展社会主义制度，还需要一个很长的历史阶段，需要我们几代人、十几代人，甚至几十代人坚持不懈地努力奋斗，决不能掉以轻心。"[①]

赫鲁晓夫彻底否定斯大林，其险恶用心直指是不是坚持马克思列宁主义，是不是坚持社会主义，是不是坚持党的领导，是不是坚持无产阶级专政。彻底否定斯大林，也就彻底否定了科学社会主义的基本原则。1979年3月30日，邓小平在党的理论工作务虚会上发表《坚持四项基本原则》重要讲话，提出了必须坚持社会主义道路、必须坚持人民民主专政、必须坚持共产党的领导、必须坚持马列主义毛泽东思想四项基本原则。他在1992年南方谈话中指出："在整个改革开放的过程中，必须始终注意坚持四项基本原则。"[②] 习近平多次谈到总结吸取苏联解体、东欧剧变的历史教训问题，反复要求在新长征中始终防止犯颠覆性错误，对新时代坚持四项基本原则进一步作出了深刻全面的阐述。他强调："马克思主义是我们立党立国的根本指导思想。背离或放弃马克

[①] 《邓小平文选》第三卷，人民出版社1993年版，第379—380页。
[②] 《邓小平文选》第三卷，人民出版社1993年版，第379页。

思主义，我们党就会失去灵魂、迷失方向。在坚持马克思主义指导地位这一根本问题上，我们必须坚定不移，任何时候任何情况下都不能有丝毫动摇。"[1] 他指出："中国共产党领导是中国特色社会主义最本质的特征，是中国特色社会主义制度的最大优势，是党和国家的根本所在、命脉所在，是全国各族人民的利益所系、命运所系。"[2] 他反复强调，坚持党的全面领导，坚持人民民主专政，随时准备进行具有许多新的历史特点的伟大斗争。党的十九届六中全会通过的《中共中央关于党的百年奋斗重大成就和历史经验的决议》对此再次作了强调。

三 斯特朗1956年写的《斯大林时代》，旗帜鲜明地回答了关于斯大林评价的问题

"一切反动派都是纸老虎"，这是毛泽东1946年在延安窑洞与美国女记者安娜·路易斯·斯特朗谈话时讲的一句震撼世界的名言。1956年赫鲁晓夫在苏共二十大作了反对斯大林的"秘密报告"后不久，斯特朗就针锋相对地撰写了《斯大林时代》这本书，依据大量确凿事实，据理反驳了赫鲁晓夫全盘否定斯大林的论点和论据。

斯特朗是对苏联人民、苏联共产党和苏联社会主义事业，对中国人民、中国共产党和中国社会主义事业抱有深切同情和支持的美国友人。她1885年出生在美国内布拉斯加州弗兰德城，1921年旅居苏联，创办和编辑了英文报纸《莫斯科新闻》，正面报道苏联人民在联共（布）领导下所从事的社会主义事业。1949年她被诬陷

---

[1] 习近平：《在庆祝中国共产党成立95周年大会上的讲话》，人民出版社2016年版，第9页。
[2] 习近平：《在庆祝中国共产党成立100周年大会上的讲话》，人民出版社2021年版，第11页。

为帝国主义间谍，关进苏联监狱，1955年被释放，并被驱逐出境。尽管受到极不公正的待遇，但是她对斯大林领导下的苏联社会主义事业和斯大林本人的感情及看法并未因此而发生改变。她分别于1925年、1927年、1937—1938年、1940年、1946年5次访问中国，并在72岁高龄时决定离开美国定居北京，直到1970年3月29日在北京逝世。她一直在国际上宣传中国的革命和建设成就。在《斯大林时代》一书中，她凭借自己丰富的历史知识和在苏联长期旅居的亲身感受，给予斯大林以科学、客观、公正的评价。在她的笔下，斯大林领导的苏联社会主义建设的成就、反法西斯战争的胜利和苏联在第二次世界大战后重建的成就跃然纸上。当然她也没有回避斯大林和苏联社会主义的错误，但她采取了科学的态度，平心静气地分析了产生这些错误的不可避免的客观和主观原因。为了纪念斯大林诞辰100周年，1979年11月，世界知识出版社出版了这本书的中译本。

《斯大林时代》写于1956年，距今已经过去66年多了，社会主义阵营已经瓦解，社会主义苏联已经不复存在，世界社会主义运动一度跌入低谷。然而，从苏联解体、东欧剧变至今时隔30余年，世界社会主义运动由低潮始升高潮，中国特色社会主义成功屹立于当今世界，当代资本主义即当代帝国主义发生了巨大的变化，不可避免地进入衰落期，但其本性未改，世界正处于百年未有之大变局之中。全盘否定斯大林的阴风已疯狂地刮了多年，给国际共产主义运动和世界社会主义事业造成极大的伤害，也给我国社会主义事业带来了不可估量的损害。

时光过去了66年，但现在读起斯特朗的《斯大林时代》，仍然感觉到她对斯大林的评价是那么的客观公正、那么的合情合理，至今仍然没有失去其深刻的现实价值，时光荏苒反而愈添其可贵性。在为反对历史虚无主义、捍卫马克思列宁主义、捍卫社会主义、捍卫党和人民的事业而进行激烈斗争的今天，重新阅读这本书，让我们重新思考、认识关于斯大林评价问题的历史价值和现实意义，领会书中的观点，是十分必要的。

一个美国公民，一个苏联社会主义事业的直接观察者，能以如此客观、公允、全面的视野，给予斯大林和斯大林所领导的苏联人民的伟大事业以如此肯定的评定，难道不是使否定、贬低、抹黑斯大林的反苏、反马、反共分子的一切恶毒的言论不攻自破吗？难道不是使以鼓吹所谓公正、客观、还历史真相的面孔出现的彻底否定斯大林的历史虚无主义者们无地自容吗？

读了全书，我们可以看出斯特朗在评价斯大林问题上呈现以下特点。

第一，站在人民的立场上，以客观、全面、公正的历史观点评价斯大林。如何正确评价斯大林，首先要解决的是站在什么人的立场上，从什么立场出发评价斯大林，是从工人阶级及广大劳动群众的立场出发，还是从资产阶级及一切反动势力的立场出发评价斯大林，这是如何评价斯大林的根本问题。

斯特朗站在苏联人民的立场上、站在苏联人民根本利益的立场上来看待斯大林问题。她引用了斯大林1937年10月对苏联金属工人演说时的一句话："领袖来复去，人民却留着。只有人民是不朽的。"斯特朗坚定地认为，"1953年3月初旬，斯大林去世了，而人民则留着。斯大林在历史上的地位要由人民来评定"①。

历史是人民的历史，人民的历史要由人民来评定，历史人物的功过也应该由人民来判定。斯大林去世后，围绕如何评价斯大林的问题，产生了截然相反的两极观点：一极是站在人民立场上正确评价斯大林的观点。斯特朗引用了亲眼所见、亲耳所闻的大量事实，引用了大量苏联人民发自内心的对斯大林的好评和怀念，这是认识和判定斯大林的公正态度。与此截然相反，另一极是全面否定斯大

---

① ［美］安娜·路易斯·斯特朗：《斯大林时代》，石人译，世界知识出版社1979年版，第162页。

林的观点。全面否定斯大林的观点，有两种情况：一种是认识问题，一种是站在人民对立面的立场问题。当然说到底，任何认识问题都有一个立场问题，都受立场所影响和制约。这里所批判的否定斯大林的观点是指站在人民对立面的立场上彻底否定斯大林的观点。斯特朗引用美国反共报纸《洛杉矶时报》的评论："斯大林去地狱的路条生效了……我们所能希望的最好的事，就是发生争夺继承权的内战。"① 斯特朗用确凿的事实说明，艾森豪威尔总统已经着手去实现这个残酷的愿望。美国政府正在"准备一项野心勃勃的计划，来利用苏联的处境——运用一切宣传工具及其他来煽起俄国内部的纷争，并且使俄国的卫星国脱离俄国。"美国在朝鲜的部队利用了世界各地共产党静默5分钟致哀的时机"发射了猛烈的排炮"②。这就是站在人民的对立面的一极对斯大林逝世的极端反应。

来自不同立场的根本对立的评价说明了一个道理，"凡是敌人反对的，我们就要拥护；凡是敌人拥护的，我们就要反对"③。对历史人物的评价，站在不同的立场上，从不同的阶级利益出发，就会产生截然相反的结论，发出根本不同的声音。

只有从人民的立场出发，才能作出客观、公正、全面的历史判断。什么是客观的态度？客观的态度就是尊重历史事实的态度。客观的历史事实是人民认可的历史事实，而不是人民反对的历史事实；是体现历史进步、历史真相的历史事实，而不是体现历史退步、历史表面现象的历史事实；是体现历史主流，而不是体现历史支流的历史事实。什么是全面的态度？全面的态度就是既要看到问题的主要方面，又要看到问题的次要方面；既要看到成绩的一面，

---

① ［美］安娜·路易斯·斯特朗：《斯大林时代》，石人译，世界知识出版社1979年版，第163页。
② ［美］安娜·路易斯·斯特朗：《斯大林时代》，石人译，世界知识出版社1979年版，第163页。
③ 《毛泽东选集》第二卷，人民出版社1991年版，第590页。

又要看到错误的一面；既要看到问题的这一面，又要看到问题的那一面，而不是用枝节的、细微的、次要的、局部的、个别的事实来否定整体、全部的历史事实的态度。什么是公正的态度？公正的态度就是站在人民的立场上，以客观、全面、公允的眼光来评价历史人物的态度。所谓公正，就是不带任何个人阶级偏见的，不偏不倚的，既肯定主流一面，又指出支流一面，公平地评判历史人物的功过是非。斯特朗对斯大林的评价采取了客观、全面、公正的态度。立场错了，看问题的观点必然错；立场错了，观点错了，那么评价的结论就一定是错的。

第二，凡是代表人民利益、反映人民要求、促进生产力发展、有利于历史进步的历史人物，其功大于过，应当给予肯定，而不是否定，这是评价历史人物的正确标准。《斯大林时代》一书共分为十章：第一章为"一国建成社会主义"，第二章为"5年计划"，第三章为"农业革命"，第四章为"新人"，第五章为"大疯狂"，第六章为"争取和平的斗争失败了"，第七章为"使希特勒止步的条约"，第八章为"全民战争"，第九章为"第二次建设"，第十章为"斯大林和斯大林死后"。全书以不容辩驳、不可否认的历史事实，客观、全面地肯定了斯大林领导下的苏联社会主义事业的历史进步性，肯定了斯大林的历史功绩。

全书十章从十个方面的历史事实出发，全面肯定了斯大林的历史贡献，同时不加隐晦地指出了斯大林的错误。斯特朗在书中集中阐述了两个问题：一是全面肯定了斯大林领导下的苏联社会主义事业的成就和斯大林的功绩；二是客观、公正地分析了斯大林领导的苏联社会主义事业存在的问题和斯大林的失误，明确指出这些问题和错误有其产生的客观和主观的必然原因。

斯特朗在该书前言中把斯大林领导的时期定义为"斯大林时代"。她指出："这是历史上一个生气勃勃的伟大时代，也许是最伟大的时代。它不仅改变了俄国的生活，而且也改变了全世界的生活。"① 她认为，在这个时代，斯大林的功绩是第一位的，苏联社会主义建设的成就是第一位的。她认为，斯大林时代建成了世界上第一个社会主义国家，建设了占世界人口 1/3 的社会主义各国的经济基础，创造了富裕的物质财富和足以制止希特勒侵略的力量，让亚非前殖民地人民能自由地选择发展的道路。她使用了大量的事实论证了斯大林提出的"一国建成社会主义"的设想如何在苏联成为现实，从论据到论点都令人信服。尽管后来的事实是苏联社会主义失败了，但这并不等于"一国建成社会主义"理论的错误。斯特朗在第一章开宗明义地指出，世界上第一个社会主义国家是在一个落后的农业国建成的。她分析指出，列宁领导十月革命成功，接受的是一个相当落后的农业国。尽管列宁为了俄国社会主义建设设计了美好的远景，认为俄国在社会主义制度下可能成功地建成世界上最进步最繁荣的国家。列宁通过领导国内战争，保卫了苏维埃的社会主义政权，提出了新经济政策，恢复和发展了经济。但是由于十月革命胜利后，列宁领导俄国人民集中精力投入保卫苏维埃政权的战争以及努力解决国家发展问题的时间很短等诸多原因，造成当1924年1月列宁逝世时，人民的生活水平远低于战前沙皇统治下的那种穷困贫乏状态。

列宁去世后，社会主义事业并没有因此中断。斯大林接过列宁的接力棒，继续列宁的事业。一开始斯大林曾经认为单靠一个国家的努力，特别是像俄国这样的一个落后农业国的努力建成社会主义是不够的，为了建成社会主义，就必然需要几个先进国家中无产阶级的共同努力。可见斯大林当时还不持有"一国建成社会主义"的观点。而仅仅几个月之后，即 1924 年 8 月斯大林在与托洛茨基的斗争中，明确提出了"在没有外援的情况下在俄国建

---

① ［美］安娜·路易斯·斯特朗：《斯大林时代》，石人译，世界知识出版社 1979 年版，第 2 页。

成社会主义"①的观点。他这个观点得到了季诺维也夫和加米涅夫等人的坚决反对。然而他带领全党全体人民组织实施了第一个五年计划,从1928年10月到1932年12月又基本完成第二个五年计划,调动了人民群众的劳动热情和创造力,完成了苏联社会主义工业化。1933年1月,斯大林宣布:"从前的落后的农业国的俄国已经成为世界上第二个工业国了。"②

从1930年到1933年,在推进工业化的同时,斯大林领导全党全体人民推进了农业集体化,进行了农业革命,完成了农业社会主义所有制的改造。

为了在俄国一国建成社会主义,斯大林尽了最大的努力来为俄国争取和平建设的国际环境,然而帝国主义依然发动了剿灭苏联的战争。尽管斯大林在反法西斯战争前缺少必要的警惕,但在斯大林领导下,苏联人民浴血奋战,打败了德国法西斯,取得了第二次世界大战的胜利。第二次世界大战后,斯大林领导苏联人民投入第二次社会主义建设,终于把苏联建成了世界上第一个社会主义强国。斯特朗以无法辩驳的历史事实,说明了苏联社会主义建设的伟大成就,说明了斯大林的功劳。在用历史事实述说斯大林的功劳时,她提出了一个历史性的结论:"今天没有人能对斯大林时代作出最后的评断。斯大林是那些需要由长期历史来加以评价的人物之一,他的工作离现在越远,其性质也就会越清楚。我们至少知道,他从一九二八年起在一个国家,在一个为敌人的世界所包围的落后的农业国家里,开始建设社会主义。当他开始的时候,俄国是一个农业的和文盲的国家;当他结束的时候,俄国已成为世界上第二个工业强国。他两度这样建设了俄

---

① [美] 安娜·路易斯·斯特朗:《斯大林时代》,石人译,世界知识出版社1979年版,第7页。
② [美] 安娜·路易斯·斯特朗:《斯大林时代》,石人译,世界知识出版社1979年版,第37页。

国，一次是在希特勒入侵之前，再一次是在战争的废墟上。这要永远归功于他：他是这项工程的工程师。"[1] 斯特朗对斯大林的功绩无疑作出了一个客观公正的评定。

第三，一定要把历史人物的过错放在当时的历史条件下来评价，既不能扩大，当然也不能缩小或者抹掉，而是客观地、实事求是地加以分析，心平气和地指出历史人物产生错误的不可避免的历史主客观原因，这才是对待历史人物错误的科学态度。对斯大林的过错，对斯大林个人失误给苏联社会主义建设带来的严重影响，斯特朗没有视而不见，更没有无限扩大，而是做了客观的描述，实事求是地，又是一分为二地分析造成这些问题的客观和主观原因的必然性。她明确指出，任何历史进步都要付出代价，代价是不可避免的。历史退步给人类带来的灾难，远远超过为了历史进步而付出的代价，她认为："人类一切进步都是要用极大的代价去换取的，不仅要有英雄们死于疆场，也要有人受冤屈而死去……在斯大林领导下的社会主义建设中所发生的一些坏事，不论是产生于必要、错误或者罪恶，都远远不及西方世界在武装干涉和希特勒侵略中蓄意加于他们的祸害，甚至也不及美国拖延开辟'第二战场'给他们带来的损失。"[2]

针对反动势力攻击斯大林过于依赖强权和暴力，甚至攻击斯大林"独裁""暴君"的说法，斯特朗从唯物史观的角度加以批驳。她认为，巩固和稳定一个政权需要"强力和暴力"，但到底哪些"强力和暴力"是必要的、哪些又是不必要的，哪些多了、哪些少了，必须从大的历史进程中来作判断，而不是纠缠于细枝末节的争论。取得政权难，保持政权同样不易。斯特朗认为，没有必要的"强力和暴力"是无法维持、巩固一个政权的。因为被剥夺的剥夺

---

[1] ［美］安娜·路易斯·斯特朗：《斯大林时代》，石人译，世界知识出版社1979年版，第176页。

[2] ［美］安娜·路易斯·斯特朗：《斯大林时代》，石人译，世界知识出版社1979年版，第1—2页。

者是不甘心退出历史舞台的。当被剥夺的剥夺者使用"强力和暴力"反抗并企图夺回丧失的政权时，只有使用"强力和暴力"才能战胜这种反抗。这使我们想起了一个通俗的比喻，两个拳师博弈，我们很难判断胜者的哪一拳是必要的，哪一拳又是多余的或失误的，只能用最终击倒对手来作总的最终的判定。

斯特朗没有回避列宁对斯大林作过严肃批评的事实，她引用了列宁的"最后文章"："斯大林太粗暴，这个缺点……在总书记的职位上则是不可容忍的了。我建议代表大会想个办法把斯大林从这个位置调开，并另外指定一个人担任总书记，这个人要更耐心、更忠顺、更和蔼并且更关心同志。"[①] 斯特朗没有认为列宁对斯大林的严肃批评是不对的，但是她认为，从斯大林的现实表现来看，斯大林不愧为列宁最忠实的学生，实践也证明斯大林是列宁的忠诚继承者。斯特朗认为，对于列宁来说，与列宁反对派给列宁造成的伤害，同一些人对列宁所犯的罪过比较起来，斯大林的错误在列宁看起来是可以原谅的。

斯特朗实事求是地分析了斯大林产生错误的主观原因，而不是抓住一点不及其余、一概否定。斯特朗指出，斯大林主持制定苏联第一个民主宪法，这是斯大林的功绩，但同时他又违背了宪法，违反了民主法制。苏联宪法受到它的作者斯大林自己的损坏，斯大林显然是以他的"民主宪法"而自豪，然而他犯了一种奇怪的两面做法的错误。当这部宪法是苏联的根本法，被人民、政府部门和普通法院自豪地遵守着的时候，斯大林却过度使用了政治警察，由斯大林在1922年给予集中权力的机关已经成了国中之国。"它既不尊重宪法，也不尊重苏联任何其他法律。从这里出发就产生了以后这些

---

① [美] 安娜·路易斯·斯特朗：《斯大林时代》，石人译，世界知识出版社1979年版，第12—13页。

年的黑暗事件。"① 斯特朗认为肃反扩大化的错误是极其严重的，但她认为要把对肃反扩大化错误的揭露批评与敌对分子的恶毒攻击区别开来，要同赫鲁晓夫把责任全部归结于斯大林区别开来。斯特朗对肃反扩大化错误的产生作了客观的分析，她认为，由于帝国主义围剿的存在以及对敌人的戒备，斯大林抱着猜疑的心情进行工作，他默许甚至批准了政治警察对无辜的人的暴行，但迄今为止还提不出证据来说明他是有意制造这些暴行的。这些暴行看来还是由于复杂的原因，其中包括斯大林的猜疑的倾向和中央委员会不加审视地批准斯大林所说的一切的倾向。

斯特朗严正地批评了斯大林"个人崇拜"的错误，并对"个人崇拜"的错误作了实事求是的分析。她认为，"现在被斥为过去一切坏事的根源的一个人崇拜"，不但是被崇拜者身上的缺点，也是崇拜者身上的缺点。"当把所有能对斯大林提出的批评都加起来以后，我仍然很怀疑：任何小于斯大林从一九二八年起驾驭俄国所用的巨大鞭策力量是否有可能把俄国建成一个社会主义国家。回顾过去，人们可以看到其他的领袖——托洛茨基、季诺维也夫、加米涅夫、布哈林——是怎样会把俄国引向毁灭的。我认为他们这些人既缺乏斯大林所具有的对人民的需要的洞察力，也缺乏斯大林所具有的必要的魄力和意志。""就任何个人能自称对他领导下的事态发展起了决定作用而言，列宁创造了俄国革命，斯大林建成了世界上第一个社会主义国家。它的缺点可以在现在加以纠正。"②

斯特朗引用了大量篇幅说明斯大林一直致力于争取世界和平，但帝国主义者颠覆苏联社会主义的狼子野心不死，战争是不可避

---

① ［美］安娜·路易斯·斯特朗：《斯大林时代》，石人译，世界知识出版社1979年版，第74—75页。
② ［美］安娜·路易斯·斯特朗：《斯大林时代》，石人译，世界知识出版社1979年版，第177、178页。

免的。斯大林为了赢得战争已经做了一些准备，最大的准备就是建设一个强大的社会主义工业国，奠定了赢得战争的物质基础。

总而言之，斯特朗所说明的一切，都证明斯大林的功劳是主要的，过错是次要的，这是一个完全正确的对斯大林的科学评价。她指出，赫鲁晓夫虽然攻击斯大林，但"他把事情搞得更糟。他对铁托的道歉、他对斯大林的攻击，鼓励了东欧的一切离心倾向"[①]。正如俄罗斯民谣中所说的："鹰有时比鸡飞得低，但鸡永远不能飞得像鹰那样高。"列宁也曾引用这个寓言讽刺修正主义者。

四 围绕着斯大林功过是非评价的斗争，实质上是无产阶级与资产阶级两个阶级、社会主义与资本主义两种社会制度的生死博弈

对任何一个历史人物的评价，特别是对国际共产主义运动重要政治人物的评价，绝不能凭个人恩怨，也不能从个人善恶的角度出发，而是应当将其置于大的历史时代、社会历史条件背景下来认识。对斯大林的评价绝不是其个人的事情，也不是俄罗斯一个民族的事情，更不是苏联一个国家的事情，而是科学社会主义的大事、国际共产主义运动的大事，是社会主义与资本主义两条道路斗争的大事，绝不是简单的学术之争。斯大林功过是非的评价问题，看起来是关于一个历史人物的评价定位问题、盖棺定论问题，实质上是与现实斗争中一系列重大问题相关联的，说到底，是关系到无产阶级与资产阶级、社会主义与资本主义的一方必定战胜另一方的生死博弈问题，千万不可小视。

第一，彻底否定斯大林，其实质就是西方敌对势力颠覆社会主义政权的意识形态进攻。苏联和世界社会主义事业的蓬勃发展，引

---

① [美]安娜·路易斯·斯特朗:《斯大林时代》，石人译，世界知识出版社1979年版，第179页。

起资本主义世界的惶恐和不安，他们担心马克思主义的科学社会主义学说在全世界由理论变成现实。妖魔化斯大林是阻止科学社会主义成功的隐蔽手段，是西方在冷战时期"人心之争"中阴谋得手的重要手段。第二次世界大战之后，以美国为首的西方敌对势力试图通过科技、经济、社会等快速发展获得与社会主义竞争的优势，开启了资本主义与社会主义的冷战。持续进行的反斯大林运动，恰恰迎合了以美国为首的西方敌对势力的需要，在动荡中扰乱社会主义的阵脚，在本已日渐巩固的社会主义阵营的意识形态领域打开了一个大缺口，其必然的结局是造成社会主义国家在思想上政治上的日益混乱和各类矛盾冲突凸显。美国把赫鲁晓夫反斯大林看作"空前未有的合乎我们目的"的举动，[1] 美国中央情报局局长杜勒斯曾出价100万美元四处悬赏寻找赫鲁晓夫的"秘密报告"，并率先在《纽约时报》发表这一文件，试图以赫鲁晓夫反斯大林的"秘密报告""作为武器来摧毁共产党运动的威望和影响"[2]。苏共二十大是以美国为首的西方敌对势力对社会主义国家采取的更加严厉、紧密、有计划的颠覆渗透和"和平演变"的产物。值得我们高度警惕的是，这种颠覆活动至今仍然在加紧进行，不但没有减弱，反而更为猖獗。以美国为首的西方帝国主义国家对社会主义诸国，对中东、北非、中南美、东欧、中亚等国家发动的形形色色的"颜色革命"就是明证。

第二，彻底否定斯大林，其实质就是以资产阶级的阶级利益替代无产阶级及广大人民群众的阶级利益。在当今时代，以无产阶级为代表的广大人民群众是社会历史发展的真正力量，是历史的主人、主体，是社会一切物质财富、精神财富的创造者和社会变革的推动者。社会主义是代表无产阶级及其广大人民群众根本利益的新的社会形态。资本家靠攫取工人阶级劳动创造的剩余价值生存，资

---

[1] 《建国以来重要文献选编》第十七册，中央文献出版社1997年版，第12页。
[2] 《建国以来重要文献选编》第十七册，中央文献出版社1997年版，第12页。

本主义是人类历史上最后一个剥削社会、是代表资产阶级利益的落后的社会形态，社会主义与资本主义之争是两个根本对立阶级的利益之争。资本主义由自由竞争进入垄断阶段，已经进入总体衰退阶段，资产阶级已由资本主义上升期的革命阶级堕落为反动的、没落的、落后的阶级。随着资本主义不可克服的内在矛盾的不断激化，资产阶级和资本主义会日益走向腐朽堕落，但它们从来不甘心自动退出历史舞台，必然拼死加大对无产阶级、社会主义的压制和打击力度。社会主义是最大程度上维护无产阶级及广大人民根本利益的社会制度。斯大林认为，"社会主义需要的不是好逸恶劳，而是所有的人都诚实地劳动，不是为别人劳动，不是为富豪和剥削者劳动，而是为自己、为社会劳动"[①]。他认为，"集体主义、社会主义并不否认个人利益，而是把个人利益和集体利益结合起来。社会主义是不能撇开个人利益的。只有社会主义社会才能给这种个人利益以最充分的满足。此外，社会主义社会是保护个人利益的唯一可靠的保证"[②]。斯大林领导下的苏联社会主义实现了国家实力极大增强和人民群众利益的极大维护，创造了人类历史上前所未有的奇迹。赫鲁晓夫完全置这些基本事实于不顾，彻底否定斯大林，在立场上发生了大逆转，在鼓吹"利益和谐"和动荡转型中培植投向西方资产阶级怀抱的资本主义性质的特权集团，干了敌人想干而干不成的事情，给整个苏联社会主义和世界广大人民带来深重灾难。诚如詹·普兰佩尔所言："赫鲁晓夫 1956 年 2 月的'秘密报告'引起一场巨大的、具有讽刺意味的运动，该运动意在毁坏斯大林的形象和声誉，抹掉其在苏联公共空间的每一个痕迹。斯大林成为一个符号，其代表的不是斯大林本人，而是苏联式共产主义、苏联的国家政策、苏联的宗教政策，等等，不一而足。但这些讽刺性运动并没

[①] 《斯大林选集》（下卷），人民出版社 1979 年版，第 323 页。
[②] 《斯大林选集》（下卷），人民出版社 1979 年版，第 355 页。

能致使这些象征意义终结。"① 以美国为首的西方敌对势力利用反斯大林的"秘密报告",对苏联及一切社会主义力量大打出手,从根本上来说,这是两个阶级为维护各自的利益而进行的根本博弈。

第三,彻底否定斯大林,其实质就是否定社会主义战胜资本主义的历史必然趋势。彻底否定斯大林的反斯大林思潮的实质,就是借反对斯大林来彻底否定苏联社会主义革命和建设的巨大成就,从而彻底否定社会主义代替资本主义的历史必然性。对于社会历史发展的必然趋势,对于社会主义代替资本主义的历史必然规律,资产阶级与无产阶级代表不同阶级利益,就会站在不同的立场上,产生不同的甚至相反的结论。近代以来,资产阶级政治家编造理论,说资本及其利润是人类本性和自然秩序的需要,资本对社会和劳动的统治具有永恒的合理性,保护以资本为代表的私人利益是现代社会神圣不可侵犯的核心秩序,资本的"理性逻辑"是永恒的。这完全是胡说。按照历史唯物主义的基本观点,社会历史发展是社会基本矛盾运动的产物,资本主义通过对劳动剥削的持续扩大,致使社会化大生产和生产资料资本主义私人所有制之间的深层次矛盾(及其在社会各个领域的表现)日益激化,必然导致无产阶级革命和社会主义运动,"资产阶级的灭亡和无产阶级的胜利是同样不可避免的"②。资产阶级虽然编造出资本主义不朽的各种神话,以各种措施延迟自身命运的衰落,强化与社会主义的斗争,对社会主义采取从军事到经济、政治、文化的打压举措,乃至采取某些让步与合作以挽救自身不可避免的衰败和灭亡的趋势,但是无论怎么做都不可能从根本上改变历史的必然趋向,即使在当代西方资本主义世界也有不少有识之士公开承认这一点。十月革命的伟大胜利,列宁和斯大林领导的苏联社会主义建设事业的快速发展,中国特色社会主义的

---

① Jan Plamper, *The Stalin Cult: A Study in The Alchemy of Power*, Yale University Press, New Haven and London, 2012, p. 221.
② 《马克思恩格斯选集》第一卷,人民出版社2012年版,第413页。

蓬勃发展，都充分证明了历史唯物主义的科学性、正确性。一切反对斯大林的敌对势力主张彻底否定斯大林，其实质是彻底否定十月革命和苏联社会主义的成就，彻底否定社会主义代替资本主义的历史必然性。

五 中国共产党一贯采取客观公正的态度对待斯大林评价问题，始终坚持科学评价斯大林

我们党从毛泽东同志开始，就始终坚持对斯大林的全面、客观、辩证的马克思主义的科学评价。我们党关于斯大林评价问题的态度和观点集中体现在根据中国共产党中央政治局扩大会议的讨论由《人民日报》编辑部于 1956 年 4 月 5 日发表的《关于无产阶级专政的历史经验》，1956 年 12 月 29 日发表的《再论无产阶级专政的历史经验》和 1963 年 9 月 13 日发表的《关于斯大林问题——二评苏共中央公开信（1963 年 9 月 13 日）》（以下简称《关于斯大林问题》）三篇文献中。毛泽东同志指出："斯大林同志在理论的活动上和在实际的活动上所给予我们当代的贡献，是不可估量的。"[①]

毛泽东同志在修改《关于斯大林问题》一文时指出："斯大林问题，是一个世界范围内的大问题，曾经引起了世界各国一切阶级的反响，至今还在议论纷纷。各个不同的阶级，代表各个不同阶级的政党或政治派别，意见不同。估计在本世纪内，这个问题还不可能作出定论。但是，在国际工人阶级和革命人民范围之内，多数人的意见其实是相同的，他们不赞成全盘否定斯大林，而且越来越怀念斯大林。就是在苏联，也是如此。""对于斯大林的只占第二位的一些错误方面，应当作为历史教训，便苏联共产党人和各国共产党人引以为戒，不再重犯，或者少犯一些，这也是有益的。正、反两

---

① 《毛泽东年谱（1949—1976）》第二卷，中央文献出版社 2013 年版，第 52 页。

面的历史经验，只要是总结得正确，合乎历史实际，而不加以任何歪曲，对于一切共产党人，都是有益的。""斯大林是一个历史时代的无产阶级专政和国际共产主义运动的伟大的领导人，对他的评价，应当更加慎重些。""绝大多数苏联人，不赞成这样谩骂斯大林。他们越来越怀念斯大林。苏共领导人严重地脱离了群众。他们时时刻刻感觉到斯大林的阴魂不散，在威胁着他们，其实是广大人民群众对于全盘否定斯大林表示非常不满意。赫鲁晓夫在苏共第二十次代表大会上所作的全盘否定斯大林的秘密报告，至今不敢拿出来同苏联人民和整个社会主义阵营各国人民见面，其原因就在于这个报告是一个见不得人的报告，是一个严重脱离群众的报告。"[①]

毛泽东同志亲自主持撰写的《关于斯大林问题》一文指出："从十月革命开始的第一个社会主义国家的历史，到现在只有四十六年。斯大林作为这个国家的主要领导人，近三十年之久！""在列宁逝世以后，他不仅是苏联党和政府的领导人，而且是国际共产主义运动的公认的领袖"；"中国共产党历来认为，斯大林是有过一些错误的"，但是，"斯大林的一生，是一个伟大的马克思列宁主义者的一生，是一个伟大的无产阶级革命家的一生"，"斯大林的功绩同他的错误比较起来，是功大过小的。他的主要方面是正确的，错误是第二位的"；"所谓'反对个人迷信'，全盘否定斯大林，是完全错误的，是别有用心的"，"所谓'反对个人迷信'，是违反列宁关于领袖、政党、阶级、群众之间的相互关系的完整学说的，是破坏党的民主集中制的原则的"，"赫鲁晓夫这样咒骂斯大林，是对伟大的苏联人民的莫大污辱，是对苏联共产党的莫大污辱，是对苏联军队的莫大污辱，是对无产阶级专政和社会主义制度的莫大污辱，是对国际共产主义运动的莫大污辱，是对全世界革命人民的莫大污辱，是对马克思列宁主义的莫大污辱"；"中国共产党一贯认为，怎

[①] 《毛泽东年谱（1949—1976）》第二卷，中央文献出版社2013年版，第259—260页。

样认识和对待斯大林的问题，不只是对斯大林的个人评价问题，更重要的是，怎样总结列宁逝世以后无产阶级专政的历史经验的问题；怎样总结列宁逝世以后国际共产主义运动的历史经验的问题"；"每一个正直的、尊重历史的共产党人，在总结斯大林的全部思想和工作的时候，一定会首先看到斯大林的主要方面"[①]。毛泽东同志深刻地指出，"把斯大林丑化，除了其他原因以外，一个重要原因是，斯大林坚决同帝国主义斗争。他们把自己和斯大林区别开来，是要得到帝国主义的赏识。"[②]

当然，中国共产党从总结历史经验的角度并没有忌讳、无视、隐蔽斯大林的错误，而是采取了历史唯物主义的科学态度正确对待斯大林的错误，正确地分析了斯大林的错误及其产生的原因。"中国共产党历来认为，必须用历史唯物主义的方法，按照历史的本来面目，全面地、客观地、科学地分析斯大林的功绩和错误；而不应当用历史唯心主义的方法，任意歪曲和篡改历史，主观地、粗暴地全盘否定斯大林。"[③] 我们党在《关于无产阶级专政的历史经验》中指出："当着斯大林正确地运用列宁主义的路线而在国内外人民中获得很高的荣誉的时候，他却错误地把自己的作用夸大到不适当的地位，把他个人的权力放在和集体领导相对立的地位，结果也就使自己的某些行动和自己原来所宣传的某些马克思列宁主义的基本观点处于相对立的地位。一方面承认人民群众是历史的创造者，承认党必须永远地联系群众，必须发展党内民主，发展自我批评和自下而上的批评，另一方面却又接受和鼓励个人崇拜，实行个人专断，这就使得斯大林后一时期在这个问题上陷于理论和实践相脱节的矛盾。""斯大林在他一生的后期，愈陷愈深地欣赏个人崇拜，违

[①]《建国以来重要文献选编》第十七册，中央文献出版社1997年版，第57、58、60、60—61、56、56—57、65、61页。
[②]《毛泽东年谱（1949—1976）》第四卷，中央文献出版社2013年版，第322页。
[③]《建国以来重要文献选编》第十七册，中央文献出版社1997年版，第58页。

反党的民主集中制，违反集体领导和个人负责相结合的制度，因而发生了例如以下的一些重大的错误：在肃反问题上扩大化；在反法西斯战争前夜缺乏必要的警惕；对于农业的进一步发展和农民的物质福利缺乏应有的注意；在国际共产主义运动中出了一些错误的主意，特别是在南斯拉夫问题上作了错误的决定。斯大林在这些问题上，陷入了主观性和片面性，脱离了客观实际状况，脱离了群众。"中国共产党实事求是地分析了斯大林所犯错误的历史原因。"一个在世界上史无前例的首先实行无产阶级专政的社会主义国家，怎样能够设想它不会犯这样或那样的错误呢？""为着战胜强大的敌人，无产阶级专政要求权力的高度集中。这个高度集中的权力，是必须和高度的民主相结合的。当着集中制被片面地强调了的时候，就会出现许多错误。""作为党和国家主要领导人的斯大林，在他后一个时期的工作中所以犯了某些严重的错误，就是因为他没有这样做。他骄傲了，不谨慎了，他的思想里产生了主观主义，产生了片面性，对于某些重大问题做出了错误的决定，造成了严重的不良后果。"①

中国共产党的成立和发展，中国进行新民主主义和社会主义革命，走上社会主义道路，推进社会主义建设，曾受到苏联党和人民的影响并得到其支持，中苏两党、两国长期保持友好协作关系。中国共产党为人民谋幸福、为民族谋复兴、为人类谋进步、为世界谋大同的社会主义伟大事业，是以坚持、运用和发展马克思列宁主义为基础的，符合社会历史发展和人类文明共同发展的主流大势。如何看待斯大林，实际是如何科学评价苏联社会主义建设的宝贵经验和沉痛教训问题。在对待斯大林问题上，要像对待国际共产主义运动史上的其他重要历史人物一样，要采取爱惜与反思、总结经验与吸取教训并重的态度，必须力求科学、全面、客观、准确。

---

① 《建国以来重要文献选编》第八册，中央文献出版社1994年版，第229—230、225、227、228页。

对于赫鲁晓夫全盘否定斯大林，中国共产党从一开始就保持清醒头脑，主张对斯大林要采取科学的站得住脚的评价。赫鲁晓夫在苏共二十大作了反对斯大林的"秘密报告"之后，中国共产党立刻公开表示了对斯大林评价的马克思主义态度，提出："中国共产党历来认为，斯大林是有过一些错误的。这些错误，有思想认识的根源，也有社会历史的根源。如果站在正确的立场，采取正确的方法，批判斯大林确实犯过的错误，而不是凭空加给他的所谓错误，是必要的。但是，我们历来反对采取错误的立场、错误的方法，对斯大林进行不正确的批评"；"斯大林的错误，有些是原则性的错误，有些是具体工作中的错误；有些是可以避免的错误，有些是在无产阶级专政没有先例的情况下难以避免的错误"；"中国共产党为斯大林辩护，是为斯大林的正确方面辩护，是为十月革命创造出来的世界第一个无产阶级专政国家的光荣斗争历史辩护，是为苏联共产党的光荣斗争历史辩护，是为国际共产主义运动在全世界劳动人民中的声誉辩护。一句话，是为马克思列宁主义的理论和实践辩护。不仅中国共产党人要这样做，一切忠实于马克思列宁主义的共产党人，一切坚决革命的人，一切正直的人，也都已经或者正在这样做。"[①]

苏共二十大之后，毛泽东同志在讨论《关于无产阶级专政的历史经验》和《再论无产阶级专政的历史经验》两篇文章时多次谈到对斯大林的评价，他说："苏联建设时期，斯大林的基本路线、方针是正确的，应明确加以肯定。有缺点，是难以避免的，可以理解的。斯大林过分强调专政，破坏了一部分法制，但他没有破坏全部法制；破坏了一部分宪法，但民法、刑事诉讼法只破坏了一部分，没有完全破坏。他过分强调专政，但苏联的专政基本上还是对的。民主不够，但也有苏维埃民主。有缺点，有官僚主义，但他终

---

① 《建国以来重要文献选编》第十七册，中央文献出版社1997年版，第58、60、62页。

究把苏联建设成为一个工业化的国家，打败了希特勒。如果都是官僚主义，都是官僚机构，怎么能做到这些呢？说苏联是由官僚主义者统治不能说服人。""所谓非斯大林主义化就是非马克思主义化，就是搞修正主义。"① "现在我们要为苏联两个阶段辩护，既为它的革命阶段辩护，又为它的建设阶段辩护。苏联的革命不仅仅是一个民族的现象，而是一种国际现象，是带有时代特点的国际现象。所以无论它的成就和挫折，都是整个国际共产主义运动的财富。如果苏联的革命和建设是所谓'斯大林主义'，这种所谓'斯大林主义'就是好的主义，所谓斯大林主义分子就是好的共产党人。如果苏联的这种革命和建设是所谓'官僚主义'，那么这种所谓'官僚主义'也是好的，因为它取得这么伟大的成就和胜利，可见它不是百分之百的官僚主义。百分之百的官僚主义是绝不会取得这么伟大成就的。所以我们要为苏联的两个阶段辩护。这是我们的义务。"②

毛泽东同志在《论十大关系》中说，"苏联过去把斯大林捧得一万丈高的人，现在一下子把他贬到地下九千丈。我们国内也有人跟着转。中央认为斯大林是三分错误，七分成绩，总起来还是一个伟大的马克思主义者"。"斯大林对中国作了一些错事……可是，我们还认为他是三分错误，七分成绩。这是公正的。"③ 毛泽东同志曾说过："个人崇拜有两种，一种是正确的崇拜，如对马克思、恩格斯、列宁、斯大林正确的东西，我们必须崇拜……另一种是不正确的崇拜，不加分析，盲目服从，这就不对了。反个人崇拜的目的也有两种，一种是反对不正确的崇拜，一种是反对崇拜别人，要求崇拜自己。"④ 中国共产党在斯大林评价问题上表现出辩证全面的客观

---

① 转引自吴冷西《十年论战：1956—1966 中苏关系回忆录》（上），中央文献出版社 1999 年版，第 67、68 页。
② 转引自吴冷西《十年论战：1956—1966 中苏关系回忆录》（上），中央文献出版社 1999 年版，第 78—79 页。
③ 《毛泽东文集》第七卷，人民出版社 1999 年版，第 42 页。
④ 《毛泽东文集》第七卷，人民出版社 1999 年版，第 369 页。

态度，提出了"三七开""伟大的马克思主义者"的评价，是真正的马克思主义态度。

改革开放以来，中国共产党几任领导人对斯大林和苏联问题的评价都注意采取唯物辩证的科学全面态度。1981年6月党的十一届六中全会通过的《关于建国以来党的若干历史问题的决议》指出："马克思、恩格斯、列宁、斯大林的科学著作是我们行动的指针，但是不可能给我国社会主义事业中的各种问题提供现成答案。"[1] 邓小平同志结合改革开放条件下国内外环境的变化，提出了一整套中国特色社会主义理论、路线和方针政策，这都是在充分吸收列宁、斯大林领导苏联社会主义建设的历史经验教训基础上慎重提出和推行的，是对马克思列宁主义的坚持和发展。他对斯大林的个人崇拜等失误作出过批判，对苏联解体、东欧剧变的严重后果作出过评价，但从来没有全盘否定斯大林时期的历史成就。在他的主导下，中国共产党坚持了对斯大林"三七开"的科学评价，摈弃了对斯大林评价的错误；坚持了对毛泽东和毛泽东思想的科学的评价，开创了中国特色社会主义道路。

江泽民同志多次谈到对苏联解体、东欧剧变要全面认识，他指出："冷战结束，苏联解体，给我们许多启迪。"[2]"总结过去几十年的经验，可以看出，列宁、斯大林和毛泽东同志确实在俄国十月革命后把世界变了样。同时，也应该看到，某些人在一些国家丢掉社会主义事业上也起了关键作用"[3]。胡锦涛同志分析指出："二十世纪八十年代末九十年代初，国际国内发生严重政治风波，世界社会主义出现严重曲折，我国社会主义事业发展面临新的巨大困难和压力，我们党面临着又一个重大历史关头。"[4]"在改革开放三十多

---

[1] 《改革开放三十年重要文献选编》（上），人民出版社2008年版，第199页。
[2] 《江泽民文选》第一卷，人民出版社2006年版，第336页。
[3] 《江泽民文选》第一卷，人民出版社2006年版，第337—338页。
[4] 《胡锦涛文选》第二卷，人民出版社2016年版，第137页。

年一以贯之的接力探索中,我们坚定不移高举中国特色社会主义伟大旗帜。"①

前事不忘,后世可鉴。坚持和发展中国特色社会主义必须始终正确对待历史,特别是正确对待国际共产主义运动中的重大历史事件、重要历史人物,时刻注意吸取历史的经验教训。习近平同志强调:"坚定理想信念,坚守共产党人精神追求,始终是共产党人安身立命的根本。对马克思主义的信仰,对社会主义和共产主义的信念,是共产党人的政治灵魂,是共产党人经受住任何考验的精神支柱。"②"世界社会主义实践的曲折历程告诉我们,马克思主义政党一旦放弃马克思主义信仰、社会主义和共产主义信念,就会土崩瓦解。""冷战结束以来,在西方价值观念鼓捣下,一些国家被折腾得不成样子了,有的四分五裂,有的战火纷飞,有的整天乱哄哄的。如果我们用西方资本主义价值体系来剪裁我们的实践,用西方资本主义评价体系来衡量我国发展,符合西方标准就行,不符合西方标准就是落后的陈旧的,就要批判、攻击,那后果不堪设想!最后要么就是跟在人家后面亦步亦趋,要么就是只有挨骂的份。"③

正确评价斯大林,说明中国共产党人对社会主义事业,对苏联的经验教训采取了科学的态度,这个科学的态度就是中国共产党人取得中国革命、建设、改革成功的科学态度。在苏联解体、东欧剧变之后,正因为中国共产党始终坚持这种科学的态度,才领导中国特色社会主义取得了历史性成就,治党有方、人民幸福、国家富强,正在稳步迈进全面建设社会主义现代化国家新征程,为世界上那些既想加快发展又不想走西方资本主义道路的广大发展中国家提供了宝贵经验,为世界经济社会健康发展、人类文明和平繁荣作出了重大贡献。

2008年爆发的国际金融危机和2019年年底发生的新冠疫情充

---

① 《胡锦涛文选》第三卷,人民出版社2016年版,第621页。
② 《习近平关于全面从严治党论述摘编》,中央文献出版社2016年版,第57页。
③ 《习近平谈治国理政》第二卷,外文出版社2017年版,第326、327页。

分说明，资本主义的衰落已成定局，中国特色社会主义呈现欣欣向荣的生机活力，世界面临百年未有之大变局。西方资本主义国家中极端反动保守势力崛起，社会主义与资本主义的斗争呈现更加复杂多变的态势，重新认识斯大林，科学评价斯大林已经成为一个必须面对的重大现实问题。

六　斯大林是伟大的马克思主义者，必须坚持"三七开"，充分肯定斯大林及其历史功绩

对于任何历史人物的评价，首先要看他在历史上是起进步作用的，还是起阻碍作用的。起进步作用的就是正面的、肯定的，起阻碍作用的就是反面的、否定的。在这个大前提下，就可以判断一个历史人物成绩是主要的，还是问题是主要的。科学评价历史人物，必须把握唯物史观最基本的判断标准，正如毛泽东同志所指出的："中国一切政党的政策及其实践在中国人民中所表现的作用的好坏、大小，归根到底，看它对于中国人民的生产力的发展是否有帮助及其帮助之大小，看它是束缚生产力的，还是解放生产力的。"① 是否有利于生产力的发展，不仅是判断一个政党及其政策与实践是不是肯定的、正面的、进步的根本标准，也是判断一个历史人物是不是肯定的、正面的、进步的根本标准。凡有利于生产力发展的就是进步的、革命的，否则就是反动的、落后的。这个标准是从人民的立场出发的唯物史观的判断标准，是唯物的、辩证的、全面的标准，而不是否定一切、抹黑一切的标准。

以斯大林为首的苏联共产党领导下的社会主义苏联曾经创造了世界历史上的辉煌篇章，切实实现和保护了苏联无产阶级与广大劳动人民利益，也体现和代表了世界无产阶级与广大劳动人民的利

---

① 《毛泽东选集》第三卷，人民出版社1991年版，第1079页。

益。斯大林的历史功绩不可抹杀，也抹杀不了，他的历史功绩是第一位的、主要的，永远值得肯定。斯大林不愧为伟大的马克思列宁主义继承者、实践者和探索者，他注意坚持和加强马克思列宁主义在社会主义意识形态领域的主流地位和主导作用，注意坚持和加强共产党的长期全面领导，注意反对各种错误思想和抵御异己分子对苏联社会主义的侵袭，领导苏联实现了社会主义工业化、农业集体化，取得了科学、技术、国防、文化、教育、体育、医疗卫生等事业的全面突破性进展，带领苏联人民获得了伟大卫国战争的胜利、彻底击败了希特勒法西斯，保卫了苏联社会主义国家政权和领土完整。米尔斯海默指出："第二次世界大战后欧洲只剩下唯一的大国，那就是苏联。"①。就连丘吉尔也对斯大林如此评价："他是一位杰出的人物，赢得了他所生活的我们这个残酷时代的敬仰……斯大林具有深刻的、逻辑性极强的、清新的智慧，绝不会惊慌失措。他是无人能比的大师，能够在困难时刻找到摆脱绝境的出路……他是一个能够假敌人之手消灭敌人的人，他迫使我们这些被他公然称为帝国主义者的人去同帝国主义者作战……斯大林接受的是还在使用木犁的俄罗斯，而他留下的却是装备了原子武器的俄罗斯……"② 斯大林的历史功绩主要有以下几个方面：

第一，继续列宁的事业，建设第一个社会主义国家。斯大林在十月革命时期就坚定地站在列宁的立场上，支持、拥护、积极参与列宁发动的十月社会主义革命。革命胜利后，支持、拥护并积极参与列宁领导的苏俄社会主义政权的保卫和建设。列宁逝世后，斯大林根据马克思主义、科学社会主义原则和列宁关于在苏联如何建立社会主义的五条原则，积极推行工业国有化和农业集体化。斯大林

---

① ［美］米尔斯海默：《大国政治的悲剧》，王义桅、唐小松译，上海人民出版社 2003 年版，第 498 页。
② ［俄］弗拉基米尔·卡尔波夫：《大元帅斯大林》，何宏江译，社会科学文献出版社 2005 年版，第 792—793 页。

指出，苏维埃经济制度就是：（1）资产阶级和地主阶级的政权已经被推翻而代之以工人阶级和劳动农民的政权；（2）生产工具和生产资料即土地和工厂等已经从资本家那里夺取过来并转为工人阶级和劳动群众所有；（3）生产的发展所服从的不是竞争和保证资本主义利润的原则，而是计划领导和不断提高劳动者物质和文化生活水平的原则；（4）国民收入的分配不是为了保证剥削阶级及其为数众多的寄生仆役发财致富，而是为了不断提高工农的物质生活和扩大城乡社会主义生产；（5）劳动者的物质生活状况的不断改善和劳动者的需求（购买力）的不断增长既然是扩大生产的日益增长的泉源，因而也就保证劳动者免遭生产过剩的危机，免受失业增长和贫困的痛苦；（6）工人阶级和劳动农民是国家的主人，他们不是为资本家而是为自己劳动人民做工的。[1]斯大林主持制定了1936年苏联宪法，以国家根本大法的形式把社会主义制度固定下来。对于如何建成社会主义，斯大林提出并实施了全面加强党的领导、农业集体化、工业国有化、纯洁党的队伍等一系列重要且有效的战略举措。

第二，统帅苏联军队和人民取得了反法西斯战争的胜利。斯大林是苏联卫国战争的最高统帅，领导苏联人民取得了反法西斯战争的伟大胜利，保卫了苏联社会主义政权，保卫了世界和平。他领导苏联红军成为战胜德日意法西斯的主力，最终攻克柏林，战胜了德国法西斯，在世界反法西斯战争中起到了中流砥柱作用。斯大林领导苏联与英、美、中等国结成了世界反法西斯同盟，团结了世界上一切爱好和平的人们和支持社会主义的进步力量，团结了世界上一切反法西斯的统一战线力量，拯救了社会主义苏联，也拯救了世界，凝聚了苏联党和人民，极大地提高了社会主义在世界人民心目中的威望。

第三，领导苏联社会主义建设取得了伟大成就。斯大林接过列

---

[1] 参见《斯大林全集》第十二卷，人民出版社1955年版，第280—281页。

宁的交接棒，领导了苏联的社会主义建设。在第二次世界大战前，苏联从一个落后国家跃居欧洲第一位、世界第二位，充分展现了社会主义经济欣欣向荣的巨大活力。1913—1940年，苏联工业增长6.6倍，美国同期增长20%，英国为13.3%，德国为31.6%。斯大林提出"技术决定一切""干部决定一切"等口号，以多种方式大力发展科学技术，取得斐然成就。苏联研发运用新兴科技的能力快速提升，掌握现代科技的专家和人才大量增加，对外科技援助加大，极大增强了科技和国防实力。苏联1943年就开始研制原子弹，1949年爆炸了第一颗原子弹，1953年8月又先于美国爆炸了第一颗氢弹，航空航天技术、军事技术等不断取得突破，处于世界领先地位。近来俄罗斯出版了经济学家亚历山大·加卢什卡的新书《经济增长结晶——迈向俄罗斯经济奇迹》。作者认为，斯大林模式创造了迄今为止仍未被打破的苏联经济持续快速增长的纪录。到1955年，苏联经济增长近14倍，平均增长率13.8%（第二次世界大战时期除外），是20世纪经济增速最高的国家。而从1956年开始，也就是从赫鲁晓夫抛出"秘密报告"开始，苏联进入了"衰退期"。作者以一系列确凿有力的论据和数字彻底推翻了关于斯大林时期经济模式僵化和封闭的说法。

　　第四，支持了全世界的无产阶级革命和社会主义运动。斯大林认为，苏联革命是世界革命的组成部分，苏联无产阶级的民族任务和国际任务融合成共同的世界无产阶级解放的任务，苏联社会主义的利益和各国革命运动的利益融合成共同的世界革命的利益。无产阶级革命的"民族"任务是取得社会主义在一个国家的胜利，而国际任务则是动员和支持全世界无产者与资本主义作斗争，两者存在着一致性和不可分割性。以此为基础，斯大林大力支持第三国际发挥作用，以各种方式支持世界各国无产阶级在本国开展革命运动。第二次世界大战后，斯大林全力组织社会主义国家阵营，反对帝国主义国家集团。

第五，给予殖民地半殖民地国家、地区与人民反帝反殖民统治的争取民族独立的斗争以极大支持。斯大林遵循了马克思列宁主义关于民族和殖民地理论的一般原则。他强调："一分钟也不能忘记东方，至少因为它是世界帝国主义'取之不尽的'后备力量和'最可靠的'后方"，"必须彻底领会这个真理：谁想要社会主义胜利，谁就不能忘记东方"①。在他的领导下，苏联对东方各国包括中国革命给予了直接或间接的支持和援助。

第六，坚持、捍卫、发展了马克思列宁主义。斯大林有没有马克思主义的理论坚持和理论创新，有多大程度上的理论创新，对其理论贡献如何评价，需要以马克思主义的宏阔视野、无私立场和辩证方法来作出准确、综合的评判，得出可资借鉴的历史结论。斯大林毫无疑问是马克思列宁主义的继承者、坚持者、运用者和发展者，主要表现为以下几点：

一是充分肯定列宁的功绩，全面阐述、坚决捍卫列宁主义。1920年，斯大林在列宁50寿辰纪念文集中发表了《列宁是俄国共产党的组织者和领袖》，对列宁的功绩充分肯定。他认为，列宁是"无产阶级革命和无产阶级政党的领袖"，"一身兼备理论力量和无产阶级运动的实际组织经验"②。他在《论列宁主义基础》一文中从历史根源、方法、理论、无产阶级专政、农民问题、民族问题、战略和策略、党、工作作风九个方面阐述了列宁主义。他认为："列宁主义不仅复活了马克思主义，而且更进一步，在资本主义和无产阶级阶级斗争的新条件下向前发展了马克思主义"，"列宁主义是帝国主义和无产阶级革命时代的马克思主义"③。斯大林对列宁主义作出科学的定义。他论述了列宁主义科学方法论的四个要点：一是消灭理论和实践分离的状态，创立具有革命理论武装的真正无产阶级

---

① 《斯大林选集》（上卷），人民出版社1979年版，第127、128页。
② 《斯大林选集》（上卷），人民出版社1979年版，第136页。
③ 《斯大林选集》（上卷），人民出版社1979年版，第185页。

政党；二是根据第二国际各党的实际行动而不是口号和决议来检查政策；三是按新的革命方式，用教育群众和训练群众去进行革命斗争的精神改造全部党的工作；四是无产阶级政党进行自我批评，培养出党的真正干部和真正领导者。在《论列宁主义的几个问题》一文中，他又对这四个基本点作了进一步论述。1931年12月，他在和德国作家埃米尔·路德维希的谈话中说："我不过是列宁的学生，我一生的目的就是要做到不愧为列宁的学生。"① 斯大林一生的实践和所创造的功绩，证明他努力做到了自己所说的这一点。

二是强调马克思主义与具体实际相结合的必要性。他指出，必须重视马克思主义在现实中的运用，"马克思主义不承认绝对适应于一切时代和时期的不变的结论和公式。马克思主义是一切教条主义的敌人。"②

三是坚持列宁"一国胜利论"并发展了这一理论，深入系统论述了"一国建成社会主义"理论。十月革命的成功，证实了列宁"一国胜利论"的可行性。列宁领导俄国布尔什维克党成功进行了十月社会主义革命。革命成功后，社会主义能否在俄国这样经济文化相对落后的一个国家首先建成，却有较大争议。托洛茨基主张"不断革命论"和"世界分工论"，反对一国能够建成社会主义；季诺维也夫断言一个国家不可能建成社会主义。1924年年底，斯大林在《十月革命和俄国共产党人的策略》一文中阐述了苏联一国建成社会主义的含义、国内外的条件和最终胜利的问题。斯大林在与各种错误思潮的争论和对其批判中论证了社会主义在苏联首先建成的必要性和可能性，为刚刚从战争中新生的苏联社会主义政权建设增添了信心，明确了战略重点。他指出："被资本家包围的无产阶级专政国家不但能够用自身的力量解决内部的矛盾即无产阶级和农民之间的矛盾，而且还能够、还必须建成社会主义，在本国组织社

---

① 《斯大林选集》（下卷），人民出版社1979年版，第298—299页。
② 《斯大林选集》（下卷），人民出版社1979年版，第538页。

会主义经济和建立一支武装力量，以便帮助周围各国的无产者去进行推翻资产阶级的斗争。列宁主义关于社会主义在一个国家内胜利的基本原理就是这样"；"在无产阶级专政下，我们有克服所有一切内部困难而建成完全的社会主义社会所必需的一切条件，因为我们能够而且必须用自身的力量来克服这些困难"；"谁否认社会主义在一个国家建成的可能性，谁也就一定要否认十月革命的合理性。"① 1936年11月，斯大林在苏维埃第八次（非常）代表大会上宣布："我们苏联社会已经做到在基本上实现了社会主义，建立了社会主义制度，即实现了马克思主义者又称为共产主义第一阶段或低级阶段的制度。这就是说，我们已经基本上实现了共产主义第一阶段，即社会主义。"② 这一宣布从现在看是过早地下了结论。但斯大林关于"一国建成社会主义"的理论，的确为苏联社会主义建设已经取得的经济社会发展成就和社会主义制度的快速巩固与强大提供了理论支撑。

四是从理论上阐述了发展社会主义生产力、实现工业化的重要性。斯大林坚持和发展了马克思主义关于生产力的理论，提出发展社会主义生产力、实现工业化的重要观点，并采取措施积极推进实践，这是对马克思列宁主义基本原理的运用和丰富。他阐述了对于社会主义生产率的理解："为什么资本主义打破和战胜了封建制度呢？因为它创造了更高的劳动生产率，它使社会有可能得到比在封建制度下多得多的产品。因为它使社会更加富足了。为什么社会主义能够、应当而且一定会战胜资本主义经济制度呢？因为它能比资本主义经济制度创造出更高的劳动典范，更高的劳动生产率。因为它能比资本主义经济制度给予社会更多的产品，使社会更加富足起来。"③ 关于如何抓住重点开展社会主义建设、赶超资本主义社会的

---

① 《斯大林选集》（上卷），人民出版社1979年版，第339、341页。
② 《斯大林文集（1934—1952）》，人民出版社1985年版，第375页。
③ 《斯大林选集》（下卷），人民出版社1979年版，第339、341页。

问题，斯大林提出了自己的观点。他领导联共（布）第十四次代表大会提出工业化任务，指出："把我国从农业国变成能自力生产必需的装备的工业国——这就是我们总路线的实质和基础。"① 1946年2月，斯大林说："苏维埃的国家工业化方法，与资本主义的工业化方法根本不同……党知道战争日益逼近，没有重工业就无法保卫国家，所以必须赶快着手发展重工业，如果这件事做迟了，那就要失败。""在这方面，工业国有化和银行国有化大大帮助了我们，使我们能够迅速地聚集资金，并使它流入重工业。"②

五是针对苏联实际，阐述了农业集体化的必要性。斯大林认为："共产党决不能走上资本主义的农业发展道路，这不仅是出于原则上的考虑，而且因为这条道路需要有一个过长的发展过程，而且先要使农民破产，使他们变成雇农。因此，共产党走上了农业集体化的道路，走上了把农户联合为集体农庄，以扩大农业规模的道路。结果表明，集体化的方法是最进步的方法，这不仅是因为它并不要让农民破产，而特别是因为它使我们能够在几年以内就使全国各地布满了能够采用新技术、利用农艺上的一切成就和向国家提供更多的商品产品的巨大集体农庄。毫无疑问，如果不实行集体化政策，我们就不能在这样短的时期内消灭我国农业历来落后的状况。"③

斯大林关于社会主义建设的一系列想法和做法，出发点是好的，取得的效果也是明显的，提出和实践了不少新思路，坚持和发展了马克思列宁主义的基本原则。当然，由于是在做前人没有做过的事情，出现问题和失误也是不可避免的。贬低斯大林的思想和做法，并对其进行全面的否定显然是站不住脚的。

六是对社会主义社会经济规律、商品、市场等重要问题提出了

---

① 《斯大林全集》第七卷，人民出版社1958年版，第294页。
② 《斯大林文集（1934—1952）》，人民出版社1985年版，第480页。
③ 《斯大林文集（1934—1952）》，人民出版社1985年版，第481页。

一些创新观点。对于社会主义社会的经济规律,社会主义社会中的商品、市场等重要问题,斯大林曾一度忽视过,但后期也作出了一些思考,提出了一些创新性的观点。1952 年,斯大林发表《苏联社会主义经济问题》一书。他提出:"马克思主义把科学规律——无论指自然科学规律或政治经济学规律都是一样——了解为不以人们的意志为转移的客观过程的反映。人们能发现这些规律,认识它们,研究它们,在自己的行动中考虑到它们,利用它们以利于社会,但是人们不能改变或废除这些规律,尤其不能制定或创造新的科学规律";"不能把商品生产和资本主义生产混为一谈。这是两种不同的东西";"保证最大限度地满足整个社会经常增长的物质和文化的需要,就是社会主义生产的目的;在高度技术基础上使社会主义生产不断增长和不断完善,就是达到这一目的的手段"①。

七是重视无产阶级的政权建设、无产阶级专政和无产阶级政党的全面领导,注重培养合格的接班人。1925 年 6 月 9 日,他指出:"无产阶级专政不只是暴力,而且是对非无产阶级的劳动群众实行领导,是建设比资本主义经济类型更高的、具有比资本主义经济更高的劳动生产率的社会主义经济。无产阶级专政是:(一)对资本家和地主使用不受法律限制的暴力,(二)无产阶级对农民实行领导,(三)对整个社会进行社会主义建设。"②他阐述党的建设的着力点,强调"必须有新的党,战斗的党,革命的党"③。这个新的党具有工人阶级的先进部队、工人阶级有组织的部队、无产阶级组织的最高形式、无产阶级专政的工具、意志的统一等特点。他非常重视党的干部队伍建设和组织领导问题,对干部队伍建设提出"铁一般"的要求,他提出:"在正确的政治路线提出以后,组织工作就决定一切,其中也决定政治路线本身的命运,即决定它的实现或

---

① 《斯大林选集》(下卷),人民出版社 1979 年版,第 540、548—549、598 页。
② 《斯大林全集》第七卷,人民出版社 1958 年版,第 155 页。
③ 《斯大林选集》(上卷),人民出版社 1979 年版,第 260 页。

失败。"①

八是对社会主义条件下的民族问题作出了新思考。他认为，1924年苏联第一个宪法中各族人民关系没有得到应有调整，对"大俄罗斯人"的不信任心理残余尚未消失，当时必须在经济、政治和军事互助基础上调整，联合成一个多民族的联盟国家。他得出这一结论，是以资产阶级国家建立多民族国家的失败经验、旧奥匈帝国瓦解经验等为基础的。在1936年，他指出："制造民族纠纷的主要势力即剥削阶级已不存在，培植民族互不信任心理和燃起民族主义狂热的剥削制度已不存在，反对一切奴役而忠实地实现国际主义思想的工人阶级已经掌握了政权，各族人民在经济和社会生活一切方面已经切实实行互助，最后，苏联各族人民的民族文化，即民族形式和社会主义内容的文化，已经有了蓬勃的发展，——所有这些因素以及诸如此类的因素，导致苏联各族人民的面貌发生根本改变，他们中间互不信任的心理已经消失，而相互友爱的感情已经发展，因而建立了各族人民在统一的国家体系中真正兄弟合作的关系。"② 斯大林关于制造民族纠纷的剥削阶级和剥削制度的社会基础已经不存在的判断是基本正确的，但对影响民族团结的不利因素估计不足，对民族关系存在的问题过于乐观，采取的一些民族政策是失误的。

九是还作出了其他一些马克思主义理论方面的创造。1950年5—7月，《真理报》组织了语言学问题讨论。他针对一些青年的提问写了一系列文章，以《马克思主义和语言学问题》为书名出版。他提出："马克思主义者不能认为语言是基础的上层建筑。"③ 他认为，语言和上层建筑根本不同，在一定程度上是为了满足整个社会的需要。语言是同人的生产活动直接联系的，它比上层建筑的活动

---

① 《斯大林选集》（下卷），人民出版社1979年版，第343页。
② 《斯大林文集（1934—1952）》，人民出版社1985年版，第106—107页。
③ 《斯大林选集》（下卷），人民出版社1979年版，第506页。

范围要广泛得多、方面也多得多。语言作为交际的工具对社会是统一的,方言和习惯语的存在并不否定而是肯定全民语言的存在。了解语言及其发展规律,必须把语言同社会的历史,同创造这种语言、使用这种语言的人民的历史密切联系起来研究。斯大林对国际上社会主义与资本主义、无产阶级与资产阶级的斗争也有清醒的认识。他提出了社会主义与资本主义"两个平行市场"理论。同时也开始看到了社会主义与资本主义两种制度之间的复杂联系,认为"只要有资本主义存在,资产者和无产者相互之间便有千丝万缕的经济联系,他们是一个资本主义社会里的两个部分"[①]。

作为一个历史人物,斯大林也必然受一定历史条件的制约,具有一定的历史局限性,存在缺点和出现失误,甚至是严重的缺点和错误,都是可能的。譬如,个人崇拜、个人迷信和一言堂方面,他存在着明显的缺陷。然而,我们也应当看到,斯大林对个人崇拜问题也曾表现出冷静客观的态度,他认为历史人物与人民群众的作用并不矛盾。"凡是新的一代都要遇到在他们诞生的时候就已经具备的一定的现成条件。伟大人物只有善于正确地认识这些条件,懂得怎样改变这些条件,才有一些价值。"[②] 再譬如,在民主与法制、民主与专政等重大关系问题上,他也存在严重的错误,犯有肃反扩大化的错误。还譬如,在苏联社会主义建设规律的认识和实践上,逐步形成某些僵化的认识和体制,对商品经济缺乏重视,对轻工业和直接关系民生的生活资料生产存在某种程度的忽视,等等。还有对兄弟党和兄弟国家,存在老子党和大国沙文主义倾向等。但是,缺点、失误、错误毕竟是支流,在缺乏可资借鉴的前人经验的基础上进行社会主义建设,有些错误是在所难免的,不可能十全十美。

[①] 《斯大林选集》(下卷),人民出版社1979年版,第512页。
[②] 《斯大林选集》(下卷),人民出版社1979年版,第299页。

七 反对历史人物评价中的历史虚无主义是一场严肃的政治斗争，必须吸取在斯大林评价问题上的历史教训

习近平总书记2013年1月5日在新进中央委员、候补中央委员学习贯彻党的十八大精神研讨班开班式上的重要讲话中指出："苏联为什么解体？苏共为什么垮台？一个重要原因就是意识形态领域的斗争十分激烈，全面否定苏联历史、苏共历史，否定列宁，否定斯大林，搞历史虚无主义，思想搞乱了，各级党组织几乎没任何作用了，军队都不在党的领导之下了。最后，苏联共产党偌大一个党就作鸟兽散了，苏联偌大一个社会主义国家就分崩离析了。这是前车之鉴啊！"[①] 彻底否定斯大林，抹黑斯大林，在苏联、在社会主义阵营，在世界范围内，在我国，掀起了一股历史虚无主义的逆潮。赫鲁晓夫是彻底否定斯大林的历史虚无主义的始作俑者。"灭人之国，必先去其史；隳人之枋，败人之纲纪，必先去其史；绝人之材，湮塞人之教，必先去其史；夷人之祖宗，必先去其史。"[②] 历史中的精神、实践、案例和人物，体现了可传后世的优秀传统精华。尊重历史，尊重优秀历史人物，吸取运用历史中的经验教训，才能在已有的基础上不断开拓前进。忘记历史，虚无历史，必然导致对于已经被实践证明为正确的理论和实践的质疑、否定和背叛。对于无产阶级政党所领导、开创的社会主义事业来说，借鉴历史的成功实践，吸取历史的沉痛教训，对于在社会主义与资本主义的激烈交锋中取得胜利至关重要。正是由于始自于彻底否定斯大林而掀起的历史虚无主义思潮，全面渗透到斯大林逝世后的世界社会主义和国际共产主义运动的各个领域、各个层面，使得马克思主义、社会主义、共产党

---

① 习近平：《关于坚持和发展中国特色社会主义的几个问题》，《求是》2019年第7期。
② 《龚自珍全集》，上海人民出版社1975年版，第22页。

执政经受了一场真刀真枪的意识形态的严峻考验，留下了漫长惨重的历史教训和记忆。智者善省己。如果对此不予以足够深刻、充分的审察、借鉴和超越，则将再次遭受辩证法的惩罚，使党、国家和人民蒙羞受损，在徒留叹息中丧失历史赋予的难得机遇。

从赫鲁晓夫带头否定斯大林，掀起历史虚无主义的逆流，到今天，西方敌对势力掀起一股又一股历史虚无主义的逆流，给世界社会主义和国际共产主义运动，也给我国的社会主义事业带来不可估量的极大的损害。

第一，历史虚无主义质疑、否定马克思列宁主义，必然导致最终走到放弃或背离马克思列宁主义的道路上。马克思列宁主义是关于世界一般发展规律，当然包括社会历史发展规律的科学总结，是无产阶级政党一切理论路线和战略策略的基础。坚决捍卫马克思列宁主义是无产阶级政党不可放弃的重大政治原则。历史虚无主义对于历史的客观规律持相对主义、怀疑主义、主观主义、极端主义态度，无视已经发生的历史进程中已见实际效果的进步做法，或采取完全否定历史事实、歪曲历史事实的否定一切的做法，或一味放大历史中一些局部性、枝节性、中断性的历史事件，轻视、鄙视乃至仇视无产阶级和广大人民群众的根本利益和宏大事业。表现在斯大林评价问题上的历史虚无主义，极尽对斯大林等无产阶级领袖及其业绩诋毁之能事，无限夸大各种失误及其后果，这些做法不仅违背了马克思主义的常识，而且违背了一般的历史常识。俄罗斯已故著名哲学家、曾经因公开反对斯大林个人崇拜而被捕的亚·季诺维也夫自称经过多年科学研究后认为："列宁与斯大林之间当然有不同之处，但是无论在理论上，还是在现实共产主义建设实践中，斯大林主义都是列宁主义的继承和发展。斯大林对作为意识形态的列宁主义进行了最好的诠释，是列宁忠实的学生和继承者。"[①] 历史虚无

---

① ［俄］亚·季诺维也夫：《斯大林和斯大林主义》，马维先译，《世界社会主义研究》2019 年第 8 期。

主义带来的对马克思主义的虚无歪曲，是世界社会主义和国际共产主义运动中的错误思想理论的根源。

第二，历史虚无主义抹黑否定无产阶级政党领袖，必然导致完全否定社会主义战胜并代替资本主义的历史必然趋势。历史虚无主义者是不会简单地停留在历史领域谈论历史人物的是非的，他们往往是以对历史本来面貌颠倒黑白、混淆是非的荒谬结论推翻现实中正确的理论、路线和举措，用虚假的评判、谬论来推翻对历史人物的定论。否定、歪曲和无限放大枝节问题是历史虚无主义的重要表现，否定现实是历史虚无主义的要害。历史虚无主义否定、抹黑革命领袖，有的打着"还原历史"口号对无产阶级领袖的生平、家庭、言论、行为乃至细节，进行不恰当的描绘；有的对毫无根据的所谓"秘闻"、资料加以不当披露，其本意在于毁坏领袖的形象、诋毁领袖所从事的无产阶级革命事业、诋毁无产阶级领袖所提出的正确理论。这样的"历史还原"根本不是什么还原历史，而是站在错误的甚至反动的一方，极尽歪曲之能事，动摇社会主义的政权、旗帜和方向。"美国史学家罗威尔·费尔将赫鲁晓夫报告的内容进行仔细分析，于2007年前后出版著作《反斯大林的下流做法》认为，秘密报告中关于斯大林或贝利亚的'揭露'没一句话得到证实，几乎全是假话；并详细列出赫鲁晓夫报告中61处不实之处……因而这一被称为'20世纪影响最深远'的报告其实是一场骗局。"① 毛泽东同志指出："苏共二十大揭了盖子，也捅了娄子。揭了盖子之后，各国共产党都可以破除迷信，努力使马列主义的基本原理同本国革命和建设的具体实际相结合，寻求本国革命和建设的道路。我们党正在探索，其他兄弟党也没有解决。捅了娄子的后果是全世界出现了反苏反共高潮。帝国主义幸灾乐祸，国际共产主

---

① 吴恩远等：《苏联社会主义研究》，中国社会科学出版社2013年版，第187页。

义队伍思想混乱。"①

第三，历史虚无主义使人民群众丧失理想信念支撑和思想理论指导，必然对科学社会主义理论造成致命的伤害。一个民族如果没有信仰，就是毫无希望的民族，是走上毁灭的民族。历史虚无主义通过否定斯大林，进而否定斯大林坚持的共产主义理想与信念，从而造成人们理想的丧失和思想的沉沦。赫鲁晓夫发起的非斯大林化运动，虚无斯大林领导苏联社会主义建设的功绩，使苏联党内和整个社会震惊，导致思想混乱，在戈尔巴乔夫掀起的所谓"公开性"和"民主化""改革"过程中，最终酿成一股全盘否定马克思列宁主义、否定苏联社会主义发展历史、否定共产主义历史必然性的恶劣思想倾向，成为彻底颠覆社会主义国家和共产党执政的导火线。"改革的意识形态机器在破坏苏联社会集体的历史记忆方面做了大量工作，国家历史上的象征和里程碑被抹上了黑，受到嘲笑，黑白被颠倒。"② 1986—1988 年，苏联在"改革"时期开始讨论要回到列宁时，由于修正主义分子亚·雅科夫列夫的干预，回到列宁的话题很快转变成攻击否定斯大林，把斯大林说成一个歪曲列宁主义的党的主要责任人，直到"改革"末期，这种观点一直是苏联党的官方立场。1990 年，苏共中央委员会马列主义研究所所长格斯米尔诺夫写道："斯大林歪曲了马克思主义观点并冒充自己是真正的列宁主义者。"③ 苏联党内如沃多拉佐夫、布金科、沃尔科戈诺夫、拉斯等人都持有这种观点。雅科夫列夫不打自招地自我表白："我们选择一种简单的宣传列宁晚期思想的方法作为武器，一群实际的人，而不是虚伪的改革者制定了（也许是口头的）下面的计划：用列宁

---

① 转引自吴冷西《忆毛主席——我亲自经历的若干重大历史事件片断》，新华出版社1995年版，第4—5页。

② [俄] 谢·卡拉－穆尔扎：《论意识操纵》（上），徐昌翰等译，社会科学文献出版社2004年版，第401页。

③ Смирнов Г. Л. К вопросу о ленинской концепции социализма. // Ленинская концепция социализма. Ред. кол. Смирнов Г. Л. и др. М., 1990. С. 26 – 27.

的权威打击斯大林和斯大林主义，如果成功，再用普列汉诺夫和社会民主党打击列宁，然后再用自由主义和人道的社会主义从根本上打击暴力革命的主张……苏联的极权体制只能用公开性和党极权纪律来摧毁，而且要用完善社会主义的好处来遮掩……回顾过去，我可以骄傲地说，狡猾、聪明但又十分简单的策略——用极权主义反对极权主义的办法成功了。"[①] 发展到今天，在世界舆论场上，依然还有一批打着所谓"民主"或"普世价值"的"斗士"招牌、敌视社会主义的各种异见分子、资本主义的各种卫道士不时地幻想以各种手法来反对直至消灭社会主义，而社会主义阵营内部依然还有一批附和迎合此种危险思想的声音，这种潜在的意识形态的危险性是极其可怕的。

第四，历史虚无主义流毒的作用和影响呈现深层次、全方位、长期性的特点，一定要从根源上加以全面辨析、批驳并最终战胜它。历史虚无主义一旦形成一股压倒性的错误思潮，就会产生冲击整个社会的黑风恶浪。战胜历史虚无主义，既要在历史问题上正本清源，准确把握分析历史的实质，还历史以本来面貌，又要从长期着眼着手，铲除历史虚无主义的社会根源，持之以恒地宣传历史唯物主义，让历史唯物主义成为占据绝对优势地位的主流意识形态。

回顾苏联从赫鲁晓夫在苏共二十大彻底否定斯大林起，到苏联解体、苏共解散的整个历史，可以看出，在对斯大林的评价问题上一旦打开缺口，就像被打开缺口的大堤一样，任由洪水肆虐，不可避免使苏联党和整个社会发生思想意识的严重滑坡，酿成了惨烈持久、不可扭转的历史悲剧。1956 年，赫鲁晓夫的"秘密报告"作出"斯大林的不良性格在列宁在世时尚处于萌芽状态，但在以后的

---

① Яковлев А. Н. Большевизм — социальная болезнь XX века. Вступительная статья // Куртуа С. и др. Чёрная книга коммунизма: преступления, террор, репрессии. М., 2001. 2 - е изд. С. 14 - 15.

岁月里，斯大林滥用其重大的权力，给党以无法估计的毒害"[①] 的错误结论。6月30日，苏共中央作出《关于克服个人崇拜及其后果的决定》。1961年在苏共二十二大上，赫鲁晓夫进一步全面抨击斯大林，会议通过将斯大林遗体搬出列宁墓的特别决议。1964年10月，勃列日涅夫上台执政，曾一度试图为斯大林恢复名誉，但由于匈牙利社会主义工人党中央委员会第一书记卡达尔和波兰统一工人党中央委员会第一书记哥穆尔卡紧急访问莫斯科，劝说苏共中央不要进行为斯大林恢复名誉的活动，其他一些国家共产党也有类似反应，导致其没有能够公开而全面地为斯大林恢复名誉。1979年12月21日，《真理报》发表社论《纪念约·维·斯大林诞辰100周年》，称他"是一位极其复杂而又矛盾的历史人物"，是苏联党和国家杰出领导人，肯定他在领导党和人民建设社会主义及反法西斯斗争中的巨大功绩，同时谴责他"破坏法制、粗暴地滥用权力、背离列宁的集体领导原则，以及由于个人迷信所造成的种种颠倒"。即便这样的评价也由于整个社会久久弥漫着否定的情绪，致使"非斯大林化"愈演愈烈，最终使得政权易手、社会危乱、国家倾覆。

历史不会永远沉沦，而总是以曲折的方式走向公正，走向理想和进步。伟人不会因遭受无数讥笑而降低成色，人民作为历史的最高评判者，必定会怀念那些与之心心相印的真正领袖。2001年7月21日，以舍宁为首的"共产党联盟—苏共"召开该党第三十二次非常代表大会，舍宁在大会作"历史的教训：斯大林时代——人类通向共产主义最重要阶段"报告。报告充分肯定斯大林的历史功绩，指出，当年苏共二十大赫鲁晓夫所作反对个人崇拜的报告，实际上在会议结束后，既没有通过苏共中央委员会，也没有得到大会主席团的赞同。报告充满对苏共和斯大林的诬陷之词，表面上是反对个人崇拜，实际上打击了整个党、社会主义体制和马列主义学

[①] 参见刘应杰《斯大林之谜》，中国经济出版社1994年版，第187页。

说。2007年出版的菲利波夫主编的教学参考书《俄罗斯现代史（1945—2006）》对苏联社会主义建设曾经的成就作出肯定性评价，将斯大林称为"苏联最成功的领导人"。经过历史的长久沉淀之后，斯大林所遭受的不公评价以这种方式被逐渐抛弃，这在某种程度上正是反映了历史规律的不可违抗，反映了人民群众经过实践的深刻教育而逐步走向思想上政治上行动上的自觉成熟。

中国革命、建设和改革的长期实践曾经受到过斯大林的一定影响，包括受到斯大林的某些不适合中国国情的意见的影响，斯大林自己对此也作过自我批评，毛泽东、邓小平等领导人也有过出于大局的评判。但在今天，依然不乏有些人以否定斯大林为借口怀疑乃至否定中国共产党的理论与实践。今天，新时代中国特色社会主义的伟大实践面临一系列需要破解的重大问题，这些问题既具有共性和普遍性，又具有个性和特殊性，是共性与个性、抽象与具体、理论与现实辩证统一于一体的问题，有的是世界社会主义和国际共产主义运动共同遇到的普遍性问题，有的则是中国特色社会主义的特殊性问题，有的是斯大林时期已经有所探索乃至开始回答的问题，有的仍需中国共产党人在中国特色社会主义的实践中深入地探索、逐步解答。然而，不论是普遍性问题，还是特殊性问题，都会归结为"什么是社会主义、怎样建设社会主义"这一首要的基本问题。必须在中国特色社会主义的伟大实践中，从理论与实践的互动中，不断推动"什么是社会主义、怎样建设社会主义"持续深入地探索解答。这也是我们重新提出和研究斯大林问题的重大深远意义之所在。然而，要站在马克思列宁主义原则立场上科学回答"什么是社会主义、怎样建设社会主义"这一首要的基本问题，必须坚决彻底地、毫不留情地反对历史虚无主义。

列宁关于社会主义运动战略与策略的理论与启示[*]

周 淼

当今世界正处于百年未有之大变局,新冠疫情的全球蔓延,加速了百年未有之大变局的演化,世界面临的不确定性增加。党的十八大以来,习近平总书记多次强调要树立战略思维,要注重从战略上判断和谋划问题,这是对马克思主义和世界社会主义发展宝贵经验的继承与发展。关于社会主义运动的战略与策略理论是马克思主义理论的重要组成部分。列宁领导了俄国十月革命的胜利,具有丰富的无产阶级革命斗争的实践经验,极大地发展了社会主义运动的战略与策略理论。在新时代,面对百年未有之大变局,深入研究列宁关于社会主义战略与策略理论,对于我们保持战略定力,树立战略思维,做好战略谋划,推动中国特色社会主义事业和世界社会主义运动的不断发展,有着重要的理论意义和实践价值。

一 列宁的社会主义运动战略与策略理论产生与发展的时代背景

垄断资本主义阶段资本主义内外矛盾的日益尖锐,资产阶级战略理论的不断发展,以及马克思恩格斯对无产阶级革命斗争的战略

---

[*] 原载《世界社会主义研究》2021年第2期。

略理论的不断发展,以及马克思恩格斯对无产阶级革命斗争的战略与策略理论的研究和探索,是列宁的社会主义运动战略与策略理论产生与发展的时代背景。

(一) 西方战略理论的不断发展凸显马克思主义战略与策略理论研究的迫切性

"战略"概念长期被用于军事领域,指对战争全局和整体的谋划与指导。随着资本主义在欧洲的萌芽和逐步确立,一批现代资本主义民族国家纷纷建立,它们之间的政治经济军事关系不断发展,并向海外进行殖民扩张。特别是进入帝国主义阶段后,各帝国主义国家之间为抢夺殖民地和争夺世界霸权,进行了频繁而又激烈的战争,进而导致第一次世界大战爆发。这一时期,西方资产阶级战略理论得到迅速发展,"战略"概念也从军事领域逐渐扩展到其他领域,指对某一领域做整体、全局、长远的筹划和指导。随着各个国家、各种政治势力之间的博弈、竞争与斗争越来越激烈,"战略"概念不仅指调动和运用各方面的综合力量使之服务于战争目标,还包括运用政治、经济、外交、军事等多种手段服务于国家、阶级、社会集团的整体利益,并为之做长远、全面的谋划。因此,资产阶级国家的统治阶层在理论与实践上对战争及本阶级、本国家利益的谋划明显超出了军事范围,更加强调运用国家整体力量来实现国家的战略目的。在和平时期,资产阶级统治集团对无产阶级的统治更体现为一种政治统治战略,以欺骗、恫吓、收买、分化瓦解等手段来维持自己的统治。无产阶级面对的是统治经验丰富的资产阶级,面对的是不断完善发展的资产阶级战略理论。因此,必须十分重视革命运动的战略与策略,必须十分重视并不断发展马克思主义的战略与策略理论。

(二) 马克思恩格斯对无产阶级和社会主义运动的战略与策略理论研究

就战略而言,有军事战略、国家发展和国家间博弈的战略、阶级革命运动与发展的大战略。马克思主义经典作家较早使用了"政治战略""策略"等概念,把战略筹划应用到无产阶级革命斗争的理论和实践之中。因此,关于无产阶级和社会主义运动的战略与策略理论是马克思主义理论的重要组成部分。社会主义运动的战略是无产阶级政党和领袖在一定历史时期内为完成无产阶级的革命目标而制定的全面的路线、方针和政策,是研究无产阶级革命斗争和社会主义运动指导规律的科学。策略是为了完成战略目标而采取的具体方式与方法。马克思和恩格斯十分注重无产阶级革命斗争和社会主义运动中的战略思考和筹划,确定无产阶级革命的战略总目标,提出无产阶级革命的战略与策略。无产阶级革命不同于过去的革命,它不是以一种剥削制度代替另一种剥削制度,而是要彻底消灭一切剥削制度。作为人类历史上最彻底、最深刻的革命,其必然会激起资产阶级及一切旧势力的残酷镇压,革命也必将是一个艰苦卓绝的斗争过程。无产阶级若想夺取政权,取得革命的胜利,须首先重视制定革命战略与策略。列宁写道:"马克思后来在从事理论写作的同时,毕生都十分注意无产阶级斗争的策略问题。马克思的全部著作,特别是1913年出版的四卷本马克思和恩格斯通信集,都在这方面提供了大量的材料。"[①] 马克思和恩格斯在《共产党宣言》中阐述了共产党人和无产阶级政党在斗争中的战略策略思想,并指出了无产阶级革命斗争战略与策略的辩证关系,"共产党人为工人阶级的最近的目的和利益而斗争,但是他们在当前的运动中同时代表运动的未来"[②]。这一重要思想是马克思主义战略与策略理论的核心,指出无产阶级政党在社会主义运动中要把最终目标和现实斗争结合起来,要注意把握战略和策略的辩证关系。

---

① 《列宁选集》第二卷,人民出版社2012年版,第443页。
② 《马克思恩格斯选集》第一卷,人民出版社2012年版,第434页。

二 列宁社会主义运动战略与策略理论的主要内容

战略与策略正确与否,直接关系到社会主义运动的兴衰成败。在帝国主义时代,针对无产阶级革命形势日益高涨的客观实际和战略机遇,列宁丰富并发展了无产阶级革命运动的战略与策略理论,从而推动十月革命取得胜利,实现了社会主义从理论到实践的伟大飞跃。

(一) 列宁对社会主义运动战略与策略理论的发展

1914年,列宁在《卡尔·马克思(传略和马克思主义概述)》一文中已把无产阶级斗争的策略作为马克思主义学说中的重要组成部分。列宁早期是从战略高度来使用"策略"一词的,"社会民主党的正确的策略口号对领导群众来说具有特别重要的意义。在革命时期贬低原则上坚定的策略口号的意义,是再危险不过了……制定正确的策略决议,这对一个想根据马克思主义的坚定原则来领导无产阶级而不仅是跟在事变后面做尾巴的政党来说,是有巨大意义的"[1]。党的策略是指党的政治行为,或者说,"是指党的政治活动的性质、方向和方法"[2]。在《共产主义运动中的"左派"幼稚病》一文中,列宁开始对战略和策略进行区分,指出无产阶级革命政党"是靠这个先锋队所实行的政治领导正确,靠它的政治战略和策略正确"[3]。列宁充分认识到了战略策略对无产阶级和社会主义运动的重要性,注重对社会主义运动的方向、方法等重大理论和实践问题进行宏观战略思考,对如何制定社会主义运动战略与策略等问题进行了深入探讨,发展并进一步完善了无产阶级和社会主义运动战略策略的理论。

---

[1] 《列宁选集》第一卷,人民出版社2012年版,第529页。
[2] 《列宁选集》第一卷,人民出版社2012年版,第532页。
[3] 《列宁选集》第四卷,人民出版社2012年版,第136页。

（二）正确认识时代问题是制定社会主义运动战略与策略的理论前提

列宁认为，无产阶级政党必须依据时代特征制定革命运动的战略与策略。他指出："首先考虑到各个'时代'的不同的基本特征（而不是个别国家的个别历史事件），我们才能够正确地制定自己的策略；只有了解了某一时代的基本特征，才能在这一基础上去考虑这个国家或那个国家的更具体的特点。"[①] 同时，列宁还认为，制定社会主义革命运动战略和策略要考虑到阶级力量对比、各阶级之间的相互关系、社会的发展阶段、历史经验等各种客观情况。"俄国过于长久的惨痛的血的经验，使我们确信这样一个真理：决不能只根据革命情绪来制定革命策略。制定策略，必须清醒而极为客观地估计到本国的（和邻国的以及一切国家的，即世界范围内的）一切阶级力量，并且要估计到历次革命运动的经验。"[②] "先进阶级只有客观地考虑到某个社会中一切阶级相互关系的全部总和，因而也考虑到该社会发展的客观阶段，考虑到该社会和其他社会之间的相互关系，才能据以制定正确的策略。"[③] 因此，对时代本质、时代特征等问题做最高层次的战略判断，对阶级力量对比、客观革命形势等具体情况做深入分析，是无产阶级制定正确战略与策略的依据，反映了列宁在制定社会主义革命运动战略与策略过程中的科学思考。

（三）坚持目标原则的坚定性和策略灵活性相统一，区分社会主义革命不同阶段的目标任务与斗争方法

马克思和恩格斯曾经设想社会主义革命将在几个发达国家同时发生，社会主义革命的胜利不是一国革命的胜利，而是同时在许多国家取得胜利。十月革命前，列宁在领导俄国无产阶级进行革命斗争、建立无产阶级政党的伟大历史进程中，通过对孟什维克、第二国际机会主义的一系列错误观点的有力批判，针对帝国主义时代的

---

① 《列宁全集》第二十六卷，人民出版社1990年版，第143页。
② 《列宁选集》第四卷，人民出版社2012年版，第173页。
③ 《列宁选集》第二卷，人民出版社2012年版，第443页。

特征，指出了帝国主义时代无产阶级革命的必然性，并实事求是地提出了社会主义将在一国或在几个国家首先胜利的战略思想和革命目标。他指出："经济和政治发展的不平衡是资本主义的绝对规律。由此就应得出结论：社会主义可能首先在少数甚至在单独一个资本主义国家内获得胜利。"① 对于如何在一个国家进行社会主义革命，列宁提出要区分社会主义革命不同阶段的阶段性目标任务，逐步达到社会主义革命的目标。无产阶级政党要积极参加资产阶级民主革命并掌握领导权，进而把民主革命转变为社会主义革命；要变帝国主义战争为反对资产阶级的国内战争，武装夺取政权。"变当前的帝国主义战争为国内战争，是唯一正确的无产阶级口号，这个口号是公社的经验所启示的，是巴塞尔决议（1912年）所规定的，也是在分析高度发达的资产阶级国家之间的帝国主义战争的各种条件后得出的。"②

关于社会主义革命运动的具体策略，列宁也有着丰富的理论和实践经验。"在这个坚如磐石的理论基础上产生的布尔什维主义，有了15年（1903—1917年）实践的历史，这段历史的经验之丰富是举世无比的……任何一个国家都没有在这样一个短短的时期内，集中了现代社会一切阶级进行斗争的如此丰富的形式、特色和方法。"③ 关于团结大量同盟者的策略，列宁指出："俄罗斯苏维埃共和国必然是一方面团结各国先进工人的苏维埃运动，另一方面团结殖民地和被压迫民族的一切民族解放运动……必须实行使一切民族解放运动和一切殖民地解放运动同苏维埃俄国结成最密切的联盟的政策。"④ 关于把议会外斗争和议会内斗争、合法斗争和非法斗争等形式结合起来并随着形势的变化从一种方法过渡到另一种方法的斗

---

① 《列宁选集》第二卷，人民出版社2012年版，第554页。
② 《列宁选集》第二卷，人民出版社2012年版，第409页。
③ 《列宁选集》第四卷，人民出版社2012年版，第137页。
④ 《列宁选集》第四卷，人民出版社2012年版，第217—218页。

争策略思想，列宁写道："议会斗争形式和非议会斗争形式的更替，抵制议会活动的策略和参加议会活动的策略的更替，合法的斗争形式和不合法的斗争形式的更替，以及这些斗争形式的相互关系和联系——这一切都具有异常丰富的内容。"① 列宁反对"不作任何妥协"，主张把坚定性和灵活性结合起来，允许暂时的机动、通融，但反对叛卖性的、机会主义的妥协。

（四）坚持无产阶级的国际主义原则，支持殖民地半殖民地国家的革命运动

"同时胜利论""一国首先胜利论"都是对社会主义革命运动战略的研究和探索。列宁提出的"一国首先胜利论"是对社会主义革命运动战略的重大发展。社会主义运动战略是一种世界性的运动战略。列宁的"一国首先胜利论"为世界社会主义运动找到了新的突破口，是一种具体战略的探索，没有改变无产阶级和全人类解放的宗旨。社会主义事业是国际性的，社会主义只有在世界范围内取得胜利人类才能获得整体的、最终的解放。因此，列宁提出"一国首先胜利论"并付诸实践后，对世界社会主义革命的形势也进行了分析判断。针对一些殖民地半殖民地国家的革命运动日益高涨的形势，列宁又提出了世界社会主义运动取决于俄国、中国等东方国家的战略思想。他指出："正是由于第一次帝国主义大战，东方已经最终加入了革命运动，最终卷入了全世界革命运动的总漩涡……斗争的结局归根到底取决于如下这一点：俄国、印度、中国等等构成世界人口的绝大多数。"②

列宁提出的殖民地和落后国家民族民主革命乃至社会主义革命的具体战略与策略问题，对于这些国家的革命有重要战略指导意义。他认为，时代的发展已经把无产阶级专政提上了历史日程，取得无产阶级革命胜利的俄国，"必然是一方面团结各国先进工人的

---

① 《列宁选集》第四卷，人民出版社 2012 年版，第 138 页。
② 《列宁选集》第四卷，人民出版社 2012 年版，第 795—796 页。

苏维埃运动,另一方面团结殖民地和被压迫民族的一切民族解放运动"①。他还强调,"在先进国家无产阶级的帮助下,落后国家可以不经过资本主义发展阶段而过渡到苏维埃制度,然后经过一定的发展阶段过渡到共产主义"②。列宁认为殖民地和落后国家的民族独立和民主革命可以转变为社会主义革命,进而可以过渡到社会主义、建设社会主义。这就为争取民族解放的殖民地半殖民地国家的无产阶级及其政党指明了革命斗争方向。十月革命胜利后,落后国家民族解放运动成为世界社会主义革命运动的重要组成部分,第二次世界大战后一系列落后国家赢得民族独立并走上社会主义道路也印证了列宁的判断。

(五) 灵活处理与资本主义国家的政治经济关系,巩固和发展无产阶级政权

十月革命胜利之后,苏维埃政权能否在资本主义国家包围之中生存下去?这是人们关注并存有疑惑的问题。十月革命后,列宁形成了巩固和发展无产阶级政权的一系列战略策略思想,指导俄国应对国内外敌对势力的干涉与封锁,对社会主义建设的理论与实践进行了创造性探索,巩固了社会主义政权。列宁曾经认为,俄国爆发的无产阶级革命会激发西方国家的社会主义革命,只有争取到西方国家革命的支持,把俄国革命同西方国家的革命联系在一起,才能巩固俄国社会主义革命成果,取得完全的胜利。受十月革命的影响,德国、芬兰、匈牙利等国也爆发了无产阶级革命,但由于各种原因,这些国家的革命运动相继失败,随后无产阶级革命运动陷入低潮。那么,当经济文化落后的国家走上社会主义道路而发达资本主义国家的社会主义运动暂时没有胜利的情况下,社会主义国家能坚持下去吗?能进行社会主义建设吗?怎样进行社会主义建设?对此国际国内包括布尔什维克党内都有许多疑问。列宁提出了一系列

---

① 《列宁选集》第四卷,人民出版社2012年版,第217页。
② 《列宁选集》第四卷,人民出版社2012年版,第279页。

战略思想，在理论上为社会主义政权的巩固和发展指明方向、树立信心。他认为，虽然社会主义革命需要建立在较高的经济基础上，但从俄国的实际情况出发，可以先夺取政权，然后再建设、发展物质文明。他指出："既然建立社会主义需要有一定的文化水平（虽然谁也说不出这个一定的'文化水平'究竟是什么样的，因为这在各个西欧国家都是不同的），我们为什么不能首先用革命手段取得达到这个一定水平的前提，然后在工农政权和苏维埃制度的基础上赶上别国人民呢？"[1] 他还提出要进行工作重点转移，认为俄国可以先于西方国家进行社会主义建设，只有建立社会主义政治经济制度，且主要依靠苏俄人民自己的力量加强经济建设，才能为全世界树立先进制度的榜样，才能巩固十月革命的胜利成果，进而推动世界社会主义事业的发展。他指出："现在我们应当采用组织、建设的办法，来代替用革命方式推翻剥削者和抗击暴力者的办法，我们应当向全世界显示和证明，我们不仅是一种能够抵抗军事扼杀的力量，而且是一种能够树立榜样的力量。"[2]

巩固和发展社会主义政权需要正确处理与资本主义国家的关系。列宁认为，在落后国家建设社会主义，首先必须努力学习发达资本主义国家创造的文明成果，积极开展对外经济交往。他强调："社会主义能否实现，就取决于我们把苏维埃政权和苏维埃管理组织同资本主义最新的进步的东西结合得好坏。"[3] "社会主义共和国不同世界发生联系是不能生存下去的，在目前情况下应当把自己的生存同资本主义的关系联系起来。"[4] 在与资本主义国家的交往中，列宁还认为要灵活机动，善于利用资本主义国家的各种矛盾。他指出："要战胜更强大的敌人，就必须尽最大的努力，同时必须极仔

---

[1] 《列宁选集》第四卷，人民出版社2012年版，第777页。
[2] 《列宁全集》第四十卷，人民出版社1986年版，第28—29页。
[3] 《列宁选集》第三卷，人民出版社2012年版，第492页。
[4] 《列宁全集》第四十一卷，人民出版社1986年版，第167页。

细、极留心、极谨慎、极巧妙地一方面利用敌人之间的一切'裂痕',哪怕是最小的'裂痕',利用各国资产阶级之间以及各个国家内资产阶级各个集团或各种类别之间利益上的一切对立,另一方面要利用一切机会,哪怕是极小的机会,来获得大量的同盟者,尽管这些同盟者可能是暂时的、动摇的、不稳定的、不可靠的、有条件的。"① 总之,列宁是灵活应对国际局势、巩固和发展社会主义政权的策略大师,善于处理与资本主义国家的关系,努力化解不利因素,为社会主义国家建设争取了有利的国际环境。

三 列宁对社会主义运动战略与策略理论探索的启示

当前,我国发展面临的国内外环境正在发生深刻而复杂的变化,列宁对社会主义运动战略与策略理论的探索有着重要的指导意义与启示,为我们正确把握和应对百年未有之大变局,在全面建设社会主义现代化国家的新征程上不断攻坚克难,提供了科学的观点与方法。

(一) 科学认识时代背景,根据国际格局变化制定正确的战略与策略

列宁指出:"马克思是严格根据他的辩证唯物主义世界观的一切前提确定无产阶级策略的基本任务的。"② 他对帝国主义时代特征、战争与和平、社会主义革命等问题进行了理论探索和研究,创立了马克思主义的帝国主义理论,这是列宁关于社会主义运动的战略与策略理论的直接思想来源,推动了社会主义从理想变为现实。当今时代只有以马克思主义为指导,坚定理论自信,我们才能从国际大变局、国际力量对比变化等各种表象中,深刻认识时代本质及其运动规律,从而探寻社会主义运动的规律,正确应对百年大变

---

① 《列宁选集》第四卷,人民出版社2012年版,第180页。
② 《列宁选集》第二卷,人民出版社2012年版,第443页。

局，推动马克思主义理论和社会主义事业不断前进。在当今时代，世界社会主义运动主要表现为以中国为代表的社会主义国家的改革、现代化建设与社会主义制度的发展和完善。中国特色社会主义事业的巨大成功，开创了世界社会主义运动、人类社会发展的新局面。中国社会主义现代化建设成就日益影响着世界社会主义和人类社会的发展，并日益成为世界社会主义运动的风向标。因此，正确认识当今时代，顺利推动中国特色社会主义事业和世界和平向前发展，并为之做战略筹划，就是对世界社会主义事业向前发展的贡献。面对国际格局的重大变化与调整，习近平总书记作出了当今世界正在经历百年未有之大变局的战略判断并指出，"我们依然处在马克思主义所指明的历史时代"[①]。"当今世界正面临百年未有之大变局，和平与发展仍然是时代主题，同时不稳定性不确定性更加突出，人类面临许多共同挑战。"[②] 这一判断继承和发展了马克思主义研究国际问题、制定正确战略与策略的优良传统，对时代背景作出清醒判断，也为统筹好两个大局，坚持科学的战略谋划和布局，实现中华民族伟大复兴的中国梦创造了良好的外部条件。

（二）强化大局观念和全局意识，科学应对国际格局的调整与变化

马克思主义的战略与策略理论始终强调，要把当前斗争和长远目标相结合，坚持原则的坚定性和策略的灵活性。列宁坚持革命目标和理想，强调要积极参加资产阶级民主革命并掌握领导权。在具体斗争策略方面，列宁根据无产阶级革命的阶段性目标与任务，注意斗争方式的灵活性，领导了无产阶级政党的建立并巩固了社会主义政权。

面对百年未有之大变局，以习近平同志为核心的党中央坚持马克思主义战略与策略理论的基本原则，反复强调要胸怀两个大局来谋划和开展工作，指出要准确识变、科学应变、主动求变。我们只

---

① 《习近平谈治国理政》第二卷，外文出版社2017年版，第66页。
② 《习近平谈治国理政》第三卷，外文出版社2020年版，第460页。

有紧紧围绕坚持和发展中国特色社会主义、实现中华民族伟大复兴的目标和战略大局，才能保持战略定力和战略清醒，在百年大变局中抓住发展机遇，掌握主动权，坚定维护国家主权、发展、安全利益。习近平总书记还强调，要增强战略忧患意识，坚持总体国家安全观，统筹发展和安全；要加强战略判断，发扬斗争精神，增强斗争本领，注意策略方法；还要"提高战略思维、历史思维、辩证思维、创新思维、法治思维、底线思维能力"[1]，这就为应对复杂多变的国内外局势提供了具体可遵循的原则。

对于世界社会主义运动，各国共产党、左翼政党和组织以及一切爱好和平进步事业的人们，要创新组织形式和活动方式，加强团结，搭建合作交流平台，共同回应人类社会面临的一些重大理论和实践问题，反对霸权主义和强权政治，维护世界和平与发展的全局和大局。近年来，中国许多高校和研究机构相继举办了相关主题的国际学术会议，并邀请国外马克思主义者、左翼学者和组织参加。各国马克思主义者和左翼学者进行合作与交流的意义极为重要。

（三）团结一切可以团结的力量，致力于全人类的共同利益和长远利益

列宁在无产阶级革命斗争中坚持巩固发展工农联盟，积极支持殖民地和被压迫民族的解放运动，从而动员起一切积极力量，推动社会主义事业不断前进。建立广泛的统一战线也是中国革命和社会主义建设事业取得成功的重要法宝。

新时代，我国发展的内部条件和外部环境正在发生深刻复杂的变化，对此习近平总书记指出："我们要立足共同利益，着眼长远发展，致力于实现世界持久和平繁荣、各国人民安居乐业。"[2] 中国倡导树立共同、综合、合作、可持续的新安全观，以深化外交布局

---

[1]《习近平谈治国理政》第三卷，外文出版社2020年版，第223页。
[2]《习近平谈治国理政》第三卷，外文出版社2020年版，第473—474页。

为依托打造全球伙伴关系,坚持以共商共建共享为原则推动"一带一路"和人类命运共同体建设,推动经济全球化朝着更加开放、包容、普惠、平衡、共赢的方向发展,以积极应对全球在经济、安全、治理等领域面临的重大挑战,维护人类共同利益和长远利益。不可否认,当前世界社会主义运动以及人类的和平与发展、文明进步事业面临着巨大挑战,但正如习近平总书记所说,"尽管当今世界霸权主义和强权政治依然存在,但推动国际秩序朝着更加公正合理方向发展的呼声不容忽视,国际关系民主化已成为不可阻挡的时代潮流"[①]。只要各国共产党、左翼政党和组织以及一切爱好和平进步事业的人们,积极支持社会主义国家的社会主义现代化建设和中国提出的人类命运共同体等倡议和主张,致力于世界的和平与发展,世界社会主义运动和人类进步事业就将迎来不断的发展与进步。

[①] 《习近平谈治国理政》第三卷,外文出版社 2020 年版,第 440 页。

世界百年未有之大变局：
列宁帝国主义理论的当代探析*

张立国

帝国主义理论是列宁利用历史唯物主义和辩证唯物主义的马克思主义分析方法，在深刻剖析19世纪末20世纪初资本主义发展进程的基础上，提出的关于资本主义发展阶段、社会主义发展前景的系统性理论。该理论以19世纪末20世纪初资本与国家以及国家之间的政治经济关系为研究对象，指出帝国主义是以垄断为本质特征，寄生的、腐朽的、垂死的资本主义特殊阶段，是无产阶级革命的前夜。列宁帝国主义理论不仅为我们分析和理解百年来资本主义发展历程和趋势提供了方法论支持，也为把握当代资本主义新变化与实质、把握社会主义与资本主义的关系提供了重要理论支撑。进入21世纪，尤其是2008年国际金融危机以来，资本主义世界面临着大变革、大调整、大动荡，正契合当今世界正在经历的百年未有之大变局。以列宁帝国主义论为理论框架，以帝国主义大变动解读世界百年未有之大变局，为我们探讨、认识大变局提供了全新视角。

一　世界百年未有之大变局的时代背景

"尽管我们所处的时代同马克思所处的时代相比发生了巨大而

---

* 原载《世界社会主义研究》2022年第7期。

深刻的变化，但从世界社会主义500年的大视野来看，我们依然处在马克思主义所指明的历史时代。"[1] 这个历史时代，是马克思所指明的资本主义向社会主义过渡的时代，具体来讲，也是列宁指出的金融帝国主义时代。[2] 列宁帝国主义理论科学预测了金融帝国主义时代的到来，指出"20世纪是从旧资本主义到新资本主义，从一般资本统治到金融资本统治的转折点"[3]。百年来，帝国主义垄断的本质特征和寄生、腐朽、垂死的一般特性并未发生根本改变。垄断尤其是金融垄断，是帝国主义不变的经济基础和本质特征，金融寡头统治是帝国主义的政治实质，后者进一步巩固了金融寡头在经济上的垄断。特别是20世纪末以来，借助于经济全球化和信息技术的发展，"金融资本日益科技化、精英化、虚拟化和国际化"[4]。这些新变化虽在一定程度上隐匿了帝国主义的本质特征和一般特性，但同时累积了更为激烈的矛盾和冲突，加速了帝国主义世界秩序的演变。帝国主义特征的当代呈现，构成了世界百年未有之大变局的时代背景。

（一）帝国主义垄断形式更为高超隐蔽

资本主义进入帝国主义阶段，资本主义经济生活中垄断组织和金融资本的统治地位已经确立，资本输出具有突出意义，国际托拉斯已然形成，最大的几个资本主义国家已将世界瓜分完毕，并展开了激烈争夺。在经典帝国主义阶段，帝国主义国家大力扶持巨额金融资本，通过资本输出和军事殖民方式，实现了对世界经济的垄断和控制。第二次世界大战结束后，垄断资本同国家政权的结合日益密切，私人垄断资本实现了向国家垄断资本和国际垄断资本的转变。美国通过实施马歇尔计划确立了美元霸权地位，基本实现了对西方资本主义国家的

---

[1] 《习近平谈治国理政》第二卷，外文出版社2017年版，第66页。
[2] 参见李慎明《高度重视对时代和时代主题的认识和研究》，《红旗文稿》2015年第23期。
[3] 《列宁全集》第二十七卷，人民出版社2017年版，第361页。
[4] 张全景：《金融帝国主义世界体系终将走向崩溃》，《世界社会主义研究》2017年第1期。

经济垄断和控制。通过实行经济殖民主义，以美国为首的帝国主义国家逐步实现了对相当一部分第三世界国家经济、政治、文化等多领域的垄断控制，完成了对社会主义阵营以外世界的再次"瓜分"。

20世纪70年代，经济全球化加速发展，垄断金融资本开始在全球范围内以前所未有的力度和广度自由流动。冷战结束后，经济全球化进一步深入发展。西方主要资本主义国家通过跨国公司资本输出等途径基本控制了全球的商品生产。跨国公司作为当代帝国主义的主要标志与国际垄断金融资本的主要承载者，进一步推动了资本主义全球化进程。跨国公司这种高级垄断组织将原料、技术、生产、商品、市场在全球空间中统一起来，使生产方式发生深刻变化。区别于简单商品生产垄断，一种全球商品生产体制就此建立起来并成为具有主导性的垄断形式。这种全球商品生产体制和世界市场体制成为当代全球资本主义体系和垄断金融资本权力的实在性基础。① 然而，这种全球经济垄断行为却借经济全球化之名掩盖了其帝国主义本质，阻碍了人们对帝国主义的正确认识，掩盖了发达资本主义国家与发展中国家之间严重不平等的经济政治关系。② 国际垄断金融资本还通过操控金融部门、输出知识产权、制造金融危机、利用高科技手段等更为高明和隐蔽的方式调节和控制本国和世界经济，在经济全球化进程中获得绝对利润。③ 随着信息技术的发展，数字技术成为当代帝国主义最新的财富掠夺工具。发达资本主义国家通过平台系统、知识产权等方式攫取垄断了全世界的信息、知识和数据等数字资源，并借此控制着全球价值链上的劳动时间和平台用户的注意力时间，进而通过垄断高端产业链、利用平台收取虚拟地租等

---

① 参见谢亚洲《"金融资本"与当代新帝国主义问题》，《山东社会科学》2020年第7期。
② 参见［日］渡边雅男《当代世界帝国主义的七个问题》，《政治经济学评论》2017年第1期。
③ 参见程恩富、谢长安《当代垄断资本主义经济金融化的本质、特征、影响及中国对策——纪念列宁〈帝国主义是资本主义的最高阶段〉100周年》，《社会科学辑刊》2016年第6期。

非常隐蔽的方式攫取巨额财富。①

（二）霸权主义和强权政治依然盛行

"金融资本是一种存在于一切经济关系和一切国际关系中的巨大力量，可以说是起决定作用的力量，它甚至能够支配而且实际上已经支配着一些政治上完全独立的国家。"② 苏联解体、东欧剧变后，美国凭借其在经济、科技、军事等各方面的优势地位，在国际关系等领域推行霸权主义和强权政治，挑动胁迫外交，构建由美国帝国主义主导的国际关系体系，维护其寄生腐朽的生存发展模式。早在 20 世纪初列宁就指出，"资本主义已成为极少数'先进'国对世界上绝大多数居民实行殖民压迫和金融扼杀的世界体系"③。如此，当代金融帝国主义便体现为美国为了促进国内垄断资本积累，借助世界银行、国际货币基金组织等国际组织，联合欧洲、日本等发达国家，通过全球生产网络和金融化等手段占有其他国家剩余价值，并辅以政治和军事等手段控制其他国家的政治经济秩序。④

时至今日，美国仍然固守冷战思维，在各领域推行霸权主义和强权政治。经济方面，美国以美元霸权为根本，利用国际垄断金融组织保障美元在全球货币体系中的优势地位，并通过由其构建的贸易体系或以美元贬值等方式疯狂掠夺他国财富。政治方面，美国积极扮演世界警察角色，以直接武装干预、经济制裁、支持政变、扶植代理等方式干涉他国内政，甚至利用网络获取技术、云计算和大数据分析等高科技手段对世界多国领导人进行监控，以达到政治目的。文化方面，美国等西方国家向广大发展中国家强推所谓的"自由""民主""人权"等价值观，企图同化广大发展中国家民众的生活方式与价值观念，泯灭发展中国家的民族文化和传统价值。强

---

① 参见刘皓琰《数字帝国主义是如何进行掠夺的？》，《马克思主义研究》2020 年第 11 期。
② 《列宁全集》第二十七卷，人民出版社 2017 年版，第 394—395 页。
③ 《列宁全集》第二十七卷，人民出版社 2017 年版，第 327 页。
④ 参见谢富胜《当代帝国主义研究的三种范式》，《马克思主义研究》2020 年第 11 期。

大的军事实力是垄断金融资本的后盾和保障,冷战结束后美国多次在海外动武,先后发动或参与海湾战争、伊拉克战争、阿富汗战争等区域战争,向各国兜售军火,继续维持庞大的海外驻军,背后谋求的均是美国的地缘政治利益和经济利益。通过一系列霸权主义行径,美国确实在一定程度上维护了其世界霸权地位,实现并保障了垄断金融资本的利益最大化,但同时也造成全球政治经济发展严重失衡,加重了帝国主义内部的系统性危机。

(三) 帝国主义垂死性特征更加凸显

"经济和政治发展的不平衡是资本主义的绝对规律。"① 自20世纪末以来,当代资本主义的发展并没有消解反而加剧了世界各国发展的不平衡和矛盾,为世界和平与发展增加了更多的不确定和不稳定因素,孕育了21世纪世界形势的大变革、大调整、大动荡。

帝国主义与发展中国家间的矛盾正愈演愈烈。20世纪末,以美国为首的西方国家炮制出"华盛顿共识",为拉美和独联体国家制订了"休克疗法"经济转型方案,向全世界推广其减少政府干预、发展自由市场的美式主张。然而,"华盛顿共识"和"休克疗法"并未让这些国家实现自由与繁荣,反而导致经济下滑和社会动荡不安,加剧了贫富分化和社会分裂。"华盛顿共识"和帝国主义主导的国际组织,特别是国际货币基金组织,被认为是拉美国家货币崩溃、失业增加、工资下降以及贫困发生率上升的罪魁祸首。② 美国等帝国主义国家主导的经济全球化更是造成了南北发展严重失衡。在全球资本大循环中,发展中国家成为国际垄断资本的掠夺对象。利用在资本、技术、信息等领域的垄断地位,帝国主义国家利用发展中国家的廉价能源、劳动力、地租等资源加工初级产品,通过不断降低初级产品价格、提高制成品价格来获取巨额利润,加剧了发

---

① 《列宁全集》第二十六卷,人民出版社2017年版,第367页。
② 参见[智利] 塞巴斯蒂安·爱德华兹《掉队的拉美——民粹主义的致命诱惑》,郭金兴译,中信出版社2019年版,第8页。

展中国家的贫困化。

同时,资本主义国家之间的裂痕进一步扩大。冷战结束后,以北约为代表的资本主义国家阵营一度出现离散倾向。受 2008 年金融危机持续影响,资本主义国家经济发展乏力,各国间经济摩擦频发、内部分歧突出、利益争夺激烈。特别是特朗普就任美国总统后,奉行"美国优先"原则,重拾贸易保护主义政策,损害了与资本主义国家的经济关系。在如何应对中国快速崛起等地区或全球重大事务上,资本主义国家间难以协调一致甚至出现了明显裂痕[1]。法国总统马克龙在 2019 年指出"北约正在经历'脑死亡'"后,又于 2022 年 3 月 17 日在介绍自己竞选纲领的大型记者会上补充道,俄乌冲突"给了北约一次电击"[2]。这在很大程度上体现了资本主义国家间的既有分歧与矛盾。

资本主义国家与社会主义国家间的两制矛盾持续加深。苏联解体、东欧剧变后,美国继续对社会主义国家采取敌视政策,联合盟友对中国进行围堵遏制,长期对古巴进行经济制裁等。进入 21 世纪,在中国特色社会主义取得巨大成就的背景下,世界社会主义力量不断上升,资本主义力量呈衰落趋势。但应注意到,当今世界"资强社弱"的两制格局并未根本改变,两种社会制度之间的较量和竞争从未停止。正如习近平总书记所指出的:"制度优势是一个国家的最大优势,制度竞争是国家间最根本的竞争。"[3]

二 世界百年未有之大变局的演进动力

帝国主义的本质特征和一般特性决定了其在发展过程中历史性

---

[1] 参见钮维敢《冷战后资本主义阵营衍化:进程、特征及影响》,《深圳大学学报》(人文社会科学版)2021 年第 1 期。

[2] "War in Ukraine Is 'Electroshock' for NATO, Says Emmanuel Macron", https://euobserve.com/featured/war-in-ukraine-is-electroshock-for-nato-says-emmanuel-macron/.

[3] 《习近平谈治国理政》第三卷,外文出版社 2020 年版,第 119 页。

地生产着"自己的掘墓人"。随着经济全球化和世界多极化的深入发展、科学技术和产业变革的日新月异,当代金融帝国主义的主要矛盾日益加剧并不断激化。新兴国家的迅速崛起,正在逐步瓦解当代金融帝国主义世界秩序的根基。

(一)经济全球化和世界多极化深入发展

帝国主义世界秩序是建立在两个前提基础之上的,"一是资本家利益与国家利益的一致性;二是作为一种自主的经济支配形式和经济力量,资本主义可以成为新帝国的殖民方式"[①]。新自由主义兴起以来,当代垄断资本主义在全球范围内疯狂追求利润,凭借强大的科技、军事等综合实力,快速建立起垄断的金融帝国主义世界秩序。在经济全球化发展初期,垄断资本依附于帝国而生,各资本主义强国的国家机器扮演着国际垄断金融资本在全世界开辟盈利空间的"马前卒"和保卫者角色,同时,资本主义强国也借助资本的力量实现全球统治。"20世纪末到21世纪初,全球金融资本的贪婪以及由此导致的金融危机表明,金融资本仍是当代资本主义国家掠夺财富的利器,也是帝国主义自我毁灭的武器"[②]。国际垄断金融资本在经济全球化过程中日渐壮大,逐渐获得了超越国家权力的自主性行动力量和自保能力,在全球追逐剩余价值的过程中开始损害帝国主义国家利益。这就打破了垄断资本与帝国主义国家的利益一致关系。正如大卫·哈维所论述的,资本主义全球化本身就是对帝国主义的一种拒斥。帝国主义国家的国际垄断资本为追求利润最大化,将大量制造业转移至东南亚等新兴市场国家,以利用当地廉价的劳动力和丰富的生产资料,享受当地优惠政策,最大程度降低生产成本。相应地,国际垄断

---

① 谢亚洲:《马克思"殖民地谜题"与新帝国主义的当代困境——资本主义现代性及其时间性主体的重建》,《甘肃社会科学》2020年第4期。
② 邓久根、冯来兴:《资本输出方式与核心国家的更替——纪念〈帝国主义是资本主义的最高阶段〉创作100周年》,《当代经济研究》2017年第1期。

资本只在母国保留部分管理、产品研发设计等核心部门。这不仅导致国际垄断资本所在国损失大量就业岗位，尤其是普通就业岗位，造成大量中低产阶级失业，积累了大量社会矛盾，而且还导致帝国主义国家经济金融化、产业去实体化问题日益严重，酝酿着随时可能爆发的经济危机。

经济全球化过程中崛起的新兴市场国家是瓦解帝国主义秩序的重要力量。世界多极化是经济全球化的必然结果。部分发展中国家在经济全球化过程中利用自身廉价劳动力和国际产业转移，实现了迅速发展，逐步建立起自己的产业体系，探索出区别于帝国主义体系的适合本国的现代化发展道路，逐渐成为与帝国主义相对立的外部力量。这些发展中国家抓住经济全球化的时代机遇，在深度参与经济全球化的过程中形成了自己的民族品牌和国际竞争优势，打破了帝国主义国家在各行业各领域的垄断地位，逐渐改变自己在全球经济产业链、价值链中的不利地位。新兴市场国家前所未有地快速崛起，使得世界多极化趋势不可逆转，少数资本主义国家占据垄断地位的不平等的帝国主义世界秩序正不断失去其存在的历史合理性。

(二) 科技革命和产业变革加速发展

列宁很早就注意到科学技术进步与帝国主义垄断的密切关系，"竞争转化为垄断。生产的社会化有了巨大的进展。就连技术发明和技术改进的过程也社会化了"[①]。也就是说，垄断促进了生产及科技进步的社会化进程，发展了的社会化的科技在维护垄断资本利益的同时，也将不断销蚀资本对科技的垄断。纵观帝国主义发展史，随着科技进步及社会化的不断拓展，科技革命和产业变革日益成为瓦解帝国主义世界秩序的根本力量。

科技革命和产业变革的快速发展进一步激化了帝国主义主要矛

---

① 《列宁全集》第二十七卷，人民出版社 2017 年版，第 340—341 页。

盾，其腐朽性和垂死性更为凸显。20世纪中后期兴起的第三次科技革命促进了经济全球化进程，加速了金融资本在全球范围内流动，助推国际垄断资本建立金融帝国主义世界秩序，形成了帝国主义国家与其他国家之间剥削与被剥削的不平等关系，加剧了全球贫富两极分化。以美国为首的金融帝国主义国家，凭借自身的科技霸权和垄断金融资本，垄断全球大部分高科技产品的研发和知识产权，将发展中国家规锁在产业链的底端，让发展中国家的廉价劳动力承担主要劳动，自己则轻松获取绝对剩余价值。同时，垄断金融资本也凭借先进的信息技术，加紧了对国内民众的剥削，产业发展长期脱实向虚，金融衍生品层出不穷，"1%"与"99%"之间的差距越来越大，帝国主义国家治理危机日益加深。随着新一轮科技革命和产业变革的蓬勃兴起，当代金融帝国主义的内外矛盾将进一步加剧，并不断推动自己走向灭亡。

科学技术和产业变革加速发展的同时推动着生产关系的变革调整。一方面，新一轮科技革命和产业变革的加速兴起，不仅为金融帝国主义统治提供了更为先进的工具，也为广大无产阶级的觉醒和革命理论的传播提供了迅速而便捷的途径，有利于世界各地零散的"社会主义复兴的幽灵"[1]得以重新凝聚并焕发出更大力量。另一方面，科技进步并不是国际垄断金融资本和少数资本主义国家的专利，而是世界各国竭力谋求的发展目标和成果。部分发展中国家将技术引进与自主创新相结合，在消化部分产业技术后，开始逐渐实现技术创新，并在部分关键领域取得领先地位，确立了国际垄断组织把持的技术之外的新的技术标准，对金融帝国主义赖以生存的食利模式造成致命打击。当下，人工智能、量子信息等高精尖技术发展迅猛，部分新兴市场国家和发展中国家与西方发达资本主义国家在一些科技领域齐头并进，有可能引领新一轮科技革命和产业变革

---

[1] 李慎明：《时间不在资本主义一边——高新科技在革资本主义的命》，《红旗文稿》2013年第3期。

的发展，从而爆发出更为强大的生产力，构成对帝国主义世界秩序的绝对威胁。

三　世界百年未有之大变局的内涵特征

当代资本主义发展面临着系统性危机，金融帝国主义世界秩序正逐步走向瓦解。质言之，百年未有之大变局是帝国主义世界秩序逐步走向崩溃、世界走向新的历史时期的过渡阶段，不同层次的矛盾相互交织、相互作用，共同构成了百年未有之大变局的世界图谱。

（一）资本主义国家内部面临系统性危机

新自由主义盛行以来，当代资本主义发展呈现出金融化特征，金融资本成为统摄产业资本、商业资本和银行资本等职能资本的总资本，后者处于对金融资本的依附地位。在当代资本主义经济体系中，经济增长具有对金融资本更强的依附性。金融资本利用各种高科技手段，创造出各种金融工具和金融衍生品，获取了绝大部分的利润和收益，并以超越国家经济增速多倍的速度实现了资本的增殖。资本的快速增殖影响了国民经济的整体发展，破坏了正常经济结构的完整性，加剧了资本主义的内在矛盾。

资本主义经济金融化的不断深化使得帝国主义多重矛盾愈发深刻而不可调和，导致资本主义国家内部产生了严重的系统性危机，这些危机正在不同领域以不同形式爆发出来。在经济领域，经济危机已经成为资本主义危机周期性爆发的重要形式，导致经济严重下滑、工人大量失业等。在社会领域，随着经济金融化、产业结构去工业化程度不断加深，社会发展严重失衡，贫富鸿沟越来越大，阶级矛盾、民族矛盾、种族矛盾不断加剧，社会问题层出不穷。在政治领域，资产阶级面临着日益严重的统治危机，不同利益集团之间分歧不断加大，政治极化现象日益突出，政党政治沦为"否决政治",民众对资本主义制度的认同和信任逐渐下降。在欧美等主要资本主义国家,右翼民粹主义势力强势崛起,表现出不可小觑的政治影响力,并逐步开始参与国家政权,引发孤立主义、贸易保护主义重新抬头,对国际社会产生深远影响。以金融垄断为本质的帝国主义庇护了金融资本的全球积累,而金融资本的全球积累又造成了帝国主义的结构性危机,使帝国主义"从全球化的推动者转变为逆全球化的急先锋"[①]。此外,在文化领域、生态领域也爆发了一系列危机,资本主义发展模式的不可持续性越发明显。在后疫情时代,资本主义国家各类矛盾集中式常态化爆发,加剧了资本主义的合法化危机。综合来看,这一系列危机是资本主义的制度性危机,是资本主义制度本身所无法解决的,因此,资本主义制度的内部改良也只能导致从一个危机滑向另一个危机,从而陷入危机的恶性循环,帝国主义正从其内部走向瓦解。

(二) 帝国主义世界秩序变革调整

经济全球化的深入发展培育出了不依靠美国等资本主义发展模式而不断发展壮大的新兴市场国家。这些新兴市场国家不仅能够建立和发展内向型经济(即使实行对外开放政策)以维护其国家经济主权,而且能够在一定程度上削弱处于支配地位的资本主义中心国家(帝国主义国家)的统治能力。[②]进入 21 世纪以来,以中国为代表的新兴市场国家和发展中国家群体性加速崛起,是帝国主义发展百年来所未见的。这些国家呈现出全方位崛起的趋势,经济、科技、文化、教育、国防、政治等各方面实力不断增强,这成为当下世界形势发展演变的重要特征。"南升北降""东升西降"的全球力量对比趋势更加明显,国际格局更趋均衡。

[①] 宋朝龙:《新帝国主义的危机与新社会主义的使命——兼论 21 世纪马克思主义的核心问题与应对》,《探索》2020 年第 4 期。

[②] 参见[法]萨米尔·阿明《新帝国主义的结构》,陈俊昆、韩志伟译,《国外理论动态》2020 年第 1 期。

金砖国家和"新钻十一国"经济发展迅速,综合实力不断增强,成为新兴市场国家和发展中国家的代表。国际货币基金组织详细研究了发展中国家的经济增长数据并指出,自20世纪90年代初开始,新兴市场国家的经济增长速度明显高于发达国家,这一增速优势在21世纪更为突出。[①] 新兴市场国家的快速发展使全球经济增长重心由西方发达资本主义国家向这些新兴经济体转移,为世界经济增长贡献越来越大的力量。其中,中国作为世界上最大的发展中国家经济体,一直保持着较快的经济增长速度,对世界经济增长的贡献率已接近30%。

除了在经济层面实现快速发展之外,这些新兴市场国家积极探索适合本国发展的现代化道路,在国家治理等方面取得了显著成效,并开始积极参与全球事务,引领新一轮全球化进程,不断推进既有国际秩序和全球治理体系改革,对金融帝国主义世界秩序形成了一定的冲击。经过改革开放几十年的发展,中国成功走出了一条中国式现代化道路,取得了巨大发展成就,使科学社会主义在21世纪的中国焕发出勃勃生机,并且引领着世界社会主义运动从低潮走向复苏和振兴,逐渐改变着"资强社弱"的两制格局。

(三)当代金融帝国主义全球控制力下降

第二次世界大战后,为满足垄断资本的全球投资扩张需求,在全球范围内攫取剩余价值,帝国主义国家主导建立了以巩固其全球垄断地位和持续获得垄断利益为目的的帝国主义体系架构,如世界银行、国际货币基金组织等国际组织以及一系列国际规则和体制机制。这些权力架构对维护帝国主义世界秩序发挥了重要作用。然而,随着资本主义自身矛盾的不断积累以及系统性危机的集中爆发,当代金融帝国主义的全球控制能力显著下降,具体表现为全球

[①] 见国际货币基金组织《世界经济展望》,https://www.imf.org/zh/Publications/WEO/Issues/2020/04/14/weo-april-2020。

治理的严重失衡。一方面，在资本主义面临严重危机的情况下，美国等西方发达国家供给全球公共产品的意愿和能力都大为下降，却仍然把持着现行国际体系架构中的大部分权力，甚至是决定性权力。相反，广大新兴市场国家拥有更强的意愿和日渐增强的能力参与全球治理，但在现有国际组织和机制中拥有的制度性话语权却远远不足。这种国家力量与权力分配对比之间的失衡，导致了全球治理体系的低效甚至无效运转。另一方面，由于资本主义发展模式的不可持续性，以及帝国主义矛盾的不断激化，全球公共安全问题层出不穷、相互交织，对全球治理提出了新挑战。全球气候变暖、传染性疾病以及区域性的核武危机、战争冲突、恐怖主义等问题，对世界和平稳定与可持续发展造成巨大压力。当下，气候变化、新冠疫情等问题已经成为影响全人类生存与发展的重大议题，对金融帝国主义全球治理和世界秩序构成重大威胁与挑战，日益凸显出金融帝国主义全球统治的不可持续性。

四　世界百年未有之大变局的演进趋势与规律

社会形态的更替遵循"两个必然"和"两个决不会"的人类社会发展一般规律。金融帝国主义出现系统性危机以及世界发生百年未有之大变局，是世界范围内生产力和生产关系矛盾运动的必然结果。经济全球化和世界多极化深入发展，科技革命和产业变革加速推进，不仅客观上加剧了帝国主义固有的内在矛盾，而且培育出独立于帝国主义的外部力量。多重因素相互作用并形成合力，加快了金融帝国主义时代的历史演变。在此意义上，世界百年未有之大变局实质上是金融帝国主义大变局。这不仅再次证伪了资本主义历史终结论，而且在很大程度上印证了帝国主义是资本主义最高阶段和最后阶段的论断。

（一）社会主义必然代替资本主义

当下西方资本主义国家面临的系统性危机，不是资本主义周期性危机的局部爆发，而是金融帝国主义自身矛盾的结构性爆发。美英等西方主要发达资本主义国家，目前已站在了发展的十字路口，走向法西斯主义或进行资本主义渐进性改良都无法彻底摆脱其固有矛盾，只有用社会主义制度代替资本主义制度才能迎来光明的未来。

近年来，在金融危机及资本主义系列危机的联合冲击下，西方右翼民粹主义融合新自由主义意识形态，演化出激进的新法西斯主义。[①] 部分国家的金融垄断资本代表敏锐地把握住了这一趋势，在一些中低产阶级民众的支持下执掌国家政权。2016 年，特朗普在美国底层白人的支持下成功当选总统，其奉行的"美国优先"政策，体现了美国右翼民粹主义的主张要求，进一步扩大了美国社会的贫富分化，加剧了美国右翼民粹主义和新法西斯主义倾向。金融危机影响持续深化、民族主义情绪高涨、新冠疫情肆虐不止、种族冲突和社会分裂日益严重等问题对金融帝国主义国家治理提出了更高的要求和更严峻的挑战，资本主义渐进式改良道路陷入困境。

在此背景下，只有社会主义道路才能从根本上解决金融帝国主义国家所面对的系列深层次危机。建立以生产资料公有制为基础的基本经济制度，发挥政府宏观调控作用，确立人民至上原则，不断缩小社会贫富分化、实现共同富裕，逐步解决资本主导下完全市场经济造成的两极分化和阶级对立问题，并实行和平合作的对外政策，从而摆脱金融帝国主义发展中的当代困境。目前，世界各国左翼力量正在探索各种形式的社会主义道路，或争取参与国家政权，或成立新的左翼政党、青年阵线等组织，或积极对国际热点问题表明立场和态度，扩大马克思主义和社会主义的影响力与号召力。中国共产党立足于中国具体实际，独立自主地走出一条适合本国国情

---

① 参见［美］约翰·贝拉米·福斯特《晚期帝国主义——写于哈里·麦格道夫〈帝国主义时代〉出版 50 周年之际》，张志超译，《国外理论动态》2019 年第 11 期。

的发展道路，创造了经济快速发展和社会长期稳定的"两大奇迹"，引领中国特色社会主义进入新时代。中国特色社会主义取得的伟大成就，彰显了马克思主义和科学社会主义的科学真理性和社会主义制度的优越性，不仅拓展了发展中国家走向现代化的路径，给世界上那些既希望加快发展又希望保持自身独立性的国家和民族提供了新的选择，也为全人类探索更加美好的社会制度贡献了中国智慧、可靠的经验借鉴和可行的制度选择。

（二）人类命运共同体是帝国主义世界秩序演变的光明方向

国际垄断资本在向全球扩张的过程中，逐步实现了对最先进科学技术的垄断和对全球战略资源、交通要道等世界经济发展命脉的控制，主导建立了一系列国际体制机制，以最大限度保障其垄断利益，并让世界大多数国家遵守其垄断的"游戏规则"和制度框架，从而构建起一套完整的帝国主义世界秩序。西方发达资本主义国家是这套秩序的主导者和主要受益者，而广大发展中国家则居于从属地位，是帝国主义世界秩序的次要受益者，甚至是受害者。发展中国家从中得以加快本国的工业化进程，却以大量牺牲本国资源为代价，产业结构单一且经济基础薄弱，多处于世界经济的边缘位置，极易受到全球经济危机和公共安全问题的冲击，日益沦为帝国主义国家获取巨额垄断利益的牺牲品。整体而言，帝国主义世界秩序是一种不均衡、不平等、霸权性和支配性的世界秩序。进入21世纪以来，帝国主义国家和帝国主义世界秩序面临着一系列危机，并有趋向瓦解之势。面对日益严峻复杂的全球性问题，人类社会迫切需要一套新的理论和实践方案，以化解金融帝国主义的各种矛盾，顺应世界形势的发展变化，推动世界朝着公正合理的方向发展。

"世界怎么了，我们怎么办？……我们从哪里来、现在在哪里、将到哪里去？"[①] 这一"世纪之问"体现了有责任有担当的国家对

---

① 《习近平谈治国理政》第二卷，外文出版社2017年版，第537页。

人类未来发展方向的思考。对此，习近平提出了构建人类命运共同体理念。人类命运共同体理念凸显整体意识和全球思维，强调世界各国相互尊重、和平发展、合作共赢，倡导各国树立"共有、共享、共赢"理念，摒弃个别国家"独占、独有、独霸"思维，以实现全人类利益、共同构建和谐共存的美好世界秩序为目标。人类命运共同体理念是对帝国主义世界秩序全方位、深层次的超越，体现了历史发展的必然性。随着经济全球化的深入发展，国际社会日益成为你中有我、我中有你的命运共同体，各国之间具有越来越广泛的共同利益，人类社会也越来越朝着相互依存、彼此依赖的世界历史方向发展，人类命运共同体的构建具有可期的现实可能性。

（三）资本主义向社会主义的过渡具有长期性与曲折性

当今金融帝国主义的发展已表现出向社会主义过渡、向人类命运共同体过渡的时代趋势，但其演变过程必将是长期且曲折的，这是由人类社会发展一般规律所决定的。马克思1859年在《〈政治经济学批判〉序言》中论述道："无论哪一个社会形态，在它所能容纳的全部生产力发挥出来以前，是决不会灭亡的；而新的更高的生产关系，在它的物质存在条件在旧社会的胎胞里成熟以前，是决不会出现的。"[①] 恩格斯也于1895年提及社会主义革命之所以没能取得成功，在于资本主义"还具有很大的扩展能力"[②]。列宁始终认为帝国主义是资本主义的最后阶段，但同时指出资本主义仍处于一个快速发展的时期，不能因为帝国主义的腐朽垂死特性否定了资本主义的上升态势。[③] 因此，在确认帝国主义演变具有历史必然性的同时，不能忽视资本主义发展的自身规律。美国作为当下金融帝国主义的代表，仍然在经济、科技、军

[①] 《马克思恩格斯选集》第二卷，人民出版社2012年版，第3页。
[②] 《马克思恩格斯选集》第四卷，人民出版社2012年版，第384—385页。
[③] 参见《列宁全集》第二十七卷，人民出版社2017年版，第436页。

事、教育等领域占据垄断地位，尽管表现出相对衰落的迹象，但其霸权垄断地位在短期内难以撼动。

"从资本主义过渡到社会主义，需要经过长久的阵痛"[①]，"胜利不会自行到来，垂死的帝国主义会更富于进攻性"[②]。为维持在各领域的垄断地位，近年来美帝国主义开始主动出击，将中国、俄罗斯列为自己的主要战略竞争对手，全方位遏制新兴市场国家的崛起。美国通过经济制裁、贸易战、金融战、意识形态渗透、干涉他国内政、挑起区域性矛盾和冲突等方式，扰乱中俄等国的发展进程。美国还在全球范围内强化地缘政治经济竞争，在欧洲利用北约不断挤压俄罗斯的国际战略生存空间；在亚太地区不断巩固强化自己的政治安全同盟，推出"印太"战略，强迫印度、新加坡等国在中美之间"选边站"，以形成对中国的全面围攻堵截。2008年国际金融危机以来，美国保护主义逐渐兴起，导致经济全球化进程遭遇强势逆流，美国竭力打压中国等新兴市场国家的科技发展，试图从整体上减缓帝国主义衰败的速度。然而，帝国主义国家的反扑只会进一步激化帝国主义世界秩序的主要矛盾，从而加速世界百年未有之大变局的演变进程和帝国主义走向自我毁灭的进程。

只要帝国主义垄断的本质特征以及寄生、腐朽、垂死的一般特性未发生根本改变，列宁帝国主义理论就仍是分析和判定资本主义发展阶段、把握资本主义新变化及其实质的科学方法论。以列宁帝国主义理论探析世界百年未有之大变局的时代背景、演进动力、内涵特征和规律趋势，自觉运用了历史唯物主义和辩证唯物主义的世界观和方法论，遵循了"两个必然"和"两个决不会"的人类社会发展一般规律。世界百年未有之大变局实质上是当代金融帝国主义大变局的具体呈现，是在马克思主义所指明的历史时代下，实现

---

① 《列宁全集》第三十三卷，人民出版社2017年版，第282页。
② 杜娟：《透视帝国主义在互联网时代的新变化》，《马克思主义研究》2018年第7期。

资本主义逐步向社会主义过渡、帝国主义世界秩序向人类命运共同体过渡的特殊历史时期。在此基础上，进一步剖析 21 世纪资本主义出现的系统性危机及其变化动向，对于认识和把握资本主义历史阶段、中国特色社会主义历史方位、世界社会主义运动发展趋势具有重要的时代价值。

还历史以真实[*]

——郑重推荐《大元帅斯大林》一书

王伟光

我用了一个月时间,仔细阅读了弗拉基米尔·卡尔波夫撰写的《大元帅斯大林》一书,这是一本很值得一读的好书。

弗拉基米尔·卡尔波夫是俄罗斯著名作家。1922年出生。早年曾在斯大林领导的苏联塔什干列宁军事学校学习。1941年被捕,1942年10月前在塔夫达劳改营服刑。1942年10月起在加里宁方面军惩戒连服刑,参加伟大的卫国战争,多次负伤。因作战英勇,从列兵升任侦察中尉,多次获政府奖励,包括获最高奖励——"苏联英雄"称号。战后,先后任团长、副师长、塔什干军事学校副校长。服役25年后退役。1962年成为苏联作家协会会员。曾担任《十月》《新世界》等杂志第一副主编,后担任《新世界》杂志主编。著有多部著名中长篇小说。1986年当选苏联作协第一书记。曾任苏联最高苏维埃代表和苏共中央委员。曾获国家奖和国际奖。

斯大林是伟大的马克思主义者、国际共产主义运动的著名领袖,是苏维埃社会主义共和国联盟的继列宁之后的最主要领导人,领导了苏联社会主义建设和反法西斯战争。

对斯大林的功与过、成绩与缺点,一直存在截然相反的两种评

---

[*] 原载《世界社会主义研究动态》2014年5月22日。

价。一种是历史唯物主义的。站在尊重历史的立场上，把斯大林放在一定的历史条件下，以历史唯物主义的立场、观点、方法加以评价。毛泽东对斯大林的评论，体现了一个彻底的历史唯物主义者对伟大历史人物的科学态度："苏联过去把斯大林捧得一万丈高的人，现在一下子把他贬到地下九千丈。我们国内也有人跟着转。中央认为斯大林是三分错误，七分成绩，总起来还是一个伟大的马克思主义者，按照这个分寸，写了《关于无产阶级专政的历史经验》。三七开的评价比较合适。斯大林对中国作了一些错事。第二次国内革命战争后期的王明'左'倾冒险主义，抗日战争初期的王明右倾机会主义，都是从斯大林那里来的。解放战争时期，先是不准革命，说是如果打内战，中华民族有毁灭的危险。仗打起来，对我们半信半疑。仗打胜了，又怀疑我们是铁托式的胜利，一九四九、一九五〇两年对我们的压力很大。可是，我们还认为他是三分错误，七分成绩。这是公正的。社会科学，马克思列宁主义，斯大林讲得对的那些方面，我们一定要继续努力学习。"[①] 一种是历史唯心主义的，即历史虚无主义的。来自敌对阵营对斯大林的诬蔑、诋毁、谩骂是不值一驳的。然而，苏共总书记赫鲁晓夫在苏共二十大上的秘密报告则不顾事实真相，全盘否定斯大林。这种历史虚无主义的态度，不仅仅是错误地评价了斯大林，而且逐步偏离了、抛弃了，甚至背叛了列宁、斯大林所主张的正确的路线、方针、政策和主张，放弃马克思主义，这是导致苏联最终失败的深层思想路线原因。毛泽东1956年11月15日在《中国共产党第八届中央委员会第二次全体会议上的讲话》中曾深刻地总结说："我看有两把'刀子'：一把是列宁，一把是斯大林。现在斯大林这把刀子，俄国人丢了。哥穆尔卡、匈牙利的一些人就拿起这把刀子杀苏联。反所谓斯大林主义……我们中国没有丢。我们第一条是保护斯大林，第二条也批评斯大林的错

---

① 《毛泽东文集》第七卷，人民出版社1999年版，第42页。

误。"习近平总书记指出:"苏联为什么解体?苏共为什么垮台?一个重要原因就是意识形态领域的斗争十分激烈,全面否定苏联历史、苏共历史,否定列宁,否定斯大林,搞历史虚无主义,思想搞乱了,各级党组织几乎没任何作用了,军队都不在党的领导之下了。最后,苏联共产党偌大一个党就作鸟兽散了,苏联偌大一个社会主义国家就分崩离析了。这是前车之鉴啊!"[1] 来自曾经的西方对手,又是反法西斯战争盟友的英国前首相丘吉尔还是讲了比赫鲁晓夫更为公道、更为尊重事实的话:"对于俄罗斯万幸的是,在它经受艰难考验的年代里,领导它的是天才而且坚忍不拔的统帅约·维·斯大林。斯大林接受的是还在使用木犁的俄罗斯,而他留下的却是装备了原子武器的俄罗斯。"[2]

作为斯大林同时代的人,作为亲身遭受过不公正待遇的人,作为直接参与斯大林领导的苏联社会主义建设和反法西斯卫国战争的人,卡尔波夫在长期收集、分析和研究了大量关于斯大林资料的基础上,撰写了《大元帅斯大林》一书,以全面、公正、客观的态度阐述了斯大林生前几十年的政治和军事活动,特别着重记述了斯大林作为最高统帅领导苏联军民抗击法西斯德国并取得第二次世界大战辉煌胜利的历程。在本书汇集的近百年的大量文献所体现出来的历史画卷中,读者们可以真切地感受到一个真实的斯大林。以可靠的事实驳斥了泼在斯大林身上的种种不实之词的脏水,以充分的事实而不是只以道理来揭示历史真相,还历史以真实,还斯大林以本来面貌。

本书 2004 年出版,旋即成为俄罗斯最畅销的书。2006 年获俄罗斯最具影响力的文学奖,即"2006 年度俄罗斯亚历山大·涅夫斯基历史文学奖"。2012 年,为纪念作者弗拉基米尔·卡尔波夫 90 周年诞辰,俄罗斯再版了这本书。中国社会科学院社会科学文献出版社

---

[1] 《习近平著作选读》第一卷,人民出版社 2023 年版,第 79 页。
[2] [俄] 弗拉基米尔·卡尔波夫:《大元帅斯大林》,社会科学文献出版社 2012 年版,第 704 页。

2012年翻译并出版了这本书。

　　"欲灭其国，必先去其史"。读一读这本书，再看一看今日的俄罗斯，看一看今日世界风云，想一想鼓噪一时的历史虚无主义，想一想苏联蜕变、社会主义苏联垮台的历史教训，想一想抹杀中国近代史、中国共产党史、中国社会主义建设史，给中国人民伟大领袖毛泽东抹黑的人的言行和可能产生的后果，想一想我们坚持马克思主义、毛泽东思想、中国特色社会主义，坚持正确地评价历史和历史人物，解放思想，实事求是，走出了一条中国特色社会主义道路的历程，难道不值得我们深思吗？《大元帅斯大林》难道不是一本很好的历史唯物主义的教材吗？

值得一读，深为鉴借[*]

——推荐《苏联的最后一年》一书

王伟光

由俄罗斯著名历史学家罗伊·麦德维杰夫撰写的《苏联的最后一年》，由社会科学文献出版社组织翻译编辑出版。我用了一个月的时间，认真研读了这本书，读后推荐给大家。我认为很值得关切党的执政地位安危、关切社会主义制度存亡的同志们仔细一读，认真思考。

《苏联的最后一年》的作者麦德维杰夫，1991年出任苏联最高苏维埃代表、苏共中央委员。作为苏联"8·19"事件的亲历者，与1991年苏联和俄罗斯的高层领导有过亲身接触，直接参与了一些重要的具有决定意义的会议，持有一些当时的重要人物如卢基扬诺夫关于"8·19"事件的笔记……正是根据这些史料，他对1991年"8·19"事件前后苏联的经济状况、人民群众的情绪、党的领导层的变动，以及事件过程中的一些关节点、重要人物的言行作了认真的梳理和记载。

痛定思痛。作为历史学家、政治家，麦德维杰夫在苏联解体十年后，根据史料和事实对苏联解体事件做了深刻的总结和反思，特别是对苏联解体的深层原因进行了客观的、历史的、公正的分析。这对于

---

[*] 原载《世界社会主义研究动态》2014年12月21日。

我们党了解苏联解体的历史，吸取苏联解体的教训，具有借鉴和启示价值。

麦德维杰夫在客观叙述这段历史事实后，提出一个发人深省的问题："即使在今天，许多分析家依然感到困惑：究竟是哪些经济、社会、政治方面的客观因素导致如此强大的国家迅速灭亡呢？这难道是自杀？如果没有工人罢工，农民在自家的土地上安心劳动，老师教书育人，学者在实验室从事研究，那么又如何解释这样的国家会崩溃呢？如果国家的军队绝对服从指挥，秘密警察系统强大而有效，那么又如何理解这样的国家会灭亡呢？"（参见本书第204页）

针对这个问题，作者给予了有说服力的分析和肯定的答案。麦德维杰夫认为，研究苏联解体的性质和原因时不能不考虑苏共灭亡的原因，苏联解体和苏共灭亡这两件事几乎是同时发生的，必然联系在一起的。他认为，在几十年的发展过程中，苏共虽然队伍人数不断扩大，但是党的思想的影响力却日趋减弱，党的威信不断下降。苏联解体的原因应当从苏共垮台分析起。按照苏联宪法，苏共是苏联社会的"领导者和前进力量"，苏联这个国家正是靠苏共创始人和理论家的思想建立和巩固起来的，正是依靠党的意识形态力量使这个国家统一起来、建立起来、巩固起来的。因此，党的意识形态的削弱，致使党的削弱，党的思想的影响力日趋减弱，党的威信不断下降，党的执政基础的承重结构不断弱化，直至它难以承受原有的和不断增加的新负荷，最终因难以承受而导致瞬间整个大厦突然崩塌，苏共与苏联同时垮台。

作者讲了一个俄罗斯流传的民间故事《不死的老头子》。讲的是一个神秘的沙皇，力大无比，不可战胜，可以永远不死。但他的心脏和他的死亡放在一个箱子里，藏在一个遥远的海岛上，埋在一棵大树下面。如果把沙皇的箱子找到并捣碎它，沙皇的心死了，沙皇也就自然灭亡了。

作者认为，对于苏联来说，苏共是心脏。而对于苏共来说，意识形态是心脏,当苏共意识形态影响力和人们对它的信任程度下降到一定程度,以苏共为领导核心的苏联大厦必然要倒塌。作者最后明确地认为,"意识形态的衰落是苏共和苏联解体的主要原因,但是还存在其它许多因素刺激并加快了苏联解体的进程,或者为苏联解体提供了具体条件"。(参见本书第206页)

按照历史唯物主义的原理,经济基础决定上层建筑,上层建筑亦可以反作用于经济基础。上层建筑分为政治的上层建筑和意识形态的上层建筑。有什么样的经济基础,就有什么样的上层建筑;有什么样的政治上层建筑,就有什么样的意识形态上层建筑。反之,意识形态的上层建筑可以反作用于政治的上层建筑,并通过政治的上层建筑反作用于经济基础。可以说,在一定条件下,意识形态对政权的变化,从而对经济基础的改变,是可以起到重要反作用的。可以说,书中提供的事实客观地证实了作者这一判断。

共产党的意识形态是共产党的灵魂,丢了灵魂,共产党也就毁灭了;如果共产党还存在,但意识形态已经发生了变化,它也不是原来意义上的共产党了。党的意识形态的根本就是马克思主义的科学理论体系,以及建筑在这一科学理论体系之上的党的全部主张和思想。当然,苏联解体的原因是多方面的,只归结为一个原因,显然不是历史唯物主义的态度。然而,在一定的历史条件下,在多种原因的综合作用下,必有一个主要的原因,起主要矛盾或矛盾主要方面的作用。从思想路线上来说,苏联共产党放弃了马克思主义指导,放弃了共产主义理想体系,党的意识形态的底线丧失了,是导致苏联解体和苏共垮台的主观上的主要原因。这点通过麦德维杰夫的这部著作就可以看得再清楚不过了。

一场正义对邪恶的胜利[*]

王伟光

70年前的10月25日，在中国人民抗日战争的伟大胜利中，国民政府台湾省行政长官陈仪在台北接受日本投降，向全世界庄严宣告台湾及澎湖列岛重归中国版图。神州大地普天同庆，台湾岛内更是万众欢腾。人民欢庆真理对强权的胜利，歌颂正义对邪恶的胜利，感念历经50年劫难之后的回归实在来之不易。

回溯120年前，日本在甲午战争中打败中国清朝政府，通过《马关条约》割占台湾。但台湾人民并没有屈服，他们发出悲壮的誓言："愿人人战死而失台，决不愿拱手而让台。"从此，台湾民众开始了长达半个世纪的抗日斗争。在镇压台湾民众反抗过程中，日本殖民者总共屠杀了65万台湾同胞，相当于当时600余万台湾总人口的1/10。日本殖民台湾的血债于此可见一斑。时至今日，某些台湾岛内的政客居然还在大肆叫嚷"台湾没有抗日"，甚至说"台湾很感谢被日本统治"，如此背叛历史、辱没先人的媚日言辞，不仅是数典忘祖，更是对人类理性与良知的公然践踏。

日本在台湾50年的殖民统治，是对台湾奴役掠夺的50年。在政治上，日本在台湾建立残暴的总督专制独裁统治，使台湾人处于二等公民地位。在经济上，实行所谓"工业日本，农业台湾"政策，使

---

[*] 原载《光明日报》2015年10月28日。

台湾形成畸形发展的殖民地经济和附庸经济。在文化上，强制推行日本殖民文化教育，有意割断台湾与中国文化的联系。"七七事变"之后，日本变本加厉，在台湾推行"皇民化"运动，妄图从精神上彻底奴化台湾人民。这些都是铁的历史事实。但是，有一种论调却认为，是日本开启了台湾的现代化。这是一种似是而非的错误观点。日本在台湾进行基础设施建设和社会治理等，都是为了更加有效地掠夺台湾的资源，以充实殖民母国的肌体。这种无视日本殖民侵略的掠夺性，而一味片面美化所谓"殖民地现代性"效用的观点，完全是非历史主义的无稽之谈。

前事不忘，后事之师。纪念战争，是为了总结战争的教训，并尽可能地避免再次发生战争，以追求人类最美好的和平愿景。70年前，中国人民抗日战争的胜利、台湾的光复，洗刷了中日甲午战争中战败与割台的耻辱。那段屈辱的历史早已随大江东流，一去不复返了。中华民族在中国共产党的领导下，在改革开放与社会主义现代化建设中取得了举世瞩目的辉煌成就，两岸关系虽然颇多曲折，但仍在朝着和平发展的大方向迈进，实现中华民族伟大复兴的中国梦正展现前所未有的光明前景。

不能忘却的历史，不能阻挡的趋势[*]

王伟光

今年是香港回归 21 周年、澳门回归 19 周年的日子。港澳的顺利回归和发展，证明了"一国两制"方针的正确与成功。但是台湾问题尚未解决，还有人宣扬"台独"，这与实现中华民族伟大复兴的大势相左。

一　不能忘却的历史

要研究现实问题，先从研究历史入手。历史是认识现实的钥匙。

在中国 960 万平方千米的土地上，有几千个岛屿，台湾是第一大岛。它位于中国大陆东南沿海的大陆架上，总面积约 3.6 万平方公里。台湾自古是中国的领土。夏商时期属于九州中的扬州，秦朝称"瀛州"，三国时期称"夷洲"，隋朝至元朝称"流求"，明朝中期以后称"东番"，郑成功改称"东都"，郑经改为"东宁"，清朝更名为"台湾"，于 1684 年置台湾府，隶属于福建省。1885 年台湾建省。

台湾同大陆的渊源久远深厚。台湾早期原住民中大部分是从中国大陆直接或间接移居而来。1971 年和 1974 年两次在台南市左镇区发现了台湾迄今最早的人类化石"左镇人"。左镇人属中国旧石器时代

---

[*] 原载《世界社会主义研究动态》2018 年 7 月 6 日。

的晚期智人，大约在3万年以前，从大陆经福建辗转跋涉移居台湾，是最早开发台湾的先驱，今天高山族的祖先。

台湾有文字记载的历史可追溯到公元230年。三国时期，吴大帝孙权派将军卫温、诸葛直率一支由一万余名军士、三十多艘船组成的船队到达夷洲（今台湾），是大陆居民开发台湾的起步。隋代大陆和台湾的接触增多。隋炀帝曾三次派朱宽等人前往流求（今台湾）。唐末宋元时期汉人在澎湖、台湾开发，带去先进的生产技术。12世纪中叶南宋将澎湖划归福建路晋江县管辖。元朝在澎湖设巡检司，隶属福建泉州路同安县（今福建厦门），是中国中央政府对台湾地区的首次官署设置。

明朝永乐年间郑和率船队曾在台湾停留。1628年闽南大旱，百姓无以为生，郑芝龙组织灾民数万到台湾垦荒定居，各地逐渐形成众多村落。台湾从此进入大规模开发时期。

1683年7月，清政府派福建水师提督施琅率军进击有地方割据倾向的郑军。郑克塽率众归顺清政府。此后，清朝设置台厦道、台湾道。1811年，台湾居民已超过200万人，多数是来自福建、广东的移民。移民开垦荒地，使台湾成为新兴的农业区域，向大陆提供大量稻米和蔗糖。台湾成了"糖谷之利甲天下"的中国"宝岛"。

甲午战争后的《马关条约》，将台湾割让给日本。第二次世界大战期间的国际协定重新肯定了台湾是中国领土不可分割的一部分。1943年12月1日，中、美、英三国共同签署的《开罗宣言》、1945年7月26日，中、美、英三国，后又有苏联参加签署的《波茨坦公告》，都明确规定日本必须把台湾、澎湖群岛等归还中国。1945年8月15日，日本宣布接受《波茨坦公告》中的条款，无条件投降。中国人民经过长期艰苦抗战，终于打败了日本侵略者，使台湾重新回归祖国的怀抱。

二　不能动摇的决心

1949年国民党内战失利，蒋介石率部分国民党军政人员退踞台湾，使台湾再次陷入与中国大陆的分离状态。1950年朝鲜战争爆发，美国派遣第七舰队侵入台湾，于1954年同台湾当局签订《共同防御条约》，将台湾置于美国的所谓"保护"之下，维护与大陆的分离状态。

既然台湾自古以来就是中国的领土，那么中国政府和人民就不能让台湾分离出去。这个决心始终是坚定的。

早在20世纪50年代，中国政府就曾设想以和平方式解决台湾问题。1955年5月，周恩来总理在全国人大常委会上提出：中国人民解决台湾问题有两种可能的方式，即战争的方式与和平的方式，中国人民愿意在可能的条件下，争取用和平的方式解决问题。1956年4月，毛泽东主席又提出"和为贵""爱国一家""爱国不分先后"等主张，推动和平统一。但由于某些外国势力的干预等原因，和平统一的主张未能实现。

自20世纪70年代末开始，国际国内形势发生了重大变化：中美建立外交关系，实现了关系正常化；中国共产党召开十一届三中全会，决定把党和国家的工作中心转移到现代化经济建设上来。与此同时，海峡两岸的中国人、港澳同胞以及海外侨胞，都衷心期望两岸携手合作，共同振兴中华。在这样的背景下，中国政府本着尊重历史、尊重现实、照顾各方利益的原则，提出了"和平统一、一国两制"的方针。

1979年1月1日，中华人民共和国全国人民代表大会常务委员会发表《告台湾同胞书》，郑重宣告了中国政府和平解决台湾问题的大政方针，呼吁两岸就结束军事对峙状态，进行商谈。同时大陆停止炮击金门，实现两岸停火。

1981年9月30日，全国人大常委会委员长叶剑英同志发表谈话，进一步阐明解决台湾问题的方针政策。表示"国家实现统一后，台湾可作为特别行政区，享有高度的自治权"，并建议由两岸执政的国共两党举行对等谈判。

1982年1月11日，中国领导人邓小平同志就叶剑英同志的上述谈话指出：这实际上就是"一个国家、两种制度"，在国家实现统一的大前提下，国家主体实行社会主义制度，台湾实行资本主义制度。

1983年6月26日，邓小平同志进一步阐述了大陆与台湾和平统一的构想，指出问题的核心是祖国统一。他还就两岸统一和设置台湾特别行政区问题，阐明了中国政府的政策。1986年，邓小平会见美国记者华莱士时说："凡是中华民族的子孙，都希望中国能统一，分裂总是违背民族意志的。"

1990年台湾成立民间组织海峡交流基金会，1991年大陆成立海峡两岸关系协会。1992年海协会和海基会达成海峡两岸均坚持一个中国原则的重要共识（"九二共识"）。尔后海协会会长汪道涵和海基会会长辜振甫陆续举行建设性会谈。

1992年10月12日，中共中央总书记江泽民同志指出："我们坚定不移地按照'和平统一、一国两制'的方针，积极促进祖国统一。"中国共产党愿意同中国国民党尽早接触，为实现和平统一进行谈判。

2005年，全国人大常委会制定了《反分裂国家法》，以法律形式进一步明确了一个中国的原则不可动摇。

2017年10月18日，习近平总书记在中共十九大报告中指出，解决台湾问题、实现祖国完全统一，是全体中华儿女的共同愿望，是中华民族根本利益所在。我们继续坚持"和平统一、一国两制"方针，推进祖国和平统一进程。我们秉持"两岸一家亲"理念，尊重台湾现有的社会制度和台湾同胞生活方式，愿意率先同台湾同胞分享大陆发展的机遇。将扩大两岸经济文化交流合作,实现互利互惠,逐步为台湾同胞在大陆学习、创业、就业、生活提供与大陆同胞同等的待遇,增进台湾同胞福祉。将推动两岸同胞共同弘扬中华文化,促进心灵契合。

习近平总书记强调,坚决维护国家主权和领土完整,绝不容忍国家分裂的历史悲剧重演。一切分裂祖国的活动都必将遭到全体中国人坚决反对。我们有坚定的意志、充分的信心、足够的能力挫败任何形式的"台独"分裂图谋。绝不允许任何人、任何组织、任何政党、在任何时候、以任何形式、把任何一块中国领土从中国分裂出去。

习近平总书记一连用了六个"任何",表明了中国共产党、中国政府和中国人民反对"台独"、实现统一的决心,这个决心不能动摇。同时坚信,只要包括港澳台同胞在内的全体中华儿女顺应历史大势、共担民族大义,把民族命运牢牢掌握在自己手中,就一定能够共创中华民族伟大复兴的美好未来。

中华各族儿女共同创造的五千年文明,始终是维系全体中国人的精神纽带,也是实现和平统一的一个重要基础。两岸同胞要共同继承和发扬中华文化的优秀传统。

在历史上,台湾人民没有屈服西班牙殖民者、荷兰殖民者、日本殖民者的残暴统治,与殖民者进行了可歌可泣的斗争,表现了伟大的爱国主义精神。中国人民不可侮,台湾永远是中国不可分割的领土。今天的台湾同胞,无疑会弘扬爱国主义的光荣传统,维护祖国的统一。

三 不能逆转的趋势

回顾1949年以来近70年的历史,祖国统一的趋势是不能逆转的。

1949年后，中国在联合国的席位被台湾国民党集团长期占据。1971年《联合国大会第2758号决议》通过中华人民共和国恢复联合国合法席位，台湾当局退出联合国。现在世界上绝大多数国家和地区承认只有一个中国，台湾是中国的一部分，中华人民共和国政府是代表全中国的唯一合法政府，以此为基础同中华人民共和国建立了外交关系。目前联合国191个会员国中，绝大多数主权国家与大陆建交，只剩18个国家与台湾保持"外交关系"，广袤的非洲只剩下一个，发达的欧洲也只剩下一个。可以预期，随着时间的推移，与台湾保持"邦交关系"的国家和地区会越来越少，"无可奈何花落去"，不能逆转。

2100万台湾同胞，不论是台湾省籍还是其他省籍，都是中国人，都是骨肉同胞、手足兄弟。中国大陆希望台湾岛内社会安定、经济发展、生活富裕、民众幸福，也希望台湾各党派以理性、前瞻的态度推动两岸关系发展。两岸的合作与统一，是中国人自己的事，自己的事自己办，不需要借助国际第三方力量。

自从1978年大陆实行改革开放、1979年中美建交以来，大陆与台湾的关系进入了一个新时期。虽然不乏坎坷与曲折，但总的是向加强联系发展。美国虽然继续插手台湾事务，毕竟理不直气不壮。解决台湾问题，实现祖国完全统一，关系到国家主权和领土完整，关系到中华民族的感情，关系到处理对外关系的全局，是包括台港澳同胞和海外侨胞在内的中国人民的共同心愿和神圣职责，是中国共产党和中国政府必须完成的历史使命。搞"台独"或"一中一台"，无限期地拖延统一，是所有爱国同胞不愿意看到的。中华民族的革命先行者孙中山先生曾经说过："统一是中国全体国民的希望。能够统一，全国人民便享福；不能统一便要受害。"所有中国人团结起来，高举爱国主义的伟大旗帜，坚持统一，反对分裂，全力促进祖国统一大业的完成。这是不能逆转的趋势。中华民族现代发展进程中具有里程碑意义的一天，一定会到来。一个统一的中国将对人类作出更大的贡献。

四　不能漠视的愿景

中国人民自古以来具有爱国主义传统。热爱祖国、歌颂祖国、建设祖国、保卫祖国的诗作如林。南宋大诗人陆游的绝笔诗《示儿》写道："死去元知万事空，但悲不见九州同，王师北定中原日，家祭无忘告乃翁。"表达了中国人民普遍真挚的情感，希望祖国统一，天下大同，至死不渝。近代杰出外交家黄遵宪《赠梁任父同年》诗云："寸寸河山寸寸金，侉离分裂力谁任？杜鹃再拜忧天泪，精卫无穷填海心。"表达了诗人对国土分离、山河破碎的满腔悲愤，同时也满怀对后人重整河山、一统金瓯的殷切期待。

1964 年，辛亥革命元老、教育家、诗人于右任临终前在台湾发表了一首哀歌《望故乡》：

葬我于高山之上兮，望我故乡；故乡不可见兮，永不能忘。

葬我于高山之上兮，望我大陆；大陆不可见兮，只有痛哭。

天苍苍，野茫茫，山之上，国有殇！

诗的前两节两次出现"葬我于高山之上兮"，表现作者对死亡没有半点恐惧，而祖国占据了他的整个心灵，祖国的统一成了诗人的最大牵挂。这可以说是震撼中华民族的诗词。全国人大常委会副委员长、民革中央主席何鲁丽认为，这是"激情山河的千古绝唱，令世界中华儿女裂腹恸心"。几十年来，《望故乡》的哀歌一直在台湾海峡上空飘荡，久久地回响……

著名台湾诗人余光中的一生是在忙碌的奔波与迁徙之中，多次与亲人朋友离合聚散。1971年，20多年没有回过大陆的余光中思乡情切，在台北厦门街的旧居内写下《乡愁》一诗：

> 小时候，乡愁是一枚小小的邮票，我在这头，母亲在那头。
>
> 长大后，乡愁是一张窄窄的船票，我在这头，新娘在那头。
>
> 后来啊，乡愁是一方矮矮的坟墓，我在外头，母亲在里头。
>
> 而现在，乡愁是一湾浅浅的海峡，我在这头，大陆在那头。

该诗情真意切，表达了对祖国统一的渴望，将乡愁描写得生动形象。余光中虽然身居海岛，然而作为一个深爱祖国及其文化传统的诗人，其乡愁诗继承了我国古典诗歌的优良传统，具有深厚的历史感与鲜活的民族感，抒发了台湾和大陆被人为地长期隔绝、不能团聚的千千万万人的思乡情怀。在诗中，个人的悲欢与祖国之爱、民族之恋交融在一起，既细腻又宏大，既苍凉悲壮又满怀期待，立体地呈现了纵的历史感、横的地域感、纵横相交而成十字路口的现实感，动人心弦，给人启迪。

在大陆的浙江省温州市，有一个半屏山，在台湾的高雄市，也有一个半屏山。有一首歌曲《半屏山》，深情地唱道："半屏山哪半屏山，一半在大陆一半在台湾。祖国的领土水连水山连山，骨肉同胞心相连"；"海峡两岸紧相连，万水千山割不断，美丽的宝岛我的家园，可爱的祖国，大好河山！"这首美丽动听的歌曲，颇有代表性地抒发了海峡两岸同胞的共同心愿。台湾海峡应是连接两岸的纽带，而不是阻隔两岸的天堑。中华文明几千年没有中断，台湾与大陆同属中国的千年历史，也绝不能在我们手上中断。

祖国统一，两岸一家亲，走向繁荣，共享福祉，是海峡两岸越来越强烈的呼声，是台湾政要不能漠视的两岸同胞的美好愿景。"计利当计天下利，求名应求万世名。""政之所兴，在顺民心；政之所废，在逆民心。"处于历史关头的台湾政要，理当做出正确的选择。

不可用哗众取宠的手法歪曲历史事实*
——驳所谓斯大林和希特勒共谋挑起"二战"的谬论

刘淑春　佟宪国

近来,一篇署名石国鹏的文章在网上流传。① 文章称,他有一个"新发现",即"标志第二次世界大战全面爆发的'波兰战争',其挑起者,除了众所周知的德国希特勒,还有另一个同谋者,那人竟然就是苏联斯大林!"这位石国鹏先生认为:"其实,斯大林除了联手希特勒挑起了第二次世界大战,更与日本军政府对瓜分中国进行了密谋!"

石国鹏在上述历史事件中的"新发现"或者"史无前例的贡献",可以说既无任何新的事实依据,也无任何标新立异的解释,都不过是拾西方反苏反斯大林学者的牙慧而已。因此,只要把西方那些反苏反斯大林学者编造的谎言戳穿,石国鹏结论的真伪也就不辩自明了。

一　希特勒德国是"波兰战争"的挑起者,斯大林苏联在这场战争中采取了中立立场

1939年9月1日凌晨,纳粹德国发动闪电战,横扫德波边

---

* 原载《世界社会主义研究》2019年第6期。
① 石国鹏这篇评述历史的文章登载在网页上。因怕被网管部门查封,所以并未直接使用真名,而是用"听石头说"的名字。目前,他的文章依旧贴在这个网页上:https://mp.weixin.qq.com/s/WzYrpQI53A6HCFuY8dXyBQ。

界。9月8日德军便推进到波兰首都华沙城下，经过20天激战，波兰军队在孤立无援情况下不敌德国铁骑，华沙沦陷，波兰军队向德军投降。按照条约，当波兰在遭受外敌入侵时对其负有保护义务的西方大国英法，于9月3日对德正式宣战，第二次世界大战就此拉开序幕。然而，在对德宣战后直至次年5月10日德军挥师侵入比利时和荷兰，兵锋直指法国和英国的这8个月时间里，英法两国几乎是按兵不动，任由德军征服波兰。因此，西方史学界把英法两国这种"宣而不战"的事实称为"静坐战"和"奇怪的战争"。

英法当时为什么宣而不战呢？一是因为，法国在第一次世界大战中损失惨重，几乎到了亡国灭种的边缘。后来虽然惨胜，但法国错误地吸取了"一战"堑壕战的经验，花费巨资修建了马其诺防线。法国人认为，凭借固若金汤不可攻破的马其诺防线，以逸待劳能给主动进攻的德军以重大杀伤，使德军不敢贸然对法发动战争，法国也不想主动去招惹对面的德军，这是法国军事战略的主旨。二是因为，"一战"后英国的财政一直困难，战争准备远不及德国那样迅速有力。那么会有什么样的外部力量可以使德国从内部发生崩溃呢？这其实就是英法对德"宣而不战"的原因之三。英法希望，也认为有可能将希特勒德国这股战争祸水引向东边的苏联。因为希特勒法西斯一贯叫嚣与共产主义不共戴天，执意要消灭苏联。希特勒的纳粹党在德国执掌政权后，于1936年与日本专门签订了对付苏联的《反共产国际协定》，把原来的嘴上和笔端战争逐步转变成真刀真枪的战争准备。英法按兵不动，其实是英法"慕尼黑政策"的继续。它们认为，德国在占领波兰之后，下一个目标一定是苏联。苏联对德国入侵的抵抗，无论成功与否，都会出现苏德"两败俱伤"，而英法"坐收渔利"的结果。

但英法两国的如意算盘打错了。希特勒没有按常理出牌，他把英法两个老牌殖民主义国家看作比社会主义国家苏联更可恶的首要敌人。为了消灭英法两个首要敌人，征服整个欧洲，希特勒可以先将德国与苏联的矛盾放置一边。于是便产生了斯大林领导下的苏联与希特勒统治下的德国签订《苏德互不侵犯条约》的可能性。

在苏联与德国签订《苏德互不侵犯条约》之前的1939年4月至8月，英、法、苏三国在莫斯科举行过多轮军事、政治谈判。苏联在谈判中向英法提出建议：一、缔结英、法、苏之间有效期为5至10年，包括军事援助在内的反侵略互助条约；二、三国保障中欧和东欧国家的安全；三、缔结三国间相互援助的具体协议。然而，长达4个月之久的英法苏谈判毫无结果。英法同意了纳粹德国在东欧和中南欧自由行动，拒绝了苏联提出的保障中欧和东南欧国家安全的建议。

1939年5月至8月，希特勒一再通过外长约阿希姆·里宾特洛甫向苏联表示，纳粹德国无意侵略苏联，并希望改善彼此关系。因为希特勒已经决定侵略波兰，他得知莫斯科正在举行英法苏三国谈判，对之深感忧虑。1939年5月，日本在远东地区挑起"诺门坎事件"，向苏联发动进攻，而德、日两个法西斯国家又在谈判，意欲结成军事同盟，苏联强烈地感觉到有腹背受敌之虞。1939年8月2日，希特勒直接电告斯大林，要求苏德会谈签约。苏联对英法两国的绥靖政策和祸水东引政策相当不满，也相当失望，遂答应了希特勒的请求。1939年8月2日，德国外长里宾特洛甫带着希特勒亲笔签字的全权证书，动身前往莫斯科。1939年8月3日，里宾特洛甫向苏联提出希望改善彼此关系，声称从波罗的海到黑海没有一个问题不能通过协商解决并使双方都感到满意。1939年8月17日，纳粹德国驻苏联大使舒伦堡再次会见莫洛托夫，表示愿与苏联缔结一项互不侵犯条约。1939年8月23日，两架"秃鹫"运输机载着纳粹德国代表团抵达莫斯科。斯大林、莫洛托夫和里宾特洛甫通过两次会谈，于当晚正式签订了

《苏德互不侵犯条约》，亦称《莫洛托夫—里宾特洛甫条约》。

《苏德互不侵犯条约》的主要内容有：

1. 缔约双方保证不单独或者联合其他国家彼此互相使用武力、侵犯或攻击行为；
2. 缔约一方如与第三国交战，另一缔约国不得给予第三国任何支持；
3. 缔约双方决不参加任何直接、间接反对另一缔约国的任何国家集团；
4. 双方以和平方式解决缔约国间的一切争端；
5. 条约有效期为10年。

除互不侵犯条约外，苏德双方还签订了一份秘密附加协议书，其中规定：

1. 属于波罗的海国家（芬兰、爱沙尼亚、拉脱维亚、立陶宛）的地区如发生领土和政治变动时，立陶宛的北部疆界将成为德国和苏联势力范围的界限。在这方面，双方承认立陶宛在维尔诺地区的利益；
2. 如波兰发生领土和政治变动，苏德双方将大致以纳雷夫河、维斯杜拉河和桑河为势力分界。维持波兰独立是否符合双方利益，以及如何划界，只能在进一步的政治发展过程中才能确定；
3. 在东南欧方面，苏联关心在罗马尼亚的比萨拉比亚的利益，德国宣布在该地区政治上完全没有利害关系；
4. 双方将视本协议书为绝密文件。

石国鹏由此切入，认定希特勒与斯大林签订的《苏德互不侵犯条约》瓜分了波兰，挑起了"波兰战争"。"波兰战争"是第二次世界大战的序幕，因此希特勒与斯大林都是发动第二次世界大战的罪魁祸首。

石国鹏在这个问题上逻辑混乱得很。第二次世界大战开打时的敌对双方，是英法支持下的波兰第二共和国政府与希特勒德国。希特勒德国对波兰发起闪电战后的第三天，英法就正式宣布对德开战，但直至第二年 5 月 10 日德国入侵比利时、荷兰之前一直按兵不动。为什么波兰战争打响之后宣布不参加欧洲战争的日本和声明在战争中保持中立的美国，以及宣而不战的英法不被指责为共谋，而与德国签订了互不侵犯条约的苏联却被指责为挑起"二战"的罪魁祸首呢？苏联为了粉碎英法"祸水东引"的阴谋，为给本国争取尽可能长一些的战争准备时间，在明知希特勒法西斯靠不住，侵苏战争迟早会爆发的情况下，与希特勒德国签订《苏德互不侵犯条约》，这又有什么可以指责的呢？这不恰好显示出斯大林过人的机智，以及他对帝国主义国家之间矛盾的巧妙利用吗？

二 美国学者对指责斯大林与希特勒同为"二战"罪魁论调的批驳：苏联没有瓜分波兰

石国鹏指责斯大林与希特勒，都是挑起第二次世界大战的罪魁祸首的说法没有一点是他自己的发现，不过是鹦鹉学舌，把西方反斯大林反苏学者的论调搬过来而已。

2010 年，美国耶鲁大学东欧史教授蒂莫西·斯奈德教授出版了一部名为《血腥之地》（Timothy Snyder：*Blood lands：Europe Between Hitler and Stalin*，New York，Basic Books，2010）的书。迄今为止，只有该书最为成功地将斯大林与希特勒相提并论，把斯大林领导下的苏联与希特勒统治下的纳粹德国等量齐观。说该书"最为成功",是因为它在众多报纸和杂志上好评如潮,斩获过诸多史学方面的奖项,并且已被翻译成26种语言出版。斯奈德的这本书现在在西方被视作权威著作,受到广泛关注。他在《血腥之地》一书中无论说过什么事情,都会被不了解事实真相的读者认作事实。石国鹏的所谓"新发现",归根结底应该都是从斯奈德那里贩卖来的。

美国蒙特克莱尔州立大学教授格罗弗·弗(Grover Furr)认真研究过斯奈德的《血腥之地》一书。基于这种研究,弗发现斯奈德对斯大林和斯大林领导下的苏联所编织的各种"罪行",全都是不实的捏造,斯奈德指控的桩桩件件"罪行"没有一件是真实可信的。为戳穿斯奈德在《血腥之地》一书中的满纸谎言,弗于2014年出版了一部名为《血腥的谎言》的专著,其副标题是"蒂莫西·斯奈德的《血腥之地》一书中斯大林及苏联的每一项指控都属无中生有——证据在此"[1]。

关于《莫洛托夫—里宾特洛甫条约》,弗在《血腥的谎言》一书中写道:"今天,几乎所有具有权威性的报告都认定苏联在1939年9月17日入侵了波兰。但事实却是苏联并没有入侵波兰。而且,苏联从来都没有做过纳粹德国的同盟国。《莫洛托夫—里宾特洛甫条约》是一项互不侵犯条约,而不是任何形式的同盟条约。"

弗指出:"在考察这个所谓的'入侵'问题之前,必须先来熟悉一下关于《苏德互不侵犯条约》的错误概念,这一条约我简称为《里宾特洛甫条约》。"这些谎言中最常见的也是最荒谬的说法是这样的,譬如,在名为"密室内"(BehindCloseDoors)的书籍和电视剧中

---

[1] Grover Furr:*Blood Lies: The Evidence that Every Accusation against Joseph Stalin and the Soviet Union in Timothy Snyder's Blood lands Is False* (New York, Red Star Publications, 2014)。本文所引格罗弗·弗的段落参考了该作者同一主题的提要性文章:"Did the Soviet Union Invade Poland in September 1939? NO! (The answer: No, it did not.)", https://msuweb.montclair.edu/furrg/research/mlg09/did_ussr_invade_poland.html, 以及作者于2014年10月11日在中国地质大学纵横学社秋季讲演的记录:《到底发生了什么:〈里宾特洛甫条约〉;"苏联入侵波兰"……》,http://www.hswh.org.cn/wzzx/xxhq/oz/2015-02-24/30351.html。

提到："……纳粹和苏联按照他们在《里宾特洛甫条约》中的协定分割了这个国家……"事实上，《里宾特洛甫条约》中的秘密协议没有计划对波兰进行任何形式的分割。至少截至9月7日，希特勒仍在考虑与波兰缔结和约，如果波兰讲和的话。德军总参谋长弗兰茨·哈德尔（Franz Halder）将军在他的《战争日记》（*WarDiary*）中写道：

> 1939年9月7日元首最高统帅部（9月7日下午）：
>
> 波兰主动提出开始谈判。他（希特勒——德国元首）准备好了谈判（按照以下条件）：[波兰必须]与英法断交。波兰的一部分将会被（保留并）得到承认。从那累夫河（Narev）到华沙（区域）——给波兰。工业区——给我们。克拉科夫（Krakow）——给波兰。贝斯克多山区（the Beskidow mountains）的北部地区——给我们。（西部的省份）乌克兰——独立。

所以即使在9月7日，希特勒仍在考虑西乌克兰的独立（问题），尽管根据《里宾特洛甫条约》的"秘密协定"，西乌克兰处于苏联的势力范围内。这表明：

1. 关于势力范围的"秘密协定"不是有关"分割波兰"的（协定）；

2. 希特勒准备与波兰而非苏联协商有关西乌克兰（的问题）。而按照《里宾特洛甫条约》中的秘密协定规定，西乌克兰完全处于苏联"势力范围"内；

3. 迟至9月7日希特勒仍在计划保存一个缩小的波兰国。

在哈德尔9月9日和10日的日记中，他重复道，德国正在讨论在西乌克兰建立一个独立国家的问题。这进一步证明《里宾特洛甫条约》的秘密协议并未涉及任何"分割波兰"的问题。

直到9月12日，关于波兰政府是否有可能逃往罗马尼亚的议题显然被提出，但是这件事并未发生。这意味着在9月12日，希特勒仍然相信波兰政府将待在波兰，因为他认为他仍可以与波兰政府首脑协商和平问题。①

同一天，武装部队最高统帅部总长（德军最高统帅）威廉·凯特尔（Wilhelm Keitel）将军命令海军上将卡纳里斯（Canaris）以建立一个独立的波兰和加利西亚乌克兰为目的，在波兰领土上成立乌克兰民族主义者组织的战斗部队。这一行动伴随着对波兰人和犹太人的大规模屠杀。

人们如同认定一个既定的事实一样，把《里宾特洛甫条约》当作一个"分割波兰"或者瓜分波兰的协议。造成这种谬误的一个重大原因，要归结于这样一个不容忽视的事实，即英法确实和希特勒签订了一项"分割另一个国家"即捷克斯洛伐克的《互不侵犯条约》。那就是1938年9月30日签订的《慕尼黑协定》，也就是人们常说的"慕尼黑阴谋"。波兰也参与了"分割"捷克斯洛伐克的行动。波兰将捷克斯洛伐克切申（波兰语：Cieszyn）地区的一块土地收入囊中，虽然那里只有少数人口是波兰人。

在纳粹德国即将征服波兰的时候，苏联于1939年9月17日开始进占波兰东部地区。苏联的这一行动是否可以解读为"侵略"或"入侵"波兰呢？这里有9条证据可以证明苏联没有入侵波兰，当然更谈不上瓜分波兰。

1. 波兰政府没有对苏宣战。

2. 波兰最高指挥官爱德华·雷兹希米格维（Edward Rydz-Smigly）元帅命令波兰士兵不要和苏联战斗，尽管他命令波兰武装力量继续和德国战斗。

3. 波兰总统自从9月17日被软禁于罗马尼亚之后，就默认波兰不再有一个政府。

---

① 格雷弗·弗（Grover Furr）教授2014年10月11日在中国地质大学纵横学社秋季讲演的记录：《到底发生了什么：〈里宾特洛甫条约〉；"苏联入侵波兰"……》（http://www.hswh.org.cn/wzzx/xxhq/oz/2015-02-24/30351.html）。

4. 罗马尼亚政府默认波兰不再有一个政府。

5. 罗马尼亚和波兰之间有一个针对苏联的军事协议。然而罗马尼亚并未对苏联宣战。罗马尼亚承认红军并未和德国结盟来与波兰发生战争。

6. 法国并未同苏联宣战，尽管它与波兰有一个双方互助防御协议。

7. 英国从未要求苏联从西白俄罗斯和西乌克兰撤军，这些前波兰国的领土在1939年9月17日之后被红军占领。

8. 国联没有认定苏联已经侵占了一个成员国。但是当苏联1939年进攻芬兰的时候，国联确实投票将苏联从国联中开除出去，并且有几个国家和苏联断绝了外交关系。国联这个明显不同的反应也告诉我们，国联认为苏联出兵芬兰的问题与有关"入侵"波兰的问题之间有着本质的不同。

9. 所有的国家都接受苏联的中立宣言。

没有一个国家——美国、英国、法国或世界上任何一个国家，宣称苏联是一个交战国。甚至连波兰流亡政府一开始在巴黎也没有对苏宣战。1958年，加州大学洛杉矶分校教授乔治·金斯伯格（George Ginsburgs）发表了一篇文章考察德波战争中苏联的中立表态。在参考了当时的国际法和当事人的陈述后，金斯伯格总结说，苏联确实是中立的，并且这种中立立场为国际社会所承认。

至于当时的苏联为什么会在与里宾特洛甫的谈判中把波兰的西乌克兰地区划入苏联的利益线，只要回望一下历史，人们也就不难理解了。在1921年3月签订的《里加和约》中，被内战和国际调停折磨得筋疲力尽的俄罗斯共和国（苏联直到1922年年底才正式成立）同意让出白俄罗斯和乌克兰的一半给波兰的帝国主义者以换取迫切需要的和平。

在根据协议割让给波兰的西白俄罗斯和西乌克兰地区，讲波兰语的当地居民只占人口的少数。波兰政权鼓励波兰裔人向那些地区移民，以使这些地区更加"波兰化"。此后，波兰政府在当地对白俄罗斯人和乌克兰人的语言使用提出了很多限制。为了夺取更多领土，波兰政府也一直伺机参加纳粹德国的对苏战争。迟至1939年1月26日，波兰外交部部长贝克（Beck）还在华沙与纳粹外交部部长里宾特洛甫讨论共同对付苏联的问题。这便是波兰政府在波兰被纳粹德国征服前的基本政治态度。

三 斯大林苏联并非与军国主义日本瓜分中国的同谋，苏联在中国抗日战争中给予了中国巨大援助

石国鹏给了我们这样一个等式：瓜分中国领土的罪魁祸首＝日本军政府＋苏联斯大林。他给出的证据是，1941年4月13日，同样在莫斯科，苏联又与日本签订了《苏日中立条约》，同时又发表了所谓的"共同宣言"。"同样"和"又"字，石国鹏显然在把《苏日中立条约》与前面所论的《苏德互不侵犯条约》作类比。

在历史上，沙皇俄国和日本都曾经多次瓜分中国，给中国人民造成了政治上、经济上、肉体上和心理上的严重伤害。将斯大林苏联与军国主义日本相提并论，容易引发中国人民的共鸣。石国鹏大概有意利用中国人的这种心理，但墨写的谎言怎么掩盖得了血写的事实呢？

1917年新型的社会主义国家苏联一经建立，就迅即从根本上改变了沙俄对中国的政策，从而使积贫积弱四分五裂的中国从苏联那里看到了自己的未来和希望。孙中山先生提出"联俄，联共，扶助农工"的三大政策①，中苏关系迎来了一个可能实现根本改善的重大转机。1924年，中华民国与苏联建交。

---

① 联俄、联共、扶助农工的三大政策，是孙中山在1924年的国民党"一大"上提出来的。孙中山先生研究了俄国十月革命的经验之后，提出国民党应该"以俄为师"，中国与俄国可以开展友好合作。

疾风知劲草，患难见真情。不在比较中看苏联在中国抗日战争中给予中国人民的援助，还不足以说明苏联援助的力度和作用。1931年9月，最先成为第二次世界大战策源地的日本，为了转嫁空前的经济危机，缓和国内矛盾，摆脱困境，在中国的东北地区精心策划和制造了"九一八事变"，发动了侵华战争。此后又发动"七七事变"，日本法西斯过高地估计了自己的力量，过低地估计了中国人民的力量，妄图"速战速决"，在三个月内灭亡全中国，变中国为它的独占殖民地，继而以中国为基地，再"北进"侵略苏联，"南进"侵占南洋群岛，最终称霸亚洲，称雄世界。日本发动的这次侵华战争，立即引起了国际上的密切关注。各国人民竞相谴责日本的侵略战争，坚决支持中国人民抗击日本法西斯的正义斗争。但是，各国政府基于各自的利益，对此做出了不同的反应，一些资本主义国家对日本侵华采取了绥靖主义的态度和政策。

与此形成鲜明对照的是，社会主义国家苏联基于对被压迫民族的同情和自身安全的考虑，自"九一八事变"爆发后，在道义上始终是同情和支持中国的。1931年9月23日，苏联外交人民委员部致电中国政府说："日军在东三省行为之扩大，实出苏联意料之外，苏联对于中国深表同情。"9月24日，苏联外交人民委员李维诺夫发表声明，表示"苏联在道义上、精神上、感情上完全同情中国，并愿作一切必要的帮助"。9月25日的《真理报》有文章写道："苏联的劳动者极其认真地关注中国的斗争，他们的同情心在中国人民一边。"11月5日，《真理报》又进一步揭露，"日本所以欲攫取满洲者，无非欲在太平洋上争得霸权"。在此期间，苏联人民还多次举行集会和示威游行，抗议日本帝国主义对中国的侵略。当日军侵占辽吉两省许多重要城镇，继续沿中东铁路北上扩大侵略时，苏联政府于9月23日向日本驻苏大使广田弘毅提出强烈抗议，表示："日本侵犯中东铁路权利时，苏联在正当范围内不得不取防卫手段。"苏联的警告，迫使日军暂时停止了沿中东铁路北侵的计划。

东北部分抗日义勇军人员于 1932 年冬被迫退入苏联境内后，受到了苏联政府的热情接待。后来，苏联政府又严词拒绝了日本方面"引渡"义勇军将领的无理要求。

中苏两国于 1932 年 12 月 12 日恢复了外交关系。这些举动，无疑是对中国抗战的支持和鼓舞。特别是中苏复交，不仅具有双边意义，而且具有国际意义，它标志着中苏关系进入了正常化的新阶段，为以后两国合作应对日本侵略打下了坚实的政治基础。尤其是，中苏复交是在"九一八事变"发生一年多的时候实现的，这无疑是对日本政府的一个沉重打击，向日本发出了中苏两国有可能联合对付其野蛮扩张以捍卫远东和平的警告。中苏复交得到了对此期盼已久的中国人民的一致欢迎，赞誉之声响遍全国。相反，日本政府受到中苏复交的打击后异常恼怒，痛感中苏复交有碍于日本实现既定的侵略扩张的"大陆政策"。所以，在中苏复交消息正式宣布之后，日本乘机掀起了一场新的反苏运动，煽动各国的仇苏情绪。这也从反面证明了中苏复交对抵制日本侵略，具有积极的、重要的、特殊的意义。

1936 年德国与日本专门签订了对付苏联的《反共产国际协定》。这使得苏联感觉腹背受敌，无论出于对中国共产党人的支持，还是出于避免苏联东西两端受敌的需要，苏联都有必要帮助中国的抗日力量拖住日本侵略者，使之腾不出手来将矛头北向。

1937 年"七七事变"后，苏联以贴息贷款方式，援助了中国 5 亿美元左右的陆军装备。苏联还派出规模巨大的志愿航空队。这些援助使中国军队在武汉战役，以及后续多年的抗日战场上，顶住了日本的疯狂进攻。

1945 年 8 月 8 日，苏联在打败德国法西斯后，根据《雅尔塔协议》对日宣战。8 月 9 日零时，苏联红军以三个方面军上百万人的兵力，跨过中苏边界进入我国东北，在 4400 公里的边境线上向日本关东军发起了势不可当的总攻。在中国人民的英勇配合下，苏军仅用了一周时间便击溃了日军关东军主力。苏联红军自8月9日出兵我国东北至战役结束，历时24天，共击毙日军8.3万人，俘虏59万人，苏联红军伤亡3.2万人。中国抗日战争胜利后，苏联军队很快撤回本国。毛泽东1949年至1950年首次访问苏联期间，与苏联签订了《中苏友好同盟互助条约》《关于中国长春铁路、旅顺口及大连的协定》和《关于苏联贷款给中华人民共和国的协议》。苏联遵照协定，把由苏联军队接管的中国旅顺地区也归还给中国。这些事实难道不是对石国鹏上述等式的最有力批驳吗？

斯大林与社会主义文明新形态*

叶晓锋

列宁去世之后，斯大林带领苏联人民取得了伟大成就。英国马克思主义作家艾萨克·多伊切尔评价说："在他出生的时候，俄国还在用木犁耕地，而在他离开的时候，她已经有了原子反应堆。"非常中肯地概括了斯大林的贡献。通过全面考察斯大林领导的苏联在经济、科技、教育、医疗卫生、妇女权益保障，以及世界无产阶级革命和民族解放斗争等方面的成就，可以发现，相对于同时代的资本主义国家，斯大林领导的苏联是更高的文明形态——社会主义文明形态，对现代世界文明产生了深远影响。

一 斯大林领导的苏联作出了全方位的开创性贡献

在不到30年的时间里，在没有对他国进行殖民掠夺以完成资本原始积累的前提下，斯大林领导的苏联在经济、科技、教育、医疗卫生、妇女权益保障，以及世界无产阶级革命和民族解放斗争等方面取得了惊人成就，使俄罗斯从落后的农业国转变为世界领先的工业国，创造了欧洲列强至少需要上百年才能完成的奇迹。

---

* 原载《世界社会主义研究动态》2022年12月13日。

在经济方面,俄国在十月革命前经济上比西方资本主义国家落后50—100年。从1926年苏联开始实行计划经济,到1940年,苏联工业产值已经跃居世界第二位和欧洲第一位。截至1956年,苏联工业产量比1917年增长了41倍,同一时期机器制造业和金属加工业的产量增长了141倍,电力产量增长了73倍,钢产量几乎增长了15倍,煤产量增长了13倍,石油产量增长了8.5倍,水泥产量增长了25倍。

在反法西斯斗争方面,斯大林领导的苏联共产党和苏联人民,在世界反法西斯战争中起到了中流砥柱的作用,团结了世界上一切爱好和平的人们和支持社会主义的进步力量,最终取得了世界反法西斯战争的胜利,保卫了世界和平,极大地提高了苏联和社会主义在世界人民心目中的威望。

在科技方面,斯大林时期的苏联也取得重大成就,特别是数学、物理学、天文学、航天航空学、土壤学等居于世界领先水平。苏联从一个科技相对落后国家转变为综合实力名列前二位的全球科技强国。

在教育方面,苏联在刚成立时有3/4的人不识字,4/5的少年儿童被关在校门之外。到1957年,苏联已经完成扫盲工作,人人识字;在各种学校学习的人数达到5000多万人;中学的数量从1917年的2296所增加到37000所,40年的时间增加了16倍以上。

在医疗卫生方面,到1955年,苏联已经拥有医生310175名,医院24428所。相较于1913年,医院数量增长了5.36倍,病床数增长了6.22倍,医生数增长了13.40倍。苏联人民的医疗卫生事业取得了巨大成就。

在妇女权益保障方面,有学者指出:"苏联妇女解放运动是世界妇女解放运动中非常值得称道的成果,斯大林时期苏联对女性人权的尊重远远高于同时期的美国。"斯大林时期的苏联引领和推动了世界范围的妇女解放运动,改善了女性的生存状态和社会地位。

至今,世界上大部分女性仍然受惠于此。

在世界无产阶级革命和民族解放斗争方面,从1922年到1953年,斯大林充分发挥苏联的经济和文化影响力,热情慷慨地支持、推动落后国家与民族的无产阶级革命和民族解放斗争,在世界范围大大推动了20世纪社会生产力和生产关系的大发展。

斯大林领导的苏联在经济、科技、教育、医疗卫生、妇女权益保障,以及世界无产阶级革命和民族解放斗争等方面作出了全方位的开创性贡献。

二 斯大林领导的苏联对现代世界文明产生的深远影响

第一,苏联计划经济的提出及其对凯恩斯主义的影响。国家对经济进行规划和干预是苏联给20世纪的最大惊喜之一。1918年,一位化学工程师给苏维埃最高国民经济委员会写信指出:"应该要有一个国家计划,哪怕是超前五年的,即发展俄国生产力的计划。"这个建议被采纳,1927年,苏联开始实行第一个五年计划。在1929—1933年的世界经济危机中,几乎所有欧美资本主义国家都陷入了经济停滞状态。当时的大国中只有苏联没有受到世界经济危机的影响,并且在世界经济危机中异军突起。

根据马克思主义经济理论,因为资本主义的投资、生产和销售是无序的,必然会周期性地爆发经济危机。对于当时的资本主义国家而言,经济危机是无解的。因此,为了应对经济危机,资本主义国家不得不纷纷抛开意识形态偏见,"以俄为师"。从20世纪20年代到30年代,美国、英国、法国、比利时、挪威等国家有将近10万人纷纷前往苏联考察取经,其中包括大量的政治经济界精英人士、科学家、艺术家和作家等,这就是著名的"苏联朝圣浪潮"。

一般认为,西方资本主义国家干预经济的做法源自凯恩斯的经济思想。不错，凯恩斯经济学思想的核心可以归结为"政府干预经济"。但是，在20世纪20年代初，凯恩斯还只是一个自由贸易主义者，不可能提出"政府干预经济"的思想。后来，凯恩斯在详细研究了苏联的经济发展状况之后，他的态度和观点开始发生转变。1922年，凯恩斯与苏联外交部长契切林会面后在书中表达了对苏联的仰慕："一个非凡的社会主义实验正在发展过程中。我认为俄国社会主义的桥梁下面有坚实的基础作为支撑。"到1936年，凯恩斯才明确提出了"政府干预经济"的思想。这种转变看似非常突然，其实和苏联的影响有关。

第二，优先发展重工业战略让苏联经济迅速崛起。十月革命胜利之初，俄国是一个农业国家：农业产值占2/3，工业产值约占1/3。在西方资本主义国家的经济封锁、政治孤立和武装干涉下，苏俄国民经济濒于崩溃边缘。这也是许多发展中国家在刚建国时普遍面临的困境。面对重重困难，最好的办法就是集中力量发展重工业。重工业能够制造一切国民经济部门所需要的劳动工具，也是一切国民经济部门技术进步和整个国民经济扩大再生产的基础，甚至农业的发展也需要发展重工业。可以说，发展重工业是所有落后国家赶超发达国家的重中之重。

列宁指出："不挽救重工业，不恢复重工业，我们就不能建成任何工业，而没有工业，我们就会灭亡而不成其为独立国家。"斯大林更加直接地说："工业化的中心，工业化的基础，就是发展重工业（燃料、金属等），归根到底，就是发展生产资料的生产，发展本国的机器制造业。"由于列宁过早去世，优先发展重工业战略主要由斯大林来贯彻执行。重工业的优先发展让苏联经济迅速崛起。到第二次世界大战爆发之前，苏联已经建成以重工业为基础、门类齐全的现代工业体系，苏联工业产值跃居欧洲第一、世界第二。

苏联的优先发展重工业战略为发展中国家赶超发达国家提供了

宝贵经验。在第二次世界大战结束以后，中国、日本、韩国等国家的崛起都是从优先发展重工业开始的。可见，优先发展重工业是后发国家追赶发达国家的一条切实可行的途径。

第三，苏联的"八小时工作制"具有超前的革命性意义。1917年，苏维埃在俄国十月革命胜利后的第四天就规定了所有行业的标准工作时间：一天工作不得超过八小时。这就是"八小时工作制"的由来。1922年，苏俄通过了《俄罗斯苏维埃社会主义联邦共和国劳动法典》。可以说，苏联是世界上第一个将"八小时工作制"用法律形式固定下来并全面实施的国家。此后，"八小时工作制"在资本主义国家被逐步推广，这虽然是资本主义国家在与社会主义苏联竞争时被迫做出的调整，但客观上确实极大地缓和了资本主义国家的阶级矛盾，大大推动了资本主义国家生产力的发展。

但是，包括美国在内的大部分资本主义国家至今都没有做到所有行业实行"八小时工作制"，直到1990年，美国妇女每周平均工作时间仍为49小时，大大超过了每天工作八小时的规定。由此可见，苏联"八小时工作制"是对工人权益的高度重视，具有超前的革命性意义。

第四，普及义务教育和扫盲教育创造了人类教育史的奇迹。俄国十月革命胜利后，列宁制定了普及初等义务教育和扫除文盲的规划。1919年，苏俄对扫盲教育正式立法，通过了扫盲法令。由于列宁过早离世，普及义务教育和扫盲教育的艰巨任务是斯大林来推进和实现的。相关数据显示，俄国十月革命前的1916年，民众的识字率仅为33%，到1934年，苏联完全普及义务教育；1939年，苏联完成了扫盲伟业，人人识字，创造了人类教育史的奇迹！当时美国的科技和经济水平远远高于苏联，普及义务教育和扫盲教育却远远落后于苏联。1965年，美国通过了《中小学教育法》，以确保每个孩子都能获得平等的教育权利，但实行的效果不佳。截至2019年，美国仍然有21%的人口（约4300万人）识字程度偏低。工业化需要大量有知识、有技术的工人，普及义务教育和扫盲教育为苏联工业化建设提供了坚实的智力条件。

第五，保障妇女合法权益，人类社会有史以来第一次为妇女争取平等权利提供了法律保障。十月革命胜利之后，苏俄确立了消灭剥削的经济社会制度，妇女在经济、政治、文化、家庭等方面获得了与男子平等的地位。1917年12月，列宁签署了《公民婚姻法》和《离婚法》，人类社会有史以来第一次为妇女争取平等权利提供了法律保障。1918年7月，通过了俄罗斯苏维埃联邦社会主义共和国的第一个宪法——《俄罗斯苏维埃联邦社会主义共和国宪法》，从法律上规定妇女与男子享有同样的选举权和被选举权，与男子享有平等的在国家一切政权机关和管理机关工作的权利。而美国妇女在1920年才获得投票权，美国在1963年才通过男女同工同酬的相关法律，至今美国也没有通过含有"男女平等"内容的《平等权利修正案》。20世纪30年代之后，苏联妇女进入政府机关工作的人数逐年增加。比如，在地方苏维埃代表中妇女所占比重越来越高，1933年为33%，1941年为44%。而在美国，1917—1953年，女议员所占比重最高不超过2.1%。

第六，创造了人造卫星和飞向太空的人类文明新形态。从人类文明角度看，苏联最早实现了飞出地球、向宇宙进军的跨越。苏联太空计划中最重要的人物是苏联科学家、总设计师科罗廖夫。早在1948年，科罗廖夫就有了发射人造卫星的设想。1957年，苏联发射了人类有史以来第一颗进入卫星轨道的人造卫星——斯普特尼克1号，这给了美国极大的震撼。1961年4月12日，由科罗廖夫改进的火箭将苏联宇航员加加林送入太空，加加林成为首位进入太空的人。科罗廖夫还计划将人类送到月球和火星。在这些改变人类历史进程的大事件中，科罗廖夫厥功至伟。科罗廖夫最擅长的就是系统组织、综合各种前沿的技术和思想，制定战略规划，实现超大规模的资源调配，而这恰恰是斯大林路线的突出优势之一。可以说，没有斯大林路线的组织构架和资源调配能力，就没有科罗廖夫的成就。第一颗人造卫星的成功带来了 21 世纪的通信革命，极大地促进了全球化的进程。随着未来资源的日益紧缺，走向太空、寻找新的资源和宜居地是人类文明必须考虑的计划。当代世界的月球和火星探索计划很大程度上是苏联太空计划的延续和接续发展。

三　总结

第一，斯大林时期苏联的一系列措施和做法，虽然取得了辉煌成就，但因为各种主客观原因也存在一些不足和教训，值得我们吸取。但同时更值得我们注意的是，正确评价斯大林需要走出两大误区。一是不能以苏联后期竞争力的下降来否定苏联前期的生机蓬勃。苏联后期竞争力的下降不能归咎于斯大林。因为斯大林时期的苏联，在没有对他国进行殖民掠夺以完成资本原始积累的情况下，与有着几百年殖民掠夺历史的欧美资本主义国家进行竞争，并在帝国主义的围堵中迅速崛起，这已经是一个奇迹。苏联后期竞争力的下降是后来苏联领导人的信念丧失和能力不足等诸多原因所致，不能将苏联后期出现的问题都归咎于去世已久的斯大林。二是不能以现代资本主义的发展来否定斯大林和他领导的苏联。现代资本主义是在充分吸收了斯大林的一些措施和做法之后才有了今天的发展。它效仿学习苏联的创新成果，如政府干预经济，并在生产关系方面进行了一定的调整，解放了生产力，从而迎来了一个新的发展时期。可以说，现代资本主义与第一次世界大战之前的资本主义已经截然不同，但这无法改变一个事实：斯大林时期的苏联对于同时代的发达资本主义国家具有明显的比较优势。

第二，列宁斯大林不仅缔造了世界上第一个社会主义国家——苏联，还创造了崭新的人类文明。斯大林时期的一些措施和做法，如计划经济、优先发展重工业、普及义务教育和扫盲教育、"八小时工作制"、保障妇女合法权益等，为经济文化落后国家建设社会主义、赶超世界先进国家提供了宝贵经验。这些措施和做法组合起来就是落后国家赶超先进国家的可行路径，日本、韩国等就是因为效仿学习了这些措施和做法，才从发展中国家跨入发达国家行列的。同时，这些措施和做法也被同时代的西方资本主义国家效仿学习。可以说，计划经济、优先发展重工业、普及义务教育和扫盲教育、"八小时工作制"、保障妇女合法权益等是斯大林对现代世界的重大贡献。

总体而言，斯大林领导的苏联社会主义革命和建设事业取得了举世瞩目的成就，为世界其他国家建设社会主义提供了宝贵的经验和教训，斯大林是继列宁之后当之无愧的最有世界史意义的社会主义领袖人物。

三

苏联东欧蜕变的根本原因与深刻教训

苏联亡党亡国的根本原因、教训与启示[*]

——写在苏维埃社会主义共和国联盟成立100周年之际

李慎明

2022年是苏维埃社会主义共和国联盟成立100周年，又是苏联亡党亡国31年。苏联亡党亡国是人类历史上的一次大悲剧、大曲折，更是世界社会主义发展史上的一次大灾难、大倒退。

毛泽东同志和习近平总书记极为重视对苏联从社会主义向资本主义演变、蜕变的研究。

1965年2月，苏联经济及科技、军事等方面还处于鼎盛之时，毛泽东便十分敏锐地察觉和预感到苏联党、国家和人民将来可能甚至必然出现的大灾难，指示全党要加强对于苏联问题的研究，并以此为鉴，搞好中国党和社会主义的现代化建设。世界知识出版社在《赫鲁晓夫言论》第3集的出版说明中引用了毛泽东如下的话："革命的政党，革命的人民，总是要反复地经受正反两个方面的教育，经过比较和对照，才能够锻炼得成熟起来，才有赢得胜利的保证。我们中国共产党人，有正面教员，这就是马克思、恩格斯、列宁、斯大林。也还有反面教员"，"如果只有正面教员而没有反面教员，中国革命是不会取得胜利的。轻视反面教员的作用，就不是一个彻

---

[*] 原载《世界社会主义研究》2022年第9、10、11期。本文系国家社科基金特别委托研究专题"资本主义新变化、帝国主义本质和发展趋势及我战略应对"的阶段性成果。课题组组长：李慎明；课题组成员：刘书林、汪亭友、李瑞琴、张树华、樊建新、赵丁琪。

底的辩证唯物主义者"①。

习近平总书记多次对苏联亡党亡国的经验教训作出过深刻论述。2013年1月5日，刚刚就任不久的习近平总书记就意味深长地指出："苏联为什么解体？苏共为什么垮台？一个重要原因就是意识形态领域的斗争十分激烈，全面否定苏联历史、苏共历史，否定列宁，否定斯大林，搞历史虚无主义，思想搞乱了，各级党组织几乎没任何作用了，军队都不在党的领导之下了。最后，苏联共产党偌大一个党就作鸟兽散了，苏联偌大一个社会主义国家就分崩离析了。这是前车之鉴啊！"②

2022年10月16日，我们伟大、光荣、正确的中国共产党即将胜利召开中国共产党第二十次全国代表大会，这是在全党全国各族人民迈上全面建设社会主义现代化国家新征程、向第二个百年奋斗目标进军的关键时刻召开的一次十分重要的大会。2022年俄乌冲突爆发前后，俄罗斯总统普京先后指出，俄罗斯从未输给外国，苏联解体就是内部卖国导致的；③ 俄罗斯不能没有社会主义。④ 在此背景下，进一步科学认识苏联亡党亡国的根本原因和教训，从中汲取治党兴国的历史启示，有着特殊的重要性、必要性和紧迫性。这对于坚持党的自我革命，跳出政党、政权兴衰的历史周期率，团结世界各国人民，解决国际共产主义运动已经提出但尚未完全解决的这一严肃、严酷的重大课题，永葆党的革命性、先进性和纯洁性，领导中国人民为全面建成社会主义现代化强国、全面推进中华民族伟大复兴、创造人类文明新形态、构建人类命运共同体而团结奋斗都具有重要的现实和历史意义。

---

① 《赫鲁晓夫言论》第3集，世界知识出版社1965年版，第3页。
② 《十八大以来党的重要文献选编》（上），中央文献出版社2014年版，第113页。
③ 参见 Путин назвал единственный способ разрушить Россию, https：//www.rbc.ru/politics/23/12/2021/61c4489e9a79475d87db1441。
④ 参见 Геннадий Зюганов на《Территории смыслов》：《Желаю вам взять в наследство дух Победы》, https：//msk.kprf.ru/2022/07/31/221678/。

一 从赫鲁晓夫到戈尔巴乔夫领导集团在思想上政治上的蜕化变质是苏联亡党亡国的根本原因

苏联亡党亡国的原因是多方面的，必然是历史合力的结果，但是，其中必有一种是起决定性作用的根本原因。正如毛泽东同志指出的，"任何过程如果有多数矛盾存在的话，其中必定有一种是主要的，起着领导的、决定的作用"①。在苏联亡党亡国的众多原因中，究竟哪一种是主要的，起着领导的、决定的作用呢？

早在新中国诞生前，毛泽东就高度关注如何确保党及政权永不变质这一重大课题。这就有了毛泽东1944年的"甲申对"、1945年的"窑洞对"和1949年的"赶考对"。新中国成立后，毛泽东对打破"其兴也勃焉，其亡也忽焉"的王朝兴衰的历史周期率殚精竭虑。毛泽东认为，党的高层尤其是党的领导集团对党及政权永不变质有着极端的重要性和决定性；党的高级干部必须成为马克思主义的政治家；我们党必须在大风大浪中培养千百万一批又一批的无产阶级革命事业的接班人。

1989年平息春夏之交"政治风波"后的6月16日，邓小平即指出："只要有一个好的政治局，特别是有一个好的常委会"，"什么乱子出来都挡得住"；"但是如果中央自己乱了阵脚，那就难说了。这是最关键的问题"②。1992年年初，在苏联亡党亡国的悲剧发生后不久，邓小平在视察深圳时说："中国出问题，不是出在其他什么方面，而是出在共产党内部。苏联、东欧的问题，就是出在共产党内部。如果我们党出问题，整个国家肯定出大问题。"他还说："垮下来可是一夜之间啊！垮下来容易，建设就很难。苏联、东欧垮得多快！苏联这么强的国家，几个月一下子就垮了。如果中

---

① 《毛泽东选集》第一卷，人民出版社1991年版，第322页。
② 《邓小平文选》第三卷，人民出版社1993年版，第310页。

国不接受这个教训，在苗头出现时不注意，就如戈尔巴乔夫那样的'新思维'出来以后没注意那样，就会出事。"①江泽民深刻指出："归根到底，是苏联东欧党的领导者执行了一条错误的路线，错误的方针和政策，严重脱离了群众所造成的。"②胡锦涛也深刻指出，苏共垮台、苏联解体，"原因是多方面的，其中很重要的一条就是理论上政治上出了问题"③。

2018年1月5日，习近平总书记深刻指出："我们常说，基础不牢，地动山摇。信念不牢也是要地动山摇的。苏联解体、苏共垮台、东欧剧变不就是这个逻辑吗？苏共拥有20万党员时夺取了政权，拥有200万党员时打败了希特勒，而拥有近2000万党员时却失去了政权。我说过，在那场动荡中，竟无一人是男儿，没什么人出来抗争。什么原因？就是理想信念已经荡然无存了。"④2016年1月12日，习近平总书记在中国共产党第十八届中央纪律检查委员会第六次全体会议上的讲话中进一步深刻指出："党内存在野心家、阴谋家，从内部侵蚀党的执政基础，我们不能投鼠忌器，王顾左右而言他，采取鸵鸟政策，这个必须说清楚。"⑤进一步深入研究苏联亡党亡国这一重大历史事件并得出科学结论，必然有助于从理论与实践的结合上说清楚习近平总书记所提出的"党内存在野心家、阴谋家，从内部侵蚀党的执政基础"这一重大问题和重大课题，有助于着力解决国际共产主义运动已经提出但尚未甚至远未解决的这一严肃的重大课题。

我们常说，经济基础决定上层建筑，这是放入历史长时段中的一般规律。我们还应记住，在一定范围和一段时期内，在一定条件

---

① 吴松营：《邓小平南方谈话真情实录——记录人的记述》，人民出版社2012年版，第66—67页。
② 1991年12月江泽民在军委扩大会议上的讲话，转引自周新城《能说"十月革命道路是行不通的"吗？》，《延安大学学报》（社会科学版）2017年第6期。
③ 《胡锦涛文选》第一卷，人民出版社2016年版，第453页。
④ 习近平：《推进党的建设新的伟大工程要一以贯之》，《求是》2019年第19期。
⑤ 《习近平关于全面从严治党论述摘编》，中央文献出版社2016年版，第87页。

下，政治的上层建筑对经济基础可以起着决定性的反作用，并对上层建筑直接起着决定性的作用。也正因如此，党中央是政治的上层建筑中最为宝贵、最为重要的部分。党的百年辉煌史告诉我们，无论是夺取、建立政权，还是治国理政，都是关键在党，关键在人，特别是在于党的高层尤其是党的领袖集团。

俄罗斯人民有所思。苏联亡党亡国后，俄罗斯各界的反思也充分说明，苏联亡党亡国的根本原因在于党特别是党的领导集团的蜕化变质。后来转变了自己观点的苏联著名持不同政见者亚·季诺维也夫（Александр Зиновьев）说，1979年他侨居国外时，有人向他提出一个问题：苏维埃制度的哪些地方最容易被攻破？他的回答是："那些被认为是固若金汤的地方，即苏联共产党机关，它的中央委员会，它的政治局，最后是它的总书记……只要把自己的人安排在这一位置"，"只需几个月他就可以搞垮党的机关……然后，整个政权和管理体系开始出现解体连锁反应"[1]。

（一）从赫鲁晓夫到戈尔巴乔夫领导集团在思想上政治上的蜕变

1970年八、九月间，针对当时与林彪反革命集团的斗争，毛泽东明确指出："思想上政治上的路线正确与否是决定一切的。党的路线正确就有一切，没有人可以有人，没有枪可以有枪，没有政权可以有政权。路线不正确，有了也可以丢掉。"[2] 毛泽东在晚年多次强调上述思想。这一重要乃至重大思想具有普遍规律性。习近平总书记再三强调，要"加强顶层设计"，"更加注重改革的系统性、整体性、协同性"[3]。加强顶层设计，就是思想路线要正确、政治路线要正确，确保改革开放始终坚持正确方向、沿着正

---

[1] 李慎明主编：《亲历苏联解体：二十年后的回忆与反思》，社会科学文献出版社2012年版，第237—238页。
[2] 《建国以来毛泽东文稿》第十三册，中央文献出版社1998年版，第242页。
[3] 《习近平谈治国理政》第一卷，外文出版社2018年版，第68页。

确道路前进。所以，党和党的领导的根本体现和表现，是在党的思想路线与政治路线上。苏共亡党、苏联解体的根本原因，说到底，就是从赫鲁晓夫到戈尔巴乔夫领导集团在思想上政治上的蜕变。

世界上有各种各样的理论体系，但唯有马克思列宁主义是关于全世界无产阶级和全人类彻底求解放的科学理论体系，是放之四海而皆准的真理。从一定意义上讲，这样一种科学、开放而又不断发展的理论体系从马克思恩格斯创立以来已经成为客观存在。路线有思想路线、政治路线、组织路线、群众路线等，统称路线。思想路线和政治路线则是一定的政党或个人在一定理论体系指导下主观能动性得以发挥的直接体现。毛泽东指出，"路线正确与否不是理论问题，而是实践问题"①。按照毛泽东的观点，我们所讲的信仰、理论、政治、经济、组织、作风、外交、人生观这八个方面之间，不是相互并列的关系，而是有着相互交叉的统领与被统领关系。信仰、理论、人生观这三个方面属于思想路线，是指一定的阶级、政党乃至个体与马克思主义的科学理论体系相结合的实然状况；但这不属于理论问题，而是思想方面的实践问题。政治、经济、组织、作风、外交这五个方面本质上都属于政治路线方面的实践问题。从一定意义上讲，这五个方面中的经济是基础，政治与前面所说的思想一样是灵魂和统帅；这五个方面中的组织、作风、外交等各项工作又属于政治路线方面的广义的业务工作的具体体现。在以上八个方面的关系中，政治与经济、政治与业务都是对立统一的关系。思想工作和政治工作，是完成经济工作和技术工作、业务工作的保证，是为经济基础服务的。思想和政治又是统帅、是灵魂、是"君"，经济工作和技术工作、业务工作，是"臣"；政治工作不仅是一切经济工作的生命线，同时也是一切技术工作、业务工作的生

---

① 《毛泽东年谱（1949—1976）》第四卷，中央文献出版社 2013 年版，第 98 页。

命线；思想工作和政治工作稍微一放松，经济工作和技术工作、业务工作就一定会走到邪路上去。[①] 毛泽东说过，"一切问题的关键在政治"[②]。习近平总书记多次强调要旗帜鲜明讲政治，不断提高政治判断力、政治领悟力、政治执行力，就是要自觉地、充分地发挥马克思主义政党和每位共产党人的主观能动性，信心十足地为着不断实现党的现阶段目标与最终大目标即践行初心使命而少走弯路。这具有十分重大的现实意义和深远的历史意义。

马克思列宁主义与思想路线、政治路线这三者之间既是高度的有机统一，又有相互区别。马克思列宁主义是指导我们思想的理论基础，思想路线是根据我们共产党人对马克思主义的学习、掌握及与具体情况相结合后的思想认知状况，政治路线则是我们将马克思主义与具体实践相结合后制定的最高纲领与现行纲领相统一的方针、政策及具体策略等。

苏联领导集团蜕化变质的根本原因是从赫鲁晓夫领导集团开始质变到戈尔巴乔夫领导集团的彻底背叛社会主义，执行了错误乃至反动的思想政治路线所致。戈尔巴乔夫领导集团是从赫鲁晓夫领导集团的思想政治路线中孕育和成长起来的。当时，虽然苏联党和国家积累了大量严重问题，但亡党亡国不是必然的。从一定意义上讲，戈尔巴乔夫领导集团上台前，苏联仍然是超级大国，有强大的国家实力。由于戈尔巴乔夫把改革完全引上资本主义邪路和绝路，才使党和国家失去了存在和发展的全部合法性、正义性基础。可见，党和人民正确选择领导人和领导人的正确领导极其重要。把这个问题说清楚，具有极强的警示作用和现实意义，可以避免我们犯同样的错误；把这个问题讲清楚，更能认识到中国共产党选择

---

① 以上主要观点参见《毛泽东文集》第六卷，人民出版社1999年版，第449—450页；《建国以来毛泽东文稿》第七册，中央文献出版社1998年版，第25页；《毛泽东文集》第七卷，人民出版社1999年版，第351页。

② 《毛泽东文集》第三卷，人民出版社1996年版，第202页。

习近平同志掌舵领航，是极其正确的选择，也是中华民族之幸，就会更加深刻地领悟"两个确立"的决定性意义，更加自觉地做到"两个维护"。

从赫鲁晓夫到戈尔巴乔夫领导集团在思想上政治上的蜕化变质，主要表现在以下八个方面。

1. 信仰上：从动摇、背离、放弃到彻底背叛社会主义、共产主义理想信念

这里所说的共产党人的信仰，主要是指对人类社会历史发展规律的认知和坚守。苏联共产党（党的名称从俄国社会民主工党到苏联共产党几经改变，以下统称苏共）从1898年建党到1991年宣布解散，经历了93个春秋。[①] 列宁、斯大林时期，苏共历经十月革命、外国武装干涉、国内反革命叛乱、德国法西斯入侵等战火洗礼，在严酷环境中经受住了巩固社会主义政权、发展社会主义事业的严峻考验，在苏联人民和世界人民中享有崇高威望，具有强大凝聚力、号召力、战斗力。然而，斯大林去世后，苏共高层的理想信念开始动摇，到戈尔巴乔夫领导集团时期，最终放弃了马克思列宁主义，放弃了无产阶级政党的性质、宗旨和目标，党、国家、军队和人民沦为一盘散沙，面对敌对势力的猖狂进攻不战而溃。

纵观历史，苏共理想信念发生动摇始于赫鲁晓夫当政时期。作为苏联共产党的领袖，赫鲁晓夫缺少基本的马列主义修养。毛泽东曾这样评价赫鲁晓夫："他不懂马列主义，易受帝国主义的骗。"[②] 美国总统尼克松在谈到赫鲁晓夫时说："他信仰共产主义事业及其胜利的

---

① 关于苏共的存在时长，目前有三种较为常见的说法。一是"93年说"，即从苏共的前身——俄国社会民主工党成立的时间（1898年）算起。二是"88年说"，即从俄国社会民主工党第二次代表大会召开的时间（1903年）算起。在这次大会上通过了党纲、党章，选举了党的中央领导机关，确定《火星报》为党的中央机关报。三是"86年说"，即从俄国社会民主工党第三次代表大会召开的时间（1905年）算起。这是在列宁领导下召开的第一次布尔什维克大会，大会修订了党章，采纳了列宁提出的党章第一条条文，选举产生了中央委员会作为党的唯一领导中心，确定了作为革命领袖的无产阶级的任务，制定了党的策略路线等。——作者注

② 《建国以来毛泽东文稿》第八卷，中央文献出版社1987年版，第601页。

必然性，但他只是逢礼拜天在理论的祭坛上做做礼拜而已。"①

遗憾的是，赫鲁晓夫采取"两面人"的办法得到了斯大林的提拔。斯大林在世时，他歌颂斯大林是"生身的父亲""英明的领袖""天才"；斯大林去世后不久，他在苏共二十大的"秘密报告"中攻击斯大林是"迫害狂""自大狂"，"仅仅从电影上去研究国内和农业的情况"，"用地球仪来制定作战计划的"等，说"斯大林晚年所形成的领导实践成为苏联社会发展道路上的一个严重障碍"②。1961年，在赫鲁晓夫主持下，苏共二十二大作出将斯大林遗体迁出列宁墓的决议。此后，苏联各地出现了毁坏斯大林雕像和纪念碑的行径，苏联再次掀起否定斯大林的浪潮。

斯大林代表着苏联党和国家的一段重要历史，是苏联党和国家的重要象征。因此，对斯大林功过的评价就不是一个简单的对斯大林个人评价的问题，也不是苏联一党一国的问题。尽管斯大林有这样那样的错误，但不能历史地科学地分析斯大林的错误，不能分清他领导的苏共和苏联时期的主流和支流，并开展有效的教育引导，就会产生十分严重的后果。全盘否定斯大林，不仅否定了这一时期苏共和苏联的成就，严重损害了苏共和苏联的形象，动摇了人们对社会主义、共产主义的理想信念，而且冲击了年青一代的世界观价值观，出现了一批向往西方资本主义的无产阶级政权的"掘墓人"，造成社会的思想动荡。戈尔巴乔夫、雅科夫列夫（Александр Яковлев）和叶利钦就是其中的主要代表。戈尔巴乔夫在苏联解体后说，苏共二十大大反斯大林"具有重大的意义"，"这一批判使极权主义在道义上声誉扫地"，"是使我国社会朝民主化迈进的第一次尝试"③。实践已经证明，戈尔巴乔夫所说的"民主化"方向实

---

① 参见［美］尼克松《领袖们》，刘湖等译，知识出版社1983年版，第241页。
② ［俄］尼基塔·谢·赫鲁晓夫：《赫鲁晓夫回忆录（选译本）》，述弢译，社会科学文献出版社2005年版，第400、402、410、395、412页。
③ ［俄］米·谢·戈尔巴乔夫：《戈尔巴乔夫回忆录》（上），述弢等译，社会科学文献出版社2003年版，第99、103页。

质上就是国内资本和西方国家联合起来对苏联人民、俄罗斯人民进行赤裸裸的专政。

回顾历史，在中苏论战时期，中苏两党围绕如何评价斯大林以及苏联社会主义实践出现严重分歧。以毛泽东同志为主要代表的中国共产党人，坚定维护斯大林的历史地位和历史功绩，彰显了毛泽东和中国共产党人的深刻洞见和政治远见。如果说当时的人们尚不能完全看清楚错误对待斯大林及苏联社会主义所产生的严重后果，尚不能完全理解中国共产党主张科学评价斯大林、充分肯定苏联社会主义成就所具有的深远意义，那么，苏共二十大35年后苏联发生亡党亡国的悲剧，苏联解体30多年后中国特色社会主义取得举世瞩目的成就，则为我们重新认识那段历史、分清是非曲直，提供了正反两个方面的经验教训。抚今追昔，孰是孰非，历史和现实已然有了公断。

赫鲁晓夫对马克思主义的重大理论问题，经历了从一知半解到模糊篡改、最终背离的过程。他在苏共二十大上把"和平共处""和平过渡"和"和平竞赛"作为社会主义国家对外政策的总路线，认为这样就可以给全部资本主义关系以"毁灭性的打击"，就可以在全世界实现社会主义。他在苏共二十二大上推出"全民党"和"全民国家"理论，把苏共从无产阶级性质的政党，开始变为资产阶级性质的"全民党"。苏共二十二大通过的纲领取消了"无产阶级专政"这一马克思主义的核心思想，代之以抽象的所谓的"人道主义"。他在1959年提出苏联已进入"全面展开共产主义社会建设的时期"，1961年又宣称苏联要在"20年基本建成共产主义社会"，号召"我们这一代苏联人将要在共产主义制度下生活"。这些严重脱离当时国际斗争形势和苏联社会实际，严重违背科学社会主义原则的路线、纲领，搞乱了广大苏共党员以及苏联人民的思想，使苏联开始偏离社会主义发展的正确方向，为后来苏共垮台、苏联解体种下祸根。

在勃列日涅夫时期，苏联领导集团虽然修正了赫鲁晓夫时期的一些实践中的错误，也推行了一些新的方针政策，使苏联社会有了一定的发展，但却牢牢抱着赫鲁晓夫主持的苏共二十大的错误理论不放，社会主义、共产主义理想信念在勃列日涅夫等为代表的苏联特权集团那里已经荡然无存了。勃列日涅夫本人满足现状，贪图享乐，热衷于别人对他的阿谀奉承，马克思主义、共产主义不过是常挂在他嘴边、连他自己都不信的假话套话。勃列日涅夫的侄女柳芭在美国出版的英文回忆录《我留下的世界：过去的片段》中披露，勃列日涅夫曾对自己的弟弟说："什么共产主义，这都是哄哄老百姓的空话。"[①] 上有所好，下必甚焉。那时，苏联社会风气奉行"说一套做一套"，贪污腐化盛行，很多人加入共产党不是为社会主义建设事业、为共产主义理想而献身，而是为了捞取一官半职，直至将攫取更多的个人和小集团利益视为其最大追求。他们表面上以革命者和社会主义建设领导人的面目出现，扮演着人民利益和国家利益维护者的角色，而实际上他们已经没有了马克思主义信仰，没有了社会主义共产主义的理想信念，只是专心地维护自己的特权。

当然，在赫鲁晓夫、勃列日涅夫时期，苏联广大党员和人民群众还是相信社会主义共产主义的理想信念，还是在真诚地建设社会主义的。20世纪七八十年代苏联真正成为可以和美国比肩的超级大国，根本的原因就在于此。但是，作为主要领导人的赫鲁晓夫、勃列日涅夫等人的政治信仰却已完全改变。

如果说勃列日涅夫时期党的干部至少在表面上还能维护马克思主义、共产主义信仰的话，那么到了戈尔巴乔夫时期，他们就干脆撕掉伪装，公开加以否定。戈尔巴乔夫早在上大学时就开始怀疑马克思主义的科学性。大学毕业后，赫鲁晓夫苏共二十大的"秘密报告"加速了他的思想转变。就任总书记后，他举起所谓"人道的、

---

① Luba Brezhneva, *The World I Left Behind: Pieces of a Past*, New York: Random House, 1995, p. 162.

民主的社会主义"这个既能欺骗人又能达到目的的旗号,开始有步骤地毁灭苏联的社会主义制度。苏联解体后,戈尔巴乔夫坦言,共产主义是"一种几乎不可能实现的口号",俄罗斯的悲剧就在于,"卡尔·马克思的晚年时代已经死去的思想,却在20世纪初的俄罗斯被选择,它被引进于现实社会里,这是一个错误"。他还说,早在学生时代,他就发现"社会主义的现实与理想相差十万八千里了",他为能在改革年代里"把共产主义的影响所造成的许多恶果从人们的意识中清除掉而感到非常的荣幸"[1]。美国经济学家莱斯特·瑟罗(Lester C. Thuro)曾说:"苏联解体前后,我正好在莫斯科。苏联解体的根本原因,是戈尔巴乔夫丧失了对马克思主义和共产主义的信念","试想,保罗二世今天宣布上帝不存在,明天的基督教世界将是什么模样?!"[2]

在戈尔巴乔夫时期担任过苏共中央书记处书记、苏共中央宣传部部长、被称作"戈尔巴乔夫主要智囊人物"的雅科夫列夫,在1985年12月就向戈尔巴乔夫进言道:"在我国的实践中,马克思主义不是别的,而是一种新的宗教,它屈从于专制政权的利益和它任性的要求。""马克思列宁主义的教条主义阐释,其危险已足以使任何创造思维甚至经典思维都毁灭殆尽。"[3] 1991年8月2日,他在接受塔斯社记者采访时公开说:"我们的不幸来源于马克思主义的教条","我反对把马克思主义作为行动指南,断定社会主义会失败"[4]。苏联解体后,他坦承:"实质上,马克思据以建立其'科学社会主义'世界观大厦的全部具体经济结论中没有一个是在实践中

---

[1] [俄] 戈尔巴乔夫、[日] 池田大作:《20世纪的精神教训》,孙立川译,社会科学文献出版社2005年版,第384、116、391页。

[2] 李慎明主编:《居安思危——苏共亡党二十年的思考》,社会科学文献出版社2011年版,第41页。

[3] [俄] 亚·尼·雅科夫列夫:《一杯苦酒——俄罗斯的布尔什维主义和改革运动》,徐葵、张达楠等译,新华出版社1999年版,第28页。

[4] 转引自季正聚、彭萍萍、吕楠《中国共产党党内民主建设的理论与实践研究》,山东人民出版社2015年版,第257页。

得到证实的。"不仅如此，雅科夫列夫还对资本主义赞不绝口、顶礼膜拜："资本主义带来了实用主义的伦理。在资本主义的自由、平等、博爱的口号中体现了崇高的理想主义……"①

戈尔巴乔夫的另一得力助手，担任苏联外长的谢瓦尔德纳泽（Эдуард Шеварднадзе）也谈到过自己政治思想上的转变过程。1991 年，他在回答法国电视台记者提问时说："我们在一个时期里有过共产主义理想，并为实现这一理想进行过斗争。后来我慢慢地意识到我坚信的东西是不可能实现的，必须改变这一现象。90 年代初的一天，我对戈尔巴乔夫说，我们的制度已腐烂了，必须全部加以摧毁，并自上而下的进行彻底改造。"②

2. 理论上：从不学、不懂、偏离到最终背离、背叛马克思列宁主义

这里所说的理论上，主要是指对马克思主义基本原理学习掌握并与具体实践相结合的实际状况。斯大林之后的苏共领导人，从不读、不懂、偏离到最终背离、背叛马列主义，既不能应对时代的挑战，也不能应对帝国主义的和平演变战略。

赫鲁晓夫早年没受过系统教育，从政后也没有认真学习马克思主义理论。莫洛托夫（Вячеслав Молотов）曾这样评价道，他对什么是列宁主义，什么是马克思主义，从来就没有多大兴趣，也没有想过，在理论上一窍不通。③ 美国前总统尼克松也说："我很难设想他实际上是否读过马克思的三厚卷《资本论》。在这方面，他与斯大林不同，后者广泛阅读并写下了大量有关共产主义理论的书籍。"④ 正因为如此，赫鲁晓夫肆无忌惮地提出了"三和""两全"

---

① ［俄］亚·尼·雅科夫列夫：《一杯苦酒——俄罗斯的布尔什维主义和改革运动》，徐葵、张达楠等译，新华出版社 1999 年版，第 65、339 页。
② 江流等编：《苏联剧变研究》，社会科学文献出版社 1994 年版，第 144 页。
③ 转引自李慎明总撰稿《〈居安思危——苏共亡党的历史教训〉——8 集 DVD 教育参考片解说词》（下），《科学社会主义》2007 年第 1 期。
④ ［美］尼克松：《领袖们》，刘湖等译，知识出版社 1983 年版，第 241 页。

等错误理论。"全民党""全民国家"理论的根本错误在于完全抛弃了马克思列宁主义关于"政党""国家"本质的理论,混淆了党的阶级基础与群众基础的界限,把原本属于党的群众基础上升为党的阶级基础。他认为,社会主义条件下剥削阶级已经被消灭,在苏联社会除了还有极少数的犯罪分子之外,只存在根本利益一致基础上的全体人民,即由工人阶级、农民和知识分子组成的广泛的政治联盟,因此,苏联共产党不再是某一个阶级的政党了,而已经变成代表全体苏联人民利益的"全民党"了,苏共成为"全民的政治组织"。赫鲁晓夫无视苏联社会仍然存在一定范围的、在某种条件下可能激化的阶级斗争,无视国际上仍然存在社会主义同资本主义的复杂尖锐的阶级斗争,无视社会主义国家被国内外敌对势力颠覆的可能性和危险性,宣扬"阶级斗争熄灭论",导致广大党员干部和人民群众误以为苏联社会已不存在阶级斗争,已不存在反共、反社会主义势力,因而失去了对资本主义复辟应有的警惕性。

勃列日涅夫年轻时当过工人、工程师,有农业、冶金方面的专业知识,但他缺乏理论修养,对社会科学理论不感兴趣,对马克思主义更是缺乏系统了解。成为苏共最高领导人后,他把很多时间和精力花在打猎、开汽车兜风以及其他活动上。1965年在讨论纪念卫国战争胜利20周年的报告初稿时,他说:"我很难弄明白这一切。坦率地说,我不是搞这方面工作的(指理论方面的工作——引者注)。我的强项是做组织工作和了解人的心理。"[1] 他对自己的助手们也说:"写简单点,不要把我写成个理论家,否则,不管怎么样,谁也不会相信这是我写的,他们将会嘲笑我的。"他有时要求删去引自马克思主义经典著作的话,并解释说:"有谁会相信我读过马克思著作呢!"[2] 据

---

[1] 转引自张捷《从俄罗斯纪念勃列日涅夫百岁诞辰说起》,http://m.wyzxwk.com/content.php?bclassid=4&cid=4&classid=13&cpage=8363&id=17446&style=0。

[2] [俄] 格·阿·阿尔巴托夫:《苏联政治内幕:知情者的见证》,徐葵等译,新华出版社1998年版,第162页。

有关档案显示，20世纪70年代苏共高层领导人的活动中根本没有学习马克思主义著作的任何记录。高层领导人如此，其他党员、干部的理论学习状况就可想而知了。

勃列日涅夫不重视对马克思主义的理论学习，也不能科学领会马克思主义理论的精髓，因此，他不仅不能从根本上克服赫鲁晓夫时期的理论错误，反而沿袭了赫鲁晓夫的错误观点。比如，1977年10月通过的苏联新宪法依然写入了赫鲁晓夫发明的"全民国家""全民党"概念。他还提出"发达社会主义"的口号，强调苏联社会生产力的"高度发达"和物质技术基础的"强大"，强调苏联社会关系的"成熟"和社会主义民主的"最深刻"，强调苏联各共和国各民族的团结和谐，而掩盖了苏联在经济、政治、民族政策等方面潜藏的或显现的严重问题，否定了苏联社会的生产力与生产关系、经济基础与上层建筑之间仍然存在着矛盾，也就从思想上、理论上和实践上否定了苏联社会需要进行深刻变革的必要性、必然性。勃列日涅夫常说，改什么呀，把工作做好就行了。在勃列日涅夫长达18年的执政期间，苏联社会在表面的繁荣下面积累了越来越多、越来越深的矛盾，已经暴露的和尚未暴露的危机四伏，为此后苏联社会大动荡和苏联解体埋下了极其严重的隐患。

关于戈尔巴乔夫的马克思主义理论修养，他的办公厅主任瓦·博尔金（Валерий Болдин）是这样评论的："他非常熟悉党的历史和列宁的著作，常常运用这方面的知识……不过，戈尔巴乔夫也不熟悉马克思和恩格斯的著作。"[①] 他受过高等教育，毕业后又长期从事党务工作，有着丰富的工作经验。就是这位被葛罗米柯（Андрей Громыко）称为"学识渊博""才思敏捷而深刻"的年轻总书记，由于他的世界观价值观发生演变，彻底放弃了马克思主义信仰，最终倒向民主社会主义。1988年6月，苏共第十九次代表大

[①] ［俄］瓦·博尔金：《戈尔巴乔夫沉浮录》，李永全等译，中央编译出版社1996年版，第124页。

会正式提出要建设"人道的、民主的社会主义"。1990年，苏共中央二月全会认为苏共的理想就是"人道的、民主的社会主义"。1990年3月，戈尔巴乔夫在《未来世界与社会主义》一文中指出，"在社会党人与共产党人之间，已不再存在从前使他们分裂的鸿沟"，"在人道的、民主的价值观的基础上"的"政治立场"还有"世界观立场上都接近了"；改革所要实现的"真正的社会主义"中，"包含着原来就为社会主义运动其它流派所赞同的基本价值观"①。1990年7月，苏共二十八大通过了《走向人道的、民主的社会主义》的纲领性文件，②这标志着苏共的性质已经发生了根本性的变化。苏共虽然没有改名换姓，但已经名存实亡。戈尔巴乔夫后来承认："在改革那几年我们就想使苏联共产党成为社会民主党。当时已经起草了预定召开的苏共第二十九次代表大会的相应计划。但是，叛乱（戈尔巴乔夫对1991年'8·19'事件的称谓——引者注）以及叶利钦采取的实际上禁止苏共活动的政策使得这次代表大会无法举行。"③

所谓"人道的、民主的社会主义"，源于伯恩施坦修正主义和第二国际右翼的社会民主主义，以及社会党国际的民主社会主义。戈尔巴乔夫所谓"人道的、民主的社会主义"的实质，是打着"人道""民主""社会主义"等迷惑性的旗号，通过所谓的改革在苏联全面推行资本主义制度。按照所谓"人道的、民主的社会主义"理论来改造苏共和苏联社会，就是用西方社会民主党的那一套旧理论来替代马克思主义理论基础，就是要取消苏共的执政地位，在苏联确立多党制、议会民主、三权分立、总统制，搞军队"非党

---

① ［俄］戈尔巴乔夫：《未来世界与社会主义》，戈尔巴乔夫等：《未来的社会主义》，中央编译局国际发展与合作研究所编译，中央编译出版社1994年版，第20、13页。
② 参见《苏联问题资料》，中国社会科学院苏联东欧研究所编译组编译，东方出版社1990年版，第1页。
③ ［俄］戈尔巴乔夫、［俄］斯拉文：《尚未结束的历史：戈尔巴乔夫访谈录》，孙凌齐、李京洲译，中央编译出版社2003年版，第157页。

化""非政治化""国家化",搞经济私有化和自由市场经济,把苏联的社会主义全面改变成资本主义。

戈尔巴乔夫的这套理论和主张并不是一下子产生的,其思想政治渊源可以追溯到赫鲁晓夫时期。江泽民同志曾指出:"赫鲁晓夫在苏共二十大的秘密报告,全盘否定斯大林。否定马克思列宁主义的阶级斗争和无产阶级专政学说,鼓吹什么'全民党''全民国家',把党和人民的思想搞乱了。思想教育也名存实亡。苏联今日的演变,从赫鲁晓夫时期已开始埋下了种种危机。"[①] 具体来说:一是赫鲁晓夫在苏共二十大上全盘否定斯大林,实质上是全面地污蔑和攻击苏联共产党和社会主义制度,而否定党的历史和现实社会主义制度是"人道的、民主的社会主义"赖以提出和蔓延的前提条件;二是赫鲁晓夫提出"一切为了人,一切为了人的幸福"是党的纲领性目标,这里的"人"指的是抽象的、无阶级之分的人,这实际上把人道主义这一唯心史观作为党的指导思想,而这恰恰构成了"人道的、民主的社会主义"的理论核心;三是赫鲁晓夫提出的否定阶级斗争、反对无产阶级专政的"全民党""全民国家"这一修正主义观点,是"人道的、民主的社会主义"路线的理论基础;四是赫鲁晓夫的核恐怖理论,否认在核武器条件下国际矛盾的存在,鼓吹国际阶级合作,这也构成了戈尔巴乔夫外交"新思维"的理论根据。当1956年赫鲁晓夫提出修正主义观点的时候,人们很难想象经过30多年的蔓延,这些修正主义观点形成了一条完整的"人道的、民主的社会主义"路线,最终造成亡党亡国的局面。

3. 政治上:从弱化、歪曲到彻底否定、背叛党的领导和马列主义建党原则

这里所说的政治上主要是指党在自身建设和执政过程中的各项大政方针、纲领与行动。斯大林之后的苏联领导人没有制定、执行

[①] 参见江泽民1993年7月5日在省市委政研室主任会议上的讲话。

正确的政治路线，在实践中淡化、弱化、歪曲党的领导，直至否定党的领导、背叛马列主义建党原则、羡慕和照搬资产阶级民主制度，最终出现政权倾覆的结果。

赫鲁晓夫和勃列日涅夫在一定程度上把党赋予自己的为人民服务的权力变为谋取个人和特权阶层私利的工具，损害和破坏了党的集中统一领导。

赫鲁晓夫掌权初期，出于反斯大林的政治需要，主张把党政最高领导职务分开，实行集体领导。而当他的权力地位稳固后，就开始破坏民主集中制，排挤打压政治反对派。到1958年，随着贝利亚（Лаврентий Берия）被处决，马林科夫（Георгий Маленков）、卡冈诺维奇（Лазарь Каганович）、莫洛托夫、布尔加宁（Николай Булганин）等人被打成"反党集团"清除出政治舞台，赫鲁晓夫在许多问题上实行个人专断，同时树立自己的权威，搞新的个人迷信。

1961年苏共二十二大决定建立干部更新制度，但硬性规定每次例行选举，中央委员及主席团成员至少更换1/4，加盟共和国党中央、边疆区委、州委的成员至少更换1/3，市委、区委、基层党组织党委会或支委会的成员至少更换一半。各级干部连续当选的次数也有规定：苏共中央主席团成员可连任3届，每届4年；边疆区委、州委、市委和区委书记可连任3届，每届2年；而基层党组织书记只能连任2届，每届1年。频繁的干部变动调换，使各级领导核心缺乏继承性和安全感，对工作的连续性也产生了不利影响，引起各级干部的不满。

1962年11月，赫鲁晓夫决定对地方党的组织结构和领导机关进行改组，把州和边疆区的党组织划分为领导工业的党组织和领导农业的党组织，彼此独立、互不隶属，同时还对苏维埃、工会和共青团的组织及其领导机构进行相应的改组。实践证明，划分工业党组织和农业党组织是不恰当的，非但没有产生预期的效果，反而造成严重恶果，割断了工业与农业之间的紧密联系，破坏了党的统一领导，造成了混乱。

勃列日涅夫上台后，取消了工业党组织和农业党组织的划分，重新按地区建立统一的党组织和领导机关，同时调整了最高领导体制，废除了干部频繁更换制度等。但勃列日涅夫过分强调干部队伍的稳定性和连续性，形成了领导职务终身制，干部队伍老化。

到了戈尔巴乔夫时期则公开否定党的最高权力，建立权力高度集中的总统制，从内容到形式完全抛弃了人民当家作主这一社会主义政权的本质，把党的权力变成了推翻党的领导和社会主义制度的工具。

戈尔巴乔夫直接继承了赫鲁晓夫的衣钵，主张苏共要"排除任何阶级的专政"。他还攻击无产阶级专政是"专制""独裁""导致了恣意妄为和无法无天"。他鼓吹所谓"一般的、全民的民主"，赞扬赫鲁晓夫的"全民国家"理论，声称"改革的最终目的是全面充实人权"，使国家制度达到"完全的全民性"，认为这符合"全民国家这一政治结论"。

戈尔巴乔夫批判苏联的社会主义是"极权主义"，认为苏联的"极权社会主义"引起了"人与政治、政权，人与生产资料、财产，人与文化的异化"，造成了政治垄断、经济垄断和精神垄断。要克服异化，消除垄断，必须首先结束苏共对政权的"垄断"。1990年苏共中央二月全会决定修改苏联宪法第六条，取消苏共的领导地位。一个月后，苏联人民代表大会通过了《关于设立苏联总统职位和苏联宪法（根本法）修改补充法》，取消了苏联宪法规定苏共领导地位的第六条，认为"苏联公民有权结成政党"，苏联开始仿效西方国家实行多党制。

戈尔巴乔夫还全面背叛了马列主义建党原则。他放弃马克思列宁主义指导地位，鼓吹指导思想多元化，主张各种思想"自由竞赛"，实质上是用所谓"人道的、民主的社会主义"取代马克思主义的科学社会主义。他放弃共产主义远大理想，宣称苏联共产党是

"自治的政治组织""志同道合者自愿的联合组织"，苏共"准备同其他政党和运动进行公开竞赛与合作""在选举范围内争取保持执政党的地位"。他抛弃民主集中制，推行"普遍民主的原则""摒弃多数人对少数人的统治"，允许党内派别组织合法存在，下级党组织有权拒不执行上级党组织的决定。他抛弃苏共对群众团体的领导，宣称苏共与共青团、工会等群众团体是一个平等的"合作者"，苏共不干涉它们的内部事务。在这些理念指导之下，苏共彻底丧失了无产阶级先锋队性质，由一个马克思主义执政党变为组织总统选举和议会选举的议会党。

4. 经济上：从"公有化程度越高越好"，到抛弃社会主义公有制、搞全盘私有化

斯大林时期建立在社会主义公有制基础上的高度集中的计划经济体制，在快速发展苏联社会生产力、跃升苏联综合国力等方面发挥了巨大作用，为取得欧洲反法西斯战争胜利提供了强有力的物质保证。第二次世界大战结束后，在和平建设环境中，随着经济交往的日益复杂，原有的所有制结构和经济运行机制越来越不能适应苏联进一步发展的要求，其在经济社会领域的弊端也越来越明显。斯大林晚年开始反思商品生产、价值规律等社会主义经济问题，在他逝世前半年意识到苏联改革是不可避免的。

赫鲁晓夫上台后，试图对当时高度集中的经济体制进行改革。然而他根本看不清楚苏联经济问题的实质所在，反倒认为"公有化程度越高越好"，进而不顾社会发展阶段和生产力发展水平，在所有制问题上急于向共产主义过渡。在赫鲁晓夫主持下，1961年苏共二十二大通过的《苏联共产党纲领》明确提出："随着向单一的全民的共产主义所有制和共产主义的分配制度的过渡，商品货币关系在经济上就将过时和消亡。"[1]

---

[1] 《苏联共产党第二十二次代表大会主要文件》，人民出版社1961年版，第236页。

勃列日涅夫想当然地认为苏联的生产力已"高度发达",生产关系已"高度成熟",政治上已"高度民主",苏联"各阶级、社会集团、各大小民族之间产生了新的、和谐的关系——友好合作的关系"①。这种估计显然过高。

到了戈尔巴乔夫时期则走向另一个极端。戈尔巴乔夫攻击公有制占主体地位是"经济垄断",妨碍了人们对生产资料所有制形式的自由选择,"使人同生产资料失去了联系",束缚了人的劳动积极性。苏联的国家所有制"是行政命令体制的基础,这个体制束缚我们整个社会,不打破这种体制,国家根本不可能复兴和革新",改革"主要而又刻不容缓的任务是通过财产非国有化、取消垄断,全面改革所有制关系"②。

戈尔巴乔夫还主张在非国有化、私有化的基础上推行自由市场经济。1990年10月,他在最高苏维埃会议上所作的《稳定国民经济和向市场经济过渡的基本方针》报告中,提出了四个阶段的改革任务:在"非常措施计划"的第一阶段,要"使财产非国有化和私有化,进行土地改革";在"价格形成机制"的第二阶段,要"扩大非国有化的规模,实行小企业私有化";在"形成市场经济"的第三阶段,要"支持经营活动、非国有化、私有化和发展竞争","尽快地把大部分企业从国家包办下解放出来,实行私有化";在"稳定市场"的第四阶段也就是"完成阶段","必须向经济非垄断化、非国有化和私有化大踏步前进"③。可见,戈尔巴乔夫提出的向市场经济过渡的实质是将苏联经济逐步引向全盘私有化。俄罗斯经济学家普切林采夫(Олег Пчелинцев)指出,戈尔巴乔夫的"非国

---

① 《苏联共产党第二十四次代表大会主要文件汇编》,生活·读书·新知三联书店1976年版,第105页。
② 转引自汪亭友《克里姆林宫的红旗因何坠地:苏联演变的根源探究》,当代世界出版社2004年版,第177页。
③ 转引自汪亭友《克里姆林宫的红旗因何坠地:苏联演变的根源探究》,当代世界出版社2004年版,第262页。

有化就是私有化，也就是资本主义化。可以说，非国有化是私有化的初级形式，私有化是非国有化的高级形式。开始时说非国有化，后来都说私有化"①。

1991年4月，苏联政府提出反危机纲领，"规定了非国有化和财产私有化的全盘措施"，对于全国具有特殊意义的特大型企业也要实行非国有化。同年7月1日，苏联最高苏维埃通过了私有化法。根据这项法律，国营企业将变成租赁企业或集体企业，改造成股份公司，招标出售或拍卖。按照当时的政策和法律，几年之后苏联即便不解体，其国有企业将不复存在，社会主义经济基础也将全部瓦解。

1991年"8·19"事件之后，俄罗斯等新独立的国家所推行的"休克疗法"，基本都是按照戈尔巴乔夫时期指引的方向推行的，并产生了严重后果。戈尔巴乔夫执政后期，苏联经济出现负增长，1989—1991年年均经济增长率为-9.6%，1991年达到创纪录的-13%。叶利钦时期的"休克疗法"，公开让寡头掠夺和分割国有财产。俄共领导人久加诺夫（Геннадий Зюганов）曾指出，当时在俄罗斯社会形成了一个"疯狂掠夺人民财产并运往西方的大资产阶级"，这个买办阶级"掌握了基本工业部门，垄断了自然资源、银行、报纸、电视台、电台等，并执掌国家政权，他们是使俄丧失强国地位和人民贫困的主要祸害"②。普京时期的历史教科书则称"休克疗法"是对公民进行抢劫的"一桩大骗局"③。

5. 组织上：从放弃党的工人阶级先锋队性质、任人唯亲、拉帮结派到公开篡夺党的领导权

---

① 周新城：《对世纪性悲剧的思考——苏联演变的性质、原因与教训》，中国人民大学出版社2000年版，第233页。
② 参见吴恩远《久加诺夫在俄共七大报告中涉及到的若干理论认识问题》，《世界社会主义研究动态》2000年第62期。
③ [俄] 亚·维·菲利波夫：《俄罗斯现代史（1945—2006）》，吴恩远等译，中国社会科学出版社2009年版，第320页。

一定的组织路线总是为一定的政治路线服务的，政治路线决定组织路线。斯大林之后的苏联领导人执行的组织路线，逐步成为拉帮结伙、组织摧毁社会主义制度的政治工具。从赫鲁晓夫到戈尔巴乔夫领导集团，干部的选拔和任免变成了任人唯亲、拉帮结派、组织自己的私人小圈子，成为宗派主义的工具、家族统治的领地。

斯大林去世后，随着批判个人迷信和个人权力专断，苏共中央强调实行集体领导。但是，集体领导只实行了几年，赫鲁晓夫就通过处决贝利亚，把莫洛托夫、马林科夫、卡冈诺维奇等维护斯大林历史地位的苏共领导人打成"反党集团"，从而消除了苏共中央主席团中的不同意见。随着"反对派"的垮台和赫鲁晓夫个人权势的上升，集体领导又渐渐地名存实亡。也正因为如此，赫鲁晓夫个人专断、强迫命令的权威才得以树立，其意气用事、急躁冒进的许多决定才得以执行。

勃列日涅夫时期苏共中央主席团成员的选拔和剔除的标准就是看是不是亲信。勃列日涅夫毕业于第涅伯捷尔仁斯克冶金学院，曾长期在乌克兰的第涅伯彼德罗夫斯克、摩尔达维亚和哈萨克斯坦工作。他身边聚集的一批德才都不具备的亲信，有不少曾是他原来学习、工作过的地方的部下和朋友，人称"第涅伯彼德罗夫斯克帮"。吉洪诺夫（Николай Тихонов）的德才都很平庸，但仅因他是勃列日涅夫的同乡兼校友，便被任命为苏联部长会议主席。苏联部长会议副主席诺维科夫（Владимир Новиков）、斯米尔诺夫（Леонид Смирнов）、迪姆希茨（Вениамин Дымшиц）、鲍久尔（Иван Бодюл）等，克格勃第一副主席茨维贡（Семён Цвигун）以及副主席切勃里科夫（Виктор Чебриков）、齐涅夫（Георгий Цинёв）等，内务部长谢洛科夫（Николай Щёлоков）、哈萨克斯坦第一书记库纳耶夫（Динмухамед Кунаев）等，也都是勃列日涅夫的校友、同乡或工作时的助手、部下。"第涅伯彼德罗夫斯克帮"权倾一时，地位显赫，几乎垄断了所有重要的权力部门。官员想要获得升迁，首要问题不是自己的能力如何，而是要如何与这个"第涅伯彼德罗夫斯克帮"搭上关系。而勃列日涅夫不信任的人，像谢列平（Александр Шелепин）、波德戈尔内（Николай Подгорный）、谢列斯特（Пётр Шелест）、柯西金（Алексей Косыгин）、沃罗诺夫（Геннадий Воронов）等，就一个个被排挤掉，继而销声匿迹了。苏联外交家葛罗米柯曾私下发表感慨说："我们的政治局就像百慕大三角一样，有的人突然从这里出现，有的人突然在这里消失。"①

勃列日涅夫的儿子尤里（Юрий Брежнев），43岁当上外贸部副部长，46岁升为第一副部长，在苏共二十六大上当选为候补中央委员。他的女婿丘尔巴诺夫（Юрий Чурбанов）仅用10年时间就从一个低级军官晋升为上将，后又担任内务部第一副部长，在苏共二十六大上当选为候补中央委员。勃列日涅夫的4名助理——阿根托夫（Андрей Александров-Агентов）、勃拉托夫（Анатолий Блатов）、戈利科夫（Виктор Голиков）、楚卡诺夫（Георгий Цуканов），在苏共二十六大上全部进入中央委员会。在勃列日涅夫时期，干部子弟的升迁主要是因为他们的身份和关系，而不是因为他们有什么出色的才能。一位知情人透露，"他们孤立地生活、治疗、休养，在这个阶层中往往形成自己的家族、氏族关系——须知这个阶层的子女们在一起度时光，互相认识，往往通婚"。由此，迈出了新的一步："试图建立交权制度，或者叫做特权继承制度。也就是通过建立专收这些子弟的教育制度，然后通过一套任命和提升职务的制度来达到继承权力的目的。"② 勃列日涅夫也没有按照党

---

① 《勃列日涅夫时代的苏联：抗拒改革的"停滞"盛世》，https://news.ifeng.com/history/special/fazhanmoshi/200909/0909_7964_1341385.shtml。
② [俄] 格·阿·阿尔巴托夫：《苏联政治内幕：知情者的见证》，徐葵等译，新华出版社1998年版，第309—310页。

的民主集中制行事。1979年苏联出兵阿富汗，就是由勃列日涅夫和国防部长乌斯季诺夫（Дмитрий Устинов）、葛罗米柯、苏斯洛夫（Михаил Суслов）四人作出决定，然后通知政治局的。表面上看，勃列日涅夫领导集体定期开会，按章办事，而实际上发扬民主、充分讨论不够，基本上是由少数几个人或者勃列日涅夫一个人说了算。

为了向资本主义道路上快速演进，戈尔巴乔夫从组织人事政策的调整上入手，把坚持社会主义道路的人或比较正派的人设法排挤出去。1985年3月，他一上台就把最有可能威胁他地位的罗曼诺夫（Григорий Романов）从政治局赶走，由谢瓦尔德纳泽代替葛罗米柯担任外交部部长，由雷日科夫（Николай Рыжков）取代戈尔巴乔夫最顽固的对手之一——吉洪诺夫担任总理，由叶利钦取代格里申（Виктор Гришин）任莫斯科市委第一书记，将当时看起来支持自己的利加乔夫（Егор Лигачёв）提升为苏共中央政治局委员。到1986年2月召开苏共二十七大前的短短一年时间，戈尔巴乔夫接二连三地进行重大人事变动，在苏共二十七大12名政治局委员中，二十六大的政治局委员只剩下4人，其中还包括他本人和提名他担任党的最高领导人的葛罗米柯。在此期间，各地方各部门的高级领导干部也进行了大规模的更换。到1986年2月，除俄罗斯联邦以外的14个加盟共和国党中央、最高苏维埃、部长会议的主要领导人更换了19人，[①] 40%以上的正式中央委员是新人。[②] 在1987年苏共中央一月全会上，戈尔巴乔夫在《关于改革和党的干部政策》长篇报告中提出了选拔任用干部的五项标准，其首要标准就是对待"改革"的态度。就是说，只有支持他的"改革"主张的人，才能

---

① 参见汪亭友《克里姆林宫的红旗因何坠地：苏联演变的根源探究》，当代世界出版社2004年版，第115页。
② [美] 小杰克·F. 马特洛克：《苏联解体亲历记》（上），吴乃华等译，世界知识出版社1996年版，第58页。

得到提拔和重用。此后，他在多种场合强调坚持这个用人标准。在这种干部选拔任用思想指导下，戈尔巴乔夫撤换了一大批干部。到1988年年初，各部66%的在编人员被撤职、转岗或裁减。所有部长、中央机关的部门领导、各委员会负责人遭到替换、开除或数次调换岗位，干部轮换率超过100%[①]。

结果，苏共党内一大批敢于坚持原则的高级领导干部相继被撤换，那些善于逢迎拍马、见风使舵、信仰所谓"人道的、民主的社会主义"、恶毒攻击马克思主义与社会主义制度的投机分子、反共反社会主义分子，却得到提拔与重用。比如，利加乔夫上任之初，得到戈尔巴乔夫很高评价，并被安排领导苏共意识形态工作，地位仅次于戈尔巴乔夫。而当利加乔夫对戈尔巴乔夫偏离社会主义方向的"改革"言行提出疑问甚至不满时，戈尔巴乔夫便一改常态，攻击利加乔夫是反对"改革"的"保守派"，是"改革的隐蔽的敌人"。在戈尔巴乔夫策划下，利加乔夫在"安德烈耶娃事件"后很快被停止主管中央意识形态工作，由完全倒向戈尔巴乔夫一边的雅科夫列夫继任。俄共中央主席久加诺夫在戈尔巴乔夫去世后发表的评论文章中指出："自他（戈尔巴乔夫）上台以来，有近百名一把手、部长被开除出苏共中央。戈尔巴乔夫在自己周围聚集了一群彻头彻尾的叛徒，如雅科夫列夫之流、谢瓦尔德纳泽之流、叶利钦之流和巴卡金（Вадим Бакатин）之流。"[②]

在戈尔巴乔夫、雅科夫列夫等人打压下，像利加乔夫、雷日科夫等出于对党和人民事业的忠诚而敢于诤言谏言者，几乎被完全剥夺了作为党员、干部自由发表言论的权利，更谈不上对党的领导人与领导机构的批评监督权。这就能够解释美国学者大卫·科兹

[①] 参见［澳］科伊乔·佩特罗夫《戈尔巴乔夫现象——改革年代：苏联东欧与中国》，葛志强、马细谱等译，社会科学文献出版社2001年版，第148页。

[②] Г. А. Зюганов об уходе из жизни Горбачева：《Считаю большой трагедией его приход к горнилу политической власти》，https：//kprf.ru/party–live/cknews/212911.html.

(David Kotz)曾经提出的一个疑问。1991年6月，美国一个社会问题调查机构在莫斯科做了一次关于意识形态问题的调查，调查对象是掌握高层权力的苏联党政要员。结果显示：大约9.6%的人具有共产主义意识形态，他们明确支持"改革"前的社会主义模式；12.3%的人具有民主社会主义观点，他们拥护"改革"，并希望国家实现民主化；76.7%的人认为应当实行资本主义。大卫·科兹由此发出疑问："作为一个在世界上存在最长、影响最大的社会主义苏联，党的干部队伍内竟有那么多的人主张实行资本主义制度，实在令人震惊。"[1] 出现这样的结果显然与戈尔巴乔夫通过组织手段将大批亲信提拔到苏共重要领导岗位上有着直接的关系。

6. 作风上：从形式主义、官僚主义到背离、背叛人民群众的根本利益

党的作风建设是党的建设的重要组成部分。党的作风建设中的群众路线体现了党的性质和宗旨。苏共曾经高度重视党风建设。列宁时期的党是真正的马克思主义性质的政党，那时的苏共作为无产阶级的先锋队，本着全心全意为了人民的解放与幸福事业而奋斗的宗旨，密切联系群众，坚决相信和依靠群众，团结和带领广大人民取得了十月社会主义革命的伟大胜利，同时拉开社会主义建设的伟大序幕，建立了不朽的历史功勋。在斯大林时期，苏共虽然也存在一些脱离实际等问题，但那时的苏共总体上继承了列宁时期的党的优良传统，保持了党的鲜明的无产阶级性质与全心全意为人民服务的宗旨，并发扬了党的理论联系实际、密切联系群众、批评与自我批评等优良作风，因而在社会主义建设中取得了伟大的成就。然而，斯大林之后的苏联领导人破坏党的作风，都走上了脱离群众、镇压群众甚至与人民为敌的道路。

赫鲁晓夫时期的苏共党风，最恶劣的表现不仅在于以许多捏造

---

[1] ［美］大卫·科兹：《一个美国学者对苏联解体的分析》，《真理的追求》2000年第7期。

和夸大的情节煽动反斯大林,还在于残酷镇压批评他的"秘密报告"的人民群众。1956 年 3 月 4 日,第比利斯群众被赫鲁晓夫的"秘密报告"激怒,他们上街游行示威,高呼"马克思、恩格斯、列宁、斯大林万岁!"赫鲁晓夫下令对群众开枪射击,造成血案。1956—1957 年,根据刑法第 58 条以"反苏鼓动罪"逮捕对赫鲁晓夫不满的人数达 3380 人之多,这几乎相当于 1953—1988 年被以该罪逮捕的总人数的一半。[①]

赫鲁晓夫本人的工作常常从经验出发,意气用事,强迫命令,甚至心血来潮,办事凭一时冲动,因此干出许多草率、荒唐的事情。他照搬美国农业大种玉米的做法就是一个大笑话。他不搞调查研究,只是依靠行政命令,盲目扩大玉米种植面积。由于北方的气候不适宜玉米生长,因此产量很低,得不偿失。柯西金后来评价道,这是一个领导人臆想的、强制的、给国民经济造成巨大损失的措施。他还盲目主张大规模的垦荒,导致上千万亩土地荒废。他还干预农业生产的具体活动,1957 年 5 月毫无根据地提出了农业冒进口号。赫鲁晓夫的瞎指挥、强迫命令与政策失误,导致苏联的农业生产大幅起落,在他执政后期农业增长缓慢,出现严重粮食危机,苏联自此由传统的粮食出口国变为粮食进口国。

勃列日涅夫时期,苏共的党风每况愈下,脱离实际、脱离群众的问题日益严重。官僚主义盛行,干部贪图享受、不思进取成风。党群关系纽带变得更加脆弱,党的威信不断降低。不少群众对苏联的政治机构、党政官员产生了政治上的不信任,出现了"夜间人"[②] 等现象。

党群关系的脱离,导致党的先锋作用和战斗力衰退,群众的主

[①] 参见 [俄] 亚·维·菲利波夫《俄罗斯现代史(1945—2006)》,吴恩远等译,中国社会科学出版社 2009 年版,第 82—83 页。

[②] 所谓的"夜间人"指的是那样一些人,他们白天在公共场合处处与官方宣传保持一致,到了夜间则过起了自己的生活:阅读地下出版物、交流政治笑话、与朋友和家人议论时政、抨击权贵,发泄自己对现实的不满。——作者注

人翁意识日渐淡漠，苏联人民劳动与建设的热情消退，旷工、停工、怠工现象日益严重。党内不正之风也污染了全社会，贪污腐败、行贿受贿成为社会上流行的风气，一些失望的民众也随波逐流，造成上行下效，导致世风日下。一位俄国学者指出："在70年代末，特别是在80年代初，谎报指标、弄虚作假、盗窃公物、行贿受贿实际上已成为群众性现象。"[①] 苏联的犯罪率居高不下，许多人将获取财富作为唯一目的而不顾及手段是否合法。

戈尔巴乔夫时期的苏共党风，完全背离了马克思主义政党的性质、宗旨和奋斗目标。戈尔巴乔夫一方面大耍两面派作风，另一方面又大搞一言堂，容不得不同意见与呼声。他发表的政治观点常常与苏共政治局内一些人的观点不协调，也不互相通气。他的许多倡议和许诺，连政治局委员都是从报纸上才知道的。即便在开会的时候，他"不善于、不喜欢也不愿意倾听他人的意见，他只善于、只喜欢、只愿意夸夸其谈，只是他一个人没完没了地高谈阔论，玩弄辞藻，把本来空洞无物的刻板思想说得天花乱坠"[②]。到戈尔巴乔夫改革后期，集体领导的原则进一步遭到破坏，政治局一连几个月不开会，什么事都由他一个人决定。雷日科夫说，他"总是喜欢搞一言堂"[③]。麦德维杰夫（Рой Медведев）也说，戈尔巴乔夫"非常专制"，"主持的各种会议都缺乏民主作风""当听到反对意见或者是批评言辞时，他常常失去控制"[④]。

照搬西方多党制和议会民主以后，反共反社会主义的代表人物、民族分裂势力的代表人物以及各种投机钻营分子，纷纷当选苏共代表或苏联各级人民代表。1986年2月苏共召开二十七大时，在

[①] Акопов С. С., Гуреев Н. Д. История России 1953—1996, М.: Внешторгиздат, 1997г. С. 239.
[②] ［俄］尼·雷日科夫：《大动荡的十年》，王攀等译，中央编译出版社1998年版，第369页。
[③] ［俄］尼·雷日科夫：《大动荡的十年》，王攀等译，中央编译出版社1998年版，第305页。
[④] ［俄］罗伊·麦德维杰夫：《苏联的最后一年》，王晓玉、姚强译，社会科学文献出版社2005年版，第285页。

5000名代表中尚有1705名工人代表，而到1990年7月苏共召开二十八大时，出席大会的4683名代表中，工人代表只有543名，不及上届大会工人代表总数的三分之一，仅占代表总数的11.6%；农民代表也只有225名；而大约60%的代表是在戈尔巴乔夫"民主化"期间选出的所谓"全苏人民代表"或各加盟共和国和自治共和国选出的"人民代表"。这些所谓"代表"，他们口头上代表人民，实际上却干着损害人民利益的勾当。俄罗斯科学院院士、社会政治研究所所长奥希波夫（Геннадий Осипов）说，戈尔巴乔夫执政期间出现的民主纲领派，"其代表人波波夫（Гавриил Попов）就讲：'我们不考虑人民，我们就是要故意造成全面紧缺的状态'"[1]。

戈尔巴乔夫对苏共优良党风的严重败坏，不仅毁坏了党的凝聚力，而且进一步瓦解了党的阶级基础和群众基础，使人民群众彻底丧失对党的信任。雷日科夫曾痛心地说，苏共"到1990年已经缓慢地濒临死亡"[2]。戈尔巴乔夫执政时期，苏共罕见地出现了退党风潮。1986年2月苏共召开二十七大时，全党党员总数为1900万，而到了1991年7月1日，苏共党员只剩下1500万人，[3] 退回到1973年的水平。没有退出苏共的党员理想信念也普遍动摇，他们对苏共及其领导人缺乏信任，对党和国家的前途感到迷茫。当时，莫斯科一家电视台采编部主任这样说："我曾是一名光荣的共产党员，一直积极参加党组织的各项活动。但是，戈尔巴乔夫这些人打着改革的旗号，实际上是在争夺权力、争夺总统宝座，根本不去考虑广大党员和人民群众的愿望和要求。他们早就成为一群高高在上的特殊的官僚阶层，这样的领导人和恶劣的党风，怎么可能再让我们跟

---

[1] 参见李慎明等2010年4月27日与俄罗斯科学院社会政治研究所部分人士座谈记录。
[2] 转引自李慎明总撰稿《〈居安思危——苏共亡党的历史教训——8集DVD教育参考片解说词〉》（中），《科学社会主义》2006年第6期。
[3] 参见 Численный состав КПСС（количество членов КПСС），https：//www.sovtime.ru/kpss/chislennyij-sostav-kps。

着他们走。"①

7. 外交上：从惧美、争霸到迎合、投降以美国为首的西方帝国主义

对外关系是国内政治的延伸。自从地球上出现社会主义国家以来，资本主义与社会主义两种社会制度之间就存在各式各样的矛盾与冲突。社会主义国家的执政党，既要善于把握时机，调整政策，尽量将国际关系引向有利于和平、有利于发展、有利于人类文明进步的方面；同时又要保持清醒头脑，充分认识到国际范围内两种意识形态、两种社会制度、两条发展道路之间依然存在各种矛盾与斗争，有些矛盾甚至是异常尖锐的。

斯大林时代结束后，苏联领导人在处理与美国的关系方面，经历了企图搞苏美合作主宰世界，苏美争霸世界，投降美国、出卖国家和民族利益这三个阶段。

关于不同的国家向社会主义过渡的形式问题，赫鲁晓夫特别强调利用议会道路向社会主义过渡的可能性。他说，在当今世界，"工人阶级只要把劳动农民、知识分子和一切爱国力量团结到自己的周围，并且给那些不能够放弃同资本家和地主妥协的政策的机会主义分子以坚决的回击，就有可能击败反动的反人民的势力，取得议会中的稳定的多数，变议会从资产阶级民主的机构为真正代表人民意志的工具"。他还补充说，有了这种议会的稳定多数，"就可以为一系列资本主义国家和过去的殖民地国家的工人阶级，创造实现根本社会改造的条件"②。

赫鲁晓夫的"三和"理论，虽然也看到了两种社会制度有互利合作的一面，提出要加强对话，要和平共处，这有利于稳定当时的国际局势。但问题的关键不在于社会主义国家要不要和平，要不要

---

① 转引自李慎明总撰稿《〈居安思危——苏共亡党的历史教训〉——8集DVD教育参考片解说词》（中），《科学社会主义》2006年第6期。
② 转引自陈之骅主编《苏联史纲：1953—1964》，人民出版社1996年版，第52页。

与资本主义国家"和平共处""和平竞赛",而在于当时有没有实现这种愿望的条件与可能。在西方已经启动并加紧推行对苏和平演变的背景下,赫鲁晓夫提出"和平共处""和平竞赛"不过是一厢情愿的幻想。而当幻想变成不切实际的实践,产生危害也就难以避免。尽管赫鲁晓夫在碰壁之后有所收敛,但这一外交路线在很大程度上起到了瓦解苏共思想武装的作用,从而对西方缺乏必要的防范,为敌对势力推行和平演变战略提供了突破口。更严重的危害还在于,苏共此后没有彻底认清赫鲁晓夫这一错误思想的实质,以至于这一错误思想在戈尔巴乔夫时期死灰复燃。

赫鲁晓夫热衷的议会道路也遭到了大多数其他国家共产党组织的批评甚至反对。中国共产党认为,赫鲁晓夫只提和平过渡,不提非和平过渡,而且又把和平过渡说成是"在议会中争取多数,并把议会从资产阶级专政的工具变为真正的人民政权的工具",这实际上是用第二国际机会主义者的所谓"议会道路"来代替十月革命的道路,篡改马克思列宁主义关于国家与革命的基本原理。应该指出,赫鲁晓夫"和平过渡"理论的提出,对当时国际共产主义运动产生了严重的负面影响。资本主义世界的共产党组织以坚持武装斗争还是走议会道路为界线,分裂为两大对立的阵营,削弱了自身的力量。而且,从那之后越来越多的共产党组织热衷于议会斗争,把仍然坚持武装斗争的共产党组织看成异类,成为嘲笑甚至打击的对象。这也是一种极不正常的现象。

1982年,美国总统里根在英国议会发表了一篇代表美国对外政策总目标的讲话。他认为,在当前两种不同社会制度的斗争中,最终的决定性因素不是核弹和火箭,而是意志和思想的较量,叫嚷"自由民主事业在向前挺进途中将把马克思主义抛进历史的垃圾堆"。根据戈尔巴乔夫淡化阶级斗争和意识形态斗争的新特点,里根适时地提出要与苏联展开"思想和价值观念的和平竞赛",表示要通过"思想和信息的传播"来影响苏联人民,"帮助"苏联人民建立起"独立的工会"、教会、政党、大学、报纸和司法机构，并通过这些"孕育着民主的机构"最终使苏联实现西方模式的"民主化"。1989年，布什入主白宫后不久，也提出了名曰"超越遏制"的新战略。布什称这项战略目标之大，超出了"所有前任的想象"，它不单纯遏制苏联扩张，而是要"把苏联融入国际大家庭"，要拆除柏林墙，把东西欧融合成"完整的自由的欧洲"。

面对以美国为首的西方集团和平演变苏联的强大攻势，戈尔巴乔夫主张从政策上、从意识形态中消除"敌人形象"，宣布国际关系中不再有敌人，"全人类迈向大合作"。他认为，政治立场应摆脱意识形态的狭隘偏见，"生存和防止战争的利益则是普遍的、高于一切的"①。他宣称全人类的利益和价值"高于一切"，鼓吹国际关系"非意识形态化""人道主义化"，倡导两大社会体系（社会主义与资本主义）"一体化"，主张社会主义"把具有普世意义的价值观推到首位"。

戈尔巴乔夫鼓吹的国际关系"人道主义化"，客观上迎合、配合了帝国主义和平演变战略的需要，苏联对外政策从谋求与西方大国合作逐步走向屈服于美国及其盟国。在对美关系方面，苏联开始时是放弃对抗，谋求合作，但随着其国内危机的加深和美国等西方国家压力的增加，戈尔巴乔夫不断作出重大让步，逐渐依附于美国及其盟国。在裁军、减少军费、军控、削减核武器等问题上，戈尔巴乔夫完全接受了美国的要求，甚至为了表示"诚意"还超出美国的要求，如1991年9月宣布撤走驻古巴的苏军。在苏联与美国关于削减核武器的谈判中，戈尔巴乔夫多次违反苏联既定的谈判底线，对美国作出毫无原则的"即席"让步。1987年4月14日，戈尔巴乔夫与美国国务卿舒尔茨（George Shultz）在克里姆林宫举行关于削减中程导弹的会谈。苏联所拥有的一百多枚最大射程400公

---

① ［苏］米·谢·戈尔巴乔夫：《改革与新思维》，苏群译，新华出版社1987年版，第180页。

里以内的新型CC-23导弹,并不属于中程导弹的范畴,因而不在准备签署的协定范围之内。但舒尔茨坚持要削减CC-23导弹,苏联谈判代表和军事专家均表示反对。在谈判陷入僵持状态时,戈尔巴乔夫在最后一刻改变了自己的立场,同意了美方的要求。舒尔茨身边的幕僚称戈尔巴乔夫在最后一刻突然迈出的这一步,是"天上掉馅饼"。类似的事情在美苏的核裁军谈判中多次出现,以至于舒尔茨自豪地向美国政府报告说:"我们没有做任何让步,而所得到的东西之多,出乎意料。"① 在对东欧国家政策上,戈尔巴乔夫也采取了完全放弃的态度。一方面,对这些国家内部发生的反共反社会主义活动,采取袖手旁观甚至纵容的态度;另一方面,对这些国家的"民主派"提出的谴责、追究苏联的"历史罪过"、重新评价与苏联关系史上一些重大事件的要求,采取默认态度,结果导致苏联与东欧国家结成的社会主义阵营崩溃。1991年7月1日,华沙条约组织(简称华约)正式解散。具有讽刺意味的是,作为这一军事组织的对立面——北大西洋公约组织(简称北约),不但没有随着华约的解散而解散,反而强化其军事职能,成为冷战后西方大国欺凌弱国、小国,推行霸权主义与强权政治的军事工具。2022年2月24日,在俄罗斯和乌克兰之间爆发的军事冲突,虽然有着错综复杂的原因,但北约在苏联解体后背信弃义,置俄罗斯国家安全关切和严重警告于不顾,先后五次东扩,无疑是俄乌冲突的源头。从1999年到2020年,北约不仅接纳了匈牙利、捷克、波兰、罗马尼亚、保加利亚、斯洛伐克、斯洛文尼亚、黑山、北马其顿等原东欧国家,而且还将爱沙尼亚、拉脱维亚、立陶宛原属苏联的地区收于麾下。北约还打算马不停蹄把乌克兰变成北约成员国,将北约防务体系扩张至俄乌边境。北大西洋公约规定,缔约国任何一方遭到武装攻击时,应视为对全体缔约国的攻击。乌克兰加入北约将对俄罗斯

---

① [俄]阿纳托利·伊万诺维奇·乌特金:《戈尔巴乔夫背叛苏联的细节披露》,https://www.q578.com/s-14-2439292-0/。

国家安全构成前所未有的威胁。普京在乌克兰拒绝承诺放弃加入北约、宣布中立等希望落空后，忍无可忍作出出兵乌克兰的决定。造成俄乌军事冲突的根源，是美国为首的西方霸权势力借苏联解体后俄罗斯衰落之际，落井下石，不断压缩俄罗斯战略空间。这也表明北约逆历史潮流而动，继续秉持冷战思维搞霸权，成为影响欧洲乃至世界安全稳定的祸源祸首。

俄共中央主席久加诺夫在戈尔巴乔夫去世后的评论文章中，回顾了戈尔巴乔夫解散华约的过程，愤怒谴责了戈尔巴乔夫对西方的妥协、投降和对苏联国家利益的叛卖行为。他指出，"1989 年 12 月，戈尔巴乔夫在马耳他会见美国总统布什和国务卿贝克时……戈尔巴乔夫无缘无故地对布什说：'我们决定解散华约，退出东欧。'贝克后来回忆说，戈尔巴乔夫发表声明后，美国代表团因为这个消息甚至开始冒汗，他们认为戈尔巴乔夫马上会提出更高的需求。例如，要求美国解散北约。但随后戈尔巴乔夫再次让美国方面感到惊讶，他说，'不，我们现在推行新思维，因此我们解散华约，而你们可以做任何想做的'。苏联的整个安全体系，2700 万祖国最优秀的儿女为此曾浴血奋战的安全体系，就这样被埋葬了。在卫国战争期间，几乎每个苏联家庭都有牺牲"[①]。

1987 年 5 月，联邦德国青年马蒂亚斯·鲁斯特（Mathias Rust）自驾飞机"访苏"并安全降落在莫斯科红场。这一事件轰动世界，让超级大国苏联颜面丢尽，苏联国防部长谢尔盖·索科洛夫（Сергей Соколов）因此被撤职。但根据苏联解体后当事人曝光的事实可以肯定，索科洛夫蒙受了不白之冤。保障鲁斯特在苏联领空的飞行安全得到了苏联"最高领导"的默许，其真实目的是为打击那些反对戈尔巴乔夫单方面裁军的苏军高层将领制造口实，为日后解散华约扫清道路。据俄罗斯上将列·伊瓦绍夫（Леонид

---

① Г. А. Зюганов об уходе из жизни Горбачева：《Считаю большой трагедией его приход к горнилу политической власти》, https：//kprf.ru/party-live/cknews/212911.html.

Ивашов）的说法，1987年2月戈尔巴乔夫召见国防部长索科洛夫时，扣留了两张苏联西北方向的防空地图。有证据表明，该绝密地图是根据戈尔巴乔夫要求提供的，戈尔巴乔夫违规将地图扣留，一直没有归还。现有证据表明，鲁斯特的飞行轨迹显示出他对苏联西北部地区无线电定位跟踪站的位置了如指掌。由此基本可以断定，在鲁斯特事件中，苏联以戈尔巴乔夫为首的高层领导存在大规模政治阴谋活动。时任克格勃副主席的弗·克留奇科夫（Владимир Крючков）称，根据戈尔巴乔夫的指示，他保障了鲁斯特飞抵莫斯科的行动。①

为谋求西方的支持和援助，在苏联国内问题上，戈尔巴乔夫也尽量满足美西方的要求。1984年12月在伦敦访问时，戈尔巴乔夫向撒切尔夫人出示带有密级标识且标出了苏联导弹对英国打击目标的苏军地图，并保证"这一切应当结束，而且应当尽快结束"，暗示他当政后将对自己的国家采取重大"破坏性"行动。撒切尔夫人对此惊喜交加，称戈尔巴乔夫是"可以打交道的人"。在允许波罗的海三国独立的问题上更是如此。1986年10月和1989年12月分别在雷克雅未克与马耳他举行的两次苏美高层会晤，均已涉及立陶宛、拉脱维亚和爱沙尼亚三个加盟共和国脱离苏联这一敏感问题。根据苏联官方报道，戈尔巴乔夫与里根的雷克雅未克会晤无果而终，但立陶宛护法人员瓦·伊万诺夫（Валерий Иванов）证实，他在1989年看到过一本梵蒂冈出版的立陶宛文的小册子。根据其中的内容，戈尔巴乔夫与里根在雷克雅未克秘密会谈讨论的四个问题中，第三个问题是波罗的海沿岸三个加盟共和国脱离苏联的问题。至于1989年在马耳他举行的苏美元首会晤，美国驻苏联最后一任大使小杰克·马特洛克（Jack Matlock, Jr.）的回忆录称，会谈中"布什提请戈尔巴乔夫注意，美国从未承认苏联对波罗的海沿岸三国

---

① 参见马维先《关于苏联解体的六大问题》，《世界社会主义研究》2021年第10期。

的侵占，现在也不承认"。美国总统清楚地暗示，立陶宛、拉脱维亚和爱沙尼亚不是苏联的固有领土，他站在为脱离苏联而斗争的势力一边。戈尔巴乔夫并没有对美国总统干涉苏联内政的言辞进行任何反驳，只是轻描淡写地"向美国总统解释了苏联情况的特殊性"，甚至还保证，对这三国问题的处理仅限于非武力方式。这说明戈尔巴乔夫与布什在马耳他达成了秘密口头协议：戈尔巴乔夫承诺不使用武力，布什则承诺美国不会为戈尔巴乔夫制造更多问题。马耳他会晤后，立陶宛、拉脱维亚和爱沙尼亚的分离主义势力加快了脱离苏联的步伐。葛罗米柯之子阿·葛罗米柯（Анатолий Громыко）认为，戈尔巴乔夫在马耳他彻底输了，马耳他会晤是"苏联的慕尼黑"[①]。

在苏联内外交困时，戈尔巴乔夫甚至不惜丧失国格乞求西方。1991年7月，戈尔巴乔夫以非正式的方式参加西方七国首脑会议。临行前，戈尔巴乔夫匆匆将一项长达23页的苏联"改革计划"寄给七国首脑，希望西方国家增加对苏联的投资、向苏联提供大量的消费品、解除或延缓苏联所欠的650亿美元的外债等。将一国内政交于西方国家讨论，这本身就是丧权辱国行为。然而，面对这个带有屈辱性的计划（当时人们称之为"乞讨计划"），西方大佬们的回答是"不给钱"！美国总统布什的回答更干脆，他说，参加首脑会议的领导人"不会做任何表明我们为援助苏联而忽视东欧发展中的民主制度的事，这不是给空白支票的时候"。

戈尔巴乔夫的外交"新思维"，实质上根本否定了马克思主义阶级斗争学说，放弃了马克思主义关于国际问题的基本观点，丧失自主权力，使苏联在面对国际资产阶级的进攻时自缚手脚、甘拜下风。这一点连资产阶级政治家也看得一清二楚。

小杰克·马特洛克指出，"阶级斗争理论是列宁主义者的国家结构演进观及同西方发生冷战所依据的中心概念。没有它，冷战的

---

① 参见马维先《关于苏联解体的六大问题》，《世界社会主义研究》2021年第10期。

理由就不复存在，一党专政的理论基础也随之消失"，"在这一理论（指阶级斗争——引者注）真正由官方抛弃之前，表明我们之间关系好转的任何变化都可能是虚幻的，最多也是暂时的"①，"只要苏联不放弃其制度的意识形态核心——阶级斗争观念，冷战就决不会停止。而一旦它放弃，该制度自身就不再具有任何理论依据"②。他还特别提到："如果苏联领导人真的愿意抛弃这个观念（指阶级斗争——引者注），那么他们是否继续称他们的指导思想为'马克思主义'也就无关紧要了。这已是一个在别样的社会里实行的别样的'马克思主义'。这个别样的社会则是我们大家都能认可的社会。"③

美国另一著名政治家布热津斯基（Zbigniew Brzezinski）早在1989年就点明了戈尔巴乔夫"改革"的实质。他说，"苏联新领导人米哈伊尔·戈尔巴乔夫在改革过程中已逐渐走上了修正主义道路……他不仅要改变苏联的经济结构，还要修改苏联制度的思想基础，甚至要在一定程度上改变苏联的政治程序"。"克里姆林宫出现一位修正主义的总书记所造成的影响是巨大的"，"它的特别严重的危险在于瓦解世界共产主义共同的马克思列宁主义理论"④。有朝一日，苏共要"丧失对社会的垄断控制"，"苏维埃联盟随时可能解体"⑤。

8. 人生观上：从追求个人升迁、小家庭特权享受的个人主义到颠覆党和国家政权的野心家、阴谋家

人生观价值观本质上是"为了谁"的问题。我们常讲世界观、

---

① [美]小杰克·F. 马特洛克：《苏联解体亲历记》（上），吴乃华等译，世界知识出版社1996年版，第162、164页。

② [美]小杰克·F. 马特洛克：《苏联解体亲历记》（下），吴乃华等译，世界知识出版社1996年版，第758页。

③ [美]小杰克·F. 马特洛克：《苏联解体亲历记》（上），吴乃华等译，世界知识出版社1996年版，第169页。

④ [美]兹·布热津斯基：《大失败——20世纪共产主义的兴亡》，军事科学院外国军事研究部译，军事科学出版社1989年版，第66、76—77页。

⑤ [美]兹·布热津斯基：《大失败——20世纪共产主义的兴亡》，军事科学院外国军事研究部译，军事科学出版社1989年版，第66、65页。

人生观、价值观,从一定意义上讲,在这"三"观中,人生观具有决定的意义。人生观一头连着世界观,另一头连着价值观,犹如习近平总书记所说的穿衣服要扣好的第一粒扣子。如果党员干部仅仅考虑个人升迁和自己的小家庭过好日子,追求物质享受,在特定条件下,就必然会导致结党营私,甚至发展成为野心家、阴谋家。网络上曾披露这样一则消息:赫鲁晓夫的儿子列昂尼德(Леонид Хрущёв),在1943年的一次战役中,他驾驶的战机与机组失去了联系,后证实被德军俘虏并投降。斯大林知道情况后,下令把列昂尼德押回苏联,苏联反间谍部队不辱使命。列昂尼德回国后,在判刑问题上,斯大林要求苏联领导层讨论。贝利亚指出,已经掌握了列昂尼德犯罪事实,而且之前宽恕过两次,现在不能再宽恕了。马林科夫、卡冈诺维奇等人都同意判处列昂尼德死刑。莫斯科军事法庭很快作出死刑判决,列昂尼德被处死。有观点认为赫鲁晓夫因此怀恨在心,在他上台后不仅发起"非斯大林化"运动,而且报复了贝利亚、马林科夫等当年同意判处列昂尼德死刑的人。

勃列日涅夫在成为党的总书记后,他长长地出了一口气说:"终于熬到了这一天!"当他的母亲从乡下赶来看他时,他自豪地领着母亲看他的精美家具、豪华别墅,一副心满意足的样子。"勃列日涅夫的生活方式和言行对他的周围、对所有党的上层产生了影响。"[①] 勃列日涅夫利用自己的职权享受着无人能比的特权。他酷爱打猎、住豪华别墅和收藏高级轿车是出了名的。勃列日涅夫还喜欢各种高档礼品,他收受的礼物可以说"数不胜数"[②]。这本不属于个人财产,理应上缴国家,但勃列日涅夫大多将它们收归己有。勃列日涅夫的孙女在回忆爷爷的生活时曾提到他收藏的高级轿车竟达

---

① Акопов С. С., Гуреев Н. Д. История России 1953 – 1996, М.:Внешторгиздат, 1997г. С. 227.
② [俄] 瓦·博尔金:《戈尔巴乔夫沉浮录》,李永全等译,中央编译出版社1996年版,第34页。

百辆之多。勃列日涅夫认为,"'影子经济'、抢劫公共设施、干部的贿赂行为都是正常的"①。

勃列日涅夫对其亲信、亲属腐败行为的纵容姑息,更是众所周知。20 世纪 70 年代末期,克格勃负责人安德罗波夫(Юрий Андропов)准备开展打击贪污腐化的斗争,但遭到勃列日涅夫的反对。他不允许安德罗波夫调查谢洛科夫(Николай Щёлоков)把持的内务部中的严重腐败行为。当安德罗波夫将反映国内腐败状况的报告交给勃列日涅夫后,勃列日涅夫很不高兴,一改以往与安德罗波夫的亲热关系,长达 3 个月不与安德罗波夫见面,甚至拒绝与他通电话。当安德罗波夫将报告的内容改为通报平安无事的喜报后,勃列日涅夫才恢复了与他的良好关系。②

勃列日涅夫和他的亲信们一方面不断增加特权种类,另一方面又对各级干部追求特权的行为极少阻止,甚至放任和鼓励,导致享受特权的党政官员越来越多,逐渐形成了一个特权阶层。戈尔巴乔夫的夫人赖莎·戈尔巴乔娃(Раиса Горбачёва)后来回忆道:"1978 年搬进莫斯科以后,我有不少发现,其中之一就是:某些国家领导人,包括党的领导人,除了拥有供应的国家别墅外,还修建了私人别墅,为自己的子女、孙子们同时修建了私人别墅。这种奢华和大胆,令我为之震惊。"③

以勃列日涅夫为首的苏共最高领导人对特权生活的追求,对助长党内腐败现象起到了某种"榜样作用"。戈尔巴乔夫上台后,首先想的是为个人及家庭谋取好处,第一家庭过着奢华气派的生活。戈尔巴乔夫刚接任总书记,他就指示下属在海边新建豪华别墅等度

---

① Акопов С. С., Гуреев Н. Д. История России 1953–1996, М.: Внешторгиздат, 1997г. С. 236.
② 参见 [俄] 罗伊·麦德维杰夫《人们所不知道的安德罗波夫——前苏共中央总书记尤里·安德罗波夫的政治传记》,徐葵、张达楠、何香译,新华出版社 2001 年版,第 217—218 页。
③ [俄] 赖莎·戈尔巴乔娃:《我的希望:赖莎·戈尔巴乔娃回忆录》,王攀、黄鹏译,中国工人出版社 2000 年版,第 140 页。

假场所，而位于列宁山的戈尔巴乔夫六居室官邸更是惹人注目，行人老远就能望见，成为莫斯科旅游一景。

据苏共中央书记处书记、戈尔巴乔夫办公厅主任博尔金回忆，从1991年1月起，就不断有人讨论国家面临的困难。国家处于政治和经济危机之中。有人警告国家经济正在滑坡，联盟本身也很可能崩溃。然而，"总统却在想别的事；他发狂似地千方百计提高自己目前非常低的支持率，准备出版自己的新书，帮助他妻子出版自传。已经有人保证为这本书立即付给赖莎一大笔现金，他们其它著作的出版工作也在进行中。赖莎的书将在苏联出版发行，她常给我打电话询问哪家出版社对她的处女作来说最适宜"。虽然"总统一家也将会面临困难时期，但他们在银行里存有硬通货。戈尔巴乔夫著作的稿酬加上联盟版权局付他的版权费，早已给他的户头输进了100多万美元。他曾接受过许多用贵重金属制成的礼物，各种硬通货的奖励，此外，他还有其他财产。我提高了警惕，很想知道总统是否关心国家的命运，是否能腾出时间来处理国家的事务和人民所面临的经济和社会窘境"[①]。

戈尔巴乔夫时期的当权者，乘私有化改革之机损公肥私、化公为私、大肆鲸吞公有资产，使苏联几代人艰苦奋斗积累的成果，转瞬间化为少数人口袋里的财富。苏联解体后俄罗斯商界精英有40%以上来自前苏共的官僚。在1992—1993年的100家俄罗斯最大私人企业的所有者中，原先的党政精英、企业家、银行家及其家族占了62%。[②]

改革催生的新资产阶级成为摧垮苏共、瓦解苏联的阶级基础。利加乔夫在分析苏联解体原因时不无感慨地指出，导致苏联解体的

---

① ［俄］瓦列里·博尔金：《震撼世界的十年：苏联解体与戈尔巴乔夫》，甄西译，昆仑出版社1998年版，第4—5页。
② 参见［美］大卫·科兹、［美］弗雷德·威尔《来自上层的革命：苏联体制的终结》，曹荣湘、孟鸣歧等译，中国人民大学出版社2002年版，第155页。

客观原因是不存在的，基本上是主观原因。首先是上层领导人的变质。他们主要为个人发家致富，想无限制地统治人民，他们后来都成了百万、千万甚至亿万富翁。他们就是以戈尔巴乔夫和叶利钦为代表的人。这些财富是靠掠夺人民财富而带来的。他们强烈渴望要求拥有私人财富，但当时苏联党和人民不允许。①

奥希波夫说："从赫鲁晓夫那个时候开始，我们党的领导层就开始了腐烂。这些混进党内并企图不断高升的人入党的主要目的是什么呢？入党后，就意味着可以到非洲去狩猎，把自己的儿子、孙子辈安排好，把自己家庭安排好。共产党的蜕化变质和最终解体，实际上是在家庭这个最基础的层面就发生了。"②

大卫·科兹深刻分析道："苏联精英分子的物质利益虽然是大大增加了，但是，如果与西方资本主义国家的精英相比，他们在物质上所享受的特权也就相形见绌了"；"在苏联体制下，社会上层和底层之间的收入差别，比在资本主义体制下的差别要小得多"，"在苏联体制下，最高领导人的工资比一般产业工人高出 8 倍"，"大企业的总经理的报酬大约是一般产业工人的 4 倍"，而美国高层精英的收入是普通工人的 150—400 多倍；"在苏联社会主义制度下，通过合法的途径积累物质财富几乎是不可能的。积累了物质财富的苏联领导人总是担惊受怕，惟恐有一天被人发现或被起诉"，因此，"苏联体制的瓦解"，"源于其自身的统治精英对个人利益的追逐"③。

极端个人主义者一旦爬上党和国家的高位，必然沦落为野心家、阴谋家，成为马克思主义执政党内部最为主要最为凶险的敌人。也正因如此，毛泽东同志在同林彪反革命集团作斗争时，反复告诫党的高级干部："要搞马列主义，不要搞修正主义；要团结，

---

① 参见 2010 年 4 月 28 日李慎明等与利加乔夫座谈记录。
② 李慎明总撰稿：《苏联亡党亡国 20 年祭：俄罗斯人在诉说》，社会科学文献出版社 2013 年版，第 110—111 页。
③ ［美］大卫·科兹、［美］弗雷德·威尔：《来自上层的革命：苏联体制的终结》，曹荣湘、孟鸣歧等译，中国人民大学出版社 2002 年版，第 148、149、10 页。

不要分裂；要光明正大，不要搞阴谋诡计。"①

国内有学者说，赫鲁晓夫在1956年苏共二十大所作的"秘密报告"是完全符合组织程序的。这一说法不是事实。俄罗斯历史学家巴尔苏科夫（Николай Барсуков）早在1996年就在认真研究赫鲁晓夫回忆录的全部录音和解密档案材料的基础上得出这样的结论：苏共中央主席团作出向代表大会作关于个人崇拜的报告的决定和向中央全会宣布这一决定时，当时准备好的只是波斯彼洛夫（Петр Поспелов）起草的调查报告。后来在秘密会议上所作报告的许多内容是赫鲁晓夫等少数几个人私自加上的。② 更何况所作"秘密报告"的大会不是由苏共二十大代表大会主席团而是由苏共中央主席团主持的。事后不少人发问，这是二十大的继续还是其中一次别的会议？俄罗斯著名理论家科索拉波夫（Ричард Косолапов）说，赫鲁晓夫的"秘密报告""是由一小撮人炮制的，是未经集体同意擅自拿到代表大会上去的"，"他的行为实质上是一种反党行为"，因此"严格地说，后来大声称道的'二十大路线'或'二十大精神'在党内没有取得合法地位"③。国内外不少人对赫鲁晓夫的主要印象是在联合国用皮鞋敲击讲坛的粗鲁、率真的一面，但对他阴谋家的另一面所知不多。比如，1939年3月，赫鲁晓夫在联共（布）十八大上有20分钟左右的发言，曾32次对斯大林进行热烈的赞扬，并最后高呼："引导我们胜利地走向共产主义的人类最伟大的天才、导师和领袖，我们亲爱的斯大林万岁！"④ 同年12月，他在为庆祝斯大林60岁诞辰所写的文章中吹捧说："苏联各族人民把斯大林看作自己的朋友、父亲和领袖。"1949年斯大林70岁诞辰时，赫鲁晓夫则对斯大林这样"称颂"："荣誉属于亲生父亲、英

---

① 《毛泽东年谱（1949—1976）》第六卷，中央文献出版社2013年版，第583页。
② 参见张捷《从赫鲁晓夫到普京》，社会科学文献出版社2010年版，第14页。
③ 转引自张捷《从赫鲁晓夫到普京》，社会科学文献出版社2010年版，第14页。
④ ［俄］弗拉基米尔·卡尔波夫：《大元帅斯大林》，社会科学文献出版社2004年版，第784页。

明的导师、党和苏联人民及全世界劳动者的天才领袖斯大林同志!"① 把斯大林由父亲改称为肉麻的"亲生父亲"。但在斯大林去世后的 1956 年"秘密报告"中,赫鲁晓夫却把斯大林谥为"暴君""刽子手""惨无人道"等。斯大林当然要对当年肃反扩大化负有重要甚至主要的领导责任,但是,赫鲁晓夫等人至少是为了个人邀功争赏要对肃反扩大化负有重要的甚至是主要的直接责任。1937 年赫鲁晓夫在莫斯科任市委书记时,每天都给莫斯科内务局打电话,催促逮捕犯人的情况:"莫斯科是首都,不能落后于卡卢加或梁赞。"他还说:"要消灭这些坏蛋……要做到手都不抖动一下,要为了人民的利益跨过敌人的尸体往前走。"至 1937 年年底,38 名莫斯科州委和市委书记中有 35 人遭到清洗,146 名区委和市委书记中有 136 人被捕。俄罗斯历史学家茹科夫(Юрий Жуков)在苏联档案里查证,赫鲁晓夫在莫斯科工作期间批准枪毙 8500 人,调到乌克兰工作后,请求枪毙或关押 3 万人。让人更难想象到的是,赫鲁晓夫上台后,利用自己手中的职权,指使其亲信直接销毁了关于他参与镇压行动的文件和材料,被销毁的材料达 11 个纸袋之多。② 赫鲁晓夫一面拼命为自己洗白,另一面拼命抹黑斯大林。1937 年,根据形势的发展变化,斯大林指出,我们的"胜利愈多,被击溃了的剥削阶级残余也会愈加凶恶,他们愈要采用更尖锐的斗争形式"③。在这里,斯大林讲的是"剥削阶级残余"和"更尖锐的斗争形式",却被赫鲁晓夫歪曲为斯大林提出了"愈接近社会主义敌人愈多""阶级斗争会愈来愈尖锐化"④ 的荒唐理论。不少人没有去查对斯大林的原文,却流传赫鲁晓夫篡改的谬种。

戈尔巴乔夫同样是一位阴谋家。1985 年 4 月苏共中央全会上,

---

① 转引自张捷《从赫鲁晓夫到普京》,社会科学文献出版社 2010 年版,第 55 页。
② 转引自张捷《从赫鲁晓夫到普京》,社会科学文献出版社 2010 年版,第 19—20 页。
③ 《斯大林文集(1934—1952)》,人民出版社 1985 年版,第 153 页。
④ 转引自张捷《从赫鲁晓夫到普京》,社会科学文献出版社 2010 年版,第 20 页。

他信誓旦旦地说，列宁的学说"对我们来说过去是、今天仍旧是行动的指南，获得灵感的源泉，确定前进的战略和策略的可靠的指南针"①。此后，他又在不同时间、不同场合多次刻意表达对列宁的忠诚。1987年，戈尔巴乔夫在其刚刚出版的《改革与新思维》中亦不得不说："弗·伊·列宁的著作，列宁的社会主义思想，对我们来讲仍然是辩证的创造思想、理论财富和政治上高瞻远瞩的取之不竭的源泉"；"列宁继续活在亿万人们的心灵中。"他还说："我们用社会主义的尺度来衡量一切成绩和错误。谁希望我们离开社会主义道路，他就会大失所望。"② 但就在此时，他用列宁打击斯大林，说自己所做的一切都是为了恢复列宁主义的原则和传统。戈尔巴乔夫的助手扎格拉金（Вадим Загладин）说："那时戈尔巴乔夫不能开诚布公地说实话，他知道，政治局和中央委员会的大多数不支持他的立场。戈尔巴乔夫自己承认这一点。他应当变得有点像狡猾的狐狸，不能什么都说出来，有时应当嘴里说一套，而做的是另一套。"③ 戈尔巴乔夫果然如是。1990年7月，苏共二十八大召开时，戈尔巴乔夫认为时机已经成熟，随即不再强调马克思列宁主义的指导地位，而只是强调摆脱对它的"教条主义的解释"，强调要对它进行"创造性的发展"。其实，戈尔巴乔夫不断丰富完善和发展的不过是他以抽象人道主义为哲学基础的所谓的"人道的、民主的社会主义"，而这套理论在本质上不过是攻击马克思列宁主义既不人道又不民主而已。

从极端个人主义到最终沦落为野心家、阴谋家，绝不仅仅是琐碎的个人欲望的表现，同样也是一定的、腐朽的阶级及其思想倾向的政治代表。鲁迅曾说过，捣鬼有术，也有效，然而有限。古今中

---

① 转引自张捷《从赫鲁晓夫到普京》，社会科学文献出版社2010年版，第126页。
② ［苏］米·谢·戈尔巴乔夫：《改革与新思维》，苏群译，新华出版社1988年版，第22、25页。
③ 转引自张捷《从赫鲁晓夫到普京》，社会科学文献出版社2010年版，第129页。

外，背叛人民的所有野心家、阴谋家最终都被或都会被钉上历史的耻辱柱。这是我们的历史和人民的自信。这一自信，如日月经天、江河行地般的从容、自然和坚强、坚定。

在苏共垮台前不久，有关机构做过的调查结果显示：有85%的人认为苏共主要代表了官僚、干部、机关工作人员的利益。当苏联共产党不再是苏联工人阶级的先锋队，不再是苏联人民利益的代表者的时候，苏共党员不站出来捍卫党和国家利益，冷漠看待逐渐走向死亡的苏共也就可以理解了。

（二）对苏联亡党亡国原因研究中其他12种观点的简要评析

苏联解体30多年来，国内外政治界、学术界对苏共亡党、苏联解体的原因进行了多视角、多维度的探讨和研究，可谓众说纷纭、结论各异，细列有50余种。这里，仅列举以下12种作简要剖析。

1. "十月革命原罪说"

国内外一些所谓学者认为，十月革命是一场强行制造出来的革命，不仅是一个"早产儿"，而且从诞生之日起就充满着"原罪"。这种观点的本质，是从源头上质疑、否定俄国十月社会主义革命的历史必然性，质疑、否定苏联社会主义存在发展的历史正当性。事实上，十月革命绝不是像某些别有用心的人所说的那样，是一种布尔什维克刻意"制造"出来的革命，而是俄国社会阶级矛盾异常尖锐、俄国革命主客观条件成熟的产物，是俄国人民在列宁主义指导下主动选择的结果，是历史的选择、人民的选择。

2. "斯大林模式僵化说"

一些学者把苏联解体的主要原因归咎于斯大林模式。在他们看来，斯大林时代形成的高度集中的政治经济体制，严重窒息了苏联社会主义的生机和活力，严重阻碍了社会主义优越性的发挥，最终导致苏共亡党、苏联解体的结局。这种观点夸大了斯大林模式的问题及其在苏联亡党亡国中的作用，混淆了社会主义制度优越性和具体的体制机制弊端，否定了斯大林模式的历史功绩和它的社会主义性质。一方面，斯大林时期的社会主义实践取得伟大成就，高度集中的政治经济体制发挥了巨大作用；另一方面，苏联原有体制机制中存在的问题，只是说明了进行改革的必要性，并不意味着苏联必然亡党亡国。持前述观点的学者中有的是企图全盘否定苏联社会主义制度，为戈尔巴乔夫的罪过开脱责任。

3. "民族矛盾决定说"

一些学者认为，列宁的民族自决原则和联邦制的国家形式，强化了民族意识和民族情绪，而苏联宪法又保留各加盟共和国自由退出联盟的权利，这就为苏联解体埋下了伏笔。普京也认为，列宁的民族自治思想，给予加盟共和国有退出苏联的权利，最终导致了苏联解体，"它像是被安放在'俄罗斯'大厦下的核弹，后来这枚核弹爆炸了"。他还认为这是"列宁最大的失误"，"列宁主义的建国原则不仅是一个错误，而且它比错误更糟糕"。言下之意，苏联解体始于列宁的民族自决思想和留有缺口的苏联宪法。上述观点并不符合事实。首先，列宁关于民族自决权的思想，其基本精神是维护被压迫民族的权利，反对大民族尤其是俄罗斯族将自己的意志强加于其他弱小民族。在十月革命的过程中，布尔什维克党正是通过维护民族自决权的口号，支持非俄罗斯族的其他各民族反对沙俄专制制度的民族解放斗争，创建了俄罗斯苏维埃联邦社会主义共和国，在此基础上1922年按照自愿原则形成苏维埃社会主义共和国联盟（简称苏联）。1924年苏联宪法肯定"联盟是各平权民族的自愿联合"，并在第四条规定"每一加盟共和国均保有自由退出联盟的权利"，这是基于民族自决权利和苏联形成的历史事实，也是为了防止大俄罗斯主义死灰复燃，破坏新的联盟国家。其次，在斯大林时期，包括在赫鲁晓夫、勃列日涅夫时期，苏联境内各民族之间虽然存在不少矛盾和摩擦，有时有的矛盾还相当尖锐，但总体上是团结、友爱、充满向心力的。西方只是对1940年并入苏联的波罗的海三国主权持有疑义，而对 1922 年形成的苏联是承认的。最后，苏联民族矛盾激化、各加盟共和国离心倾向加剧发生在戈尔巴乔夫时期，这是戈尔巴乔夫错误的改革和错误的民族政策造成的，因为苏联各民族团结一致的根本纽带——苏联共产党、马克思主义、社会主义——被戈尔巴乔夫领导集团瓦解了，联盟赖以存在的思想、政治、经济根基被彻底破坏了，在这样的背景下民族分离势力利用人民的名义和宪法赋予加盟共和国自由退出联盟的权利公开瓦解苏联。其实，苏联宪法同时有维护各民族团结和联盟国家统一的基本原则，然而这些原则却被戈尔巴乔夫和民族分离势力抛在一边。

4. "军备竞赛拖垮说"

有学者将苏联解体归因于苏联与美国之间的军备竞赛，认为军备竞赛加重了苏联人民的负担，激化了苏联国内的矛盾，导致经济凋敝、国力不支，最终拖垮了苏联。与西方军事集团的军备竞赛，确实给苏联经济社会发展带来了一定的困难，但这总体上属于国家战略问题，可以通过调整战略目标、降低军费开支等办法，使国家的军事实力与国民经济发展水平相一致，使国防建设不超出人力财力可承受的程度。其实，到了戈尔巴乔夫时期，苏联已经完全放弃与美国等西方军事集团争霸的战略，并从东欧及其他国家全面撤军，不搞军备竞赛并没有挽救苏联覆亡的命运。

5. "经济没有搞好说"

一些学者无视苏联长期在发展经济、提高人民生活水平方面作出的巨大成绩，而是片面将苏联解体归因于社会主义经济体制，认为苏联僵化的经济体制导致经济发展停滞、人民生活水平低下。这种观点没有认识到，苏联经济只是在 20 世纪 70 年代中期之后增速有所放缓，即便到戈尔巴乔夫执政初期苏联经济依然有不低于 2% 的增长率。苏联经济发生严重衰退和崩溃是在戈尔巴乔夫执政后期，即从 1989 年开始苏联经济出现负增长，到 1991 年经济负增长率达到 13%。这显然不是苏联僵化的经济体制造成的，而是戈尔巴乔夫错误的改革路线，包括错误的经济改革方针，造成的严重后果。

6."共产主义乌托邦说"

这种观点将苏联解体归因于苏共的指导思想，认为共产主义是一种不可能实现的"乌托邦"，因此苏联必然走向垮台的结局。这种观点主要是戈尔巴乔夫以及西方反共势力提出来的，它根本否定共产主义是马克思主义的科学世界观的目标，是人类社会发展的趋势，而将苏联解体视为对共产主义"乌托邦"的抛弃和向"正常社会"的回归。

7."人民抛弃说"

有的学者认为，人民群众对苏共的不信任使其丧失了执政合法性，这是导致苏共失去政权的主要原因。其实，苏联人民抛弃苏共是从赫鲁晓夫到戈尔巴乔夫领导集团发生蜕变的结果，而不是苏共亡党、苏联解体的原因。要认清戈尔巴乔夫时期苏共的性质，此时的苏共虽然名称没有变，但已经不是原来意义上的信仰马列主义的苏共，而是信仰所谓"人道的、民主的社会主义"的苏共，这时的苏共实质上已经成为不代表苏联广大人民根本利益而仅代表极少数人利益的社会民主党，它被苏联人民抛弃完全是情理之中。其实，从赫鲁晓夫到戈尔巴乔夫领导集团在思想上政治上蜕变才是苏联亡党亡国的根本原因，这样的党最终被人民抛弃是必然结果。在剖析根本原因时，不能倒果为因。

8."外部因素决定说"

一些学者把以美国为首的西方敌对势力长期推行针对苏联的"和平演变"战略，视为苏联解体的根本原因。这种观点片面强调外因的作用，而忽略了外因是通过内因起作用的。没有以戈尔巴乔夫为代表的苏共党内高层的叛变与配合，没有以叶利钦为代表的苏联社会"民主"分裂势力的推波助澜，西方和平演变苏联的战略是不可能实现的。

9. "一党执政独裁说"

一些学者认为，苏共垮台、苏联解体的真正原因是苏共长期一党执政、垄断政治权力。这种观点完全颠倒了是非黑白。苏联共产党在将近 70 年的时间里长期执政并没有发生亡党亡国的悲剧，而恰恰是在戈尔巴乔夫时期通过修改宪法取消苏共执政地位，并在苏联推行多党制以及三权分立、议会民主、总统制等，才最终导致亡党亡国的结果。

10. "戈尔巴乔夫叛徒全责说"

有人把苏联亡党亡国的责任全部归结为戈尔巴乔夫一人，认为苏联解体并不是历史的必然，根本原因是出现了戈尔巴乔夫这个马克思主义、社会主义和共产主义与人民群众根本利益的叛徒。这不符合历史唯物主义的基本观点，亦在客观上开脱了赫鲁晓夫、勃列日涅夫领导集团在苏联亡党亡国中应负的责任。恩格斯明确指出："主要的出场人物是一定的阶级和倾向的代表，因而也是他们时代的一定思想的代表，他们的动机不是来自琐碎的个人欲望，而正是来自他们所处的历史潮流。"[①] 有了赫鲁晓夫领导集团全盘否定斯大林，开始偏离、脱离马克思主义、社会主义和共产主义与人民群众根本利益的土壤，从一定意义上讲，就必然长出戈尔巴乔夫领导集团这一叛徒的"秧苗"并结出这一毒果。在当时的历史下，即使不出戈尔巴乔夫，也会出类似的人物。

11. "苏联解体进步说"

有的学者完全站在西方敌对势力的立场上，无视苏联解体对于俄罗斯人民及其在世界范围造成的灾难性后果，反而将苏联解体视为一种"历史的进步"，称苏联解体使苏联走出"历史的迷误"，重回"文明发展的正轨"。还有学者认为苏联解体缓解了中国面临的军事压力，改善了中国的安全环境。此观点只看到了苏联解体带

---

① 《马克思恩格斯选集》第四卷，人民出版社 2012 年版，第 440 页。

来的个别方面的影响，没有从世界社会主义、人类进步事业的视角全面综合地分析苏联解体的影响及危害。即便就中苏关系而言，也有苏联修正错误而使两国关系回到正确轨道的可能，已有社会主义国家交往的历史充分说明了这一点，况且戈尔巴乔夫上台之后中苏关系已有缓和的迹象。不难看出，解决中苏之间的矛盾与冲突，消除中国来自北方的威胁，完全不必以苏共亡党、苏联解体为代价。

12. "各种要素合力说"

一些学者认为，苏联解体不是单一因素的结果，而是多种因素相互影响、共同作用的结果。这种"各种要素合力说"对造成苏联解体的各种因素进行了综合，有其道理和可取之处，但仅停留在不分主次地罗列苏联解体的各类因素是远远不够的，应当深入研究分析导致苏联解体的最主要的决定性因素，即主要矛盾特别是主要矛盾中矛盾的主要方面及其转化。任何事物质的规定性，都是由事物内部的主要矛盾特别是主要矛盾的主要方面所决定。当然也要进一步研究使各种因素形成"合力"的黏合剂是什么。苏共与苏联，原来是列宁、斯大林为核心的马克思主义者领导集团为主导的，后来逐渐演化为赫鲁晓夫直至戈尔巴乔夫为核心的修正主义者领导集团为主导。这才是苏共亡党、苏联解体的本质所在。

一方面，作为学术研究，对"苏联亡党亡国根本原因"的探析，必须坚持"双百"方针，通过扎实、艰苦的研究来揭示真相、逐步形成共识。另一方面，"原因"探究又从来就不是一个单纯的学术问题，尤其是在历史虚无主义泛滥之时，一个突出的表现就是借否定、扭曲苏共的历史，全盘否定斯大林甚至攻击列宁，来攻击中国共产党、抹黑中国人民的历史选择，来影射、攻击和否定中国人民公认的伟大领袖毛泽东。"从'向西方学习'到'以俄为师'是背离了人类文明的主流"——这类流行一时的"政治标识"在党的十八大后表面上确有收敛，但对于借学术话语传达政治诉求的做法仍须保持高度警惕，对于"原因"涉及的重大是非原则，必须旗帜鲜明地坚持正确的政治立场。其实，国内关于苏联亡党亡国原因的争论各方心里都十分明白，以上 12 条根本原因如果成立，就会直接冲击、动摇我们中国共产党和社会主义中华人民共和国的源头、根基。

二　苏联亡党亡国的重要教训

如前所说，苏联亡党亡国最为深刻的警示和教训，就是共产党的自身建设，特别是党的领导集团内部出了问题。

（一）大党的自身建设不仅关乎党的兴衰存亡，而且关乎国家、人民乃至人类的前途命运

苏联共产党曾经创造了史无前例的辉煌成就。它不仅建立了世界上第一个社会主义国家，而且有力发展了社会主义事业，深刻改变了世界格局和人类社会发展方向，马克思列宁主义因此获得广泛的世界影响。

在列宁和斯大林时代，苏共在政治、思想、组织、作风、纪律、制度等方面进行的建设，使其能够适应革命和战争、建设和发展的需要，并推动苏联社会主义建设和国际共产主义事业大踏步前进。在苏共的坚强领导下，苏联人民付出巨大的牺牲和代价，打败外敌入侵，并建设了强大国家。第二次世界大战中又击败不可一世的德国法西斯和日本法西斯侵略势力，之后，社会主义革命从一国发展到多国，形成了以苏联为首的社会主义强大阵营。

苏维埃政权是通过苏共的领导来实现人民管理自己的国家的。这就意味着党的自身建设任务艰巨，任重道远，必须始终保持人民公仆的性质，牢记为人民服务的宗旨。党和人民事业发展到什么阶段，党的建设就要推进到什么阶段。然而，自赫鲁晓夫当政时起，苏共各方面的建设尤其是思想、政治、作风建设出现了严重问题，特别是到了勃列日涅夫执政后期，苏联官僚主义现象蔓延，腐败问

题日益严重，形成了与人民群众根本利益相对立的官僚特权阶层，苏共在人民群众中的形象严重受损，其执政的合法性基础开始动摇。

官僚特权阶层因循守旧，不愿或反对进行任何涉及自身利益的变革。更为严重的是，官僚特权阶层完全脱离广大群众，使党的威信和社会主义声誉下降，为戈尔巴乔夫时期反共反社会主义势力的壮大培植了土壤。为使非法占有的国家资源合法化，特权阶层极力推动苏联社会制度演变，反共反社会主义势力将苏联引向解体。

马克思主义是人民的理论，人民立场是马克思主义政党的根本政治立场。苏联共产党历经革命和战争的考验，领导人民进行社会主义现代化建设，党和人民建立了血肉联系。然而，在和平发展年代，苏共却逐渐忽视了党的建设，党的领导人追名逐利、高高在上、自以为是，忘记了自己的初心使命，逐渐脱离群众，与人民离心离德，最终被人民抛弃、被历史抛弃，也就在情理之中了。

苏共败亡的历史表明，建立政党、夺取政权相对容易，但一朝倾覆、亡党亡国后再图崛起，就会异常艰难。苏联解体后，俄罗斯联邦共产党以和平方式参与国家政治生活，争取恢复社会主义，曾经发挥过重要影响，然而进入 21 世纪以来，俄共发展并不稳定。2018 年 3 月，俄罗斯举行第七届总统大选，曾 4 次落选的俄共领导人久加诺夫没有参选，俄罗斯联邦共产党推举了无党派人士格鲁季宁（Павел Грудинин）作为其候选人。2021 年 9 月，俄罗斯官方公布了第八届杜马选举结果，"统一俄罗斯"党得票率为 49.82%，俄共为 18.93%。但俄共实际得票率为 30%，统俄党为 35%。① 普京在大选前后都找过久加诺夫谈话，给俄共施压。

政权易手后，广大老百姓与共产党人的处境变得十分艰难。俄罗斯科学院通讯院士、著名经济学家鲁斯兰·格林伯格（Руслан

---

① Андрей Колесников, Пересечение красной линии. Почему Россия опять голосует за коммунистов, https://carnegie.ru/commentary/85414.

Гринберг）在苏联解体 25 周年时，曾对俄罗斯经济发展状况作过这样的解读："如果有很多穷人，经济就不会成功。"他认为，当代俄罗斯正经历着苏联解体后前所未有的大规模贫困问题，这是俄罗斯 25 年经济转型失败的象征；经济不平等不仅是可耻的，而且对国家经济发展极为不利。① 2019 年鲁斯兰·格林伯格再次指出，2018 年 3% 最富有的俄罗斯公民拥有国家 89% 的金融资产，这是轻率拒绝苏维埃正义的结果，清楚地表明俄罗斯选择了一条错误道路。②

2021 年 12 月 8 日，俄罗斯国家杜马主席沃洛金（Вячеслав Володин）发文回忆苏联解体时表示，苏共高层领导人在国家最困难的时期选择背叛理想、背叛国家、背叛人民，而政治精英们则从国家崩溃中攫取利益，美国和欧洲也因此得以消灭了一个强大的意识形态对手，将苏联分裂成不同的国家。但在这个过程中，苏联 15 个加盟共和国却没有任何一个从国家崩溃中获益。沃洛金强调，这些加盟国的经济、工业联系被切断，工业能力丧失，这一切综合要素导致了一场重大危机，而到目前为止，他们仍在承受着这场悲剧带来的后果。③

与此相反，以"非常规战争"即意识形态战、经济金融战等为主要手段摧垮苏联和东欧社会主义国家的美国，却从苏联解体、东欧剧变中收割了巨额财富，原用于军事对抗的计算机、互联网等高科技产业，转为民用，进一步形成金融资本＋技术资本，共同推进了美国经济高增长，以美元霸权为基础和以美国为主导的经济全球化达到了一个新的巅峰。这亦相当于苏联和东欧国家将自己的财富

---

① Руслан Гринберг, Если бедных много, значит экономика неуспешна, https://www.if24.ru/ruslan-grinberg-1/.
② Руслан Гринберг, Исторический пример того, как можно спорить о судьбе России, не оскорбляя друг друга//Независимая газета. 25.03.2019.
③ 参见《苏联解体 30 周年 俄国家杜马主席：至今没有任何前加盟共和国从中获益》，http://news.sohu.com/a/506484055_115479。

拱手相让，奉养了自己的竞争对手。

（二）领袖的信仰信念、理论素养、人生观和价值观直接关系社会主义宏伟大业的成败

从苏联共产党兴亡的经验教训看，马克思主义政党的领导人，必须如列宁所说是"最有威信、最有影响、最有经验、被选出担任最重要职务而称为领袖的人们"①，需要他们具备高瞻远瞩、领航掌舵的政治远见，坚定非凡、无所畏惧的革命勇气，开拓创新、驾驭复杂局势的卓越领导能力，更为重要的是，需要他们能够始终站在历史和时代发展的正确一边，带领党和人民始终沿着正确方向前进。

自列宁、斯大林之后，苏共主要领导人的思想政治素养下滑，意志品质低下，有的还变成了特权阶层利益的顽固维护者。"肉食者鄙，未能远谋。"他们更多的是考虑个人、家庭和小集团的利益。到了戈尔巴乔夫时期，苏共领导集团经不住复杂局势的考验和物质利益的诱惑，理想信念、意志品格、人生观、价值观等都发生了根本的变化，苏联社会主义事业遭遇覆亡的命运也就无法改变了。

历史是最好的老师。在列宁、斯大林领导时期，苏共之所以能够由弱到强、领导社会主义事业蒸蒸日上，是因为有列宁、斯大林这样坚强有力的领导核心和领导集体的存在，而斯大林逝世之后，苏共之所以由盛转衰，其所领导的社会主义事业最终毁于一旦，也是因为苏共缺乏坚强有力的领导核心和领导集体。中国共产党由小变大、由弱到强，历经百年风雨取得辉煌成就，正是因为有了毛泽东、邓小平、江泽民、胡锦涛、习近平等坚强有力的领导核心和领导集体，中国革命、建设和改革事业因此无往而不胜。

（三）思想上理论上政治上不清醒、不正确、不坚定，势必将党和国家引向歧途甚至邪路

如果党的领导人和领导集体缺乏马克思主义思想理论的科学武

---

① 《列宁专题文集·论无产阶级政党》，人民出版社2009年版，第249页。

装，就容易在复杂多变的国内外形势面前迷失方向、失去动力。苏共在思想上理论上政治上不清醒、不正确、不坚定，极大地危害了党和人民的事业。

在赫鲁晓夫和勃列日涅夫执政时期，苏共看不清帝国主义的本性，淡化国际范围的阶级斗争，一厢情愿地提出"和平共处""和平竞赛""和平过渡"，并出于"苏美合作，主宰世界"的政治需要，在社会主义阵营搞大党主义和大国沙文主义，在世界范围推行霸权主义。为了加强对东欧盟国的控制，勃列日涅夫抛出了所谓"社会主义大家庭论""有限主权论"和"国际专政论"，控制其他兄弟国家，甚至公然武装入侵捷克斯洛伐克，还打着"支持民族解放运动"的旗号对第三世界进行侵略扩张。苏共的这些错误做法，败坏了马克思主义政党的声誉，导致国际共产主义运动发生分裂等严重后果。

戈尔巴乔夫推行外交"新思维"，鼓吹"全人类的利益高于一切"，认同西方价值观为"全人类价值观"，抛弃马克思主义阶级斗争学说和阶级分析的方法，按照西方价值观指引国内改革，在思想上行动上完全投靠以美国为首的西方国家，甚至出卖苏联核心利益以换取西方的信任，结果换来的却是亡党亡国的悲剧，以及西方世界的弹冠相庆。苏联的教训深刻表明，社会主义国家如果走屈服、投降西方国家的道路，改旗易帜，必然自取灭亡。

要避免走改旗易帜的邪路，就必须坚持马克思主义立场观点方法，充分认识到在社会主义制度与资本主义制度并存和较量的时代，在国际垄断资产阶级仍主导世界的时代，绝不能屈服于帝国主义的压力，搞不讲原则、不计后果的妥协退让。应当清醒地看到，自从出现社会主义国家以来，国际反动势力一直没有放弃敌视和颠覆社会主义制度的战略图谋，国际舞台上始终存在着渗透与反渗透、颠覆与反颠覆的斗争，有时还达到十分尖锐的程度。面对复杂尖锐的国际斗争形势，社会主义国家执政党既要善于把握时机，调整政策，尽可能将国际关系引向有利于和平、有利于发展、有利于人类进步事业的方面，又要时刻保持清醒正确的政治头脑，坚持原则，敢于斗争，确保国内的和平、稳定与发展。

（四）要把体现人民意志的根本制度体现在宪法的文本里和贯彻落实中，绝不能动摇或变相动摇甚至取消这些根本原则

无产阶级的历史使命只有在其先锋队组织的领导下才能逐步实现。因此，无产阶级在夺取政权后，制定一部体现工人阶级和劳动人民意志的根本法，将国家人民民主专政的社会主义性质和共产党在社会主义国家中的核心领导地位，通过宪法法律文本明确予以确认与维护，并把这些根本制度通过各种基本制度、重要制度坚决落实到人民群众的经济、政治和文化以及外交等方方面面，绝不能仅把法律条文空悬在法律条文里，甚至从条文里就直接取消这些不可动摇的原则。只有这样，才能确保党和国家的社会主义性质，维护广大人民的根本利益。这才是习近平总书记所多次并特别强调的依法治国的本质内容。否则，这样的党和国家迟早必将会被人民所抛弃。

1989年以后，在政治"多元化"、社会"民主化"等旗号下，戈尔巴乔夫采取所谓"自由""公正"的方式，直接选举人民代表和最高苏维埃代表（议员），结果是一大批激进分子、反苏反共头面人物、持不同政见者当选。"跨地区议员团"提出"一切权力归苏维埃"，要求废除苏联宪法第六条关于苏共领导地位的内容。1990年苏共中央二月全会决定放弃苏共执政地位，在苏联推行多党制。同年3月召开的苏联人民代表大会，正式废除了苏联宪法第六条，规定苏联实行多党制、总统制，建立三权分立的国家政治制度，这就从根本上摧毁了苏共执政的法理根基，给苏维埃政权和苏联社会主义制度以致命一击。

在宪法中，确立并维护共产党的执政地位，确立并维护社会主义根本制度、基本制度、重要制度，具有极端重要性。苏联的教训给我们敲响了警钟。一段时间以来，在我国出现了一股所谓"宪政民主"

思潮，其打着"民主""法治"等旗号，要求修改我国宪法关于共产党领导地位的表述、借鉴美国等西方国家经验搞"宪政民主"等。他们的主张和戈尔巴乔夫时期"改造苏共"的言论如出一辙，要害是把党的领导与宪法和法律对立起来，否定党的领导、取消人民民主专政，实质是否定我国宪法及其确立的制度和原则，最终实现改旗易帜，把西方政治制度模式搬到中国来。我国宪法始终明确并维护中国共产党的领导地位和执政地位。2018年宪法修正案在正文第一条中添加"中国共产党领导是中国特色社会主义最本质的特征"这一内容，都是无比正确的。事实表明，不是"宪政民主"能够拯救苏联，而恰恰是"宪政民主"搞垮了苏联。

（五）坚持共产主义远大理想，坚定社会主义必胜信念，党才有凝聚力、战斗力

苏共软弱涣散，丧失战斗力，根本原因在于放弃了马克思主义政党的性质、宗旨和奋斗目标，放弃了为人民谋幸福、为人类谋解放的崇高追求。尤其是苏共领导人淡化、放弃、背离社会主义和共产主义理想信念，对于全体党员起到的是恶劣的"榜样作用"，教训极其惨痛。

赫鲁晓夫在思想上政治上宣扬阶级调和的"全民党""全民国家"论调，宣扬抽象的、超阶级的人道主义观，要求把所谓"伟大的人道主义"作为"我们的意识形态"，淡化马克思列宁主义指导地位。苏共在勃列日涅夫执政后期普遍存在言行不一、形式主义、夸夸其谈、只说不做等现象，严重弱化党的影响力，使苏共的威信不断下降。到了戈尔巴乔夫时期，苏共彻底放弃马列主义指导地位，党内思想混乱，派别林立，乱象丛生，人心涣散，最终惨遭解散的命运。

苏联惨痛的教训表明，坚定理想信念对于马克思主义政党具有重大意义，对于社会主义国家具有重大意义。从一定意义上讲，理想信念是否坚定，直接关系到党和国家的生死存亡，必须始终如一地坚持和加强党的理想信念教育。理想信念是共产党人的政治灵魂和精神支柱，是克服一切困难、取得一切成就的思想保证。中国共产党持之以恒加强党的思想理论建设，坚持思想建党，推进理论强党，高度重视社会主义意识形态工作，加强意识形态阵地建设，牢牢把握意识形态工作领导权，这一系列重大举措是完全正确的。

（六）放弃马克思主义指导地位，违背科学社会主义原则，必然导致改旗易帜、亡党亡国的恶果

围绕改革问题，历来存在两种不同的改革观：一种是把改革看作社会主义制度的自我完善和发展，把坚持社会主义根本制度、基本制度与完善不适应生产力发展要求的具体制度有机统一起来，既把改革视为一场根除体制机制弊端和突破思维、利益固化藩篱的革命性变革，又坚持科学社会主义基本原则，保证改革始终沿着社会主义方向和道路前进。这是实践中证明为正确的马克思主义改革观。另一种改革观主张本质上不属于社会主义性质的改革，它是借改革之名，打着改革旗号，根本否定社会主义根本制度、基本制度，把资本主义的那一套社会制度移植过来，实现国家的资本主义化，戈尔巴乔夫的改革就属于这种类型。

纵观苏联历史，如果说改革始于赫鲁晓夫的话，那么从赫鲁晓夫到戈尔巴乔夫上台之前，一方面，苏共领导集团在思想上政治上已经开始偏离、背离马列主义基本原理与社会主义根本制度和基本制度；另一方面，仅在原来体制机制下采取一些修补措施。而从戈尔巴乔夫执政至苏联解体，推行的则完全是否定社会主义制度、背离科学社会主义原则的所谓"改革"，把矛头指向社会主义制度本身，根本否定社会主义根本制度、基本制度。

从苏共的教训看，在改革问题上既不能走僵化封闭的老路，也不能走改旗易帜的邪路。其中，不走改旗易帜的邪路，避免犯颠覆性的错误，显得尤为关键。党的十八大以来，以习近平同志为核心的党中央，强调我国的改革是有着坚定正确的政治方向、立场和原则的，最核心的是坚持和改善党的领导、坚持和完善中国特色社会主义制度，强调我们要增强政治定力，坚守政治原则和底线，绝不能把改革变成"改向"，变成对社会主义制度的改弦更张，这些重要论断是完全正确的。

（七）高度重视意识形态工作，及时回击各种非马克思主义、反马克思主义思潮，在思想政治理论上时刻保持党的革命性、先进性和纯洁性

纵观苏联近70年的历史，苏共的意识形态工作经历了一个演化蜕变的过程。列宁时期坚持以马克思主义为指导，在长期的革命实践中为布尔什维克党确立了意识形态工作的原则、方针和理论指导，开创了马克思主义意识形态工作的先河。斯大林时期的意识形态工作既有重大成就也出现过一些甚至个别较大的偏差，但总体上方向是正确的，坚持并发展了马克思列宁主义。在列宁、斯大林时期，苏共对各种反马克思主义思潮的批判和清算是坚决的、彻底的，使党在很长一个历史时期能够自觉抵御各种资产阶级思潮的侵蚀，尤其是对民主社会主义及其前身社会民主主义本质的认识是深刻的、清醒的。这显然与列宁、斯大林长期坚持与第二国际右派进行坚决的斗争有直接关系。

从赫鲁晓夫开始，苏共意识形态工作在偏离马克思主义的轨道上越走越远，苏联各种非马克思主义、反马克思主义思潮开始死灰复燃。另外，我们也要看到，第二次世界大战后，世界范围内资本主义与社会主义两种根本不同的社会制度和资产阶级与无产阶级两大阶级之间的对立和斗争有所缓和，当时流行的民主社会主义、西方资产阶级思想，借赫鲁晓夫大反斯大林之机以及匈牙利事件和波兹南事件造成的反共浪潮，也竭力拓展着自己的影响。

赫鲁晓夫时期，苏共党内出现"人道主义化"，党员的马克思主义信念受到极大冲击。当时，东欧一些国家如波兰、匈牙利、捷克斯洛伐克、南斯拉夫等出现"新马克思主义"派别，这些派别以摆脱"传统马克思主义"束缚之名，否定列宁主义，否定科学社

主义原则。西欧各国的社会党人高举民主社会主义旗帜，服务帝国主义向社会主义国家推行和平演变战略的需要。赫鲁晓夫的"人道主义"以及"三和""两全"思想就是在这种国际环境中形成的。这股错误思潮在苏共党内长期得不到纠正，以至于演变成所谓的"人道的、民主的社会主义"改革。

经过勃列日涅夫形式主义的治理，各种错误思潮有增无减，使苏共思想上的纯洁性受到很大影响，党内形成了滋生反马克思主义思潮的温床。到了戈尔巴乔夫时期，苏共领导集团则走上全面彻底否定马克思列宁主义的错误道路，各种错误思潮严重泛滥。

戈尔巴乔夫抛弃唯物史观揭示的人类社会发展规律，照搬资产阶级的抽象人性论分析苏联社会中存在的问题，认为苏联的社会主义不符合所谓人性，甚至摧残所谓的人性，"阉割了社会主义结构的人道本质"。他还曲解《共产党宣言》关于"每个人的自由发展是一切人的自由发展的条件"这一论断，认为这是一个"人道主义的纲领"，体现了"伟大的人道主义原则"。他还把人道主义视为社会主义社会的本质要求，视为社会主义改革的目标与任务，视为共产党人的奋斗目标，这就完全陷入唯心史观的泥潭。

"人道主义"作为资产阶级反对封建专制与神学统治的一面旗帜，在历史上有其进步意义，但资产阶级所说的人和人性，是抽象的人、抽象的人性，是不具有阶级属性的所谓的"自然而永恒"的东西，是所谓"衡量一切包括人类历史的标准与尺度"。把历史发展和社会进步的动力归于人类的善良天性或者人类的理性，这是唯心史观的典型表现。抽象的人性论既看不清苏联社会问题的本质，也看不清人类社会发展规律，使苏共迷失了前进方向，也使马克思主义政党的革命性、先进性和纯洁性荡然无存。

历史证明，以邓小平同志为主要代表的中国共产党人在 20 世纪 80 年代初，旗帜鲜明地开展清除精神污染的斗争，批判抽象的人性论和抽象的人道主义是完全正确的。这对于我国摆脱苏联解体、东欧剧变的消极影响,推动我国改革沿着正确方向前进,发挥了巨大作用。

苏联亡党亡国的教训表明,意识形态工作贵在防微杜渐、防患于未然。意识形态这块阵地,马克思主义不去占领,非马克思主义、反马克思主义思潮就必然会去占领。社会主义国家必须高度重视意识形态工作,牢牢把握意识形态工作领导权,必须毫不动摇地坚持马克思主义指导地位,加强党的思想理论建设,持之以恒地锤炼党性修养,同一切反马克思主义思潮作坚决斗争,让思想舆论阵地牢牢掌握在马克思主义者手里。

社会存在决定社会意识。只要资本主义私有制依然存在,建立在私有制基础上的各种非马克思主义、反马克思主义思潮的社会基础就始终存在。历史表明,马克思主义同非马克思主义、反马克思主义的斗争是长期的,共产党人必须给予足够的警惕。

中国共产党始终高度重视并努力进行意识形态建设工作,特别是党的十八大以来,以习近平同志为核心的党中央,强调意识形态工作具有极端重要性,号召全党充分认识意识形态工作的长期性、艰巨性、复杂性,牢牢掌握意识形态工作领导权,发扬斗争精神,提高斗争本领,建设具有强大凝聚力和引领力的社会主义意识形态,不断夺取新时代伟大斗争新胜利,这些重大论断和决策是英明正确的。

(八)毫不动摇坚持党对军队的绝对领导,绝不能自断脊柱,沦为反动势力刀俎下的鱼肉

苏联红军自创立起,就遵循列宁的建军原则,确立了苏共对红军的绝对领导,将无产阶级的军队牢牢掌握在无产阶级政党手中。国际共产主义运动历史的经验和教训一再证明,坚持党对军队绝对领导的根本原则和制度,坚持把思想政治建设摆在军队各项建设首位,具有极端重要性。

1991年苏联"8·19"事件中,奉命进入莫斯科的空降兵部队、克格勃"阿尔法"行动小组拒绝执行上级命令，调转枪口，支持"民主纲领派"的叶利钦。在国家面临生死存亡的关键时刻，苏共自己缔造的军队非但不履行自己的使命责任，反而临阵倒戈，加速了苏共的崩溃和国家的瓦解，究其根本原因是戈尔巴乔夫以"改革"为名，搞所谓"军队国家化""军队非党化"的恶果，使苏共彻底放弃了对军队的领导权。

在思想上，戈尔巴乔夫极力宣扬军队"非政治化""非党化"和军队"国家化"，其实质是把领导军队的最高指挥权由苏共中央转移到苏联总统那里。在政治上，撤销了军队总政治部，削减了军队各级政治机关，裁减了数万名军官，取消了军官晋升的政治审查制度，使军队对党和国家的忠诚度、可靠性迅速下降。此外，1990年3月制定的《关于设立苏联总统和苏联宪法（根本法）修改补充法》，从法律上剥夺了苏共领导和指挥苏联军队的最高权力。

为达到把领导军队的权力从苏共手中夺出来的目的，苏联的历史虚无主义思潮更加泛滥，开始制造旨在颠覆国家的舆论，将否定的矛头指向苏联军队和苏联英雄。反苏反共报刊和极端势力专门揭露和抨击苏军的所谓问题，把因戈尔巴乔夫错误改革造成的后果嫁祸给军队，苏军成了苏联同其他国家关系紧张的"罪人"，而经济衰退是苏军这只"怪兽"吸干了国家血汗的结果。诋毁苏联军人、否定苏军历史成为时髦。卓娅（Зоя Космодемьянская）、马特洛索夫（Александр Матросов）、克洛奇科夫（Федор Крючков）、青年近卫军等国家英雄和英雄团体遭到污蔑。苏军成了"法西斯政权"的帮凶，卫国战争胜利被歪曲为苏联"大法西斯"打败了德国"小法西斯"。1990年11月14日，苏联元帅阿赫罗梅耶夫（Сергей Ахромеев）在《苏维埃俄罗斯报》发表文章指出，整个反军活动从今年（指1990年——引者注）年中起就已不再是局部问题了。分离主义和反社会主义势力把败坏军队名誉的方针同排挤共产党的做法结合起来，并搞起要求政府辞职的大规模动乱。

当时被谎言玷污的绝不仅仅是卓娅一位英雄。苏联国内外敌对势力对人民引以为傲的几乎所有英雄人物都进行了诽谤和侮辱,如苏联近卫军列兵亚历山大·马特维耶维奇·马特洛索夫,1943年2月23日在普斯科夫州大卢基城下争夺切尔努什卡村的战斗中,他用自己不屈的胸膛堵住了从德军碉堡向外喷射着火舌的机枪眼。马特洛索夫为胜利奉献了年仅19岁的宝贵生命。1943年6月19日,他被追认为"苏联英雄"。时隔9年后在朝鲜战场也出现了马特洛索夫式的英雄——中国人民志愿军特等功臣、特级英雄黄继光。然而这位"苏联的黄继光"在戈尔巴乔夫时期却被丑化成"少年犯"、从古拉格流放地走上前线的"囚犯军人"。造谣者还污蔑说:马特洛索夫身材矮小瘦弱,德军机枪口径达40毫米,且有多挺机枪射击,射击孔宽度达一米半,他不可能挡住枪眼。就连目睹马特洛索夫牺牲的战友塔吉罗夫的证词也遭受质疑,认为其凭记忆靠不住。这些说法和我国一度出现的污蔑黄继光的流言蜚语何其相似!只不过这些历史虚无主义的歪理邪说自党的十八大以来,已经被广大群众批得如过街老鼠,人人喊打,不敢再出来害人了。而且我国作出了维护英雄声誉的立法,严惩对人民英雄模范的玷污行为。

一个否定了英雄的社会,注定是没有前途的。如过江之鲫的谎言,不仅搅乱了舆论,混淆了视听,使500万苏联军队丧失昔日的一切荣光,使苏联人民丧失保卫自己政权的坚强后盾,而且也使拥有近2000万党员的苏共与近70年历史的苏联一起走向瓦解。强大苏军的最终命运让人唏嘘不已,历史镜鉴值得我们永远牢记。

(九)要高度警惕西方和平演变战略,绝不能让第五纵队在国内甚至党内横行无忌尤其是在党的领导集团中出现"鸠占鹊巢"之现象,否则党和国家的倾覆将成为必然

"和平演变"是约翰·杜勒斯(John Dulles)和艾伦·杜勒斯(Allen Dulles)兄弟二人在1953—1961年为美国政府"遏制"社会主义国家提出的战略思想。1945年第二次世界大战即将结束之际,时任美国情报部门高级官员的艾伦·杜勒斯详细勾勒出如何用和平办法促使苏联演变："战争将要结束，一切都会有办法弄妥，都会安排好。我们将倾其所有，拿出所有的黄金，全部物质力量，把人们塑造成我们需要的样子，让他们听我们的。""人的脑子，人的意识，是会变的。只要把脑子弄乱，我们就能不知不觉改变人们的价值观念。""我们一定要在俄罗斯内部找到同意我们思想意识的人，找到我们的同盟军。""我们将不知不觉地，但积极地和经常不断地促进官员们的恣意妄为，让他们贪贿无度，丧失原则。""我们将从文学和艺术中逐渐抹去他们的社会存在。""我们将以高超的手法，在不知不觉间把这一切都神圣化，让它绽放出绚丽之花……只有少数人，极少数人，才能感觉到或者认识到究竟发生了什么。但是我们会把这些人置于孤立无援的境地，把他们变成众人耻笑的对象；我们会找到毁谤他们的方法，宣布他们是社会渣滓。"[1] 1953年1月15日美国国务卿约翰·杜勒斯更是声称，要摧垮社会主义对自由世界的威胁必须是而且可能是和平的方法。那些不相信精神的压力、宣传的压力能产生效果的人太无知了。

西方敌对势力对苏联推行和平演变战略，首先是在苏联党、国家各级领导中及社会各界尤其是最高领导层培植西方的强大内应力量，也就是俗称的"第五纵队"[2]。西方利用文化交流、经济活动、人员往来等途径进行思想文化渗透，培植西方在苏联的代言人；主要通过广泛招募各学科的专家、学者，利用宣传、互访、侦察、谍报等手段，进行大规模的心理战；通过声援、收买等途径，支持苏联的持不同政见者；利用民族矛盾，制造民族分裂，煽动苏联社会的不满情绪；通过散布政治谣言，丑化列宁、斯大林等苏联领导人

---

[1] [俄]尼·伊·雷日科夫：《大国悲剧：苏联解体的前因后果》，徐昌翰等译，新华出版社2010年版，第1、2页。

[2] "第五纵队"是指在内部进行破坏，与敌人里应外合，不择手段意图颠覆、破坏国家团结的团体。——作者注

的形象，煽动群众对苏联制度的反感和仇恨及对西方社会的向往。

1956年9月，美国政府决定利用赫鲁晓夫倡导社会主义同资本主义"和平共处"之机，鼓动苏美间进行"大规模人民对人民的交流"，主张邀请一万名苏联大学生到美国留学，费用全部由美国政府负担。其寄希望有朝一日，美国培植的这一批人在苏联掌权。后来的事实证明，美国人没有白费苦心。他们通过大量吸引苏联年轻人赴美留学等方式，对他们进行反共宣传，培养出一批亲美亲西方的反共反社会主义力量。雅科夫列夫就是其中的一位典型代表。据原苏联国家安全委员会主席克留奇科夫（Владимир Крючков）披露，雅科夫列夫1960年在美国哥伦比亚大学进修期间被美国特工机关收买并在苏联"改革"期间接受过美国方面的"指示"。

西方还利用自己把持的诺贝尔奖、各种基金会以及各种非政府组织，影响并主导苏联社会的知识群体，培植亲西方的"知识精英"，让他们宣传西方的思想理论和价值观。诺贝尔文学奖、和平奖包括经济学奖，都带有鲜明的西方意识形态色彩。苏联一共获得5次诺贝尔文学奖、2次诺贝尔和平奖。获得诺贝尔文学奖的除了1965年获奖的苏联著名作家、《静静的顿河》作者肖洛霍夫（Михаил Шолохов）外，其余4位获奖者的作品都以否定和丑化十月革命、斯大林时期而著称，最有名的就是以撰写《古拉格群岛》闻名的索尔仁尼琴（Александр Солженицын）。两个和平奖一个奖给了苏联著名"持不同政见者"、科学家萨哈罗夫（Андрей Сахаров），此人从20世纪70年代起从事反苏反共政治活动，他在1975年的获奖源自西方对其政治活动的肯定。另一个和平奖在1990年给了戈尔巴乔夫，奖励他在瓦解苏共及推动东欧"民主"方面作出的"杰出贡献"。至此，暗箱操作"诺贝尔奖"的黑手终于暴露出来了。

西方非政府组织在瓦解苏共意识形态、推动苏联解体方面也发挥了重要作用。以反共、反马克思主义著称的新自由主义代表人物——英国经济学家、政治学家哈耶克（Friedrich Hayek），在英国财团资助下利用蒙特普列基金会，在20世纪80年代积极参与西方对苏联的思想渗透，重点资助一批苏联学者到西方进修，其中包括盖达尔（Егор Гайдар）、丘拜斯（Анатолий Чубайс）。在哈耶克和蒙特普列基金会影响下，盖达尔、丘拜斯极力在苏联和俄罗斯传播新自由主义思想，推行以新自由主义为理论基础的"休克疗法"，成为导致苏联经济和俄罗斯经济崩溃的重要推手。

美国开放社会基金创始人索罗斯于1987年在莫斯科建立了苏联索罗斯基金会，积极资助反苏反共的自由派分子从事解体苏联的政治活动，比如著名的"持不同政见者"、历史学家尤里·阿法纳西耶夫（Юрий Афанасьев）。除此之外，索罗斯基金会还在1990年资助由亚夫林斯基（Григорий Явлинский）等人组成的旨在制订苏联向自由市场经济过渡方案（"500天计划"）的工作小组。该基金会还资助大量新闻记者和电视主播，培养了一批所谓独立的电视媒体专家，充当反苏反共的喉舌，积极从事反苏反共活动。

以美国为首的西方尤为重视在苏联各级领导层寻求培植代理人。西方的神秘组织共济会在推动苏联解体过程中也发挥了重要的催化作用。据俄罗斯历史学家普拉托诺夫（Олег Платонов）在《俄罗斯荆棘之冠：共济会历史（1731—1995）》一书中揭露，自1945年至1994年，苏联体制内约有400名以上的党政高级官员加入共济会或隶属共济会的国际组织（如"彼得伯格俱乐部""大欧洲"委员会、"国际俄罗斯俱乐部"等），其中包括戈尔巴乔夫、雅科夫列夫、谢瓦尔德纳泽、叶利钦等苏共高层领导人[1]。

作为党尤其是苏联这样大国大党的总书记，本应是全心全意为本国和世界的绝大多数人服务的坚定清醒的马克思列宁主义者，但十分可惜，这样关键重要的岗位，却逐渐出现"鸠占鹊巢"这一奇

---

[1] 参见张文木《共济会的演变及其历史命运》，《世界社会主义研究》2019年第4期。

特的现象，被党内的蜕化变质分子和共产主义事业的叛徒所把持。这一奇特现象的出现，当然有着起决定作用的极其复杂的党内国内因素，但与极其复杂的国际因素亦有着直接的关联。很多确凿材料证明，戈尔巴乔夫这样一个完全丧失了共产主义信仰的人之所以能够当选苏共中央总书记，与以美国为首的西方势力的诱导和扶植密切相关。苏联著名持不同政见者亚·季诺维也夫（Александр Зиновьев）称，1979 年前后他曾与英国情报机构的某工作人员交谈，该工作人员告诉他："很快他们（即西方势力）将把自己的人安排在苏联的王位。"① 尽管这个工作人员并没有提及戈尔巴乔夫的名字，但季诺维也夫据此作出结论：这一预言有先见之明。早在 1983 年之前，美国中央情报局就掌握了关于戈尔巴乔夫的很多情报，这些情报使美国特工部门相信，"可以利用他为自己的政治利益服务"②。此后，以美国为首的西方多次试图与戈尔巴乔夫建立秘密联系，并将他视为苏共领导人的最佳人选。撒切尔夫人也曾直言不讳："是我们让戈尔巴乔夫成为总书记。"③ 有评论认为，伦敦先于莫斯科批准了戈尔巴乔夫当选苏共中央总书记。其实，1953 年在莫斯科大学学习时，戈尔巴乔夫就与捷克斯洛伐克留学生兹德涅克·姆林纳日（Зденек Млынарж）成了好朋友。而兹德涅克却是美国在捷克斯洛伐克早就着力培养的"持不同政见者"。兹德涅克 1968 年任捷共中央委员会书记和主席团成员，是"布拉格之春"的领袖之一，1970 年被开除出党。1977 年，兹德涅克还与其他 240 位捷克斯洛伐克的知识分子及其他界别、阶层的人士签署并发布了要求保护所谓基本人权的宣言《七七宪章》，对所谓斯大林主义的专制统治发起挑战。戈尔巴乔夫表面上与兹德涅克基本没有联系，

---

① 李慎明主编：《苏联解体——二十年后的回忆与反思》，社会科学文献出版社 2011 年版，第 232 页。
② 李慎明主编：《苏联解体——二十年后的回忆与反思》，社会科学文献出版社 2011 年版，第 234 页。
③ 马维先：《关于苏联解体的六大问题》，《世界社会主义研究》2021 年第 10 期。

但戈尔巴乔夫传记的作者格拉乔夫（Андрей Грачёв）曾引用戈尔巴乔夫1994年对《共青团真理报》所说的话："兹德涅克是我最亲密的朋友，比任何人都更亲密。"2002年戈尔巴乔夫还证实："我有一个朋友叫兹德涅克·姆林纳日，直到他生命的最后时刻，我们都保持着友好关系。"当选总书记之后，戈尔巴乔夫立即邀请兹德涅克赴莫斯科，但与他的会见却不公开。①

美国中情局高官艾伦·杜勒斯在20世纪60年代中期出版的《间谍艺术》一书中承认，西方情报机构密切关注着社会主义国家"各个级别的共产党员，从最高层到基层，认真建立档案卷宗，详细记录他们的活动和讲话，个人和社会生活的有关情况"。苏联克格勃将军西多连科（Андрей Сидоренко）回忆说："20世纪60年代中期，克格勃从其消息来源得到了关于中央情报局和美国其他特工机构转入招募所谓利益代理人的第一份情报。""而招募这些利益代理人，是为了在将来使用，即指望在今后的某一未知的时刻，他们能够晋升到党和国家机关、有影响的社会机构以及苏联军队，并在那里工作。"②俄罗斯历史学家奥斯特罗夫斯基（Александр Островский）在《谁扶持了戈尔巴乔夫？》一书中提出："戈尔巴乔夫的姓名出现在中央情报局人物资料卡片的时间，不会晚于1968年，当时他任斯塔夫罗波尔边疆区党委第二书记。"③

苏联解体后，美国中央情报局局长罗伯特·盖茨（Robert Gates）不无骄傲地在莫斯科红场散步并说道："我们知道，无论施加经济压力还是进行军备竞赛，甚至用武力也拿不下来。只能通过内部爆炸来毁灭它。"④苏联部长会议主席尼古拉·雷日科夫说：

---

① 参见李慎明主编《苏联解体——二十年后的回忆与反思》，社会科学文献出版社2011年版，第232、233页。
② 李慎明主编：《苏联解体——二十年后的回忆与反思》，社会科学文献出版社2011年版，第234页。
③ 李慎明主编：《苏联解体——二十年后的回忆与反思》，社会科学文献出版社2011年版，第234页。
④ Одиночный парад победы, https://russkiy-malchik.livejournal.com/266162.html.

"如果内部没有一个实际上完全奉行苏联的敌人所树立的目标的'第五纵队',而只靠外部力量,谁也不能把我们国家怎么样。"① 苏联国防部部长德米特里·亚佐夫说:"有一支所谓的'第五纵队',这些人依靠美国人吃饭。这些人不多,但正是他们打残了苏联。"②

在戈尔巴乔夫去世后,拜登等西方国家领导人给予他极高的评价,毫不吝啬地给他献上了种种溢美之词。美国总统拜登称:"戈尔巴乔夫是一位有着非凡远见的人。在他上台执政时,冷战已持续了将近40年,而共产主义存在的时间甚至更久,带来毁灭性的后果。苏联高层领导人中几乎没有人有勇气承认需要进行改变。作为美国国会参议院外交关系委员会的成员,我看到戈尔巴乔夫这样做了,并且他做的不止于此。"③ 英国首相约翰逊表示:"我对戈尔巴乔夫去世的消息感到悲伤。我一直钦佩他为和平结束冷战表现出的勇气和诚实。"④

"第五纵队"的存在,使美西方和平演变战略获得全面的"胜利"。这是自社会主义国家建立后,西方从未有过的"胜利"。苏联"第五纵队"的危害告诉我们,军事战场上的战斗往往因为看得见而惊心动魄,但是在经济、思想、文化等看不见的战场上的战斗,表面上风平浪静,但因其具有很强的隐蔽性、迷惑性,往往变得更加致命。

以美国为首的西方在苏联策反安置的"第五纵队"包括戈尔巴乔夫、雅科夫列夫、谢瓦尔德纳泽、叶利钦等人与西方反苏势力里应外合搞垮苏联的党和国家是不争的事实,其过程触目惊心,很值

---

① [俄]尼古拉·雷日科夫:《大国悲剧:苏联解体的前因后果》,徐昌翰等译,新华出版社2010年版,第3页。
② 李慎明主编:《苏联解体——二十年后的回忆与反思》,社会科学文献出版社2011年版,第73页。
③ 《拜登总统关于米哈伊尔·戈尔巴乔夫总统逝世的声明》,https://china.usembassy-china.org.cn/zh/statement-of-president-biden-on-the-passing-of-president-mikhail-gorbachev/。
④ 《约翰逊称他一直很钦佩戈尔巴乔夫的勇气和诚实》,https://baijiahao.baidu.com/s?id=1742638963648479844&wfr=spider&for=pc。

得我们去研究。

三 苏联亡党亡国的重要启示

居安思危，以苏为鉴，总结30多年前苏共亡党、苏联解体的教训，必将激发中国共产党人更加深入而科学的思考，得出应有的启示，更好地驾驭我国民族复兴大业的航船劈波斩浪，一往无前。

（一）必须增强"四个意识"，坚决维护习近平同志党中央的核心和全党的核心地位，坚决维护党中央权威和集中统一领导，并同时必须抓好后继有人这个根本大计

以苏为鉴，有助于我们更加深刻理解无产阶级政党领袖人物在历史上的关键作用。共产主义者同盟、第一国际、第二国际前期，有马克思、恩格斯这样的领袖人物的领导，国际共产主义事业就取得伟大成就；马克思、恩格斯逝世后，第二国际及其大部分党的领导人滑向修正主义，第二国际就走向破产。俄国布尔什维克党有列宁、斯大林的领导，就取得十月革命胜利，创建社会主义制度，开辟人类历史新纪元；自赫鲁晓夫时期起，特别是在戈尔巴乔夫领导下，苏共就加速蜕变，发生苏共亡党、苏联解体的悲剧。党的领袖人物是政治上层建筑中最为核心的部分。党的领袖人物是不是坚定清醒的马克思主义者，在一定条件下对于科学社会主义事业常常具有决定性的作用。

另一方面也值得我们深思。马克思、恩格斯、列宁之所以致力于同国际共产主义运动中的机会主义头子如拉萨尔（Ferdinand Lassalle）、蒲鲁东（Pierre-Joseph Proudhon）、巴枯宁（Михаил Бакунин）、"苏黎世三人团"、考茨基（Karl Kautsky）、谢德曼（Philip Scheideman）之流进行斗争，都是为了保住无产阶级政党的最高权力掌握在坚持马克思列宁主义的领袖人物手中。这是党和人民事业取得胜利的关键所在。

以苏为鉴，有助于我们更加深刻地理解产生和维护坚持马克思列宁主义的政党领袖具有关键意义。中国共产党人在历史重大关头能够实现伟大转折、化险为夷，关键就是因为遵义会议确立了毛泽东同志在党中央和红军的领导地位，自此从胜利走向胜利。中国改革开放几十年的平稳运转就是因为邓小平同志坚持了四项基本原则，维护了毛泽东同志的历史地位和毛泽东思想的指导地位，保证了国家的安定团结。党的十八大以来，我们党之所以解决了许多长期想解决而没有解决的难题，办成了许多过去想办而没有办成的大事，开辟了中华民族伟大复兴的新时代，就是因为有了以习近平同志为核心的党中央坚强正确的领导。

我们党确立习近平同志党中央的核心、全党的核心地位，确立习近平新时代中国特色社会主义思想的指导地位，反映了全党全国各族人民共同心愿，为党的二十大的胜利召开奠定了坚实的思想、理论、政治、组织以及舆论基础，对于推进中华民族伟大复兴历史进程和坚持发展中国特色社会主义宏伟事业具有决定性意义，要十分清醒地认识"两个确立"的重大现实意义与深远历史意义。我们党诞生了习近平同志这样的党的杰出领袖，诞生了习近平新时代中国特色社会主义思想，很值得欣慰与庆幸。所以，深刻理解"两个确立"，坚定做好"两个维护"，不仅是国之大者，更首先是党之大者。建议适时在全党特别是党的中高级干部中进行马克思主义领袖、政党、阶级、群众关系的教育。在教育中，需要以下"六个讲清楚"：要讲清楚人民，只有人民，才是创造世界历史的真正动力；讲清楚每个时代都需要并会造就出自己的伟大人物；讲清楚个人在历史上的作用尤其是无产阶级领袖的重要作用；讲清楚人民群众对自己领袖的崇敬、爱戴是正当的，这与那些口蜜腹剑的阴谋家搞无原则的逢迎拍马、个人崇拜根本不同，要维护在革命斗争实践中产生的领袖的必要的权威，防止赫鲁晓夫、戈尔巴乔夫之类的阴谋家利用反对个人崇拜等口号败坏领袖威信或排斥领袖发挥作用的行为；讲清楚列宁所说的无产阶级"政党通常是由最有威信、最有影响、最有经验、被选出担任最重要职务而称为领袖的人们所组成的比较稳定的集团来主持的"①与实行领导干部任期制之间的关系；讲清楚以美国为首的西方所实行的任期制本质是为了掩护、维护资本的永久统治，与我们实行任期制和老中青三结合相结合是为了人民的根本利益存在根本的区别。

中国共产党的百年奋斗史，新中国 70 多年的发展史，苏联亡党亡国的深刻教训，都提示和警示我们：我们党形成坚持并发展马克思列宁主义的领导核心来之不易，得到这样一个坚强领导核心需要历经艰难困苦，因此要倍加珍惜当前来之不易的局面，采取有力措施保证党的事业始终掌握在马克思列宁主义者手里，保证党的事业永不褪色、永不变质。这既是实现中华民族伟大复兴的需要，也是实现共产主义千秋伟业的需要。

为了保证党的事业长治久安、兴旺发达，就必须千秋万代确保党的最高权力牢牢掌握在马克思列宁主义者手里。应注意研究和总结一个时期以来，"特别是高级干部中极少数人政治野心膨胀、权欲熏心，搞阳奉阴违、结党营私、团团伙伙、拉帮结派、谋取权位等政治阴谋活动"②。"坚决防止野心家、阴谋家窃取党和国家权力"③。同时，必须抓好后继有人这个根本大计，必须源源不断地培养和选拔德才兼备、忠诚干净担当、具有守正创新能力、高素质的年轻同志作后备军。这是百年大计、千年大计，是中华民族伟大复兴事业继续取得成功的重要保证。

习近平多次强调要警惕"两面人"。在党的各级干部特别是高级干部中，尤其是在二十大人事安排的考核考察中，要高度警惕口头上高喊"两个维护"，实则内心是要搞资本主义、搞分裂、搞阴

---

① 《列宁全集》第三十九卷，人民出版社 2017 年版，第 21 页。
② 《关于新形势下党内政治生活的若干准则》，人民出版社 2016 年版，第 3 页。
③ 《关于新形势下党内政治生活的若干准则》，人民出版社 2016 年版，第 17 页。

谋诡计的人混入党的最高层和各个要害部门。

(二) 必须坚持党的自我革命, 永葆党的生机活力, 跳出政党、政权兴衰的历史周期率

戈尔巴乔夫领导集团由于政治上彻底变质, 煽动历史虚无主义思潮, 全面丑化苏共历史和苏联历史, 抹黑列宁和斯大林, 完全脱离了人民群众, 最后被广大人民群众抛弃。苏共失败的教训警示我们: 共产党人带领无产阶级和人民群众夺取国家政权, 并利用自己的政治统治建设社会主义, 最终实现共产主义, 这一初心和使命是不断增强党的生命力、革命性的源泉。忘记这一初心和使命, 就是政治上对人民的背叛。

中国在改革开放的过程中也并非一帆风顺。有人企图借我们党纠正"文化大革命"错误之机, 全面抹黑党的历史、新中国历史, 贬损党的伟大领袖的光辉形象, 甚至否定邓小平同志做出的关于毛泽东同志发动"文化大革命"的出发点"主要是从反修防修的要求出发的"[①] 科学分析, 有的人甚至不顾人民大众对伟大领袖的深厚感情和承受能力, 企图以历史虚无主义的思潮全盘否定毛泽东主席, 不断引发国内民情激愤不安; 有人还通过回忆录、小说、视频节目等形式, 编造各种虚假的故事, 离间领袖之间以及党和人民群众之间的血肉联系, 以图掀起动乱, 否定中国共产党的领导和颠覆中国社会主义制度。上述倾向直到党的十八大以后, 才通过持续地批判历史虚无主义等错误思潮逐步得到了解决。只有注重及时化解多年以来反复出现的这一矛盾, 才能维持社会的稳定发展, 防止出现危及国家安全的政治风波, 享有长期稳定发展的战略机遇。

保持党与人民群众的血肉联系, 这是以毛泽东同志为代表的第一代共产党人身体力行并留给后人的光荣传统。习近平总书记继承并发扬这一优良传统, 将其创新性地发展为党的自我革命和坚持以

[①] 《邓小平文选》第二卷, 人民出版社1994年版, 第149页。

人民为中心的思想。他不断强调新时代仍然要以"进京赶考"的精神接受人民的检验，交出让人民满意的答卷。触及灵魂的群众路线教育由此而生，刮骨疗毒、壮士断腕的反腐败精神由此而来，不忘初心、牢记使命的自我革命任务由此而定。这是毛泽东同志与黄炎培先生延安窑洞对话的继续，这是关心群众生活、注意工作方法传统的延续，这是把人民视为铜墙铁壁立场的再现，这是陷敌于汪洋大海的人民战争气魄的发展，这是张思德、焦裕禄精神品格的发扬。毛泽东同志多次提及"美帝国主义是纸老虎"的观点。1964年1月，他在会见法国议会代表团谈话时又一次提到："现在我们说有两个大纸老虎，就是美国和苏联。我说得灵不灵将来瞧……所谓纸老虎，就是说美国、苏联脱离了群众。"[①] 纸老虎的本质就是脱离群众，这是对纸老虎本质的一个全新概括。要防止一个政权因脱离群众变为纸老虎的情况。

在新时代，我们党又踏上了新的赶考之路。习近平总书记重新提出"跳出政党、政权兴衰的历史周期率"问题，他在庆祝中国共产党成立100周年大会上的讲话中提出的"发展全过程人民民主"，就是破解"跳出历史周期率问题"的新思路。毛泽东同志多次提到，只有真正发动人民起来管理国家事务，才能防止人亡政息。他强调：绝不能把人民的权利理解为国家由一部分人管理、人民在这些人的管理下享受劳动、教育、社会保险等权利；必须讲"劳动者管理国家、管理军队、管理各种企业、管理文化教育的权利"[②]。实际上，这是社会主义制度下劳动者最大的权利，最根本的权利。1952年"三反""五反"时，我们党曾在资本主义企业中建立工人监督，权力完全掌握在工人的手中，厂方办事要看支部书记的"脸色"。后来又成立了增产节约委员会，由国家工作人员、职工群众、资本家三方面代表参加，实际上企业的管理权是掌握在国家工作人

[①] 《毛泽东文集》第八卷，人民出版社1999年版，第373页。
[②] 《毛泽东文集》第八卷，人民出版社1999年版，第129页。

员和工人手里。

在新时代,只有发扬这种主人翁精神,才能赢得人民的热心支持和广泛参与,才能充分调动最广大人民群众的积极性、主动性和创造性,才能有希望创造出令世界人民向往的社会主义文明新形态。

(三)必须切实抓好经济建设这一中心工作,巩固和壮大社会主义公有制经济,坚定不移推进人民共同富裕

苏共亡党、苏联解体结局的出现,实际上是政治上变质了的上层领导集团掠夺、瓦解和摧毁苏联公有制基础的结果。后来在俄罗斯,叶利钦等不遗余力地强行将私有化改革合法化。当人民发现上当后,为时已晚。

公有制是社会主义取代并超越资本主义的一个根本条件和标志。《共产党宣言》指出:对于共产党人来说,"在所有这些运动中,他们都强调所有制问题是运动的基本问题,不管这个问题的发展程度怎样"[①]。

莫说马克思、恩格斯、列宁、斯大林、毛泽东为代表的共产党人,连空想社会主义者圣西门、傅立叶、欧文也都明确承认理想社会的前提是实现公有制,甚至连中国资产阶级思想家康有为写的《大同书》也认为理想社会最高层次的"太平世"必须是公有制为基础的社会。没有公有制就没有社会主义。尽管这些都是起码的常识,但却有不少人对此或讳莫如深,或茫然无知。

中国根据自己的国情在改革中对已建立的社会主义公有制进行了调整,形成了以公有制为主体、多种所有制经济共同发展的基本经济制度。尽管面对依仗西方背景的私有化浪潮的不断冲击,但我们始终没有动摇对公有制主体地位的坚定认识。习近平总书记指出:"我们要毫不动摇巩固和发展公有制经济,毫不动摇鼓励、支

[①]《马克思恩格斯选集》第一卷,人民出版社2012年版,第435页。

持、引导非公有制经济发展，推动各种所有制取长补短、相互促进、共同发展。同时，我们也要十分明确，我国基本经济制度是中国特色社会主义制度的重要支柱，也是社会主义市场经济体制的根基，公有制主体地位不能动摇，国有经济主导作用不能动摇。这是保证我国各族人民共享发展成果的制度性保证，也是巩固党的执政地位、坚持我国社会主义制度的重要保证。"[1] 我们要以苏为鉴，紧密团结在以习近平同志为核心的党中央周围，理直气壮地巩固和壮大公有制为主体的社会主义经济基础，保护好人民当家作主赖以存续的这份最为重要的家业。

习近平总书记指出："由于种种原因，目前我国收入分配中还存在一些突出的问题，主要是收入差距拉大、劳动报酬在初次分配中的比重较低、居民收入在国民收入分配中的比重偏低。"[2] 收入分配差距拉大是当前我国不容回避的一个亟待解决的问题。这些问题不仅仅是经济问题，更重要的是涉及共同富裕目标的实现和为人民谋幸福的初心使命问题，涉及人民大众对中国特色社会主义信念和人心向背问题。只有解决了收入分配领域的突出问题，才能消除经济社会持续稳定发展的隐患，保障中国特色社会主义这艘大船乘风破浪，胜利前行。

这些问题从何而来？回顾几十年改革历程，可以看到：在调整经济基础的过程中，普遍存在一些片面性和极端性的做法，成为日后问题难解的重要原因。

比如，在纠正"阶级斗争为纲"错误倾向的前提下，在相当长的一段时期内，不但"阶级"不提了，"斗争"也成了忌讳语，"阶级分析"也不提了，甚至连"社会主义国家存在资本主义复辟的危险"论断也被当作"左"的东西批判了。东欧剧变、苏联解体，9个社会主义国家先后发生资本主义复辟，但30多年来，我国

---

[1]《十八大以来重要文献选编》（下），中央文献出版社2018年版，第5页。
[2]《十八大以来重要文献选编》（下），中央文献出版社2018年版，第5页。

理论界对此却鲜有评论，回避研究"现实社会主义国家确实存在着资本主义复辟的危险"这一重大政治命题。这一状况，在习近平总书记多次强调要勇于自我革命后才有所转变。

再比如，在开始决定放开私有经济成分发展时，只讲"大胆""换脑筋"，强调批评"姓社姓资"的质疑，但却没有同时强调公有制的主体地位，没有注意事物量变与质变的规律，新政策与以往政策缺少衔接和说明，造成了现实中的一些难题，也造成社会主义意识形态方面的一些混乱。

又比如，我国宪法中明确规定："农村集体经济组织实行家庭承包经营为基础、统分结合的双层经营体制。"但在实行与推广时，仅片面强调和宣传"家庭承包经营"，不讲统分结合中的集体经营的单一的做法，排斥和压抑了不少坚持集体致富道路、取得辉煌成绩的典型。大量实践经验已经证明，只有后者才是社会主义现代化农村的出路。

再比如，在强调和平发展和向以经济工作为中心的转变时，简单化地取消或解散了许多具有重大战略意义的高科技军工企业、飞机制造业、兵器生产企业，不但加剧了大批工人下岗待业的困难，也贻误了许多现代国防建设项目，海湾战争爆发和台海局势紧张，才紧急纠正了这种做法。

这些都是缺少实事求是的辩证法、思想方法片面性导致的问题，没有注意一种倾向往往掩盖着另一种倾向，其副作用不容忽视。阐明这些问题产生的原因，总结这方面的规律，解决这些方面的问题，就会进一步增强党联系群众的力度，真正实现科学发展。

共产党人的改革和奋斗都是始终为了绝大多数人民群众的根本利益，这是科学社会主义的要义。如果经济基础的调整和变革把人引导到为了自己或为了少数人，那就应该拨乱反正。只有切实确立共同富裕的目标，才能够纠正个人主义、两极分化等错误，始终走在马克思主义为人民谋幸福的正确轨道上。只有永远不脱离绝大多数人民群众的根本利益,才是马克思主义指明的人间正道和光明大道。

(四)必须坚持抓好党的意识形态工作,持续开展对各种错误观点和错误思潮的批判

苏联由于没有处理好阶级和阶级斗争等意识形态问题,最后背离和背叛马列主义。马克思说过,阶级的存在只是和生产力发展的一定历史阶段相联系。这是一个客观规律。在世界上还存在着资本主义制度的情况下,社会主义同资本主义这两种不同的意识形态和两种不同的社会制度之间的斗争必然长期存在;在一些社会主义国家消灭了剥削阶级之后,阶级斗争也仍然会在一定范围内长期存在,在某种条件下还可能激化。我们的党章和宪法中都依然标明着这些十分重要的观点与结论。看不到这一点,不承认这一点,就不是历史唯物主义者。当时,苏联只注意到社会主义在经济基础、国家政权领域取得胜利的情况,没有注意到意识形态领域的斗争远没有结束,苏联社会远没有消除阶级和阶级斗争,就急于宣布"阶级斗争消失了""资本主义在苏联复辟的危险已经没有了"[1]。最后,戈尔巴乔夫竟提出超阶级的"全人类的利益高于一切",用所谓"人道的、民主的社会主义"取代了共产主义理想信念。这样,资本主义复辟的悲剧就必然找上门来。社会发展的现实无情地嘲笑了"资本主义在苏联复辟的危险已经没有了"的荒谬说法。

与苏联不同,我国从改革开放伊始,就对阶级斗争形势做出客观清醒的判断。自党的十二大开始,党章一直载明:"由于国内的因素和国际的影响,阶级斗争还在一定范围内长期存在,在某种条件下还有可能激化,但已经不是主要矛盾。"[2] 尽管阶级斗争不是社会主要矛盾,但"在社会主义现代化建设的整个过程中,

---

[1] 《苏联共产党第二十一次代表大会主要文件》,人民出版社1959年版,第141页。
[2] 《中国共产党章程 关于新形势下党内政治生活的若干准则 中国共产党廉洁自律准则 中国共产党纪律处分条例 中国共产党问责条例 中国共产党党内监督条例》,人民出版社2016年版,第5页。

必须坚持四项基本原则，反对资产阶级自由化。坚决批判资产阶级自由化思潮"。

马克思、恩格斯、列宁和毛泽东、邓小平对在资本主义向共产主义过渡这一相当长时期的历史阶段始终存在阶级和阶级斗争都作出过大量论述。江泽民曾经指出："我们纠正过去一度发生的'以阶级斗争为纲'的错误是完全正确的。但是这不等于阶级斗争已不存在了，只要阶级斗争还在一定范围内存在，我们就不能丢弃马克思主义的阶级和阶级分析的观点与方法。这种观点与方法始终是我们观察社会主义与各种敌对势力斗争的复杂政治现象的一把钥匙。"[①] 2014年2月17日，习近平总书记明确指出：马克思主义政治立场，首先就是阶级立场，进行阶级分析。有人说这已经落后于时代了，这种观点是不对的。我们说阶级斗争已经不再是我国社会主要矛盾，并不是说阶级斗争在一定范围内不存在了，在国际大范围中也不存在了。改革开放以来，我们在这个问题上的认识一直是明确的。2022年，我们党召开了二十大。我们不仅在经济上要坚持"稳字当头、稳中求进"，在政治上同样要坚持"稳字当头、稳中求进"。由于种种原因，阶级斗争和阶级分析方法现在已经成了所谓的"敏感问题"，为了维护社会的政治稳定，需要在适当的时候，再把这一问题在党内和社会上彻底讲清楚。

需要警惕的是，一段时期以来，国内外敌对势力抓住我们党纠正"阶级斗争为纲"错误的时机，将"文化大革命"的错误泛化、扩大化，到处乱贴"文化大革命"的标签，制造混乱。有人把新中国历史上的许多重大事情几乎都说成"文化大革命"的内容，甚至把党的整个历史污蔑为"左祸"的历史，造谣新中国"没干多少好事情"，还把延安时期、井冈山时期也列为"极左"时期的范

[①] 《江泽民论有中国特色社会主义（专题摘编）》，中央文献出版社2002年版，第34页。

围，挖掘其中的"阴暗面"。围绕对毛泽东同志的评价问题传播一些低级庸俗的谣言、"小道消息"，企图损害毛泽东同志的声誉。历史虚无主义这些拙劣表演常常激起广大人民群众的义愤，社会各种媒体上自发出现的一阵又一阵的"毛泽东热"表达了广大人民群众的良心和正义感。对于针对毛泽东同志的肆意丑化、攻击，我们必须理直气壮地并及时地进行反击和批驳，为党的二十大胜利召开创造健康良好的舆论环境和社会环境。

2013年8月19日，习近平总书记在全国宣传思想工作会议上强调意识形态工作具有极端重要性，批评某些领导干部在意识形态斗争面前"爱惜羽毛""故作开明"，号召党员和干部要敢于"亮剑"，敢于斗争。党的十八大以来，意识形态领域以往长期被动的局面得到根本扭转，主旋律得到弘扬，向上向好的正能量开始成为主流。

意识形态斗争取得的成效振奋了思想理论界，艰巨的任务也激励着思想理论界的斗志。目前，意识形态领域的斗争依然复杂激烈，社会科学领域的研究导向、高校办学方向、学校教材导向和科学研究导向，都还存在不可低估的问题。境内外敌对势力利用种种媒体，运用各种手段，刻意散布各种错误思想，公然在内地散布美化蒋介石国民党反动派、咒骂新中国和党的领导与社会主义道路，并精心组织、支持围攻坚持马克思主义的学者。在有的高校和研究机构，由于党的领导软弱，爱惜自己的"羽毛"，放任一些坚持非马克思主义观点的人长期把持"学术委员会""学位委员会"、各种评奖评审机构等学术权威部门，许多研究人员望而生畏，怕遭到这些貌似官方人物的打压，甚至一些马克思主义学院的研究生都不敢选择苏联解体一类的政治问题作为自己的研究方向，从而使这些研究领域后继乏人。一些报纸杂志几十年来一贯存在的方向和立场问题还没有得到有效清理，一些鼓吹历史虚无主义思潮的相关领头人物没有作起码的自我批评。早在20世纪90年代党中央就指出的

"一些舆论阵地已经不在党和人民手里"[①]的情况还没有得到彻底解决。对西方敌对势力几十年来的意识形态渗透应对不力的情况也有待全面的总结。西方敌对势力的渗透无孔不入，红色文化传统赓续长期被压抑或被抛弃，使得青少年至今依然被西方文化所浸润和熏染，这已经引起社会各界的不满。目前一些学者注意到这些现象，将其称为"软性历史虚无主义"。

党的十八大以来，在以习近平新时代中国特色社会主义思想的指导下，我们党终于找到了意识形态领域长期存在问题的根子，采取了有力、得力的措施。党的十八届六中全会制定的《新形势下党内政治生活的若干准则》从坚定社会主义和共产主义理想信念的角度明确指出，"在改造客观世界的同时不断改造主观世界，解决好世界观、人生观、价值观这个'总开关'问题"[②]。这就解决了几十年来回避和排除的"在改造客观世界的同时改造主观世界"任务，恢复了党的意识形态工作的正确方向和原则。近几十年的社会思潮和意识形态领域的斗争，充分证明了那种认为"既然知识分子是工人阶级一部分"，再提"世界观改造"就是对知识分子的"偏见和厌恶"，就是"总觉得他们不行，不是自己人"[③]的说法，是不利于党的思想建设和知识分子发挥积极作用的。正是由于知识分子成为工人阶级的一部分、正是因为是"自己人"，就更不能放弃马克思主义世界观的学习，更不能抛弃在改造客观世界的同时改造自己主观世界的任务。党的知识分子政策是关心、鼓励、支持广大知识分子在建设社会主义现代化的事业中更好地发挥自己的专长和作用，党和政府应该切实帮助他们解决实际工作和生活中的困难，鼓励他们做出更大的成就，为此多干一些实事；而不是追求用一些空洞的好话显示自己的"开明"和赢取他们的掌声。片面地批评党

[①]《江泽民文选》第一卷，人民出版社2006年版，第61页。
[②]《关于新形势下党内政治生活的若干准则》，人民出版社2016年版，第6页。
[③]《知识分子问题文献选编》，人民出版社1983年版，第49页。

的"团结、教育、改造"知识分子的政策,又不能同时提出更符合现实的口号,客观上造成了极为消极的后果,实际上等于在许多方面向传统的资产阶级意识形态让出阵地,出现了许多积重难返的问题。

取消对党员、干部和知识分子世界观的改造口号,是对党的方针政策的严重歪曲。1957年3月12日,毛泽东同志在中国共产党全国宣传工作会议上的讲话中指出:"知识分子也要改造,不仅那些基本立场还没有转过来的人要改造,而且所有的人都应该学习,都应该改造。我说所有的人,我们这些人也在内。"[①] 为什么大家都需要改造世界观呢?毛泽东的回答是:"世界观的转变是一个根本的转变,现在多数知识分子还不能说已经完成了这个转变。"[②] "就多数人来说,用无产阶级世界观完全代替资产阶级世界观,那就还相差很远。"[③] 最近几十年的社会实际和意识形态斗争情况充分证明,毛泽东的这个判断高屋建瓴、完全正确。关键是要通过学习马克思主义的活动把这些实际存在的模糊问题弄明白。

苏联亡党亡国的深刻教训告诉我们,社会主义国家必须时刻警惕并抵制西方资产阶级意识形态渗透战略,筑牢抵御西方腐朽思想文化渗透的防线,打赢这场"没有硝烟的战争"。

(五)必须始终坚持全心全意为人民服务的根本宗旨和党的优良作风,把人民当家作主这一根本要求落到实处

2012年12月,习近平总书记在河北省阜平县考察扶贫开发工作时的讲话明确指出:"我们讲宗旨,讲了很多话,但说到底还是为人民服务这句话。我们党就是为人民服务的。"[④] 在马克思主义经典作家那里,有过"为大多数人谋利益""为群众服务"等提法,但把"为人民服务"作为无产阶级政党的根本宗旨,是毛泽东的一

---

① 《建国以来重要文献选编》第十册,中央文献出版社1994年版,第114页。
② 《毛泽东文集》第七卷,人民出版社1999年版,第225页。
③ 《毛泽东文集》第七卷,人民出版社1999年版,第271页。
④ 《坚定不移反对腐败的思想指南和行动纲领》,人民出版社2018年版,第230页。

大贡献。全心全意为人民服务的宗旨，是建立在历史唯物主义基本原理的基础上，相信人民群众是历史的创造者，相信人民群众的力量、智慧和他们的未来。只有这样，才能真正做到把自己的人生价值同实现人民群众的利益紧密地结合在一起；也只有这样，才能正确处理个人同群众的关系，紧紧依靠群众，发挥群众的历史主动精神。确保党的性质、宗旨、指导思想与最高纲领的革命性、先进性和纯洁性，确保党和政权永不变质，这是我们党长期执政的根本法宝。中国共产党是为民族、为人民谋利益的政党，其本身就是人民的一部分，除了人民的利益之外，绝无其他任何私利。从根本说，我们党绝不是靠也绝不能仅靠技巧执政，根本是靠为着人民、相信人民、依靠人民这一本色执政。这就必须坚持以人民为中心的思想，这是习近平总书记在新时代对毛主席关于全心全意为人民服务思想的坚持和发展。这是中国共产党人的灵魂、生命和力量所在、所系。这不仅占领了价值道德高地，而且也是力量、生命之源，占领了人类社会的必然归宿。如此就能无往不胜，无难不克，无坚不摧。

要始终坚持全心全意为人民服务的宗旨和以人民为中心的思想，就必须始终牢记毛泽东关于"务必使同志们继续地保持谦虚、谨慎、不骄、不躁的作风，务必使同志们继续地保持艰苦奋斗的作风"的殷殷教导。"两个务必"是真正的共产党和共产党人内在与外在有机统一的鲜明标志和标识。从一定意义上讲，普通百姓看你是不是真正的共产党和共产党人，就是看你能否在任何时候任何情况下始终保持"两个务必"的作风。如果你能坚定不移、坚持不懈地始终保持"两个务必"作风，老百姓就会最终认定你是真共产党和真共产党人，就会赴汤蹈火跟你走，披荆斩棘共奋斗。否则，老百姓就可能三心二意地干，甚至消极怠工不出力。从长远和根本上说，人民群众还会最终毫不留情地抛弃这样的党。苏共这个有着93年历史、执政74年的大党最终消亡的教训，讲的就是这个道理。

正因为如此，党的十八大后，我们党所进行的甚至可说是前所未有的反腐行动具有十分重大特殊的意义，并得到了全党和最广大人民群众的坚定拥护和热烈支持。

（六）必须牢牢把握党对军队的绝对领导，坚决批判所谓"军队国家化""军队非党化"等错误思潮

苏联军队在西方敌对势力和平演变的作用下，长期受到历史虚无主义、"军队国家化""军队非党化"等思潮的影响，在苏联危难之时，苏军脱离了苏共的指挥，成为颠覆者的工具，教训十分深刻。

一段时期以来，不断有人鼓吹"军队非党化""军队国家化"等错误思潮，特别是有人推出"中国需要新的改变""零八宪章"等带有纲领性的主张，随着时间的推移，人们才逐渐明白这些口号的实质。他们打着"军队国家化"的名义，就是让我们党放弃对人民军队的绝对领导，效仿当年的苏共把党的组织从军队中完全撤出去。

没有一支人民的军队就没有人民的一切。社会主义国家的人民军队是保卫国家安全、保证社会安定的坚强柱石。党的十八大以来，我们党坚决抵制"军队非党化、非政治化"和"军队国家化"等错误政治观点，强调党对军队的绝对领导。在古田会议会址召开的新时代全军政治工作会议，提炼了新时代强军思想，使人民军队牢牢掌握在党和人民手里。习近平新时代中国特色社会主义思想明确规定了新时代的强军目标是建设一支听党指挥、能打胜仗、作风优良的人民军队，把人民军队建设成世界一流军队。

（七）必须坚决反对一切形式的霸权主义、强权政治、单边主义、保护主义，坚持独立自主大国和平外交，推动构建人类命运共同体

苏联是世界上第一个社会主义国家，在列宁和斯大林领导时期，在对外关系上基本执行了无产阶级国际主义原则，支援了世界上许多国家包括中国的革命和民族解放事业。这些历史功绩至今还

引起各国人民包括中国人民的敬仰和怀念。

第二次世界大战后，世界上出现了十多个社会主义国家，从这个时期开始，苏联逐步表现出大党主义、大国主义甚至霸权主义等错误倾向。针对苏联赫鲁晓夫等人的大国沙文主义行为，以毛泽东同志为代表的中国共产党人高举反对霸权主义、反对大国沙文主义的旗帜，挫败了苏联推行大党主义、苏美合作主宰世界等孤立中国的战略企图，推动并维护了世界各国独立自主、平等交往的地位和国际关系的民主化。改革开放后，邓小平同志倡导了社会主义国家和各国共产党之间的正常关系准则，即独立自主、完全平等、互相尊重、互不干涉内部事务的党际关系四项原则，还制定了"超越意识形态的分歧，争取更大范围合作"的政策。

新时代以习近平同志为核心的党中央倡导中国特色大国外交，推动构建新型国际关系、推动构建人类命运共同体，展示了负责任大国的国际形象，赢得国际社会的尊重和广泛赞誉。

毛泽东同志鉴于美苏争霸给世界带来的危害，一再强调中国共产党和中国人民永远不称霸，即使成为富强的现代化大国也不称霸。在新时代，习近平总书记继往开来，更加信心百倍地团结带领中国人民创造社会主义文明新形态，推动构建人类命运共同体，让世界人民共享中国发展的机遇。

（八）必须坚持党的组织路线及党的教育方针，努力培养和锻造担当民族复兴大任的社会主义事业建设者和接班人

苏联赫鲁晓夫领导集团由于确定了"非斯大林化"的政治方向，否定苏共的历史，否定斯大林的丰功伟绩，也就否定了党的正确的组织路线和正确的教育方针。赫鲁晓夫淡化政治，取消学校思想政治理论课，走了一条"非斯大林化"的培养教育青年一代的历史虚无主义路线。在这样的教育环境中，被称作苏共"二十大产儿"的一代人中就出现了戈尔巴乔夫、叶利钦这种人。与此相反，毛泽东针对帝国主义和平演变战略，提出中国要培养无产阶级革命事业接班人，并规定了五项条件，指明了方向。此后，培养社会主义建设者和接班人这一党的教育方针一直没有动摇过。

党的教育方针服务于党和国家的人才战略，与党的组织路线有着密不可分的联系。培养社会主义建设者和接班人必须从青少年学生抓起，只有这样才能做到牢固基础。当前我国理想信念教育从中小学开始并延续到高校、各类成人教育，广大中小学生、大学生、研究生都要接受思想政治教育，这是完全正确的、必要的。

在勃列日涅夫执政期间，苏共党内和社会上出现"两面人""夜间人"等消极现象。这一现象实际上是对上层领导集团任人唯亲、拉帮结伙、裙带关系、投靠关系等现象不满和无奈的消极反抗。上层的理论与实践是两层皮，下面的群众也不可能做到理论与实践相统一。所以，干部队伍的提拔、重用，是不是搞五湖四海，是不是避免小圈子和山头主义，是不是体现公正公开，从基层群众的精神状态就能看得出来。群众的表现是上层领导集体状态的一面镜子。

从苏共的教训看，为了保证社会主义江山不变色，选拔党的干部特别是选拔高级领导干部，必须突出五条政治标准：（1）政治忠诚标准：忠诚于马克思主义、忠诚于党、忠诚于人民，不断增强"四个意识"，自觉做到"两个维护"。（2）政治定力标准：坚定正确的理想信念和"四个自信"，有良好的政治鉴别力和决断力，经得起关键时刻、重大关头的严峻考验。（3）政治品质标准：敢于担当、敢于斗争；坚守立场，坚持原则；坚持团结，坚持光明正大。（4）政治能力标准：具有深厚的马克思主义理论功底，善于从政治上观察问题，拥有较高的政治执行力。（5）政治自律标准：严格遵守党的政治纪律和政治规矩，正派为人，干净处事。

一定级别新任干部的提拔特别是高级干部的提拔，必须设立面向相关部门和相关系统基层群众的公示期，同时本人要向党的组织部门汇报和解释群众提出的政治表现问题。为了保证选拔高级干部的科学性、公正性，应该在工作过程中介入中央巡视组的调研工作环节，广泛听取相关基层群众对选拔对象的政治表现意见等。另一方面，对于那些蓄意诬告、打击陷害提拔对象的，视不同情节给以批评和惩处。

（九）必须坚持和发展马克思主义，深入持久地开展党的理论学习教育活动，不断开辟马克思主义中国化新境界

毛泽东在 1959 年至 1960 年年初读苏联《政治经济学教科书》时说："马克思这些老祖宗的书，必须读，他们的基本原理必须遵守，这是第一。"① 2017 年 9 月 29 日，习近平总书记在中共中央政治局集体学习时指出："时代在变化，社会在发展，但马克思主义基本原理依然是科学真理""背离或放弃马克思主义，我们党就会失去灵魂、迷失方向。在坚持以马克思主义为指导这一根本问题上，我们必须坚定不移，任何时候任何情况下都不能动摇。"②

理论是政治和经济的最高抽象和凝结，是可以向 360 度任何方向辐射的原点。若理论这一原点错了，其他路线、方针、政策与战略、战术都是射线，最终都会都要出大问题。没有革命的理论，便没有革命的运动；有了错误的理论，必然会有错误的行动。所以，我们的一切工作都必须始终坚持以马克思主义为指导，尤其是在意识形态领域必须坚持把马克思主义作为直接的理论基础与指导思想。

在毫不动摇地坚持马克思主义的同时，必须高度重视对马克思主义的发展与创新。早在 1958 年 5 月，毛泽东在中共八大二次会议上说："马、列是指导，不是教条，教条论是最无出息的，最可丑的""要产生自己的理论。"③ 毛泽东在 1959 年至 1960 年年初读苏联《政治经济学教科书》时又说："任何国家的共产党，任何国

---

① 《毛泽东文集》第八卷，人民出版社 1999 年版，第 109 页。
② 《习近平谈治国理政》第二卷，外文出版社 2017 年版，第 66 页。
③ 《毛泽东年谱（1949—1976）》第三卷，中央文献出版社 2013 年版，第 357 页。

家的思想界，都要创造新的理论，写出新的著作，产生自己的理论家，来为当前的政治服务，单靠老祖宗是不行的。"① 2016年5月17日，习近平总书记在全国哲学社会科学座谈会上强调："马克思主义具有与时俱进的理论品质""马克思主义是随着时代、实践、科学发展而不断发展的开放的理论体系，它并没有结束真理，而是开辟了通向真理的道路""把坚持马克思主义和发展马克思主义统一起来，结合新的实践不断作出新的理论创造，这是马克思主义永葆生机活力的奥妙所在。"②

毛泽东、邓小平、习近平都强调把马克思主义普遍真理与中国具体实际和时代特征相结合。这一结合的过程，就是对马克思主义坚持和发展的过程，同时也是全党特别是党的中高级干部改造世界观的过程。只有真正地掌握了马克思主义，并把马克思主义与具体实践、中华优秀传统文化和时代特征相结合，才能真正认识和改造客观世界，在尊重客观规律的前提下，充分发挥主观能动性，不断推动社会前进。

第二次世界大战以后苏联党和国家的几届领导集团，无论是否接受了系统的学历教育，其马克思主义理论素养普遍较低，这既体现在不能准确系统地理解马克思主义精髓要义，更体现在不能灵活运用马克思主义创造性地解决实际问题，把社会主义事业不断推向前进。系统掌握马克思主义，不下真功夫，一辈子也做不到。要在全国产生几百个水平较高的、系统掌握马克思主义的理论家，需要有全党全国范围的学习马克思主义理论的群众基础。这是不断提高全党理论水平、党的最高理论水平的一个必要条件。

对干部如何学习马克思主义要有明确规定。应当根据干部文化水平和实际工作需要，根据新时代的目标任务，确定干部学习马克思主义理论的主要内容。习近平总书记在纪念马克思诞辰200周年

---

① 《毛泽东文集》第八卷，人民出版社1999年版，第109页。
② 习近平：《在哲学社会科学工作座谈会上的讲话》，《人民日报》2016年5月19日。

大会上的讲话，为我们学习马克思主义明确了九个方面的重点内容：（1）马克思主义关于人类社会发展规律的思想；（2）马克思主义关于坚守人民立场的思想；（3）马克思主义关于生产力和生产关系的思想；（4）马克思主义关于人民民主的思想；（5）马克思主义关于文化建设的思想；（6）马克思主义关于社会建设的思想；（7）马克思主义关于人与自然关系的思想；（8）马克思主义关于世界历史的思想；（9）马克思主义关于马克思主义政党建设的思想。[1]

马克思主义理论学习需要制度化。制度一经确定，就必须长期坚持。马克思主义理论学习制度由党中央组织部、宣传部统一安排。干部学习必须集中安排时间，提出具体要求，划定学习范围，提出各阶段要解决的重点问题，同时提供相关的学习参考书和参考材料。必须把读原著与原著学习辅导结合起来，把阶段性专题学习与对理论的整体性系统性学习结合起来，把学习马克思主义与学习"四史"结合起来，把学习马克思主义与其他必要的进修活动结合起来。

马克思主义理论及学习情况要列入公务员考试、干部考核、职务晋升等内容。要在实际工作中树立马克思列宁主义、毛泽东思想、中国特色社会主义理论体系和习近平新时代中国特色社会主义思想的指导性、权威性。要严格学习形式，反对形式主义，防止走过场。没有一定的形式作为保证，就不可能保证学习的质量。

为推动干部学习，历史地、系统地理解马克思主义中国化三次伟大飞跃，建议在合适之时接续出版《毛泽东选集》各卷，在已经出版四卷本《毛泽东选集》、反映新民主主义革命阶段的伟大实践飞跃之后，接续出版后续的《毛泽东选集》，以反映社会主义革命和建设阶段的伟大实践飞跃，反映毛泽东思想的系统、完整体系，

---

[1] 习近平：《在纪念马克思诞辰200周年大会上的讲话》，《求是》2018年第10期。

包括其中的探索中的艰辛、曲折，以继续清除该领域的历史虚无主义思潮的影响；同时建议即着手编辑出版《习近平选集》一至四卷，提供习近平总书记著述和讲话的全文文集，以满足全国党员干部深入、系统地学习和研究习近平新时代创新思想成果的迫切需要。新时代出版新内容的领袖著作选集，有利于形成全党全国人民学习马克思列宁主义的新高潮，有利于形成系统学习党的马克思主义中国化创新成果的新高潮，形成实事求是的良好学习研究的新鲜空气。

（十）必须牢固树立正确的时代观与时代主题观，居安思危，坚定信心，时刻进行具有许多新的历史特点的伟大斗争，为创造和发展人类文明新形态作贡献

2017年9月29日，习近平总书记在中共中央政治局集体学习时强调指出："我们依然处在马克思主义所指明的历史时代。这是我们对马克思主义保持坚定信心、对社会主义保持必胜信念的科学根据。"[1] 这一重大判断十分重要，完全正确。另外，毛泽东和邓小平、江泽民、胡锦涛、习近平总书记在肯定我们依然处在马克思主义所指明的历史时代的同时，都直接或间接地肯定我们依然处于帝国主义时代。我们党还审慎处理与同一个大时代中不同时代主题的变化。邓小平看到时代主题从战争与革命向和平与发展的转换，及时作出改革开放这一重大抉择并取得举世瞩目的重大成就。但是，帝国主义还存在，帝国主义本质没有改变，只是表现形式和表现方式有了重大的变化。1969年3月，毛泽东在召集有关人员的碰头会上明确指出，"列宁是帝国主义时代的马克思主义。现在还是帝国主义时代"[2]。以邓小平同志为核心的党的第二代领导集体的另一位重要成员陈云在1989年十分明确地指出："列宁论帝国主义的五大特点和侵略别国、互相争霸的本质，是不是过时了？我看，没有过

---

[1]《习近平谈治国理政》第二卷，外文出版社2017年版，第66页。
[2]《毛泽东年谱（1949—1976）》第六卷，中央文献出版社2013年版，第233页。

时""那种认为列宁的帝国主义论已经过时的观点,是完全错误的,非常有害的。这个问题,到了大呼特呼的时候了。"①

离开列宁对时代的判断,就无法正确判断当今我们党、国家所处的历史方位,就无法正确看待和应对当今以那个超级大国为首的帝国主义的种种卑劣行径。自从资本主义从自由资本主义发展到垄断的金融帝国主义之后,人类历史就经历了两次世界大战。2008年全球爆发的金融危机、2020年全球发生的新冠疫情和2022年爆发的俄乌冲突,实质上亦可以说极可能是正在进行的另一种形式的第三次世界大战。在经济全球化和国际金融危机深入发展的今天,只要认真读一读列宁的《帝国主义是资本主义的最高阶段》这一著作,任何有良知的人都会得出这样的结论:这部字数不多的著作,与马克思、恩格斯的《共产党宣言》一样,其理论、历史与形式逻辑有着高度的内在统一,在人类文明史和重重迷雾之中是一座益发闪烁着巨大真理光芒、照耀人们不断顽强前行的具有里程碑意义的理论灯塔。很可惜,一些年来,读列宁的著作《帝国主义论》的人不多了。也有一些人,忙着去搞所谓的"金融创新",而对垄断资本控制的金融的本质不甚了解,甚至把金融创新当成谋取私利的工具。习近平总书记明确指出:"我们依然处在马克思主义所指明的历史时代。"这也就是说,当前我们既处在马克思主义所指明的由资本主义向社会主义过渡的这个大的历史时代,同时也处于列宁所说的帝国主义这个小的历史时期,还处于帝国主义由垄断的、寄生即腐朽的资本主义开始向垂死的资本主义过渡这个更小的历史阶段。这一阶段,可能需要几十年甚至上百年时间。1953年9月,毛泽东说:"美帝国主义者很傲慢,凡是可以不讲理的地方就一定不讲理,要是讲一点理的话,那是被逼得不得已了。"② 一方面,我们必须看到国际金融垄断资本主义比商业和工业资本主义有更多的伪

---

① 《陈云文选》第三卷,人民出版社1995年版,第370页。
② 《毛泽东军事文集》第六卷,军事科学出版社、中央文献出版社1993年版,第354页。

善性和欺骗性，但由于其从垄断、寄生即腐朽阶段开始步入垂死阶段的下降通道，它们脸上伪善和欺骗性的油彩便开始更多地剥落，其疯狂、残酷的一面便开始更多地显现，所以我们必须要充分预计前进征程中可能遇到的种种困难，即道路是曲折的；另一方面，我们亦必须看到金融帝国主义气势汹汹、外强中干、色厉内荏的另一面，我们必须坚定信心，即前途是光明的。我们始终坚持不懈竭诚努力与世界各国其中包括美国、俄罗斯和世界各国人民一道恪守联合国宪章，在坚持和平共处五项原则基础上推动和平、发展，合作、共享。但对于时刻想把我们置于死地的敌人，我们首先必须做到的就是不怕鬼、不信邪和舍生取义，是勇于和敢于斗争，而不是以妥协退让的态度求得怜悯甚至施舍。"威武不能屈"与"和为贵"等同样都是中华民族十分优秀的文化传统之重要组成。对待帝国主义即霸权主义、单边主义和强权政治，我们当然要善于斗争，但敢于斗争是第一位的。我们党百年来的光辉实践充分证明，敢于斗争、敢于胜利，帝国主义和一切反动派就是纸老虎。妥协退让、胆小如鼠，帝国主义和一切反动派就是真老虎。只有敢于斗争，把帝国主义真正打疼了，它才可能讲一点世上绝大多数人公认的常理和公理。否则，它会蛮不讲绝大多数人公认的常理公理。它们的理与我们的理，在多数情况下往往是相对立的，是没有利益交会和共享之处的。因为从长远讲，帝国主义是为极少数人利益服务的，其与社会主义是为绝大多数人根本利益服务的宗旨是完全相悖的，因而必然是纸老虎。只有站在马克思主义指明的时代高度，认清时代特点、世界潮流、历史规律，才能信心百倍地为建设社会主义和实现共产主义的理想信念而奋斗。随着经济全球化的深入发展，随着国际金融危机的深化，随着2020年新冠疫情在全球的发生与泛滥，随着全球范围内贫富两极分化的加剧，以美国为主导的资本主义的痼疾将暴露得愈加充分。全球各国左翼思潮和马克思主义政党、世界社会主义理论、运动、制度必将在未来二三十年内进入一个极大的活跃期。这是全球范围内百年未有之大变局依据的根本所在、希望所在。我们对世界社会主义光明前途坚信不疑、坚定不移。由于苏联解体苏共垮台而出现的一切怀疑马克思主义、否定列宁主义和十月革命道路、否定人类历史发展规律的思潮和言论都是错误的和有害的，也是眼光短浅的。

但是，斗争的形势不可盲目乐观：由于帝国主义对社会主义国家长期实施和平演变战略，还会使一些不坚定者其中包括社会主义国家领导机构人物变质、叛变；帝国主义收买和豢养的"第五纵队"还在伺机破坏、捣乱；社会主义国家意识形态领域受资本主义腐朽思想意识影响的势力还不可低估；帝国主义在政治、经济、文化交往中设置的陷阱和阴谋依然存在；帝国主义战争的威胁依然存在；帝国主义运用金融领域制造社会危机和混乱的活动不会停息。

面对当代世界从未有的大变局，我们必须居安思危，对斗争的长期性、复杂性、尖锐性有足够的准备，需要从最坏处着想，做好准备；同时，我们以做好自己的事为主，开展有理、有利、有节的斗争，为争取最好的结局而努力。帝国主义可以通过破坏和演变，为一些社会主义国家选择垮台的方式，但是它自己垮台的方式却是不可选择的，它必然崩溃和灭亡的结局是历史的必然。

20 世纪 70 年代初，曾经认为西方文明能够成为全球统一文明的著名英国历史学家阿诺德·汤因比，实现了思想大转变，他推翻了自己早年在《历史研究》巨著中的结论，认为美国代表的以武力征服为主要手段的西方文明，不可能为世界人民普遍接受；他创造性地提出：世界文明的主轴，就是发挥先锋模范作用，只有中国有这种能力、本领和无与伦比的成果经验；只有以和平交往为特点的中华文明才能成为世界各国人民欢迎的文明；他预测未来受全世界欢迎的中华文明就是"共产主义的中国化"①。

---

① ［日］池田大作、［英］阿·汤因比：《展望 21 世纪——汤因比与池田大作对话录》，荀春生等译，国际文化出版公司 1997 年版，第 281—285 页。

对于爱好和平的世界各国人民来说，新中国历来都是受欢迎的，今天更是如此。正如习近平总书记 2014 年 3 月 27 日在中法建交 50 周年纪念大会上所说："实现中国梦给世界带来的是机遇不是威胁，是和平不是动荡，是进步不是倒退。拿破仑说过，中国是一头沉睡的狮子，当这头睡狮醒来时，世界都会为之发抖。中国这头狮子已经醒了，但这是一只和平的、可亲的、文明的狮子。"[①] 世界人民对习近平总书记描绘的中国这一大国形象高度认同，构建人类命运共同体和发展人类文明新形态有着无比光明的未来。

[①] 习近平：《出席第三届核安全峰会并访问欧洲四国和联合国教科文组织总部、欧盟总部时的演讲》，人民出版社 2014 年版，第 25 页。

历史虚无主义与苏联解体[*]

李慎明等

引言

2021年2月20日，习近平总书记在党史学习教育动员大会上的重要讲话中指出："在庆祝我们党百年华诞的重大时刻，在'两个一百年'奋斗目标历史交汇的关键节点，在全党集中开展党史学习教育，正当其时，十分必要。"[①] 他还特别强调："要旗帜鲜明反对历史虚无主义，加强思想引导和理论辨析"，"更好正本清源、固本培元。"[②]

2013年1月5日，习近平总书记在新进中共中央委员会的委员、候补委员学习贯彻党的十八大精神研讨班上意味深长地指出："苏联为什么解体？苏共为什么垮台？一个重要原因就是意识形态领域的斗争十分激烈，全面否定苏联历史、苏共历史，否定列宁，否定斯大林，搞历史虚无主义，思想搞乱了，各级党组织几乎没任何作用了，军队都不在党的领导之下了。最后，苏联共产党偌大一个党就作鸟兽散了，苏联偌大一个社会主义国家就分崩离析了。这

---

[*] 该文由《历史虚无主义与苏联解体——苏联亡党亡国30年祭》党内教育参考片解说词改编而成。总撰稿人：李慎明。撰稿人：陈之骅、吴恩远、张树华、汪亭友、刘书林、李燕。原载《世界社会主义研究》2022年第1期。

① 习近平：《在党史学习教育动员大会上的讲话》，人民出版社2021年版，第4—5页。
② 习近平：《在党史学习教育动员大会上的讲话》，人民出版社2021年版，第25页。

是前车之鉴啊！"①

在庆祝中国共产党成立100周年之际，让我们把视野投置到波澜壮阔的国际共产主义运动历史，深刻认识历史虚无主义与苏联解体的关系，对于开展好党史学习教育，对于更加紧密团结在以习近平同志为核心的党中央周围，增强"四个意识"、坚定"四个自信"、做到"两个维护"，牢记"国之大者"，对于全面建设社会主义现代化强国具有重要的意义。

一　谎言与真相

莫斯科，红场，肃穆、庄严。经历了90余年风雨的列宁墓巍然屹立。十月革命后，这曾是苏维埃社会主义政权的象征。抚今追昔，苏联兴亡，令人感叹不已。从一定意义上讲，苏联是被历史虚无主义思潮打开缺口并最终毁灭的。

1953年斯大林逝世后，苏联国内外、党内外吹卷起一股攻击苏联共产党及其领袖列宁，全盘否定斯大林，否定马克思列宁主义，否定十月革命道路，否定苏联社会主义及其辉煌成就，否定苏联人民为人类文明和进步事业作出的重大贡献的政治思潮。20世纪80年代中叶，在戈尔巴乔夫的纵容下，这股歪风日渐兴盛，席卷广袤的苏联大地，并最终导致苏联社会主义大厦的坍塌。对于这股政治思潮，我们称之为"历史虚无主义"。

谎言之一：所谓"列宁是德国的间谍"

今天，在俄罗斯的一些城市，仍耸立着许多列宁雕像。我们在莫斯科访问拍摄期间，位于市中心十月广场上高大的列宁像，正在进行精心的修整与维护。

欲灭其国必先去其史，欲灭其党必先去其领袖。这是搞垮一个

---

① 《十八大以来重要文献选编》（上），中央文献出版社2014年版，第113页。

政党、一个国家最直接、最便捷、最有效的路径。20 世纪八九十年代,当斯大林形象被抹黑之后,历史虚无主义的恶浪又很快扑向列宁。一个耸人听闻的谣言便是"列宁是德国间谍"。

我们走访了俄罗斯的数家图书馆、档案馆、学术机构,得到的一致答案是:这一所谓的历史真相在俄罗斯和国际上早已经被否定和澄清。列宁回国是布尔什维克党中央的决定。在苏联国家政治书籍出版社 1957 年出版的《列宁回忆录》中,清晰地记载着列宁夫人克鲁普斯卡娅(Надежда Крупская)的回忆:1917 年 3 月底,"中央局经过加涅茨基转来了一封电报,内称乌里扬诺夫(列宁)应立即出发!"① 当时的实际情况是,列宁之所以选择经德国回到俄国,是其他国家拒绝过境之后的被迫抉择。

俄罗斯科学院通史研究所研究员、历史学家亚历山大·舒宾(Александр Шубин)在接受采访时说,列宁从瑞士取道德国回到俄国,乘坐被打上铅封的车厢,即密闭的车厢。当时,没有其他路径。法国和英国禁止列宁通行。作为党的代表,列宁当时确实得到过国外的一些资金资助,只不过这是西方革命的社会民主党人和布尔什维克的捐赠。他说:"为什么会需要这些钱?是为购买印刷厂。布尔什维克从工人、赞助商、缴纳的党费中筹集到了大部分的钱,总计 22.5 万卢布,还差 3 万卢布。这时在中立国做生意的布尔什维克,即自己人补齐了这 3 万卢布。"②

至于十月革命前夕俄国资产阶级临时政府凭空捏造出的"布尔什维克被德国黄金收买"的所谓"西逊文件",同样是无稽之谈。甚至连著名的反苏、反共的美国外交家乔治·凯南(George Kennan)都认定,这份文件从头到尾都是伪造的。比如,一些本应来

---

① [苏]娜·康·克鲁普斯卡娅:《列宁回忆录》,杨树人译,人民出版社 1960 年版,第 302 页。
② 本解说词尚未注释的俄罗斯各界人士的述说,系本课题组根据在俄罗斯采访录音整理。——编者著。

自德国间谍机构的关键性文件,很显然却是出自俄国旧式打字机,是来自俄国本土的伪造。①

谎言之二:所谓"斯大林大清洗杀死了几百万甚至 3000 万直至 5000 万人"

苏联肃反运动的初衷是巩固社会主义政权,有其必要性,但是在具体实施过程中严重扩大化,无疑是斯大林时期苏共所犯的严重错误之一。但对此应进行客观的、实事求是的分析。20 世纪 30 年代中后期,苏联面临德国法西斯入侵和社会主义政权被颠覆的危险。曾是著名的持不同政见者、参与策划刺杀斯大林的亚·季诺维也夫(Александр Зиновьев)在《我的时代》一文中承认:"我研究了战前很多年的情况,包括军队肃反情况,得出的结论是:如果战前在军队中不进行肃反运动,我们就会输掉这场战争。"②

肃反是联共(布)中央的集体决定。1971 年莫洛托夫(Вячеслае Молотов)仍坚持认为:"党的清洗工作完全符合民主集中制原则。"清洗工作"犯过严重错误,也有过过火行为,但是,整个政策是正确的。政治局全体成员,其中也包括我,对错误都有责任"③。

曾旅居苏联多年后来被诬陷为帝国主义间谍并被关进监狱长达六年的美国著名记者安娜·路易斯·斯特朗(Anna Louise Strong)回忆说:"即使赫鲁晓夫在对这个时期的过火行为作全面攻击时,他也没有说任何一件公开的审讯案是骗局。"④

---

① 参见 [俄] А. И. 科尔加诺夫《有关"德国黄金"的谎言》,《选择》2006 年第 2 期。
② [俄] А. А. 季诺维也夫:《我的时代:1941—1945 年伟大卫国战争》,《自由思想》2005 年第 5 期。
③ [苏] 费·丘耶夫:《同莫洛托夫的 140 次谈话》,王南枝等译,新华出版社 1992 年版,第 467、469—470 页。
④ [美] 安娜·路易斯·斯特朗:《斯大林时代》,石人译,世界知识出版社 1979 年版,第 84 页。

在肃反工作进行的过程中，斯大林也注意及时纠正一些极端偏向。在1937年3月5日中央全会的闭幕词中，斯大林反对不分青红皂白地惩罚所有在某个时段动摇过或曾向托洛茨基主义方面靠近的人，坚持在该问题上"需要单独和有区别地对待。不能一概而论"①。而赫鲁晓夫则恰恰是肃反扩大化的积极参与者和制造者。他在莫斯科工作期间曾请求批准枪决8500人，把33000人送往劳改营。他调至乌克兰后，请求枪决或关押30000人。② 连在"改革"年代担任平反委员会主席的雅科夫列夫（Яковлев Александр）也承认："赫鲁晓夫并没有少让人流血，而与某些人相比要更多些。"③ 斯大林去世后，赫鲁晓夫又通过他的亲信销毁了关于他参与镇压行动的文件和材料，销毁的材料达11个纸袋之多。④

苏联在肃反过程中的扩大化，也确实是一个客观事实，伤害了很多无辜的干部和群众。但是，一些人说斯大林处死了几百万人甚至3000万直至5000万人，这些耸人听闻的数字是恶意编造的。

在俄罗斯国家图书馆，我们找到了2004年版的《俄罗斯大百科全书》。此书对斯大林时期判死刑的人数作了极为精细的考证，一些人所说的受害人数实际上被夸大了几十倍甚至上百倍。即使在赫鲁晓夫和戈尔巴乔夫之后的苏联和俄罗斯官方多次正式公布的文件中，也都充分证实了那些耸人听闻的数字是蓄意编造、恶意夸大的。

谎言之三：所谓"斯大林背叛了列宁和列宁主义"

1921年，俄共（布）第十次代表大会决定实行新经济政策，

---

① ［美］格雷弗·弗：《苏共二十大："秘密报告"与赫鲁晓夫的谎言》，马维先译，社会科学文献出版社2015年版，第63页。
② 参见张捷《从赫鲁晓夫到普京》，社会科学文献出版社2010年版，第20页。
③ 转引自张捷《从赫鲁晓夫到普京》，社会科学文献出版社2010年版，第20页。
④ 参见张捷《从赫鲁晓夫到普京》，社会科学文献出版社2010年版，第19页。

这是列宁和俄共（布）在当时条件下进行社会主义建设的成功探索。在必须实行新经济政策的同时，列宁又明确指出，新经济政策是一个过渡时期的政策，是一种暂时的"退却"。

1928年前后，苏联的国际国内形势发生了极大变化。当时，苏联国内粮食严重缺乏，部分富农却囤积了大量粮食，拒绝卖给国家，严重威胁城市居民的日常生活。同时，1929年爆发的世界资本主义经济危机给社会主义苏联带来引进各种技术、机器和设备的难得机遇。苏联工业产值每年平均增长20%左右。工业的高速发展，也要求农业提供足够的粮食和原料。

更为严峻的是，帝国主义强国入侵的危险，要求苏联必须尽快实现社会主义工业化和农业集体化，以加强经济和国防实力。1930年，斯大林明确指出："我们比先进国家落后了五十年至一百年。我们应当在十年内跑完这一段距离。或者我们做到这一点，或者我们被敌人打倒。"[1] 斯大林中止新经济政策，是为了适应当时国内外的新形势而作出的新的战略抉择。这是无可非议的。

新经济政策逐步中止后，苏联从1928年开始社会主义工业化建设，并提前完成了头两个五年计划，基本实现了国家工业化与农业集体化。苏联的工业生产跃居世界第二位和欧洲第一位，有力支撑了卫国战争所必需的军事装备和物质基础。到苏联卫国战争的中后期，苏军在武器装备的数量上也已逐渐占据绝对优势。大炮比德军多2.2倍，坦克多1.8倍，战斗机多6.8倍[2]，进而赢得了卫国战争的伟大胜利。事实证明，斯大林当时中止执行新经济政策，根本不是对列宁和列宁主义的背叛，恰恰相反，是对列宁主义新的坚持和发展。

---

[1] 《斯大林全集》第十三卷，人民出版社1956年版，第38页。
[2] 参见谭索《戈尔巴乔夫的改革与苏联的毁灭》，社会科学文献出版社2006年版，第609页。

谎言之四：所谓"社会主义公有制效益低下，这是苏联解体的根本原因"

曾经的苏联国民经济成就展览馆是俄罗斯民众至今都流连忘返的地方。在这里，通过对实物陈列的参观和大量翔实数据的对比，让我们进一步看到所谓"公有制经济没有效率、苏联时期一团糟"这一说法的荒谬。

事实上，在当时的苏联社会主义经济体制下，无论是国民收入还是工业总产值，与欧美主要发达国家相比，苏联均保持着相当优势。1950年至1982年，美国国民收入、工业总产值分别增长1.8倍和2.1倍，英国为1倍和0.9倍，联邦德国为3.4倍和3.9倍。而1950年至1984年，苏联国民收入、工业总产值则分别增长9.9倍和14倍。而戈尔巴乔夫执政后半期，推行以西方新自由主义为蓝本的经济改革，苏联在1989年至1991年才出现经济负增长，增长率为-7.7%。1991年经济增长率竟为-13%。①

谎言之五：所谓"第二次世界大战是希特勒与斯大林联合发动的"

苏联解体前后，俄罗斯境内外一些人声称，第二次世界大战是"希特勒与斯大林联合发动的"。

事实表明，是法西斯德国以不宣而战的方式首先出兵侵略苏联，苏联完全是自卫反击。苏联卫国战争是在自己的国土上组织反击法西斯侵略，斯大林这样的反法西斯领袖竟然被说成与希特勒联合发动第二次世界大战，只有希特勒之流及其类似的侵略者才会捏造出这样奇怪的逻辑。苏军后来跨越国境、进军中东欧地区及德国领土，攻克柏林，也是为了彻底摧垮德国法西斯的主力，严防德国法西斯死灰复燃，并解放法西斯铁蹄下的各国苦难民众。

普京总统多次严厉抨击肆意诋毁苏联军队、歪曲第二次世界大

---

① 参见［美］大卫·科兹、弗雷德·威尔《来自上层的革命——苏联体制的终结》，曹荣湘、孟鸣歧等译，中国人民大学出版社2002年版，第101页。

战历史的历史虚无主义思潮。2015年3月17日，在会见俄罗斯"胜利"组委会成员时，普京明确指出："今天我们看到的不仅仅是篡改、歪曲那场战争中事件的企图，还有恬不知耻的、赤裸裸的谎言，放肆地抹黑事实上把一切都奉献给那场胜利、捍卫和平的整整一代人。""这些人的目的昭然若揭：降低当代俄罗斯的力量和道德威望，剥夺其战胜国地位及相应的国际法影响；分化人民，挑起纷争，在地缘政治游戏中搞历史投机。"①

赫鲁晓夫在苏共二十大"秘密报告"中说，卫国战争爆发后，"斯大林认为一切都完了"，斯大林"没有到过任何前线""是按地球仪制定作战计划的"。而根据克里姆林宫警卫部队军官克拉西科夫（Красикое Сергей）的回忆，在战争爆发前后，斯大林得了严重的咽喉脓肿，一段时间体温高达40摄氏度。尽管如此，他仍然坚守岗位，及时发布各种命令，调兵遣将，领导抗击德国法西斯的斗争。②朱可夫元帅在回忆录中写道："斯大林通晓组织方面军和方面军群战役的基本原则，并且熟练地指挥了这类战役，他精通重大的战略问题……有一种流行的说法，认为最高统帅是凭地球仪来研究情况和定下决心的，这与事实不符……毫无疑问，他是当之无愧的最高统帅。"③华西列夫斯基（Александр Василевский）元帅的回忆录也说道，斯大林在1943年8月曾去西方面军和加里宁方面军前沿阵地视察，他连续"乘坐汽车外出两天，无疑对军队的士气产生了影响"④。

谎言之六：所谓"苏联时期的英雄模范很多都是伪造的"

直到今天，在俄罗斯街头，依旧矗立着苏联时期各种英雄人物

---

① 吴恩远、李晓华：《美国等国肆意诋毁苏联军队、歪曲二战历史》，《红旗文稿》2015年第12期。
② 参见张捷《从赫鲁晓夫到普京》，社会科学文献出版社2010年版，第24页。
③ 转引自张捷《从赫鲁晓夫到普京》，社会科学文献出版社2010年版，第27页。
④ ［苏］A. M. 华西列夫斯基：《华西列夫斯基元帅战争回忆录》，徐锦栋、思齐等译，解放军出版社2003年版，第484页。

的雕像。俄罗斯民众依然会献上鲜花,表达对他们的怀念与敬仰。

但一个时期以来,各种污蔑、歪曲苏联时期英雄人物的言论层出不穷,其中最恶毒的谎言之一就是对卫国战争中的女英雄卓娅的诋毁和攻击。

1941 年 11 月 26 日夜晚,游击队员卓娅放火袭击德军驻地,不幸落入敌手,被德军第 197 步兵师第 332 团施以残酷的绞刑。她牺牲时年仅 18 岁。1942 年 2 月 16 日,卓娅被苏联政府追授"苏联英雄"称号。

但在苏联解体前两年,自由派周报《论据与事实》却先后抛出两篇文章,污蔑卓娅患有"精神病",说她袭击的并不是德军驻地,而是农舍。就在污蔑卓娅的文章抛出后不久,莫斯科《共青团真理报》发表的彼得里谢沃村三位女村民的回忆说,当时德军占领了村子,将村民驱赶出农舍,德军却在老百姓家里安营扎寨。

显然,是卓娅的一腔怒火点燃了被德军侵占且住满侵略军的房舍。卓娅的英雄事迹很快传到了前线,进一步激发了红军战士的爱国热情和反击德国法西斯的勇气。当苏联红军展开全线反攻时,战场上最响亮的口号是:"为卓娅报仇!"被谎言玷污的绝不仅仅是卓娅一位英雄。国内外敌对势力对苏联人民引以为荣的几乎所有英雄和杰出人物都进行了诽谤甚至侮辱。

二 缘起与泛滥

在久负盛名的俄罗斯现代历史博物馆,保存着一份看似简单的打印文件。正是这份文件曾经震惊了整个世界,当年宣读这份文件的人,正是刚刚当选的苏共中央第一书记赫鲁晓夫。

1956 年 2 月 24 日深夜至 25 日凌晨,苏共中央举行的第二十次全国代表大会即将结束,已经担任苏共中央第一书记的赫鲁晓夫突然召集全体代表开会,擅自抛出未经集体同意而是由少数几个人炮制的长达四个半小时的题为《关于个人崇拜及其后果》的"秘密报告"①。赫鲁晓夫的"秘密报告",揭开了斯大林个人迷信等错误的盖子,但赫鲁晓夫又根本不具备解决这样一个高难度问题的基本立场和素养,也捅了娄子,更丢掉了列宁、斯大林这两把刀子。

莫斯科国立大学哲学系教授列昂尼德·多布罗霍托夫（Леонид Даоьрохогов）强调,现在国内外专门有学者在研究赫鲁晓夫的"秘密报告"。他们认为报告90%的内容是谎言,10%的内容歪曲了各种事件发生的原因和结果,歪曲了斯大林在"大清洗"事件中的作用等。事实上,报告就是一个纯粹捏造罪名的批判书。②

---

① 依据：1. 时任苏共中央委员和中央委员会主席团委员、苏联部长会议第一副主席莫洛托夫回忆说：赫鲁晓夫在苏共二十大上作的"报告未经中央讨论"。（参见[苏]费·丘耶夫：《同莫洛托夫的140次谈话》,王南枝等译,新华出版社1992年版,第417页。）2. 时任党中央主席团委员、部长会议第一副主席卡冈诺维奇回忆说："中央主席团没有委托赫鲁晓夫作这个报告"；"赫鲁晓夫在自己的回忆录中却肯定地说,是受中央主席团委托作的这个报告。他是自作主张作的这个报告。我们当时没有公开讲,只是因为我们不想分裂党"。（参见[苏]费·丘耶夫：《同莫洛托夫的140次谈话》,王南枝等译,新华出版社1992年版,第419页。）3. 历史学家巴尔苏科夫早在1996年就在认真研究赫鲁晓夫回忆录的全部录音和解密的档案材料的基础上首次确认了这样的事实：苏共中央主席团做出向代表大会作关于个人崇拜的报告的决定和向中央全会宣布这一决定时,当时准备好的只是波斯彼洛夫起草的调查报告。后来在秘密会议上所作报告的许多内容是赫鲁晓夫等人在大会期间通过紧张的"地下"活动加上去的。（转引自张捷《从赫鲁晓夫到普京》,社会科学文献出版社2010年版,第14页。）4. 著名理论家科索拉波夫也指出：赫鲁晓夫关于个人崇拜的报告"是由一小撮人炮制的,是未经集体同意擅自拿到代表大会上去的","他的行为实质上是一种反党行为",因此"严格地说,后来大声称道的'二十大路线'或'二十大精神'在党内没有取得合法地位"。（转引自张捷《从赫鲁晓夫到普京》,社会科学文献出版社2010年版,第14页。）

② 依据：美国蒙特克莱尔州立大学教授、历史学家格雷弗·弗通过对大量文献证据、历史事实,特别是对苏联解体后俄罗斯解密档案文件研究发现,赫鲁晓夫"'秘密报告'中所有直接'揭露'斯大林或贝利亚的论据,竟然没有一个与事实相符。更加切地说就是：所有经过检查的论据……赫鲁晓夫在其讲话中没有谈及一件可以称得上符合斯大林和贝利亚真实情况的事实。"（参见[美]格雷弗·弗《苏共二十大："秘密报告"与赫鲁晓夫的谎言》,马维先译,社会科学文献出版社2015年版,第2页。）

经过赫鲁晓夫的策划和煽动，报告的内容很快在苏联传播开来，不久在苏联社会上掀起了"非斯大林化"运动。攻击斯大林的言论和文学作品大量泛滥，许多以斯大林名字命名的城市、广场、街道等都改换了名称，斯大林的肖像被摘掉，纪念碑被毁坏。后来，斯大林的遗体也被迁出列宁墓。

一些人不仅怀疑、否定斯大林时期的一切，更把现实中所有存在的问题都同斯大林个人或斯大林时期联系起来，进而把攻击矛头直接指向共产党的领导和社会主义制度。

这种"非斯大林化"的错误思潮引发了东欧局势的动荡乃至动乱。1956年6月，在波兰的波兹南市发生了骚乱；10月，匈牙利首都布达佩斯发生了震惊世界的"匈牙利事件"。世界范围内也很快出现了对共产主义的信仰危机。西方一些国家共产党的党员纷纷提出退党，仅意大利共产党退党的党员就有20万人。曾任苏共中央政治局委员和外交部部长的莫洛托夫十分痛惜地说："二十大前真心实意地同情我们的约占全人类的百分之七十。而在二十大后再也没有这么多人支持苏联、共产主义和共产主义制度了。"①

1985年3月，54岁的政治局委员米哈伊尔·戈尔巴乔夫当选为苏共中央总书记。自称是"苏共二十大产儿"的戈尔巴乔夫，在回忆录中曾这样夸赞赫鲁晓夫，他"对制度的化身斯大林的批判，不仅暴露出整个我国社会极其严重的状态"，而且"引发了对体制进行改革的希望，对政治经济领域和精神生活领域的新的过程的发展起了推动作用。这应当算作赫鲁晓夫的功劳"②。

1987年2月，戈尔巴乔夫在有关"公开性"的一次讲话中说，

---

① 转引自梁柱《毛泽东的预见与苏联解体的历史教训》，《思想理论教育导刊》2011年第1期。

② [俄] 米·谢·戈尔巴乔夫：《真相与自白——戈尔巴乔夫回忆录》，述弢等译，社会科学文献出版社2002年版，第56页。

在苏联的"历史和文学中都不应有被忘却的名字和空白点"①。所谓"不留空白点"就是全面挖掘苏联历史的负面内容，全面抹黑苏联历史。这应是苏共最高领导层带头对自己党和国家的历史进行全面清算和彻底否定的政治召唤。1985年7月，戈尔巴乔夫任命雅科夫列夫为苏共中央宣传部部长，后来又以调整分工为名，把主管苏共中央意识形态工作的利加乔夫（Егор Лигачев）调开，雅科夫列夫成为指导"改革"与"公开性"运动即宣扬历史虚无主义的直接指挥者和"精神教父"，雅科夫列夫走马上任后，随即撤去了一批坚持马克思主义、坚持社会主义的媒体领导人，扶植起一批体制内知识界、传媒界的资产阶级自由化人物。

曾任苏联部长会议主席的雷日科夫（Николай Рыжков）曾这样揭露说，在推行言论自由的那几年中，人们不是寻找建设性的办法来医治社会疾病，而是利用言论自由来毁灭这个社会。

这是一个"开棺"的年月。所谓的大众传媒开20世纪20年代、30年代直至50年代之"棺"，对历史的层出不穷的所谓"新揭露""新评价"劈头盖脸压来，并由此转入了对苏联社会主义的"进攻战"，从根本上颠覆了整个社会舆论的导向，动摇了人们的理想信念，改变着人们的价值观。俄罗斯政论家弗拉季斯拉夫·施韦德（Владислае Швед）指出，当时苏共掌管的主要杂志，所有的媒体都开始了反社会主义的宣传活动，此后四年苏联人民的思想却被反人民的媒体所控制，以使他们确信苏维埃政权应该受到惩罚，人民生活不好都是苏联政权导致的。

党的领袖、意识形态工作的领导人、体制内知识界的实权派先后卷入历史虚无主义狂潮之后，在国内外敌对势力的策动下，一些专家学者、作家、艺术家、新闻记者、电视主持人、时政评论家等摇身一变，以"自由派知识分子"自居，以争当持不同政见者为荣。他们

---

① 转引自陈之骅《苏联解体前夕的历史虚无主义》，《高校理论战线》2005年第8期。

相互配合，呼风唤雨，兴风作浪，动摇了苏联社会主义大厦的根基。

正如俄罗斯国家杜马安全委员会主任、俄共杜马议员维·伊柳欣（Виктор Илюхин）在《控告总统·起诉状》中所说的那样："在他（戈尔巴乔夫）的统治下，整个国家都被变成了考古发掘地。"[①]

历史虚无主义传播的主要渠道之一：各类失控的媒体和名目繁多的研讨会、报告会

在戈尔巴乔夫的极力推动下，1990年6月，苏联最高苏维埃通过了新闻出版法（《苏联报刊及其他大众新闻媒介法》），宣布"新闻自由""不允许垄断任何一种舆论工具"。同年7月15日，戈尔巴乔夫又颁布命令，宣布电视和广播"独立于政治和社会组织"，不允许"任何政党"进行垄断。这就使得反对派政党团体办报和私人办报完全合法化。到1990年10月，在苏联已有700多家报刊，包括13个党的报刊进行了重新登记，其中1/7的报刊变更为私人或民间团体所有，还出现了一些独立通讯社和独立报刊。到苏联解体前，苏共直接掌握的报刊仅占经苏联国家报刊委员会登记的全国性报刊的1.5%。[②] 社会舆论完全失控。

一批正直的、有良知的职业历史学家努力揭示历史真相，但他们的声音完全被淹没在历史虚无主义的恶潮之中。他们被各种历史学学术会议所排斥，甚至不能够查阅档案，其著作也不能出版。这些失控的媒体和各种研讨会成了历史虚无主义者造谣诬陷的平台，动摇了苏联党和国家的历史根基。

俄罗斯科学院哲学研究所首席研究员、哲学家弗拉季连·布罗夫（Владипен Ъуров）指出，俄罗斯的一个大的错误，就是不应把媒体的控制权交到想要民主却收获寡头专制的人手中，实际上落在

[①] ［俄］B. A. 利西奇金、Л. A. 谢列平：《第三次世界大战——信息心理战》，徐昌瀚等译，社会科学文献出版社2003年版，第283页。

[②] 参见中共中央党校科研部编《苏共的失败及教训》，中共中央党校出版社1994年版，第171页。

了反共产主义势力的手中。

与爆炸式出现的自由派媒体相比，体制内媒体"倒戈"造成的危害更加可怕。比如《莫斯科新闻》《文学报》以及隶属于最高苏维埃的《消息报》等报刊，纷纷抛弃原有的机关报属性，宣告"独立"。各类负面消息借"公开性"之名充斥媒体，掀起了一场"揭露历史污点"的舆论浪潮。苏联体制内的媒体曾经具有很高的权威性，受到民众信赖。官方媒体的"倒戈"使相当多的干部群众误认为这些信息是传递着党的正确声音，讲述的是历史的真实，从而自觉不自觉地被历史虚无主义浊浪裹挟甚至淹没。

历史虚无主义传播的主要渠道之二：篡改历史教科书

篡改历史教科书也是历史虚无主义传播的重要渠道。在戈尔巴乔夫推动下，苏联高校的党史、国际共运史、科学社会主义教研室纷纷关闭，很多教师只得改教西方哲学或西方政治学。

1988年6月，苏联教育部认定"以前的教科书都是美化苏联历史"，全国所有学校的苏联历史课本在1989年全部销毁，并取消本学期中小学历史课考试，重新编写中小学历史教科书。紧接着，各种版本的新编历史教材开始出现。许多教材一味强调"历史污点"，公然采用造谣、污蔑等卑劣手段，颠覆了青少年的历史观和价值观，造成了恶劣的社会影响。

俄罗斯著名历史学家、传记作家罗伊·麦德维杰夫（Рой Медведев）认为，问题在于20世纪90年代出版了很多篡改历史的教材，而且种类繁多。教师们对此手足无措。

历史虚无主义传播的主要渠道之三：所谓"历史档案"的"揭秘"

所谓"历史档案"的"揭秘"也有力地助推着历史虚无主义的泛滥。戈尔巴乔夫还在档案的整理与解密方面大做文章，特意指定雅科夫列夫等人专门插手此事，有针对性和选择性地解密了列宁、斯大林时期的所谓"历史档案"。他们把大量说明列宁、斯大林时期成就的档案搁置一旁，而专挑个别失误掐头去尾、碎片化地放大，再进行加工和拼接，颠倒黑白、篡改事实、蛊惑民众。

历史虚无主义传播的主要渠道之四：文学艺术领域

文学艺术领域也成了渲染历史虚无主义的重要渠道。在苏联国内以及西方媒体的大力渲染下，解禁并推出了一大批丑化苏联共产党和社会主义制度的作品。如雷巴科夫（Анатолий Рыбаков）的小说《阿尔巴特大街的孩子们》、帕斯捷尔纳克（Борис Пастернак）的小说《日瓦戈医生》和索尔仁尼琴（Александр Соиженицын）的小说《古拉格群岛》等。《古拉格群岛》还有一个副标题——"艺术研究的尝试"。根据索尔仁尼琴的自述，他本来想用科学研究的方法写一部劳改营的历史，但由于缺乏材料，只好用所谓"艺术化"的方法。他说："科学研究需要有 100 个或 200 个事实，我只有两三个。但是，事实的缺欠可以通过'艺术的跳跃'来解决，或通过猜测、讲一个故事和插入一句谚语来填补。"① 也就是说，用凭空虚构和编造的方法写成的《古拉格群岛》竟然成了所谓"历史的凭证"，使之成为瓦解苏联共产党和苏联社会主义国家的一发重磅炸弹。

否定和丑化党的历史的文艺作品也在不断滋生。在谢瓦尔德纳泽（Эдуард, Шеварднадзе）支持下，格鲁吉亚导演钦吉兹·阿布拉泽（Тенгиз Абуладзе）拍摄了电影《忏悔》。该片主题就是要拆解"斯大林神话"，揭露所谓斯大林时期社会主义的"政治暴力"。戈尔巴乔夫在审看完这部片子后，毫不犹豫地批准了该片的公映。从 1986 年 12 月初开始，莫斯科 15 家影院连续三个月放映了这部影片。《忏悔》的公映是苏联"共产主义意识形态崩溃的开始"。

俄罗斯军事史学会科研处处长米哈伊尔·米亚科夫（Михаилк Мягков）指出，20 世纪 90 年代，国内出版了大量的书籍，不仅批判斯大林的政策，也批判苏联的总方针及其对外政策。上映的一些

---

① 郭松民：《悲剧的索尔仁尼琴》，http://news.xinhuanet.com/comments/2008 - 08/05/content_ 8957654. htm。

电影中，反映在前线作战的似乎只是那些罚做苦役的罪犯。这就在本质上歪曲了事实。

三 助推与演变

第二次世界大战的硝烟尚未散尽之时，美国就计划用军力，包括用核武器摧垮社会主义苏联。1949年9月23日，苏联第一枚原子弹爆炸，迫使美国战略重点逐渐转向实施和平演变计划。

1947年7月，时任美国国务院政策计划室主任乔治·凯南（George Kennan）提出：实行和平演变战略，瓦解苏维埃政权。1957年7月，时任美国国务卿的约翰·杜勒斯（John Dulles）在记者招待会上宣称，应当有一个"基本的信念"：赫鲁晓夫的"孩子的孩子，他的后代将获得自由"[①]。这就是通常所说的西方把和平演变的希望寄托在共产党的第三、四代身上。1982年6月，时任美国总统罗纳德·里根在英国议会发表讲话强调，美苏之间的竞争是"思想和价值观念的竞争"。

推行"接触"即"和平演变"战略的西方阵营，在意识形态领域展开一轮又一轮攻势。这就为历史虚无主义在苏联的滋生、蔓延和泛滥，提供了强有力的外部推动力。其主要表现为以下几个方面。

一是以美国为首的西方国家斥巨资，建立了专门针对社会主义国家的新闻媒体。据不完全统计，仅美国一家，就在苏联周围10多个国家设立了20多个新闻中心，出版80多种杂志、60多种期刊，设立了近2000家电视台、广播电台、无线电转播台，用60多种语言播放内容庞杂的各种节目。

1956年2月25日，赫鲁晓夫全盘否定斯大林的"秘密报告"

[①] 《杜勒斯言论选辑》，世界知识出版社1959年版，第322—323页。

出台后，美国当局兴奋异常。时任美国中央情报局局长艾伦·杜勒斯（Allen Dulles）敏锐地觉察到："由此发起的非斯大林化是赫鲁晓夫对共产主义事业犯下的最大错误，它将在东欧和苏联引起严重动荡，特别是威胁到那些由斯大林栽培的东欧国家领导人，美国应该通过公开的和秘密的手段利用这一极好的机会。"① 中情局不惜重金，以几十万美元的大价钱从以色列"摩萨德"特工手中买下赫鲁晓夫"秘密报告"的全文。一经认定报告的真实性，旋即于1956年6月4日由美国国务院向外界公开，同日由《纽约时报》全文发表。美国中情局还指使"美国之音"用43种语言，每隔一小时就向全球播放一次"秘密报告"。《纽约时报》就此报道："美国政府显然决心要利用赫鲁晓夫关于斯大林一系列残暴行为的说明，来对整个苏联制度及其领袖们进行一次重大的宣传攻势。"②

1987年1月，戈尔巴乔夫下令停止对"美国之音"进行技术性干扰。美国舆论得以在苏联畅行无阻。对此，美国国际广播委员会评论说："苏联停止干扰西方广播，可能比戈尔巴乔夫决定从东欧撤军50万的允诺更重要。对美国来说，它为促进苏联社会的'和平演变'，提供了难得的机会。"③

二是西方国家运用人员往来、文化交流等手段培养支持苏联国内亲西方的"政治知识精英"。1956年9月，美国政府决定利用"和平共处"之机，鼓动苏美间进行"大规模人民对人民的交流"，提出邀请1万名苏联大学生到美国留学，费用全部由美国政府负担。美国总统艾森豪威尔后来谈到这一意图时指出："有朝一日，一批新人将会在苏联掌权，我要努力争取的正是这一代。"④ 莫斯科

---

① 时殷弘、蔡佳禾主编：《战后世界历史长编（1956—1958）》第11册，上海人民出版社2000年版，第55页。
② 《帝国主义反对社会主义国家的言论和政策》，人民出版社1965年版，第13页。
③ 转引自朱继东《苏联亡党亡国过程中的几次法治改革陷阱及警示》，《红旗文稿》2015年第9期。
④ 转引自李燕《不仅观看，而且也参与其中》，《北京日报》2016年12月26日。

国立大学社会学系原副主任叶夫根尼·格拉奇科夫（Евгений Грачнков）认为，西方拥有的最强大的武器，除核武器之外，他们运用意识形态斗争中所有的方法，比如用广播、电视和文化交流等名义，这在相当大的程度上对人们产生了负面影响，甚至在苏联内部形成了支持美国和整个西方的第五纵队。

在西方国家极力拉拢和培植的人员当中，最具代表性的就是戈尔巴乔夫的得力干将雅科夫列夫和被称为"氢弹之父"的萨哈罗夫（Андрей Сахаров）。雅科夫列夫是在被选派到美国哥伦比亚大学进修期间，发生了"世界观改革"，认为"社会主义梦想自我了结的时刻，社会主义思想的动员能力自我消耗殆尽的时刻迟早将要到来"[①]。在西方势力的支持下，萨哈罗夫出面创办了《公开性》杂志，在巴黎用俄文发行，发行量很快达到2万多份，另外还用英文、法文、德文、西班牙文等在纽约等国外其他地方出版。1989年，萨哈罗夫没有辜负西方厚望，他联合叶利钦，逼迫取消了苏联宪法中规定苏共领导地位的第六条。

三是西方阵营充分运用小说、电影、戏剧等文学作品形式在苏联推动历史虚无主义的扩散。20世纪60年代下半期，西方利用东西方缓和的时机，多次派人以各种身份到苏联进行活动，把作家群体作为"工作"的重点对象。索尔仁尼琴就是其中之一。在西方势力的指挥下，他的《癌症楼》《第一圈》和《古拉格群岛》等歪曲、否定苏共和苏联的作品被转移到国外出版，然后偷运回国内进行散发、传播。

四是一些诺贝尔奖项也成为西方宣扬西方价值观和抹黑苏共历史的重要工具。诺贝尔奖委员会给苏联人颁发的16个奖项也无不充满着意识形态的用心，其中最为突出的是5次文学奖。1956年，苏联作家帕斯捷尔纳克完成了长篇小说《日瓦戈医生》。他在书中

---

① ［俄］亚·尼·雅科夫列夫：《一杯苦酒——俄罗斯的布尔什维主义和改革运动》，徐葵等译，新华出版社1999年版，第22页。

借用日瓦戈医生的悲剧人生，旨在说明"苏联十月革命是个错误，而对支持革命的那部分知识分子来说，参加革命是场无可挽回的灾难，并且以后发生的一切都是罪恶"。小说在苏联国内没有被允许出版。美国中情局在1958年1月获取《日瓦戈医生》手稿后，认为"此书拥有巨大的宣传价值"。时任中情局局长艾伦·杜勒斯亲自监管并报艾森豪威尔总统行动协调小组批准，资助用俄文等多国文字印刷《日瓦戈医生》。当年年底帕斯捷尔纳克因该书被授予诺贝尔文学奖。

五是名目繁多的基金会成为西方在苏联助推历史虚无主义的有力渠道。美国中央情报局前雇员弗朗西斯·桑德斯（Francis Saunders）在其著作《文化冷战与中央情报局》中说，1963年到1966年，至少有108个基金会的资金部分或全部来自中央情报局。其中货真价实的如福特、洛克菲勒、卡内基等基金会，是最为便捷的资助掩护机构。[①] 比如福特基金会，其资助的"东欧基金"就是中央情报局的外围机构，它与契诃夫出版社建立了密切的联系，该社从福特基金会那里拿到52.3万美元用于购买在苏联被禁止出版的图书。

弗拉季连·布罗夫说："我们有一些组织和一些人从西方获得金钱，然后在国内写文章，出版书籍，召开学术会议，代表的却是出钱的西方基金会的立场。可以把这些人看作'外国代理人'。"

六是美国驻苏大使馆在意识形态渗透和搞乱苏联政局方面，担负着前线指挥部的角色。美国驻苏联大使馆肩负的一项重要使命，就是通过各种途径了解苏联情况，为美国政府制定对苏政策提供重要依据和决策参考。美国著名外交家和苏联问题专家乔治·凯南，就曾长期供职于美国驻苏联使馆。他于1946年2月提出了著名的"遏制政策"，为美国及西方国家搞垮苏联发挥了极其重要的先导作

[①] 参见［英］弗朗西斯·斯托纳·桑德斯《文化冷战与中央情报局》，曹大鹏译，国际文化出版公司2002年版，第148—149页。

用。美国最后一任驻苏联大使小杰克·马特洛克（Jack Matlock）在走马上任后不久就迫不及待地拜访了刚被释放的萨哈罗夫，他还多次会见波罗的海三国分裂势力的代表，明确表达美国政府的支持态度。在他的回忆录《苏联解体亲历记》中清晰记载：当苏联政治斗争越来越白热化时，"我几乎每天都可见到一些改革者"，同他们交谈，并且"经常提供一些令我们的客人感兴趣的出版物"[①]。

七是利用档案或所谓档案解密助推历史虚无主义泛滥。美国当局设法通过与戈尔巴乔夫集团合作，利用经过选择或剪裁甚至伪造的档案对苏联历史进行篡改。这些经过准许披露的所谓档案，也成了国内外对苏联历史进行篡改污蔑的重要来源。

俄罗斯科学院远东研究所高级研究员列昂尼德·别列洛莫夫（Леонид Переломов）指出，没有哪一个国家会把自己的档案拱手送给别国。他们把大量档案，包括绝密档案，廉价卖给美国人和日本人。

罗伊·麦德维杰夫也说，首先得到档案材料的是外国人，而当时苏联学者和俄罗斯学者却不允许接触档案。外国人在3年的时间内用自己的设备，拍下了他们在档案馆能够找到的所有档案材料。待与外国的合同到期之后，档案才向俄罗斯学者开放。罗伊·麦德维杰夫还告诉我们，戈尔巴乔夫为了抹去其最终背叛苏联人民的证据，还把自己与美国相互勾结的电报的原始卷宗全部送交给了美国人，连副本也没有留下。

四 根源与实质

从本质上说，历史虚无主义不过是阶级斗争在意识形态领域的一种特殊反映。历史虚无主义的妖风为何能在社会主义的苏联越刮

[①] [美]小杰克·马特洛克：《苏联解体亲历记》（上），吴乃华等译，世界知识出版社1996年版，第437、461页。

越烈，其深层次的根源何在？俄共下诺夫哥罗德州州委书记、州议会副议长弗拉季斯拉夫·叶戈罗夫（Владислае Егоров）指出，历史虚无主义否定苏联时代存在过的一切正面的事物，否定社会主义革命带来的一切有益方面。它破坏和转变了苏联时代的社会意识，这是在为实现1991年的反革命剧变作铺垫。宣扬历史虚无主义，是国内外敌对势力在思想上进行颠覆活动的最为有效的方式之一。让我们首先来看看苏联历史虚无主义的始作俑者赫鲁晓夫点燃此场"虚无"之火的深层次思想根源。

赫鲁晓夫虽然成长于革命时代，有过卫国战争经历，但在担任苏联党和国家最高领导人后却背离乃至最后背叛了人民群众的根本利益。究其缘由，一是赫鲁晓夫对共产主义缺乏坚定的信仰和信念。二是赫鲁晓夫是一个善于玩弄权术并在世界观和价值观上"虔诚"信奉个人主义思想和唯意志论的实用主义者。因此，他是一个典型的"两面人"。1949年12月，在他需要斯大林提拔的时候，赫鲁晓夫曾在《真理报》上撰文献上这样的颂词："荣誉属于亲生父亲、英明的导师、党和苏联人民及全世界劳动者的天才领袖斯大林同志！"但在斯大林去世后的1956年的"秘密报告"中，却把斯大林谥为"暴君""俄罗斯历史上最大的独裁者"。

十月革命前后，许多不同阶级阶层的人加入革命队伍，不少人得到艰苦锤炼，成长为真正的革命者。但也有一些目的不纯的人混入革命队伍，最终形成了脱离人民群众的既得利益集团。

苏联最高苏维埃主席卢基扬诺夫（Анатолий Лукьянов）、苏联国防部长亚佐夫（Язов）都指出，1987年以前，戈尔巴乔夫表现得好像非常坚定，但实际上他的信仰早就发生了动摇。戈尔巴乔夫曾私下里多次说："共产主义思想对于我已经过时。"[①] 1991年12月25日，随着戈尔巴乔夫宣布自己辞去总统职位，克里姆林宫上

[①] 转引自李燕、刘新民《戈尔巴乔夫改革时期苏联对斯大林的批判及其后果》，《理论界》2010年第10期。

空飘扬的苏联国旗在寒风中黯然垂落。其实，在距离戈尔巴乔夫宣读最后辞职书两小时之前，他就首先拿起电话向美国总统布什做了汇报："我亲爱的朋友乔治……大约两个小时后，我将在莫斯科电视台宣布我的决定……我将把使用核武器的权力交给俄联邦总统……您完全可以安心过圣诞节了。"① 重大历史关头，往往首先向美国总统汇报，这似乎已成为戈尔巴乔夫的习惯。当这些历史的真实被披露之际，不能不让人瞠目结舌。

而另一位苏共高层领导人雅科夫列夫，后来在《一杯苦酒》一书中坦言："常常有人问我，我是什么时候和为什么开始背离马克思主义的……赫鲁晓夫1956年在苏共第二十次代表大会上做的报告，对拨正看法和形成新的评价起了决定性的作用。"②

雅科夫列夫在西方出版的《共产主义黑皮书》一书序言中袒露："用列宁的权威打击斯大林和斯大林主义。倘若收到成效，之后便用普列汉诺夫和社会民主主义打击列宁，用自由主义和'道德社会主义'打击一切革命至上主义。这不是像赫鲁晓夫那样带有情绪的叫嚷，而是带着深刻的潜台词：罪恶的不单是斯大林，整个制度都是罪恶的。"③ 戈尔巴乔夫和雅科夫列夫助推历史虚无主义，还有更为深层和隐秘的原因。雅科夫列夫之所以能上台，始于他1983年与戈尔巴乔夫在加拿大的会面，两人的思想不谋而合。弗拉季斯拉夫·施韦德指出，1983年戈尔巴乔夫访问加拿大，雅科夫列夫在那里等他，他俩彻夜长谈。最后得出结论是：社会主义是发展的死胡同，应该改变社会主义制度。在戈尔巴乔夫和雅科夫列夫等人的纵容下，一些所谓知名的文学家、政论家、历史学家罔顾事实，颠倒黑白，在恶毒篡改、否定苏联历史的同时，对资本主义制度大放

---

① 《戈尔巴乔夫涉嫌叛国》，http://rusnext.ru/news/1450449786。
② ［俄］雅科夫列夫：《一杯苦酒——俄罗斯的布尔什维主义和改革运动》，徐葵等译，新华出版社1999年版，第10页。
③ 转引自孙铭《瓦解苏共的思想杀手——雅科夫列夫》，《红旗文稿》2014年第11期。

赞美之词。他们中一些人的初期目标还只是批判斯大林，不久便就将矛头直指列宁，其根本目的是否定十月革命，否定党的领导和社会主义制度。1988年秋，戈尔巴乔夫在中央委员会独揽大权。苏联内部的蜕化变质分子与西方的第五纵队和持不同政见者这三股力量完全合流，集合在戈尔巴乔夫这面大旗之下。"1988年可以称之为社会意识的大转变之年。"①

苏联解体后5年，美国马萨诸塞州立大学教授大卫·科兹（David Kotz）等人出版《来自上层的革命——苏联体制的终结》。该书英文版序言中指出："苏联体制的瓦解，不是源于与经济崩溃一道而来的群众暴动，而是源于其自身的统治精英对个人利益的追逐。"②

利西奇金（Владимир Лисицкин）、谢列平（Леонид Шелеин）在《第三次世界大战—信息心理战》中说："从（20世纪）70年代初开始，持不同政见者的状况渐渐发生质的变化"；"新出现的持不同政见者成了西方大众传媒关注的中心，并获得了世界声誉。他们开始得到津贴，经常得到各种奖励和奖金"；"持不同政见逐渐成了一种可以炫耀自己优点的职业，这种职业甚至变得愈来愈吸引人"③。

俄罗斯国立社会大学人文系教授尼古拉·斯塔罗斯坚科夫（Николай Солдатенко）指出，问题在于那个时期进行的很多历史问题研究，都是受国外资助，这就刺激一些历史学家去看给他课题的人的眼色行事。

西方国家还十分注重收买苏联的"关键人物"。收买的方式也是多种多样。据戈尔巴乔夫助手博尔金（Валерий Болдин）回忆，

---

① [俄] В. А. 利西奇金、Л. А. 谢列平：《第三次世界大战——信息心理战》，徐昌瀚等译，社会科学文献出版社2003年版，第239页。
② [美] 大卫·科兹、弗雷德·威尔：《来自上层的革命——苏联体制的终结》，曹荣湘、孟鸣歧等译，中国人民大学出版社2002年版，第10页。
③ [俄] В. А. 利西奇金、Л. А. 谢列平：《第三次世界大战——信息心理战》，徐昌瀚等译，社会科学文献出版社2003年版，第162页。

戈尔巴乔夫上台后不久,就从西方得到许多奖金、奖品、稿费,其个人账户上很快就有了100多万美元。戈尔巴乔夫的夫人赖莎(Райса Максимовна)1991年亲自和美国出版商洽谈出书事宜。一本名为《沉思》、实际上是由记者普里亚欣(Георгий Пряхин)代笔的小书就这样面世了。这本书不过发行几百本,却付给她300万美元稿费。

曾任苏共中央政治局委员、分管意识形态工作的利加乔夫在其回忆录《警示》中这样描述苏共垮台、苏联解体后的大众传媒:"这里的一切都取决于金钱。电子媒体和印刷品需要大量资金,而这些钱全掌握在那些疯狂掠夺人民财富的人手里。无论何种形式的独立出版物的言论都是在放空炮、蛊惑而已。"① 他在书中还谈到这样一种说法:"当权者企图掩盖政策的真正本质,他们不想让人民知道真相。他们宣称,无论是社会主义还是资本主义在俄罗斯都无发展之地。事实上,他们正与外来力量共同实行复辟一百年前的资本主义制度。"②

而苏联历史虚无主义泛滥的国外推手的根本目的是什么呢?早在1948年,乔治·凯南就一语道破。他说:"我们拥有世界50%的财富,但人口仅占世界的6.3%。在这种形势下,我们难免会成为嫉妒和怨恨的对象,下一时期我们的真正任务,是设计某种关系模式,使我们得以保持这种差距而又不危害我们的国家安全。"③

苏联的亡党亡国,还有着深刻的国内社会根源。党的干部队伍中一些人经不起考验,严重脱离群众,进而形成既得利益集团,严重损害了党与人民群众的血肉联系。特别是戈尔巴乔夫执政后期,

---

① [俄] В. А. 利西奇金、Л. А. 谢列平:《第三次世界大战——信息心理战》,徐昌瀚等译,社会科学文献出版社2003年版,第162页。
② [俄] 叶·库·利加乔夫:《警示》,钱乃成译,当代世界出版社2001年版,第366页。
③ [俄] 叶·库·利加乔夫:《警示》,钱乃成译,当代世界出版社2001年版,第350页。

当人民群众看清苏共高层已彻底背叛了共产党的宗旨而感到绝望之时，最终选择抛弃这个党。这就是在苏共亡党、苏联解体之际，广大党员和民众漠然相向的社会心理原因。

五　灾难与反思

苏联解体30年了，与世界上一些国家日新月异相比，大多数苏联原加盟共和国发展却很缓慢。有数据表明，从1986年到1991年，苏联经济年增长率从4.6%跌到-13%[①]；外债从250亿美元飙升到1039亿美元；黄金储备从2500吨降为240吨[②]；汇率从1卢布折合1.5美元变为0.011美元，贬值140多倍。一位接受我们采访的俄罗斯民众说："清早起来排队，排了第一个想买点茶喝，结果到跟前啥都没有。我退休金并不多，当时只有90卢布。我工作55年了。"弗拉季斯拉夫·叶戈罗夫指出，现在俄罗斯最富有的100位亿万富翁占据了整个社会90%以上的财富。有2000万贫困人口。这也就是说，每7个人中，就有一个生活在贫困之中。

在意识形态方面，历史虚无主义是其他种种错误思潮的开路先锋。否定了社会主义和共产主义、抛弃了苏联和苏共，西方贩卖的"新自由主义""民主社会主义""普世价值""新闻自由""民主宪政""公民社会""司法独立""军队国家化"等五花八门的西方思潮就乘虚而入。俄罗斯科学院波利亚科夫（Юрий Попаков）院士说，苏联解体对俄罗斯最严重的影响，是俄罗斯人丧失了"灵魂"：个人主义情绪增长，无视他人权利，人际关系淡漠，相互敌视情绪蔓延，反社会行为大幅增加，青少年犯罪率激增。

---

① 参见［美］大卫·科兹、弗雷德·威尔《来自上层的革命——苏联体制的终结》，曹荣湘、孟鸣歧等译，中国人民大学出版社2002年版，第101页。

② 参见《苏联改革：公民经济损失几何》，https：//finance.rambler.ru/business/37749351/?utm_content=finance_media&utm_medium=read_more&utm_source=copylink。

在地缘政治方面，苏联解体，四分五裂。拉脱维亚、爱沙尼亚、立陶宛等国加入北约和欧盟。欧洲军事与政治版图发生急剧变化，俄罗斯的战略空间受到严重挤压。东欧、中亚和外高加索的一些国家也成为西方遏制、干涉俄罗斯的前沿阵地。

伴随苏联解体，社会主义的声誉一度遭到严重损坏。社会主义"终结论"、马克思主义"失败论"、资本主义"一统天下论"甚嚣尘上，冷战后世界社会主义运动跌入低谷，人类的正义和进步事业遭受严重挫折。以历史虚无主义为引线的和平演变和颜色革命，刚开始之时，往往看不到硝烟和暴力，一旦人们被错误的舆论所引导之后，就会被国内外资本进一步导向内乱、内战甚至国与国之间真枪实弹的热战。

70多年过去了，第二次世界大战的硝烟仿佛在苏联上空仍未散尽。20多年来，普京执政的俄罗斯，不得不向境内外企图篡改第二次世界大战历史、抹黑苏军、造谣中伤苏联的各种行为展开激烈的反击战。

历史虚无主义带给俄罗斯的灾难是深重的，但苏联解体30年后，令人欣慰的消息也不断涌来。俄罗斯科学院俄国史研究所所长尤里·彼得罗夫（Юрий Петров）指出，越来越多的人渐渐明白，我们父辈和祖辈为了我们的国家工作，而我们不能昧着良心说他们是白活了。他们过去的业绩很值得我们铭记。

首先，对于苏联时期的领袖，俄罗斯民众有了更加理性、清醒和深刻的认识。2021年6月23日，列瓦达中心就"对斯大林的整体评价"主题进行调查，结果显示，60%的被访者对斯大林持"赞赏""尊重""好感"态度；28%的被调查者持中间态度，只有11%的被访者持负面评价。[①] 而2001年对斯大林负面评价的

[①] 参见《俄罗斯和乌克兰对斯大林的态度》，https：//www.levada.ru/2021/06/23/otnoshenie-k-stalinu-rossiya-i-ukraina/。

人竟高达43%。① 2017年6月27日《俄罗斯报》报道：最近关于斯大林的消息占据了俄罗斯各报头版，仿佛是在进行军队大元帅竞选。俄罗斯报纸通栏大标题写着："斯大林从地下冒出来了。"斯大林的各种挂像、雕像几乎每一天都会在各个地方冒出。但主导这种行为的，不是左派，也不是俄罗斯共产党，而是各级政权。②

其次，2016年民调显示：俄罗斯99.1%的民众明确反对把苏联社会体制、苏联模式的失败看成必然。③ 2020年3月列瓦达中心民调显示，3/4的俄罗斯人认为苏联时代是历史上最好的时期。④ 民调中，有人说："对苏联'怀旧'在中老年人中更为普遍，但俄罗斯年轻的后苏联人也同意这些观点"，"他们将苏联认定为社会公正的国家"⑤。

俄罗斯民众尼娜·伊万诺夫娜（Нина Ивановна）说：在苏联时代，我有工作，每月按时领取工资，并可以预支工资，我们生活得非常安宁祥和，人与人之间非常和善，大家相互帮助，非常和谐友爱。突然间这个友爱家庭一下子四分五裂，我们都在拼命地挣扎。

《俄罗斯报》曾随机调查了254位各界民众。问卷共有5个题目，其中第一个题目是："今天，说到苏联能使您联想到什么？"90%以上的答案是颂扬和怀念。64岁的退休人员维塔利说："闭眼不看现状，为过去而自豪。"52岁的经济工作者叶莲娜说："那时我不怕一个人夜里走路。每个人都是我的朋友。"51岁的退休人员

---

① 参见《对斯大林态度的变化趋势》，https://www.levada.ru/2019/04/16/dinamika-otnoshrniya-k-stalinu/。
② 参见吴恩远《妖魔化斯大林就是对俄罗斯和苏联的攻击》，《世界社会主义研究》2017年第7期。
③ 参见吴恩远《再论十月革命开辟的人类历史新纪元》，《马克思主义理论学科研究》2017年第3期。
④ 参见《3/4俄罗斯人认为苏联时代是国家历史上最好时期》，https://www.levada.ru/2020/03/24/tri-chetverti-rossiyan-schitayut-sovetskuyu-epohu-luchshej-v-istorii-strany/。
⑤ 参见《苏联记忆的重构与再现》，https://www.levada.ru/2020/03/24/struktura-i-vosproizvodstvo-pamyati-o-sovetskom-soyuze/。

弗拉基米尔回答："那是世间少有的幸福、和平、友善和仁爱的国家。它像一只幸福鸟一样离开我们飞走了，寻找不会出卖它的人去了。"这份问卷的第四个题目是："20 年来独联体国家人们的生活发生了怎样的变化？哪些变化对于您是最重要的？"90% 以上的人感到痛惜和痛苦。20 岁的大学生阿尔卡季说："对未来丧失了信心，大家都只顾眼前。"52 岁的经济工作者加林娜说："如今已经不再用爱国主义教育青年，金钱就是亲爱的上帝。"24 岁的职员安东答道："俄罗斯古已有之的术语'苏维埃'被外来的'民主制'换掉了。其后果是，俄罗斯既不是前者，也不是后者，什么都没有了。"43 岁的职员米哈伊尔则说："回头想想，为阻止我们的国家被出卖，自己什么都没有做，我十分后悔。"[①] 当代乌克兰政治家格奥尔吉·克留奇科夫（Геóргий Крючксв）指出，过去人们曾坚信西方能够带来美好。现在人们开始意识到什么是资本，什么是失业，什么是生活最低保障，等等。资本主义并没解决原来的任何社会问题，反而冒出众多新的更为严峻的问题。

俄罗斯政治家的反思更具代表性。2000 年 2 月，俄罗斯联邦共产党中央委员会主席久加诺夫代表俄共发表的《告人民书》指出："不要听信对我们历史的中伤和诽谤。共产党人犯过错误，但是，任何人都不能否认，共产党人曾取得过伟大的成就。正是在苏联时期，我们国家达到了强盛的顶峰。"

1994 年 5 月 27 日，在国外流亡 20 年之久并为苏联解体立下"汗马功劳"的索尔仁尼琴，重新踏上了俄罗斯大地。他在各地参观之后，十分痛心地说："我回到了满目疮痍、怅然若失、失掉信心，并且已变得面目皆非的俄罗斯"[②]，"俄罗斯如今多灾多难。俄罗斯在呻吟"。现在的制度"是官僚主义、任人唯亲和老奸巨猾的投

---

① 李慎明：《十月革命距离愈远愈使人们认识其道路的正确》，《前线》2016 年第 9 期。
② ［俄］柳·萨拉斯金娜：《索尔仁尼琴传》（下），任光宣译，人民文学出版社 2013 年版，第 908 页。

机商人的一种巧妙的融合"①，"国家摆脱了共产主义，可走了一条最笨拙、最不合理和最曲折的道路"②。1996 年，索尔仁尼琴甚至借其短篇小说《在转折关头》中主人公之口，直呼斯大林为"伟大人物"。

普京对斯大林的第一次正面评价是在 2002 年。他一方面谈到斯大林的"专权""专断"，另一方面明确肯定："正是在斯大林领导下苏联才取得了伟大卫国战争的胜利，这一胜利在很大程度上与他的名字相关联。"③ 此后，他对斯大林的多次评价基本上都在这个框架之内。2017 年 6 月 16 日，普京回答美国好莱坞著名导演奥利弗·斯通（Oliver Stone）关于如何评价斯大林问题时说，斯大林时代发生过悲惨事件，但是，"斯大林是适应时代需要而产生的人物。那些过分妖魔化他的人，实际上就是在攻击俄罗斯和苏联"④。2019 年 9 月 5 日，普京在符拉迪沃斯托克（海参崴）东方经济论坛上讲道："我们应从这一原点谈起……老爷子全部拿下，并画上的句号……（斯大林）乃国家之父。"⑤ 俄罗斯民众深深地怀念着列宁和斯大林。每当列宁诞辰或逝世纪念日，到红场列宁墓瞻仰列宁遗容的人都排起长队。每当十月革命纪念日、五一劳动节和苏联卫国战争胜利日，人们就高举着列宁、斯大林画像走上街头。

历经一年多的讨论和完善，2016 年 2 月 29 日俄罗斯联邦政府最终颁布了《2030 年前俄罗斯联邦国家文化政策战略》，该战略开

---

① ［俄］柳·萨拉斯金娜：《索尔仁尼琴传》（下），任光宣译，人民文学出版社 2013 年版，第 914 页。

② ［俄］柳·萨拉斯金娜：《索尔仁尼琴传》（下），任光宣译，人民文学出版社 2013 年版，第 918 页。

③ 转引自吴恩远《妖魔化斯大林就是对俄罗斯和苏联的攻击》，《世界社会主义研究》2017 年第 7 期。

④ 转引自吴恩远《妖魔化斯大林就是对俄罗斯和苏联的攻击》，《世界社会主义研究》2017 年第 7 期。

⑤ 《东方经济论坛全会》，http://www.kremlin.ru/events/president/news/61451。

篇即写道："后苏联时期，俄罗斯文化影响力日益衰退，经济下滑，国外文化入侵，俄语和俄罗斯文化艺术匮乏，学习和了解俄罗斯语言文化的人越来越少。外国势力企图篡改俄罗斯历史，甚至篡改伪造了第二次世界大战的结果。"该战略的总体目标是："形成明确而统一的国家文化政策价值导向；保障国家文化安全；保护文化遗产和文化资源；强化俄罗斯公民的文化教育。"①

莫斯科伟大卫国战争中央博物馆馆长弗拉基米尔·扎巴罗夫斯基（Владимир Забаровский）说："我们作为历史学家，作为博物馆人，首先应立足于历史事实展示真实。让不可辩驳的历史陈列品说话，有根有据地证明历史的真相究竟是怎么回事。"

当今俄罗斯重新审视、珍视自己历史的重要措施就是重新编写国家历史教科书。2001年，就任总统职务不久的普京在视察俄罗斯一所高校时表示，他对过去10年的破坏感到十分痛心，对当时历史教科书的混乱现象极为不满。2007年6月21日，在接见全俄人文和社会科学教师代表时，普京又指出："几年前，当时的史学工作者们偏重于强调负面消极因素，现在必须剔除这些年沉积下来的糟粕和泡沫。"②罗伊·麦德维杰夫说："必须编写一本能经得起时间考验的、大家都认可的、新的历史教科书。我作为审定专家通读了几种教材，老师终于有了能教育孩子们的好教材。"然而，俄罗斯重新编写历史教科书的举动，却遭到了西方媒体的大肆攻击。英国《泰晤士报》称："这是普京在宣传自己的历史观。"美国《华尔街日报》指责普京"妄图改写历史"。美国新闻周刊》指责普京是要"重新回到苏联"③。树欲静而风不止。历史虚无主义与反历史虚无主义的斗争，依旧是长期而艰巨的。

---

① 转引自李琳《俄罗斯联邦国家文化战略解析》，《红旗文稿》2016年第8期。
② 《屈辱是有的……》，https://www.ng.ru/politics/2007-06-22/1_rodina.html。
③ 张树华：《俄罗斯为何打响"历史保卫战"》，《党建》2013年第6期。

六　启示

习近平总书记在中共十九大报告中明确指出："全党要更加自觉地坚持党的领导和我国社会主义制度，坚决反对一切削弱、歪曲、否定党的领导和我国社会主义制度的言行。"[①] 在庆祝中国共产党成立100周年、全党开展党史学习教育之时，我们更加需要把这一重要指示落到实处。苏联亡党亡国的悲剧，是20世纪留给全世界共产党人和人类文明进步事业的沉重又难得的反面教材。历史虚无主义给苏联带来的灾难至少告诉我们以下几点：

第一，必须高度重视对历史虚无主义的回击与批判。历史虚无主义是国内外敌对势力推动的一种政治思潮，无论它披着何种外衣，使用什么手法，其根本目的是否定和颠覆党的领导和社会主义制度。全党特别是党的各级组织和各级领导必须高度重视对历史虚无主义思潮和行为的回击与批判。全体共产党员人人有责。

第二，必须高度重视、认真应对西方"软实力""巧实力"等和平演变战略手法。随着中国特色社会主义事业的不断推进，国内外敌对势力必然会手段翻新，继续散布历史虚无主义。对此，我们必须保持高度警惕。

第三，必须高度重视意识形态领域的斗争，绝不放任历史虚无主义行为泛滥，不能任由其刻意制造和散布谎言、扰乱社会舆论，必须对否定党史国史、贬损革命领袖、玷污英雄模范人物的言行，进行彻底批判并依法进行惩处，以凝聚民心、团结广大人民群众。

第四，必须把意识形态领域的领导权牢牢掌握在忠诚的马克思主义者手中。我们要在批判历史虚无主义的斗争中，不断壮大马克思主义理论队伍，巩固宣传舆论阵地，为反击和战胜历史虚无主义

---

① 《习近平谈治国理政》第三卷，外文出版社2020年版，第12页。

提供可靠的政治和组织保障。

第五，必须组织全党特别是党的各级领导干部带头深入学习党史、新中国史、改革开放史、社会主义发展史，提高思想理论水平，提升抵御历史虚无主义等各种错误思潮的能力，永远保持党的先进性和纯洁性，永葆党的青春活力。

我们坚信，在以习近平同志为核心的党中央的坚强正确领导下，在马克思列宁主义、毛泽东思想、邓小平理论、"三个代表"重要思想、科学发展观，特别是习近平新时代中国特色社会主义思想的指引下，中华民族伟大复兴的中国梦一定能够实现，中国特色社会主义宏伟事业必将有无比光辉灿烂的前程！

男儿为何不抗争*

——苏联解体前苏共基层党组织与党员思想状况分析

李 燕

自从苏联解体后，关于苏联解体的原因就成了一个热议不衰的话题。人们从历史的、当下的、客观的、主观的、内部的、外部的各个方向探寻其原因，每每会提出这样的疑问：苏共垮台、苏联解体时，苏共的上千万基层党员在做什么？他们是怎么想的？当代俄罗斯历史学家罗伊·麦德韦杰夫在其著作《苏联的最后一年》中一个场景的描述令人扼腕叹息：1991年8月23日，当苏共中央和俄共中央的部分工作人员离开位于老广场的苏共中央办公大楼时，大批示威人群汇集在大楼的出口，对那些走出大楼的工作人员大声叫喊，"到处是喊声、口哨声、叫嚣声，俨然就是一场革命。有人冲着库普佐夫喊道'揍他！'有人抢走了一位女工作人员的书包，并仔细地翻看着，显然是想寻找秘密文件。他们的表现极其蛮横无理，对我们党来说，这简直是一场灾难！"[①] 第二天，戈尔巴乔夫宣布辞去苏共中央总书记职务，建议苏共中央自行解散。苏共的执政历史就这样结束了。几个月后的12月25日，戈尔巴乔夫发表电视讲话，全世界得知，苏联已不复存在。

---

* 原载《红旗文稿》2015年第18期。
① 参见［俄］罗伊·麦德维杰夫《苏联的最后一年》，王晓玉、姚强译，社会科学文献出版社2013年版，第142页。

从那时起，20多年过去了，作为亲历者的政要、学者、媒体评论人，还有西方国家派驻苏联的工作人员，写了大量的回忆录描述这个过程，在他们的笔下，有波罗的海国家要求独立的"人链"，有民族地区的冲突，也有开向莫斯科街头的坦克……人们从各个角度记录了戈尔巴乔夫改革后期国家的"沸腾"。但是，在很多人的回忆中，当戈尔巴乔夫宣布苏共自行解散和联盟解体时，莫斯科街头却"很平静"。对此，一些学者感叹：苏共垮台、苏联解体，作为苏共基础的基层党员态度冷漠，"竟无一人是男儿！"

2013—2014年，当全世界因为乌克兰危机而关注俄罗斯时，人们看到的是一位"为了国家利益"敢跟美国叫板甚至敢跟整个西方世界叫板的俄罗斯总统，还有他身后80%以上支持他的俄罗斯民众。在过去的一年多时间里，"战斗民族"是人们经常用到的对俄罗斯人的称呼。可以说，俄罗斯从来不缺血性男儿，这也是半个多世纪前那场艰苦卓绝的卫国战争向全世界诠释了的事实。但是，苏共垮台、苏联解体时，为什么竟然没有热血男儿为了自己的党、为了自己的国家奋起抗争？2014年，在俄罗斯访学期间，我曾经对一些老党员就这样的问题进行过访谈，并专门到档案馆、图书馆和几个专门的博物馆阅读了一些档案材料，尤其是当年的书信、文献资料，调查了解苏联时期基层党员的生活与思想状况。在此基础上，对这个问题形成一些认识。

一　广大党员为何沉默

纵观整个苏联历史，尤其是基层党组织形成与发展的历史，从基层党组织作用发挥的角度，或者从基层党员的政治信仰、组织管理与日常生活等方面看，苏共基层党员对党的认识有一个变化的过程，而苏联解体前广大基层党员在决定党和国家命运的重要关头没有"振臂一呼"，有其历史和现实的原因。

第一，苏共后期，基层党员难以行使真正的民主权利，更无权决定党和国家的命运，这也是个别高层领导的背叛能够得行其道的一个原因。

列宁在十月革命胜利前就对基层党组织的作用、党的组织纪律、民主与集中的关系、动员与发挥基层党员的积极性和革命热情有过很多论述，他在自己的革命实践中也身体力行，经常深入基层党员群众中开展细致的宣传工作。正因为如此，布尔什维克党的队伍在十月革命前后有了迅速扩大。广大党员的积极性与革命热情在打退国内外敌人进攻、战后恢复生产的过程中也得到极大发挥，人们忘我地参加保卫苏维埃政权的战斗，积极踊跃地加入到星期六义务劳动的行列中。甚至在国家出现了"粮荒"，需要到农村去说服农民，与藏匿粮食的富农斗争的时刻，共产党员组成的"工作队"成了农村政治舞台的主角。尽管当时很多党员作为"城里人"并不十分了解农民的生活，他们所做的工作也不完全受农民欢迎，但是那些党员的的确确是满怀热情、十分忠诚地去完成党所交给的工作。后来，在开展社会主义工业化建设的过程中广大党员也能够肩负起自己的责任，去与"富农"展开斗争，争当斯达汉诺夫工作者（以苏联煤矿工人斯达汉诺夫名字命名的社会主义劳动竞赛运动）。即便到了20世纪中后期，在社会主义建设的各个领域，党员也是国家建设的主要力量。

值得注意的是，列宁当初强调的民主与集中的先后顺序，在这个过程中悄悄地发生了变化：从最初党内可以畅所欲言地展开批评与自我批评，逐渐发展到领导人的一言一行，一个微笑或者一个不悦的表情都可以决定其他人的命运。党组织内部的层级越来越鲜明，权力越来越集中，基层党员的主动性与民主参与权利也越来越小。并且，随着党的领导干部享有的特权越来越大，他们与基层群众的距离也越来越远，官僚主义、打官腔在苏联后期几乎成为一些官员必备的一项工作技能。赫鲁晓夫时期和勃列日涅夫前期曾经尝试过改革，但那些改革不是使官僚机构因职责划分更细而复杂化，引起各级党组织在管理上的混乱，就是因领导人的不思进取而不了了之。层层级级的党的官僚结构逐渐以稳固的"金字塔"形状确定下来，广大基层党员对关乎国家和党的命运的政治问题几乎没有发言权。基层党组织的先锋队作用，以及在社会主义建设中的主动性和创造力越来越小。他们所接受的组织纪律就是服从，如果不想服从，就只能选择沉默，或者一级一级地写信申诉，或者在私下里表达不满（所谓"耳语者""夜间人"）。

戈尔巴乔夫时代推行的"民主化"和"公开性"改革，的确给予基层党员一些表达意见的权利。但是，当戈尔巴乔夫把改革的目标由"完善社会主义社会"变为"人道的民主的社会主义"，提出"必须根本改造我们的整个社会大厦：从经济基础到上层建筑"，要彻底摧毁"极权"制度，并且在实践中实行背离马克思列宁主义基本原则、背叛社会主义的路线时，尽管很多基层党员不赞同，但除了用退党来进行抗议外，直接表达诉求的渠道很少，他们写给一些机关和媒体的"申诉信"绝大多数也被压下来。在此情况下，亚纳耶夫等人1991年8月19日挽救联盟的最后一次努力，没有得到基层党员的积极响应，而走上街头的，倒是叶利钦"激进派"的支持者。至于推倒联盟的"别洛韦日协议"的签订，只是几个人的密谋，更与广大党员的意见无关。当党和国家的命运取决于部分精英时，基层党员的"平静"看似冷漠，更多的则是不知实情或者"无奈"。

第二，苏共后期出现了党的队伍不纯，部分干部不思进取的情况，甚至党内不乏缺乏信仰的机会主义分子、投机钻营者，在基层党员中起的是消极影响和负面作用。

勃列日涅夫执政后期出现了党的干部队伍"过度稳定"与成分复杂的情况：领导干部任职时间过长，甚至是终身制，导致部分干部不思进取，老好人主义盛行；庞大的干部队伍中成分复杂、良莠不齐，一些处于领导地位的党员不能以党的纪律严格要求自己，作风不踏实，理论素养低，有的干部根本不能胜任其职，甚至买官卖官，基层组织成为一部分党员晋升的阶梯；还有一部分共产主义信仰不坚定的机会主义分子、投机钻营者也混进党内。当苏联后期改革遇到困难时，一些领导干部不是精诚团结，克服困难，而是自拆台角，部分党的干部甚至摇身一变成了"反对派"，成了反党反社会主义的"急先锋"。他们为了个人和集团的利益不惜损害党和国家的利益，其行为也败坏了党的名声，动摇了广大党员群众的政治信仰，严重挫伤了基层党员对党的事业的积极性。

第三，赫鲁晓夫时期，特别是戈尔巴乔夫时期在意识形态领域的政策，搞乱了党的思想，导致基层党员无所适从。

赫鲁晓夫在苏共二十大上批判斯大林，后来又在全国开展"非斯大林化"运动，曾在党员中引起极大的思想混乱。在那之后，西方国家加紧开展和平演变，"撬开"了苏联社会的意识形态屏障，斯大林时期的苏联被称为"极权主义"国家，反社会主义思潮开始悄然泛起。30多年后，当戈尔巴乔夫号召"民主化""公开性"、揭开历史"空白点"，甚至实行"毫无保留、毫无限制的公开性"时，苏共上层的煽动和渲染，在一段时间内收到了远超苏共二十大的"效果"：大批历史的、文学的著作纷纷登上媒体，大肆批判斯大林和斯大林主义，并把批判扩展到对"斯大林的导师"列宁以及作为"斯大林的战友"的苏共其他领导人的批判。后来，在苏联甚至出现了"谁批判这个制度谁就会受到欢迎"的混乱局面，西方自由民主价值观得以大行其道，否定苏共和苏联历史的历史虚无主义成为时髦。一些原本宣传党的政策的报刊也改换了"阵地"：《消息报》成了激进派的"传声筒"、《莫斯科新闻》变成了"民主派"报纸的"旗舰"，而《星火》杂志则被某些人尊为"戈尔巴乔夫改革大军的大炮"，其全部目标指向苏共乃至苏联社会主义制度。

历史虚无主义的泛滥，使得苏联共产党乃至苏联历史几乎被完全否定，搞乱了社会意识，摧毁了社会的集体历史记忆。到1991年，在主流舆论千百次地否定苏共和苏联社会主义实践，各种媒体把党的领袖形象抹得漆黑一团的情况下，部分党员和群众把那些谎言和谬论误认为真理，他们已经不知道应该拥护谁、反对谁。而当苏联共产党被解散、社会主义制度被推翻的危急时刻，还有多少共产党员能够坚定地站出来捍卫共产党和社会主义制度？

第四，党内高层严重脱离群众，官员腐败与官僚特权严重，使得党员群众与党离心离德。

从列宁时期起，苏共就对党的财务纪律、党费支出、党的干部所能享受的医疗、食品、住房等方面的待遇有明确规定。十月革命胜利之初，列宁就明确，金钱对于苏维埃政权的存在十分重要，但是这是用国家劳动者的劳动换来的，不能随便使用。必须把金钱用于正确的地方。那个时期党的干部多半是没有金钱观念、没有家庭观念、"把一切献给党"的革命者。当然，他们在生活待遇上也有特权，但很少。真正的特权阶层产生于20世纪30年代大规模饥荒时期，在饥荒的背景下，为了收集老百姓手中的美元等外汇，在一些大城市里设立了可以用外汇购买食品的、专门的"外汇商店"。后来，这样的商店逐步变成了给领导干部提供价廉物美商品的"专供商店"，党的高层享有的特权由此不断扩大，包括食品和日用品的专供、修建别墅、每年定期休假，还有在电影院、剧院等公共场所的特殊座位等，精英阶层开始"养成"。到了勃列日涅夫后期，官僚腐败，上下勾结，卖官鬻爵等现象几乎遍布苏共各个阶层，尽管安德罗波夫和戈尔巴乔夫时期采取了一些惩治腐败的措施，但没有杜绝官员腐败现象，而戈尔巴乔夫本身的不自律更加深了民众对官员腐败的不满。

腐败与特权使领导干部与群众之间的距离不断拉大。尽管很多基层党员也清楚，不能用个别党员干部的行为代替党的形象，甚至"斯大林的所作所为"都不能代表苏共，但是当他们有权利重新选择自己的党派和政治信仰时，还是有一部分党员离开了苏共，因为他们已经不可能再用鲜血、用生命去捍卫一个由腐败分子所掌握的、不再以为人民服务为宗旨的执政党。

第五，真正给基层党组织的思想和组织工作带来致命打击的，是戈尔巴乔夫在经济改革无成就情况下，在政治领域中实行的削弱共产党领导地位、违背马克思主义基本原则的改革。

"民主化""公开性"使苏共和苏联历史上的空白点不断被揭开，很多历史事实被歪曲，广大党员对社会主义的信心越来越低。而苏共19次会议之后，苏维埃选举、多党制的实行，对执政的苏联共产党而言无异于釜底抽薪。1990年夏到1991年，出现了大规模的退党风潮，各级党组织处境艰难。根据不完全统计，1990年，苏联全国有1/5的车间党组织、1/2的党小组被解散或停止活动。一些车间党组织和党小组因党员被开除或退党而所剩人数很少，已经不能构成一个组织。一些地方党的领导甚至被赶下台。据戈尔巴乔夫的助理切尔尼亚耶夫描述，1990年1月，秋明的第一书记博戈米亚科夫和伏尔加格勒市第一书记卡拉什尼科夫被赶下了台。在切尔尼戈夫一个书记因偷窃被开除，巴库的韦济罗夫因平庸无能和"看风头行事"而被拿掉，2月间开始了遍及各地的区委一级第一书记下台潮。——党内已经开始造"头头"和官员的反了。

1991年夏，苏共面临着严重的意识形态的、组织的、政治的危机，基层党组织工作遇到前所未有的困难，当党的地区领导干部见到基层党组织的书记和工作人员时，对方经常提出这样的问题：干什么？怎样做？一位党务工作者认为，苏联共产党在70年历史中还没有经历过政治责任如此沉重的时刻。这种处境下的基层党组织怎么能够有组织地带领党员为党抗争和呼吁！"8·19"事件后，在全国出现了大规模反共风潮，最终在思想上和组织上彻底搞垮了党。

二 沉默中也有抗争

在戈尔巴乔夫改革初期，广大党员群众积极参与并支持改革，很多党员对年轻的领导人所描述的党和国家的改革蓝图寄予了极高的期望。但是，改革的过程却与领导者最初的承诺渐行渐远，也让党员群众困惑不解：为什么越改革物价越高，商店里的商品越少？为什么越改革社会越动荡？"1987年以来，国家的财政经济急剧恶化，苏联人民对此有切肤之痛。糖、肉和其他许多食品日益短缺，很多商品从商店里不翼而飞。全国的局势日趋紧张。人们开始对改革是否明智提出质疑，也怀疑领导人是否有能力找到摆脱危机的出路。"[①] 最终，他们大失所望。可以说，部分基层党员所发挥的"最大的"一次主动性，就是在改革后期，在"民主化""公开性"以及多党制与非政府组织运动大潮中，选择了退出共产党，加入其他政党组织或者干脆远离政治。

但并非所有的基层党员群众都远离政治、对党的事务态度冷漠。1988年3月13日，《苏维埃俄罗斯报》发表了列宁格勒工学院教师尼娜安德列耶娃的《我不能放弃原则》的文章。针对当时在"人道的、民主的社会主义"口号掩盖下出现的批判斯大林、否定苏联历史的情况，安德列耶娃指出，全面否定斯大林的历史功绩的做法与其说是关系到历史上的个人，不如说是关系到社会主义工业化、集体化建设时期的全部历史。她认为，在那个时期，整整一代苏联人创造了前所未有的功勋，不能出于今天意识形态的需要就简单地将当时人们创造的业绩完全抹杀。这位女教师的话反映出当时人们对执政者在意识形态领域所实行的政策的不满，从上到下引发了很大反响。

[①] [俄] 瓦列里·博尔金：《震撼世界的十年——苏联解体与戈尔巴乔夫》，甄西译，昆仑出版社1998年版，第141页。

在查阅相关资料和档案时，笔者看到，还有很多类似信件和投稿被杂志社扣压下来，没有登出。有的信中用"不能抹黑历史""不能这样对待我们的过去""抹黑我们的历史是有害的"等言辞表达对否定苏共历史、否定党和国家的过去的严重不满，对当时否定历史的做法进行了毫不客气的批评。

除了以信件形式表达不满之外，还有人在公开场合对苏共领导人戈尔巴乔夫提出"下台"的要求。一位1978年入党，担任过苏共二十六大代表，并在1989年当选人民议员的女党员萨瑞·乌玛拉托娃，1990年在苏联人民代表大会上公开发言，要求戈尔巴乔夫从总统职务上退下去。她在发言中表示，自己不能接受苏联走向瓦解，她反对戈尔巴乔夫的政策，也反对叶利钦当选俄罗斯总统。萨瑞的勇气至今还为曾经的苏共老党员所称道。在原苏共中央办公厅主任博尔金以及戈尔巴乔夫的助理切尔尼亚耶夫的回忆录中，也几次提到，1990年以后，在人民代表大会上，有代表公开提出戈尔巴乔夫应该下台。乍看起来，这些行为的矛头所指是戈尔巴乔夫，实际上，他们是在表达对苏共领导人所执行的错误路线的不满。而更激烈的抗议方式，则是老党员的自杀：8·19事件后，苏联元帅阿赫罗梅耶夫在办公室自杀。作为严格遵守党纪的老军人，他没有直接参与"政变"，但是眼看着挽救联盟的努力失败，他绝望了。在8·19事件前后自杀的还有苏联内务部长普戈，以及苏共中央办公厅主任尼叶克鲁奇纳。如果查看苏联一些高级领导、老英雄的履历，可以注意到，还有一些人的生命也终止于1990年或者1991年，其中，包括老英雄、卫国战争时期的"神枪手"瓦西里·扎伊采夫以及"王牌飞行员"阔日杜布。实际上，还有更多的老党员、老英雄也以自杀的方式离世，但没有得到公开报道。我们不能笼统地断定那些高级领导和老党员、老英雄自杀都与党和国家的"大事"相关，但至少他们中间的一部分人的的确确是在以死来表达内心的绝望与抗议。

到此，再看本文初罗伊·麦德韦杰夫的那段话，不难想到，苏共中央被赶出老广场大楼的那一刻，所有的喧嚣与叫骂，并不代表广大基层党员的主张。在改革过程中，苏共领导人放弃马克思列宁主义基本原则，放弃走社会主义道路，几年之内搞垮了国家的经济。而其全盘否定历史的做法，也在很大程度上否定了几十年间苏联社会主义建设的成就，引起部分老党员和很多当年的建设者的愤慨。他们也发出了呼吁，但显然他们的声音或被苏共高层的个别人利用来攻击"保守派"，或被揭开历史"空白点"的"公开性"给压制和湮没了。当否定历史、否定党的领导、否定社会主义的言论泛滥时，那些为历史的公正而发出的呐喊之声已经无法与之抗衡。一些老党员、老英雄甚至以自杀的方式来抗争，但局势已无法扭转。

三 历史的教训

苏共垮台、苏联解体，从直接责任看，与苏共基层党组织和广大基层党员并无密切关联。但是，作为执政党，苏共的执政基础是基层党组织和上千万党员，他们遍布于苏联社会的各个领域、各个地方。有组织、有活力的基层党组织，可以在群众中起到宣传、示范、组织作用，没有活力的基层党组织则不可能有效发挥先锋队和战斗堡垒作用，而基层党组织涣散必然给党的群众基础和执政基础带来严重影响。苏联共产党在列宁斯大林时代没有被帝国主义和国内反动派绞杀，没有被法西斯打败，主要原因是党的领导人坚持共产党的领导地位，坚持社会主义方向，同时，基层党组织作为党的基础始终是党的事业的支持者，是保卫和建设社会主义伟大事业的积极参与者。在赫鲁晓夫和勃列日涅夫时代，虽然苏共出现了严重的官僚主义、奢侈腐败之风，但并没有被来自对立面的思想运动或暗流涌动的民族矛盾摧毁，主要原因也是苏共领导者并没有放弃社会主义路线这一基本原则。但是，戈尔巴乔夫在改革后期放弃苏联共产党的领导地位，放弃走社会主义道路，大肆否定党的历史，否定社会主义革命和建设的成就，否定社会主义制度，部分党员干部理想信念不坚定，缺乏党性修养，忽视群众利益，滥用权力，贪污腐败，使得党失去民心，搞乱了党的基层组织，最终葬送了党和社会主义的事业。

苏共失败的事实证明，执政党坚持正确的政治路线，坚持马克思主义原则，坚持走社会主义道路，坚持严格的组织纪律与严明的政治纪律，实实在在地为人民服务，对于党的事业、社会主义事业的健康发展至关重要。

戈尔巴乔夫的迷思[*]

张树华

8月，在不少俄罗斯人眼中是一个"不祥之秋"。俄罗斯历史上的8月曾多次发生动荡和混乱的重大政治事件。比如31年前1991年的8月，就发生了震惊世界的"8·19事件"，也被称为"挽救苏联的最后一搏"。当时的政治主角之一，正是刚刚去世的苏联首任也是最后一任总统戈尔巴乔夫。8·19事件几个月后，在西方圣诞节之夜，戈尔巴乔夫在俄罗斯、乌克兰、白俄罗斯三位斯拉夫兄弟的要挟下发表电视讲话，宣告苏联解体，70多年的苏联作为地缘政治和国际法主体自此消亡。

在当今世界，戈尔巴乔夫是最富争议的政治人物之一。对于他的历史角色，俄罗斯和西方世界的评价大相径庭。俄罗斯共产党和俄罗斯议员称其为"历史罪人"，而在西方，戈尔巴乔夫生前获得嘉奖无数，包括1990年的诺贝尔和平奖和2008年的美国"自由勋章"。

然而，这位当政时一直鼓吹要改变外交思维模式，一心融入西方"文明世界大家庭"的苏联领导人做梦也想不到，他主动解散"华约"后，统一后的德国并未脱离北约而"中立"。北约先后5轮东扩，进一步将边界向俄罗斯边境推进。30多年前，他满心幻想通过"西式民主化"改造苏联、借此融入欧美，却反成了瓦解苏

---

[*] 原载《环球日报》2022年9月1日。

联、导致苏共败亡的一个重要政治肇因。

苏联和俄罗斯曲折的政治进程像是一面镜子。戈尔巴乔夫和苏共在"民主化"等问题上犯下"颠覆性错误",最终在政治、经济、外交等各方面都打了败仗,其深刻教训值得吸取并牢记。

一　民主梦幻与信仰迷失

苏联曾是社会主义的大本营,被西方阵营视为眼中钉。西方除保持强大军事压力外,还发明"水滴石穿""和平演变"等作为对苏政治和思想渗透的手段。西方常常借口民族宗教等问题,以民主、人权为工具,对苏进行政治战、心理战、文化战、外交战。

20世纪70年代,西方诱导苏联签订《赫尔辛基协议》,将人权、自由、民主等问题纳入政治谈判议题。苏联后期,苏共渐次抛弃政治信仰,理想信念动摇,落入西方国家设下的"民主、人权"等政治圈套和道路陷阱。

1985年4月,年轻的戈尔巴乔夫出任苏共中央最高领导人。在民主社会主义思潮的影响下,以戈尔巴乔夫为代表的苏共中央最高领导层在政治上发生方向性改变。打着"公开性、民主化和外交新思维"等旗号,戈尔巴乔夫开始对苏联政治制度采取激烈和根本性的改造,期望通过"民主化"、配合外交"新思维",向西方妥协退让,换得西方认可,跻身"西方文明世界"。

戈尔巴乔夫的"民主化""公开性"政策受到西方政要和媒体吹捧。但与境外对戈尔巴乔夫的掌声和欢呼相反,苏联的民主化改革不但没有振兴苏共和复兴苏联,反而导致苏共丧失合法性,引发政治分裂和国家瓦解,最终走上了一条政治自杀的绝路。

政治改革的关键是方向问题。苏共后期的改革变成"放弃信仰、背弃方向、抛弃制度"。"改革"变成改向,改弦易辙,西化

"改革"变成自掘坟墓，最后自取灭亡。

二 政治热潮与治理失败

1988年开始，戈尔巴乔夫进行一系列政治改组，这些改组直接触及苏联国家和宪法的根本性要素，包括苏共领导地位、人民代表苏维埃制度、联邦制、选举和政党制度等，成为导致苏联政治裂变的重要原因。比如修改宪法，删除宪法第六条，取消苏共领导地位；宣布政治多元化，实行多党制；推行议会制普选，建立总统制等。

在政治多元化、多党制浪潮下，苏联民族分裂势力在各加盟共和国迅速得势，向中央发起"法律战""主权战"，并相继宣布"主权独立"。在俄罗斯联邦和各加盟共和国遥相呼应下，戈尔巴乔夫被自己所谓的"人道的、民主的社会主义"束缚住手脚，无力维护联盟的统一。

1988年后短短两三年时间，苏联政治形势急剧恶化，国家在政治、经济、民族等领域的危机不仅没有缓和，反而急剧加深。

2006年，时值苏联解体15年，俄罗斯总统普京反思认为，20世纪八九十年代的苏联在民主自由问题上犯了"幼稚病"。多数原则、选举原则、公决原则的适用性与选择需要依据各国国情。戈尔巴乔夫罔顾苏联具体的历史条件和改革需要，强调下级可以不服从上级，并美其名曰这是"民主"的需要。随即苏联各个地区根据本地区的"多数"和"民意"行事，造成无政府主义泛滥，各加盟共和国公然与中央开展"主权战""法律战"，反共、反苏、反社会主义势力趁机大肆夺权，民族分裂势力、政治激进思潮和复仇势力大行其道。

在戈尔巴乔夫掌权的最后几年，苏联政权摇摇欲坠，苏共在政治上自身难保。戈尔巴乔夫在经济改革不见成效的背景下，却奢谈西式民主和自由。到了1990年，戈式经济改革无计可施，政治上大势已去。

政治上的错误往往会带来颠覆性后果。戈尔巴乔夫的"民主化"顷刻间使苏共犹如失魂落魄，变成泥足巨人。在不到6年时间里，戈尔巴乔夫打着"民主、人道"旗号，不仅使苏联改革误入歧途，而且葬送了70多年的苏联社会主义事业，埋葬了国际共运中最具影响力、有着90多年历史、拥有近2000万党员的苏联共产党。

三 政治病毒与道路迷失

苏联解体后，俄罗斯并未迎来梦想中的"西式民主自由"，反而是财阀当道和寡头统治。在外交方面，继承苏联衣钵的俄罗斯不仅失去全球性"超级大国"和社会主义阵营"首领"地位，而且被西方大国视为"冷战"后失败的国家，沦落到被排挤、被边缘化的境地。

30多年前，东欧剧变、苏联解体，西方大国自认为在东西方较量的大棋局中不战而胜。在西方战略家和谋士们眼里，"民主""自由""人权"等政治工具功不可没，是摧毁社会主义、赢得冷战的政治"利器"。美国一些战略智囊对此毫不隐讳。布热津斯基就写道，美国确实在苏联解体的政治进程中发挥了核心作用，而民主、人权、民族等议题取得了对苏联的话语优势。布氏认为，民主、自由、人权、民族等议题吸干了苏联的资源，使苏联在意识形态上不再强大，其政治成功不再具有吸引力。他还特别提到，戈尔巴乔夫本人也起到"里应外合"的重要作用。

苏共的垮台与苏联的瓦解源自政治上的失败，苏共在"民主"等关键性政治问题上犯了大错。戈尔巴乔夫陷入民主迷思，落入西方设下的政治陷阱，最后缴械投降，将政权拱手相让。因此，苏共在民主等重大政治问题上混乱，是导致苏共垮台、苏联解体、东欧阵营瓦解的重要政治原因。

苏联解体后，西方阵营并没有因为叶利钦宣称抛弃共产主义、拥抱资本主义民主和市场而停止对俄罗斯进行挤压，反而继续推进北约东扩，支持车臣等分裂势力，变本加厉地削弱和分化俄罗斯。戈尔巴乔夫推行的"民主化"，不仅没有给老百姓带来自由和幸福，反而导致一场普京所说的"二十世纪最大的地缘政治灾难"，至今苏联的灰烬仍在燃烧。2005年时普京曾说，20世纪末苏联推行的民主化"是一场灾难"，到头来"只是一小撮财阀和寡头的自由"，广大百姓一无所获。

四　跳出西方陷阱，探求自主之路

1985年至今的近40年间，俄罗斯经历了苏联和俄罗斯两种不同的国家形态，经历了戈尔巴乔夫、叶利钦和普京执政的三个不同历史时期。时至今日，西方阵营精英和舆论认定，戈尔巴乔夫的6年是三者中"最民主自由的"，叶利钦的9年是与西方关系"最为接近的"，而普京执政的时期则"背离了民主"，与西方世界渐行渐远。

然而，俄罗斯老百姓的感受和评价却截然不同。俄国内一次有关历史人物评价的民意调查显示，民众对戈尔巴乔夫、叶利钦评价不高，而且要远低于普京。有72%和80%的俄罗斯人分别认为戈尔巴乔夫和叶利钦时期走了一条错误道路。

如今，俄罗斯主流舆论认为，30多年来俄罗斯之所以不断遭遇如此挫折和打击，来自西方的民主化和市场化"教师爷"们难辞其咎。20世纪八九十年代，西方战略家一方面有意识地向苏联等国家输出"软弱、分裂、有病毒的自由民主思潮"，另一方面却为自己保留了极端排外和富有进攻性的"保守主义"思想。失去信念和定力的戈尔巴乔夫等人不幸落入西方的政治圈套，盲目进口"民主价值"，结果导致"民主"与"自由"泛滥成灾、亡党亡国。

普京执掌俄罗斯后，西方阵营对俄罗斯的政治打压进入一个新阶段。2006年，普京提出"主权民主"概念。这既是对俄罗斯政治发展道路的探索，也是对西方贩卖"民主"、煽动"颜色革命"的回应，同时也表明普京否定了戈尔巴乔夫时期的"西化、民主化"路线，也与"寡头式的自由"划清界限。普京认为，俄罗斯应当是当今世界一个具有领导力和影响力的强国，俄罗斯必须走自主之路。"俄罗斯民族不能迷失自己，俄罗斯永远是俄罗斯。"

南斯拉夫联邦解体原因再探析[*]

马细谱

南斯拉夫王国、南斯拉夫联邦和南斯拉夫联盟这三个南斯拉夫从成立、发展、兴旺到危机、分裂和消逝走过了80多年，南斯拉夫联邦崩溃也已经过去了30年。铁托领导下的南斯拉夫创造了独特的社会主义模式，受到世人的敬仰。如今，一个自治的、不结盟的南斯拉夫退出了历史舞台，但人们对它的怀念却一直萦系于心。我们对于南斯拉夫联邦的了解和研究还远远不够，也远没有结束。它的功过应该留给世人，留给历史去评说。在世界百年未有之大变局下，我们继续探析南斯拉夫联邦解体的内外深层次原因，具有一定的理论意义和现实价值。

一 历史上南斯拉夫国家构建先天不足

第一次世界大战结束时，中东欧地区在奥斯曼帝国和奥匈帝国的废墟上诞生了几个新兴的独立国家，其中就有新成立的塞尔维亚—克罗地亚—斯洛文尼亚王国，即后来的南斯拉夫王国。南斯拉夫王国的建立将南部斯拉夫各民族纳入共同国家的发展道路，实现了成为统一国家的愿望。然而，王国政党林立，政党体制不成熟；王国

---

[*] 原载《世界社会主义研究》2022年第7期。

的经济落后而且各地发展严重不平衡；中央集权制与联邦制的斗争无休不止；鉴于复杂的民族、历史、文化、宗教和政治情况，这个新兴国家面临诸多难以解决的矛盾。可以说，这个国家的构建存在先天不足，它的成长道路荆棘丛生，命途多舛。

1918年12月1日，奥匈帝国和奥斯曼帝国随着第一次世界大战结束而崩溃解体，建立了塞尔维亚—克罗地亚—斯洛文尼亚王国，大塞尔维亚主义思想在王国占据主导地位。1922年4月通过的行政领土法，将王国划分为33个行政区，过去的历史边界被打乱。但这并没有形成新的南斯拉夫民族，因为境内的其他少数民族并不认同他们是一个统一的民族。同时，也没有建立一个统一的政党。

1929年10月，王国正式改名为南斯拉夫王国，亚历山大一世·卡拉格奥尔基耶维奇（Aleksandar Karadondevec）国王决心建立个人专制统治。他宣布终止宪法；禁止政党及其他团体的活动；设立9个新的巴昂区和首都特区，以取代33个行政区，从而确立塞尔维亚族在巴昂区占有一定的优势；巴昂区隶属中央政府，基本上没有地方自治权。根据1931年新宪法，禁止成立民族的和地区性的政党。这一规定意味着克罗地亚人、斯洛文尼亚人、马其顿人、阿尔巴尼亚人等都没有机会推荐本民族的代表进入议会和国家领导层。

1934年10月，亚历山大国王在法国马赛遇刺身亡，克罗地亚、马其顿和科索沃等地的分裂主义势力加剧。20世纪30年代末，南斯拉夫王国经过世界性经济危机的冲击和国内民族主义的兴起，特别是克罗地亚对王国中央政府的挑战，使第一次世界大战后凡尔赛体系中的"人造南斯拉夫越来越没有前途，处于崩溃的边缘"[1]。

第二次世界大战前夕，巴尔干地区成为大国利益争夺的场所。南斯拉夫王国则处于腹背受敌的境地。德国坚持南斯拉夫应该参加

---

[1] Стефан Карастоянов, Николай Попов, Реионална и политическа еорафия на балканските страни, част втора, София, Университетско издателство "Св. Климент Охридски" 2018, с. 100.

德意日三国轴心，王国政府进退维谷。在德国、意大利入侵捷克斯洛伐克和阿尔巴尼亚之后，南斯拉夫的沦陷已迫在眉睫。而在南斯拉夫内部，克罗地亚迫不及待地要求自治和独立，于是，在1939年8月克罗地亚与王国政府匆忙签订了《茨维特科维奇—马切克协议》。根据协议，克罗地亚成为自治巴昂区，人口为440万，占王国总人口的27%。克罗地亚巴昂区享有自治权，其面积约占全国面积的1/4，除克罗地亚外，还包括原来的萨瓦巴昂区和沿海巴昂区，以及波斯尼亚和黑塞哥维那的几个县。成立克罗地亚巴昂自治区等于承认克罗地亚是一个单独的民族和准国家实体。所以，南斯拉夫学者丘里诺维奇（Jurinovic）早在1962年谈到克罗地亚巴昂区问题时就写道："这样，凡尔赛体系被摧毁了。南斯拉夫成为这一体系里一个人造的实体……目的只有一个，即摧毁南斯拉夫。"①

在德意法西斯的威逼之下，南斯拉夫王国被推到了国破家亡的悬崖上。1941年3月25日，南斯拉夫王国加入德意日三国公约。4月6日，德国和意大利全面入侵南斯拉夫，4月17日南斯拉夫王国无条件投降。第一次世界大战后根据《凡尔赛条约》建立的南斯拉夫王国寿终正寝。

第二次世界大战后，南斯拉夫根据自己的国情，实行联邦制，由波黑、克罗地亚、马其顿、黑山、塞尔维亚和斯洛文尼亚6个共和国组成。科索沃地区经过激烈讨论，成为塞尔维亚的一个地区。当时，科索沃问题已经引起南斯拉夫联邦社会的重视，成为阿尔巴尼亚与南斯拉夫联邦之间影响国家关系的问题。

尤其是南斯拉夫联邦与联邦内部各共和国之间中央集权和自治之间的矛盾显得更加突出。人们把塞尔维亚视为中央集权的代表，它千方百计要防止联邦解体。20世纪七八十年代巴尔干的形势出现

---

① 转引自 Стефан Карастоянов и др., Реионална и политическа еорафия на балканските страни, част първа, София, Университетско издателство "Св. Климент Охридски" 2011, с. 93。

危机，希腊与土耳其就塞浦路斯问题兵戎相见，致使1983年出现了北塞浦路斯土族共和国。南斯拉夫在国际上的地位和地缘政治作用亦发生明显变化。北约和欧洲共同体（欧盟）通过外交和贸易协议加速拉拢南斯拉夫。而在国内，不同语言和宗教的现实、各共和国要求更大自主权的倾向日趋强烈。特别是科索沃要求自治的主张几乎闹得整个联邦不得安宁。南斯拉夫联邦境内各种民族主义顽症难以克服，联邦的基础正在动摇。1979年8月24日，铁托（Josip Broz Tito）在去世前8个月接受克罗地亚女记者达拉·扬奈科维奇（Dara Yanakovi）的最后一次采访时表示，他对南斯拉夫联邦出现的形势感到悲观，担心最先在科索沃和克罗地亚出事。他说："如果我们的社会、我们国家、我们共产主义者联盟的情况真的正常，我就不会这样消耗自己的生命……我最担心的是科索沃和克罗地亚率先出事。大家知道，科索沃的'火药桶'在不停地爆炸，而克罗地亚也无时无刻不在挑衅。"[1]

果然，正是科索沃打响了南斯拉夫联邦解体的第一枪。1989年3月28日塞尔维亚共和国议会修改宪法，直接派军队进入科索沃，宣布戒严令，试图遏制科索沃的独立运动。科索沃则秘密成立了自己的议会和政府。1991年9月科索沃进行独立公决，正式宣布独立，并选举了自己的总统鲁戈瓦（Ibrahim Rugova）。

与此同时，克罗地亚也冲锋在分裂南斯拉夫联邦的最前面。1991年6月25日克罗地亚和斯洛文尼亚两个共和国同时宣布独立。斯洛文尼亚的行动几乎没有遭遇联邦当局的阻扰，而克罗地亚却经历了同境内塞尔维亚族（占克罗地亚人口的12%以上）的几年战争。随后，南斯拉夫联邦其他4个共和国亦模仿克罗地亚和斯洛文尼亚的行动，宣布离开联邦而另起炉灶。欧美大国无一例外地立刻承认南斯拉夫联邦各共和国为独立主权国家。南斯拉夫社会主义联

---

[1] Ivan Miladinovic, Zaboravlena istoriya Srba, Beograd, Chioya Shtampa 2013, s. 171.

邦共和国在 1992 年 1 月 15 日已不复存在。

1992 年 4 月 27 日，南斯拉夫联邦议会通过了《南斯拉夫联盟共和国宪法》，并宣布建立由塞尔维亚和黑山组成的"南斯拉夫联盟共和国"，作为大大缩小了的南斯拉夫联邦的继承者，其面积只相当于前南斯拉夫联邦面积的 40%，人口为原来的 45%。这个由在南斯拉夫联邦废墟上站立起来的最强者和最弱者撮合而成的新国家，从一开始就先天不足，特别像两条腿不一样长的跛脚。2006 年 6 月黑山宣布独立，脱离南斯拉夫联盟。2008 年科索沃单方面宣布独立。南斯拉夫联盟已经消失得无影无踪。

南斯拉夫联邦解体后，巴尔干地区的历史翻开了新的一页。这一历史事件不仅使前南斯拉夫国家从历史舞台上消失了，而且对美国、欧洲和俄罗斯以及国际组织在战后欧洲格局中的地位和作用都产生了一些消极的影响。美国、欧盟和俄罗斯加大了对巴尔干地区的争夺；北约借机实现扩张主义野心。而且，前南斯拉夫地区的矛盾和冲突仍时有发生，它们融入欧洲一体化进程的道路遥远，其后遗症至今还没有得到治愈。波黑问题和科索沃问题就是例证。也就是说，在前南斯拉夫地区，宗教和种族矛盾以及领土争端仍是潜在的不稳定因素，经常表现为国家间的摩擦。

二 南斯拉夫联邦解体的内部原因

（一）政治失控，经济严重衰退

南斯拉夫联邦在世人眼中一向以敢于改革著称。据其统计，从 1945 年到 1988 年的 40 多年里，南斯拉夫联邦政府共进行了 60 次各种改革，其中宪法改革 5 次、经济体制改革 13 次、经济政策改革 12 次、教育改革 5 次，等等。[①] 这些改革的一项主要内容是促使

---

① Borut Šuklje, "Zajedno protiv krize", Borba, 13. 12. 1988.

南斯拉夫经济转变为市场经济，以巩固社会主义自治制度。但是在政治体制方面，正是这种频繁的改革导致分离主义倾向加剧，联邦政府对6个共和国和2个自治省失去了控制。

20世纪80年代中期，南斯拉夫联邦的通货膨胀率超过了3位数，后来甚至达到4位数。到80年代末，通货膨胀率达到2600%，失业率为17%。[1] 1989年的平均通货膨胀率为2714%，到这年6月，经济形势继续恶化，物价开始飞涨，出口停顿，外汇汇率锐变，贷款利率达到23.4%，企业因税率过高纷纷倒闭。在1989年12月，有8608家企业面临破产，在全南斯拉夫联邦600万就业工人中有320万工人面临失业。对外债台高筑，1976年南斯拉夫联邦的外债为79亿美元，1978年达到140亿美元，1980年已超过200亿美元。[2] 经济困难引起各族人民的不满和社会动荡。南斯拉夫学者米拉·马尔科维奇（Mira Markovic）开门见山地写道："在多民族的国家里，在经济和社会危机时期，一句与民族有关的不慎的话就有可能引起一场并不希望发生的大火。"[3]

(二) 南斯拉夫联邦民族政策忽左忽右，居功自矜

南斯拉夫联邦是个多民族国家，在它2230万人口中包括近20个民族和族群。它的民族问题表现为多层次和多方面。南斯拉夫作为联邦制国家，同周边7个邻国几乎都不同程度地存在民族纠葛。在联邦内部，不仅各共和国之间不同民族混居，而且共和国内，甚至自治省内也是不同民族混居，而且宗教和文化差异较大，历史积怨甚多，矛盾较深。

第二次世界大战后，南斯拉夫共产主义者联盟（简称南共联

---

[1] Жан-Франсоа Суле，История на Източна Европа от Втората световна война до наши дни，София，Лира Принт 2007. с. 307.

[2] Душан Вилич，Бошко Тодорович，1990 – 1992，Beograd，ДИК новине—Енциклопедија 1995，с. 149.

[3] [南斯拉夫] 米拉·马尔科维奇：《黑夜与白昼》，达洲译，新华出版社1996年版，第87页。

盟）关注民族问题，采取了若干积极措施，防止民族主义泛滥。第一，实行联邦制，通过宪法确保了境内各民族之间的平等、团结和友爱。第二次世界大战后，没有同意将境内的阿尔巴尼亚族都集中到科索沃，避免了后来出现一个大科索沃国家。第二，从20世纪50年代起，扩大了各共和国和自治省的权力，各族居民的生活得到改善，使政局保持稳定，民族关系比较融洽。第三，为了帮助落后地区发展经济和文化，缩小各民族之间的差距，南共联盟和联邦政府于1965年建立了《联邦发展经济不发达的共和国和地区的信贷基金》，1971年通过了《对经济不够发达的共和国和科索沃自治省提供贷款的联邦基金法》，投资支持落后地区的重点项目建设；建立联邦信贷基金，发放无息或低息贷款；以社会总产值的0.93%作为无偿补助经费，支援不发达地区的文教卫生事业；不发达地区优先使用外国贷款；鼓励不发达地区与发达地区联合办企业，共同投资，共同承担风险，共同分配收益。① 这些措施有力地促进了不发达地区经济的发展。

这些积极措施在一定程度上缓解了复杂的民族矛盾，使南斯拉夫联邦国家得以保持45年的统一和发展。但是，南共联盟和联邦政府在民族政策的理论和实践方面也确实存在一些重大的失误，使民族矛盾没有得到根本解决，为后来的联邦解体和内战埋下了祸根。主要失误有以下几点。第一，南共联盟和联邦政府所提出的民族理论概念混乱和错误。例如，1968年承认波黑的穆斯林为一个单独的民族，这成为后来波黑脱离联邦的一个重要理由。第二，片面理解和实行民族间绝对平等的原则，不切实际地强调各民族不论大小一律"机会均等"和"轮流坐庄"。第三，削弱了塞尔维亚作为联邦最大的民族应有的地位和作用，尤其是联邦宪法一再扩大科索沃和伏伊伏丁那两个自治省的权力，实际上使塞尔维亚共和国一分

---

① 参见中国南斯拉夫经济研究会编《南斯拉夫经济与政治》，中国财政经济出版社1983年版，第442页。

为三，失去了对这两个自治地区的控制。这虽然是为了防止大塞尔维亚民族主义的复活，却不顾历史和现实严重削弱了塞尔维亚共和国的地位，伤害了塞族的民族自尊心。第四，没有及时遏制和打击形形色色的民族主义。后来的事实证明，南斯拉夫联邦正是在各民族、各共和国和各地区的民族主义、分裂主义和恐怖主义的打击下陨落的。

长期以来，民族问题始终是困扰南斯拉夫联邦发展的锁链。从20世纪60年代中期起，克罗地亚、斯洛文尼亚、马其顿、科索沃等地就先后发难，新老民族主义势力抬头，引起南共联盟内部不和与分裂。与此同时，围绕联邦和邦联、中央集权和地方自治等问题的斗争一直没有停止。

南斯拉夫民族主义和分裂主义的全面抬头促使社会主义制度崩溃。种族和宗教冲突导致使用武力，出现了兄弟残杀的内战。南斯拉夫党内反对派元老米洛万·吉拉斯（Milovan Dilas）在一次谈话中也强调民族主义的危害。他认为，南斯拉夫联邦解体是塞尔维亚、克罗地亚和穆斯林三种民族主义造成的。[1] 保加利亚一位巴尔干史专家指出，"南斯拉夫是在各民族、各共和国和各地区的民族主义思想、民族主义、分裂主义和恐怖主义的打击下陨落的"[2]。他还认为，南斯拉夫联邦解体的主要"罪人"是南斯拉夫联邦形形色色的民族主义。

南共联盟在民族问题上的失误，还表现在对民族问题的长期性、复杂性和反复性认识不够。铁托在世时，由于南共联盟执行较为宽松的民族政策和铁托的个人威望，那时的民族关系趋于平静和稳定。由此，南共联盟中一些领导人便错误地认为民族问题已经"彻底解决"，并将南斯拉夫视为巴尔干国家中"民族和宗教平等

---

[1] Милован Джилас, Общуване с Тито, София, Издателство "Христо Ботев", 1991, с. 128.

[2] Кръстю Манчев, Националният въпрос на Балканите, София, Ланс 1995, с. 381.

的样板"①，从而忽视了解决民族问题的长期性和艰巨性，造成民族政策上接连失误。

在一个多民族国家里，各民族地区的经济和文化发展一般是不平衡的，要实现各民族和各地区的经济协调发展是一件非常困难的事情，要缩小和克服各民族地区经济发展水平和结构方面历史遗留下来的差别，需要经过几代人长期艰苦的努力。民族差别在相当长的历史时期内不会迅速消失。但是，中央政府要十分重视欠发达地区的社会经济和文化教育事业发展，采取有力措施努力缩小差距，一旦差距越拉越大，就会成为诱发欠发达或不发达地区动乱的原因。

（三）南共联盟患得患失，丢失阵地

南共联盟的成败和南斯拉夫兴亡的关键因素在南共联盟本身。

南共联盟的人数从1950年的60万、1970年的105万和1980年的200万发展到1986年已经达到217万，占当时全国总人口的9%以上。另一项统计称，1945年至1971年，每100名国家职工中就有85名南共联盟盟员，而在南斯拉夫就业人员总数中每4个人中就有1名南共联盟盟员。②

南共早在20世纪40年代末和50年代初就开始进行艰难的"南斯拉夫试验"，探索符合自己国情的"南斯拉夫道路"。南共还在1952年的第六次代表大会上改名为南斯拉夫共产主义者联盟，认为这个名称最接近马克思的共产主义者同盟。所以，南共联盟曾是一个学习型政党，勇于创新的党。南斯拉夫的革命是独特的，它的社会主义建设的道路也是独特的。南共联盟经受了战斗的洗礼，无愧是南斯拉夫社会主义建设和改革过程中的积极倡导者和领导者。

与同一时期其他东欧国家执政党相比，南共联盟并没有通过宪

---

① ［黑山］巴托·托马舍维奇：《生死巴尔干》，达洲译，新华出版社2002年版，第407页。
② 转引自马细谱《试析南共联盟执政的成功与失误——南斯拉夫解体原因之一》，《马克思主义研究》2013年第1期。

法形式确定它在国家社会生活中的领导作用，而是使用了一种别出心裁的提法，即"党的引导作用"。所谓南共联盟的引导作用，一般可以概括为：第一，南共联盟不在权力机构范围内实行垄断，废除党政不分、以党代政、包办一切的工作方法和活动方式；第二，对于权力机关和社会自治机关所遵循的原则不是发号施令、指挥一切，而是引导与协调全体劳动者和公民的自治利益；第三，不把劳动人民社会主义联盟、工会、社会主义青年联盟等社会政治组织变为自己的传送带，体现政治平等原则；第四，南共联盟组织和盟员应密切联系群众、宣传和解释南共联盟的纲领和政策，引导群众接受南共联盟的纲领和政策，并且要自觉地接受群众监督，不搞特权。[①]

南共联盟在 1958 年通过的《南斯拉夫共产主义者联盟纲领草案》进一步认为，南斯拉夫社会发展的目的与方法有别于其他东欧国家，它提倡在社会生活各个领域内发扬民主和实现自治，反对把党和国家混同起来，使执政党官僚化。然而，这个纲领及其有关观点当时却遭到了所有社会主义国家的无情批判和谴责。

尽管这些愿望是好的，是使党和社会生活民主化和非官僚主义化的一次大胆尝试，有利于当时提出的党政分开和实行政治体制改革。但是，在当时国内国际条件下，大会过早地提出党和国家的消亡问题，宣传解释工作滞后，反而起了消极作用，致使一些盟员曲解大会的决议，一度出现了纪律涣散和思想混乱的现象。

这一新提法出现后，南共联盟领导核心日趋"联邦化"，从而使国家丧失了维护统一的领导核心和凝聚力。六大后，南共联盟中央与各共和国、自治区（省）南共联盟之间不再是上下级关系而是三者平行的关系；由"协商一致"取代了"民主集中制"原则。实践证明，这种理论导致南共联盟大权旁落，自毁长城，为自身的

[①] 详见"Rezolucija VI kongresa o zadacima i ulozi Saveza komunista Jugoslavije", Borba, 08.11.1952。

削弱和瓦解打开了缺口。

结果，党内持不同政见者应运而生。1954年，南共中央书记米洛万·吉拉斯在批判斯大林专制独裁和发扬民主自由的借口下，公开要求实行西方的多党制度，取代一党领导。吉拉斯在抵制共产党和工人党情报局控制的斗争中，始终支持铁托的立场，反对斯大林官僚主义和教条主义。但吉拉斯从批判斯大林的错误发展到怀疑马克思列宁主义，怀疑南共的政策，直到否定列宁主义的党和社会主义制度。铁托没有别的选择，只能消灭这种对他的挑战和威胁。于是，南共联盟立即举行非常全会，决定将吉拉斯开除出中央委员会，解除党内外一切职务。后来吉拉斯又被清除出党，并两次被判刑入狱。

接着，1966年南斯拉夫联邦副总统、仅次于铁托的"第二号人物"、南斯拉夫联邦安全和情报首脑亚历山大·兰科维奇（Aleksandar Rankovic）也被铁托解除党内外一切职务。当时，苏联东欧社会主义国家指出，兰科维奇的下台将使南斯拉夫的社会和经济生活开始"全面自由化"，将催生民族分裂主义。西方国家兴高采烈，认为南斯拉夫将"取消党对社会生活的垄断"。

铁托失去吉拉斯和兰科维奇两位左辅右弼之后，党心、人心受到沉重打击，社会不断动荡。与此同时，南共联盟也遭到了以苏联共产党为首的原社会主义各国共产党的围攻，甚至武力威胁，被无端扣上"修正主义""帝国主义奸细"的帽子，长时间被"妖魔化"，受到攻击。铁托本人虽说在内外压力下没有变成孤家寡人，却也只好拖着染病的身躯，带领一帮"志同道合者"，继续坚持自治社会主义原则，顽强举着不断改革和"不结盟"的旗帜，沿着一条理想主义的道路前行。

1980年铁托辞世后，南共联盟开始丧失凝聚力和自信。这时的南共联盟已很难代表全联邦发挥作用，整个南斯拉夫联邦像一个多党制国家，共和国和自治省加起来有8个党，军队里还有一个党。

这样，党已经开始"联邦化"，失去了统一的领导力量。

到 20 世纪 80 年代中期，南共联盟的领导能力和威信显著降低。1982 年，南共联盟的党员人数达到历史高峰，从 1972 年的 100 万人跃升到 220 万人。由于产业工人在党员总数中的比例不到 30%，而大量青年学生党员和知识分子党员常常政治立场摇摆不定，故 1985 年后党员人数因社会经济危机开始下降，到 1989 年已下降到 150 万人。

此时，南共联盟和南斯拉夫联邦国家的集体领导由于年年轮换（共 9 人，每人执政 1 年），不分共和国大小和领导人能力强弱搞绝对平等，反而使领导层变得软弱无力，流于形式。南斯拉夫联邦和南共联盟的代表轮流在同一舞台上溜戏，走马灯一样，你方唱罢我登台。到头来，没等到南共联盟的代表第二次登场，一场席卷原东欧的多党政治体制和"民主化"浪潮拉开了南斯拉夫联邦民族冲突和崩溃的序幕，南斯拉夫联邦在"独立"狂潮中开始解体。共产党人苦心设计的"轮流坐庄制"已经无人问津，人去台空，演员一个个扬长而去，观众四处离散，留下一个空旷而又带有斑斑血迹（由于连年内战）的荒废舞台。

南斯拉夫共产党人曾创新马克思主义学说，成立了多民族联邦制国家，并顶住外来压力，创建了社会主义自治制度，执行不结盟外交政策。当然，这一切已经成为美好的历史和回忆。严酷的现实是，一个自治的、不结盟的和联邦的南斯拉夫已经消失，它已分崩离析、沦落到"七马分尸"的境地：塞尔维亚、克罗地亚、斯洛文尼亚、马其顿、波黑、黑山和科索沃。

三 南斯拉夫联邦解体的外部原因

目前，国内外学者在研究、分析和解读苏联解体、东欧剧变和南斯拉夫联邦解体问题时，主要有两种基本的观点：一些学者强调苏联东欧社会主义的失败是执政的共产党及其领导人国内政策失误的结果；另一些学者则认为苏联东欧社会主义失败的主要原因在于以美国为首的西方资本主义推行"和平演变"。这就是我们常说的内因和外因的作用问题。在一般情况下，内因起着主导性作用，而在另一种特定情况下，外因的作用绝对不可轻视。现在，越来越多的学者在寻找苏联解体、东欧剧变的原因时，都从这些国家的内部来找，因为这是主要的。这是完全正确的。但从南斯拉夫联邦崩溃的过程看，外部势力的直接和间接干预又负有不可推卸的责任。

一方面，苏联东欧社会主义国家的剧变加速了南斯拉夫联邦的瓦解。苏联解体之后，华沙条约组织不存在了，经济互助委员会也不存在了。这样，南斯拉夫联邦和其他东欧社会主义国家一样在安全上就没保障了，在经济上也失去了可以依靠的后盾。在这种情况下，南斯拉夫联邦要想维护边界现状、领土完整和国家安全，是很困难的。

另一方面，西方国家对南斯拉夫的干预是导致南斯拉夫联邦解体的重要因素。尽管南斯拉夫早在 20 世纪 40 年代末和 50 年代初就开始摆脱斯大林模式，但西方认为它在巴尔干半岛处于特殊的地位，仍是"社会主义"阵地，必须拔掉最后留下的这面旗帜。我们看到，巴尔干国家的民族和领土问题是通过第一次和第二次世界大战后的国际条约确定的，而不是通过这些国家自己协商谈判解决的。欧美大国的唯一目的是在该地区扩大自己的势力范围和争夺霸权，获取政治和经济利益，使其成为它们利益冲突的"试验场"。所以，南斯拉夫学者指出，"西方强国原来乐意维护南斯拉夫的统一，但在柏林墙倒塌和东方集团垮台之后的异常欢快的情绪下，在倒洗澡水的同时把南斯拉夫这个孩子也一起倒掉了"[①]。

近年来的最新解密材料披露，南斯拉夫联邦消亡的一个重要原

---

① ［黑山］巴托·托马舍维奇：《生死巴尔干》，达洲译，新华出版社 2002 年版，第 408 页。

因是欧美国家策划的阴谋，不是大家强调的民族主义，西方只是利用了民族主义打击南斯拉夫联邦。这些已经公开的证据说明：早在1976—1977年联邦德国就主张消灭南斯拉夫联邦。德国欲为第一次世界大战雪耻、为第二次世界大战报仇，率先支持南斯拉夫联邦的穆斯林，承认斯洛文尼亚和克罗地亚独立[1]。对此，西方学者纷纷指出，"早在1976年（西方）就制定了消灭南斯拉夫的长远行动计划"。他们预计1985年斯洛文尼亚就应该脱离南斯拉夫。"德国人欲在铁托去世后重新划分南斯拉夫的领土，理由是他们在两次世界大战中被塞尔维亚人打败，而得到了克罗地亚人和穆斯林的支持。"[2] 1992年南斯拉夫联邦灭亡后，美国又一心要消灭由塞尔维亚和黑山组成的南斯拉夫联盟，以美国为首的北约1999年侵略南斯拉夫联盟，2000年美国又主张科索沃脱离塞尔维亚独立。结果2006年南斯拉夫联盟也寿终正寝，2008年科索沃单方面宣布独立，塞尔维亚也遭到肢解。南斯拉夫联邦解体及其动乱、内战彻底改变了冷战后的国际关系，改变了欧洲在第一次世界大战后形成的政治和地理版图。但是，南斯拉夫解体并没有引发新的欧洲战争或世界大战，因为美欧大国达成默契，以牺牲南斯拉夫这样的继苏联之后的最大的联邦国家，以满足它们的一己之利。

南斯拉夫联邦这个已经消失了的国家，应该受到人们的尊敬，得到国际社会公正的评价。这个国家的人民失去了国家，但没有失去尊严；失去了家园，却没有失去信心，而是充满了乐观主义精神。以塞尔维亚为代表的该地区人民正在为掌握自己的命运顽强拼搏，他们的复兴可以期待！

---

[1] Београдски форум за свет равноправних, Poruka srpskom narodu—Hamo apecиja 10 oд ина после, Beograd, March, 23-24, 2009.

[2] Београдски форум за свет равноправних,, Eд ижјција свеске свеска бр. 20, Beograd 2007. c. 5.

戈尔巴乔夫去世引起的国内外舆情及启示[*]

赵丁琪

当地时间8月30日晚,苏联最后一任领导人米哈伊尔·戈尔巴乔夫在俄罗斯首都莫斯科的一家医院因病去世,终年91岁。这一消息迅速在全球引发关注。作为亲手埋葬了苏联、一定程度上改变了人类历史进程的领导人,戈尔巴乔夫生前就饱受争议、毁誉参半,在其死后也引起了国内外舆论的热议。不同国家、不同背景的政治人物及普通民众,分别从各自的政治立场出发,对戈尔巴乔夫的一生进行了不同的评价。

一 西方政客对戈尔巴乔夫的评价及其背后的政治目的

在戈尔巴乔夫去世后,欧美国家领导人在第一时间纷纷表态,普遍对戈尔巴乔夫给予了高度评价。他们纷纷用"勇气""和平人士""为俄罗斯带来自由"等话语称赞戈尔巴乔夫。

美国总统约瑟夫·拜登称赞戈尔巴乔夫"是一位有着非凡远见的人"。他称赞戈尔巴乔夫作为苏维埃社会主义共和国联盟的领导人,"与里根总统一起努力,削减我们两国的核武库,这让世界各地祈祷核军备竞赛能够结束的人们松了一口气。"同时,他对戈尔

---

[*] 原载《世界社会主义研究动态》2022年9月22日。

巴乔夫的"民主化"改革进行了高度评价，认为"在持续几十年的残暴政治压迫之后，戈尔巴乔夫欣然接受了民主改革。他相信开放与重建，不是把它们仅仅当成口号，而是作为苏联人民在经历多年的封闭与匮乏之后的前进道路"。

欧盟主席乌尔苏拉·格特鲁德·冯德莱恩在推特上称："戈尔巴乔夫是一位权威且受人尊敬的领导人。他在结束冷战和推倒铁幕方面发挥了决定性作用。他开辟了通往自由欧洲的道路。这是我们永远不会忘记的遗产。"

联合国秘书长安东尼奥·古特雷斯发表声明说，"我对戈尔巴乔夫逝世的消息深感悲痛。他是唯一改变历史进程的国务活动家，他为和平结束冷战所做的事情比任何人都多。"

英国前首相鲍里斯·约翰逊发表推文说："我对戈尔巴乔夫去世的消息感到悲伤。我一直钦佩他为和平结束冷战表现出的勇气和诚实。"他还说，"他开放苏联社会的执着精神是我们所有人学习的榜样"。

法国总统马克龙在推特上写道：我对戈尔巴乔夫的去世表示哀悼，"他是一位和平的人，他的选择为俄罗斯人开辟了自由之路。他对欧洲和平的承诺改变了我们的共同历史"。

德国总理朔尔茨评价说，戈尔巴乔夫打破了多个藩篱：他的政策使"德国统一、铁幕消失"成为可能；他使俄罗斯得以成为一个民主国家。朔尔茨表示，"现在不仅是俄罗斯的民主失败，而且俄罗斯总统普京在欧洲挖掘新战壕，戈尔巴乔夫就在此时去世……正因此，我们缅怀戈尔巴乔夫，深知他对欧洲及我国多年来的发展意味着什么。"

德国前总理安格拉·多罗特娅·默克尔表示，她听到戈尔巴乔夫去世的消息时"非常悲伤"。默克尔在她的个人网站上称赞戈尔巴乔夫是"一位独特的世界政治家"。她称赞说，"戈尔巴乔夫书写了世界历史。他是榜样，他是一位能把世界变得更好的国家领导人。""没有戈尔巴乔夫的开放和改革的勇气,德意志民主共和国就不可能进行和平革命。"

德国发行量最大的报纸《图片报》发表署名评论,呼吁将柏林的一个大的中心广场命名为"戈尔巴乔夫广场",感谢他对两德统一作出的贡献。该文写道:"在俄罗斯国家电视台上这只是一条短消息,但对我们德国人来说,伟大的米哈伊尔·戈尔巴乔夫的去世应该是全国哀悼的时刻。没有他,就没有两德统一。"

日本首相岸田文雄在8月31日举行的新闻发布会上对戈尔巴乔夫的逝世表示哀悼,高度赞赏他"为建设一个没有核武器的世界所做的贡献"。

美国原驻苏联大使马特洛克(Jack F. Matlock, Jr.)的一份声明称,"苏联总统米哈伊尔·戈尔巴乔夫通过与美国总统里根和老布什合作,结束了冷战,制止了一场危险的军备竞赛"。

从总体来看,西方政客对戈尔巴乔夫的评价,主要集中在三个方面。一是赞扬戈尔巴乔夫瓦解了苏联的共产主义"极权制度",为俄罗斯人和世界带来了所谓的"自由"。二是赞扬戈尔巴乔夫终结了冷战和欧洲的分裂,为全球带来了所谓的"和平"。三是赞扬戈尔巴乔夫主动削减苏联的核武库,使得世界摆脱了核战争的威胁。但戈尔巴乔夫的这些所谓的"功劳",是以背叛苏联人民和全世界无产阶级的利益为代价的。西方政客的这些评价,从反面证明了戈尔巴乔夫的所谓"改革"高度符合西方的利益,这是对戈尔巴乔夫背叛苏联和苏共、充当西方"和平演变"急先锋行为的奖赏。

另外,在俄罗斯与西方因乌克兰问题而持续冲突的当下,西方领导人在对戈尔巴乔夫高调"悼念"的同时,也将其与俄罗斯现任总统普京对立起来,指责普京推翻了戈尔巴乔夫留下的"和平遗产"。这种做法的目的,是想通过"一捧一踩"的政治宣传套路,将俄乌冲突爆发的责任都推给普京,并在俄罗斯内部制造分裂。

二 俄罗斯国内对戈尔巴乔夫的评价及原因

与欧美领导人的高度评价相比,戈尔巴乔夫在俄罗斯国内却饱受非议。一方面,俄罗斯官方对戈尔巴乔夫的悼念"谨慎"而"低调",另一方面,俄罗斯民众和左翼力量对戈尔巴乔夫进行了激烈的批评。美联社评论说:"戈尔巴乔夫在晚年获得了来自世界各地的赞誉和奖项。然而,他在国内却遭到了广泛的鄙视。"

戈尔巴乔夫去世消息公布后,俄罗斯领导人普京直到第二天凌晨(15个小时后),才发表了唁电。他在唁电中说:"戈尔巴乔夫是一位对世界历史进程产生巨大影响的政治家和国家领导人。他在外交、经济、社会挑战全面发生复杂、急剧变化的时期领导了我国。他理解改革的必要性,并试图为紧迫问题提供自己的解决方案。"与欧美领导人的高度评价相比,普京对戈尔巴乔夫的评价则显得更为"中性"。他只是客观陈述了戈尔巴乔夫领导苏联改革的事实,但并没有对改革的结果做出评价。另外,普京明确宣布因为"行程冲突",将不会参加9月3日戈尔巴乔夫的葬礼。这与叶利钦去世时普京的表现形成了鲜明对比。路透社对此评论称,与西方的"致敬"相比,克里姆林宫对其死讯的反应则是"谨慎"而"克制"的。

有分析人士表示,普京在唁电中对戈尔巴乔夫的评价,只是一种出于对前领导人的尊重所作出的"礼节性"评价,而俄罗斯总统新闻秘书佩斯科夫在戈尔巴乔夫去世后的言论,更能代表普京的真实态度。佩斯科夫指出:"戈尔巴乔夫推动了冷战的结束,他真诚地希望相信冷战将会结束,新苏联和世界,也就是西方集体之间将会开始一个永恒的浪漫时期。"但事实是,"那种浪漫主义没有成为现实……我们对手的嗜血已经表现出来了。很高兴我们及时意识到并理解了它"。

俄罗斯官方媒体同样以克制、低调的方式报道了戈尔巴乔夫的死讯，并委婉表达了对戈尔巴乔夫的批评。

戈尔巴乔夫去世后，俄罗斯第一频道（前身为苏联中央电视台）在一个五分钟的节目中回顾了戈尔巴乔夫改善苏联经济的愿望和他的亲民特质，同时也暗示了他缺乏决断力和过于信任美国的问题。俄罗斯国家电视台"Россия 24"对于戈尔巴乔夫去世的报道则延后了12分钟，将其排在了第三位，排在莫斯科教育论坛和国际原子能机构前往扎波罗热核电站之后。

俄罗斯国家通讯社俄新社在8月31日发表的文章中，引用了"通往地狱的道路充满了善意"的谚语来评价戈尔巴乔夫，认为"戈尔巴乔夫可以说是一个明显的例子：一个国家领导人的'善意'能够把整个国家带入地狱"。文章指出，戈尔巴乔夫使俄罗斯成了一个"被摧毁的国家"，他对"在内战、种族清洗、恐怖袭击和帮派斗争中丧生的数百万人"负有责任。

俄新社下属的"今日俄罗斯"（RT）网站在8月31日刊文称，在戈尔巴乔夫领导下，苏联首次举行公开竞选，向西方国家靠拢，但与此同时，苏联的危机也愈演愈烈，进而导致内部冲突和随之而来的解体。关于戈尔巴乔夫对自己在苏联解体中所扮演角色的评价，文章援引戈尔巴乔夫此前接受RT采访时的话作为结语："我所做的是为捍卫联盟直到最后一颗子弹，但我没有成功。"

与此同时，俄罗斯共产党等左翼力量明确地表达了对戈尔巴乔夫的批评。8月31日，俄共红线电视频道及俄共官方网站发表题为《久加诺夫论戈尔巴乔夫逝世：戈尔巴乔夫执掌政权是一场巨大的悲剧》的文章。在文中，俄共中央委员会主席、俄共杜马党团领导人久加诺夫表示他不赞同拜登、马克龙等西方政客对于戈尔巴乔夫的评价。在久加诺夫看来，戈尔巴乔夫是俄罗斯千年历史上最大的国家背叛者，并指出了他的四大罪行，即"背叛苏联国家""背叛苏维埃政权""使苏联人民被剥夺了他们在过去100年中赢得的一切成果""背叛所有的朋友和盟友"。久加诺夫愤怒地批评说:"戈尔巴乔夫得到了一个拥有庞大军队、强大生产力、伟大科学和更好社会制度的国家。但戈尔巴乔夫丢掉了这一切,只是为了让撒切尔对他微笑,只是为了让布什友好地拍拍他的肩膀。对于一个领袖和政治家来说,这是最丢脸的行为!"

除了俄罗斯共产党之外,俄罗斯人民也在各种社交平台,通过不同的方式表达了对戈尔巴乔夫的愤怒和谴责。如"乌拉!""请向叶利钦问好,你们会在同一个锅里被煮""地狱今天客满""地狱该解体了""他不该死在医院,他本应在监狱里""他从没悔改,他是人民的叛徒、国家的叛徒,我希望他能尽快地将他的西方朋友带走""建议将8月30日设为一个欢乐的假日"等。

俄罗斯国内所形成的对戈尔巴乔夫的普遍负面评价,根源于戈尔巴乔夫的"改革"给俄罗斯所造成的灾难。戈尔巴乔夫在其上台后,仅用6年的时间就彻底瓦解了苏联,并造成了经济崩溃、民族撕裂、两极分化严重、人均寿命下降等一系列灾难性后果。因此,多数俄罗斯民众将戈尔巴乔夫视为苏联解体的"头号罪人"。1996年,戈尔巴乔夫曾经重返政坛并参加俄罗斯总统选举,但只获得了0.5%的选票,俄罗斯人对他的不满可见一斑。

三 国内舆论界对戈尔巴乔夫的评价

戈尔巴乔夫去世的消息也在国内引起了广泛关注。多数主流媒体及民众认为,戈尔巴乔夫错误的改革路线是造成苏联解体的主要原因,对戈尔巴乔夫向西方妥协、投降的行为进行了批判与谴责。

浙江省委宣传部官方公众号"之江轩"刊发文章《戈尔巴乔夫留下的四点启示》。该文指出,尽管苏联解体有内外部多重原因,但作为国家和政党的最高领导人,戈尔巴乔夫确实有不可推卸的责任。该文指出:"作为苏联的最高决策者,戈尔巴乔夫犯下的错误在于忘掉了苏共的初心和苏联社会主义的使命，亦步亦趋跟着别人走，结果整个国家被带到悬崖边缘。"

《环球时报》就戈尔巴乔夫的评价问题采访了几位研究国际问题的学者。他们指出，戈尔巴乔夫刻意迎合美国和西方的政治理念和政策规划，是苏联解体的根本原因，最终给苏联人民带来了灾难性的后果。"事实证明，在担任苏联领导人期间，他对国内和国际形势的判断存在非常严重的错误，他实施的政策对国家是灾难性的，带来的是国内经济秩序的混乱，民众对国家体制丧失信心。"

《观察者网》发表了对复旦大学特聘教授、中国研究院院长张维为的专访。张维为对比了戈尔巴乔夫与邓小平在改革思路上的不同，认为戈尔巴乔夫在政治上是非常失败的。他指出："戈尔巴乔夫当初提出'新思维'的时候，目的是要完善社会主义，但最后却葬送了社会主义，葬送了苏联。苏联解体后，他在1996年竟然还有勇气参加俄罗斯总统竞选，但得票率连1%都不到，可见他被自己的人民抛弃了，在此意义上戈尔巴乔夫是一个非常失败的人物。"

《三联生活周刊》回顾了戈尔巴乔夫在1996年大选中所遭遇的惨败及原因，剖析了戈尔巴乔夫改革给俄罗斯人民所带来的苦难。该文指出："从80年代后期开始，在戈尔巴乔夫身上就表现出一种高度分裂的矛盾性：他越是在西方世界被视为伟大的政治家、悲剧英雄、殉道使徒，在俄罗斯就越是会被诅咒为叛徒、蠢材、伪君子。"

除了主流媒体之外，一些知名自媒体也对戈尔巴乔夫的功过是非进行了评价。

公众号"后沙月光"认为，西方政客之所以怀念戈尔巴乔夫，是因为他将一切交给美国摆布，是造成苏联解体的罪魁祸首。"他将会得到两块墓碑，一块，上面刻着'圣徒'并写满了赞美，是西方国家给他立的；另一块，上面刻着'叛徒'并写满了诅咒，是俄罗斯人民给他立的。"

公众号"明人明察"发表文章《警惕有人借戈尔巴乔夫的评价问题搞事情》。该文指出，怎么评价戈尔巴乔夫，并不是一个有难度的问题，但之所以在这个问题上出现如此多的分歧，主要是由于立场的不同，"对于美西方甚至全世界的资产者来说，他是一个有大功的人，对于苏联和全世界的劳动者来说，他是一个彻头彻尾的罪人"。该文同时也指出，在中国互联网上之所以出现称赞戈尔巴乔夫的言论，是因为有些人"希望中国变成第二个苏联，让美西方再次不战而胜"。

在微信、知乎、哔哩哔哩等社交平台上，很多网民纷纷表态，表达对戈尔巴乔夫背叛苏联、背叛社会主义行为的谴责。如："用一句话概括他的后半生，美国的恩人，苏联的罪人，中国的反面教材人物""仇者快，亲者苦。为了诺奖为了所谓的民主，葬送一个超级大国的前程。不管西方怎么说，作为领袖，你对不起你的人民。""一个民族的叛逆者，罪人。戈尔巴乔夫最大的功劳，在于让很多国家和人民明白了，西方是靠不住的。""前苏联解体是他放弃了自己的游戏规则而拥抱西方规则……"

当然，也有一些学者虽然承认戈尔巴乔夫在改革中存在一定的失误，但坚持认为苏联僵化的政治经济体制才是苏联解体的根本原因。如有学者在《北京日报》发文指出，"我们并不能因此得出结论：如果不改革，苏联就会好好的。毕竟，当年戈尔巴乔夫接手的是一个危机四伏的国家，仅从其国内来看，经济效率逐年下降，日用消费品短缺问题突出；体制僵化、社会死气沉沉，教条主义、官僚主义和腐败盛行……改革势在必行，但在战略上出现了严重失误"。公众号"阜成门6号院"认为，戈尔巴乔夫的改革虽然看起来有很多离经叛道的地方，但是对苏联解体的历史进程没有产生根本影响。"因为苏联过去积累的问题太严重了，无论是开明派还是强硬派都无法挽救大厦的倾塌，就像慈禧去世之后，无论是懦弱的醇亲王载沣还是强硬的恭亲王溥伟谁执政，都改变不了清朝的灭亡。"这种观点以一部分知识分子和学者为主，其实质是委婉地为戈尔巴乔夫的"改革"辩护，具有比较强的隐蔽性。

四 警惕围绕戈尔巴乔夫问题的舆论杂音

戈尔巴乔夫去世后在国内引起的舆论反响，从总体上来说是相对正面的。大部分国内民众都能从爱党爱国的立场出发，对戈尔巴乔夫背叛苏联、背叛社会主义的行为形成正确的认识；也能够从苏联解体的悲剧中吸取教训，深刻认识到坚持中国共产党的领导、反对西方"和平演变"的重要意义。但与此同时，也存在着一定的舆论杂音。这些舆论杂音将苏联解体的原因归咎于苏联的社会主义体制，对戈尔巴乔夫的"改革"进行辩护和开脱，甚至高度赞扬戈尔巴乔夫投降西方、背叛苏联和苏共的行为。对于这样的观点和舆论，我们必须高度警惕和防范，并积极加以应对。

第一，进一步加强对苏联解体问题的研究。作为世界上第一个社会主义国家，苏联在社会主义建设过程中积累了丰富的经验，但同时也留下了很多让人扼腕叹息的教训。苏联末期戈尔巴乔夫主导的"改革"及其所导致的灾难性后果，为我们提供了一个难得的"反面教材"。戈尔巴乔夫去世后的国内舆论，充分说明了这个"反面教材"所起到的正面意义，它让群众充分认识到放弃党的领导、放弃意识形态领导权、向西方妥协退让所引起的灾难性后果。因此我们要进一步加强对苏联解体问题的研究，让广大党员干部和群众能够从戈尔巴乔夫的"反面教材"中吸取历史教训，从而坚定对中国特色社会主义的信心和信念。

第二，进一步加强对苏联解体问题的宣传和普及，警惕西方话语的渗透。西方社会在戈尔巴乔夫去世后对他的赞美和追捧，带有很强的意识形态目的。他们试图通过对戈尔巴乔夫的吹捧来攻击社会主义制度，宣扬资产阶级的意识形态和价值观，鼓吹"颜色革命"。国内自由派也积极响应，通过各种方式来表达对戈尔巴乔夫的纪念和吹捧。对此，我们需要积极加以应对，通过进一步加强对苏联解体问题的普及和宣传，来让群众打好"防疫针"。对于《历史虚无主义与苏联解体——对苏联亡党亡国三十年的思考》等起到良好宣传效果的研究成果，我们要扩大宣传范围，并推动苏联解体问题进校园、进教材，让广大青年人能够在成长的关键时期接受思想的洗礼，提高自身的"免疫力"。

第三，进一步加强对历史虚无主义的斗争。历史虚无主义的泛滥是苏联解体的重要原因之一，它导致人民群众不能正确认识苏联社会主义革命、建设的历史，不能对党的领袖的功过是非做出客观公正的评价，最后搞乱了广大党员干部和群众的思想。在苏联解体、东欧剧变后，我们国家也一度受到了历史虚无主义的影响。在历史虚无主义思潮的影响下，列宁、斯大林等共产主义运动的领袖被妖魔化，而戈尔巴乔夫等瓦解苏联的罪魁祸首则被推向"神坛"，受到了国内很多人的追捧。但这种局面在党的十八大之后得到了扭转。以习近平同志为核心的党中央对反对历史虚无主义斗争的高度重视，极大清除了错误思潮的影响，使得人民群众能够正确认识社会主义建设过程中的挫折与曲折，对苏联历史及苏联社会主义体制的功过是非形成客观公正的评价，并正确认识到戈尔巴乔夫集团所主导的"改革"对苏联人民所造成的灾难。戈尔巴乔夫去世后国内民众所表现出的普遍批评态度，就是党的十八大以来反对历史虚无主义斗争所取得成果的体现。因此，我们要进一步加强对历史虚无主义的斗争，捍卫党对意识形态工作的领导权，清除错误思潮对群众的影响。

苏联解体 30 年：俄罗斯社会苏联评价变迁审思[*]

武卉昕

苏联解体 30 年来，俄罗斯社会舆论对有关苏联诸多问题的评价呈阶段性变化特征。把握俄罗斯社会苏联评价的变迁，能够引发对相关历史和现实的多维思考，对探索社会主义道路的行进方向具有现实参考意义。本文根据俄罗斯列瓦达中心和全俄社会舆论调查中心的跟踪调查结果，解析苏联解体 30 年来俄罗斯社会苏联评价的变迁路径和话语逻辑。

一 社会舆论调查中的苏联评价及其变迁

（一）对"8·19"事件的评价及变化

1991 年"8·19"事件是导致苏联解体的关键一步。2021 年 8 月 17 日，列瓦达中心发布全俄就"8·19"事件相关问题的民调结果显示：43% 的被调查者认为"8·19"事件对国家和人民来说是具有毁灭意义的悲剧性事件，持这一观点的人数创历次调查最高。值得注意的是，认为"8·19"事件是高层权力斗争的比例由苏联解体之初的近 60% 下降到 40%。

---

[*] 原载《世界社会主义研究动态》2021 年 2 月 16 日。

（二）对苏联社会主义道路的评价及变化

2021年2月7日，全俄社会舆论调查中心就"是否支持社会主义"公布调查结果显示：52%的被调查者持支持态度，30%的被调查者持反对态度。该中心还就"在了解苏联生活和社会主义的前提下，对苏联社会主义的整体态度"问题进行了首次调查，结果61%的被调查者表示支持，30%的被调查者反对。

2019年6月24日，列瓦达中心公布了"苏联政权的道路特点"2000年、2008年和2019年的对比调查数据。在按重要程度所做的降序排列中，"国家关心普通人""少有民族冲突、民族团结""苏联时期国内经济发展顺利、无失业现象""苏联时期人民生活逐步改善""共产党管理作用"等回答项三次都排在前列；认为苏联时期"存在排队、物品匮乏、凭票购物现象""与其他国家隔绝、无法出国""迫害持不同政见者，克格勃对所有人进行检查""官僚主义""生产落后于其他发达国家""苏联时期军事支出超出国家能力范围"等负面特点项排位依次靠后，占比逐次减小。

关于"与现在相比，苏联1985年改革前的特点"问题，列瓦达中心在2020年3月提供了追踪的民调结果。在该中心提供的1999年、2003年、2012年、2020年的调查数据中，对"强大统一的国家"特点项的认可高居不下，以上四个年度的认可率分别是51%、60%、50%、65%；认可"国家安定"者占比分别为44%、58%、50%、55%；认可"人际关系更好"者占比分别为31%、37%、40%、43%；认可"对未来充满信心"者占比分别为58%、53%、48%、38%；认可"物价水平稳定低廉"者占比分别为41%、45%、40%、33%；认可"生活快乐、有乐趣"者占比分别为14%、13%、16%、12%；认可"关心国家的文化、教育、科学"者占比分别为10%、9%、12%、8%。

（三）对苏联国家的态度及其变化

2021年3月21日，全俄社会舆论调查中心公布的关于"如果今天让你选择是否保卫苏联,你如何回答"的调查结果显示,73%的被调查者选择"必须保卫",19%的被调查者选择"不是必须保卫"。列瓦达中心公布的有关"是否想恢复苏联"的调查结果显示:49%的被调查者希望恢复苏联,40%的被调查者表示不想恢复苏联。2021年5月2日,列瓦达中心进一步跟进,提出"如果某一政党在今年9月的国家杜马选举中提出返回苏联或恢复苏联的想法,是否会给这个政党的主张投票"的问题,在这一近乎模拟现实的调查中,36%被调查者的回答是肯定的。

2018年,列瓦达中心公布了"俄罗斯公民对苏联怀旧指数"的调查结果,呈现了从1992年到2018年怀念苏联和不怀念苏联的占比情况:1992年,怀念苏联者占比66%,不怀念苏联者占比23%;1999年,怀念苏联者占比74%,不怀念苏联者占比16%;2005年,怀念苏联者占比65%,不怀念苏联者占比25%;2010年,怀念苏联者占比55%,不怀念苏联者占比30%;2015年,怀念苏联者占比54%,不怀念苏联者占比37%;2018年,怀念苏联者占比66%,不怀念苏联者占比25%。

在"是否支持俄罗斯宪法关于'俄罗斯联邦是苏联在其领土上的继承国'的规定"问题上,全俄社会舆论调查中心于2020年12月13日提供的数据显示,高达84%被调查者表达了肯定意见,不支持的只有9%。在"是否承认本民族共同的历史"问题上,列瓦达中心提供了对比性数据:1994年有37%的被调查者承认本民族共同的历史,1999年为48%,2019年达53%。

对于"国家历史上最自豪的事件或成就"的跟踪调查结果表明,卫国战争、太空探索和科学成就高居备选项前列,对卫国战争的历年认可比例均超过80%,2020年达到87%。

(四)对苏联领导人的评价及变迁

2017年4月19日,列瓦达中心提供了"对列宁的评价"对比调查结果:正面评价占56%,负面评价占31%;2006年、2016年这两组数字分别是41%、35%和43%、27%。2021年6月23日，列瓦达中心就"对斯大林的整体评价"问题进行的调查结果显示：60%的被访者对斯大林持"赞赏""尊重""好感"态度，28%的被访者持中间态度，只有11%的被访者持负面评价，肯定或正面评价占比创2001年来最高。2001年这三组数字分别是38%、12%、43%。

2020年3月24日，列瓦达中心就"全民族和时代最杰出10位人物"问题的调查数据显示：斯大林以38%占据最杰出人物榜单的榜首；普京和普希金并列第二，均为34%；列宁以32%占据第四；彼得一世以29%排第五。在1989年、2001年、2010年、2015年、2017年的这项调查中，对斯大林的正面评价分别占比12%、34%、30%、37%、42%，总体呈逐步上升态势。

2017年2月15日，列瓦达中心就"对戈尔巴乔夫的整体评价"问题提供了对比调查结果：对戈尔巴乔夫正面评价的占比为14%，持负面评价的为46%，在全部苏联领导人中评价排名倒数第二。2006年的这两个调查项的结果分别是19%和44%，看来俄罗斯人较从前更不喜欢他了。在这项调查中，俄罗斯人对叶利钦的负面评价达48%，排名垫底。

（五）关于苏联解体的评价及变迁

2020年3月24日，列瓦达中心就"是否惋惜苏联解体"问题提供了对比调查数据：2020年惋惜苏联解体的被调查者占比65%，较2010年上升10%，与苏联解体之初的66%几乎持平。

同时，就"苏联解体是否不可避免"问题，列瓦达中心提供的对比数据显示，不同时期被调查者对苏联解体持"不可避免"和"可以避免"的占比分别为24%和58%（1998年）、26%和62%（2000年）、32%和53%（2010年）、26%和63%（2020年）。

在关于"在苏联解体中，您最惋惜的1—2个选项（多选）"的调查结果显示：选择"失去对伟大祖国的归属感"的被调查者占比由 1999 年的 29% 上升至 2020 年的 52%；选择"失去相互信任，相处冷漠"的被调查者分别占比 32%（1999 年）和 37%（2020 年）；选择"失去'处处是家'的感觉"的被调查者分别占比 10%（1999 年）和 31%（2020 年）。

二 俄罗斯社会苏联评价变迁主线

（一）有关社会主义道路评价的变迁路线

在有关"苏联政权的道路特点"问题、"与现在相比，苏联 1985 年改革前的特点"问题上，调查、民调结果呈现出一些变化特征，这主要表现在以下几方面。

1. 具有正向指标意义的选项排名靠前。依据备选项的重要程度按降序排列的数据表明，国家是否关心普通人、国家和社会安定程度、经济发展顺利程度、就业率、人民生活水平、科学文化发展程度等选项最能代表苏联社会主义道路特点且具有正向指标意义的选项位置靠前；那些具有负向意义的选项，如出国自由受限、检查制度、官僚主义、限制宗教信仰、军事开支大等排位靠后，并随着时间的流逝越来越被忽视。

2. 主要道路特点评价项大致呈现 U 形变化特征。在有关"苏联政权的道路特点"问题项下，2000 年、2008 年、2019 年对各项指标的回答大致呈 U 形变化特征。例如，在三次调查中，支持"国家关心普通人"选项的被调查者占比分别为 37%、29%、59%；对"少有国际冲突，民族团结"观点的认可分别为 44%、40%、46%；赞成"经济发展顺利，失业率低"观点的分别为 39%、31%、43%；同意"人民生活逐步改善"的被调查者分别为 23%、14%、39%；认可"世界最先进的科学技术"的被调查者分别为 22%、21%、31%。对以上主要特点选项的回答，基本上是 2008 年占比最低，2000 年占比居中，2019 年占比最高，即由稍高起点向下变化，然后再回到高点。这种 U 形变化特征呈现与俄罗斯在各个时期整体发展状况相关。

3. 国家对公民的保护作用愈发受到俄罗斯民众的重视。在围绕"苏联 1985 年改革前的特点"问题的调查中，支持"强大统一的国家"选项的被调查者，从 1999 年的 51% 上升为 2020 年的 65%；赞成"国家安定"的被调查者，也由 1999 年的 44% 上升为 2020 年的 55%。与此相应，在国家强大和社会稳定的背景下，也形成了人与人之间的和谐关系，赞同"人际关系更好"的被调查者由 1999 年的 31% 上升至 2020 年的 43%。

总的来说，从俄罗斯社会对苏联社会主义道路特点的评价变迁中可以发现，国家实力越发成为衡量标准；在失序的全球背景下，社会安全日渐受到重视；社会成员的相互关系和情绪心理越发成为衡量社会满意度的指标。

（二）有关苏联评价的变迁路线

有关苏联评价的变迁路线主要表现在以下几方面。

1. 公民捍卫苏联的意志始终坚决。1991 年 3 月 17 日，根据苏联第四次人民代表大会的决定以及 1991 年 1 月 16 日苏联最高苏维埃的决定，苏联就是否保留联盟问题举行历史上的首次全民公决，有资格投票的人中 80% 参加了投票，其中主张保留苏联的人数占 76.4%，只有 21.7% 的人反对。30 年后的今天，仍有 73% 的被调查者坚持"保卫苏联"。可见，俄罗斯公民捍卫苏联的坚决态度始终未变。

2. 公民始终保持对苏联的怀旧情绪。1992 年，苏联解体之初，俄罗斯公民的苏联怀旧指数是 66%，在最艰难的 2000 年达到 75% 的历史峰值，在整体向好的 2010 年降为 55%，2018 年又重新攀升到 66%。苏联解体后的 30 年里，俄罗斯公民对苏联的怀旧情绪始终存在，怀旧指数除 2012 年的 49% 外，从未低于半数。对苏联的怀旧情绪在 2000 年达到高点之后，随着社会发展整体向好而逐渐减弱，但随着俄罗斯国内外局势的复杂变化，该项指数在近几年呈逐渐攀升态势，总体上保持一种高水平基础上的起伏状态。

3. 公民将苏联国家和民族认同联系在一起。各项调查的结果呈现了俄罗斯人对民族历史和国家发展同一性的认可，他们支持俄罗斯宪法关于"'俄罗斯联邦是苏联在其领土上的继承国'的规定"，承认"本民族共同的历史"，"同一""继承""共同"等成为公民确认苏联在民族历史中地位的关键词，也是将苏联与俄罗斯民族联系在一起的纽带。对于"国家历史上最自豪的事件或成就"的回答，集中在卫国战争、太空探索、科学成就等能代表俄罗斯民族精神和能力的选项上。

（三）有关苏联领导人评价的变迁路线

有关苏联领导人评价的变迁路线主要体现在两方面。

1. 对列宁和斯大林的肯定评价持续攀升。舆论调查结果显示，随着时间推移，对列宁的评价在20世纪90年代下降，21世纪初逐步攀升，甚至重新回到高点。需要特别说明的是，在苏联解体后的一些年，对列宁评价降低的原因与俄罗斯有关列宁的历史虚无主义思潮泛滥和民众断章取义地理解俄罗斯领导人对列宁的评价有关。21世纪初，俄罗斯出现重评斯大林的思潮，社会舆论对斯大林的正面评价整体提升。斯大林领导苏联人民取得了卫国战争的伟大胜利，建立起强大的国家，凝聚了俄罗斯民族精神，树立了和谐高尚的社会道德风貌等贡献，都与苏联社会主义本质高度契合。

2. 对戈尔巴乔夫和叶利钦评价持续走低。俄罗斯公民对"改革"社会主义制度的戈尔巴乔夫和全面推行私有化的俄罗斯第一任总统叶利钦的评价逐年下降。应该说，在总体评价本来就不高的情况下，俄罗斯公民越来越不认可他们，戈尔巴乔夫不成功的"改革"让苏联偏离了社会主义发展方向，而叶利钦利用这个时机篡取了俄罗斯政权。2021年3月24日，全俄社会舆论调查中心就"戈尔巴乔夫在苏联解体中的作用"问题进行的民调结果显示：43%的人认为戈尔巴乔夫在苏联解体中起了决定性作用，如果换成另外一位政治家，可能苏联直到今天还存在。2021年8月17日，俄罗斯列瓦达中心的民调结果显示：认为叶利钦和"民主纲领派"的主张是错误的观点仍占主导地位，并且占比提升到66%。这是所有观察时间内的最高值——1993年占比36%，2000年占比53%，2010年占比35%，2018年占比53%。

（四）有关苏联解体评价的变迁路线

有关苏联解体评价的变迁路线主要体现在以下几方面。

1. 对苏联解体的态度变化与社会经济状况有关。2000年，俄罗斯经历了最艰难的10年后，超过3/4的人惋惜苏联解体；2010年，惋惜苏联解体的人数占比降至55%，基本上创历年最低，这与俄罗斯经济复苏关联密切；2020年，在全球经济遭受重创和俄罗斯国内经济持续低迷的情况下，对苏联解体感到惋惜的人数又重新提升至65%。

2. 惋惜苏联解体的情绪体验不断加深。越来越多的人认为"苏联解体是可以避免"的，这反映了在没有苏联的日子里，在对资本主义和社会主义制度的实践认知中，人们有了越来越多的理性反思。1991年就"是否保留苏联"问题举行的全民公决结果表明，苏联公民对庞大国家解体并没有做好准备，没有人知道苏联为什么解体，更无从了解社会主义制度改弦更张的逻辑性。2020年6月11日，著名媒体人伊戈尔·德米特洛夫表示："苏联人根本不想要资本主义……我们没有反社会主义。而一小部分持不同政见者——他们是微不足道的少数，后来被安德罗波夫制止了。因此，人民没有反苏和反社会主义的倾向。"

尽管俄罗斯公民没有回到苏联的勇气和打算，他们认为重建这一制度是不可能的，但为克服困难所表达出来的对强大国家的怀念是清晰的。

三 俄罗斯社会苏联评价变迁规律

(一) 评价遵循从感性认识进入理性认识的路径

苏联解体首先使民众失去了生活保障，公民最先表达的是对生活水平下降的不满。在社会调查的评价反馈中，20世纪90年代人们更关注经济衰退、失去生活保障等物质要素项；21世纪初，人们愈发失去了苏联时代强大国家带给人的安全感，强大的国家保护、令人仰望的国际地位和"处处是家"的感受仍保留在心里并形成对比，人们对苏联的赞许性评价逐渐从物质层面进入情感层面；遭受2008年全球经济危机重创后，俄罗斯十余年没能真正走上复苏之路，民众逐渐意识到俄罗斯的危机不是短期举措可以挽救的，他们对苏联的评价进入反思阶段。苏联解体30年来，俄罗斯人的苏联评价从关注物质到关注情感再到理性认识，实现了从感性层面到理性层面的迈进，这是反映在社会评价变迁中的认识论。

(二) 评价变迁与经济发展呈逆向运行趋势

俄罗斯经济发展状态在社会舆论评价变迁中得到反映，社会舆论评价与经济发展状况呈逆向运行趋势：在经济状况比较糟糕、公民生活比较艰难的时期，人们对苏联的评价较高，认可苏联和社会主义制度的人更多；当经济向好发展，公民生活压力变小时，上述指标随之降低。

(三) 评价的核心认知要素由抽象走向务实

苏联解体前，苏联社会的"专制"性质以及被所谓自由主义追随者诟病的"强迫性集体主义"等要素，被视为阻碍社会前进和公民自由的主因；苏联解体之初，普通公民可以随便进出国门，但在应付生计之余人们无暇考虑新近拥有的所谓自由和民主对自己的意义；到今天，俄罗斯公民切实领悟到了自由、民主、公正的真正内涵。卡内基莫斯科中心专家安德烈·科列斯尼科夫说："苏联时代似乎不是一个生活水平高的时代，而是一个正义的时代。今天的国家资本主义被认为是不公平的：分配、福利和公共服务的不公平。这种感觉越来越强烈。"

四　结　语

在苏联解体30年来，俄罗斯社会有关苏联评价的变迁及规律告诉我们，作为实现人民基本权利的制度保障，社会主义提供了实现真正人权和民主的政治保障，也起到凝聚人心的社会保障作用。社会主义制度的本质优势，在俄罗斯公民的实践和认知中愈发清晰。这一被实践检验的真知灼见成为我们追昔抚今、鉴往知来的重要依据。

四

国际共产主义运动和世界社会主义事业的当代走向

世界社会主义发展的历史进程与当代走向*

林建华

从封建社会末期萌芽发展到 21 世纪，资本主义走过了 500 余年的发展史，它既推动了人类社会的进步特别是生产力的巨大发展，也给人类带来了空前的痛苦和灾难，特别是造成了生产资料占有者与劳动者之间的对立和两极分化。作为一种新的社会理想与社会变革，社会主义应运而生，并在与资本主义的激荡和较量中，绘就了生动立体、多姿多彩的历史画卷。在 500 余年的发展中，社会主义先后经过了从空想走向科学、从理论走向实践、从一国走向多国的行进历程，或从空想到科学、从理论到实践、从一国到多国的行进历程，并呈现出鲜明的阶段性特征。"到"更侧重于完成时，具有标志性；"走向"更侧重于渐变中的完成过程，具有动态性。对社会主义走向的思考和概括，我们长期止步于此，没有作出新的归纳并形成共识。党的十九届六中全会通过的《中共中央关于党的百年奋斗重大成就和历史经验的决议》指出："马克思主义中国化时代化不断取得成功，使马克思主义以崭新形象展现在世界上，使世界范围内社会主义和资本主义两种意识形态、两种社会制度的历史演进及其较量发生了有利于社会主义的重大转变。"[①] 这一重要论

---

* 原载《当代世界与社会主义》2022 年第 4 期。
① 《中共中央关于党的百年奋斗重大成就和历史经验的决议》，人民出版社 2021 年版，第 63—64 页。

断使我们有可能对社会主义在当代的走向作出新的研判。对于这一重大命题，我们今天可以尝试作出这样的回答：现在，社会主义所呈现出的阶段性特征和走向是，从遭受严重曲折走向重新振兴，或从曲折走向振兴，进而展现出光明的发展前景，基于此，我们可以作出新的概括：从世界范围来看，社会主义先后经历了从空想走向科学、从理论走向实践、从一国走向多国、从曲折走向振兴的发展过程。

一　社会主义从空想走向科学

在科学社会主义出现之前，空想社会主义已经存在了300多年，空想社会主义对资本主义社会进行了批判，对未来社会进行了描述，从而为科学社会主义的创立提供了"思想材料"。

资本主义社会是封建社会的对立物，同时也是封建社会的替代物，社会主义社会是资本主义社会的对立物，同时也是资本主义社会的替代物。社会主义社会是比资本主义社会更高级的社会形态，但这并不是说，只有等到资本主义社会灭亡了，社会主义社会才会出现；也并不是说，社会主义思潮、运动和制度是同时出现的。社会主义和资本主义是相伴而生的，同时，社会主义的发展是具有阶段性特征的历史进程。

在资本主义社会孕育和初创时期，整个社会存在着双重的阶级结构和阶级斗争，即资产阶级、劳动大众与封建地主阶级及其斗争，无产阶级、劳动大众与资产阶级及其斗争。相对于封建社会及以前的社会形态，资本主义社会具有巨大的进步性，但是，资本主义社会从一开始就存在着种种弊端，因此其发展就具有局限性，就要付出代价。正如马克思所揭示的："资本来到世间，从头到脚，每个毛孔都滴着血和肮脏的东西。"① 剖析、批判和试图推翻资本主义的社会主义，伴随着"资本来到世间"就出现了只是在资本主义生产方式作为占统治地位的生产方式、资本主义制度作为发展壮大着的社会制度存在时，社会主义只能作为一种思潮和运动而存在。

作为思潮和运动，社会主义的历史肇始于 1516 年托马斯·莫尔出版的《关于最完美的国家制度和乌托邦新岛的既有益又有趣的全书》即《乌托邦》一书的发表。这部著作是对资本主义进行解构、对未来社会进行建构的初步探索，尽管莫尔没有使用过"空想社会主义""社会主义"概念，但是它仍然被视为空想社会主义产生的拓荒之作。从此，社会主义在空想的原野上跨越了四个世纪、蹒跚了 300 多年。

从资本原始积累到第一次工业革命兴起、从资产阶级革命到资本主义制度的确立和巩固，这既是资本主义的发展进程，同时又使空想社会主义的内容和形式不断得到丰富和发展，对于空想社会主义者的基本特点，美国历史学家 L. S. 斯塔夫里阿诺斯认为："他们把注意力集中在他们所设计的模范社会的原则和明确的活动方式上，但是，这些模范社会将如何取代现存社会的问题，他们从未认真地考虑过，他们对于从富裕的或有权势的资助人那里得到帮助这一点抱有模糊的期望。"② 习近平深刻指出，空想社会主义者们"怀着悲天悯人的情感，对理想社会有很多美好的设想，但由于没有揭示社会发展规律，没有找到实现理想的有效途径，因而也就难以真正对社会发展发生作用"③。从最一般的意义上来说，空想社会主义者的共同之处在于，他们不了解资本主义社会的本质和规律，不了解无产阶级的地位和作用，不了解阶级斗争是社会发展的动

---

① 《马克思恩格斯文集》第五卷，人民出版社 2009 年版，第 871 页。
② [美] 斯塔夫里阿诺斯：《全球通史：1500 年以后的世界》，吴象婴、梁赤民译，上海社会科学院出版社 1999 年版，第 363 页。
③ 习近平：《在纪念马克思诞辰 200 周年大会上的讲话》，人民出版社 2018 年版，第 7—8 页。

力，因而找不到埋葬旧的社会制度、建立新的社会制度的根本力量和正确道路，因此，空想社会主义不是科学的理论，更不可能形成具有重大意义的社会主义运动特别是无产阶级的革命实践活动。但是，在300多年的时间里，作为"一个还没有成熟的阶级"的思潮和学说，先是"在16世纪和17世纪有理想社会制度的空想的描写"，后是"在18世纪已经有了直接共产主义的理论（摩莱里和马布利）"，再后来"出现了三个伟大的空想主义者：圣西门、傅立叶和欧文"①，其总的发展趋势是空想成分愈益减少、科学因素愈益增多。恩格斯强调："德国的理论上的社会主义永远不会忘记，它是站在圣西门、傅立叶和欧文这三个人的肩上的。"② 这就是说，空想社会主义为科学社会主义的诞生创造了较为充分的思想条件，空想社会主义是科学社会主义从无到有的思想先声。

"社会主义""社会主义者""空想社会主义""空想社会主义者"等概念，都不是马克思、恩格斯首先使用的，在一个时期内，马克思、恩格斯对"社会主义""共产主义"概念的使用也不是一致的。在1842年撰写的《共产主义和奥格斯堡〈总汇报〉》一文中，马克思首次使用了"社会主义"概念；在1843年撰写的《大陆上社会改革运动的进展》一文中，恩格斯分别首次使用了"社会主义""共产主义"概念，并赋予其科学含义。恩格斯在《〈共产党宣言〉1890年德文版序言》中指出："在1847年，社会主义意味着资产阶级的运动，共产主义则意味着工人的运动。"③ 1848年2月，马克思、恩格斯在《共产党宣言》中，把除了科学社会主义以外的19世纪上半叶在欧洲流行的社会主义思潮归纳为反动的社会主义（包括封建的社会主义、小资产阶级的社会主义、德国或"真正的"社会主义），保守的或资产阶级的社会主义，批判的空想的

---

① 《马克思恩格斯文集》第九卷，人民出版社2009年版，第21页。
② 《马克思恩格斯文集》第二卷，人民出版社2009年版，第218页。
③ 《马克思恩格斯文集》第二卷，人民出版社2009年版，第21页。

社会主义和共产主义《共产党宣言》的第一个稿本和第二个稿本分别是恩格斯起草的《共产主义信条草案》和《共产主义原理》。由于马克思的两个伟大的发现——唯物史观和剩余价值学说，"这就是无产阶级运动的理论表现即科学社会主义"①，从而"最先说明了社会主义不是幻想家的臆造，而是现代社会生产力发展的最终目标和必然结果"②，科学社会主义理论犹如壮丽的日出，照亮了人类探索历史规律和寻求自身解放的道路。《共产党宣言》是社会主义从空想走向科学的具有标志性意义的著作，在这里，之所以使用社会主义从空想走向科学的提法，旨在说明科学社会主义是不断丰富和发展的，《共产党宣言》是马克思主义的科学社会主义理论的起点。

社会主义从空想走向科学，不是马克思、恩格斯在书斋里完成的，恩格斯曾指出："为了使社会主义变为科学，就必须首先把它置于现实的基础之上。"③ 所谓"现实"，仅从社会生产力的角度来讲，就是机器大工业逐渐取代工场手工业成为资本主义生产的主导和主流状态，资本主义生产越来越具有真正的社会化大生产的特征，随着社会生产力的快速发展，工人阶级队伍快速壮大，工人运动也快速发展起来。19世纪三四十年代，在法国、英国、德国爆发了三大工人运动，这标志着欧洲工人阶级不再是资产阶级的附庸，而是作为一支独立的政治力量登上了历史舞台，马克思、恩格斯冷静观察时代演进，在深邃思考时代特征、深入剖析资本主义社会状况以及工人运动发展状况后，撰写了大量著作，1845年，马克思、恩格斯撰写了《德意志意识形态》，第一次比较系统地阐述了历史唯物主义的基本原理，揭示了人类社会发展的一般规律；1867年，马克思出版了《资本论》第一卷，提出了剩余价值学说，揭露了资

---

① 《马克思恩格斯文集》第三卷，人民出版社2009年版，第567页。
② 《列宁全集》第二卷，人民出版社2013年版，第1页。
③ 《马克思恩格斯文集》第九卷，人民出版社2009年版，第22页。

本家剥削工人的秘密；1872年，恩格斯在《论住宅问题》中第一次使用了"科学社会主义"的概念；1880年，恩格斯发表了《社会主义从空想到科学的发展》，系统阐述了科学社会主义理论及其形成和发展的历史。应当指出的是，由于语境不同，科学社会主义通常具有广义和狭义之分，广义的科学社会主义就是马克思主义，狭义的科学社会主义则是马克思主义三个最主要的组成部分之一。

马克思主义博大精深，归结起来就是为人类求解放，首先是无产阶级的解放，继而是全人类的解放，继《共产党宣言》之后，马克思、恩格斯一再重申共产主义社会的本质，即"代替那存在着阶级和阶级对立的资产阶级旧社会的，将是这样一个联合体，在那里，每个人的自由发展是一切人的自由发展的条件"[①]，马克思、恩格斯"对未来非资本主义社会区别于现代社会的特征的看法，是从历史事实和发展过程中得出的确切结论"[②]。"就其内容来说，首先是对现代社会中普遍存在的有财产者和无财产者之间、资本家和雇佣工人之间的阶级对立以及生产中普遍存在的无政府状态这两个方面进行考察的结果。"[③] 恩格斯在《社会主义从空想到科学的发展》中明确指出："完成这一解放世界的事业，是现代无产阶级的历史使命"，而科学社会主义的任务，就是"深入考察这一事业的历史条件以及这一事业的性质本身，从而使负有使命完成这一事业的今天受压迫的阶级认识到自己的行动的条件和性质"[④]。因此，恩格斯要求工人阶级政党及其领袖"时刻注意到：社会主义自从成为科学以来，就要求人们把它当作科学来对待，就是说，要求人们去研究它"[⑤]。

"社会主义从空想到科学的发展"是世界范围内社会主义发展

---

① 《马克思恩格斯文集》第十卷，人民出版社2009年版，第666页。
② 《马克思恩格斯文集》第十卷，人民出版社2009年版，第548页。
③ 《马克思恩格斯文集》第三卷，人民出版社2009年版，第19页。
④ 《马克思恩格斯文集》第九卷，人民出版社2009年版，第300页。
⑤ 《马克思恩格斯文集》第二卷，人民出版社2009年版，第219页。

的第一个大的阶段，这一概括意义重大，为研究社会主义的发展进程提供了范例和方法论遵循。因此，马克思主义经典作家对于包括《社会主义从空想到科学的发展》基本内容在内的《反杜林论》评价极高，马克思把它称为"科学社会主义的入门"[1]，列宁认为《反杜林论》"分析了哲学、自然科学和社会科学中最重大的问题"[2]，并称其同《共产党宣言》一样"都是每个觉悟工人必读的书籍"[3]。1930年11月，上海江南书店首次出版了吴亮平翻译的《反杜林论》全译本（署名吴黎平）。毛泽东称赞吴亮平翻译《反杜林论》"功盖群儒，其功不下于大禹治水"[4]。

二 社会主义从理论走向实践

社会主义从空想走向科学，标志着国际共产主义运动的兴起、马克思主义的创立，此后，社会主义的发展具有了全新的性质、内容和走势。社会主义从科学的理论走向现实的制度、走向建设的实践，则是与国际共产主义运动的发展、马克思主义的发展紧密连在一起的。

国际共产主义运动，指在马克思主义指导下，在共产主义政党领导下，全世界无产阶级及广大人民群众反对资本主义和一切剥削制度，进行无产阶级革命和社会主义建设，争取无产阶级和全人类的解放，并为最终实现共产主义而奋斗的社会运动，建立共产主义政党、实现无产阶级专政、建立社会主义制度、进行社会主义建设，直至实现全人类的解放、实现共产主义理想，是国际共产主义运动的红线和主线。

---

[1] 《马克思恩格斯文集》第三卷，人民出版社2009年版，第493页。
[2] 《列宁选集》第一卷，人民出版社2012年版，第94页。
[3] 《列宁选集》第二卷，人民出版社2012年版，第310页。
[4] 转引自江东然《博览群书的毛泽东》，吉林人民出版社1993年版，第113页。

1847年共产主义者同盟的成立和1848年《共产党宣言》的发表、1917年俄国十月革命的胜利，是社会主义发展进程中的标志性历史事件，具有里程碑意义。对于这一历程，还有诸如从理论到运动、从理论到现实、从理论到制度等不同的概括，实际上，社会主义从理论走向实践，就是从科学的理论经由制度的确立而走向建设的实践。因此，这里的实践不是一般意义上的国际共产主义运动的全部实践，甚至不仅指无产阶级社会主义革命的实践，它的意涵更加丰富，还指社会主义建设的实践以及社会主义改革的初步实践。

国际共产主义运动兴起之初，主要内容是反对资本主义的主体活动，同时还伴之以科学社会主义反对非科学社会主义的斗争。这时，马克思主义只是影响工人运动发展的思想和理论之一。由于具有科学性、人民性、实践性与开放性的鲜明特征和显著优势，马克思主义才逐步成为国际工人运动中占主导地位的指导思想。成为工人阶级及其政党争取解放的行动指南，马克思主义的指导作用主要在于：第一，提高工人阶级的觉悟，促使工人阶级从"自在的阶级"变成"自为的阶级"；第二，指导工人阶级政党制定正确的纲领和政策，同时指导国际工人运动的领袖们正确认识和领导这一运动；第三，批驳错误的思想和政策，校正国际工人运动的路线和方向；等等。

社会主义从理论走向实践，实际上是在回答"资本主义怎么了、人类社会向何处去"的重大时代课题，为了回答这一课题，首先就要解决领导力量和实现路径问题，即无产阶级政党及其国际组织建立问题、无产阶级如何取得政权及其前景问题，在这个过程中，建立的无产阶级政党及其国际性组织主要包括：共产主义者同盟、国际工人协会（即第一国际）、各国社会民主党及第二国际、社会民主党左派。

共产主义者同盟是世界上第一个共产党，曾在德国、英国、法国、比利时、荷兰、瑞典、瑞士、美国八个国家建立了地方组织，约有400名党员。"同盟的目标是：推翻资产阶级，建立无产阶级统治，消灭以阶级对立为基础的资产阶级旧社会，建立没有阶级、没有私有制的新社会。"[①] 列宁曾指出，同盟"虽然很小但却是真正无产阶级的政党"[②]。今天来看，共产主义者同盟存在的时间虽然很短，但却是当代世界各国共产党的真正源头。1864年建立的国际工人协会即第一国际，"奠定了工人国际组织的基础，使工人做好向资本进行革命进攻的准备"，"为国际无产阶级争取社会主义的斗争奠定了基础"，因此"第一国际是不会被人遗忘的，它在工人争取自身解放的斗争史上是永存的"[③]。在第一国际存在期间，第一个在民族国家范围内建立的无产阶级政党是1869年建立的德国社会民主工党，此后，各国陆续建立了一批无产阶级政党或社会主义政党，并于1889年组建了其国际性组织，即第二国际。

马克思主义创立之前存在的形形色色的社会主义，到1871年巴黎公社时期已"奄奄一息"。第二国际的建立，恢复了巴黎公社革命失败后各国工人阶级之间长期中断的国际联系，科学社会主义逐步占据主导地位，成为国际工人运动的指导思想，共产主义者同盟和第一国际的事业由此得以继续。但是，由于对自由资本主义向垄断资本主义即帝国主义过渡的新变化的认识不尽一致，以及由此导致的对工人阶级斗争的新战略、新策略的认识不尽一致，1895年恩格斯逝世之后，统一的国际工人运动逐渐分化为左、中、右三种倾向、三个派别。俄国十月革命后各国社会民主党的左派先后更名为共产党；中派和右派则最终结合在一起，仍然使用社会民主党的名称，由此，国际工人运动在两个方向上行进并持续到今天：一是共产党人的国际共产主义运动（或称科学社会主义运动）；二是社会民主党人的社会主义运动（或称社会民主主义运动、民主社会主

[①] 《马克思恩格斯全集》第四卷，人民出版社1958年版，第572页。
[②] 《列宁全集》第二十三卷，人民出版社1990年版，第384页。
[③] 《列宁全集》第三十六卷，人民出版社1985年版，第290、291、218页。

义运动)。我们今天使用的"社会主义"概念,一般都是指称"科学社会主义"。

在社会主义从理论走向实践的进程中,无产阶级掌握国家政权是必不可缺的内容和环节,其夺取国家政权的斗争波澜壮阔。当无产阶级还是资产阶级的附庸的时候,它是在帮着自己的敌人即资产阶级夺取国家政权,它反对的是自己敌人的敌人即封建地主阶级;当无产阶级作为一支独立的政治力量登上历史舞台时,它的政治诉求和斗争实践则直接指向国家政权。马克思主义认为,国家政权问题是"全部政治的基本问题,根本问题"①,在《共产党宣言》中,马克思、恩格斯指明了共产党的历史使命和社会作用:其一,"使无产阶级形成为阶级,推翻资产阶级的统治,由无产阶级夺取政权"②;其二"无产阶级将利用自己的政治统治,一步一步地夺取资产阶级的全部资本,把一切生产工具集中在国家即组织成为统治阶级的无产阶级手里,并且尽可能快地增加生产力的总量"③;其三,同一切与私有制相联系的思想观念实行最彻底的决裂,最终实现共产主义,这就是说,共产党人的最近目的是取得政权,建立无产阶级专政;共产党人的最终目的是消灭私有制,实现共产主义,建立"每个人的自由发展是一切人的自由发展的条件"④ 的"联合体"。因此"共产党人为工人阶级的最近的目的和利益而斗争,但是他们在当前的运动中同时代表运动的未来"⑤。正如列宁所指出的:"马克思主义和其他一切社会主义理论的不同之处在于,它出色地把以下两方面结合起来:既以完全科学的冷静态度去分析客观形势和演进的客观进程,又非常坚决地承认群众……的革命毅力、革命创造性、革命首创精神的意义。从马克思的全部历史观点出

---

① 《列宁全集》第三十七卷,人民出版社1986年版,第60页。
② 《马克思恩格斯文集》第二卷,人民出版社2009年版,第44页。
③ 《马克思恩格斯文集》第二卷,人民出版社2009年版,第52页。
④ 《马克思恩格斯文集》第二卷,人民出版社2009年版,第53页。
⑤ 《马克思恩格斯文集》第四卷,人民出版社2009年版,第324页。

发，必然会对人类发展的革命时期给予高度的评价，因为……他认为这是人类社会历史中最有生气、最重要、最本质、最具有决定性的关头。"①

19世纪，马克思、恩格斯曾指导并参加过两次最重要的革命：一是共产主义者同盟存在时期的1848年欧洲革命，二是第一国际存在时期的巴黎公社革命。巴黎公社是第一个无产阶级专政的国家机器，也是国际工人运动用血与火凝成的第一个巨大成就，是无产阶级推翻资产阶级统治、建立无产阶级专政的伟大尝试，是把人类从阶级社会中解放出来的社会革命的曙光。在社会主义从理论走向实践的发展历程中，巴黎公社尽管具有首创意义，但毕竟存续时间太短，没有来得及展开社会主义建设实践。正是在这个意义上，"我们可以说：巴黎公社是开的光明的花，俄国革命是结的幸福的果——俄国革命是巴黎公社的继承者"②。因此，我们把社会主义从理论走向实践的标志性节点确定为俄国十月革命胜利、社会主义制度建立、社会主义建设实践开启。

19世纪最后30年，第二次工业革命兴起，世界从蒸汽时代进入电气时代。与此相适应，资本主义由自由竞争阶段向垄断阶段转变，进入帝国主义时代，俄国是帝国主义各种矛盾最集中的地方，是帝国主义统治链条上的薄弱环节，因而成为孕育社会主义革命的温床。

19世纪末20世纪初，世界三大主要矛盾即无产阶级与资产阶级之间的矛盾、殖民主义与民族独立之间的矛盾、帝国主义之间的矛盾日益激化，"帝国主义怎么了、人类社会向何处去"是国际工人运动所面临的重大时代课题，第一次世界大战和一系列革命是20世纪初世界历史发展的重大事件，以列宁为代表的俄国布尔什维克党人对上述历史事件进行了深刻剖析、对上述重大时代课题进行了

---

① 《列宁全集》第十六卷，人民出版社1988年版，第20页。
② 《毛泽东文集》第一卷，人民出版社1993年版，第34页。

科学回答，列宁主义应运而生，马克思主义发展到列宁主义阶段，并在列宁逝世之后被共产党人命名为"马克思列宁主义"。

进入20世纪，俄国相继爆发了三次革命：1905年革命结束了巴黎公社革命失败之后欧洲30多年的资本主义相对和平发展时期和国际工人运动相对沉寂时期，拉开了世界革命的序幕；1917年二月革命推翻了延续370多年的沙皇专制制度，取得了资产阶级民主革命的胜利；1917年十月革命最直接的成果就是建立了俄罗斯苏维埃联邦社会主义共和国，后来又于1922年建立了苏维埃社会主义共和国联盟（简称苏联），打破了资本主义一统天下的世界格局，从根本上推翻了人剥削人、人压迫人的制度，社会主义从科学的理论变为现实的制度，开创了共产主义政党走上执政前台、掌握全部国家政权的历史新纪元，并在此基础上走向建设的实践，在一片广袤的土地上先后实行了战时共产主义政策和新经济政策，开创了人类社会发展的历史新纪元，科学社会主义发展的中心逐步从西欧转移到俄国，这也正是其国际意义之所在。列宁指出："所谓国际意义是指我国所发生过的事情在国际上具有重要性，或者说，具有在国际范围内重演的历史必然性。"[①] 在纪念十月革命四周年时，列宁深刻指出，"这第一次胜利还不是最终的胜利"，但"我们已经开始了这一事业，至于哪一个国家的无产者在什么时候、在什么期间把这一事业进行到底，这个问题并不重要。重要的是，坚冰已经打破，航路已经开通，道路已经指明"[②] 十月革命既实现了社会主义从理论走向实践的发展，同时又为社会主义从一国走向多国开辟了道路。2017年是俄国十月革命胜利100周年，习近平在党的十九大报告第二部分一开始就提到这一重大历史事件，就是为了宣示十月革命对国际共产主义运动特别是对中国共产党诞生和中国革命发展所产生的历史影响。

[①] 《列宁全集》第三十九卷，人民出版社1986年版，第1页。
[②] 《列宁全集》第四十二卷，人民出版社1987年版，第185、186页。

三 社会主义从一国走向多国

　　如同社会主义从理论走向实践，社会主义从一国走向多国也不是一帆风顺的，夺取政权不易，进行建设同样不易。十月革命胜利之后，社会主义建设的实践还没有来得及展开，新生的苏维埃俄国就遭到了帝国主义的武装干涉和国内反革命分子的武装叛乱，经过三年艰苦卓绝的战争，苏俄打退了敌人的进攻，站住了脚跟。帝国主义国家把苏俄扼杀在摇篮之中的企图未能得逞，苏俄作为一个"红色孤岛"仍处于帝国主义国家的包围之中，"一球两制"成为社会主义国家和资本主义国家都必须正视的现实，列宁认为，虽然社会主义与资本主义国家之间的矛盾和斗争仍是你死我活的，但双方也互有需要，因此，和平共处成为可能。1921年，列宁指出："社会主义共和国不同世界发生联系是不能生存下去的"，"应当把自己的生存同资本主义的关系联系起来"[1]，"有一种力量胜过任何一个跟我们敌对的政府或阶级的愿望、意志和决定，这种力量就是世界共同的经济关系，正是这种关系迫使它们走上这条同我们往来的道路"[2]，列宁提出与资本主义和平共处，虽然主要是为了解决处于资本主义包围中的社会主义的生存问题，为首先胜利的这唯一一个社会主义国家进行社会主义建设争取最起码的外部条件，但同时也已经包含了要利用资本主义国家的资金、技术和一切进步的东西来为社会主义服务的思想，即"对外开放"的思想，列宁指出："社会主义能否实现，就取决于我们把苏维埃政权和苏维埃管理组织同资本主义最新的进步的东西结合得好坏。"[3] 他提出了两个著名

---

[1] 《列宁全集》第四十一卷，人民出版社1986年版，第167页。
[2] 《列宁全集》第四十二卷，人民出版社1987年版，第332页。
[3] 《列宁全集》第三十四卷，人民出版社1985年版，第170—171页。

的论断或公式："共产主义就是苏维埃政权加全国电气化"①，"乐于吸取外国的好东西：苏维埃政权＋普鲁士的铁路秩序＋美国的技术和托拉斯组织＋美国的国民教育等等等等＋＋＝总和＝社会主义"②，但是，列宁在强调学习外国先进技术和管理经验的必要性和重要性时，丝毫没有放松意识形态领域的阶级斗争，列宁告诫全体人民，要百倍注意那种把和平建设变为和平瓦解苏维埃政权的图谋，号召人民用共产主义的力量和影响来抵制国外资产阶级思想的侵蚀和危害，列宁领导布尔什维克党和人民在帝国主义的包围中探索社会主义建设道路，取得了初步进展并积累了宝贵经验。列宁指出："对俄国来说，根据书本争论社会主义纲领的时代也已经过去了，我深信已经一去不复返了，今天只能根据经验来谈论社会主义。"③列宁还生动地指出："社会主义现在已经不是一个遥远将来，或者什么抽象图景，或者什么圣像的问题了。""我们把社会主义拖进了日常生活，我们应当弄清这一点。这就是我们当前的任务，这就是我们当今时代的任务。"④经过十月革命后不到20年的建设，苏俄和苏联从一个经济文化相对落后的国家一跃发展成为仅次于美国的世界强国，在实践中彰显了社会主义制度的优越性。

"社会主义从来都是在开拓中前进的。"⑤这就是说，社会主义的发展既有量的扩张，也有质的提升，习近平指出："第二次世界大战结束后，一批社会主义国家诞生，特别是我们党领导人民建立了新中国并建立了社会主义制度，科学社会主义由此从一国实践走向多国发展。"⑥当时，社会主义阵营很兴旺，加上亚非拉国家反帝反殖民主义的斗争，同资本主义世界形成了基本上势均力敌的

---

① 《列宁全集》第四十卷，人民出版社1985年版，第30页。
② 《列宁全集》第三十四卷，人民出版社1985年版，第520页。
③ 《列宁全集》第三十四卷，人民出版社1985年版，第466页。
④ 《列宁全集》第四十三卷，人民出版社1987年版，第302页。
⑤ 《十八大以来重要文献选编》（上），中央文献出版社2014年版，第114页。
⑥ 《习近平关于"不忘初心、牢记使命"重要论述选编》，党建读物出版社、中央文献出版社2019年版，第297页。

格局，所以毛泽东说"东风压倒西风"。社会主义从一国走向多国，这里的"多国"，一般是指"二战"后社会主义在多个国家的出现，实际上，在十月革命后不久还有一个"多国"。只是它们犹如昙花一现，今天大都不再提及甚至都已不清楚它们的存在了。

在思考自由资本主义时代的革命问题时，马克思、恩格斯指出："如果不就内容而就形式来说，无产阶级反对资产阶级的斗争首先是一国范围内的斗争"①，而就其实质来说，无产阶级反对资产阶级的斗争将"是世界性的革命"，并"将有世界性的活动场所"，这就是说"共产主义革命将不是仅仅一个国家的革命，而是将在一切文明国家里，至少在英国、美国、法国、德国同时发生的革命"②。直到晚年，恩格斯还强调："无论是法国人、德国人，还是英国人，都不能单独赢得消灭资本主义的光荣"，"无产阶级的解放只能是国际的事业"③。关于中国革命、俄国革命与欧洲革命、世界革命之间的关系，他们认为，随着中国革命"而来的将是欧洲大陆的政治革命"④，而俄国革命将"成为全世界社会革命的开端"⑤。

列宁继承并发展了马克思、恩格斯关于世界革命的思想。十月革命之前，列宁揭示了帝国主义时代资本主义经济政治发展不平衡的规律，分析了这一规律对社会主义革命的影响，列宁指出，社会主义"将首先在一个或者几个国家内获得胜利"⑥，而"开始革命的巨大光荣落到了俄国无产阶级的头上"⑦。列宁认为，在帝国主义时代，只有无产阶级社会主义革命才能把人类从帝国主义战争所造成的绝境中解救出来。同时，面对无产阶级革命这一共同的威胁，

---

① 《马克思恩格斯文集》第二卷，人民出版社2009年版，第43页。
② 《马克思恩格斯文集》第一卷，人民出版社2009年版，第687页。
③ 《马克思恩格斯文集》第十卷，人民出版社2009年版，第655、656页。
④ 《马克思恩格斯文集》第二卷，人民出版社2009年版，第612页。
⑤ 《马克思恩格斯文集》第十卷，人民出版社2009年版，第568页。
⑥ 《列宁全集》第二十八卷，人民出版社1990年版，第88页。
⑦ 《列宁全集》第二十九卷，人民出版社1985年版，第339页。

帝国主义也会与各种反动势力结成联盟"把消灭世界布尔什维主义、摧毁它的主要根据地俄罗斯苏维埃共和国当成他们的主要任务"①。十月革命后,以1917—1919年芬兰、德国和匈牙利等国革命为起点,欧洲革命运动和国际工人运动呈现出普遍高涨的态势,这使得列宁和共产国际的创建者们普遍认为,各国革命者当前的任务和政治目标就是从各方面直接训练无产阶级去夺取政权,同世界资本主义进行"最终决战",建立国际苏维埃共和国,于是,1919年1月《共产国际第一次代表大会的邀请信》便发出号召,代表大会应"使各国运动的利益服从世界革命的共同利益"②。

1919年3月,共产国际(即第三国际)成立后始终把自己视为"国际共产主义运动的战斗中心",这一时期成立的各国共产党,均是它的支部。共产国际认为,自身是马克思、恩格斯早在19世纪40年代提出的关于无产阶级国际联合、共同斗争思想的全面、完美的体现者,是共产主义者同盟、第一国际的真正继承者,也是第二国际优良传统的发扬者。"第三国际即共产国际的成立是国际苏维埃共和国即将诞生的前兆,是共产主义即将在国际范围内取得胜利的前兆。"③列宁在《第三国际及其在历史上的地位》一文中明确指出:"第三国际即共产国际的世界历史意义在于,它已开始实现马克思的一个最伟大的口号,这个口号总结了社会主义和工人运动历来的发展,表现这个口号的概念就是无产阶级专政。"④

在十月革命的影响和共产国际的"世界革命论"推动下出现的欧洲革命高潮中,在苏俄之外建立了四个无产阶级政权,即存在了不到100天的芬兰社会主义工人共和国(1918年1月27日—5月4日)、存在了133天的匈牙利苏维埃共和国(1919年3月21日—8

---

① 《列宁全集》第三十五卷,人民出版社1985年版,第159页。
② 《共产国际第一次代表大会文件》中国人民大学出版社1988年版,第10页。
③ 《列宁全集》第三十五卷,人民出版社1985年版,第506页。
④ 《列宁全集》第三十六卷,人民出版社1985年版,第291页。

月1日)、存在了23天的巴伐利亚苏维埃共和国（1919年4月7日—5月1日）和存在了14天的斯洛伐克苏维埃共和国（1919年6月16—30日）。1923年，德国、保加利亚和波兰等国在本国共产党领导下相继爆发了无产阶级革命，建立了工农政权，但同样在资产阶级的残酷镇压下遭到失败。在总结经验教训的意义上，这一个"多国"时期同样值得研究。

"一战"结束后，帝国主义所固有的各种矛盾一个也未能从根本上得到解决。1929年爆发的资本主义经济危机进一步激化了帝国主义各国之间的矛盾，并导致了"二战"的爆发。联共（布）领导苏联人民进行了伟大的卫国战争，欧洲其他各国人民在共产党领导下也开展了各种形式的反法西斯斗争，中国共产党和亚洲许多国家的共产党，领导和参与了本国人民抗击日本侵略者的斗争，为世界反法西斯战争的胜利作出重要贡献，"二战"中共产党人的英勇斗争及其领导的民主力量的发展，成为战后这些国家向社会主义过渡的根本前提。

从1917年苏维埃俄国建立到20世纪80年代末90年代初苏联解体、东欧剧变之前，最多的时候出现过16个社会主义国家。除苏联之外，东欧先后有八个国家建立人民政权，走上社会主义道路，即波兰、南斯拉夫、罗马尼亚、阿尔巴尼亚、捷克斯洛伐克、保加利亚、匈牙利、德意志民主共和国；亚洲的中国、越南、朝鲜、蒙古、老挝、民主柬埔寨，在国家独立和民主革命胜利的基础上，走上了社会主义发展道路，将社会主义国家连接起来，横跨欧亚大陆；美洲的古巴也完成了由民族主义革命向社会主义革命的转变，成为西半球唯一的社会主义国家。社会主义实现了从一国走向多国的发展，共产党人执掌政权后，这16个国家或者直接确立社会主义制度，进行社会主义建设的实践；或者先进行社会主义革命（即社会主义改造），经过过渡时期再确立社会主义制度，进行社会主义建设，这16个国家的领土面积占世界陆地面积的1/4以上，人口约占世界总人口的1/3，工业产值约占世界的2/5，国民收入约占世界的1/3，特别是中国这样一个占世界1/4人口的大国走上社会主义道路，极大地壮大了社会主义力量，改变了世界政治经济格局，对人类社会的发展走向产生了极其深远的影响，这些新建立的社会主义国家，从国名上看，都已不再沿用"苏维埃"的概念，而是改用人民共和国或民主共和国等，这是比十月革命胜利初期更加成熟的表现。从一国实践走向多国实践，是历时态和共时态的交互呈现，既拓展了社会主义的时间域和空间域，也促动了其他国家特别是独立国家社会发展道路的倾向性选择。

四 社会主义从曲折走向振兴

历史的发展从来都不是笔直的，社会主义的发展也是如此，它既出现过凯歌高奏的顺利推进和辉煌时期，也经历过充满曲折和波折的低潮甚至沉寂时期。1918年3月，列宁在俄共（布）第七次（紧急）代表大会上指出："为了在这些历史的曲折和波折中不至于迷失方向，并牢记总的前景，以便能看到贯穿资本主义整个发展过程和通向社会主义整个道路的红线——自然，这条道路在我们的想象中是笔直的……然而在实际生活中这条道路决不会是笔直的，而将是难以想象的复杂。"[①] 20世纪80年代末90年代初，苏联解体、东欧剧变，不仅导致第一个社会主义国家和东欧社会主义国家不复存在，而且也给向往社会主义的广大发展中国家带来严重冲击，很多发展中国家被迫走上照搬西方制度模式的道路。习近平指出："世界社会主义遭受严重曲折，正所谓'万花纷谢一时稀'。"[②] 同时，开创于改革开放和社会主义现代化建设新时期的中国特色社

---

① 《列宁全集》第三十四卷，人民出版社2017年版，第43—44页。
② 《习近平关于"不忘初心、牢记使命"重要论述选编》，党建读物出版社、中央文献出版社2019年版，第298页。

会主义，在全面深化改革中进入新时代，正所谓"直挂云帆济沧海"。中国特色社会主义在中国取得巨大成功表明，社会主义不仅没有灭亡，也不会灭亡，反而焕发出蓬勃生机活力，科学社会主义在中国的成功，对马克思主义、科学社会主义的意义，对世界社会主义的意义是十分重大的。可以设想一下，如果社会主义在中国没有取得今天的成功，如果中国共产党的领导和我国社会主义制度也在苏联解体、东欧剧变那场多米诺骨牌式的变化中倒塌或者因为其他原因失败了，那么社会主义实践就可能又要长期在黑暗中徘徊了，又要像马克思、恩格斯在《共产党宣言》中所说的那样，作为一个幽灵在世界上徘徊了。广大发展中国家对中国投以羡慕的眼光，纷纷表示要向中国学习治国理政经验，习近平指出："中国特色社会主义正成为二十一世纪科学社会主义发展的旗帜，成为振兴世界社会主义的中流砥柱。"[1] 30 余年间，苏联解体、东欧剧变与中国、越南、古巴、朝鲜、老挝等社会主义国家取得的巨大成就形成了鲜明对比；在世界之变中，中国之治与西方之乱形成了鲜明对比。目前世界上约有 100 多个国家中的 130 多个政党仍保持共产党名称或坚持马克思主义性质。从严重曲折走向振兴或走向重新振兴，成为社会主义的鲜明特征和现实态势。

历史总是按照自己的逻辑向前行进，社会主义遭受严重曲折是有历史缘由的，社会主义走向重新振兴也是有现实依据的，毛泽东曾指出："什么事都需要经验，什么好的政策都是经验之总结"[2]，"人类总得不断地总结经验，有所发现，有所发明，有所创造，有所前进"[3]，从总结经验教训的角度出发，社会主义从曲折走向振兴，是与改革紧密联系在一起的，历史地看，十月革命后，以新经济政策代替战时共产主义政策也是改革的一种初步探索和尝试。关

---

[1] 《十九大以来重要文献选编》（中），中央文献出版社 2021 年版，第 653 页。
[2] 《毛泽东文集》第二卷，人民出版社 1993 年版，第 417 页。
[3] 《毛泽东文集》第八卷，人民出版社 1999 年版，第 325 页。

于这个问题，列宁指出，建设社会主义是我们的任务，"不管这个任务是多么困难，不管它和我们从前的任务比起来是多么生疏，不管它会给我们带来多少困难，只要我们大家共同努力，不是在明天，而是在几年之中，无论如何会解决这个任务，这样，新经济政策的俄国将变成社会主义的俄国"①，在原来的苏联、东欧社会主义国家，先是20世纪五六十年代改革的初步探索、夭折、停滞，后来则是80年代改革变为改向；在中国，则先是提出马克思主义基本原理同中国社会主义建设实际进行"第二次结合"，后来是进行改革的初步探索并不断总结经验，今天则是推进全面深化改革，提出马克思主义基本原理同中国具体实际相结合、同中华优秀传统文化相结合，从而使社会主义建设和改革的实践更加富有历史自觉、历史主动、历史担当、历史自信。新中国成立后不久，毛泽东就指出："最近苏联方面暴露了他们在建设社会主义过程中的一些缺点和错误，他们走过的弯路，你还想走？过去我们就是鉴于他们的经验教训，少走了一些弯路，现在当然更要引以为戒"，"我们要学习苏联，但首先要考虑到我们自己的经验，以我们自己的经验为主"②。毛泽东明确使用了"鉴"和"戒"，这就是"以苏为鉴"。此外，其他社会主义国家也在不同程度上推进着社会主义建设和改革的实践。就此而论，社会主义从空想走向科学、从理论走向实践、从一国走向多国的历程之后，现在的状况可以表述为：从遭受严重曲折走向振兴或走向重新振兴，可简称为从曲折走向振兴。习近平曾使用过由于"苏联解体、苏共垮台、东欧剧变"导致"世界社会主义遭受严重曲折"和新时代中国特色社会主义成为"振兴世界社会主义的中流砥柱"的提法，③这既是30年前后世

---

① 《列宁全集》第四十三卷，人民出版社1987年版，第302页。
② 《毛泽东文集》第七卷，人民出版社1999年版，第23、389页。
③ 《习近平关于"不忘初心、牢记使命"重要论述选编》，党建读物出版社、中央文献出版社2019年版，第298、299页。

社会主义状况的一种对照，也是 30 年来世界社会主义发展的一种态势。究其原因，这种表述与另外一种实践理路和逻辑理路有着密切的联系，即社会主义从初步探索改革走向全面深化改革，可简称为从改革到再改革。在社会主义国家，初步探索改革是世界性的现象，全面深化改革则是中国共产党人不懈推进的全新实践。2019 年 1 月 23 日，在中央全面深化改革委员会第六次会议上，习近平强调，两个"三中全会"即党的十一届三中全会和党的十八届三中全会都是具有"划时代"意义的重要会议。① 党的十一届三中全会开启了改革开放和社会主义现代化建设历史新时期；党的十八届三中全会开启了全面深化改革、系统整体设计和推进改革的新阶段，开创了我国改革开放的全新局面。

列宁曾把建设社会主义比作攀登一座崎岖险阻、未经勘察、人迹罕至的高山，社会主义建设也同样是一个不断探索，反复实践的改革历程，社会主义从一国走向多国，从初步探索改革走向全面深化改革，从遭受严重曲折走向重新振兴，在时间上有一定程度的交叉，在内容上有一定程度的重叠，但它们都是社会主义建设实践的重要组成部分，并在正反两方面留下了宝贵经验和深刻教训，不断深化了人们对共产党执政规律、社会主义建设规律和人类社会发展规律的认识和把握。

2017 年 9 月 29 日，习近平在主持第十八届中央政治局第 43 次集体学习时指出："尽管我们所处的时代同马克思所处的时代相比发生了巨大而深刻的变化，但从世界社会主义 500 年的大视野来看，我们依然处在马克思主义所指明的历史时代。"② 这个"历史时代"，就是从资本主义向社会主义过渡和发展的历史时代，从资本主义 500 余年的发展历程中，我们可以得出这样的结论：当代资

---

① 参见《习近平主持召开中央全面深化改革委员会第六次会议》，《人民日报》2019 年 1 月 23 日。
② 《习近平谈治国理政》第二卷，外文出版社 2017 年版，第 66 页。

本主义发生了深刻复杂的变化，但是资本主义以生产资料私有制为基础的雇佣劳动制度本身并没有改变，资本主义追求剩余价值的生产目的并没有改变，马克思主义所指明的历史时代的本质和规律并没有改变，就此而论，"历史终结论"的终结是必然的结局。从社会主义500余年的发展历程来看，可以得出这样的结论：社会主义是人类历史上最伟大、最深刻、最彻底的社会革命，社会主义是一个漫长的历史过程，社会主义是人类发展的必然趋势。习近平指出："只有在整个人类发展的历史长河中，才能透视出历史运动的本质和时代发展的方向。"[①] 这一重要论断启迪我们：从空想走向科学、从理论走向实践、从一国走向多国、从曲折走向振兴，体现了世界社会主义发展的历史进程，反映出世界社会主义发展的本质，昭示着世界社会主义发展的方向。

---

① 习近平：《在纪念马克思诞辰200周年大会上的讲话》，人民出版社2018年版，第7页。

动荡变革期的国际共产主义运动砥砺前行[*]

——2020—2021 年国际共产主义运动发展报告

潘金娥

2020 年，在新冠疫情和世界百年未有之大变局的叠加影响下，国际局势"东升西降"的态势更加明显。中国、越南、老挝、朝鲜、古巴等社会主义国家在疫情管控方面取得显著成效，且中国、越南、老挝三国实现了经济正增长，中国还按计划全面建成小康社会。与此同时，主要资本主义国家经济大幅度衰退，连带世界经济整体下降超过 4%。[①] 作为资本主义核心国家，美国频繁爆发各种社会运动，质疑资本主义的声音日渐高涨。30 年前曾预言人类历史将以资本主义方式走向终结的美国知名政治学者福山（Francis Fukuyama）发出另一种感叹：美国衰败已经腐烂入骨，特朗普时代让美国病入膏肓！[②] 2020 年适逢恩格斯诞辰 200 周年、列宁诞辰 150 周年和一批共产党成立 100 周年，多国共产党举行了相关纪念活动，结合新的时代背景进行回顾和总结，为新的历史条件下继续坚持共产主义理想信念挖掘新的力量。

---

[*] 原载于《世界社会主义研究》2021 年第 8 期。
[①] "IMF 报告指出：2020 年全球经济增长率预计为 -4.4%"，http：//www.xhyb.net.cn/news/guoji/2021/0112/141056.html。
[②] Francis Fukuyama, "Rotten to the Core? How America's Political Decay Accelerated During the Trump Era", https：//www.foreignaffairs.com/articles/united-states/2021-01-18/rotten-core.

2021年上半年，朝鲜、老挝、越南、古巴四个社会主义国家执政党先后举行了新一届党代会，布局国家发展新蓝图。中国共产党隆重庆祝百年华诞，习近平总书记发表重要讲话，庄严宣告开启全面建成社会主义现代化强国的新征程，世界马克思主义政党在共同庆贺中国共产党百年华诞中传递出对社会主义的信心，呼吁加强团结合作共同应对新挑战。在西方，美国拜登（Joe Biden）政府执政以来，将前任国务卿蓬佩奥（Mike Pompeo）于2020年8月在尼克松图书馆发表反华演说时提出的所谓"民主联盟"付诸现实，拉拢盟友遏制社会主义国家发展的意图明显。在这样的背景下，国际共产主义运动将在新的挑战中砥砺前行。

一 多国马克思主义政党纪念伟大革命导师、回顾百年历史、调整斗争策略

（一）多国马克思主义政党纪念恩格斯诞辰200周年

2020年11月28日是恩格斯诞辰200周年纪念日，世界马克思主义政党以丰富多彩的纪念形式，颂扬他对马克思主义和国际共产主义运动的不朽贡献。

多国马克思主义政党通过举办纪念活动、发表声明或文章、举办学术研讨会等，回顾恩格斯的伟大人格和重大理论贡献。各党主要从以下几个方面对恩格斯及其思想贡献进行总结。

一是肯定恩格斯的伟大人格。多国马克思主义政党认为，恩格斯知识渊博、思想深邃，集思想家、革命家、实践家于一身，他的思想和行动是时代丰碑。恩格斯虽然出身于资产阶级家庭，却毅然走上了革命道路，不愧为一位彻底的革命家。

二是肯定恩格斯的理论贡献及其现实意义。中国学者认为，恩格斯对马克思主义的系统深刻阐述、对马克思主义理论体系的精心构建以及对马克思主义的创立创新、诠释传播作出了巨大贡献，从

而使他成为坚持和发展马克思主义的光辉典范。① 多国共产党认为，恩格斯揭示了资本主义必然灭亡的历史规律；当今世界共同面临的风险挑战日益增多，我们需要向恩格斯请教，像他那样时刻关注国际共产主义运动，对人们普遍关心的问题予以科学的回答。

三是盛赞恩格斯对国际共产主义运动的历史贡献。恩格斯指导了一些国家无产阶级政党的创建，指导了一大批工人运动的革命家和理论家。马克思和恩格斯1848年共同撰写了《共产党宣言》，其问世标志着科学社会主义的诞生和国际共产主义运动的开端。正是在马克思和恩格斯共同创立的科学理论指导下，国际共产主义运动蓬勃发展，昭示了人类社会最终走向共产主义的历史趋势。

（二）多国马克思主义政党纪念列宁诞辰150周年

2020年4月22日是无产阶级革命导师列宁诞辰150周年的日子，在德国一个名叫盖尔森基兴的小城，德国马列主义党树立起一座列宁雕像，这是柏林墙倒塌30年后，列宁的塑像再次出现在德国土地上，昭示着列宁主义的回归。多国马克思主义政党举行了纪念活动，高度评价列宁对马克思主义的继承和发展，肯定了列宁主义对推动国际共产主义运动发展和社会主义国家建设的历史和现实意义。人们主张科学地认识列宁及其思想，捍卫列宁的理论遗产。多国马克思主义政党主要从以下三个方面评价列宁的贡献。

第一，列宁捍卫和发展了马克思主义，将马克思主义系统化并推向新的发展阶段。多国马克思主义政党认为，列宁坚决反对教条主义、宗派主义，反对一切机会主义和修正主义对革命理论和实践的歪曲，主张批判各种反马克思主义思潮和各种错误的理论观点，维护和捍卫马克思主义理论，并创造性地发展了马克思主义。列宁提出社会主义在一国或数国首先胜利的理论、关于殖民地和民族解放运动的思想等，都是对马克思主义理论的发展；新经济政策是列

---

① 参见姜辉《恩格斯的马克思主义观及其时代意义——纪念恩格斯诞辰200周年》，《马克思主义研究》2020年第11期。

宁对马克思主义关于社会主义和社会主义道路的补充、发展和创新。

第二,列宁为国际共产主义运动和第三世界民族解放运动作出重要的历史性贡献。在列宁领导下,十月社会主义革命开启了人类历史新纪元,创建了世界上第一个社会主义国家,不仅实现了社会主义从理论到实践的飞跃,同时也证明经济文化相对落后的国家可以率先进入社会主义。越南共产党中央党校校长阮春胜(Nguyen Xuan Thang)指出,列宁关于殖民地国家民族解放道路的科学理论体系,为殖民地国家民族独立斗争提供了宝贵的指导思想。[①] 列宁创立并领导了共产国际,为国际共产主义运动的发展壮大作出巨大的历史贡献。

第三,列宁在阐释帝国主义发展规律、无产阶级政党建设、国家理论等方面作出伟大的理论贡献。列宁全面系统科学地剖析了帝国主义的本质特征,揭示了帝国主义形成、发展和灭亡的规律。列宁的新型无产阶级政党理论,丰富和发展了马克思主义的建党学说。列宁创立了无产阶级专政学说,探索了社会主义建设规律,强调共产党是"无产阶级专政体系"的领导力量,实现了马克思主义国家学说的创新发展。

(三)多国马克思主义政党回顾建党百年历程,总结历史经验,调整斗争策略

在十月革命的影响下,尤其是在列宁领导的共产国际的帮助下,1920年,无产阶级政党在世界多国成立。经历了百年的历史沧桑后,有些党已经发生裂变,有些已经停止活动,有些则在苏联解体、东欧剧变后艰难求生存,其中包括印度、法国、英国、土耳其、伊朗、乌拉圭、澳大利亚和丹麦等国的共产党。在建党百年之

[①] NGUYỄN XUÂN THẮNG, *Di sản của V.I. Lê-nin: Giá trị lý luận và thực tiễn đối với cách mạng thế giới và Việt Nam*, https://tapchicongsan.org.vn/web/guest/tin-tieu-diem/-/asset_publisher/s5L7xhQiJeKe/content/di-san-cua-v-i-le-nin-gia-tri-ly-luan-va-thuc-tien-doi-voi-cach-mang-the-gioi-va-viet-nam#.

际,各党回顾历史、总结经验教训,表达了对共产主义信念的执着追求,并积极探索适应新形势发展要求的斗争策略。

新冠疫情背景下,多国马克思主义政党认识到这是谋求自身发展壮大的契机,呼吁加强团结合作。2020年3月30日,12个南美洲共产党发表了应对新冠疫情的联合声明。声明指出,各国应对新冠疫情的现实再次揭露了新自由主义的反社会性与寄生性,凸显了国家在重要领域有不可替代的主导作用。声明还肯定了中国、古巴和俄罗斯等国在抗击疫情中的积极作为,表达了对古巴、委内瑞拉和尼加拉瓜遭受制裁或不公正对待的声援。

一些西方国家共产党调整斗争策略,联合左翼力量以争取更多民众支持。美国共产党在疫情期间加强同其他左翼力量的联合,表达自己的立场观点,赢得了美国民众更多的关注和支持,实现了社会影响力和组织力量的提升。在2020年举行的法国地方议会选举中,法国共产党加强了与法国绿党、"不屈的法国"等左翼政党的合作,在选举中获得223个市长职位,并在马赛、里昂、波尔多等重要城市成为执政联盟成员。

二 新冠疫情背景下两种制度的利弊优劣互显

席卷了全世界的新冠疫情就像X光透视机,透过它可以观察到不同社会制度的优劣及其治理模式的问题所在。

(一)社会主义国家管控疫情成效显著,充分彰显社会主义制度的优越性

在新冠疫情防控过程中,中国共产党、越南共产党、老挝人民革命党、朝鲜劳动党和古巴共产党充分发挥党的集中统一领导的强大力量,展示出人民至上的价值观和社会主义集中力量办大事的制度优势,成功阻止第一阶段疫情泛滥。除古巴因旅游业关停而导致经济受挫严重外,中国、越南、老挝三国2020年经济增长率分别

达到2.3%、2.91%、3.3%，朝鲜人民的生活也比较稳定。

作为人口大国同时也是最先发现疫情的国家，中国面对突如其来的新冠疫情，以习近平同志为核心的党中央统揽全局、果断决策，在全国迅速形成统一指挥、全面部署、立体防控的战略布局，坚定不移落实"六稳""六保"任务①，及时有效地遏制了疫情大面积蔓延，最大限度保障人民生产生活，使中国成为2020年经济正增长的唯一主要经济体。

自新冠疫情发生以来，越南党和政府迅速做出反应，以临战状态应对疫情，提出了"抗疫如抗敌"的口号，多措并举狠抓疫情防控，同时统筹做好经济社会发展各项工作。实行党中央的集中统一领导，成立了副总理亲自指挥的疫情防控领导小组，以党政军全体干部、全社会全部参与的方式，调动全国资源进行统一集中抗疫，实现了成功抗疫和经济发展的双重目标：截至2020年12月26日，共有1440例感染病例，1303例治愈，35例死亡；经济增长达到了2.91%，成为新兴经济体中经济增长率最高的国家。②

老挝的医护力量薄弱、医疗物资紧缺、医疗条件比较落后。面对全球突发的新冠疫情，老挝人民革命党和政府高度警惕，在国内尚未发现确诊病例的情况下，老挝人民革命党就动员一切力量进行积极防范，颁布了指导防控管理新型冠状病毒特急98号总理令，成立了由副总理指导的老挝疫情防控委员会，采取具有针对性的防控措施。2020年老挝新冠感染病例共41例，治愈率达100%。

在朝鲜，朝鲜劳动党对疫情高度重视并迅速反应，隶属内阁的中央人民保健指导委员会迅速将卫生防疫体系转为"国家紧急防疫体系"和"最大紧急体制"。成立中央紧急防疫指挥部，建立了绝

---

① 六稳：稳就业、稳金融、稳外贸、稳外资、稳投资、稳预期；六保：保居民就业、保基本民生、保市场主体、保粮食能源安全、保产业链供应链稳定、保基层运转。
② BÁO CÁO TÌNH HÌNH KINH TẾ – XÃ HỘI QUÝ IV VÀ NĂM 2020，https：//www.gso.gov.vn/du-lieu-va-so-lieu-thong-ke/2020/12/baocao-tinh-hinh-kinh-te-xa-hoi-quy-iv-va-nam-2020/.

对服从紧急防疫指挥部指挥的纪律和秩序，在全国迅速开展防疫卫生宣传等工作，形成全民抗疫态势。朝鲜发挥预防为主的医学理念，在此次疫情中表现出色。

在古巴，党和政府对疫情防控工作进行了集中统一领导和全面部署。2020年3月出现境外输入病例后，古巴关闭旅游业并在全国范围内启动社区排查计划，确保城市、农村乃至偏远地区人口全覆盖。古巴医科大学积极响应古巴公共卫生部门的号召，对医学院学生进行防疫培训。这些医科学生在"家庭医生"机构及相关部门的组织下，通过入户走访，对古巴居民进行家庭排查和科教宣传，使古巴居民及时获取古巴政府的防疫政策和信息。

总体来看，在2020年新冠疫情阻击战中，社会主义国家表现突出彰显了社会主义国家在管控公共卫生危机等非传统安全问题上的强大制度优势。

（二）疫情泛滥暴露了资本主义制度的种种弊端

新冠疫情发生后，资本主义国家管控不力导致疫情大肆蔓延。根据百度网站的疫情实时大数据报告，截至2021年7月31日，全球累计确诊新冠病例198480599例，累计死亡病例4231835例。美国累计确诊新冠病例35733967例，累计死亡病例629290例。[1] 疫情的大范围蔓延不仅使人们生命面临威胁，而且重创了西方各国经济。2020年，欧洲多国经济降幅接近10%，美国经济降幅接近4%，西方各国普遍陷入危机状态，大批工人失业，贫困率快速上升，贫富差距进一步扩大。2021年年初，疫情在英国、法国、西班牙、意大利等多个欧洲国家反弹，一些国家推行"疫苗民族主义"，禁止出口疫苗或争抢囤积疫苗。

新冠疫情席卷欧美，引发当地左翼政党和人士对资本主义制度本质、新自由主义政策的集中批判。他们认为，正是以利润为目标

---

[1] 《数读7月31日全球疫情：全球日增确诊超56万例 累计逾1.98亿例》，https://baijiahao.baidu.com/s?id=1706843681856603877&wfr=spider&for=pc。

的资本主义生产方式导致了疫情大肆蔓延；新自由主义政策不仅对西方国家的公共医疗卫生体系造成破坏，使其在疫情冲击之下陷入严重的公共卫生危机，而且造成资本主义国家经济政治社会问题不断加剧。美国最富有的1%的家庭拥有全国40%的财富，比最贫穷的90%家庭的财富总和还要多，不平等程度至少是1962年以来的最高水平。[①] 疫情还暴露了西方多党制的弊端。在西方多党制下，各种政治力量对立、分散，相互掣肘，执政党倾向于以各自政党利益为中心，中下层民众的诉求被忽视，底层民众尤其成为最大的牺牲品。不平等和贫困化加剧引爆了美国反种族歧视、反资产阶级文化的社会运动。因弗洛伊德之死而引发的"黑人的命也是命"抗议活动和"推倒资产阶级代表人物雕像"运动席卷美国多个城市，甚至还蔓延至英国、巴西、澳大利亚等十几个国家，成为2020年世人瞩目的重大国际事件之一。

三 社会主义国家坚定走社会主义道路，谋划新的宏伟蓝图

2020—2021年，越南、老挝、朝鲜、古巴四个社会主义国家一方面积极抗击新冠疫情，另一方面筹备并召开新一届党的代表大会，部署新一届领导班子的轮换工作和国家新的中长期发展规划。

（一）越南共产党完成领导干部轮换，制定"两个一百年"发展目标

越南共产党总书记阮富仲（Nguyen Phu Trong）特别重视十三届人事选举工作，他强调干部工作是"关键的关键"，关系到党的生死存亡、社会主义制度的命运以及国家的发展。他要求越共中央委员应在政治本领、道德品质和工作能力上成为党员干部的模范。越共中央还制定了详细的各级领导干部的选举规则、岗位标准和考

---

① Joseph Margulies, "COVID-19 Lays Bare the Cruelty of Neoliberalism", https://verdict.justia.com/2020/04/03/covid-19-lays-bare-the-cruelty-of-neoliberalism.

核体系。在 2021 年 1 月召开的越共十三大上，经选举产生了由 180 名中央委员、20 名候补委员构成的第十三届越共中央委员会，18 名政治局委员和由 19 人构成的中央检查委员会，阮富仲第三次当选越南共产党总书记。2021 年上半年召开的越南第十五届国会第一次会议选举产生了新一届国家领导人，由阮春福（Nguyen Xuan Phuc）担任国家主席，范明政（Pham Minh Chinh）担任政府总理，王庭惠（Vuong Dinh Hue）担任国会主席。

越共十三大在对国内外形势进行评估的基础上，提出了越南未来五年和今后的总体发展目标：提高党的领导能力、执政能力和战斗力；全面建设廉洁、坚定的党和政治系统，巩固人民对党和社会主义制度的信心；激发人民对国家繁荣幸福的渴望，全面发挥民族大团结的意志和力量，将之与时代的力量相结合；全面协调推进革新事业、工业化和现代化；建设祖国、捍卫祖国，维护和平稳定的环境；争取到 21 世纪中叶越南成为社会主义定向的发达国家。

越共十三大还制定了越南国家发展"两个一百年"奋斗目标，提出到 2030 年越共建党 100 年时，越南成为拥有现代化工业的中等偏高收入发展中国家；到 2045 年越南民主共和国（现越南社会主义共和国①）建国 100 年时，成为社会主义定向的发达国家。越共十三大吹响了越南向"两个一百年"奋斗目标进军的号角，标志着越南踏上了新的发展征程。越南新一届党和国家领导集体正努力克服疫情的影响，力争完成 2021 年度国内生产总值增长率达到 6.5% 的目标。

（二）老挝消除贫困成就显著，人民革命党提出迈向现代化的发展目标

作为世界上最不发达的国家之一，老挝的贫困问题尤为突出。2020 年，老挝人民革命党着力解决贫困问题。截至 2020 年

---

① 1945 年成立时称为越南民主共和国，1976 年改名为越南社会主义共和国。

9月底，老挝实现1870户家庭脱贫，完成计划3234户脱贫目标的57.82%。① 2020年是老挝"八五"计划的收官之年，在疫情背景下全年经济增长率达到了3.3%，国内生产总值达到176.6亿美元，人均GDP达到2664美元。②

2020年是老挝人民革命党创始人凯山·丰威汉（Kaysone Phomvihane）诞辰100周年。凯山·丰威汉思想研究指导委员会、老挝国家政治行政学院与凯山·丰威汉国防学院共同举办了研讨会，以丰富和完善凯山·丰威汉的思想体系。2020年，老挝人民革命党完成了从中央到地方三级代表大会（中央、地方与基层）党政领导班子的人事轮换工作。

2021年1月，老挝人民革命党召开了第十一次代表大会，主题为"提高党的领导能力，加强全民大团结、维护社会政治稳定，深化落实革新路线，推动经济社会高质量发展，提高人民生活质量，努力摆脱最不发达国家状况，向社会主义的目标迈进"③，并通过了第九个五年经济社会发展计划。原政府总理通伦·西苏里（Thongloun Sisoulith）当选新一届老挝人民革命党总书记，并在3月召开的新一届国会上当选为国家主席。

老挝人民革命党十一大总结了革新35年来的经验，提出将继续坚持有原则的全面革新路线，进一步完善社会主义定向的市场经济体制，强调通过发挥自身的潜力和优势，加快推动绿色、协调、可持续、高质量、自主发展，目标是实现经济年均增长4%以上，到2025年人均GDP达到2887美元摆脱欠发达国家状态，走向工业化、现代化发展道路。

---

① 《2020年前九个月老挝实现1870户家庭脱贫》，http://la.mofcom.gov.cn/article/jmxw/202011/20201103013507.shtml。

② 姜辉、潘金娥主编：《国际共产主义运动发展报告（2020—2021）》，社会科学文献出版社2021年版，第202页。

③ ມະຕິກອງປະຊຸມໃຫຍ່ ຄັ້ງທີ XI ຂອງພັກປະຊາຊົນປະຕິວັດລາວ, http://kpl.gov.la/detail.aspx?id=57294.

（三）朝鲜劳动党举行建党 75 周年庆祝大会，召开党的八大确定以经济建设为中心的发展战略

2020 年朝鲜劳动党成立 75 周年，朝鲜举行阅兵仪式隆重庆祝。金正恩（Kim Jong-un）在讲话中高度肯定了人民群众是历史的创造者，对朝鲜劳动党的生存和发展具有重要作用。

2021 年 1 月 5—12 日，朝鲜劳动党召开了第八次代表大会，推举金正恩为朝鲜劳动党总书记，并提出了新的五年计划的发展目标以及一系列内政外交重要任务，被朝中社称为"争取朝鲜式社会主义事业全面发展的具有分水岭意义的政治事件"[①]。朝鲜劳动党八大的主要内容包括：改革党的领导体系，加强党内监督；继续将"人民群众第一主义"作为朝鲜劳动党新的执政理念；将以经济建设为中心作为朝鲜劳动党新时期的重要任务；强调自力更生和自主性；继续提高国防、科技和教育能力；大力开展群众性教育，加强对人民的反资产阶级、反自由主义的思想教育工作等。朝鲜劳动党八大的召开，标志着金正恩领导下的朝鲜社会主义进入新的时期。劳动党八大的召开意味着金正恩时代政治方式的制度化、机制化。[②] 这一时期，朝鲜将坚持"金日成—金正日主义"，继续强调坚持和完善党的唯一领导是朝鲜劳动党的首要任务，坚持社会主义发展方向，为把朝鲜建设成强盛国家而继续努力。

（四）古巴调整了社会经济发展规划，党的八大选举产生新一届领导人

2020 年，受新冠疫情和美国对古巴封锁加剧的冲击，古巴经济社会活动大幅收缩，旅游业和外贸等传统创汇产业遭受重挫，国内物资匮乏和能源短缺等问题进一步凸显。古巴政府调整了社会经济发展规划，出台了《新冠疫情下的社会经济发展战略》，推出了促

---

① 《朝鲜劳动党八大闭幕，释放出的这些信号值得关注》，https：//baijiahao. baidu. Coms?id = 1688775325909840931&wfr = spider&for = pc。
② 李成日：《朝鲜劳动党八大以后朝鲜的政治经济形势分析》，《世界社会主义研究》2021年第 6 期。

进粮食生产和销售、鼓励出口、国企改革和货币体系改革等经济政策。2020年10月13日，古巴政府宣布了包括统一货币与汇率体系、改革国家补贴体系和民众收入体系的货币整顿方案。根据这一方案，古巴将恢复单一汇率制，废除可兑换比索，保留古巴比索，并通过提高民众工资和退休金等收入，应对货币与汇率并轨后潜在的通货膨胀风险。

古巴共产党于2021年4月16—19日举行第八次全国代表大会。大会选举迪亚斯-卡内尔（Diaz-Canel）为古共中央第一书记，古巴共产党领导层将进一步实现新老交替。古共八大总结了古共七大以来经济社会取得的成果，更新模式的完善和中长期战略规划的推进等。古共八大通过了《2021—2026年党和革命的经济社会政策指导方针》，提出了在美国对古巴封锁和疫情压力下该国发展的优先事项，包括提高粮食生产、货币整改等内容。

四　国际共产主义运动仍需砥砺前行

2021年以来，国际局势继续复杂演变。2021年上半年，越南、老挝、朝鲜、古巴等社会主义国家新一届党代会都表达了继续加强意识形态建设、防止西方"和平演变"的决心，坚定社会主义发展道路和方向，并希望加强社会主义国家之间的团结合作。在西方，2021年美国总统拜登上台执政以来，一方面加大对中国的围堵，同时继续加紧实行对朝鲜、古巴的经济封锁；另一方面在西方谋求建立所谓的"民主联盟"，企图拉拢西方盟友针对社会主义国家发动"新冷战"。

2021年5月18日，在越南共产党创始人胡志明诞辰131周年之际，越共中央总书记阮富仲发表了长篇理论文章《关于社会主义与越南走向社会主义道路的若干理论与实践问题》。此文全面反映了越南革新35年后，越南共产党对社会主义以及越南社会主义发展道路的总体认识。此外，该文充分肯定国际共产主义运动和工人运动，表示要继续弘扬国际主义精神，并且对西方资本主义制度的弊端进行全面揭露，这是多年来罕见的。阮富仲指出，在疫情背景下，西方出现了"坏发展""反向发展"悖论，从经济金融领域蔓延到社会领域，引发各种社会矛盾，很多地方已从经济问题转变成政治问题，出现了一波又一波的抗议和罢工浪潮，震动了整个资本主义体系。事实证明，资本主义自由市场并不能解决自身问题，而且在很多情况下还对穷国造成严重伤害，加剧全球劳资冲突。这一事实也宣告了那些长期以来被很多资产阶级政客及其专家美化为最时髦、最优越、最合理的经济理论和发展模式的破产。越南将在社会主义定向发展过程中不断加强、巩固和发展各种社会主义因素，并使之日益强大，直到取得压倒性胜利。①

朝鲜劳动党八大在外交方面作出调整，将发展同社会主义国家特别是中国的友好关系，与此同时在朝美关系上作出新判断，即"无论美国由谁掌权，美国这一实体和对朝政策的本心是绝不会改变的"，朝鲜将本着"以强对强、以善对善"的原则同美国打交道。②

2021年7月11日是《中朝友好合作互助条约》签订60周年之日，中朝两党总书记互致贺电。习近平总书记指出："60年来，中朝双方秉持条约精神，相互坚定支持，携手并肩奋斗，增强了两党两国兄弟般的传统友谊，促进了各自社会主义事业发展，维护了地区乃至世界和平稳定。中方坚定支持朝方发展经济民生、有力推进社会主义建设事业。"③ 朝鲜劳动党总书记金正恩在贺电中表示："敌对势力的挑战和妨碍活动变本加厉的今天，《朝中友好合作互助

---

① "Một số vấn đề lý luận và thực tiễn về chủ nghĩa xã hội và con đường đi lên chủ nghĩa xã hội ở Việt Nam"，https://nhandan.com.vn/tin-tuc-su-kien/mot-so-van-de-ly-luan-va-thuc-tien-ve-chu-nghia-xa-hoi-va-con-duong-di-len-chu-nghia-xa-hoi-o-viet-nam-646305/.
② 《朴东勋：解读朝鲜劳动党八大》，http：//comment.cfisnet.com/2021/0205/1322158.html.
③ 《习近平同朝鲜最高领导人金正恩就〈中朝友好合作互助条约〉签订60周年互致贺电》，http：//www.xinhuanet.com/world/2021-07/11/c_1127643511.htm.

条约》在维护并推动两国社会主义事业、保障亚洲和世界和平与稳定方面发挥着更强大的生命力。"① 中朝两党最高领导人在两国互助条约签订纪念日互致贺电,表明两个社会主义国家之间的盟约将继续生效,表达了相互对两国社会主义事业的坚定支持。

2021年7月1日,中国共产党隆重举行建党100周年庆祝大会,150多位国家元首、政府首脑和200多位政党的主要领导人发来贺电。各国赞赏中国共产党领导中国特色社会主义取得辉煌成就,提振了世界社会主义运动的信心,中国共产党成为世界各国共产党学习的榜样,成为世界社会主义运动的中流砥柱。7月6日,来自世界上160多个国家500多个政党和组织逾10000名代表在线出席中国共产党主办的中国共产党与世界政党领导人峰会,围绕"为人民谋幸福:政党的责任"这一主题进行深入交流,发表了共同倡议,凝聚共识,实现共同发展,建设地球宜居家园,守卫人民健康,打造人类健康命运共同体。② 而在此之前的5月27日,中共中央对外联络部以视频会议方式举行世界马克思主义政党理论研讨会,来自48个国家和地区的马克思主义政党领导人出席会议,与会各国政党领导人盛赞中国共产党百年来带领中国人民取得的辉煌成就和为世界发展进步作出的重要贡献,希望同中国共产党加强团结协作,为世界和平发展事业、人类进步事业和世界社会主义事业作出更大贡献。③

值得注意的是,2021年7月11日,古巴发生了一些民众上街游行事件,几个小时之后,包括美国总统拜登、美国国务卿布林肯(Antony Blinken)、白宫发言人普萨基(Jen Psaki)在内的美国政客就众口一词地表示要"与古巴人民站在一起""支持古巴人民为

---

① 《习近平同朝鲜最高领导人金正恩就〈中朝友好合作互助条约〉签订60周年互致贺电》,http://www.xinhuanet.com/world/2021-07/11/c_1127643511.htm。
② 《中国共产党与世界政党领导人峰会共同倡议》,http://www.xinhuanet.com/world/2021-07/07/c_1127632630.htm。
③ 《世界马克思主义政党理论研讨会举行》,《人民日报》2021年5月28日。

'自由民主'而战"①。西方媒体则渲染这场抗议活动为几十年来最大规模的反政府抗议活动。不难看出，这是在疫情蔓延导致古巴经济极度脆弱的背景下，美国趁机发动的一场谋划已久的旨在颠覆古巴政权的"颜色革命"，是1961年美国发动的"猪湾事件"失败后，从对古巴进行直接军事攻击转为在古巴扶植亲美势力长期进行"和平演变"的结果。事情发生后，西方政客通过西方社交媒体大肆渲染，推波助澜。在这一背景下，拉美多国领导人和中国、俄罗斯等国对古巴进行了声援，支持古巴探索符合本国国情的发展道路，谴责美国蓄意破坏古巴社会稳定的行为，要求美国停止对古巴的封锁。古巴政府已经采取措施平息抗议活动，但事态的发展还有待观察。

与此同时，在西方资本主义国家，在资产阶级联盟联合打压下，各国共产党的生存环境变得愈加艰难。例如，德国议会已提议禁止德国共产党参加9月26日的公职竞选活动。显然，在纪念惨遭资产阶级反动派杀害的德国马克思主义革命家、被列宁誉为"革命之鹰"的罗莎·卢森堡（Rosa Luxemburg）诞辰150周年之际，德国共产党再度面临生存威胁。在世界格局依然处于"资强社弱"的总体背景下，国际共产主义运动仍需砥砺前行。

---

① 《中国应当提高警惕！颜色革命从未远去，古巴爆发大规模反政府游行》，https://baijiahao.baidu.com/s? id =1705229946514438104&wfr = spider&for = pc。

百年沧桑，正道辉煌[*]

——2021—2022 年国际共产主义运动发展报告

潘金娥

2021 年，中国共产党和世界多国共产党迎来建党百年重要纪念日。中国共产党的百年淬炼与辉煌，与欧美多国共产党走过的百年艰辛和面临的现实挑战相互映衬，与苏联东欧社会主义曲折的发展历史一道，共同构筑了国际共产主义运动和世界社会主义发展的百年画卷。站在这样一个重要历史时刻，各国共产党和马克思主义学者认真总结历史经验教训，重温无产阶级革命家的历史功绩和思想精华，从历史镜鉴中认真面对现实挑战，继续坚定社会主义发展道路和共产主义理想信念。

一 回顾沧桑历史，重温革命品格

（一）回顾巴黎公社的历史地位与深远意义

1871 年 3 月 18 日，法国巴黎爆发了无产阶级推翻资产阶级统治的武装起义，并于 3 月 28 日建立了世界上第一个无产阶级专政政权——巴黎公社。在巴黎公社革命 150 周年之际，各国共产党和学者从以下几个方面对巴黎公社的意义进行了新探讨。

---

[*] 原载《世界社会主义研究》2022 年第 7 期。

一是肯定巴黎公社丰富了马克思主义的内涵，推动了科学社会主义的发展。巴黎公社书写了国际共产主义运动历史上光辉、伟大而悲壮的一页，开辟了世界历史与无产阶级革命的新阶段。[1] 巴黎公社为国际共产主义运动提供了宝贵的经验和教训，丰富了马克思主义关于无产阶级革命和无产阶级专政的学说，在马克思主义思想史和社会主义发展史上具有重要的地位。

二是称赞巴黎公社是光明之花，是俄国十月革命和苏维埃政权的预演。毛泽东曾说过，"巴黎公社是开的光明的花，俄国革命是结的幸福的果——俄国革命是巴黎公社的继承者"[2]。列宁将苏维埃看作巴黎公社精神的传承者和发展者。法国学者认为，如果没有巴黎公社的试验，布尔什维克主义很可能不会以我们所知道的形式存在。[3]

三是铭记巴黎公社失败的教训，坚持巴黎公社的原则。马克思曾说：公社的原则是永存的，是消灭不了的；这些原则将一再凸显出来，直到工人阶级获得解放。[4] 巴黎公社失败的惨痛教训告诫我们，共产主义政党的建立和正确领导，是无产阶级和广大劳动群众获得彻底解放、完成自己伟大历史使命的根本保证。[5]

（二）反思苏联解体的原因，铭记历史教训

苏联解体是 20 世纪国际共产主义运动史上的一个悲剧性事件，在苏联解体 30 周年之际，中国、越南和原苏联地区等国共产党人和理论家对其原因、教训进行了深刻反思。

苏联解体、苏共垮台引发了经济、政治、民族和社会的全面危

---

[1] 参见胡振良《巴黎公社、中国特色社会主义与人类解放事业的发展——纪念巴黎公社 150 周年》，《当代世界与社会主义》2021 年第 2 期。

[2] 《毛泽东文集》第一卷，人民出版社 1993 年版，第 34 页。

[3] 参见［法］让－努马·迪康热《如何评价巴黎公社：从马克思到列宁》，《国外理论动态》2021 年第 4 期。

[4] 《马克思恩格斯文集》第三卷，人民出版社 2009 年版，第 607 页。

[5] 参见林建华《国际共产主义运动大视野下的巴黎公社革命和巴黎公社》，《当代世界与社会主义》2021 年第 2 期。

机，使整个国家陷入极为严重的失控状态，使国际共产主义运动遭遇空前挫折，"历史终结论""社会主义失败论"等论调一度甚嚣尘上。

普遍认为，苏联解体的原因是多方面的。越南中央军委机关报《人民军队报》刊登系列文章，将苏联解体归结为五大原因：一是苏共主动放弃对国家和社会的领导权；二是苏共任用错误的人来领导党和国家；三是苏共党员干部思想严重蜕化；四是苏共思想阵线松懈，对外部渗透失去警觉，任由历史虚无主义兴风作浪；五是苏共放弃对军队的领导权，在关键时刻军队未能维护党的权威。[1] 俄罗斯联邦共产党中央委员会主席久加诺夫（Gennady Zyuganov）则强调苏联领导人的个人原因，强调："苏联的毁灭不是由于客观的历史原因。一个伟大国家的死亡是人为的。苏共中央总书记、他身边的小圈子成员和其他高级干部直接背叛了祖国和社会主义事业。"[2]

（三）激活国际共产主义运动历史人物的革命精神

2021年，正值著名的国际共产主义运动革命家和理论家罗莎·卢森堡（Rosa Luxemburg）诞辰150周年、意大利共产党创始人安东尼奥·葛兰西（Antonio Gramsci）诞辰130周年，各国共产党人和马克思主义学者对两位重要历史人物的思想及其贡献进行了回顾，汲取其精神营养，续写共产主义的新篇章。

1. 纪念罗莎·卢森堡

2021年3月5日是罗莎·卢森堡诞辰150周年纪念日。作为国际共产主义运动的领袖人物、革命活动家和理论家，卢森堡用其短暂的革命生涯谱写了伟大的共产主义战士的壮丽诗篇。列宁这样评

---

[1] Báo Quân Đội Nhân Dân Điện Tử: "30 Năm Liên Xô Sụp Đổ và Bài Học cho Việt Nam", https://media.qdnd.v/long-form/30-nam-lien-xo-sup-do-va-bai-hoc-cho-viet-nam-bai-1-khi-dang-cong-san-tu-xoa-bo-chinh-minh-53205.

[2] Зюганов. Г. А., ИсторияоставитпредателямрольКаинов, адружбанашихнародовбудетвозрождена. Правдва, №. 134（31194）7 – 8декабря. 2021. года.

价："她始终是一只鹰，不仅永远值得全世界的共产党人怀念，而且她的生平和她的全部著作……对教育全世界好几代共产党人来说都将是极其有益的。"①

罗莎·卢森堡提出了一系列富有历史与时代价值的理论和主张，主要包括：一是对社会主义民主思想进行了深刻的阐释，提出社会主义的本质是民主，社会主义与民主不可分离；二是深刻揭露伯恩施坦修正主义思潮的错误，阐明改良和革命的本质区别；三是分析了资本主义危机的根源，阐明资本主义走向终结的必然性；四是批判帝国主义战争的本质，主张无产阶级要有意识地反对帝国主义战争；五是提出群众罢工是"革命的活脉搏"和"最有力的驱动轮"，是无产阶级斗争在革命中的表现形式和长期阶级斗争的总和，②强调革命政党对群众运动的领导作用；六是主张各国工人团结起来反对共同的敌人，号召"全世界无产者，联合起来！"150年过去了，罗莎·卢森堡的思想理论依然闪耀着时代光芒。

2. 纪念安东尼奥·葛兰西

安东尼奥·葛兰西是意大利共产党创始人，在其诞辰130周年之际，有关学者对其历史地位和重要思想进行了新的诠释。一是肯定葛兰西在意大利和国际共产主义运动史上的重要地位。意大利学者认为，葛兰西不仅是意大利共产党的领袖，还是思想家、革命知识分子，是"他们时代不可超越的地平线"③。俄罗斯学者指出："在苏联，葛兰西并不被称为思想家和意识形态家……他更多地被视为政治家和反法西斯斗士。"④ 中国学者普遍将葛兰西视为西方马克思主义与欧洲共产主义奠基人之一。二是对葛兰西的主要理论观

---

① 《列宁全集》第四十二卷，人民出版社1987年版，第454页。
② Marcello Musto, "Happy 150th Birthday, Rosa Luxemburg", http：//www.jacobinmag.com/2021/03/happy-150th-birthday-rosa-luxemburg.
③ Di Ludovica Lopetti："Antonio Gramsci, I 130 Anni Di Un Intellettuale In Rivolta", https：//style.corriere.it/news/societa/antonio-gramsci-130-anni-anniversario/.
④ Рустам Юлбарисов："ВнукАнтониоГрамши：Муссолиниспасмоеоэеэаот Сталина", https：//zanovo.media/istoriya/gramshi.

点作出新的评价。学者们重点考察了葛兰西的文化领导权思想，认为葛兰西丰富和发展了马克思的国家概念，但他更加重视采取非强制的方式获得民众的自愿认同。① 有学者认为，葛兰西把马克思主义哲学称为"实践哲学"，其目的在于让无产阶级夺取文化意识形态的领导权。② 俄罗斯学者借助葛兰西的文化领导权思想对苏联解体的原因进行分析，认为正是"民主派"一滴一滴地侵蚀和破坏了苏联统治阶级的文化领导权，才使资产阶级在政变过程中重新掌权。③ 在当今新媒体时代，葛兰西文化领导权思想给予我们新的启示，应高度重视新媒体这个文化领导权争夺的主战场。

二 社会主义国家总结成功经验，谋划新时期的发展蓝图

2021年，中国、越南、古巴、朝鲜和老挝等社会主义国家都举行了重要活动，充分展示出社会主义制度的生机活力。

(一) 中国共产党庆祝百年华诞，提振世界社会主义信心

2021年7月1日是中国共产党成立100周年，11月中国共产党召开了十九届六中全会，对党的百年发展历程、重大成就与历史经验进行全面总结，开启全面建设社会主义现代化国家新征程。

1. 中国共产党的百年发展历程、实践经验与理论成果

中国共产党有一个十分优良的传统，就是特别珍视自己奋斗的历史，并善于从历史经验中汲取前行动力、明确奋斗方向。④

---

① 参见蔡乙华《葛兰西文化领导权理论与马列主义的承继关系》，《文化产业》2021年第6期。
② 参见王雨辰、刘建锋《论阿尔都塞对葛兰西的马克思主义哲学观的批评》，《国外理论动态》2021年第1期。
③ Александр Майсурян: "День истории. Грамши", https://maysuryan.livejournal.com/1281399.html.
④ 参见辛向阳《从历史经验中汲取前行动力、明确奋斗方向》，《学习月刊》2021年第11期。

习近平总书记在庆祝中国共产党成立100周年大会上的讲话中首次提出"坚持真理、坚守理想，践行初心、担当使命，不怕牺牲、英勇斗争，对党忠诚、不负人民"[①]的伟大建党精神，以及必须坚持中国共产党坚强领导、必须团结带领中国人民不断为美好生活而奋斗、必须继续推进马克思主义中国化、必须坚持和发展中国特色社会主义、必须加快国防和军队现代化、必须不断推动构建人类命运共同体、必须进行具有许多新的历史特点的伟大斗争、必须加强中华儿女大团结、必须不断推进党的建设新的伟大工程的"九个必须"[②]的重要论断；十九届六中全会决议进一步将党的百年奋斗的历史经验概括为坚持党的领导、坚持人民至上、坚持理论创新、坚持独立自主、坚持中国道路、坚持胸怀天下、坚持开拓创新、坚持敢于斗争、坚持统一战线、坚持自我革命的"十个坚持"[③]。这是对中国特色社会主义为什么能够成功的经验总结，同时也是新时代建设中国特色社会主义的行动指南。

党的十九届六中全会决议以"四个历史阶段"划分中国共产党的百年历史进程，即新民主主义革命时期、社会主义革命和建设时期、改革开放和社会主义现代化建设新时期、中国特色社会主义新时代，深刻总结了四个历史阶段的"主要任务"，以及党领导人民所创造的四个"伟大成就"、实现的四次"伟大飞跃"。党的百年历史，就是不断把马克思主义同中国具体实际相结合、同中华优秀传统文化相结合的历史。

2. 中国共产党的百年成就赢得各国的赞赏

中国共产党在百年华诞之际，共收到各国政党1300余封贺电

[①] 习近平：《在庆祝中国共产党成立100周年大会上的讲话》，人民出版社2021年版，第8页。

[②] 参见习近平《在庆祝中国共产党成立100周年大会上的讲话》，人民出版社2021年版，第10—19页。

[③] 《中共中央关于党的百年奋斗重大成就和历史经验的决议》，人民出版社2021年版，第65—70页。

贺函，其中致贺人包括150多位国家元首、政府首脑，200多位政党的主要领导人。① 国外左翼学者和理论家也纷纷发表文章表示庆贺，对中国共产党百年奋斗辉煌成就以及党的十八大以来取得的重要成果表示祝贺和赞赏，并期待中国在世界社会主义的发展中发挥更大的引领作用。概括起来包括以下十个方面的内容。

一是高度评价中国共产党百年成就及其重大意义。久加诺夫在给习近平总书记的贺电中，热情赞扬中国共产党走过的"奋斗与胜利的光荣之路"，指出中国共产党成立100周年具有伟大的历史意义，是中国人民和全人类的财富。② 二是盛赞中国共产党的领导能力和国家治理能力。有英国学者指出，毛泽东、邓小平直到习近平等中国领导人都有着极为卓越的政治领导力；中国共产党在自我革命方面做得非常好，并成功地打造了一支富有才干的领导团队和一群治理人才。③ 三是认为中国式现代化道路开辟了人类文明新形态。巴西学者指出，"中国最终成功开辟一条中国式现代化新道路。未来，中国将通过更具包容性的现代化模式不断引领人类历史迈向新阶段"④。四是称赞中国以人民为中心的发展思想为国际社会树立了榜样。意大利共产党书记阿尔博雷西（Alboresi）认为，中国共产党把人民至上、以人民为中心作为自己的执政理念，这为世界其他执政党树立了非常好的榜样。⑤ 五是盛赞中国的扶贫事业为国际社

---

① 参见《中联部：中国共产党朋友遍天下 已收到各国政党1300余封贺电函庆祝建党百年》，https：//baijiahao.baidu.com/s? id=1703800605606320373&wfr=spider&for=pc。
② 参见《俄罗斯共产党主席久加诺夫：中共走过"奋斗与胜利的光荣之路"》，https：//baijiahao.baidu.com/s? id=1704233264017822881&wfr=spider&for=pc。
③ Martin Jacques, "Understanding the Rise of China", https：//wenku.baidu.com/view/dad19cfa700abb68a982fbdf.html.
④ 《专访"中国成功开辟了一条中国式现代化道路"——访巴西知名中国问题专家埃万德罗·卡瓦略》，http：//www.news.cn/world/2021-10/24/c_1127990496.htm。
⑤ 参见《意大利共产党全国书记阿尔博雷西：中共百年经验是国际共运史亮点》，http：//www.xinhuanet.com/2021-07/01/c_1127614746.htm。

会作出巨大贡献，并为其他国家提供经验。① 六是肯定构建人类命运共同体理念对世界和平发展意义重大。阿尔博雷西高度评价"一带一路"倡议对实现和平发展的重要意义，而人类命运共同体理念则是中国共产党对世界作出的重要贡献。七是认为中国特色社会主义体现了马克思主义的重要价值。芬兰共产党主席尤哈-佩卡·瓦伊萨（Juha-Pekka Vaisa）认为，中国共产党提出发展全过程人民民主，保证人民当家作主，这对坚持和发展马克思主义意义重大。八是称赞中国特色社会主义的成功增强了世界社会主义的吸引力。德国的共产党主席帕特里克·科贝尔（Patrik Köbele）强调，中共百年奋斗为国际共产主义运动作出了巨大历史贡献，推动着世界进步事业的发展，也鼓舞着人们总结和借鉴中国的成功经验，进而通过理论思考彰显社会主义的全新吸引力。② 九是盛赞中国特色社会主义的发展成就改变了国际两制力量对比，为国际共产主义运动作出巨大贡献。保加利亚学者指出，中国共产党是国际共产主义运动的中流砥柱。③ 委内瑞拉统一社会主义党副主席阿丹·查韦斯（Adan Chavez）认为，新时代中国特色社会主义的发展成就与实践经验，给世界各国憧憬社会主义的人带来了希望。④ 十是指出中国特色社会主义的经验对其他国家具有借鉴意义。老挝国家行政学院院长普冯·温坎显（Phouvong Ounkhamsaen）表示，老挝人民革命党对中国共产党作为百年大党的光辉历史和伟大成就深感钦佩，并高度重视学习借

---

① Fatoumata Diallo,"China's Anti-Poverty Efforts: Problems and Progress", https://isdp.eu/publication/chinas-anti-poverty-efforts-problems-and-progress/.
② 参见［德］帕特里克·科贝尔《中国共产党建党100周年与世界社会主义运动》，《光明日报》2021年7月25日。
③ 参见姜辉主编《共同见证百年大党：百位国外共产党人的述说》（上），当代中国出版社2021年版，第255页。
④ 参见《委政党高层：中国给所有相信社会主义的人带来希望》，https://world.huanqiu.com/article/9CaKrnK5Vam。

鉴中国共产党的发展经验。①

（二）越南完成新一届党和国家领导人轮换，提出社会主义理论新观点

越南共产党第十三次全国代表大会于 2021 年 1 月召开。此次大会在总结越南革新事业 35 年成就经验的基础上，提出坚定社会主义发展方向，按照"三步走""两个一百年"计划，制定了越南到 21 世纪中叶发展成为一个社会主义定向的发达国家的宏伟蓝图。

此届大会选举阮富仲（Nguyen Phu Trong）第三次连任越共中央总书记，并产生了由 180 名中央委员、20 名候补委员组成的新一届中央委员会，18 名委员构成的政治局，12 名成员构成的书记处和 19 名成员组成的中央检查委员会。这一届中央委员平均年龄为 53.8 岁，比上一届 52.5 岁的平均年龄高出 1.3 岁，越南在强调干部年轻化导向的同时，突出"以德为先"。

2021 年 5 月 23 日，越南第十五届国会代表和各级地方人民议会代表（任期 2021—2026 年）同时举行换届选举，共选出 499 名国会代表，2021 年 7 月 20 日，越南第十五届国会第一次会议召开，会上选举王庭惠（Vuong Dinh Hue）担任国会主席、阮春福（Nguyen Xuan Phuc）担任国家主席、范明政（Pham Minh Chinh）担任政府总理。至此，越南党和国家领导人完成轮换。

2021 年 5 月 16 日，越共中央总书记阮富仲发表了重要理论文章《关于社会主义和越南走向社会主义道路的若干理论和实践问题》②，全面阐释了对当前世界社会主义和越南社会主义发展道路的认识。文章主要内容有四个部分，一是阐释了对当今资本主义和社会主义的认识，提出资本主义的固有矛盾并未发生根本性变

---

① 参见《老挝专家：老方高度重视学习借鉴中共发展经验》，http：//www.gov.cn/xinwen/2021－04/10/content_ 5598849.htm。
② Nguyễn Phú Trọng："Một số vấn đề lý luận và thực tiễn về chủ nghĩa xã hội và con đường đi lên chủ nghĩa xã hội ở Việt Nam"，https：//cnxh.nhandan.vn/mot-so-van-de-ly-luan-va-thuc-tien-ve-chu-nghia-xa-hoi-va-con-duong-di-len-chu-nghia-xa-hoi-o-viet-nam-168.html。

化，社会主义才是我们追求的目标和价值所在；二是回顾越南共产党成立90多年的成功历程，指出走社会主义道路是越南历史和越南人民做出的选择；三是阐明越南社会主义的内涵和特征，回答了建设怎样的社会主义和如何建设社会主义的问题；四是对越南社会主义革新的实践成就与面临的问题进行了总结。文章强调，马克思列宁主义和胡志明思想具有彻底的科学性和革命性，具有永久价值，越南共产党必须始终坚定不移地将马克思列宁主义作为思想基础。

在推进革新方面，一方面，越南共产党继续加强党的建设和整顿，推进反腐败斗争；另一方面，越南新一届政府领导调整了抗疫措施，从2021年10月开始将防疫目标调整为"安全、灵活地适应并有效控制新冠疫情"[1]，采取措施落实2022年经济社会发展计划。截至2021年12月底，越南累计新冠确诊病例达到174万人，死亡超过3.2万人。[2] 2021年越南经济增长率下降到2.58%。[3]

进入2022年以来，越南政府防疫措施逐渐放开，3月中旬开始接待国际游客。越南经济在2022年第一季度取得了恢复性增长，增长率超过5%，感染病毒的人数从3月份高峰时日均十几万降到了5月初的日均几千例，2022年经济预期好于2021年，但疫情的影响远未消除。越南社会主义仍面临经济和意识形态等诸多方面的挑战。

（三）古巴共产党举行第八次全国代表大会，完善更新理念并成功应对意识形态挑战

古巴共产党第八次全国代表大会（以下简称"古共八大"）于

---

[1] 《越南政府总理范明政主持召开2021年10月政府例行会议》，https：//cn.qdnd.vn/cid-6123/7182/nid-587576.html。

[2] 参见《越南疫情每日快报今日新增14835例》，https：//baijiahao.baidu.com/s?id=1720793227660546020&wfr=spider&for=pc。

[3] 参见《2021年越南经济增长2.58%》，http：//hochiminh.mofcom.gov.cn/article/jmxw/202112/20211203233066.shtml。

2021年4月在哈瓦那召开，会议围绕"古巴模式更新的阶段性成就与问题"和"面向2030年的经济社会发展计划"等重要事项进行讨论。迪亚斯－卡内尔（Díaz-Canel Bermúdez）接替劳尔·卡斯特罗（Raúl Modesto Castro Ruz）当选古巴共产党中央委员会第一书记，选举产生中央委员会委员96名，政治局委员14名，书记处书记6名，实现了古巴共产党领导集体的代际更替。

劳尔在大会报告中强调了模式更新必须坚守社会主义原则和方向的政治底线，对更新整体滞后的局面进行了深刻反思，对更新工作中存在的立场、观点和方法问题进行了尖锐的批评。《关于古巴社会主义经济社会发展模式理念更新的决议》对关涉古巴社会主义道路的重大理论问题及概念进行了阐释，明确指出：古巴正处于社会主义建设的历史阶段；古巴将进一步巩固全民所有制，允许和鼓励多种所有制经济共同发展，全面完善经济社会发展的计划领导体制；承认市场的合理作用，并对其进行管控，使其与宏观经济政策相协调；引导各经济主体作出符合社会整体利益的决策。

古共八大强调提高党员干部队伍的能力，维护国家意识形态安全。《关于古巴社会主义经济社会发展模式理念更新的决议》指出，古巴共产党将坚决打击和防范腐败犯罪，加强党的职能建设，使党员干部面对问题始终保持革命态度，提高分析问题和解决问题的能力。面对资本主义和新自由主义反攻，古巴的思想政治工作变得越来越重要，社交网络和互联网已经成为意识形态对抗的主战场。

2021年7月11日，古巴首都哈瓦那周边发生了抗议游行活动。古巴政府迅速作出回应，迪亚斯－卡内尔亲赴抗议现场，并发表重要讲话，指出这一事件是美国政府对古巴长期实行"非常规战争"颠覆计划的一部分，有确凿证据表明这是由美国迈阿密反古势力和古巴境内反动分子共同策动、受美国政府性机构资助的反革命叛乱。迪亚斯-卡内尔号召古巴共产党员和古巴民众走上街头，保卫革命果实。古巴政府的应对措施取得了积极效果，迅速熄灭了这场颠覆和反政府活动，保卫了国家安全。

在经济社会发展方面，古巴政府进行了货币整顿等结构性更新，并推出了促进粮食生产和销售、鼓励出口等经济政策，重启旅游业。古巴经济2021年后3季度恢复增长，2021年增长率达到2%，但通货膨胀率超过70%。[1] 在新冠疫情管控方面，古巴实施了面向青少年的大规模疫苗接种计划和面向全体公民的加强针大规模接种计划，截至2022年2月3日，古巴新冠疫苗接种率位列世界第三，疫苗全程接种率达总人口的86.87%[2]，新增确诊和死亡病例数持续下降。

（四）朝鲜劳动党举行第八次全国代表大会，聚焦经济发展和民生

朝鲜劳动党于2021年1月召开了第八次全国代表大会（以下简称"朝鲜劳动党八大"），会上通过了新的党章，再次确定党的指导思想是金日成金正日主义，党的最高纲领是实现全社会的金日成金正日主义化。会议明确将"人民群众第一主义"确立为党的基本政治方针，强调"以民为天""人民群众第一主义"是朝鲜劳动党八大的基本思想和基本精神。会议决定恢复总书记和书记局建制，并推举金正恩同志为朝鲜劳动党总书记。大会还选举产生5名政治局常委，19名政治局委员和11名政治局候补委员，139名中央委员和111名中央候补委员。朝鲜劳动党八大全面总结了2016—2020年朝鲜经济发展五年战略的执行情况和经验教训，制定了新的五年计划目标。值得注意的是，本次大会上朝鲜领导人金正恩公开承认过去五年战略目标未能完成，并对有关部门提出批评，体现出

---

[1] Miguel Díaz-Canel Bermúdez, "El Socialismo es, Hasta hoy, la única vía al Desarrollo con Justicia Social", https://www.granma.cu/discursos-de-diaz-canel/2021-12-17/el-socialismo-es-hasta-hoy-la-unica-via-al-desarrollo-con-justicia-social.

[2] "Share of People Vaccinated Against COVID-19", https://ourworldindata.org/covid-vaccinations.

金正恩务实求进的精神。

为大力推动经济建设，朝鲜劳动党八大新设了党中央经济部和党中央经济政策室负责统筹和研究党的经济政策，并继续强调"自力更生""自给自足"。在2021—2025年的经济发展计划中，朝鲜提出"万里马速度"和"科学性自力更生"等口号。据2021年6月朝鲜首次向联合国提交的《朝鲜落实2030年可持续发展议程进展报告》指出，2019年朝鲜国内生产总值达到335.04亿美元，即人均GDP超过了1200美元。[①]

金正恩在朝鲜劳动党八大上将朝鲜对外政策的总体方向确定为，政治和外交上要为社会主义建设提供保障。朝鲜将进一步发展同中国、越南、古巴以及老挝等社会主义国家之间的传统友好关系，努力增强社会主义国家队伍的整体力量。金正恩特别强调朝中传统友好合作关系，推进朝中战略合作。值得注意的是，尽管金正恩在朝鲜劳动党八大上强调朝鲜将本着"以强对强、以善对善的原则同美国打交道"的立场，但2021年10月金正恩在国防发展展览会《自卫—2021》纪念演说中表示，"朝鲜的主要敌人是战争本身，而非美韩等特定国家或势力"[②]。由此可见，朝鲜是以斗争方式求和平，体现出对和平发展的期待。

（五）老挝人民革命党召开第十一次全国代表大会，中老命运共同体建设取得重大进展

老挝人民革命党第十一次全国代表大会于2021年1月召开，大会总结了革新经验，通过的"九五"规划，明确了老挝未来五年经济社会发展的目标和任务。

老挝人民革命党总结了党的十大以来革新实践的四条经验：一是加强党的自身建设，不断提高党的领导能力和水平；二是注重发

[①] DPRK, "Voluntary National Review on the Implementation of the 2030 Agenda", https://sustainabledevelopment.un.org/content/documents/282482021VNRReportDPRK.pdf.

[②] 《金正恩称朝鲜的主要敌人是战争本身》，https://baijiahao.baidu.com/s?id=1713384005543692223&wfr=spider&for=pc.

展优势产业和特色经济,增强自主发展的能力;三是有效开发人力资源;四是严格执行党的方针决策,协同推进各项实际工作。老挝未来五年革新的重点任务包括:一是调动广大群众的积极性和创造性,树立自主发展意识;二是转变干部群众的思想观念,革新体制机制;三是大力实施科技创新,增强发展内生动力;四是维护国家主权安全,为维护地区和世界和平稳定作出贡献;五是培养健康的生活方式,积极克服传染性疾病、自然灾害等对经济社会发展的影响。老挝革新的八项政策措施包括:一是在社会主义定向市场经济体制下,壮大国有企业,发展特色经济,贯彻落实自主、绿色、可持续、高质量发展方针;二是加强文化建设,弘扬民族优良传统,建设民主、平等、公平、公正的现代文明社会;三是革新体制机制,建设廉洁、高效、依法的服务型政府;四是继续推动"三建设"工作,把省建设为战略单位,把县建设为全面坚强单位,把村建设为发展单位;五是落实既定的国防治安路线,维护国家和社会稳定;六是加强党的自身建设,坚持和巩固党的领导,提高党员干部马克思列宁主义理论水平,运用和发展凯山·丰威汉思想;七是加强干部队伍建设,坚持党管干部的原则,强化干部责任和使命担当;八是以积极主动的姿态发展对外关系,主动融入地区和国际一体化发展进程。

2021年,面对严峻的新冠疫情形势,老挝人民革命党加强党的集中统一领导,保证经济发展的同时发起了一场防控疫情的人民战争,取得了较高经济增长速度,全年达到3.5%。[①] 尤其值得庆贺的是,2021年年底中老铁路建成通车,中老命运共同体建设取得历史性进展。中老铁路是老挝国内第一条标轨铁路,也是与中国国家铁路网直接连通的第一条境外铁路。中老铁路建成通车,象征着老挝由"陆锁国"变成"陆联国",将对老挝经济社会发展产生巨大

---

① 参见《2021年经济概况总结及2022年老挝经济展望》,http://www.zgmh.net/Article-show.aspx?id=39960。

的推动作用，也丰富了社会主义国家间成功合作的内涵，成为社会主义国家间合作的典范。

三 非执政的共产党在回顾坎坷历程中积极应对现实挑战，谋求生存和发展空间

（一）多国共产党举行庆祝建党百年活动，总结斗争经验坚定理想信念

在1921年，除了在中国成立了共产党以外，还有罗马尼亚、捷克斯洛伐克、比利时、意大利、法国、西班牙、葡萄牙、瑞典、加拿大、卢森堡、南非等多国也分别成立了马克思主义政党。在建党百年之际，世界各国共产党举行多种多样的纪念活动，在回顾历史总结经验教训中反思当前新形势下的斗争策略。

2021年5月8日，罗马尼亚共产党发表庆祝建党100周年的文章，回顾了社会主义时期的重大成就，阐明了今后将致力于加强国内外合作的主张。2021年6月26日是斯洛伐克共产党建党100周年纪念日，该党发表文章总结了百年来共产党活动的三重历史意义，包括领导工人开展阶级斗争并取得成效、领导反法西斯抵抗运动、促进了斯洛伐克和捷克社会空前发展等，同时阐明对当今世界局势的认识，主张坚持马克思列宁主义，积极向群众宣传自身的纲领和理念。葡萄牙共产党借建党百年之机发放传单申明其作为工人党的永久承诺，葡共总书记德索萨（Jerónimo de Sousa）发表重要讲话，重申党的坚定信念，明确将继续为争取民主和建设共产主义社会而斗争。西班牙共产党总书记恩里克·圣地亚哥（Enrique Santiago）在党的百年纪念大会讲话中指出，西共将围绕开放、多元、平等理念建立最广泛社会共识，努力实现与左翼和进步人士的最大团结，为人民、民主和世界的光明前景

不懈奋斗。①南非共产党隆重举行建党百年纪念大会，该党总书记恩齐曼迪（Blade Nzimande）发表了题为《以人为本：社会主义是未来——现在就建设社会主义》的百年声明，回顾南非共产党百年发展历程与贡献，表明将致力于开展广泛的人民运动，消除种族主义压迫的遗留问题，永远将人民利益放在最高位置。此外，卢森堡、意大利、比利时、加拿大等国共产党也组织了形式多样的建党百年庆祝活动，表达了坚持共产主义的信念。

（二）原苏联东欧地区共产党努力走出苏联解体阴影，积极应对新的挑战

1. 俄罗斯联邦共产党传承苏联革命遗产，努力提升政治影响力

在1991年苏联解体以后的30年间，俄罗斯联邦共产党（以下简称"俄共"）经历了兴衰沉浮，近几年来呈现可喜的发展势头。在2021年俄罗斯联邦进行的第八届国家杜马选举中，俄共所获席位居第二位，获得21%的选票，比上一届的13.3%多出7个多百分点。②2021年，俄共第十八次全国代表大会上公布的党员数为16.2万人，较前几年有较大上升。

俄共在苏联解体30年背景下召开第十八次全国代表大会，在大会的政治报告中首先肯定了过去30年来自身的发展成就，包括：重建了俄罗斯联邦共产党；坚持斗争使许多人免受政治迫害甚至牢狱之灾，也使俄罗斯避免陷入内战等。俄共明确提出反对割裂历史，坚持传承共产主义的红色基因，回击对苏联的无端指责，认为"苏联的社会制度、政治制度、教育制度、生活价值体系、文化类型——是俄罗斯历史的巅峰"③。俄共还对俄罗斯资本主义进行了批

---

① 参见于海青《在砥砺奋进中探索前行——2021年外国共产党的新发展》，《当代世界》2022年第2期。

② 参见郭春生《苏联解体30年背景下的俄罗斯联邦共产党》，《国外社会科学前沿》2022年第4期。

③ "Политический отчёт Центрального Комитета КПРФ XVIII съезду партии"，https://kprf.ru/party-live/cknews/201822.html。

判，强调只有社会主义才能使俄罗斯摆脱资本的暴政，并表达了对中国共产党的敬意和百年华诞的祝贺。

在中亚，哈萨克斯坦共产人民党在2020年末召开的第十五次全国代表大会上改称哈萨克斯坦人民党，同时对党章、党纲进行大幅度调整，使其作为共产党的身份特征受到极大削弱。在2021年的全国选举中，哈萨克斯坦人民党支持率有所上升，从2016年获得7.1%的支持率和7个议席，提高到2021年9.1%的支持率和10个议席。① 哈萨克斯坦人民党代表了原苏联东欧地区一些共产党的适应性转型动向。

2. 中东欧地区共产党重申马克思列宁主义原则，在艰难环境中谋求生存空间

苏联解体和东欧剧变30多年来，原东欧地区共产党的发展经历了20世纪80年代末到90年代初的艰难重建期、20世纪90年代中期到21世纪头十年的平稳发展期，过去十年间，伴随着民粹主义政党上台执政，中东欧地区部分国家出现了新一轮的反共浪潮，中东欧共产主义运动进入了发展瓶颈期。近年来，一些国家执政的民粹主义政党开始对共产党组织展开"猎巫"运动。波兰新刑法规定，展示共产主义符号或表达共产主义思想的行为被视为非法行为，最高可处以3年监禁。②

在这样的背景下，一些党继续坚持斗争，努力突破瓶颈获得新的发展空间。2021年中东欧各党的主要活动包括：一是多党举行建党百年纪念活动，重申马克思列宁主义原则，坚定社会主义方向。斯洛伐克共产党在建党100周年纪念日发表的纪念文章中提出，"世界正在发生巨大的、动荡性的变化，这是资本主义制度

---

① 参见于海青《在砥砺奋进中探索前行——2021年外国共产党的新发展》，《当代世界》2022年第2期。

② "Protest at the Polish Embassy Against the Persecution of Communists"，https://www.voorwa-arts.net/protest-at-the-polish-embassy-against-the-persecution-of-communists/?lang=en/.

危机的严重表现，这些危机正逐渐带来新的挑战，为社会主义的新尝试提供了机会"[1]。因此，共产党应该坚持马克思列宁主义意识形态，以"进步、革命、有组织和有纪律"的组织面貌，积极向群众宣传自身的纲领和理念。二是借疫情揭露资本主义的制度弊病，维护社会中下层民众的利益。随着新冠疫情在欧洲扩散，中东欧地区共产党首先在国际层面上协调一致，在抗击新冠疫情的议题上发出"同一个声音"。南斯拉夫新共产党指出，私有化削弱了本国的教育和科学潜力，"使自己陷入了无法应对现有危机的境地"[2]；克罗地亚社会主义工人党指出，资本主义是最坏的病毒[3]；捷克和摩拉维亚共产党（以下简称"捷摩共"）多次呼吁政府为民众提供免费疫苗；南斯拉夫新共产党发起了停止贝尔格莱德药房私有化的请愿活动。三是反对霸权主义，支持中国、古巴的社会主义事业。斯洛伐克共产党认为美国一直是在世界范围内造成局势动荡、使民众陷入苦难的重要原因。美国和北约的存在"只会增加混乱，带来腐败、贩毒等负面现象的发展"[4]。针对2021年7月古巴爆发的大规模示威游行活动，中东欧共产党也纷纷发声，指出这是美国长期对古巴实行经济封锁而引发的结果，谴责美帝国主义对古巴的干涉行径。在中国共产党建党百年之际，中东欧各国共产党纷纷向中国共产党表示了衷心的祝贺。南斯拉夫新共产党向武契奇总统建议，在贝尔格莱德友谊公园竖立中国国家主席习近平的半身像，以此郑重感谢中华人民共和国在塞尔维亚抗击新

---

[1] "Existenciu a cinnost Komunistickej Strany v ceskoslovensku nie je Možné Hodnoti len Negatívne", http://kss.sk/existenciu-a-cinnost-komunistickej-strany-v-ceskoslovensku-nie-je-mozne-hodnotit-len-negativne.

[2] "Na Ta lasu Nove Recesije-U Odbraun RandikihPrava", https://nkpj.org.rs/2020/11/30/na-talasu-nove-recesije-u-odbranu-radnickih-prava/.

[3] "Kapitalizam, Najgori od Svih Virusa", https://ourworldindata.org/covid-vaccinations, http://www.srp.hr/kapitalizam-najgori-od-svih-virusa/.

[4] "Stanovisko KSS k Situácií v Afganistane", http://kss.sk/stanovisko-kss-k-situacii-v-afganistane.

型冠状病毒的斗争中所提供的巨大帮助。①

（三）各党继续坚持议会内外斗争相结合，并呈现出一些新特点

一是共产党参加竞选，以合法途径开展斗争。在2021年举行的大选中，智利共产党通过参与广泛阵线而加入"赞同尊严"选举联盟，推举左翼党人加布里埃尔·博里克（Gabriel Boric）为总统候选人并成功赢得总统大选；在摩尔多瓦2021年7月举行的全国议会选举中，摩尔多瓦共产党与摩尔多瓦社会主义者党组建联盟，获得27%的支持率和10个议席。②从成果来看，2021年各党延续几年来喜忧参半的态势。一些共产党取得了进步，如奥地利共产党在第二大城市格拉茨市市政选举中获得28.8%的支持率，奥共女议员埃尔克·卡尔（Elke Kahr）出任市长；智利共产党在2021年5月的制宪会议选举中获7席。智共女党员伊拉西·阿斯雷尔（Iraci Hassler）当选为首都圣地亚哥市市长，智共党员丹尼尔·哈杜埃（Daniel Jadue）再次当选为雷科莱塔大区区长。③与此同时，另外一些党却丧失了执政或参政地位，如日本共产党在日本众议院大选中总共获得10个席位（较之前减少1个席位）；共产党（意大利）在意大利地方选举中获得的支持率不到1%；而捷摩共在2021年的捷克大选中仅获得3.6%的支持率，未能达到5%的议会门槛而丧失全部议席，而该党在2017年支持率为7.8%（15个议席）。

二是积极推动国际联合，参加工会和社会运动以壮大队伍。2021年12月，来自57个国家的73个共产党工人党参加了由希腊共产党和土耳其共产党共同组织的共产党工人党国际会议特别电话会议。各党呼吁抓住新冠疫情这一时机，提升工人阶级的组织力量，团结一切可以团结的力量，为保卫人权、为建设社会主义——共

---

① "NKPJ Predala Zahtev Vučićuza Podizanje Biste Si inpingu", https://nkpj.org.rs/2021/04/23/nkpj-predala-zahtev-vucicu-za-podizanje-biste-si-dinpingu/.
② 参见于海青《在砥砺奋进中探索前行——2021年外国共产党的新发展》，《当代世界》2022年第2期。
③ 参见徐世澄《拉美国家共产党的新探索与新发展》，《国外理论动态》2022年第1期。

产主义新社会而斗争。2021年12月在布鲁塞尔举行了第五届欧洲左翼论坛会议,欧洲多国共产党参会,共同探讨欧洲面临的重大挑战、新冠疫情大流行之后的经济和社会问题。与此同时,一些共产党还积极参加群众运动,推动西方社会运动的发展和社会主义理念深入人心。

三是继续揭露资本主义制度弊端,并加强与社会主义国家执政党的团结。面对新冠疫情持续流行,世界各国共产党一方面继续深刻揭露和批判资本主义,另一方面对资本主义替代方案作出新思考。西方各国共产党积极声援古巴,并高度评价中国特色社会主义的成就和中国共产党在国际共产主义运动中的作用。美国共产党高度赞扬了中国和古巴等社会主义国家对疫情的积极应对,认为中国所采取的行动"是对全球抗疫斗争的巨大贡献,增强了各国赢得这场斗争的希望和信心"①。

四 前景展望

当前,随着中国特色社会主义的持续发展,美国为维护其世界霸权地位而尽其所能地围堵中国。除了单方面对华实施高额关税、技术围堵外,还在世界各地推动反华联盟。2021年12月9日至10日,美国邀请100多个国家举办了"民主峰会"视频会议,把中国和俄罗斯排除在外。同时,美西方国家推行其"民主""人权"价值观,对社会主义国家进行意识形态的分化和攻击。对中国,美西方在中国香港、中国新疆挑起争端;对古巴,美国长期进行封锁造成该国巨大经济损失,并且企图对古巴发动颜色革命;对越南,美国长期进行渗透活动,导致部分越南党员干部"自我演变""自我

---

① "U. S. Communists Join 230 + Global Political Parties Calling for International COVID – 19 Cooperation", https://www.peoplesworld.org/article/u-s-communists-join-230-global-political-parties-calling-for-international-covid – 19-cooperation/.

转化",威胁到越南共产党和越南社会主义的存亡;在老挝,美西方通过宗教和非政府组织进行渗透,造成部分老挝人民革命党党员干部思想混乱;对朝鲜,美国长期以来从未间断对其进行战略打击和经济封锁。在西方,共产主义运动更是遭到各种打压和限制,不少共产党仍然处于非法地位,相关活动经常遭到干扰,共产主义者时常面临政治迫害。

回顾国际共产主义运动百年曲折历史,近观世界社会主义的发展趋势,不难发现,以中国为代表的社会主义力量的发展壮大和以美国为代表的西方资本主义力量的持续衰退之势,同样都是显而易见的。正如中国共产党第十九届六中全会决议所指出的,"马克思主义中国化时代化不断取得成功,使马克思主义以崭新形象展现在世界上,使世界范围内社会主义和资本主义两种意识形态、两种社会制度的历史演进及其较量发生了有利于社会主义的重大转变"[①]。然而,资产阶级凭借其数百年来积累的实力,不会轻易作出妥协和退让。在可预见的将来,两种制度和两种力量的斗争仍将是主基调,两制关系亦将长期处于竞争与合作并存状态。

2022年2月以来,乌克兰危机爆发,美俄关系彻底破裂,标志着30年前美西方企图通过发动"颜色革命"将俄罗斯纳入西方体系的梦想已经破产。当前,在两制力量和大国博弈的背景下,各国之间的合纵连横更加复杂化。预计,随着新冠疫情的持续和乌克兰危机的演化,帝国主义战争的威胁将加大,世界社会主义的发展将面临更大的挑战。但中国共产党百年厚重历史和世人瞩目的成就,将激励世界各国共产党坚定正确方向,继续走向明日辉煌。

[①] 《中共中央关于党的百年奋斗重大成就和历史经验的决议》,人民出版社2021年版,第63—64页。

百年变局下国际左翼力量的新特征与新动向[*]

周 淼

当前百年未有之大变局加速演变,新冠疫情持续蔓延,以中国为代表的社会主义发展道路取得显著成就,与资本主义形成鲜明对比。在此背景下,国际左翼力量进一步加强了对当代资本主义的研究与批判以及对中国特色社会主义的研究与解读,以期深化对资本主义和国际政治经济关系深刻复杂变化的规律性认识,并从中国特色社会主义的成功实践中汲取奋进力量,以推动人类和平进步与世界社会主义事业的发展。

一 国际左翼力量发展的新特征

新冠疫情持续蔓延背景下资本主义社会内在矛盾暴露无遗,社会乱象频发,这为国际左翼思潮的兴起提供了有利条件。国际左翼力量围绕重大理论与现实问题,通过会议论坛、学术研究等多种形式发出自己的声音,主要呈现以下特征。

第一,全球疫情持续扩散背景下左翼思想研究不断深入。新冠疫情暴发以来,国际左翼学者在《每月评论》《国际社会主义》

---

[*] 原载《当代世界》2022 年第 5 期。

《新左翼评论》《激进政治经济学评论》等国外马克思主义和左翼期刊及全球研究网、国际视点网等左翼网站上发表了《垄断资本主义下的世界发展》《新自由资本主义内爆：全球灾难和当今极右翼》《资本的气候》等文章，通过对疫情背景下两种制度表现的比较分析，深刻揭露了资本主义制度危机及其内在矛盾，并对疫苗研发与应用、贫富差距、气候危机及大国关系等主题进行了深入探讨。与此同时，国外左翼学者还围绕新自由主义批判、左翼政治运动、马克思主义基本原理等主题写作出版了大量学术专著，如印度马克思主义经济学家乌特萨·帕特奈克和普拉巴特·帕特奈克的《资本与帝国主义：理论、历史与当下》、德国左翼党前主席里克辛格等人的《左翼绿色新政：国际主义蓝图》、美国哲学家诺姆·乔姆斯基和政治经济学家波利克罗尼奥的《悬崖：新自由主义、大流行和社会变革的迫切需要》、日本立教大学经济研究所副所长佐佐木隆治的《马克思的物化理论》等。

第二，凝聚左翼共识，共谋团结发展，国际左翼活动日趋活跃。新冠疫情的持续蔓延暴露了资本主义许多新的社会危机，国际左翼力量以论坛、研讨会等形式围绕这些议题进行了深入研究与探讨，并着力加强团结协作与交流互鉴，以期在世界的动荡变革中实现聚势崛起。2021年1月，世界社会论坛以线上形式举办，来自144个国家的左翼人士参加论坛并围绕战争与和平、经济正义、女权主义与社会多样性、气候变化等主题进行了讨论。同年2月，圣保罗论坛和欧洲左翼党联合举办了第五届"左翼的共同愿景"研讨会，旨在加强拉美和加勒比与欧洲两地左翼力量间的对话。同年5月，英国社会主义工人党通过线上方式举办了主题为"一个危机中的体系，一个要赢得的世界"的马克思主义研讨会，来自世界各地的左翼人士围绕种族主义、性别歧视、极右翼崛起等议题进行了交流。同年7月，来自50多个国家的2800多名马克思主义者参加了线上举行的"国际马克思主义倾向"世界大会。同年10月，"社会主义呼吁"组织在伦敦举办了名为"革命2021"的马克思主义思想节,本年度的主题是"我们这个时代的社会主义",参加活动的学者重点讨论了资本主义危机、种族主义、革命党建设等问题。同年11月,欧洲左翼政党在布鲁塞尔举办第五届欧洲论坛,与会代表围绕后疫情时代的经济和社会挑战、民主与和平战略等进行深入交流。

第三,聚焦中国共产党百年诞辰,国际交流对话活动取得丰硕成果。2021年恰逢中国共产党成立100周年,围绕中共建党百年举办的众多国际性会议吸引了国外左翼力量的广泛关注和积极参与,也促进了国际左翼学者在建党百年背景下对中国共产党的成功之道及其实践意义的研究。2021年5月,中共中央对外联络部举办世界马克思主义政党理论研讨会,与会代表围绕以人民为中心与摆脱贫困、新发展理念与高质量发展及"一带一路"合作与人类命运共同体等议题进行了交流探讨。同年7月,第三届世界马克思主义大会在北京大学开幕,本届大会以"马克思主义与现代化"为主题,中外学者围绕马克思主义现代化理论、中国共产党与中国现代化及现代化的中国经验等主题进行了交流与讨论。同年12月,第十二届世界社会主义论坛在北京举行,论坛主题为"21世纪马克思主义的守正与创新",与会专家学者围绕中国共产党百年奋斗的重大成就与经验启示、中国特色社会主义政治发展道路对人类政治文明的贡献、苏联解体30年的教训与启示及坚持与发展21世纪马克思主义等议题进行了深入探讨。国际左翼学者纷纷表示中国特色社会主义伟大成就及其成功之道具有重要的世界意义。俄罗斯科学院研究员弗拉基米尔·彼得罗夫斯基明确指出,中国共产党领导中国取得的辉煌成就具有世界性意义。中国作为一个社会主义强国,不仅为世界各地的左翼力量和社会主义运动做出了表率,也对其他国家特别是正在寻找适合自身社会经济发展模式的新兴经济体具有启发性和借鉴意义。

二　国际左翼力量研究取得新进展

近年来，国际左翼学者聚焦疫情背景下的资本主义批判、纪念巴黎公社150周年等重要议题发表了一系列创新研究成果。

第一，对巴黎公社的经验教训和历史意义进行了再认识和再总结。2021年是巴黎公社150周年，德国哲学家弗兰克·鲁达认为，巴黎公社是无产阶级专政的具体体现，尽管它仅延续了72天，但巴黎公社以事实表明，无产阶级专政既不是毫无实际意义的虚构，也不是乌托邦式的理想。加拿大约克大学教授马塞罗·默斯托认为，巴黎公社的实践表明，工人阶级的目标必须是建立一个与资本主义完全不同的社会。只有当工人阶级意识到他们作为新奴隶的处境，并以从根本上改变使他们饱受剥削的世界为目标而开展斗争时，才能实现资本主义异化的替代方案。俄罗斯联邦共产党中央委员会主席根纳季·久加诺夫在分析了巴黎公社的经验教训后表示，巴黎公社的思想遗产为现代社会主义战士树立了榜样。它告诫我们，不要抱有任何妥协的幻想。它提醒我们，只有以马克思列宁主义思想武装的无产阶级群众性政党，才能领导无产阶级为光明的未来而斗争。

第二，对疫情背景下当代资本主义日益严重的社会矛盾与生态危机进行批判性探析。英国著名左翼理论家亚历克斯·卡利尼科斯对疫情蔓延下的疫苗重商主义、通货膨胀、气候危机等问题的实质进行了剖析与尖锐批判，他指出，新冠疫情大流行是由资本主义与自然之间越来越脆弱的关系引发的一次全球危机。他认为，新自由主义思想支配下的资本主义正在经济、政治和生物等多层面的危机中瓦解，奉行种族资本主义的国家在世界范围内加强了对非白人工人的奴役与剥削。美国学者佐菲亚·爱德华兹提出，种族资本主义作为一种理论和分析框架，促进我们增强解释和预测能力。近年来，全球生态危机日益严峻。美国著名左翼学者约翰·福斯特与布雷特·克拉克认为，文明的未来要求全人类共同参与生态和社会革命，从根本上变革生产关系，进而开辟一条通往人类可持续发展的道路。

第三，新技术革命背景下对平台资本主义的研究继续深化。加拿大学者尼克·斯尔尼塞克认识到数字技术驱动对经济发展模式的革命性影响，在此基础上提出了"平台资本主义"这一新概念。国外左翼学者则从不同视角对平台资本主义进行了批判性分析。新冠疫情的全球蔓延加速了平台经济全球化的步伐，谷歌等互联网平台巨头的资本权力与政治影响力空前膨胀。意大利学者毛里利奥·皮罗内认为，新冠疫情引发了新一波数字化浪潮，数字技术的普及正在重塑越来越多的公共领域，这意味着意见和决策的产生将被置于经济逻辑和技术的驱动之下，尤其是具有大数据和算法管理能力的平台资本主义。随着平台经济全球化的发展，关于跨国平台公司对主权国家发展权利与国家安全侵蚀的担忧也在加剧。俄罗斯学者亚历山大·巴拉扬和列昂尼德·托明认为，在平台资本主义时代，一种新的社会技术治理模式——"数字专制"出现并开始在世界范围内传播。2021年，尼克·斯尔尼塞克进一步研究了平台资本主义条件下的价值产生和分配问题，他认为平台资本主义既占有其他地方生产的价值，也影响价值积累。例如，平台可以降低其他企业的交易成本从而影响这些企业的剩余价值创造率。由于这些技术食利者同时也是垄断者，他们还通过阻碍资本流向直接竞争者来阻止利润率的均等化。

第四，对帝国主义理论与大国关系问题进行深入阐释。帝国主义问题一直是国际左翼理论界的研究热点。多伦多大学副教授川岛健对帝国主义与法西斯主义的关系进行了深入剖析，他指出，法西斯主义是资本主义危机在其最后阶段的一种激烈反应形式，可以看作帝国主义阶段的延续。对于美西方常常污蔑中国是帝国主义国家这一问题，美国著名左翼学者大卫·科兹与李钟瑾从理论上进行了驳斥，他们认为，中国在世界其他地区扮演的角色并不符合马克思主义的帝国主义概念。福斯特认为，与19世纪和20世纪初对待中国的方式类似，目前美帝国主义对待中国的根本目的是将中国与全球垄断金融资本的帝国秩序紧紧捆绑在一起，而且是将其捆绑在永久的附属地位。

三 世界左翼力量的多元发展态势

当前，百年未有之大变局加速演进，各国左翼力量坚持斗争、促进团结、谋求振兴，不少国家的左翼力量在不懈斗争中取得了新进展新突破。

(一) 欧洲左翼力量：在资本主义泥沼中取得突破

2021年5月，克罗地亚左翼政党"我们能"在地方选举中取得胜利，该党候选人托米斯拉夫·托马舍维奇在首都萨格勒布的竞选中击败右翼候选人米罗斯拉夫·斯科罗，以创纪录的票数当选萨格勒布市长。同年9月，德国左翼政党社民党在联邦大选中获胜，创下了自2005年以来的最佳成绩，该党候选人奥拉夫·朔尔茨随后当选新任德国总理。同月，挪威左翼政党工党主席约纳斯·斯特勒赢得选举并就任挪威首相，结束了挪威长达8年的保守党统治。此外，奥地利共产党在该国第二大城市格拉茨市政选举中取得胜利，埃尔克·卡尔成为第一位共产党市长。同年11月，冰岛左翼政党绿色运动主席卡特琳·雅各布斯多蒂尔再次担任政府总理。同月，丹麦左翼政党团结名单——红绿联盟在地方选举中取得重大胜利，并取代社会民主党成为议会第一大党，这是生态马克思主义政党首次成为北欧地区首都议会的最大政党。2022年1月，葡萄牙左翼政党社会党以绝对多数赢得大选，安东尼奥·科斯塔成功连任总理。同年3月，马耳他左翼政党工党再次赢得大选，工党领导人、现任总理罗伯特·阿贝拉连任总理。

在右翼民粹主义横行的背景下，欧洲左翼力量坚持斗争，取得令人欣喜的突破，但也面临着许多亟须解决的困难，整体发展受到多重因素的制约。一方面，作为欧洲主流政党和主要左翼政治力量，德国社民党在如何有效调节政党内在特质与外部环境深刻变化要求、平衡政党传统和社会现实、找准长远目标和选举周期的契合点上面临挑战，这也是欧洲各国社民党探索摆脱阶段性阵痛进而克服系统性危机的关键所在。另一方面，在社会经济不平等持续加剧、政治极化趋势难见扭转的形势下，近年来欧洲激进左翼政党的影响力有所加强，但内部分歧严重、目标诉求广泛、话语体系多元，碎片化趋势较为明显，左翼力量的联合依然困难重重。

（二）俄罗斯、中东、非洲左翼力量：在困境中稳步前行

近年来，俄罗斯民众对社会主义的好感度不断增加。2021年，俄罗斯政治民意调查机构莱瓦达中心的民调结果显示，约有一半的俄罗斯人（49%）倾向于苏联时代的社会主义制度，越来越多的俄罗斯人赞赏社会主义时期取得的重大成就。在2021年9月俄罗斯国家杜马选举中，俄罗斯联邦共产党赢得1066.1万张选票，约占总票数的19%，议席也由42个增长至57个，这表明俄罗斯联邦共产党斗争策略的积极调整在一定程度上顺应了俄罗斯国内政治局势和民心民意的发展趋势。在理论研究层面，新马克思主义与新社会主义成为当前俄罗斯政治学界研究的热点领域，但目前这一讨论更多停留在理论层面，对俄罗斯国家与民族现实政治选择及文化认同的影响仍然有限。

2021年，叙利亚阿拉伯社会主义复兴党候选人巴沙尔·阿萨德以压倒性优势再次当选总统。21世纪以来，黎巴嫩新社会运动逐渐兴盛，并成为当代黎巴嫩左翼运动的重要组成部分。新社会运动对黎巴嫩政治教派制度发起挑战，促使教派政治精英正视民众关于性别平等、反腐、环境保护、制度改革等方面的诉求，并进行相应的

调整，一定程度上推动了黎巴嫩的政治发展进程。

在非洲地区，一部分共产党、工人党等左翼政党积极探索社会主义道路，在选举中取得了一定成绩，呈现出"局部推进"的特征。2021年2月，尼日尔争取民主和社会主义党主席穆罕默德·巴祖姆在大选中获胜，并于同年4月宣誓就任新一届尼日尔总统。同年3月，刚果共和国左翼政党劳动党候选人德尼·萨苏－恩格索在大选中以绝对优势再次当选总统。同年6月，阿尔及利亚左翼政党民族解放阵线在立法选举中继续保持国民议会第一大党的位置。同年10月，佛得角左翼政党佛得角非洲独立党候选人若泽·马里亚·内韦斯当选总统。

三　拉美左翼力量：在政治博弈中逐渐占优

近年来，拉美地区政党格局发生深刻变化，左翼政党复苏迹象明显。2021年7月，秘鲁左翼政党自由秘鲁党候选人佩德罗·卡斯蒂略当选秘鲁总统。同年11月，委内瑞拉统一社会主义党在州市地方选举中再次以压倒性优势获胜。同月，洪都拉斯左翼政党自由与重建党候选人希奥玛拉·卡斯特罗宣布赢得大选，正式结束了右翼对洪都拉斯长达12年的统治。同年12月，智利左翼政党联盟"尊严制宪"候选人加夫列尔·博里奇以智利总统选举历史上最高得票数赢得大选。另外，巴西左翼政党劳工党创始人卢拉重返政坛，得到民众的强烈支持。拉美政治生态"左升右降"的根本原因在于新冠疫情和经济困境相互叠加，导致生活水平下降，社会问题恶化，民众对当政的右翼政党不满，萌生求变心理。

四　亚洲、大洋洲地区左翼力量：
　　在斗争中保持稳步发展

2021年，蒙古国左翼政党蒙古人民党总统候选人乌赫那·呼日勒苏赫以较大优势当选蒙古国总统。中亚地区的部分左翼政党也取得了一定突破，乌兹别克斯坦左翼政党人民民主党候选人马克苏达·瓦里索娃在总统选举中位列第二，这是该党在近几次总统大选中的最好成绩。日本共产党是当前发达资本主义国家中党员人数最多、组织化程度最高和影响较大的共产党。近年来，日共着力推动构建在野党联合政权，在2021年10月举行的日本众议院选举中，由中左、左翼政党立宪民主党、日本共产党、社会民主党、令和新选组构成的选举联盟共获得465个席位中的110席。为避免分裂投票，日共主动撤回22名候选人，选举后的席位由12个降至10个。重组后的立宪民主党获得96个席位，并继续保持议会第二大党的地位。

在南亚地区，近年来，尼泊尔国内的左翼政党联合遭遇了一些挫折。尼泊尔共产党（联合马列）和尼泊尔共产党（毛主义中心）于2018年5月合并成立尼泊尔共产党，但最高法院于2021年3月判决合并无效，两党重回合并前状态。同时，尼共（联合马列）前总书记内帕尔与党主席、前总理奥利争端分歧加剧，最终内帕尔于2021年8月领导支持者创建新政党尼共（联合社会主义者）。在印度，以印度共产党（马克思主义）为代表的左翼政党有着较强的影响力，仅印共（马）就拥有98万多名党员。印共（马）领衔的左翼民主阵线在2021年4月举行的喀拉拉邦选举中获胜，印共（马）高级领导人皮纳来·比杰安连任喀拉拉邦首席部长，其未来发展值得期待。

在大洋洲，以工党为代表的中左翼政党保持总体稳定，以绿党为代表的新兴左翼政党影响力逐渐提升，但共产党陷入了分裂。澳大利亚工党是澳大利亚国内两大政党之一，拥有巨大影响力，党员人数由2013年的4万余人增长至2020年的6万余人，除了新南威尔士州、塔斯马尼亚州以外，其余的州级政府均由工党执政。澳大利亚共产党总书记鲍勃·布里顿于2019年3月突然辞职，并在

2019年6月与部分成员组建了澳大利亚的共产党（ACP），这使得澳大利亚共产党倡导的左翼力量联合变得困难重重。2020年10月，新西兰工党以压倒性优势在选举中获胜，工党领袖杰辛达·阿德恩连任新西兰总理。新西兰左翼政党绿党在选举中也表现不俗，赢得10个议会席位，在顺利成为议会第三大党的同时，继续与工党展开合作并参与联合政府。

结　语

当前，资本主义与社会主义两种力量之间的差距依然悬殊，资本主义与社会主义两种制度之间的斗争虽然出现了相对有利于社会主义的发展态势，但两种制度长期并存的格局难以改变，特别是在新冠疫情持续蔓延的背景下，国外左翼思想和运动的发展还需在理论研究与实践创新方面做出努力。随着中国综合实力与国际影响力的不断提升，国际社会对中国特色社会主义制度及其世界意义的关注度也随之上升。因此，继续加强对在中国现代化建设过程中彰显出的中国特色社会主义制度优势的研究与宣传阐释，科学吸收与借鉴国外左翼学者关于制度比较研究的最新理论成果，进一步构建诠释中国特色社会主义制度优越性的话语体系，特别是深入宣介习近平新时代中国特色社会主义思想的时代价值和世界意义，并增强其传播影响力，是当前亟须做好的重要工作。

原苏联地区共产党的现状、困境与战略调整*

康晏如

苏联解体后，原苏联地区各国的共产党在总体上经历了全面被禁、恢复重建、强势崛起、挫折分裂、重新整合几个发展阶段。在总体相似的发展趋势下，该地区各国共产党实际上是在不同的政治环境下运行和开展工作的，一部分共产党经过长期斗争与实践，已经发展为本国重要的政治力量，如俄罗斯联邦共产党、白俄罗斯共产党；一部分共产党未能保持20世纪末21世纪初的强势状态，在本国政治格局中逐渐被边缘化，如吉尔吉斯斯坦共产党人党、摩尔多瓦共产党人党；还有一部分共产党受到当局严酷的打压，合法政党地位得而复失，如乌克兰共产党、哈萨克斯坦共产党；另有一部分共产党至今未能恢复重建，只能在地下开展活动，如波罗的海三国的共产党和亚美尼亚共产党等。目前，受主客观原因影响，原苏联地区的共产党面临着各种困难与挑战，其中既有共性的，也有因不同国情而产生的特殊情况，整体上仍在低迷中徘徊。对该地区共产党的发展状况、面临的困境、战略调整进行梳理与总结，有利于我们从整体上把握世界社会主义运动发展趋势，不断推进马克思主义理论和实践创新，推动世界社会主义运动向前发展。

---

* 原载《世界社会主义研究》2021年第10期。

一 多重困境交织，发展举步维艰

(一) 组织困境：党内分裂与组织规模大幅度萎缩

苏联解体 30 年来，该地区多数共产党在组织上经历了数次分裂，这在很大程度上导致党组织规模的萎缩与党员数量大幅下降。

2004 年，俄罗斯联邦共产党内的谢米金派从俄共中分裂出去，俄共党员人数从 50 万骤降到 18 万，对俄共自身的发展造成重创。直至 2021 年 4 月召开第十八次代表大会时，俄共党员数量仍维持在 16 万左右，[①] 与 1993 年的 60 万名党员相比，党员规模缩小了近 3/4。

1993 年，拉·艾哈迈多夫（Р. Ахмедов）创建了阿塞拜疆共产党。该党于 1996 年发生了分别以拉·艾哈迈多夫和菲·哈桑诺夫（Ф. Гасанов）为首的两个派别的分裂，司法部同时允许哈桑诺夫领导的党注册为阿塞拜疆共产党，于是阿塞拜疆政坛就出现了两个同名的且均具有合法地位的共产党。2007 年艾哈迈多夫逝世后，其领导的阿塞拜疆共产党因鲁斯塔姆·沙赫苏瓦洛夫（Р. Щахсуваров）和劳夫·库尔班诺夫（Р. Курбанов）争夺领导权再次发生分裂，沙赫苏瓦洛夫被排挤出该党，并宣布成立阿塞拜疆进步社会党。然而，分裂并未就此停止，在库尔班诺夫领导的阿共中，以马克西莫夫（Г. Максимов）为首的派别分裂出去，并仍自称为阿塞拜疆共产党。频繁且严重的分裂导致阿塞拜疆的社会主义运动呈分散化、碎片化、边缘化状态。后来成为共产党联盟－苏共成员的库尔班诺夫领导的阿共自 2000 年后再未有机会进入国家议会。

在白俄罗斯，1996 年白俄罗斯共产党人党因议会与总统的权力

[①] Зюганов Г. А. Политический отчёт Центрального Комитета КПРФ XVIII съезду партии// Правда. 14 апреля 2021 г.

分配及对当局的立场问题发生分裂，出现了白俄罗斯共产党与白俄罗斯共产党人党（今白俄罗斯左翼联盟"公正世界"党）两个共产主义政党并存的局面。分裂后的白俄罗斯共产党人党党员人数锐减，很难展开正常的活动与宣传。

在哈萨克斯坦，哈萨克斯坦共产党因与右翼资产阶级反对派在竞选中结成联盟引起党内分裂，一部分不赞成这一行为的共产党人于2004年退出哈共，并注册了新的共产主义政党——哈萨克斯坦共产主义人民党（今哈萨克斯坦人民党）。哈共分裂后，组织规模萎缩，2012年因党员数量未达到哈萨克斯坦法定政党注册人数要求（4万人），合法政党地位被取消，至今未能恢复。[①]

1999年吉尔吉斯斯坦共产党人党因高层领导矛盾激化发生分裂，以克·阿日别科娃（К. Ажыбекова）为首的派别从党内分离出去，成立了吉尔吉斯斯坦共产党。2004年，一部分吉尔吉斯斯坦共产党人党的党组织转入吉尔吉斯斯坦共产党。两次分裂让吉尔吉斯斯坦共产党人党失去近12000名党员，对其发展造成重大损失。[②]

在一国内，共产党队伍的分裂致使各个共产党无法制定统一的政策和战略，无疑不利于社会主义力量整体的增强。

（二）选举困境：竞争力下降，多数共产党难以跨越议会门槛

20世纪末21世纪初，原苏联地区的一部分共产党重建组织后，曾经在国家议会选举中取得了令人瞩目的成绩。如俄罗斯联邦共产党在1995年、1999年的俄罗斯国家杜马选举中分别获得22.3%、24.29%的选票，组建了杜马第一大党团。乌克兰共产党在1994年和1998年的最高拉达选举中，均保持了最高拉达第一大党团的地位。摩尔多瓦共产党人党在2001年的议会选举中获得超过半数以

---

① 参见康景如《逆境中奋进的哈萨克斯坦共产主义人民党》，《世界社会主义研究》2020年第5期。

② 参见李世辉《苏联解体后的吉尔吉斯斯坦共产党人党》，《当代世界社会主义问题》2018年第1期。

上的席位，获得了组建政府的条件，其领导人弗·沃罗宁（В. Воронин）在2001年和2005年的总统选举中均当选为摩尔多瓦总统，创造了共产党在原苏联地区参加竞选的最好成绩。

然而，近十几年来，这些共产党的选举竞争力持续下降，获得的议会席位数量呈缩减趋势。在2003年的国家杜马选举中，俄共由于内部联盟分裂和选举策略失误等原因，丧失了第一大党地位。乌克兰共产党在2014年的政治危机中被驱逐出最高拉达，在当年10月进行的最高拉达选举中没有获得超过5%的选票，自乌克兰独立以来首次没有跨越进入议会的门槛。摩尔多瓦共产党人党因受全球经济危机牵连和党内分裂影响，在2009年的议会选举中失利，失去了执政地位；在2019年的议会选举中，丧失了全部席位。

在外高加索，亚美尼亚共产党和阿塞拜疆共产党曾在20世纪90年代和21世纪初有少数代表进入国家议会，在这之后亚美尼亚共产党连续两届（2003年和2007年）没有参加议会选举，后来与其他左翼组织（亚美尼亚联合进步共产党）结成选举联盟参加竞选的尝试也无果而终。[①] 阿塞拜疆共产党虽然在历次选举中都积极筹备竞选，但因组织分裂、物质和技术严重缺乏以及本国的多数选举制等问题，始终无法迈入议会的门槛。

在中亚，塔吉克斯坦共产党虽然是苏联解体后原苏联加盟共和国中唯一一个未遭禁止的共产党组织，但是在国内战争中对当局的支持并未能换来有利的发展环境，仍受到当局的排挤，发展举步维艰，在2015年的议会选举中，塔共只赢得了2.3%的支持率，并没有收集到足够的选票，未能进入议会。[②] 1995—2010年吉尔吉斯斯坦共产党人党一直是议会党，但是近年来由于策略失误和当局的打

[①] Программа Коммунистической партии Армении，https：//www.kavkaz-uzel.eu/articles/205150/.

[②] Дваккоммунистапрошливпарламентизодномандатныхокругов，https：//tj.sputniknews.ru/20150302/1014625159.html.

压，这一强势状态未能保持下去，目前处于政治影响日渐衰弱和组织结构逐渐萎缩的状态。哈萨克斯坦共产党自2004年后再未能有代表进入国家议会，甚至其活动也因当局的打压而转入地下。

（三）生存困境：部分共产党短期内难以获得合法政党地位

从苏联解体至今，该地区有一部分共产党一直未能实现组织重建，力争合法性、拓展生存空间是这些共产党面临的首要任务。

波罗的海三国在法律层面对共产主义标识、共产主义意识形态实行禁令，再加上执政当局对共产党人的迫害，该地区的共产党至今未恢复合法地位，只能在极端复杂和困难的政治条件下展开活动。自1991年8·19事件之后，在立陶宛开始了对立陶宛共产党领导人和积极分子的大规模镇压行动。1991年8月22日，立陶宛共产党的活动被禁止。在这以后，立陶宛共产党的活动完全依赖米·布罗基亚维丘斯（М. Бурокявичюс）、尤·叶尔马拉维丘斯（О. Ермапавичюс）等人秘密开展。1994年1月，立陶宛情报人员在明斯克逮捕了布罗基亚维丘斯和叶尔马拉维丘斯，并将他们押回立陶宛进行审判，分别判处12年和8年的监禁。在这以后，立陶宛共产党的活动完全转入地下。在拉脱维亚和爱沙尼亚，共产党遭遇到与立陶宛共产党类似的情况。[①]

土库曼斯坦独立后，土库曼斯坦的共产党人不止一次尝试重建党组织。20世纪90年代初，土库曼斯坦共产党人成立了共产党重建委员会，向土司法部提交了必要的文件进行正式注册，但是没有得到回应。1998年，土库曼斯坦共产党人在半地下状态举行了土库曼斯坦共产党成立代表大会。后来，土共加入了由土库曼斯坦外交部前部长阿·库利耶夫（А. Кулиев）领导的土库曼斯坦联合民主反对党（该党主要团结了移民国外的政治家）。2002年，土共当时的领导人谢·拉西莫夫（С. Рахимов）被指控参与一场叛国阴谋，

[①] Грабаускас Г. А. Боевой путь Компартии Литвы//Правда. 21–24 апреля 2017 г.

被捕入狱并被判处 25 年监禁。在此之后，土共的活动完全转入地下状态，直到今天仍未注册成功。①

乌兹别克斯坦共产主义运动的命运与土库曼斯坦相似。1992年，乌兹别克斯坦共产党人在原乌兹别克斯坦外交部部长萨·阿济莫夫（С. Азимов）的领导下试图恢复共产党组织，但是乌当局阻止了这一计划，并且加大了对共产党人的镇压。1994 年，乌兹别克斯坦共产党秘密召开成立大会，但由于乌当局的严酷政策，乌共的活动受到严重的限制。②

作为苏联时期格鲁吉亚共产党的继承组织，格鲁吉亚统一共产党虽然是经过注册的合法政党，但根据 2011 年格鲁吉亚颁布的一项名为"自由宪章"的法律，共产主义符号、象征和意识形态被禁止使用，所以该党很难开展活动。尤其是在萨卡什维利（М. Саакащви́ли）当政时期格鲁吉亚统一共产党的活动实际上处于地下状态。③

2015 年，乌克兰最高拉达通过了禁止乌克兰共产主义和民族社会主义（纳粹主义）标志的草案。法院作出了终止共产党活动的决定，对乌克兰共产主义组织和政党造成沉重打击，乌克兰共产党实际上被剥夺了行使国家基本法赋予的权利，并且在总统选举、议会选举和地方选举时都没有恢复这一权利。欧洲理事会威尼斯委员会指出，乌克兰通过的"禁共令"不符合欧洲国家民主实践，破坏了民主国家对公民权利和自由的保障。乌克兰当局允诺修改该法令，但迟迟没有付诸行动。目前，乌克兰共产党基本无法在国内开展活动。

---

① Кожемякин С. В. Коммунистическое движение в Средней Азии и Казахстане（с 1991 г. по наши дни）//Просвещение. №4. 2017 г.
② Кожемякин С. В. Коммунистическое движение в Средней Азии и Казахстане（с 1991 г. по наши дни）//Просвещение. №4. 2017 г.
③ Председатель Единой Коммунистической Партии Грузии: Нам нужна теория марксизма, https://infoteka24.ru/2020/02/03/56067/.

（四）思想困境：意识形态领域的斗争与对抗加剧

帝国主义是资本主义最具侵略性和破坏性的阶段，苏联的解体，并未让国际帝国主义在意识形态上放缓对共产主义的攻击与对苏联历史的污蔑。除了立陶宛、拉脱维亚、爱沙尼亚、格鲁吉亚、乌克兰等国在法律上禁止使用共产主义标志、宣传共产主义意识形态之外，曾经承载着苏联英雄主义和苏联历史记忆的街道、城市名称相继被更改，大量列宁雕像和纪念碑被拆除。2019 年，欧洲议会通过的《欧洲铭记历史对欧洲未来的重要性》这一"反共决议"，将共产主义等同于法西斯纳粹，呼吁在整个欧洲清除"极权主义"纪念物、纪念碑等。国际帝国主义在不放弃军备竞赛和对他国实施制裁的情况下，越来越多地利用信息网络技术对公众进行意识形态侵害和反共宣传。

在意识形态斗争尖锐化的背景下，个别共产党更改了党的名称，去掉了"共产主义"字眼，纲领中也不再提以实现共产主义为目标。如 2009 年，白俄罗斯共产党人党以"'共产主义'一词具有贬义"为由，更改党的名称为白俄罗斯左翼联盟"公正世界"党。2020 年 11 月，哈萨克斯坦共产主义人民党在第十五次非常代表大会上将党的名称修改为"哈萨克斯坦人民党"。党的领导人艾·科努罗夫（А. Конуров）认为，之所以在党的名称中去掉"共产主义"一词是基于消除反共宣传的负面影响、扩大选民、重塑政党口碑的要求，党将继续坚持社会主义的前进方向，但将放弃阶级斗争的思想。党的主要任务是建设一个社会取向的国家和提高哈萨克斯坦人民的生活水平。在该党的领导人中，只有党内元老级人物弗·科萨列夫（В. Косарев）对这一决定表示反对。他指出，中国正是高举共产主义旗帜才取得了伟大的成就。①

在反共主义逆流而上的背景下，共产党更改党的名称，一方面

---

① Как и почему КНПК переименовали в Народную партию Казахстана, https://vrk.news/2537-20201112-114852.

是出于拓展生存空间、扩大选民的需要，另一方面也反映出西方妖魔化共产主义对共产党坚定共产主义信念造成了消极的影响，一些共产党在这种情况下放弃了共产主义远大理想目标，执着于眼前的议会斗争。

二 低潮中坚守，积极调整发展战略，探索新的发展道路

尽管原苏联地区共产党的政治环境总体而言比较严酷，发展举步维艰，但它们并未因困难重重而就此消沉，而是在新的形势下，根据各自所面临的具体问题调整发展战略与策略，加强党的建设，努力拓展党的生存空间，探寻新的活动方式与发展道路。

（一）组织上调整整顿，加强基层组织建设，优化党组织结构

俄共为加强党的组织建设采取了一系列措施。针对党内派别林立问题，2004年，俄罗斯联邦共产党共撤销了24个地区组织领导人的职务并进行了重新选举，由此加强了俄共中央对地方组织的领导和团结。为了充分发挥基层党组织的作用，2005年，俄共在第十一次代表大会上修改了党章，扩大基层组织权限，赋予基层组织自行提出地方议会候选人、任命地方选举委员会成员和观察员等权力。为了优化党组织结构，俄共强调在人力资源和物力资源有限的条件下优化资源配置，建设高效、集约型的党组织结构，并在十一届七中全会上决定按照组织、信息、社会、议会、经济五个方向来建设党的职能体系结构。为了加强党的纪律，在2021年4月召开的第十八次代表大会上，俄共进一步强调党的纪律的重要性。俄共主席根·久加诺夫（Г. Зюганов）在大会报告中指出，俄共在未来将修订党章，实行更为严格的规定，如至少有三年党龄的党员才有权利推荐新的成员加入，并进一步严格明确推荐人的责任范围。此外，俄共还强调应在民主集中制的基础上，不断巩固党的垂直权力

体系，改善党组织结构。①

白俄罗斯共产党于 2021 年 4 月召开的中央全会上，强调在政治上和组织上巩固党组织并提高基层党组织的作用。白共第二书记卡尔片科（И. Карпенко）指出，作为以马列主义为指导的共产党，与其他政党根本的不同之处在于要从根本上摧毁资本主义制度，并且用社会主义和共产主义制度取代资本主义制度。因此，与群众直接打交道的基层组织是共产党的基础，共产主义事业的成败在很大程度上取决于基层组织工作成效的好坏，取决于基层组织与人民群众联系的紧密程度。而党的队伍在思想上和组织上的统一是提高战斗力及在群众中的威望和影响力的必要条件。鉴于此，白共将采取积极的措施提高基层党组织的工作水平，制订在组织上和政治上加强党的现代解决方案，在民主集中制的基础上加强党组织结构，在用马克思主义方法论分析国内外形势的基础上实现党的现代化，使用现代信息技术更新和优化党的群众工作方式。② 白共四月全会决议决定：各级党委需更加重视基层组织工作，定期召开关于改善基层组织工作的思想统一会议；确保党员数量每年以 10% 的速度增长；从基层组织中选拔党的积极分子，建立青年共产党员培训制度，加强其对马列主义理论的学习；加强基层组织的宣传工作使其针对居民面临的紧迫问题能够提出解决方案等。③

（二）提高党的信息宣传水平，对抗资本主义发动的混合信息战

俄共认为，当前的帝国主义在不放弃军备竞赛和制裁措施的情况下，越来越多地使用最新技术对全球公众意识实施信息侵略，把

---

① Зюганов Г. А. Политический отчёт Центрального Комитета КПРФ XVIII съезду партии//Правда. 14 апреля 2021 г.

② Карпенко И. В. Об организационно-политическом укреплении партийных структур и повышении роли первичных партийных организаций КПБ//Коммунист Беларуси мы и время. 7 мая 2021 г.

③ Постановление Центрального Комитета Коммунистической партии Беларуси Обоорганизационно-политическом укреплении партийных структур и повышении роли первичных партийных организаций КПБ//Коммунист Беларуси мы и время. 23 апреля 2021 г.

大众媒体作为执行和灌输其意志的工具，抹黑共产主义，歪曲苏联历史，操纵对象国的政治走向。俄共指出，信息空间在今天已经成为意识形态斗争的重要场地，数字技术赋予这一战争以前所未有的规模。为了对抗资本主义发动的混合信息战，需要建立共产党自己的信息数据中心，社会主义中国已经证明，捍卫自己的尊严、主权和信息空间是非常必要的。俄共应建立数据中心和信息搜集、信息处理中心，为《真理报》《苏维埃俄罗斯》、"红色线路"电视台、俄共官网等党的现有媒体生产大量信息，根据形势变化迅速转换信息主题、创建新闻议程、塑造党的形象、推广党制定的反危机纲领，在对世界局势进行科学和深入的分析基础上，客观报道关于中国等社会主义国家的建设经验，揭露资本主义劳资之间的阶级对抗。①

针对2020年白俄罗斯总统选举之后爆发的旷日持久的抗议浪潮，白俄罗斯共产党指出，白俄罗斯经历了帝国主义发动的旨在推翻国家现政权的各种形式的混合战，受到前所未有的外部冲击。本国的民族资产阶级为了实现本阶级的利益，企图改变国家现有的社会取向的发展模式，与追求地缘政治目标的外部势力达成妥协，共同主导了这场反革命政变。在这一过程中，毫无节制的外部信息攻击发挥了重要作用。白共认为，党应对这一事件进行系统全面的分析，团结所有进步力量，以马列主义为指导，以白共的纲领主张为基础，推进建立全国统一的左翼组织中心。为了补齐党在信息宣传方面的短板，白共将进一步完善党的网络资源，建立广泛统一的现代化网络平台，用现代化的信息技术武装党，加强宣传鼓动，更新影响群众思想的方式，为即将到来的宪法修改、地方议会选举、公民投票做好准备。②

---

① Зюганов Г. А. Задачи информационно-пропагандистской работы КПРФ в условиях современной гибридной войны//Правда. 26 – 27 янъаря 2021 г.

② Карпенко И. В. Об организационно – политическом укреплении партийных структур иповышении роли первичных партийных организаций КПБ//Коммунист Беларуси мы и время. 7 мая 2021 г.

（三）积极参加各级选举，宣传党的思想，扩大党的影响

虽然俄罗斯联邦共产党在2016年国家杜马选举中的投票结果并不理想，但是俄共仍积极筹备和参加俄罗斯各级地方选举和国家总统选举，以此宣传党的思想、扩大党的影响。在2017年9月进行的俄罗斯地方选举中，俄共候选人获得的选票超过了俄罗斯自由民主党和"公正俄罗斯"党的票数总和。在2019年9月8日举行的莫斯科市杜马选举中，俄共赢得了45个席位中的13个，比2014年增加了8个，而"政权党"统一俄罗斯党在这次选举中赢得了26个席位，与2014年相比，失去了1/3的席位，这意味俄共在莫斯科杜马的权力进一步得到提升。①

在2018年的俄罗斯总统选举中，俄共推出了自己的候选人帕·格鲁季宁（П. Грудинин）。格鲁季宁是俄罗斯大型农业企业"列宁国营农场"的经理。该农场没有像苏联解体后的其他集体农庄那样被经济转型所冲垮，反而实现了良好的发展，并在社会主义的理念下为公司员工建设了诸多福利设施，公司员工的平均工资约为78000卢布，是俄罗斯平均工资的2倍多。俄共认为，格鲁季宁社会经验丰富，享有很高的声誉，他建立了一种公正而成功的经营模式复兴社会主义模式，始终把人民的利益置于首位，用实际行动践行着自己的承诺，并在自己的工作中取得了巨大成就。俄共大力支持格鲁季宁在全国范围内推广"列宁国营农场"这种模式。格鲁季宁在自己的总统竞选纲领中提出"为人民服务的经济发展战略"，包括恢复最低工资保障和八小时工作制、对富人进行征税、建设保障房等观点。俄共认为，格鲁季宁的竞选纲领与俄共的最低纲领在本质上是相同的。格鲁季宁参加俄罗斯总统竞选并在竞选中宣传俄共纲领在社会上引起了广泛关注和积极反响，在选举前进行的民调显示，格鲁季宁的支持率仅次于普京。格鲁季宁在最终选举中的得

---

① КПРФ укрепила позиции в Московской городской Думе//Правда Москвы. 11 сентября 2019 г.

票率为 11.8%，排名第二，超过了弗·日里诺夫斯基（В. Жириноский）、克·索布恰克（К. Собчак）、格·亚夫林斯基（Г. Явдинский）等其他总统候选人的票数总和。① 而俄共认为格鲁季宁实际获得的选票数要远远高于这一数字。

在 2021 年的第八届国家杜马选举中，俄共取得了重大进步。与 2016 年第七届杜马选举中 13.34% 的得票率相比，俄共在这次选举中的得票率为 18.94%。久加诺夫在总结选举结果时表示，俄罗斯联邦共产党和左翼爱国主义力量在选举中取得成功的主要原因在于，俄共是唯一提出了能让俄罗斯和平民主地摆脱系统性危机的完整纲领的政党。②

（四）制定青年政策，提高共产党在青年中的影响力

是否能够在青年中产生影响并吸引年轻人加入共产党组织，关系着党是否能保持鲜活的生命力，是否能在复杂条件下实现现代化。因此，制定合适的青年政策一直是共产党关注的重点问题。

青年教育问题一直是俄共关注的重点。久加诺夫在 2018 年 10 月 20 日召开的俄共中央委员会和中央监察委员会联席会议上指出，应提升俄共在青年教育中的作用，采取更加积极的政策来影响青年的头脑和心灵，让他们成为为社会主义奋斗的真正战士。俄共在青年教育问题上积累了自己独特的经验。列宁共产主义青年团是党的青年工作的重要环节，其人数现在达到 2.5 万，在 80 个地区有自己的分支机构。共青团是俄共的干部储备力量，75% 的共青团员是俄共党员。此外，培养青年党员是俄共发展的首要任务。俄共成立的政治学习中心，至今已经培养了 950 名青年党员干部，成功促进了党员干部储备的形成。近几年，俄共和共青团中青年人的积极性

---

① Зюганов Г. А. Главные итоги 2017 года и основные задачи на 2018 год//Правда. 11 января 2018 г.

② Мы не признаем электронного голосования！https://kprf.ru/activity/elections/205569.html.

和责任感得到明显提高，积极参与社会问题的解决。例如，青年党员积极参加了反对提高退休年龄的抗议；全俄青年行动"反资本主义"持续多年，得到数千名社会主义者的支持；他们在青年议会运动的框架内展开对话，并积极参加全俄抗议行动协调总部的工作；网络宣传工作成为青年党员工作的重点；青年党员坚定捍卫历史真相，全俄运动"我们胜利的旗帜"在俄罗斯各个学校开设了近3.5万堂课。①

白共在2012年和2014年的中央全会上制定并通过了有关青年工作和政策的决议，认为吸引精力充沛和有战斗力的年轻人和中年人加入白共应成为全党的关注重点。白共近些年积累了一定的青年工作的经验，掌握和运用了新的形式和方法来吸引年轻人加入白共队伍。2016年，白共采取了一系列组织措施来组建和登记青年社会组织"共产主义青年同盟"［Лига коммунистической молодежи (JKM)］。该组织由白共领导，在组织上与白共保持统一，主要任务是培养入党青年。白共承认共产主义青年同盟为自己思想上的伙伴和实现白共青年政策的可靠支柱，而共产主义青年同盟承认白共纲领，积极在白俄罗斯青年中和各种活动中宣传白共纲领。白共和共产主义青年同盟在对青少年的爱国主义、国际主义和精神道德的教育问题上，在引导青年尊重白俄罗斯历史、客观评价苏联历史的问题上，在继承和发展劳动传统方面达成了合作协议。②

(五) 加强左翼联合，拓展生存空间

对于那些在本国受到限制或者完全被禁止活动的共产党而言，加强左翼联合、拓展生存空间、另辟发声渠道显得格外重要。

格鲁吉亚统一共产党虽然为合法注册政党，但是因本国的法

---

① Зюганов Г. А. О задачах по усилению роли КПРФ в воспитании молодежи//Наш голос. 1 ноября 2018 г.

② 参见康晏如《到群众中工作 在传承中创新——第十次代表大会以来白俄罗斯共产党的理论与实践》，《世界社会主义研究》2019年第8期。

律政策，无法参加各种选举和开展实践活动。为了发出自己的声音，格鲁吉亚统一共产党在 2016 年 6 月联合国内其他两个左翼组织"中立格鲁吉亚"和"斯大林国际协会"组成"社会主义格鲁吉亚"人民运动阵线，采取规避策略，成功在司法部注册并召开了成立大会。该运动以社会主义意识形态为基础，在当年的议会竞选中打出"拒绝北约""与俄罗斯在一起"的旗号，得到一定数量的选民支持，成为该国近年来左翼力量主动向选举发起进攻的行动。①

苏联解体后一直没有恢复合法政党地位的立陶宛共产党并没有就此销声匿迹，而是在其活动处于地下的特殊情况下，以本国重返社会主义道路作为自己的目标，领导着立陶宛的社会主义运动。"立陶宛社会主义人民阵线"运动就是在其领导下成立并展开工作的。该组织成立于 2009 年，是在立陶宛阵线党和立陶宛社会主义党这两个较小政党合并基础上成立的。该组织设法克服本国法律对"共产主义"名称的禁令，使用社会主义的名称，在实际中保留了共产主义平台。"立陶宛社会主义人民阵线"运动主张立陶宛人民在向社会主义建设过渡的基础上进行自我保护，并指出，立陶宛只有走社会主义道路，立陶宛民族才能实现发展，而复辟资本主义最终只会导致民族的灭亡。立陶宛共产党呼吁，在立陶宛当局加强对社会运动的政治镇压背景下，为了捍卫立陶宛人民的生存和权利，为了避免立陶宛人民的种族灭绝，所有正义之士都应加入"立陶宛社会主义人民阵线"运动，并以"要么实现社会主义，要么死亡！"为口号，力图将其变成全国性的群众运动。② 在立陶宛政治舞台上，该组织是唯一合法的、经过注册的马克思主义政党，其在

---

① Мария Климанова. Грузинские коммунисты вырабатывают новую тактику борьбы// Правда Москвы. 19 марта 2013 г.

② Заявление Коммунистической партии Литвы 《Сплотим ряды в борьбе за социализм》 // Првда. 21 – 27 апреля 2017 г.

2012年的立陶宛议会选举中获得了1.2%的选票（16000票），在18个参政党中排名第11位。[①] 在没有任何重大物质资源的情况下，这是一个很好的结果。此外，立陶宛共产党还利用共产党联盟——苏共这一地区性共产主义组织和平台发出自己的声音。2017年，立陶宛共产党召开第七次代表大会，呼吁共产党联盟——苏共的所有成员扩大革命运动，以此恢复兄弟国家的苏维埃联盟，复兴社会主义。[②] 2018年，立陶宛共产党借助该平台隆重举行了庆祝立陶宛共产党成立100周年的活动。

（六）举办重大历史纪念活动，深化对当代资本主义的批判

在重大的历史纪念日举办庆祝与纪念活动，是共产党加强国际联系与交流、总结历史经验、深化对资本主义的批判、探索社会主义理论与实践道路的重要内容与形式。

在2017年纪念伟大十月革命胜利100周年的活动中，俄共在理论上进行了新的探索，对苏联历史和苏维埃时代的本质进行理论阐释，对俄罗斯国内外出现的否定十月革命的论调在理论上进行了驳斥，指出十月革命开创了俄罗斯历史的新时期，使国家免遭毁灭与崩溃，避免国家沦为西方的原料附属国；十月革命消除了阶级剥削，从根本上塑造了俄罗斯的国家性，激发了俄罗斯和其他民族的伟大创造力，保证了苏联在社会主义建设道路上取得伟大的成就；十月革命的胜利对世界范围内的社会主义革命和民族解放运动高涨产生了巨大影响，向人类展示出全新的历史图景。[③] 来自世界各地的132个共产党、工人党和左翼组织的500多名代表参加了这次纪念活动，这在100年来尚属首次。而在俄罗斯，共计有百万民众参

---

① Литовские коммунисты: Борьба продолжается несмотря ни на что, https://comstol.info/2013/03/politika/6012.
② Революционная биография Компартии Литвы, http://skpkpss.ru/novosti-kpl-revolyucionnaya-biografiya-kompartii-litvy/.
③ 参见李亚洲《俄罗斯联邦共产党第十七次全国代表大会述评》，《当代世界社会主义问题》2017年第4期。

加了各地的纪念活动。①

2018年5月11—12日，俄共在莫斯科隆重举行了纪念马克思诞辰200周年的系列活动，来自中国、古巴、越南等38个国家的共产党和工人党代表参加了主题为"马克思的《资本论》及其对世界发展的影响"国际学术会议。久加诺夫发表重要讲话，就马克思对世界历史的影响与作用、马克思主义的当代价值、资本主义危机、中国特色社会主义的重大成就等问题进行了深刻的分析与阐述，有力回击了资本主义对马克思主义及科学社会主义的歪曲与诋毁。久加诺夫认为，今天，资本主义没有变得更公平和更友好。与旧时一样，资本主义让一小部分资产阶级变得极为富裕和强大，却迫害和折磨广大劳动人民。剥削从未消失，只是更为巧妙，而人类的生活需要转变。资本专政应该被劳动人民政权所代替。解放劳动力和解放人类是共产党人和所有进步力量的永恒的目标。②

此外，该地区共产党还举办了纪念恩格斯诞辰200周年、列宁诞辰150周年、卫国战争胜利75周年等重大历史纪念活动。

三 经验与启示

综观苏联解体30年来该地区共产党的发展演化过程，可以得出如下结论。

第一，共产党应不断加强党的建设以应对复杂的局势变化。苏联解体后，该地区的政治、经济与社会形势发生了剧烈变化。该地区共产党的发展演变与斗争实践证明，在意识形态多元化与多党竞争的条件下，共产党必须不断加强组织建设、思想建设、纪律建设和制度建设，才能在复杂局势中团结队伍、凝聚力量，防止党的分

---

① Руслан Тхагушев, Алексей Брагин. Юбилейный комитет продолжает работу, https://kprf.ru/party-live/cknews/170629.html.

② Зюганов Г. А. Карл Маркс：подвиг ученого и революционера//Правда. 15 – 16 мая 2018 г.

裂，有力应对各种突发事件和危机事件，不断提升政治影响力与战斗力。

第二，共产党应始终坚持马克思主义的指导思想地位，并根据国内外变化了的情况不断进行理论创新，推进马克思主义与时俱进。在意识形态斗争加剧和西方妖魔化共产主义的背景下，共产党在思想上坚持马克思主义、在信仰上坚定共产主义信念尤为重要。该地区个别共产党出于各种原因，更改党的名称，在意识形态上妥协退却，实际上放弃了共产主义理想目标，走上了民主社会主义道路。此外，用理论创新不断推进马克思主义与时俱进是共产党始终保持先进性的思想武器。苏联解体30年来，世界局势与两制格局发生了重大变化。资本主义生产方式与剥削方式发生了深刻变化，资本主义危机不断深化，世界社会主义运动开始走出低谷，"资强社弱"的格局正在发生改变。在这一背景下，共产党应运用辩证唯物主义与历史唯物主义，客观分析时局世情，科学研判世界发展趋势，加强对资本主义的批判，深化社会主义理论研究，积极探索资本主义制度替代的现实路径。

第三，共产党应始终代表人民群众的根本利益，与人民群众保持密切联系。共产党没有自己特殊的利益，必须始终把自己的利益与人民群众的利益紧密联系在一起。否则，共产党就无法引导群众为了自己的利益进行斗争，无法带领人民群众进行社会主义革命与建设。苏联解体后，在社会进行急剧转型的过程中，各种社会矛盾与问题凸显出来，这更加要求共产党深入群众，与群众建立起直接联系，深悉群众疾苦，解决群众所难。只有这样才能不断扩大自身影响力，让社会主义思想深入人心。近年来，俄共、白共等共产党不断强调要加强基层组织工作、完善群众工作方式，就是更加深刻地认识到，在议会道路框架内，共产党不能只专注于议会斗争而疏于巩固党的群众基础。始终代表群众的根本利益、与群众保持密切联系是共产党人克服一切困难的手段和走向胜利的依靠力量。

第四，共产党应加强团结与联合，才能遏制社会主义力量碎片化的消极趋势。原苏联地区共产党 30 年来的发展演变与分化组合证明，共产党的分裂无疑不利于制定统一的发展战略与策略，势必会从整体上削弱社会主义力量，不利于纲领目标的实现。共产党之间的相互攻击不仅会对党的形象与声誉造成负面影响，还可能被反对力量加以利用，进而分化瓦解社会主义力量。此外，资本主义日益深化的系统性危机必然引发越来越严重的社会问题，资本主义国家雇佣劳动者受奴役、受剥削程度及社会不平等程度也在加剧。因此，无论是在国内还是在国际层面，各国共产党只有联合起来，团结一切可以团结的力量，才能抵御资本的剥削。为此，俄共已经在国内着手组建一个广泛的左翼爱国人民阵线，白共中央委员会也提出了在白共意识形态的基础上建立统一的左翼中心的倡议。

今天，虽然原苏联地区的社会主义运动仍在低迷中徘徊，但是该地区的共产党组织并没有在困难与挑战面前停滞不前，它们不断总结苏联解体 30 年来该地区社会主义运动的经验教训，深化对资本主义的认识与批判，调整发展战略和活动方式，努力探索本国实现社会主义的道路，为推动世界社会主义运动向前发展提供了自己的独特经验与启示。

当前中东欧地区共产党的基本状况与目标任务[*]

李瑞琴

原东欧八国的共产党大多成立于20世纪一二十年代,曾有过辉煌的历史。1989年东欧各国共产党在改革中走向覆亡,留下深重、深刻、深远的警醒和启示。在苏联解体、东欧剧变后形成的中东欧16个国家中,重建和恢复的共产党和工人党,大多能够坚持马克思列宁主义,捍卫社会主义历史,但总体上少强多弱,仍在探索寻找走出低谷的道路,面临着捍卫历史和开拓新局面的压力与挑战。

一 各党重建、恢复并进入争取合法性、扩大影响力阶段

东欧剧变后原东欧各国共产党改旗易帜,其中大多数演化为社会民主党。一些国家的右翼、中右翼政党上台后,宣布共产党为非法政党,明令禁止共产党的活动。罗马尼亚是第一个禁止在其领土上提及共产党的国家。1992年,阿尔巴尼亚从法律上禁止共产党活动,禁止马克思列宁主义和种族主义政党的活动。1993年,匈牙利

---

[*] 原载《世界社会主义研究》2021年第10期。

禁止使用共产主义标识。拉脱维亚和立陶宛等国将苏联标识等同于纳粹标识。① 自2015年起乌克兰"禁止公开使用和宣传共产主义与共产主义政权的标识。共产党人受到极为恶劣的对待，苏联遗产被彻底否定"②。共产党人在艰难的处境下开展着党的重建和恢复工作。

2004年以来欧盟"爆炸式"东扩，东欧诸国大部分加入欧盟，这标志着东欧"苏维埃化"的终结。在中东欧融入欧洲的过程中，作为欧盟三大机构之一的欧洲议会数次通过反共决议。2009年4月2日，欧洲议会通过《关于欧洲意识和极权主义》的决议，呼吁承认"共产主义、纳粹主义是法西斯主义的共同遗产"，将共产主义与纳粹主义以及法西斯主义等同起来。2009年7月3日，欧安组织也通过《21世纪在欧安组织框架内保卫人权和自由》决议。③ 2019年9月19日，在第二次世界大战爆发80周年之际，欧洲议会又通过了《欧洲铭记历史对欧洲未来的重要性》决议，仍将共产主义等同于纳粹主义。该议案得到欧洲人民党、社会民主党、自由党、绿冠、保守党等政治团体的支持，以535票赞成、66票反对、52票弃权的结果通过。由此，一些国家使针对共产党的反动措施合法化。④ 欧洲议会持续发布相关反共决议，尤其对已加入欧盟的东欧国家的共产党和工人党的生存及发展影响很大，有些党甚至举步维艰。

在大环境不利的状况下，中东欧共产党和工人党努力完成重建和恢复工作，进入力争合法性、壮大影响力的阶段。各党明确以马

---

① Андрей Чистов,《Против национального духа》: как Европа запрещала коммунистов, 30 лет запретила Компартию//Газета. Ру, 12 Января 2020 г. назад Румыния.

② Страны, запретившие коммунистическую идеологию, http: //www. great-country. ru/rubrika_ articles/left_ front/00046. html.

③ Резолюция Европейского парламента от 2 апреля 2009 г. о европейском сознании и тоталитаризме, https: //ru. xcv. wiki/wiki/European_ Parliament_ resolution_ of_ 2_ April_ 2009_ on_ European_ conscience_ and_ totalitarianism.

④ Коммунистическиепартииобанти-оммунистическойрезолюцииЕвропарламента, http: //krasvremya. ru/kommunisticheskie-partii-ob-antikommunisticheskoj-rezolyucii-evroparlamenta/.

列主义为指导思想，主要战略目标是在后社会主义的地缘政治空间复兴社会主义、建立社会主义国家，在策略上寻求与世界各国"左翼中心"进行灵活合作。① 近年，一些共产党和工人党实现新发展和新突破。2018年7月，捷克和摩拉维亚共产党（以下简称捷摩共）通过对少数派政府的支持，成为捷克执政联盟的协议伙伴，结束了长达28年的反对党身份。匈牙利工人党于2018年12月8日召开了第二十七次代表大会。2019年10月，匈牙利工人党成员贾诺斯·古里亚斯（János Gulyás）在匈牙利地方政府选举中再次当选匈牙利布尔索德塔市市长，另有3名党员当选为市政代表。2019年7月21日，在波兰人民共和国成立75周年前夕，波兰共产党召开第五次代表大会，各地区党组织的几十名代表参加了会议。2015年2月14日，南斯拉夫新共产党通过党的最新章程。2016年6月27日，"罗马尼亚21世纪共产党"在本国司法部成功注册。② 保加利亚共产党于1996年成立后与保加利亚社会党结成政党联盟，影响力稳步提升，党的基层组织活跃在全国28个地区。1998年4月，阿尔巴尼亚解除禁止共产党活动的法案后，阿尔巴尼亚共产党成为第一个在选举委员会进行登记的政党。2006年，阿尔巴尼亚共产党召开统一大会，300名代表参会，海斯尼·米洛希（Hysni Milloshi）当选党的领导人。在2017年的议会选举中，该党获得1029票（0.07%）。③

东欧剧变后该地区共产党和工人党遭受毁灭性打击，党的重建、恢复和发展深受客观环境的制约。尽管如此，各党坚持理想信念，在恶劣环境下恢复、重建、坚守并努力寻求发展，是世界社会主义在低潮中奋进的重要象征。

---

① Добрицкий А. Коммунисты в современном мире, http://www.great-country.ru/rubrika_articles/left_front/00047.html.

② 参见李瑞琴《2019年原苏东地区共产党工人党的新态势与新动向》，《科学社会主义》2020年第3期。

③ Коммунистическая партия Албании（1991）-Communist Party of Albania（1991），https://wikichi.ru/wiki/Communist_Party_of_Albania_(1991).

二 反思建党百年历程，重温社会主义革命和建设的光荣

近年来，东欧共产党大多迎来建党百年的历史节点，各党回顾百年发展历程，重温社会主义革命和建设时期的光荣历史，表达了对世界社会主义前景的信心。

东欧剧变后的波兰共产党重建于 2002 年 7 月，是波兰唯一一个明确反对资本主义的政党。2018 年 12 月，在波兰共产党成立 100 周年之际，党的领导人发表长篇纪念文章指出，1918 年 12 月 16 日波兰共产党成立大会宣布"为实现社会主义制度而进行直接斗争的时代已经开始，社会革命的时代已经开始"[①]，重申在十月革命影响下波兰走上社会主义道路的过程中，波兰共产党发挥了历史性作用。

2021 年捷摩共在庆祝建党 100 周年之际，党的领导人发表纪念文章引用诺贝尔文学奖获得者、捷克诗人雅罗斯拉夫·塞弗尔特（Jaroslav Seifert）的话，称 1921 年 5 月 16 日这一天是一个"著名的日子"，指出捷克斯洛伐克自此建立了马克思主义政党，与社会民主主义划清了界限。1946 年，共产党赢得了选举，并领导捷克斯洛伐克逐步建立了一种全新的社会主义社会经济发展模式。1989 年社会主义的暂时失败导致资本主义复辟，但捷摩共仍在为实现社会主义而斗争[②]。

2021 年 5 月 8 日，罗马尼亚 21 世纪共产党主席康斯坦丁·克列楚（Constantin Cretu）发表文章纪念罗马尼亚共产党成立 100 周年，宣称罗马尼亚共产党曾在共产主义时期领导了罗马尼亚以最有

[①] Beata Karoń, "100. Rocznica powstania polskiej partii komunistyczne", https://kom-pol.org/2018/12/16/100-rocznica-powstania-polskiej-partii-komunistycznej/.

[②] "Prohlášení KS ČM k 100. výročí založení KSČ", https://www.kscm.cz/cs/aktualne/stano-viska/prohlaseni-kscm-k-100-vyroci-zalozeni-ksc.

效的方式利用国家的物力和人力资源，在经济和社会领域取得了千年历史中的最高成就。1989年4月，罗马尼亚成为世界上唯一没有外债的国家。21世纪，罗马尼亚共产党对内支持能够保持国家平衡发展的混合市场经济，对外支持延续罗马尼亚人民与世界各国人民的传统友谊，延续与友好国家的战略合作传统，在黑海和巴尔干半岛采取积极、中立和无核化政策。①

2018年11月23日，匈牙利工人党主席久洛（Thürmer Gyula）发表文章《社会主义思想所向披靡》庆祝建党百年。久洛在文章中说，历史证明，社会主义不仅是一个伟大的梦想，还是一条可行的发展道路。只有社会主义才能将人类从资本主义危机中拯救出来。匈牙利第一代共产党人为了实现理想新世界，被非法监禁、遭受酷刑甚至英勇牺牲。当代匈牙利工人党的一项重要工作是促使新一代共产党人铭记英烈，坚守党的目标和理想。②

南斯拉夫新共产党于1990年7月30日成立，其成立宣言指出，党是前南土地上社会主义运动和共产主义运动中一切有价值的思想和传统的继承者与体现者。2019年逢南斯拉夫共产党建党百年，南斯拉夫新共产党党刊《新共产党员》出版专刊，纪念几个伟大的纪念日——南斯拉夫社会主义工人党建党100周年、共产国际成立100周年、塞尔维亚及其他地区解放75周年。③

南斯拉夫解体后，在前南土地上，还出现了克罗地亚社会主义工人党、塞尔维亚共产党人党等共产主义政党。塞尔维亚共产党人党成立于2008年4月19日，是主张恢复南斯拉夫的革命性马列主义政党。在南斯拉夫共产党成立百年之际，塞尔维亚共产党表示，

---

① Constantin Cretu, "Centenarul Partidului Comunist Roman", http://pcr.info.ro/articole/centenarul-partidului-comunist-roman/.

② A szocializmus eszméje legy özhetetlen, https://regihonlapunk.munkaspart.hu/balszemmel/3222-a-szocializmus-eszemeje-legyozhetetlen.html.

③ "Iz štampe izašao 8. broj 'Novog komunista'" https://nkpj.org.rs/2020/03/13/iz-stampe-izasao-8-broj-novog-lcomunista/.

无论面临什么样的巨大挑战，党都将忠实于革命性马列主义的原则和理想。① 克罗地亚社会主义工人党成立于 1997 年 10 月 25 日，1998 年 2 月注册成功，倡导社会主义，宣称是政治和行动统一的现代左翼政党。

中东欧地区恢复和重建的共产党和工人党能够继承党的百年光荣传统，坚守百年建党的信念目标，显示了 20 世纪波澜壮阔的世界社会主义运动的持久影响力和真理性实践光辉。尊重历史、铭记历史，缅怀党历经艰难、领导社会主义革命和建设而终成伟业的光荣，是各党重新出发的起点、动力和源泉。

三　寻求符合时代特点的活动方式展示影响力

重建后的中东欧共产党和工人党都放弃了武装斗争、暴力革命，力求通过合法途径开展活动，走议会道路。各党扩大影响、积蓄力量的主要措施，一是建立党的官方网站，有条件的党出版发行报纸书籍，利用媒体展示影响力；二是积极参加世界共产党工人党等左翼组织召开的国际论坛及各项活动，发布共同声明，寻求力量联合；三是关注世界热点问题和世界社会主义运动的发展，在重大问题上及时发声、表明态度、展示形象。各党活动方式呈现出鲜明的时代特点。

各党的官方网站是与世界各国共产党交流互动的平台。网络平台对于信息资讯传播的即时性、有效性，对于各党活动和工作的开展，有着重要推动作用。波兰共产党、匈牙利工人党、南斯拉夫新共产党、捷摩共等政党的官方网站，开设了多个栏目，有着丰富的资讯。网站内容更新快、信息量大，能够全面充分反映党的各项活动及国内外热点问题。对世界社会主义历史进程中的重大事件、重

---

① "Velika godišnjica partije", http://www.komunistisrbije.rs/velika-godisnjica-partije/.

大历史节点、重要纪念日，网站都发布了相关纪念文章与活动信息。

捷摩共中央委员会副主席斯坦尼斯拉夫·格罗斯皮克（Stanislav Grospic）近期发表的理论文章《作为世界发展进程的社会主义》，从历史与现实的双重维度探讨了世界社会主义的未来。文章运用马克思主义的阶级分析方法，考察当代世界的各种矛盾，强调当今世界还处于从资本主义向共产主义过渡的时期，共产主义运动仍然是人类社会发展最具普遍性的方向。文章认为，从1917年俄国十月革命开始，整个21世纪甚至更长时期都将处于过渡时期。马克思主义及其劳动价值理论仍然具有现实意义。2008年在多数西方国家爆发的金融经济危机是马克思所揭示的资本主义基本矛盾在当代世界的新表现，金融资本的统治和金融寡头的掠夺是当今资本主义危机的主要根源。[1] 斯坦尼斯拉夫·格罗斯皮克的文章阐释了马克思主义的当代价值，具有重要理论意义和现实意义。文章刊登在捷摩共官方网站上，供全党学习探讨，也受到其他国家共产党人的关注。

2021年5月9日，波兰共产党官网刊登了纪念刚果前总理帕特里斯·卢蒙巴（Patrice Lumumba）的文章，认为卢蒙巴是刚果民族解放运动的战士，领导了1959年1月爆发的刚果人民反对比利时统治的民族独立斗争，将刚果从比利时的殖民统治下解放出来，并赢得了民主选举。[2] 波共在党的网站上介绍重要历史人物，并给予引导性评价，对于加强党的思想教育、提升党员的历史视野有积极意义。

2021年5月10日，波兰共产党网站刊登题为《苏联解体违背

---

[1] Stanislav rospic, "místop ředseda ÚV KS ČM, Vyvoj socialismu jako celosvětovy process", https://www.kscm.cz/cs/aktualne/medialni-vystupy/komentare/vyvoj-socialismu-jako-celosvetovy-proces.

[2] "Wyklęty bojownik o wolnoścкonga", https://kom-pol.org/2021/05/09/wyklety-bojownik-o-wolnosc-konga/.

了公民意愿》的短评，指出30年前苏联民众明确表达了希望保留社会主义制度的愿望，但包括戈尔巴乔夫和一些加盟共和国领导人在内的部分苏共党内官僚，违背苏联民众意愿，自上而下恢复了资本主义。① 波兰共产党通过回顾和评价苏联解体这一重大历史事件，表达了其关于苏联解体原因的明确立场。目前波兰共产党尚处在争取合法性阶段，在有限的活动方式下，努力开展工作、铭记历史、坚定信心，极大鼓舞了中东欧共产党的斗争精神。

2021年5月28日，匈牙利工人党官方网站以图文并茂的鲜活形式刊登了一则消息：5月27日，中国共产党在成立100周年之际举办了世界马克思主义政党理论研讨会，来自古巴、越南、老挝、俄罗斯等几十个国家的代表通过视频参加了会议，中共中央总书记习近平发来贺信对会议表示祝贺。匈牙利工人党代表也参加了此次活动。文章评论说，战争爆发的危险性增大和新冠疫情的扩散表明，当前资本主义世界正处于严重的危机之中，未来世界需要一个不受金钱驱动的社会。党的网站及时刊登国外共产党的动态，并强调在新的形势下运用和发展马克思主义的客观指向，内容新颖鲜活，吸引了国内外的关注。

加强国际联系，展示世界共产党和工人党的整体力量，也是中东欧各党的重要活动内容。1998—2019年，世界共产党和工人党国际会议已经召开21届（2020年后因新冠疫情在全球暴发，会议暂停举办），中东欧地区相关各党积极参加历次会议。会议共同发布的联合声明，成为中东欧共产党工人党发出声音、表达立场、彰显影响、鼓舞斗志的重要方式。

2020年3月30日，世界共产党和工人党就全球蔓延的新冠疫情发表题为《立即采取措施保护人民的健康和权利》的联合声明。声明说，向那些受影响最深的国家、团结行动的国家致敬。中国、

---

① "Upadek ZSRR wbrew woli obywateli", https://kom-pol.org/2021/05/10/upadek-zsrr-wbrew-woli-obywateli/.

古巴和俄罗斯等国携带医疗防护资源、派遣卫生专业人员支援疫情严重的国家，这些行动与欧盟的缺席形成鲜明对比。新冠病毒大流行揭示了资本主义的反社会性和寄生性，凸显基于大众需求的社会主义中央计划的优越性、科学性和及时性。社会主义能够确保民众的基础性医疗保健，使医院、医护人员、医学、实验室、体检能够满足人们日常和紧急情况下的基本需求。① 联合声明分析并揭示了两种社会制度应对全球性公共卫生危机的高下优劣，明确立场和态度，有助于凝聚、统一世界共产党工人党的思想，鼓舞中东欧地区各党团结战胜疫情的信心。

2020年9月29日，针对一些国家散布新型冠状病毒源于生物实验室泄漏、将新型冠状病毒溯源问题政治化等行径，各国共产党和工人党针锋相对，发表《反对生物武器扩散和关闭美国在世界各地的军事生物实验室》的联合声明。声明指出，在美国五角大楼的主导下，全世界已经建立了1495个实验室，这些实验室不向其实验室所在国的政府负责，其活动也不透明，这都引起了世界人民的关注，共产党和工人党坚决反对这些反人类行为。②

阿尔巴尼亚共产党、保加利亚共产党人党、克罗地亚社会主义工人党、捷摩共、匈牙利工人党、拉脱维亚社会党、马其顿共产党、波兰共产党、罗马尼亚社会党、南斯拉夫新共产党、塞尔维亚共产党人党、斯洛伐克共产党、保加利亚共产主义联盟等政党，共同签署发布了上述各类联合声明，一些党还牵头发布针对具体热点问题的声明，各党的官方网站也第一时间刊登了共产党和工人党的联合声明。

---

① CP of Greece, "Joint Statement of Communist & Workers Parties: Immediate Measures to Protect the Health and Rights of the Peoples", http://solidnet.org/article/CP-of-Greece-Joint-Statement-of-Communist-Workers-Parties-Immediate-measures-to-protect-the-health-and-rights-of-the-peoples/.

② SM of Kazakhstan, "Joint Statement against the Proliferation of Biological Weapons and for the Closure of US Military Biological Laboratories around the World", http://solidnet.org/article/SM-of-Kazakhstan-Joint-statement-against-the-proliferation-of-biological-weapons-and-for-the-closure-of-US-military-biological-laboratories-around-the-world/.

此外，中东欧国家共产党还积极加强地区性联系与合作。比如，部分中东欧国家共产党参加了2013年10月成立由希腊共产党牵头的欧洲共产党和工人党"倡议"。2020年5月10日，"倡议"举行了主题为"疫情大流行和资本主义新危机"的视频会议。与会代表交流了新冠疫情引发的资本主义危机的情况，分享了各自国家在当前形势下进行阶级斗争的特点和经验。与会者强调，新冠疫情暴露了资本主义国家在公共卫生领域的重大缺陷，认为对地球最危险的病毒是资本主义。[①]"倡议"不定期举行论坛，动态性强，在一些重大问题上可及时交流观点，对于中东欧各共产党尤其是弱党小党有一定的凝聚作用。

中东欧各国共产党参加各类国际会议和组织，是世界社会主义尚处在低潮时期开展活动的必要途径和选择，一些弱党小党通过积极参与国际会议获得力量与信心。由于该地区大多数共产党没能进入议会，党的精力主要放在为弱势群体代言、组织工会和工人运动等方面。未来，力争获得合法身份、进入议会、通过各种合法途径进一步扩大影响力，是各党的主要任务，也是发展必经的艰难曲折之路。

四　捍卫世界社会主义历史、反对霸权主义任务艰巨

对20世纪世界社会主义的历史虚无主义做法是苏联解体、东欧剧变以来西方在持续的意识形态斗争中采取的重要手段之一。在不利的形势下，各国共产党和工人党唯有努力发声、揭示真相，才能尽量还原历史本来面貌。目前，各国共产党面临着捍卫20世纪社会主义历史的艰巨任务，正在坚决同反共主义歪曲20世纪社会主义历史、诋毁本国社会主义建设历史、共产党领袖的各种现象作

---

① Коммунисты Европы провели конференцию по пандемии COVID‑19, https://www.rotfront.su/kommunisty-evropy-proveli-konferents/.

斗争。各党力量弱小，但勇敢发声、坚持立场，是21世纪世界社会主义运动的亮点。

2019年，前捷克斯洛伐克社会主义共和国总统、捷共中央总书记古斯塔夫·胡萨克（Gustav Husák）在斯洛伐克官方机构主办的"最伟大的斯洛伐克人"公众投票活动中进入前十位。2021年2月21日，斯洛伐克公共电视台在相关节目中虚无捷克斯洛伐克社会主义革命和建设历史，把胡萨克作为国家和民族的反面人物加以介绍。此举引起斯洛伐克共产党的强烈反对，党的理论工作者立即发表题为《对历史的严重歪曲仍在继续》一文进行批驳。文章揭露斯洛伐克电视台故意播放与历史事实完全相悖的影像资料，将胡萨克描绘成一个自私、残酷、不道德并渴望权力的人，一个"犯罪"组织（共产党）的领导人，污蔑胡萨克为得到索科尔（Jan Sokol）大主教的最后恩膏和赦免，在临终前准备了一份"投机"声明。这是纯粹的谎言，胡萨克的亲人已经多次予以澄清。文章还指出，胡萨克是斯洛伐克反法西斯主义运动、斯洛伐克民族起义的主要组织者之一。在第二次世界大战中，斯洛伐克跻身于反法西斯主义斗争的胜利国之列，对斯洛伐克民族的未来产生了决定性影响。胡萨克时代并非完美无缺，但胡萨克以高超的才智、毕生的行动，冒着生命危险努力在艰难的冷战中维护、捍卫和发展国家。胡萨克在众多重要历史人物中脱颖而出，他为民族解放斗争所作的传奇般的贡献赢得了民心。胡萨克是共产主义和社会主义思想的忠实拥护者，在1989年11月的政变之后，胡萨克依然坚持信仰并致力于实现社会主义。[1] 文章以历史事实为论据，清晰有力、掷地有声地批驳了历史虚无主义，为党的领袖挽回了声誉，也有助于广大斯洛伐克民众，尤其是青年了解历史真相，具有很强的现实意义。

2019年12月4日，在北约成立70年时，南斯拉夫新共产党以

---

[1] "Jozef Hrdlička, Hrubá a primitívna deformácia dejín pokračuje", http://kss.sk/hruba-a-primitivna-deformacia-dejin-pokracuje.

《北约是和平与进步的敌人》为题发表声明，揭露北约自1949年成立以来就成为反共主义的总部之一，发动了数次对世界各国包括其成员国的共产主义者的犯罪性袭击，目的是阻止工人阶级崛起。近年来，北约在南斯拉夫、阿富汗、伊拉克、叙利亚和利比亚的帝国主义战争中尽显杀戮作用，并干预非洲和其他地区，将军事基地扩展到巴尔干半岛和中东欧，在欧洲建立与核武器储存相关的基础设施。这表明，北约是人类和平与进步的敌人。塞尔维亚人民永远不会忘记1999年北约轰炸南联盟的灾难性后果：包括70名儿童在内的3000多名平民被北约炸弹炸死，10000多人受伤。为了没有北约的世界，为了和平、团结和进步的世界，要加强反对帝国主义的斗争，加强反对欧盟、反对北约和一切帝国主义同盟的斗争，结束滋生战争、危机、难民和剥削的制度。① 南斯拉夫新共产党的声明表达了深受霸权主义之害的人民的心声。

2020年11月5日，捷摩共发表声明强烈反对美国、保加利亚、捷克、爱沙尼亚、匈牙利、拉脱维亚、立陶宛、波兰、罗马尼亚、斯洛伐克等国外交部部长签署的关于第二次世界大战"欧洲胜利日"75周年的声明。捷摩共指出，虽然该声明向战争中所有遇难者和所有与纳粹德国作战、为结束大屠杀作出贡献的军人致敬，却将纳粹占领时期与所谓的"苏联奴役"时期及1945年之后的时期相提并论。捷摩共表示坚决拒绝这种具有别有目的的政治性、高度倾向性和亲美的声明，拒绝将苏联与纳粹德国等同，拒绝改写历史。捷摩共要求捷克外交部解释共同签署这份有辱人格的声明的原因，并立即撤回。②

抹杀共产党领导的人民革命在20世纪反法西斯主义战争和民

---

① "On 70th Birthday of NATO：NATO is Enemy of Peace and Progress"，https：//nkpj.org.rs/2020/03/14/% d0% ben-70th-birthday-of-nato-nato-is-enemy-of-peace-and-progress/.

② "Prohlášení ministrů zahraničních věcí k 75. výročí konce II. světové války"，https：//www.kscm.cz/cs/aktualne/medialni-vystupy/tiskove-zpravy/prohlaseni-ministru-zahranicnich-veci-k-75-vyroci-konce-ii.

族解放运动中的历史性作用、妖魔化共产党领导人是西方历史虚无主义的惯常表现。通过法律手段诋毁、抹黑社会主义历史，是西方反共势力活动的新表现。捍卫20世纪世界社会主义历史，坚持社会主义理想和目标，是中东欧地区各国共产党的一项重要、艰巨和长期的任务。

五 关注21世纪世界社会主义新进展

中东欧地区各国共产党和工人党关注21世纪世界社会主义新进展的内容呈现历史与现实双重主线，既尊重、延续社会主义革命和建设的历史，又着眼于21世纪当代社会主义理论与实践，尤其对中国特色社会主义事业的发展给予了重点关注。

2020年10月30日，波兰共产党网站刊登中国共产党十九届五中全会的消息，以《中国共产党主要会议制定了中国现代化的十五年路线图》为题，强调中国共产党为未来十五年的中国发展指明了方向，指导中国迈向现代化。[1] 其他共产党官网也第一时间刊登了相关消息。匈牙利工人党关注2021年的中国两会，在党的网站上刊登了人民大会堂召开两会的大幅照片，并配以文字说明："中国在今年的国家会议上宣布，2020年中国GDP增长率为2.3%. 这意味着在2020年年底，中国经济已经走出了春季以来的严重低迷状态。相比之下，美国的GDP增长率为 -3.5%，德国为 -5%，法国为 -9%。"[2] 该篇文章以与西方经济进行对比的方式，肯定了中国抗击疫情、复苏经济的重大成就。

匈牙利工人党官网的另一篇消息报道，中国政府宣布2020年

---

[1] CP of China, "Key CPC Session Draws 15-year Roadmap for China's Modernization", http://solidnet.org/article/CP-of-China-Key-CPC-session-draws-15-year-roadmap-for-Chinas-modernization/.

[2] "Mir ől is kiabál akkor a nyugat?", https://munkaspart.hu/mi-ti-2/5465-mirol-is-kiabal-akkor-a-nyugat.

中国已建成71.8万个5G通信基站，五年内将实现5G网络全国覆盖。而根据瑞典的调查，西欧在未来五年的5G供应量将达到55%，东欧将达到27%。中国在5G方面正获得巨大优势。① 在新的时代中国特色社会主义以实践效果呈现出社会制度的优越性，鼓舞了世界共产党人。保加利亚共产党第一书记亚历山大·保诺夫（Aleksander Faunov）曾四次到访中国，他把中国快速发生的巨大变化称为"中国奇迹"，认为中国道路是中国共产党在动态变化的世界中找到的适合中国发展的独特模式。"一个国家最大的财富是人民"，正是由于中国共产党始终把人民放在心里，才使中国人民能够高效地团结起来，朝着同一个目标前进，有效控制疫情。② 保诺夫钦佩中国有计划地、不屈不挠地、诚心诚意地把每一项成就落到实处的能力，认为中共中央总书记习近平提出的人类命运共同体理念，独创不同民族、国家和文明共存的思想，为世界带来了希望。构建人类命运共同体，同时保持多样性和团结，是一项艰巨复杂的任务，需要高度政治责任感。各国共产党都应认真学习研究，促进国际多边合作，分享好的做法，把这些宝贵经验系统性地转化为政治决策。③ 保诺夫多次来华考察后的感受是亲历者和见证者得出的深刻结论，也将坚定保加利亚共产党对社会主义的信心。

南斯拉夫新共产党总书记亚历山大·班贾纳克（Aleksandar Banjanac）针对本国抗击疫情的艰难过程谈到，新型冠状病毒的流行已深深影响了塞尔维亚的社会和经济，显示了当今社会面临的所有不公正和令人沮丧的局面。如果疫情初始没有中国的帮助，结果

---

① "5G-Kína behozhatatlan előnyben", https://munkaspart.hu/mi-ti-2/5473-5g-kina-behozhatatlan-elonyben.

② 参见孙毅飞《全球连线：我相信未来"中国奇迹"还将不断刷新——保加利亚共产党第一书记保诺夫谈中共执政和中国发展成就》，http://www.xinhuanet.com/2021-04/30/c_1127395527.htm.

③ 参见《专访保加利亚共产党第一书记亚历山大·保诺夫："中共一百年是一堂恢弘历史课"》，《参考消息》2021年5月7日。

将是灾难性的。① 2021年4月，南斯拉夫新共产党和南共青联盟建议在贝尔格莱德友谊公园竖立中国国家主席习近平的半身像，以此庄重方式向中国人民及其领导人致以崇高的敬意，感谢中国在抗击疫情方面给予塞尔维亚的巨大帮助和贡献。南斯拉夫新共产党表示，自疫情发生以来，这个友好的国家就一直与塞尔维亚站在一起，多次给予医疗援助，提供了最多数量的疫苗。2021年是中国共产党建党100周年，塞尔维亚人民将习近平主席和中国共产党视为真诚的朋友，也将以这种方式庆祝中国共产党的百年诞辰。② 2021年5月18日，作为宣传活动，习近平大幅半身彩色像悬挂在贝尔格莱德大街多处。③ 南斯拉夫新共产党基于两国的传统友谊，基于中国对塞尔维亚的无私援助，基于对霸权主义的共同仇恨，以在自己国家竖立中国国家主席习近平半身塑像的方式，表达超越时空、跨越历史与未来的中塞友情，表达对中国共产党百年的衷心祝愿，对中国人民的由衷感激，对习近平主席的尊重和敬意。站在更高远的视域看，这也是21世纪世界社会主义力量不断壮大的新表现。

六 主要挑战与前景趋势

目前，中东欧地区的共产党和工人党尚处在努力生存、尽量发展、力争扩大国内外影响力，将当前目标与长远任务相结合，寻求通过合法途径参政议政的过程中。在不利的客观环境下，各党振兴社会主义的道路漫长而艰巨，必须克服当下面临的各种困难与

---

① "Aleksandar Banjanac Interview with the General Secretary of the New Communist Party of Yugoslavia", https：//nkpj. org. rs/2020/08/15/eng-fr-interview-with-the-general-secretary-of-the-new-communist-party-of-yugoslavia-aleksandar- banjanac/.

② "Nkpj predala zahtev vu či ću za podizanje biste si đinpingu", http：//nkpj. org. rs/2021/04/23/nkpj-predala-zahtev-vucicu-za-podizanje-biste-si-dinpingu/.

③ "Bilbordi inicijative za postavljanje biste predsedniku nr kine", https：//nkpj. org. rs/2021/05/18/bilbordi-inicijative-za- postavljanje-biste-predsedniku-nr-kine/.

挑战。

第一，丧失了执政地位的共产党，开展工作困难重重，发出的声音微弱，政治影响力有限。中东欧各国共产党基本都认为自己是百年共产党的历史继承者，充分肯定党的百年历史于国家和民族发展的重要影响和作用；各党努力开展工作，努力唤起民众，为弱势群体发声代言，揭露资本主义的固有矛盾弊病；坚持马克思主义政党的群众性和实践性，以马克思主义的立场观点方法分析问题，追求社会公平正义。但作为在野党，尤其是背负着沉重历史遗产的共产党，怎样克服时局的限制和约束，破除历史和现实多重发展瓶颈，是眼下面临的重大困难。

第二，主要活动方式单一、有限。该地区共产党虽然根据形势的变化选择以和平方式走向社会主义，但在议会道路上面临重重困难。中东欧各共产党和工人党大部分没有进入议会，有的还在努力争取合法性地位。除个别党外，进入议会的共产党影响力有限。各党要发展壮大、获得政权，如何突破狭窄的途径选择，扩大群众基础、社会基础，增加议会选举竞争力，是其发展的重大挑战。

第三，生存环境复杂，发展条件将长期受到限制和束缚。中东欧在地缘政治上处于重要位置，各种思潮观点、思想意识云集渗入。原东欧八个社会主义国家一直是西方和平演变社会主义的前沿阵地，西方长期的意识形态渗透积累了东欧剧变的形势。当前，须同各种非马克思主义思潮进行长期斗争，这是该地区共产党不可避免的现实任务。

第四，共产党频繁更改名称，说明党缺乏统一、团结、稳定发展的基本条件。在苏联解体、东欧剧变前，中东欧各党名称不尽相同，有共产党、工人党、劳动党等。东欧剧变后重建、恢复的党组织也多次更改名称。党的名称的更改，意味着党的性质、重要观点、政治含义发生演变。有的是因在国内外不利的大背景下，争取获得合法注册的权宜需要。有的是因为党内思想不统一、对世界社会主义历史中重大事件的评价有分歧、党的领导集体矛盾激化而引起的。同时，随着党的组织分化、分裂等，党的整体力量被削弱，有的党还因此解散、重组，党的组织机构遭重创，损失极大。各党需要稳定发展，行稳才能致远。

第五，顺应时代变化、时代发展和时代潮流，及时呼应民众的新需求、新愿景，巩固扩大社会基础、群众基础，是该地区共产党发展需正视的基本任务，也是需要突破、创新的时代任务。在新的形势和条件下，各党也在探索密切与群众联系的新方式。如捷摩共中央委员会副主席斯坦尼斯拉夫·格罗斯皮克认为，毋庸置疑，在社会大变革时期，共产党需要更多地了解群众的思想和需要，还要思考需要做些什么才能在新的时代条件下使群众掌握有效的斗争方式和方法，成为国家民主力量的排头兵。对于党的领导者来说，具备较高的理论水平、革命决心和胆识，重视党和人民的密切联系，善于学习历史经验，都是必要和必需的。①

第六，立足当前，着眼未来。如捷克左翼研究所学术委员会主席认为，重视年青一代的发展和成长，以清晰易懂的社会愿景关注、培养年青一代非常重要。所有政党和活动都需要不断教育年轻党员和支持者，在党的工作和国家行政管理层面进行经验传送，在新的形势下促进社会主义理想的存续和发展。②

---

① "úloha vůdce revoluce v dějinách strany a národa"，https：//www.kscm.cz/cs/aktualne/proti-prepisovani-dejin/uloha-vudce-revoluce-v-dejinach-strany-nanoda.

② "Doba je dnes určována kognitivním kapitalismem"，https：//institutcl.cz/blog/2021/05/31/rozhovor_campbell/.

当今国外共产党发展新态势[*]

柴尚金

当今世界上的共产党主要有三大部分：一是中国、越南、朝鲜、老挝和古巴五国执政的共产党，二是欧美等发达国家的共产党，三是亚非拉众多发展中国家的共产党。囿于不同国情和发展阶段，他们在政策主张、斗争方式和依靠力量等方面都表现出复杂情况。随着西方发达国家资本主义制度所固有的弊端日益暴露和中国特色社会主义制度优势越来越凸显，各国共产党和左翼力量的发展变化呈现出新的特点，他们对引领世界社会主义发展方向，凝聚各种反资本主义政治力量都产生了可替代的作用。

一 执政共产党的"战略共同体"意识不断增强

作为政治制度相同、发展道路相近的社会主义国家，党和国家的前途命运紧密相连，维护共产党执政地位、确保国家政治安全、加快经济发展，仍是现存社会主义国家当今面临的共性问题和头等大事。越南共产党大力进行反腐败斗争，净化党内政治生态，巩固党的领导地位。2021年1月越共举行十三大，重申越共在越南政治体系中的领导地位和作用，提出要在党和国家一切工作中始终坚持

---

[*] 原载《世界社会主义研究动态》2021年10月21日。

"民本"思想，发挥人民当家作主权，信任和尊重人民群众，坚持共产党领导和社会主义道路不改向。越共十三大正式提出两个百年目标，到2030年建党100周年时建成具有现代工业、中等偏上收入的发展中国家，到2045年建国100周年时建成以社会主义为定向的高收入发达国家。近年，朝鲜劳动党加强各级党组织建设，特别重视发挥基层支部的堡垒作用。2021年1月召开的朝鲜劳动党第八次全国代表大会，将"人民大众第一主义"作为党的政治理念，认为这是朝鲜劳动党始终坚持的使命和任务。金正恩还强调要"以党治国"，要求全党全国人民绝对拥护党中央权威，紧扣党中央唯一领导体系的工作主线。同时，加强党的建设工作，改进党的工作体系和方法，建立新的党内纪检体系，严格党的纪律，根除党内官僚主义和贪污腐败现象。近年，朝鲜将外部压力转化为内部动力，集中力量抓民生，维护社会稳定。继续推进经济调整，重点发展农业以保证人民粮食稳定供应，同时推行房地产市场化模式，允许住宅使用权进入市场进行交易，解决人民住房问题。老挝党于2021年1月召开十一大，大会主题是"深入贯彻革新路线，促进团结和谐，确保政治稳定，推动经济社会发展方式转变，不断提高人民生活水平，领导国家朝着社会主义目标稳步前进"。按照十一大确定的政治路线，老挝党将继续加强党的自身建设，不断提高党员干部素质，保持干部队伍清正廉洁，为老挝经济社会发展注入新的活力。2021年4月16—19日，古共召开八大，迪亚斯-卡内尔当选为古共中央第一书记。大会强调，古巴正处在社会主义建设历史阶段，主要任务是建设主权完整、独立民主、繁荣可持续的社会主义，继续坚持卡斯特罗时代的路线方针政策。

在当前国际格局深刻演变、世界社会主义发展面临新机遇新挑战背景下，坚持共产党领导和社会主义道路、打造社会主义国家战略共同体，是现存社会主义国家最大的利益交汇点。朝鲜劳动党召开八大，中共致电祝贺，朝鲜劳动党以八大名义复电中共中央，称朝中关系是以社会主义为核心的友好关系。2021年7月11日，朝鲜劳动党中央机关报《劳动新闻》为纪念《中朝友好合作互助条约》签订60周年刊发评论文章，称朝中友谊在社会主义之路上不断强化，朝鲜人民对于中国人民在社会主义建设中取得的一切成果就像自己的事一样感到高兴，继续大力加强和发展以社会主义为核心的朝中友好关系，是朝鲜党和政府坚定不移的立场。在新冠肺炎病毒给各国带来巨大威胁时，美国无视联合国和世界卫生组织的呼吁，趁机加大制裁封锁朝鲜、古巴、委内瑞拉等国，加重了无辜平民的苦难和人道主义危机。特朗普在自己即将下台之际，竟不忘将古巴列入支持恐怖主义黑名单，延长《对敌国贸易法》框架下对古制裁有效期，强化对古制裁，阻止古巴进口石油，切断古巴医疗服务输出、旅游和侨汇等主要创汇来源，使新冠疫情下的古巴雪上加霜。古巴长期受美国制裁和封锁，经济民生陷入困境。自1992年至今，联合国大会已经29次高票通过解除美国对古巴制裁的决议，"一直以来，中国共产党都坚定支持古巴，反对美国对古巴实施的经济、商业和金融封锁。支持古巴人民反对美国干涉和制裁的正义斗争"。随着中国日益走近世界舞台中央，中国作为世界社会主义运动定盘星和压舱石的作用更加突出，中国倡导的构建人类命运共同体理念得到越来越多国家的认同。越共中央总书记阮富仲称习近平提出的构建人类命运共同体主张，体现了中国的全球视野和大国担当。古巴赞赏中国提出的构建人类命运共同体的理念，强调古巴坚持在和平、正义、关注人类命运、尊重人民自主权原则的基础上发展对外关系。2021年7月，越共中央总书记阮富仲、古共中央第一书记迪亚斯-卡内尔应邀出席中国共产党与世界政党峰会，他们在峰会上致辞表示，"中国共产党坚持以人民为中心的发展思想为世界提供重要启示和借鉴，愿与中国共产党加强交流合作，携手建设一个更加美好的世界。"

社会主义作为一种超越资本主义的先进思想，它所追求的消灭剥削、实现社会公正平等、实现每个人自由而全面的发展，实现人类彻底解放，从必然王国和自由王国的飞跃等理念和价值，永远占据人类道义的制高点，这是社会主义具有不可遏止的吸引力的根本原因。尽管今天的社会主义各具特色，各国改革进程和经济发展水平不一样，但都有相似的价值目标和经济社会基础。共产党执政国家理想信念相通、发展道路相近、前途命运相关，打造社会主义国家命运共同体已经成为共识。老挝是最早认同我国构建命运共同体的周边国家，近年两国领导人就命运共同体进行了深入沟通并达成共识，将中老具有战略意义的命运共同体的表述写入联合声明。近年来，受新冠疫情影响，世界共产党和工人党国际会议没能如期举行，共产党之间直接交往受阻。但中共与越共、古共、朝鲜劳动党、老挝人革党之间云端交流不断，执政党相互开展治国理政经验交流，进一步提升了相互之间在政治、经贸、投资、文化、教育培训、卫生、科技等领域的合作成效，密切了社会主义国家之间传统友谊。

二 发展中国家共产党恢复活力

在世界现存的一百多个共产党中，发展中国家占了大多数，其中不乏像印度共产党（1920年）、南非共产党（1921年）、阿根廷共产党（1918年）、智利共产党（前身是1912年成立的智利社会主义工人党，1922年1月将党名改为智利共产党）、巴西共产党（1922年）、墨西哥共产党（1919年）、保加利亚共产党（1919年）、埃及共产党（1919年）、伊朗共产党（1919年）、巴勒斯坦共产党（1919年）这样的百年老党。在经过20世纪90年代初一段时间的组织分裂和思想混乱后，发展中国家共产党大部分党的力量基本保存下来。南非、南美、南亚国家的共产党开展社会主义斗争取得一定成就，有的国家甚至出现了共产党通过议会斗争上台执政的现象。目前，亚非拉发展中国家许多共产党在探索本国社会主义的斗争中积极作为，呈现良好的发展势头。

南亚是共产党和左翼政党比较活跃的地区之一。近年来，印度、孟加拉国、尼泊尔、斯里兰卡等国的共产主义力量出现一些新变化。印度共产党（马克思主义）虽失去在印度西孟加拉邦和喀拉拉邦的执政地位，在印度人民院的议席减少，但党员人数不减反增，已突破100万，是世界上党员人数最多的非执政共产党。印共（马）还领导着拥有人数达几千万的工会、农民协会、青年和学生联合会、妇女联合会等群众组织。印度另一个力量较大的共产党是印度共产党，现有党员65万人，也领导一批群众团体组织。印共（马）同印度共产党、印度共产党（马列）、印度前进同盟、革命社会党等左翼政党组成左翼阵线，共同开展反对资本主义的斗争。孟加拉国共产党与印度共产党同根同源，印巴分治后，印度共产党于1948年2月召开全国第二次代表大会，决定组建巴基斯坦共产党。1948年3月，巴基斯坦共产党在东、西巴基斯坦分别建立党中央，独立进行地下活动。1971年孟加拉国独立后，东巴基斯坦的共产党地区组织改名为孟加拉国共产党。不久，孟加拉国共产党内部分裂出多个派别组织，其中，坚持马克思列宁主义和共产主义信仰的一派以孟加拉共产党（马克思列宁主义）自称。目前，孟加拉共产党（马克思列宁主义）积极参与左翼进步活动，捍卫劳动人民利益。2021年7月，该党总书记巴鲁阿在中国共产党与世界政党领导人峰会上作了书面发言，称赞中国共产党百年来取得的辉煌成就。孟加拉国工人党于1980年由孟加拉国工人党（列宁主义）、革命共产主义同盟和 Majdur 党合并成立的，自称是工人阶级政党，代表工人和农民利益，信仰马列主义。他主张通过工人和农民阶级运动来扩大群众基础，建立统一的左翼和进步力量联盟。孟加拉工人党现是孟加拉国主要左翼政党、孟左翼政党联盟重要成员，在孟加拉国政治生活和社会主义运动中发挥着重要作用。2000年，该党与孟加拉国共产党、孟加拉国共产党（马克思列宁主义）等11个左翼政党联合成立左翼政党联盟，并在其中发挥领导和骨干作用。2008年，工人党参加人民联盟领导的14党"大竞选联盟"，并加入政府。2014年、2018年大选中，工人党继续与人民联盟结盟，赢得议会选举。2019年11月，孟加拉工人党举行第十次全国代表大会，党主席梅农、总书记巴德沙再次当选为党的主要领导人。该党在中央层面设有政治局、中央委员会，地区有市、县、村级委员会以及农民、青年、妇女、工会等组织共约60个。目前，该党在国民议会中有4个席位，为国民议会中席位最多的左翼政党。斯里兰卡共产党（成立于1943年，原名为锡兰共产党）坚持以马克思主义为指导思想，以社会主义为奋斗目标，自称是代表工人、农民、自由职业者、知识分子、小商人等所有劳动人民的政党，主张利用议会等各种民主机制实现社会变革。斯共曾多次同斯自由党、兰卡平等社会党等组成联合阵线参与议会选举，并参加联合政府。斯共现有党员5000多人，设有工会、青年和妇女等群众组织。斯共于2020年8月积极参加斯议会选举，虽在斯南部地区有一定影响，但未赢得足够选票进入国家议会。尼泊尔两大共产党——尼共（联合马列）、尼共（毛主义中心）经过多年努力于2018年5月合并成为统一的尼泊尔共产党，但由于两党在新领导机构成员分配比例问题上诉求不一，特别是普拉昌达和奥利两位领导人权力划分争端不下，导致党内事实上的分裂。目前尼泊尔共产主义力量发展由于高层领导自身原因出现挫折，但尼泊尔共产党在尼泊尔政坛上仍扮演着重要角色，党的基层组织比较稳固，党的新生力量开始成长，发展前景可期。

在非洲和阿拉伯地区，共产党建立的历史虽然比较早，但由于多年处于非法地位，力量普遍弱小。近年来，土耳其、伊拉克、埃及、伊朗等国的共产党开始活跃起来、渐露头角，影响不断扩大。伊拉克共产党曾主张通过武装斗争推翻独裁政权，长期被视为非法政党。萨达姆政权被推翻后，伊拉克共产党合法存在并得到较快发展。该党与其他政党结盟，积极推动并参加议会选举，获得25个席位。伊拉克共产党现有近2万名党员，20多万名支持者，已经积累了参加竞选的丰富经验，在伊拉克新政府、库尔德地区政府中都有部长席位。不久前，伊拉克共产党根据新形势制定了新的党纲党章，强调要坚持社会主义方向，加强与其他爱国力量团结与合作，积极参与竞选活动，为早日实现伊拉克国家和平与稳定发挥重要作用。土耳其共产党成立于1920年9月，加入共产国际，参加过凯末尔领导的土耳其民族解放战争。土耳其建国后，土共长期遭政府打压，党的领导人流亡海外。1983年4月，土耳其颁布《政党法》，开放党禁，土耳其共产党慢慢开始恢复政治活动，参与议会选举，但一直效果不彰。近年来，土耳其共产党借助网络和国际会议平台的影响，不断扩大自身影响，在有些地方选举中取得较好战绩，甚至还有土共人士竞选市长并成功当选。土耳其共产党目前有5000多名党员，2017年举办过第17次世界共产党和工人党国际会议，2020年同希腊共产党联合主办第21次世界共产党和工人党国际会议。

在撒哈拉以南的非洲，马克思主义政党很少。有着百年历史的南非共产党仍坚持与非国大、南非工会大会结成政治同盟，在争取民族独立和人民解放斗争中不断发展壮大，近年来党员人数迅速增加，由10年前的几万人增加到现在30多万人，在非国大和南非各级政府中任职的南非共产党员明显增多。2011年成立的肯尼亚共产党于2019年通过了《肯尼亚共产党宣言》，宣称肯尼亚共产党是以马克思列宁主义为指导思想的先锋政党，其最高纲领是在肯尼亚、东非共同体、非洲和全世界建立社会主义，最终实现共产主义。2021年4月，肯尼亚共产党在其官网上刊登了以该党全国主席署名的庆祝中国共产党成立100周年的贺信。除了在网上能看到肯共消息，迄今尚不了解该党活动的具体情况。

当今非洲很多国家跳出西式民主模式来寻求国家治理出路，出现了一股新社会主义思潮。坦桑尼亚革命党主席马古富力自2015年当选总统后，以尼雷尔的学生和坚定追随者自居，在"乌贾马社会主义"思想基础上，融入西式多党人权理念、强人政治、民粹主义等要素，以巩固和壮大坦革命党的执政基础。在2020年10月的选举中，马古富力以84.3%这一前所未有的得票率赢得选举并连任坦总统，革命党在国会议会选举中获得98%的席位。这次大胜不仅巩固了革命党主导政治格局，还提振了非洲左翼进步政党阵线的士气。马古富力强人政治反映了当下非洲政治生态变化和思潮动向。当今津巴布韦总统、津巴布韦非洲民族联盟—爱国阵线主席兼第一书记姆南加古瓦、纳米比亚人组党主席、总统哥根布等都是倾向社会主义的强势人物。

纳米比亚人组党（1960年成立时称西南非洲人民组织）是纳米比亚独立以来一直执政的民族主义政党。该党在非洲民族解放运动时期深受苏联共产党和中国共产党影响，宣称奉行科学社会主义。1976年，人组党政治纲领明确提出，"建立一个基于科学社会主义理想和原则的无阶级、无剥削的社会"。1990年，人组党领导人民取得国家独立。受当时国际形势影响，纳米比亚走上了民主社会主义道路，但并没有放弃科学社会主义的目标志向。人组党在执政过程中，越来越认识到民主社会主义实际上是资本主义的一个流派，虽然可以带来政治民主自由，但不能根本解决人组党革命和纳民众急盼的土地分配、经济平权等问题，已影响到人组党的执政地位。因此，人组党必须重新审视和改革当前发展模式，选择过去想实行而未能实行的科学社会主义道路。执政27年的人组党在2017年召开的六大上再次提出建设"纳米比亚特色社会主义"的设想，并在2018年党的特别代表大会上正式将此确立为党的奋斗目标并写入党章。这是自20世纪90年代以来，首个提出要将社会主义作为奋斗目标的非洲执政党。2020年，在人组党执政30年全党总结大会上，党主席哥根布总统表示，人组党要实现长期执政，必须适应新形势，深化改革，建设"纳米比亚特色社会主义"。人组党领导人表示，要立足纳米比亚国情实际，借鉴中国、古巴等国探索社会主义道路的成功实践经验，进一步完善"纳米比亚特色社会主义"的独特内涵。纳米比亚人组党提出建设"特色社会主义"在非洲并非个例，近年来，津巴布韦与安哥拉执政党也提出了建设本国特色社会主义或特色民主社会主义的想法，反映出新时期非洲政党渴望探索自主发展道路的强烈意愿，再次证明世界上相信社会主义的人多了起来。

有着悠久共产主义运动历史的拉美地区，现有20多个共产党，除古巴外，巴西、智利、委内瑞拉、厄瓜多尔、秘鲁等国共产党都保持稳定发展，均是本国政坛中的一支重要力量。在传统政党力量衰退、年轻人反感政党不愿参与政党政治的形势下，有百年历史的智利共产党党员人数不降反升，党员增至4.7万人。巴西共产党现有党员34万人，在巴西政府部门和一些市镇都有巴西共产党党员担任部长、市长职务。2021年3月8日，巴西联邦最高法院法官裁决，前总统卢拉因涉嫌贪腐所获的所有判决"均无效"。卢拉能无罪释放，表明受巴西现右翼政府打压的劳工党、巴西共产党处境有所缓和。在委内瑞拉共产党等左翼力量支持下，委内瑞拉马杜罗政府较过去一年相对稳定，委反对派领导人胡安·瓜伊多尽管得到美国和境外反左势力庇护，但在国内掀不起大浪。最近墨西哥、智利、秘鲁等国大选，共产党和中左翼政党结盟的联合阵线均获胜，拉美有可能出现新一轮左右轮替现象。

苏联解体、东欧剧变后，俄罗斯东欧中亚地区重建的共产党，多数声称是前共产党的继承者，其中力量较大主要有俄罗斯联邦共产党，现有党员16万人。2016年9月，在第七届国家杜马选举中赢得92席（现有43席），为杜马第二大党。2020年11月，俄罗斯联邦共产党召开了第十一次中央全会，讨论了俄共建立国内人民阵线，维护劳动人民权利和国家利益等问题，认为只有社会主义才能取代资本主义，要想取得社会主义胜利，就必须在俄国内建立广泛的左翼爱国统一人民阵线，俄共能够成为左翼阵线的核心，通过与人民阵线共同行动，更多地维护劳动者权益。2021年4月24日，俄共举行第十八次代表大会第一阶段会议，来自全国各地的211名党员代表参会，久加诺夫以全票再次当选为俄共主席。俄共利用《真理报》及俄共网站的宣传作用，通过议会内外工作相结合的方式，维护工人阶级的利益，提升俄共在工人阶级中的影响力。俄共全党上下目前正全力准备第八届国家杜马选举。中亚的哈萨克共产人民党现有党员约10万人，在议会下院拥有7个席位，塔吉克斯坦共产党和吉尔吉斯共产党人党发展势头看好，党员人数续有增长，在本国议席都有席位。捷克—摩拉维亚共产党现有党员3.7万人，是捷克国家议会的第三大党，在全国13个州的9个州执政或参政，该党主席菲利普曾任捷克参议院副议长。摩尔多瓦共产党人党曾执政8年，失去执政地位后，该党数次分裂，党的力量遭受重大损失。2021年7月，摩尔多瓦举行第十届议会选举，摩尔多瓦共产党人党与社会主义者党结成竞选联盟参选，获27.42%选票。

三 发达国家共产党在右翼政党和民粹政党夹击下艰难前行

　　欧美国家的共产党大多是百年老党，目前虽坚持党的名称不变，但党员人数少，年龄老化，缺乏新生力量。有的国家还有多个共产党组织，如英国现有英国共产党、新英国共产党、英共（马列）等共产党组织。但每个共产党的人数都不过千人左右，且基本上是老年人。英共约800人，半数以上是退休的老人。为增加党的新鲜血液，英共重视做青年人工作，为青年人打造职业规划，定期沟通思想，促其成为领导骨干。英国共产党、德国的共产党于2020

年11月在线上共同举办纪念恩格斯诞辰200周年活动,本次活动由英共曼彻斯特大区支部承办,英国共产党中央主席佩恩与德国的共产党国际书记科佩联合主持,全英各地党员及德国、委内瑞拉等国共产党代表130多人与会,并通过社交网络直播,英共《晨星报》、英共青盟刊物及德共《我们的时代》对这次活动进行了报道。

2018年3月,意大利重建共产党和意大利共产党与其他一些左翼小党和政治运动组织共同组建"权力属于人民"联盟,参加全国大选,获得1.1%的选票。意大利共产党于2018年7月举行第一次全国代表大会,大会突出反帝、反种族主义,坚持和平环保等政策主张,号召认同共产主义、社会主义的意大利各界人士团结起来,成为引领意大利走出困境、恢复国家发展的先锋队。

面对新冠疫情,欧美国家政府束手无策,表现不佳。过去几年得势的民粹政党因无所作为,支持率立马下降。然而,这些国家的共产党积极发声,纷纷提出了自己的疫后重建计划,获得不少选民支持。意大利、葡萄牙、西班牙等国的中左翼执政党因在抗疫中表现得当,民意支持率上升。在2021年1月葡萄牙大选中,葡共欧洲议会议员费雷拉作为总统候选人参选,得票4.32%,位居第四。葡共连续举办45届《前进报》节,邀请左翼政党及其支持者参加,以党报节为平台积极发声造势。

法共、葡共、西共在近年举行的党代会上均强调继续推进左翼联盟政策,联合其他反资本主义力量,反对右翼政府实行紧缩政策,以左翼阵线结盟竞选,开展政治斗争。日本共产党长期坚持独立自主方针,不与国内其他政党结盟。2020年初召开的日共二十八大改变了过去一直实行的不结盟策略,把建立"在野党联合政权"即联合其他在野党推翻自公政权作为振兴日共的主要政策。日共主张的联合政权面临的选择不是资本主义还是社会主义的问题,而是要在资本主义框架内进行体制和机制改革。

百年大变局引发不同文明和社会思潮相互激荡。西方国家各种反对资本主义、主张社会主义价值取向的政治组织和人士，在批判当今资本主义弊端和反思苏联社会主义教训的基础上，对社会主义的目标、特征、道路等进行了有益的探索，提出各自"新社会主义"主张。欧美国家的千禧一代深感资本主义危机四伏，更倾向于接受社会主义。美国许多左翼民粹分子为了同"精英政治"划清界限，往往自称为社会主义者。

四　共产党对世界社会主义运动的引领作用渐显

以马克思主义为指导的各国共产党和工人党领导劳动人民争取社会主义，是共产党的初心与使命所然。与其他中左翼和社会运动相比，共产党重视思想理论和组织建设，有明确的指导思想和行动纲领，其存在和发展对世界社会主义运动具有重要的引领作用，他们作为主体力量是世界社会主义运动区别于其他社会运动的主要标志。

东欧剧变、苏联解体后，一些共产党改名或转型，传统优势丧失。由于党内有派、党外有党，各级党组织名存实亡。意大利共产党重建后，组织不断分裂，力量遭受重大损失。近年来，许多共产党清醒地认识到"民主化"弊端，认为思想分歧和组织分裂是世界社会主义力量振兴的最大障碍，纷纷吸取教训，注重以党章、党纲和政治决议等明确基层组织的地位、功能和作用，对基层党组织基本任务、目标职能和运作方式都作了细致规定，强调要通过加强党的建设，重振共产党的传统优势，特别是组织优势。依靠和发挥共产党组织力量的传统优势，在新时期重塑共产党组织优势，对推动和引领当今世界社会主义运动走向振兴之路将具有重要意义。

以发展的马克思主义理论指导当今争取社会主义的斗争实践，有利于制定正确的路线方针政策，凝聚思想共识。由于多年来推行革新调整，一些党过于多元化，缺乏明确的、有凝聚力的纲领目标，在许多重大问题上分歧严重，不能形成统一的观点。一些共产党政策措施与社会党趋同，特色不明显，缺乏吸引力。还有极少数党认识不到资本主义的新发展和新变化，固守阶级对立和街头斗争立场，在本国政治格局中日益边缘化。令人欣慰的是，许多党面对挫折能及时总结经验教训，注重马克思主义理论建设，与时俱进，适时调整方针政策，在社会主义的长期探索中开始形成适合自己的观点主张。发达国家共产党虽然在政策主张上存在分歧，但普遍认同马克思主义理论不是教条，而是行动指南，必须随着实践的变化而发展。这些认识成为凝聚国外共产党思想共识的"最大公约数"。在近年纪念马克思恩格斯诞辰200周年、列宁诞辰150周年等活动中，许多共产党强调指出马克思主义不仅是科学的理论，而且是不断发展的开放的理论。各国共产党必须从实际出发，革新和发展马克思主义。以中国共产党为代表的社会主义国家执政党始终坚持马克思主义指导地位，重视党的理论建设，形成了具有本国特色的社会主义理论主张，不仅对本国社会主义建设具有指导作用，也对其他国家的社会主义探索具有启示意义。

中国共产党在理论与实践上取得的成功经验，对各国共产党的社会主义探索具有重要的借鉴意义。许多外国共产党对百年中共的最深印象是中共能把马克思主义理论与中国实际相结合，走自己的路，认为中国特色社会主义是结合中国国情、历史传统所取得的伟大成果，也融入了对马克思主义的深刻理解。马克思主义与中国实际相结合是最值得其他共产党学习借鉴的重要经验。秘鲁共产党（红色祖国）主席莫雷诺说，中国共产党将马克思主义基本原理同自身实际充分结合，在不断实践、总结、反思、创新过程中，实现了马克思主义的中国化。"习近平新时代中国特色社会主义思想，不仅为新形势下发展中国特色社会主义提供了根本指导，也为世界社会主义事业作出重大贡献，其他国家的政党应学习借鉴。"

五　各国共产党注重左翼团结联合发声

国际金融危机爆发以来，反新自由主义全球化运动方兴未艾，许多左翼力量、非政府组织投身其中，并得到民众的广泛响应和支持。一些有利民生、推动历史进步的新兴社会运动拓宽了当今政治实践领域，不仅为共产党巩固和扩大生存和发展空间提供了机遇，也是共产党可以借助和合作的生力军。如今，许多国家共产党除了继续受右翼的排斥打压外，还受到来自民粹主义的挑战。他们都认识到，在这种复杂形势下必须加强与各种新兴社会运动的团结与合作，在实现广泛的左翼联合中，抢占国际话语权，树立新形象，争取世界社会主义运动新优势和新发展。许多共产党积极呼应各种新兴社会运动和进步力量反对霸权政治、反对野蛮资本主义、建立公正合理的世界秩序、建立一个不同于资本主义的"另一个世界"等正义要求，制定正确的战略与策略，调动和利用各种积极因素，扩大左翼统一战线，以达到凝聚队伍和争取自身发展的目的。

东欧剧变、苏联解体后，在美国及西方国家的推动下，西方民主被奉为"普世价值"，将共产党及社会主义等同为"专制独裁"，各种"颜色革命"此起彼伏。以特朗普在联合国讲坛上呼吁各国起来"抵制社会主义"并将中国定义为"战略竞争对手"为标志，美西方盟友开始新一轮对共产党特别是中国共产党的意识形态围剿和联合打压。为迎合当前美西方"去共化"需要，表明"政治正确"，一些右翼分子蠢蠢欲动，歪曲历史，煽动仇恨，竭力抹黑和丑化共产党。2020年11月，斯洛伐克议会竟表决通过了《共产主义体制非道德性与非法性法》修正案，将1948年至1989年的捷克斯洛伐克社会主义制度定性为"非法的、压制人权和自由的制度"，将上述时期的捷克斯洛伐克共产党员定性为"犯罪分子"，禁止在纪念碑上出现"赞扬、宣传、捍卫基于共产主义意识形态社会制度的文字、图像和符号",从历史和法律上同苏联支持下的捷克斯洛伐克共产主义政权进行彻底切割,动摇本国共产党(1992年成立的斯洛伐克共产党)等左翼力量意识形态根基。

20世纪七八十年代,各国共产党没有大范围的国际联系。进入21世纪后,许多共产党呼吁加强国际联合与团结,纷纷举行各种地区性和国际性会议,渐渐恢复一度中断的世界共产党、工人党及其他左翼政党的国际性交往和联系。许多左翼人士和社会主义者频频举行各种国际研讨会,如在法国巴黎召开过多届马克思大会,在美国纽约连续举办世界社会主义学者大会,一致谴责和批判资本主义,主张未来世界属于社会主义。各国共产党工人党代表国际会议迄今已举行21次(2020年、2021年因全球新冠疫情暂时中断)。中共、越共、古共、朝鲜劳动党和老挝人革党均派高级代表团多次出席了世界共产党和工人党国际会议,越南共产党还举办了第18次世界共产党和工人党国际会议,借此向各国共产党宣示越南继续走社会主义道路的决心和意志。2018年5月,在中国深圳举行了纪念马克思诞辰200周年的理论研讨会,50个国家和地区的75个共产党和左翼政党的领导人参会,与会代表一致肯定中国共产党对人类文明进步和世界社会主义事业作出了重要贡献,呼吁中国应进一步利用自身优势和影响,在社会主义国际团结合作中发挥更大作用。2021年7月,习近平总书记在中国共产党与世界政党领导人峰会上发表重要讲话,从当今时代发展和全球高度全面阐释了为人民谋幸福的政党责任,"进一步升华了对世界政党政治发展规律和人类社会发展规律的认识,为各国政党携手应对百年未有之大变局提供了重要参考,为各国政党推动构建人类命运共同体的伟大实践提供了行动指南"。许多与会的外国共产党领导人认为,习近平总书记的讲话体现了中国共产党对人类前途命运担当负责的大党风范,给世界人民带来了新希望。

当今,社会主义国家和资本主义国家、发展中国家和发达国家、新兴大国和传统大国之间，围绕发展道路和发展模式展开激烈较量，其中充满不同价值观念和不同社会制度之争。在资本主义和社会主义意识形态及制度博弈日趋激烈的背景下，许多国家共产党领导人纷纷对中国特色社会主义道路和制度表示赞赏，积极为中国共产党发声。美国、英国、澳大利亚、挪威等反华盟国的共产党都挺身而出，反对西方借疫情污名化中国的恶劣做法。法共全国书记卢塞尔在疫情初期致函中共，坚定高度赞扬中国抗疫努力，认为中国抗疫成功充分证明了国家和公共服务的重要性，也充分体现了社会主义和资本主义的区别。他还撰文高度赞赏中共建党百年历史成就和习近平新时代中国特色社会主义思想，认为中共理论创新对马克思主义在新形势下发挥共同价值有着重要意义。西班牙共产党主席森特亚森频频通过镜头和文章为中国点赞，充分肯定中国共产党对世界社会主义的贡献和影响。在中国共产党建党100周年之际，170多个国家的600多个政党（其中有近百个共产党）和政治组织等发来1500多封贺电贺信，表达对中国共产党的友好情谊和美好祝愿。许多发展中国家对西方制度从"心仪"到"心疑"，开始"向东看""往中靠"，普遍地根据本国传统优势，选择并发展本民族特点的政治制度，各国发展道路与发展模式将更加多样化。

六 对加强同国外共产党及左翼力量团结合作的建议

一是要密切同越南、朝鲜、老挝、古巴执政的共产党交往，筑牢社会主义国家命运共同体根基。马克思主义政党的领导是实现社会主义的重要保障，高度发达的生产力是实现社会主义的物质前提。为了建设坚强有力的执政党和实现经济快速稳定发展，现存社会主义国家十分重视党的建设和经济民生工作。当前，越、朝、老、古在党的建设面临官僚主义和腐败等问题，经济上面临基础设施落后、资金短缺和人才不足等难题，希望借鉴中共治党治国经验实现发展梦。我可利用理论研讨、学习考察、培养人才等形式，全方位加强同越、朝、老、古执政党之间的交流合作，尤其是发挥"一带一路"开放合作的机制作用，推动形成携手共进、共同发展的社会主义国家战略共同体和命运共同体。

二是以党的建设和治国理政经验交流为着力点，加强与非执政共产党的思想沟通和理论引领。中国共产党一贯坚持独立自主、完全平等、相互尊重原则，主张各国应根据各自国情自主探索发展道路和制度模式。以中国共产党治国理政和管党治党经验为载体的中国制度，对国外共产党及左翼力量形成了巨大吸引力。我们要在求同存异、相互尊重、互学互鉴的新型政党关系基础上，加强与非执政共产党的思想沟通和理论引领，深入总结中国特色社会主义理论和实践创新经验，特别是中国共产党治国理政和管党治党经验，为国外共产党及左翼力量提供有益参考借鉴，通过新时代党际交往，夯实国家间关系的政治基础，凝聚起各方共建人类命运共同体的强大合力。

三是始终把握历史潮流和世界发展方向，站在历史正确的一边，发出正义声音。当今世界社会主义力量总体上非常薄弱，"资强社弱"格局短期内难以改变，国际上反共反社会主义势力仍很猖獗，许多国家共产党在国内国际上的处境艰难，寄希望于中国共产党能给予道义上的支持和物资上的帮助，在世界社会主义运动中发挥中流砥柱作用。我们要做好较长时间应对外部环境变化的思想准备和工作准备，不断增强斗争意识，旗帜鲜明坚持和维护中国共产党的领导和中国特色社会主义制度。在国际上弘扬正义、仗义执言，敢于同抹黑攻击共产党和社会主义的反共势力进行斗争，不断增强外国共产党人及友好人士对中国的特殊亲近感、认同感、归属感。

四是准确识变、科学应变、主动求变，努力实现世界左翼大联合与全球反资本主义力量大团结。在百年变局、世纪疫情和中美博弈相互交织背景下，不同制度文明及价值观冲突趋于激烈。面对美西方国家加强意识形态对抗的严峻挑战，需要我们积极宣介全人类共同价值理念，跳出非黑即白的话语体系陷阱，破解美西方国家搞价值观和意识形态对抗的图谋，讲好中国和中国共产党故事，增强国际社会对我国价值理念的认同，扩大"朋友圈"。同时要认清世界社会主义运动多样化发展的历史趋势，加强同各国共产党及所有进步力量团结合作，实现世界左翼大联合与全球反资本主义力量大团结，拓展世界社会主义运动统一战线，进一步构建有利于中国社会主义现代化建设的舆论环境和国际格局。

发达资本主义国家共产党对实现社会主义方案的当代探索*

王 元

21世纪以来，尤其在2008年全球金融危机的影响下，新自由主义逐渐走向式微，逆全球化开始回潮，左翼思潮、民粹主义、极右翼势力均得到不同程度的复兴，生态运动、女权运动、种族民权运动、LGBT平权运动等利益诉求各异的新社会运动的影响力不断扩大。但是，资本主义世界尚未找到新的替代性发展模式，其自我改良和自我调整的空间正在变小。如何针对这些形势变化提出替代资本主义的方案，成为世界社会主义运动的主题。在资本主义发展最充分、资本主义弊端暴露最彻底的发达国家，低潮中坚持斗争的共产党在坚持马克思主义理论指导的前提下，与时俱进地针对当代资本主义的新特点和新趋势，不断探索适合本国国情的社会主义方案。美国、英国、法国、日本、加拿大、澳大利亚等主要发达国家的共产党均在2017—2020年密集地修订了党纲①，成为当代世界社会主义运动中值得关注的新动向。

---

* 原载《国外理论动态》2022年第1期。
① 德国共产党虽未修订2006年版党纲，但也在通过其他方式调整策略。

一 美国共产党的"权利法案社会主义"方案

美国共产党（The Communist Party of the United States of America，CPUSA）成立于1919年，在"二战"期间通过将反法西斯斗争与阶级斗争相结合，成为美国最大的左翼力量。但是，随着美国政府的持续镇压以及美共对苏共的教条式信奉，美共的影响力逐渐减退，进入长期低迷的状态。

苏联解体、东欧剧变期间，时任美共主席格斯·霍尔（Gus Hall）于1990年撰写并出版了一本题为《美国通往权利法案社会主义之路》的小册子，认为美国的《权利法案》[①]保障了人民的民主和个人权利，因此社会主义要想在美国得到人民的拥护，必须继承和发扬其中的民主精神，而不是推翻这一法案。1991年，霍尔在美共二十六大上向全党介绍了他关于"权利法案社会主义"（Bill of Rights Socialism）的设想，主张摒弃苏共教条，独立自主地探索美国式的社会主义道路。[②] 但是，美共党内部分同志认为走民主道路会脱离阶级斗争，耽误革命，再加上苏联解体、东欧剧变后美共内部对未来发展道路的分歧较大，使得"权利法案社会主义"的设想难以取得共识。为统一思想，霍尔于1999年7月在美共理论刊物《政治事务》上发表题为《美国共产党的权利法案社会主义》一文，再次提出美国式的社会主义应根据美国的历史、文化和国情来建设，要实现《权利法案》中尚未充分实现的权利，建立一个民主的、消除了各种不平等的、没有剥削和贫穷的社会。[③]

[①] 《权利法案》又称《人权法案》，是美国宪法中第一至十条修正案，于1791年12月15日获得通过，长期被视为"美国生活方式"的主要内容，在美国拥有巨大影响力。

[②] Brad Crowder, "Bill of Rights Socialism and the Future of the Republic", https://cpusa.org/article/bill-of-rights-socialism-and-the-future-of-the-republic/.

[③] 黄宏志：《美国共产党的社会主义权利法案》，《国外理论动态》2000年第1期。

2001年，美共在二十七大上阐述了民主斗争与阶级斗争在"权利法案社会主义"中的关系："世界上不存在纯粹的阶级斗争，每一种阶级斗争内部都含有民主斗争的成分，每一种民主斗争内部都含有阶级斗争的成分。没有持续的追求民主的斗争，工人阶级就会与它的同盟军相分离，不能发挥领导作用。美国社会主义的形象和内容必须是彻底的民主。"[1]

2005年，美共召开二十八大，把坚持和深化"权利法案社会主义"作为大会的根本任务，认为苏联模式给社会主义造成了"不民主"的负面影响，美共需要扭转政治上的被动，探索美国特色的社会主义民主路线。大会指出，《权利法案》虽然奠定了美国民主的基础，但其中的资本主义因素，比如财富差距、阶级剥削、种族和性别歧视等，均限制了人民行使民主权利，因此美国的社会主义应该清除这些资本主义因素，真正践行《权利法案》的民主承诺，通过民主斗争消除一切压迫，确保人民在工作、教育、医疗保健等方面享受平等的权利。[2] 时任美共主席山姆·韦伯（Sam Webb）也撰文指出，鉴于美国的民主传统，向社会主义的和平过渡可以采取多党合作的形式，新的社会主义政权将实施社会主义性质的《权利法案》以解放民主，但同时也要用强制手段打击反对者的破坏，社会主义民主是解放性与强制性的辩证统一。而随着社会主义建设的推进，强制性将逐渐消失，最终实现真正的社会主义民主。[3]

2014年，美共在三十大上修改了党章，用"工人阶级在社会变革斗争中的领导作用"来淡化阶级斗争的相关表述，进一步突出

---

[1] Sam Webb, "Keynote Address, 27th CPUSA National Con-vention, October 8, 2001", https://cpusa.org/party_voices/keynote-address-27th-cpusa-national-convention/#bill；丁淑杰：《美国共产党召开第27次代表大会》，《国外理论动态》2001年第11期。

[2] Marc Brodine, "Report on the Draft Program-The Road to Socialism", https://web.archive.org/web/20070807084338/http://www.cpusa.org/article/articleview/711/1/125/.

[3] Sam Webb, "Reflections on Socialism", https://www.cpusa.org/party_info/reflections-on-socialism/.

了"民主斗争，特色过渡"的理念。①

2019年是美共建党100周年，在芝加哥召开的三十一大上，美共修订了党纲，提出要在本国历史传统和现实的基础上建立民主、平等、人道和可持续的社会主义。在分析了资本主义的新特点后，新党纲指出，当代垄断资本一方面通过自动化、智能化和大数据等新式武器使得剥削在数量和质量上都有所增加，另一方面借助犬儒主义和宿命论来削弱工人阶级的反抗意志，同时煽动种族主义和极右翼民粹主义来制造工人阶级内部的分裂，破坏工人阶级的团结，使得工人的民主权利难以得到保障。为此，美共宣称要制定和实施社会主义性质的新《权利法案》，用战略性的计划经济取代资本主义经济的无政府状态和破坏性竞争，对关键行业实施国有化，以消除资本主义的浪费和资本家对工人的剥削，保障所有种族、民族、性别的公民和移民均得到平等的权利，保障教育和医疗的公共性，但也保障私人的财产权，允许多种形式的所有制存在。

总体而言，美国特色的"权利法案社会主义"追求和平、民主和平等，致力于以社会主义的方式继承和发展《权利法案》中的美国民主精神。但是，这种社会主义性质的新《权利法案》不可能在资本主义制度下实施。为此，美共将民众的民主参与和阶级斗争的目标相结合，计划分三个阶段推进"美国的社会主义之路"。第一阶段的任务是反击以唐纳德·特朗普为代表的极右翼民粹主义势力，建立一个工人阶级领导的、联合其他民主党派、左翼和进步力量的联盟，以阻止极右翼势力继续掌权。2020年特朗普败选后，美共的斗争进入第二阶段，即组建反垄断联盟，反抗垄断资本主义。美共一方面通过选举斗争夺取政权，然后实行改革，将大型银行国有化以促进公有制的增长，扩大公共服务的支出；另一方面通过示威、罢工、请愿、抵制、公民抗命等方式反对垄断资本操纵选举和

---

① Communist Party USA, Constitution of the Communist Party of the United States of America, June 15, 2014, https://www.cpusa.org/party_info/cpusa-constitution/.

控制媒体，为少数族裔、妇女和被压迫者争取平等的权利。垄断资本会极力阻止上述进程，这将使斗争进入第三阶段。美共在这一阶段将通过宣传灌输来增强工人群体的阶级意识和社会主义觉悟，进而实现权力向劳动人民的革命性过渡，并努力防止反动阶级的复辟。①

虽然美共提出要进行"革命性的过渡"，但同时也强调"革命"是一种深刻的民主进程，"过渡"是在各个群体进行民主表达和社会运动（包括选举和非选举）的基础上实现的向社会主义的和平进程。对于何时实现各阶段的目标，美共没有提出具体的时间表，而是认为一切取决于当时的具体情况，所以应把精力放在推动革命运动上，并在实际斗争中不断强化和完善"权利法案社会主义"方案。

二 英国共产党的"英国通往社会主义之路"方案

英国共产党（Communist Party of Great Britain，CPGB）成立于1920年，是世界上第一个系统提出社会主义和平过渡纲领的共产党，早在1951年的党纲《英国通往社会主义之路》中，英共就首次提出了向社会主义和平过渡的方案。20世纪80年代，英共分裂为以党刊《今日马克思主义》（Marxism Today）主编马丁·雅克（Martin Jacques）为首的多数派和以党报《晨星报》（Morning Star）主编托尼·蔡特（Tony Chater）为首的少数派。多数派放弃了马克思主义，并于1991年将英共名改为"民主左翼"。少数派则继续继承和坚持马克思主义传统，并于1988年重建了英国共产党，重建后的英共更名为"Communist Party of Britain"（CPB）。

2001年，为扭转长期低迷的状态，英共在《英国通往社会主义之路》的基础上制定了新党纲，重申将继续以马列主义为指导，坚持民主集中制原则，并指出英国尚不具备进行社会主义革命的条

---

① Communist Party USA, CPUSA Program, https://www.cpu-sa.org/party_info/party-program/.

件，需要寻求针对资本主义的"替代性的经济和政治战略"。

2011年，英共修订了新党纲，指出2001年提出的经济和政治战略只是反对垄断资本主义的行动纲领，还不足以指导英国实现社会主义，为了赢得选举，需要"组建一个由工人运动领导的、人民大众的反垄断民主联盟"，目标是"建立一个财富和权力共享、有计划地为所有人谋福利的社会主义社会"，并最终实现共产主义。[①]

2018年，英共再次修订了党纲，对"英国通往社会主义之路"的方案进行了细化。英共认为，资本主义正面临新一轮经济危机，长期自由放任的垄断金融资本不断扩张，私人和政府债务水平居高不下，但各发达国家却在生产性经济丧失盈利能力、国家经济处于停滞状态的背景下将2008年金融危机造成的债务国有化，并将债务压力分摊给国民，从而使经济纾困的大部分好处都被垄断资本所收获，工人却日益面临工作不稳定、工资和养老金减少、公共服务缩水等困境。与此同时，经济危机还使得公民的政治参与度和对政党的信任度下降，阶级冲突加剧，并进一步引发了世界性的分配危机和生态危机，导致大部分地球人口的粮食和药品短缺，生态环境不断恶化。在这种情况下，帝国主义不但继续放纵这种反社会的寄生性金融资本的全球扩张，更是通过不平等贸易、侵略战争和大规模吸纳技术移民等方式对第三世界实施超级剥削。为解决这些危机，英共提出了新的社会主义过渡方案，并计划分三个阶段实现。

第一阶段，建立左翼政府。英共将在进步力量中建立人民大众的反垄断民主联盟，与垄断资本在经济、政治、思想文化三条战线上进行斗争：在经济上，建立强大的工会并与其他进步团体结盟，保障充分就业，改善工人的生活水平；在政治上，组织劳工和进步运动，保护和扩大民主自由，并将政治斗争深入国家的各个领域，积累行使国家权力的经验；在思想战线上，用合作主义、集体主

---

① Communist Party of Britain, Britain's Road to Socialism, the Political Committee, 2001, https://www.marxists.org/histo-ry/international/comintern/sections/britain/brs/2001/index.htm.

义、阶级正义、共同利益、多元文化主义、国际主义、理性思维和人类解放等价值观反对统治阶级的自由市场、种族和性别歧视、同性恋恐惧症、蒙昧主义、虚无主义等价值观。一旦斗争成果获得大多数人民认可，英共将联合社会主义者、工党等其他进步力量，通过选举成立左翼政府。

第二阶段，向社会主义过渡。左翼政府将与其他进步力量密切合作，通过议会内外的联合斗争推进实施左翼纲领：在经济上，重新平衡经济，杜绝金融资本对经济政策的控制，同时发展生产性工业和高科技制造业；在社会保障上，加大公共服务投入，消除严重不平等；在生态上，使用清洁能源，保护生态系统；在政治上，坚持人民主权的原则，建立确保左翼纲领实施的人民权力机构，保证社会主义者能够监督或接管国家职能；在国际事务上，同全球其他国家发展自由平等的贸易、商业和政治关系，并在联合国和其他国际机构中支持第三世界，声援被压迫人民，宣传社会主义价值观。

第三阶段，巩固和建设社会主义，最终实现共产主义。英共将确保左翼政府的团结，利用工人阶级领导的反垄断联盟维护人民主权，使社会主义建设得以持续：在政治上，用代表工人阶级和全体人民利益的国家机器取代资本主义国家机器，废除君主制和王室特权，在英共领导的多党环境下扩大民众参与和直接民主，确保各级国家机构的所有部门都能接受民选代表的指导和监督，保障人人都能享有民主和自由；在经济上，将社会所有制扩展到每一个重要的经济部门，同时允许小企业、自营职业和多种合作制存在；在社会文化上，将社会资源从资本主义竞争导致的浪费中解放出来，促进文化的进一步发展，增强社会的活力。在上述工作取得成效的基础上，英共将推动英国进一步向共产主义过渡。[①]

[①] Communist Party of Britain, Britain's Road to Socialism, the Political Committee, 2018, https://www.marxists.org/history/international/comintern/sections/britain/brs/2008/index.htm.

三 法国共产党的"我们时代的共产主义历史斗争之路"方案

法国共产党（Parti communiste francais，PCF）成立于1920年。"二战"期间，在被纳粹德国占领的情况下，法共积极开展武装游击斗争，并在战后初期一跃成为法国第一大党。北约成立后，法共遭到打压，影响力逐渐下降。冷战期间，法共的社会主义之路几经变换，不断强化"和平与民主"的色彩，先是在1976年的二十二大上放弃了"无产阶级专政"，后又在1982年的二十四大上提出建设与高度集权的苏联模式不同的"社会公平、经济增长、和平、民主、博爱、自由"的"法国特色社会主义"。

1996年，法共在经历了苏联解体、东欧剧变后的彷徨期后召开了二十九大，用"新共产主义"理论代替了"法国特色社会主义"的提法。法共认为，在当今时代，消灭资本主义的目标是不现实的，需要通过一个长期的过程来对资本主义社会的专制、剥削和异化进行全面改造，才能最终"超越资本主义"。法共还将短期社会主义目标与长期共产主义目标合二为一，提出要直接建设"以公平、民主、利益共享、联合等为特征"的"新共产主义"。[①] 此后，法共对"新共产主义"进行了20多年的探索，但因脱离实际而收效甚微。

2018年，法共召开三十八大，颁布了《21世纪共产党宣言》，提出了"我们时代的共产主义历史斗争之路"的社会主义过渡方案。方案从批判当代资本主义的新弊端入手指出：在经济和科技方

---

① Robert Hue, secrétaire national du PCF, devant le 29ème congrès du PCF, les 18 et 22 décembre, 1996, https：//www.vie-publique.fr/discours/251128-rapport-et-declaration-de-m-robert-hue-secretaire-national-du-pcf-dev；曹松豪：《法共二十九大用"新共产主义"取代"法国色彩的社会主义"的提法》，《国外理论动态》1997年第6期。

面，互联网寡头和垄断金融资本支配了实体经济，资本对数据资源、人工智能、平台经济的垄断制造了新的剥削方式，信息技术的高专业门槛阻碍了公民权利的行使，科技寡头对个人数据的无偿收集和使用不但变相掠夺了公众，还侵犯了隐私权，劳动者被迫与机器人或算法"合作"，导致了新的异化；在社会方面，战争造成的难民同时还要承受种族主义这种充满剥削和压迫的社会关系，传统父权制遗留下来的男女分工不平等与当代资本主义对女性的物化结合起来，使性别歧视更加隐蔽；在生活方面，就业率的降低伴随着教育成本和生活成本的升高，以及阶层固化的加剧，使得青年人在知识水平高于父母一代的情况下，生活水平反而比父母一代有所下降；在国际事务方面，帝国主义主导着国际机构和游戏规则，推行新殖民主义，将人民置于资本的监控之下，利润驱动下的资本扩张还导致了全球生态环境的恶化。为解决这些问题，法共计划在21世纪同时开展三个领域的斗争。

首先，法共将团结左翼政治力量和公民中的积极分子结成政治联盟，开展政治斗争。在国家层面，法共将积极加强党在企业和银行中的组织和工会建设，振兴党的组织生活，促进职工阶级意识的觉醒和政治步调的统一，迫使资本主义投入更多资本来确保就业和培训，推动不同职业群体之间以及城乡之间、地区之间的平等，从而逐步实施全面的社会变革。在欧盟层面，法共将努力争取性别和族裔平等，维护劳工权益，提高工资水平；设立欧洲团结发展基金，督促各国央行收缴跨国企业所逃税金来增加公共服务投资；推动欧盟制定统一的能源政策，应对全球变暖，实现生态转型。

其次，法共将针对无孔不入的资本主义意识形态宣教开展思想斗争。法共认为，媒体和文化企业在资本的控制下将文化娱乐和信息商品化，因此迫切需要将它们从资本的控制下解放出来，为大众争取多元化的信息和文化权利。同时，法共还将结合新数字技术开拓其他宣传阵地，并利用法共机关报《人道报》宣传替代资本主义的方案。

最后，法共将领导和参与各种进步的社会运动，开展社会斗争。法共认为，环保运动、女权运动、LGBT平权运动等新社会运动的目标与社会主义运动是一致的，都是为了人类的平等、解放和团结，因此共产党必须在独立自主和合作交流的基础上建立统一战线，与其他进步的社会力量共同致力于替代资本主义的斗争。为了使各领域的斗争取得胜利，法共还将推进一系列保障性工作，比如，在党的建设方面，确立法共在各基层组织中的优势，加强全体党员的理论和实践培训；在扩大群众基础方面，使法共成为对青年有吸引力的组织，不断补充新鲜血液；在国际联合方面，建立联合进步力量的国际网络，协调全球的反资本主义斗争。法共认为，只有通过上述斗争不断积累胜利果实，才能实现对资本主义的超越，最终建成没有剥削和压迫的共产主义新文明。[①]

四 日本共产党的"民主革命——社会主义改造"方案

成立于1922年的日本共产党（Japanese Comnmunist Party, JCP）长期遭到法西斯政府的镇压，直到1945年日本战败后才获得合法地位，开始发展壮大。1994年，为消除苏联解体、东欧剧变的影响，日共召开二十大修订了党纲。新党纲认为，日本正处于"民主革命阶段"，而不是旧党纲所判定的"社会主义革命阶段"，因为当代日本社会矛盾和人民斗争的发展都是由于民主问题引起的，因此民主革命应成为社会主义革命的过渡阶段，日共须在资本主义框架内推进包括民族独立问题在内的民主变革。[②] 2004年，日共召

---

① PCF, Pour un manifeste du Parti communiste du XXie siècle, 38e congrès-24 au 26 novembre 2018, https://anavantle-manifeste.fr/2020/03/18/pour-un-manifeste-du-parti-communiste-du-xxie-siecle-2/.

② 不破哲三：《日本共産党綱領の一部改定についての報告——第20回党大会で改定》, https://www.jcp.or.jp/web_jcp/1994/07/post-48.html。

开二十三大，再次修订了党纲，明确提出了首先进行民主革命以建立民主与和平的日本、然后再进行社会主义革命的方案。[①] 党纲的再次调整迎合了日本追求民主、和平和民族独立的主流民意，从而使日共在国会中得以长期保有议席，党员人数也在当代发达国家共产党中处于领先地位。

2020年，在经济长期低迷、美国对日本的控制和利用愈加严重、导致日本主权受损的背景下，日共召开了二十八大。二十八大修订的新党纲强调日本具有独特的国情：一是日本实际上是美国的附属国，其领土、军事和其他国家事务的重要部分均由美国控制；二是日本在"二战"后走上了从属于美国的国家垄断资本主义发展道路。基于这一认识，日共指出，日本社会仍然处于民主革命阶段，该阶段的目标是建立民主联盟政府，摆脱日本对美国的从属地位，结束跨国大公司在工商业的专横统治，确保日本的真正独立，并在政治、经济和社会领域进行民主改革，将国家权力从代表日本垄断资本主义且服从于美国的利益集团手中转移到代表人民利益的政治力量手中。为实现这一目标，日共将团结一切民主力量形成统一战线，与反动势力进行长期斗争。在取得大多数人民的支持后，日共将建立所有民主力量及阶层参加的民主联合政府，实现日本真正的民主转型。这一转型需要在外交上废除《日美安保条约》，恢复国家主权，走中立和不结盟的道路；在政治上捍卫宪法，维持议会民主制度，改革选举、行政和司法制度，实现人民主权；在经济上克服资本的无序扩张，以民主调控为主要手段，取消大企业的经济专制；在社会公平方面打击反动政客、特权官僚以及一些大公司形成的腐败三角，保护劳工，实现两性平等。[②]

---

① 日本共产党：《日本共产党纲领——第23回党大会で改定》，https://www.jcp.or.jp/jcp/23rd_taikai/kouryou.html。
② 日本共产党：《日本共产党纲领——第28回党大会で改定》，https://www.jcp.or.jp/web_jcp/html/Koryo/。

如果实现上述目标，日本将会进入新的社会主义阶段。日共二十八大将这一阶段从"社会主义革命阶段"修改为"社会主义改造阶段"，降低了原方案的激进程度。日共认为，该阶段的首要目标是实行生产资料的社会所有制，将生产资料的所有权和企业的经营管理权移交给社会，但在进行社会主义改造时需要把握两点：一是生产资料的社会化可以采取多种形式的所有权、控制权和管理权，但绝不能偏离以生产者为主要参与者的社会主义原则；二是通过市场经济向社会主义过渡符合日本的社会主义发展规律，应通过计划经济与市场经济相结合的方式有效而灵活地发展经济。

日共的社会主义改造方案指出，当生产资料实现了社会化后，需要从三个方面继续为实现社会主义创造条件：一是废除人对人的剥削，为消灭社会贫困和缩短工作时间铺平道路；二是经济生产活动不再以盈利为目标，而是实行有计划的经济管理，防止反复出现经济衰退、环境破坏、贫富悬殊等问题，为生产力的全面发展创造物质条件；三是让人民成为真正意义上的社会参与者，使"人民主权"观念在所有领域成为现实，从而为人的全面发展创造政治和法律条件。[1]

日共意识到，在发达资本主义国家进行社会主义改造是一项既有特殊困难又有巨大潜力的任务，世界尚未经历由发达资本主义向社会主义的转变，日本的社会主义之路将是一个新的探索过程。

五 加拿大共产党的"建立人民政府——建设社会主义"方案

1921 年成立的加拿大共产党（Communist Party of Canada,

---

[1] 日本共産党：《日本共産党綱領——第 28 回党大会で改定》，https://www.jcp.or.jp/web_jcp/html/Koryo/。

CPC）一直积极支援国际共产主义运动，并在"二战"期间为世界反法西斯运动做出了重要贡献。苏联解体、东欧剧变后，时任加共总书记乔治·休伊森（George Hewison）曾主张放弃马克思主义，此举一度引起了党内分裂，但经过激烈的路线斗争，加共还是坚持了马克思主义传统。2001年，加共召开三十三大，在总结党的历史经验的基础上通过了新党纲《加拿大的未来是社会主义》，提出了先建立人民力量联盟、再组建人民政府、然后建设社会主义的初步方案。① 2019年，加共召开三十九大，细化并完善了党纲，主张积极参与环境保护以及少数族裔、妇女和性别平等议题，并将死灰复燃的民粹主义和法西斯主义作为无产阶级的斗争对象。② 同时，加共将反对当代帝国主义提到更重要的位置，认为本国人民同时承受着国内的阶级压迫和国外的帝国主义压迫，以美帝国主义为首的资本主义全球化在加拿大统治阶级的全力支持下正在威胁着加拿大的主权和独立，致使加拿大有成为美国附庸的危险。为摆脱这一危险，加共计划经过两个阶段实现社会主义。

第一个阶段是建立独立自主的人民政府。为此，加共将组建一个包括共产党和其他进步力量在内的反垄断和反帝国主义民主联盟，一方面在议会外进行统一的斗争，维护劳动人民的利益；另一方面在议会内通过选举获得权力，建立人民政府。人民政府将制订社会转型计划，一是对抗和限制国内外金融资本的权力，并扩大关键经济部门的公有制；二是重新分配财富，提高绝大多数人民的生活水平；三是进行广泛的民主改革，加强人民对各级政府的监督。随着工人阶级及进步政治力量的斗争和管理经验更加丰富，加拿大的社会主义之路将进入第二个阶段——社会主义建设阶段，其标志

---

① PCC, Canada's Future is Socialism! Program of the Commu-nist Party of Canada （2001）, http：//www.parti-commu-niste.ca/?page_id=17.
② Liz Rowley, "'The Future is Socialism': Discussion on the Amended Communist Party Program Begins", https：//thes-parkjournal.tumblr.com/post/182433717519/the-future-is-socialism-discussion-on-the.

是权力从资产阶级手中转移到工人阶级手中。加共的建设社会主义方案包括以下内容：在政治方面，建立一个社会主义的多党制政府，保障公民的言论、新闻、结社和集会自由；在经济方面，在金融、工业、土地、资源运输和通信等关键的经济领域实行社会所有制，但允许中小型非垄断企业以多种形式继续存在一段时间，劳动人民的个人财产所有权也将得到保证；在社会方面，生产资料收归劳动人民所有后，资产阶级将消失，具有社会主义特征的新型社会关系将形成，从而使工人、工程师、科学家和管理人员的利益得到协调；在思想道德方面，解放全人类的伟大理想将成为工人阶级的最高追求。[1]

六 澳大利亚共产党的"民主阶段革命性变革阶段"方案

澳大利亚共产党（Communist Party of Australia, CPA）成立于1920年，在发展过程中曾多次出现分裂，其中最严重的一次是1970年，当时澳共在二十二大上宣布取消马克思主义的意识形态指导地位，从而导致党内坚持马克思主义立场的党员脱离澳共，于1971年成立了澳大利亚社会主义党（Socialist Party of Australia, SPA）。1990年澳大利亚共产党解散后，社会主义党接过马克思主义的旗帜，于1996年重新更名为澳大利亚共产党。2005年，为了给未来的工作指明方向，澳共召开十大，修订了党纲，提出要"经过反帝反垄断的民主革命阶段和社会主义革命阶段进入社会主义社会"的方案。[2] 在实践中，澳共注重与其他左翼力量加强联合，通

---

[1] PCC, Canada's Future is Socialism! Program of the Commu-nist Party of Canada (2019), https://communist-party.ca/party-program/.

[2] Communist Party of Australia, "Revamped Party Program En-dorsed", The Guardian, No. 1248, 2005.

过组建"共产主义者联盟"的方式扩大影响力。2017年,为了适应国内外形势的变化,澳共在十三大上再次修订党纲,新党纲淡化了"革命"的色彩,将"民主革命阶段"改为"民主阶段",将"社会主义革命阶段"改为"革命性变革阶段",从而使澳共的社会主义过渡方案更加温和。

新党纲指出,在民主阶段,澳共的任务是把议会活动与议会外斗争相结合,团结工人阶级和左翼进步力量,进行反垄断和反帝国主义的斗争。取得政权后,澳共将领导左翼进步联盟建立人民联合政府,进行新民主主义改造。在政治方面,联合政府将由所有进步、民主和爱国力量的政治代表组成,采取各种措施进行民主化改革,使立法、司法、行政三大权力机构对人民而不是对大资本负责。在经济方面,联合政府将实施新民主主义经济政策,将中央计划与市场机制结合起来,在加强公共部门的同时发挥私营部门的作用。在环保方面,联合政府将强调经济发展、社会责任和环境保护的平衡,打击垄断资本的过度开发,避免造成生态破坏。在外交方面,联合政府将重视独立、和平的外交政策对经济的影响,主张终止澳大利亚与美国的从属性军事联系或与其他国家的军事联盟,拆除美国在澳大利亚的军事基地,与不同制度的国家和平共处。[1]

民主阶段之后,澳大利亚将走向革命性变革阶段。新党纲认为,民主阶段削弱了垄断权力,扩大了人民的民主权利和政治参与,但不能止步于此,社会变革是一个持续的过程,最终目标是实现社会主义。因此,在革命性变革阶段,澳共将致力于用工人阶级的权力取代资产阶级的权力,实现对国家机器的控制,确保工人阶级政府可以按照社会主义路线调整政治和经济关系,进一步废除资本主义私有制,满足工人阶级的利益。新党纲还强调,这一变革进

---

[1] Communist Party of Australia, PROGRAM, Amended CPA 13th National Congress December 2017.

程将遭到那些特权地位受到挑战的反动势力的强烈反对,他们会利用各种伎俩进行反扑,比如组织资本外逃、发起国际制裁、实施内部破坏等活动。在这种情况下,工人阶级只有不断地与之斗争,挫败反动势力的反扑,才能实现社会主义。①

七 德国共产党的"通过反垄断向社会主义过渡"方案

1918 年,卡尔·李卜克内西(Karl Liebknecht)和罗莎·卢森堡(Rosa Luxemburg)创建了德国共产党(Kommunistische Partei Deutschlands,KPD)。1946 年,联邦德国的德共被取缔,后于1968 年重建;民主德国的德共与德国社会民主党合并为德国统一社会党(Sozialistische Einheitspartei Deutschlands,SED),并执政至苏联解体、东欧剧变和两德统一。1989 年,在苏联解体、东欧剧变的大潮中,德国统一社会党放弃了马克思主义,改名为"德国民主社会主义党"。1990 年德国统一后,原联邦德国的德国共产党成为全国性政党。1993 年,德共召开十二大,确定了本党的目标是以马列主义为指导,通过阶级斗争打破垄断资本主义的生产关系,建立非剥削性的社会主义社会,而斗争的主要对象是垄断资本主义和帝国主义。② 2006 年,德共召开十七大,在分析了德国新世纪以来的形势后修订了党纲,提出了"通过反垄断向社会主义过渡"的方案。德共认为,当代垄断资本主义已经发生了巨大变化,新自由主义的发展加速了垄断资本主义的国际化进程,苏联解体、东欧剧变使得资本主义国家进行经济、社会和民主改革的压力丧失,资产阶级不但失去了进行社会和政治调解的能力,还变本加厉地实施不利于人民

---

① Communist Party of Australia, PROGRAM, Amended CPA 13th National Congress December 2017.

② DKP, zur programmatischen Orientierung (1993), https://dkp.de/partei/parteitage/12-parteitag/.

利益的政策，使人民民主遭到严重破坏，工会权利受到限制，工资福利被削减，集体谈判能力被瓦解，警察国家却得到不断强化。更危险的是，大众媒体日渐将人的思想在意识形态上融入资本主义社会，不再对统治者构成威胁。德共指出，在这种形势下，其斗争的内容将越来越具有反垄断的性质，只有打破垄断资本主义的权力和财产关系，才能最终消除剥削、战争、贫困、生态恶化以及人与人之间关系的疏离；只有在以生产资料公有制为基础的社会中，在由劳动人民掌握政治权力的民主生活中，才能保障基本人权。这样的社会就是共产主义社会的第一阶段——社会主义社会。只有社会主义，才是资本主义的根本替代方案。

在德共看来，反垄断是从资本主义向社会主义过渡的必要阶段，而要进行反垄断斗争，就必须进行阶级斗争，社会主义只能通过对资本主义财产和权力关系的革命性变革来实现。这就需要加强工会的组织和战斗能力，以工人阶级为决定力量实现各种社会进步力量的联盟，不断开展民主和社会运动，在工作和社会场所不断扩大民主自决观念，最终实现两个目标：一是使反垄断联盟具有足够的议会影响力，组成代表共同利益的政府，借助议会外的工人运动和民主力量引发深刻的政治和经济变革，打破垄断资本的权力优势；二是在银行和保险以及关键的生产行业等战略性经济领域实行无产阶级民主管理的公有制，从而为社会主义铺平道路。[①]

八　总结与展望

综上所述，当代发达资本主义国家共产党实现社会主义的方案呈现出以下几个特点。

一是各国共产党都将反垄断作为实现社会主义的前提。当代垄

[①] DKP, Programm der Deutschen Kommunistischen Partei, http//dkp. de/programmatik/parteiprogramm/.

断资本主义进入了新阶段，控制着国家政权，在全球实施新帝国主义和新殖民主义。垄断金融的寄生性加剧了资本主义危机，放大了资本主义的危害性，成为各发达国家共产党的重点斗争对象。二是各国共产党都在探索通过民主手段和平取得政权的方式。它们认为，发达资本主义国家实行的并不是真正的民主，需要真正的人民民主取而代之，民主不但是实现社会主义的重要手段，也是社会主义的本质要求。三是各国共产党均认为实现社会主义是一个长期的、艰巨的过程，都采取了不断积累各国社会主义因素、通过量变引起质变的策略。除了法共和德共没有明晰的阶段划分外，其他各党均认为社会主义需要经过不同的阶段才能实现，美共和英共认为需要三个阶段，而日共、加共、澳共认为需要两个阶段。

四是各国共产党均高度重视与其他左翼进步力量的联合，试图将社会主义运动与其他进步的社会运动——比如环保运动、女权运动、反种族歧视运动、LGBT平权运动等新社会运动——结合起来，以便扩大社会主义的当代影响力。

五是各国共产党尤其重视运用马克思主义理论分析资本主义的当代特点，对资本主义利用自动化、智能化、人工智能、大数据等新技术手段加剧对工人的剥削和对社会的控制进行了揭露和批判。

整体而言，在经历了苏联解体、东欧剧变以来漫长的低迷期后，发达资本主义国家的共产党大都积累了一定的经验，对实现本国社会主义方案的探索也走出了教条主义的束缚，推进了马克思主义本土化时代化，使社会主义运动呈现出"百花齐放"的局面。但是，各国共产党在制定新纲、领新方案以适应新形势、应对新问题的同时，也面临着新的挑战。

一是目前世界上尚无通过民主和平手段在资本主义制度框架下实现社会主义过渡的成功经验。发达资本主义国家的共产党往往会陷入两难境地：如果进行体制外的激进抗争，通常不利于在和平的环境下团结大多数，容易被主流政治边缘化，也容易被资本主义的暴力机器镇压；但如果在资本主义制度框架下进行体制内的抗争，其无产阶级立场原则又容易因资本主义制度的吸纳性影响而弱化，难以撼动资本主义的根基。

二是发达资本主义国家长期的产业升级换代和实业空心化，使得白领中产阶级人数扩大，蓝领工人人数减少，加上物质生活条件的改善，使得传统阶级斗争的号召力减弱。为寻求新的力量源泉，各发达资本主义国家的共产党积极参与各种新社会运动，扩大左翼统一战线，但又尚未具备用马克思主义理论整合这些新社会运动的能力，从而导致它们不但没能掌握运动的领导权和扩大自身的影响力，反倒冲淡了阶级斗争的号召力，造成群众基础被这些新社会运动分流的局面。

从长远来看，整个资本主义世界的共产党仍将长期处于低迷状态，如何通过民主与和平手段实现社会主义的过渡没有现成的答案，新的纲领和方案需要在实践中不断检验与完善，这将成为发达资本主义国家共产党的长期历史使命。

美国"千禧社会主义"思潮的兴起、成因及影响[*]

周亚茹

美国"千禧社会主义"是指在后金融危机时代，美国千禧一代（指出生于1981—1996年的人）中出现的公开批判资本主义危机与政治极化现象、对资本主义失去信心、希望用"社会主义"解决当前资本主义社会问题、主张构建"公平的高福利社会"的一种新兴左翼思潮。目前，千禧一代是美国各世代中人数最多的一代。据美国统计机构"Statista"发布的《2020年美国居民的世代划分》提供的数据，美国千禧一代的人数已经达到7226万（占总人口的21.93%），是国内劳动力市场的主力军。美国皮尤研究中心数据显示，"到2025年千禧一代将占全国劳动力的75%"。这表明千禧一代已经成为美国社会的有生力量。千禧一代中出现向"社会主义"的转向，作为美国一种新兴政治文化现象，正在以一种有悖于传统的形态活跃在美国社会的各个角落乃至政治舞台，一定程度上折射出美国政治生态的变迁，也属于21世纪世界社会主义运动的新情况，为我们观察当代资本主义、研究当代世界社会主义运动提供了一个窗口。

---

[*] 原载《世界社会主义研究动态》2022年9月26日。

一 美国"千禧社会主义"思潮的兴起

2008年全球金融危机爆发后,美国贫富分化、阶层固化及其他社会问题叠加并相互作用,导致国内矛盾被进一步激化。在此背景下,千禧一代面临就业前景黯淡、工资增长停滞、学业债务负担繁重、教育和住房成本增加等各种困难和挑战。在千禧一代的眼中,资本主义与"危机""衰退"相联系。由此,"千禧社会主义"思潮开始兴起。

(一)千禧一代中对社会主义持积极态度的比例不断提高

2010年以来,美国盖洛普公司做了一项关于美国人对资本主义和社会主义态度的跟踪调查,其结果显示,"截至2018年,从国家层面来讲,美国人对社会主义的态度基本上没有变化,但是民主党人和千禧一代对社会主义表现出更加积极的态度"。其中,"千禧一代对资本主义持积极态度的比例由2010年的66%下降到2019年的51%,下降了15%;对社会主义持积极态度的比例相对稳定,一直维持在50%左右"。数据对比的变化意味着社会主义思潮在美国千禧一代中的影响力逐渐增强。

2016年以后,美国千禧一代中对社会主义有好感的比例已经超过资本主义。英国舆观公司2019年的一项民调数据显示:"美国千禧一代中22%的人认为废除私有财产将使社会变得更好;36%的人表示赞成共产主义,比2018年增加了8%;70%的人表示可能投票支持社会主义。"这一定程度上可以说明,近年来美国千禧一代对社会主义表现出更加积极的态度。

新冠疫情暴发以来,美国的公共卫生危机、经济持续衰退等社会矛盾进一步加剧,越来越多的人对社会现实不满。千禧一代面临着巨大的生活压力和工作压力,对资本主义的不满情绪进一步增强,对社会主义表现出较高的兴趣和热情,因而,对社会主义的支持率也不断增加。据美国左翼杂志《雅各宾》2022年5月发表的一项社会调查显示:"42%的美国人对社会主义持积极态度,在18至34岁的美国人中这一比例已经跃升至55%。"说明美国千禧一代对社会主义的兴趣和热情明显高于其他世代。

(二)千禧一代积极加入民主社会主义者组织

20世纪80年代初,美国民主社会主义组织委员会(DSOC)和新美国运动(NAM)合并为"美国民主社会主义者"(DSA)。该组织高举民主社会主义旗帜,追求通过社会变革构建更加公正美好的世界,一直是美国具有较强影响力的左翼组织。成立之初,该组织成员有6000人左右,到2013年时仅有6500名成员,平均年龄高达68岁。

从2014年年底开始,美国民主社会主义者决定优先支持高举民主社会主义旗帜的桑德斯参加总统竞选活动,并迅速赢得了国内一批千禧一代的支持。据美国民主社会主义者国家政治委员会委员约瑟夫·M. 施瓦茨在《美国民主社会主义的发展历程(1971—2017)》一文中提供的数据显示,"2016年美国民主社会主义者成员增加到8500人,2017年7月达到24000人。其中70%—80%的新成员是千禧一代"。美国《纽约客》主编安娜·海沃德研究发现,截至2017年年底,美国民主社会主义者成员"平均年龄已经降低到33岁"。

新冠疫情暴发以来,美国民主社会主义者成员再次迅速增加。美国民主社会主义者成员佐兰·曼达尼研究发现,截至2020年5月,该组织成员已经达到6.6万人,地方组织已经超过180个。美国民主社会主义者官网数据显示,截至2021年11月,"成员人数已经超过9.2万人,分布在美国的50个州,平均年龄降低到28岁左右"。由此可见美国千禧一代对民主社会主义政策主张的认可与支持度,其中不少人直接加入了美国民主社会主义者这一左翼组织。

(三) 千禧一代助推"桑德斯现象"升温

在 2016 年美国大选中,美国政坛出现了备受关注的"特朗普现象"和"桑德斯现象"。桑德斯以民主社会主义者的身份参加美国总统竞选,提出实施全民免费医疗、全民免费大学、全民住房的经济政策,要求向富人征税、反对贫富分化等,希望把美国建设成为北欧模式的高福利国家。桑德斯的选举政策主张与美国主流社会的思想和价值观大相径庭,却因为高举民主社会主义旗帜而赢得了大批千禧一代的关注和支持。桑德斯的竞选言论点燃了千禧一代参与政治生活的热情。美国盖洛普公司的一项民意调查显示,在 2016 年美国大选中,"在认同民主党的千禧一代中,对桑德斯的支持率高达 62%,希拉里的支持率仅为 35%"。2020 年,桑德斯再次参与美国总统竞选,依然获得了大量千禧一代的支持。并且,在两次美国大选过程中,有相当一部分年龄在 39 岁以下的年轻人支持桑德斯并为之捐款。

二 美国"千禧社会主义"思潮兴起的原因

"千禧社会主义"思潮近年来在美国的兴起,是美国贫富分化、两党政治极化,以及新冠疫情下美国社会严重撕裂等矛盾急剧爆发的必然结果。此外,千禧一代独特的成长经历使其形成了更加包容开放的世界观,这也是考察"千禧社会主义"思潮兴起时不容忽视的因素之一。系统剖析美国"千禧社会主义"思潮兴起的原因,是全面认识当前资本主义社会矛盾的现实要求。

(一) 美国贫富两极分化不断加剧,导致千禧一代拥抱社会主义的倾向

21 世纪以来,美国收入分配两极化、贫富两极分化不断加剧,由社会不平等造成的各种矛盾也随之被激化。尽管美国历届政府采取一定措施来"缓和"矛盾,但并未能从根本上解决问题。作为

21世纪以来第一代步入社会的成年人，千禧一代经历了金融危机、新冠疫情等全球性危机，长期面临经济大衰退造成的就业困难、收入和生活没保障、债务负担激增、医疗费用大幅增加等各种难题的困扰，长期被"看不起病""就业困难"等生活难题折磨，无论物质上还是精神上、心理上他们都感到极大的恐慌和不安。

特别是美国高等教育的"大众化"与过度市场化，使千禧一代中的中低阶层背负着沉重的学费债务，严重制约了他们向更高阶层社会的流动。据美国皮尤研究中心的统计数据，近年来，70%的美国千禧一代大学生在毕业时背负助学贷款的债务，"在经济大衰退时期，学生债务是美国唯一上涨的家庭债务，成为仅次于抵押贷款的第二大债务"。昔日激励无数人奋斗的"美国梦"，对千禧一代的吸引力大大降低。

（二）美国政治极化现象日益严重，进一步激发了千禧一代的反制度情绪

随着贫富两极分化的不断加剧，美国政治极化现象日益严重，社会矛盾尖锐。无论是民主党还是共和党，持传统中立立场的建制派政客越来越不受欢迎，持非传统政治立场的政治人物反而受到选民的热捧和支持。例如，在2016年美国大选中，煽动极端化情绪的特朗普得到相当一部分选民的支持并当选。美国政治极化问题造成的矛盾使民主党和共和党之间的权力制衡更加激烈，双方互不妥协、相互掣肘。例如，因"债务上限"导致政府关门危机；控枪问题、移民问题、《平价医疗法案》等国家重大政策难以形成和执行；特朗普落选后煽动支持者冲击国会，纵容对西方民主规范的挑战；种族歧视、种族不平等矛盾加剧并助长了美国政治的种族化。两党围绕上述问题的党争与拖沓，引起了美国民众的强烈不满。民粹主义者特朗普当选总统后，废除奥巴马医改政策、修建边境墙并驱逐非法移民，一系列极端的政策导致党争进一步激化、种族歧视抬头、社会纷争不断，社会发展陷入困境。千禧一代作为劳动力市场的主力军，是美国政治极化的直接受害者，直接表现为就业难、收入少、债务多等。

新冠疫情暴发后，美国经济进一步萎缩、就业市场复苏乏力。拜登上台后实施的一系列政策丝毫没有改变社会现状，国内各种矛盾有进一步加剧的趋势。这也是拜登上台以后千禧一代对他的支持率下降、反对率提升的重要原因。归根结底，美国政治极化矛盾进一步激发了千禧一代的反制度情绪。当然，他们的觉悟还没有达到要改变美国资本主义制度的程度，他们只是对当前美国的政治制度和治理模式产生不满、怀疑和动摇，在迷茫、彷徨的情绪中对社会主义产生向往，认为"社会主义"可以帮助自己摆脱困境，因而幻想通过美国现行选举制度走"社会主义"道路。

（三）千禧一代的独特成长经历使他们更容易接受社会主义思想

有学者指出："美国千禧一代是第一代生活前景不如父辈的美国人。"从生活成本和助学贷款等因素综合考量，当前美国千禧一代的收入增长与财富积累已经处于美国社会最底层，他们刚步入社会就要背负沉重的债务负担，远远高于他们父辈在同一年龄段所承担的债务。据美国CompareCamp公司《千禧一代的新趋势：2021—2022年特征、行为和兴趣》的调查数据显示："2000—2020年，美国公立学校的学费、住宿费及其他相关费用上涨68%，学生贷款人数也翻了一番；截至2019年6月，千禧一代中约有1510万人办理学生贷款，总金额达4970亿美元，相当于千禧一代中每个人平均借款33000美元；57%的千禧一代表示，学生债务成为他们这一代经济不安全的最主要原因。"特别是新冠疫情暴发以来，千禧一代的生活工作环境进一步恶化。这种生活经历是促使千禧一代中出现反对资本主义、开始拥抱社会主义现象的直接原因。

在全球化和网络信息技术快速发展中成长起来的美国千禧一代，比其他世代有更多机会通过互联网、出国留学或跨国就业等方式加强与世界的交流，收到的资讯更多、加工信息的能力更强，因而比他们的父辈拥有更加开放和包容的世界观。千禧一代更善于利用"脸书""推特"等社交媒体自由表达自己的政治观点、结交志同道合的朋友，他们思想更开放，更注重追求自己的个性，力求实现自我价值和主张。千禧一代的成长经历使他们能够比其他世代更容易接受社会主义。

三 美国"千禧社会主义"思潮的社会影响

青年群体是每个国家思想进步运动的主力军，青年一代的生存状况、思想动向直接影响着社会的稳定与发展。美国"千禧社会主义"思潮的兴起和发展，在一定程度上折射出美国政治生态的新变化。这就要求我们运用马克思主义立场观点和方法，客观看待"千禧社会主义"思潮对当今美国政治生态产生的影响。

（一）"千禧社会主义"思潮的兴起打破了美国社会的"社会主义"禁忌

社会主义在美国长期处于"失语"状态。"社会主义"一词往往作为一个被污名化的政治标签而存在，右翼势力常常把他们不喜欢的东西归结为"社会主义"，以至于在美国提起"社会主义"便会被视为抹黑政治对手，而不是自我标榜。然而，2008年全球金融危机爆发以来，越来越多的美国千禧一代开始赞同社会主义。对千禧一代来说，"社会主义"已经成为高福利国家和进步思想的代名词。伴随着"桑德斯现象"的发生，一些千禧一代开始步入美国政坛，积极宣传他们的"社会主义"政策主张，甚至将"社会主义"一词带进美国主流政治话语。例如，2018年，时年28岁的民主社会主义者亚历山德里亚·奥卡西奥·科尔特兹成功当选为美国历史上最年轻的联邦众议员；其他一批千禧社会主义者在联邦和州、县、市等地方公职选举中也崭露头角，大大推动了"社会主义"思潮在美国的发展。有学者指出，在美国"社会主义不再只是右翼政客扣在自由主义者、社会民主政策和激进左翼思想之上的'污名',而有望逐渐变成一个褒义词,一种可供选择的政治方案"。

目前,虽然"千禧社会主义"思潮还没有形成系统的理论体系,在政坛还缺乏自己的政治代理人,但千禧一代在国内政治、经济领域影响力在不断扩大,这股思潮有可能对美国社会产生更强烈的冲击,从而影响美国政治生态的未来走向。有学者指出:"在美国社会步入转型的关键时期,千禧一代登上政治舞台的杠杆效应会被外部环境成倍放大,一场改变美国未来社会蓝图的'青年震荡'呼之欲出。"未来,随着美国新老选民的世代更迭,千禧一代政治家将逐渐代替"婴儿潮"一代。随着美国社会矛盾的加剧,美国"千禧社会主义"的政策主张有可能进一步推动美国民众改变对社会主义的看法和认识。

(二)"千禧社会主义"的思想主张只是资本主义制度框架内的自我调适,并非科学社会主义在美国的应用

美国千禧一代对社会现状不满并试图进行资本主义改良,一定程度上揭露和批判了"美国梦"的虚假性,反映出美国社会矛盾被进一步激化的现象,但他们并非信奉科学社会主义。"千禧社会主义"的政策主张与民主社会主义有许多相似之处,它们都批判美国的新自由主义经济,批判美国政府有利于富人的经济政策,批判大企业和超级富豪利用经济特权攫取政治特权;他们都主张通过有计划的政策措施改变当前社会现状,构建"公平的高福利社会"。这也是千禧社会主义者积极支持桑德斯参与美国总统选举并为之捐款,甚至直接加入民主社会主义者的重要原因。从科学社会主义视角来看,有学者指出,"千禧社会主义"把"社会主义"仅仅理解为"普遍医保、免费教育、经济适用房和应对气候变化","追求丹麦、瑞典、挪威等北欧国家的那种高福利社会模式,将斯堪的纳维亚模式视为共产主义的典范"。这就决定了美国"千禧社会主义"思潮不可能为彻底解决资本主义矛盾提供答案,这只是千禧一代表达自身对社会现状不满的一种方式，是对美国资本主义改良的一种设想和方案。"千禧社会主义"不可能触及资本主义矛盾的本质，更不可能产生颠覆资本主义制度、推翻资产阶级统治的意愿。因此，"千禧社会主义"并非科学社会主义在美国的现实应用，而是追求资本主义框架内的自我调适。正如有学者指出："美国年轻人拥护民主社会主义，有时并不完全出于对社会主义的好感，而更多的是出于对资本主义的痛感，对什么是真正的社会主义并不完全知晓。"

（三）"千禧社会主义"思潮的兴起并不意味社会主义革命在美国迫在眉睫

近百年来，西方学者一直将美国称为"社会主义例外的国家"，这意味着长期以来美国缺乏滋生社会主义的土壤和条件。德国社会主义学者桑巴特在1906年出版的《美国为什么没有社会主义》一书中认为，美国经济快速增长的现实与预期、国民生活水平相对优越，使国民相信在这个国家通过努力工作能够得到合理的报酬。在这种环境下，国民能够安于现状、忙于追求"美国梦"，这一定程度上可以说明社会主义在美国长期处于低潮的重要原因。近年来，美国社会两极分化已经达到失控地步，政治经济被国内精英阶层及其背后的金融垄断资本主义操控，现存的资本主义制度更倾向于保护既得利益集团。为了摆脱生活困境和表达对社会现实的不满，千禧一代对"社会主义"持积极态度的人数不断创造历史新高，主张通过走"社会主义道路"来解决当前的制度危机和经济弊病，一定程度上推动了美国社会主义运动的发展。

但是，"千禧社会主义"思潮兴起并不意味着社会主义革命在美国已经迫在眉睫。美国《华盛顿邮报》《大西洋月刊》等都刊文指出，"千禧一代一旦找到工作，他们将会随着经济状况的好转而变得更加保守，对社会主义的支持率也会随之急剧下降"。《华盛顿邮报》还指出："桑德斯认为，美国应该采取扩大社会福利的措施，要求普通民众缴纳相当多的税款。然而，如果由千禧一代买单，他们就会对社会福利支出产生反感。并且，随着千禧一代年薪提升到4万至6万美元，他们中的大多数人会反对收入再分配，包括提高税收以增加对穷人的财政援助。"这就意味着未来随着美国社会矛盾的缓和和千禧一代收入水平的不断提高，他们对社会主义的好感度也会随之降低，甚至会反对社会主义。有学者认为，尽管2016年美国民主社会主义组织赢得以知识分子和青年力量为核心的中坚力量的支持，社会主义在美国的发展出现了引人关注的新动向，但是，美国并没有形成"能够领导工人运动发展的成熟的社会主义政党，也不具备具有明确阶级意识的等待发动的阶级基础"。

总之，美国国民一般把社会主义理解为"国家控制生产资料"，把共产主义理解为"极权政府"等，对社会主义的认识普遍不全面、不科学，甚至存在误解和歪曲。美国千禧一代对社会主义的理解和认识有了明显改善，但依然存在较大偏差，甚至是不科学、不全面的。然而，他们对资本主义的批判、对未来社会的展望和探索，为我们更加全面认识和分析当代资本主义提供了丰富的现实素材。美国"千禧社会主义"是在资本主义母体中生长出来的新因素，这也正是马克思所说的"资本主义生产本身由于自然变化的必然性，造成了对自身的否定"。对于美国"千禧社会主义"思潮，我们既要看到美国千禧一代在要求改良资本主义的行动中所蕴含的社会主义某些因素，也要洞察其自身局限性和历史约束性。

近年来拉美社会主义的发展：现状与趋势[*]

李 菡 袁东振

拉美社会主义发展和实践探索一直呈现周期性特征。随着政治生态的变化，近年拉美社会主义实践探索遭遇新挫折和新困难，面临新挑战。拉美社会主义发展既有诸多有利条件，也有不少制约因素，呈现出一些新特征和新趋势。

一 近年来拉美社会主义发展遭遇新难题

随着地区和国际环境的变化，近年来拉美地区社会主义的发展环境有所恶化。与此同时，右翼力量加大对拉美国家社会主义实践探索的围攻，拉美社会主义发展遭遇新难题。

（一）社会主义的发展环境恶化，实践探索动力减弱

拉美社会主义发展的环境趋于复杂。从 20 世纪末起，拉美出现有利于社会主义发展的政治环境。20 世纪八九十年代拉美国家普遍推行新自由主义改革，改革有助于宏观经济稳定，但引发严重社会后果，致使社会矛盾激化，社会冲突加剧。面对诸多治理难题，许多传统执政党束手无策，或措施不力，日益失去民心。而左翼政

---

[*] 原载《世界社会主义研究》2022 年第 5 期。

党及其领导人提出替代新自由主义、探索新发展道路的主张，与大众诉求有许多切合，赢得广泛社会支持。左翼政党通过大选先后在委内瑞拉、巴西、阿根廷、乌拉圭、智利、玻利维亚、厄瓜多尔、尼加拉瓜、萨尔瓦多、秘鲁等多国执政，在拉美掀起"粉红色"浪潮。拉美左翼政党有"去新自由主义化"取向，执政后对新自由主义模式作出修正。一些左翼执政党及其领导人提出社会主义的口号和主张，推进"社会主义建设"，其中委内瑞拉、厄瓜多尔、玻利维亚等国左翼执政党的"21世纪社会主义"理论和实践影响较大。2015年后，拉美政治生态持续变动，"粉红色"浪潮大幅褪色，不少国家的右翼政党上台执政，社会主义发展的环境趋于不利。最近几年左翼政党在阿根廷、秘鲁、智利、洪都拉斯等国重新执政，但这些左翼执政党多忙于应对国内治理难题，拉美地区社会主义发展的不利环境并未得到扭转。

  拉美社会主义实践探索遇到新阻力。始于21世纪初的拉美社会主义实践探索是在经济持续增长背景下进行的。进入21世纪以来，拉美经济出现"黄金十年"，其中2003—2008年年均增长率为4.8%。凭借强劲经济增长，拉美国家甚至成功抵御了2008年国际金融危机的冲击，2010年、2011年和2012年拉美地区经济分别增长5.9%、4.3%和3.1%。受国际市场大宗商品价格持续下跌及世界经济危机影响，2014年后拉美经济开始下行，2015年和2016年连续两年负增长，一些左翼执政国家陷入衰退。经济衰退的政治社会后果不断发酵，社会不满情绪增加，越来越多的人希望右翼政党收拾残局：拉美接连发生"左退右进"的执政党更迭，左翼受到"巨大打击"[1]。2015年，连续执政12年的阿根廷左翼政党失去执政地位，巴西、委内瑞拉等国的左翼执政党陷入治理危机，委内瑞拉左翼执政党失去对国会的长期掌控；2016年，巴西左翼总统罗塞

---

[1] 方旭飞：《从右翼复兴看拉美政治中的"左退右进"态势》，《现代国际关系》2017年第10期。

夫（Dilma Rousseff）被右翼控制的国会弹劾；2018 年，右翼的博索纳罗（Jair Bolsonaro）当选巴西总统；2019 年，连续执政 10 年的萨尔瓦多左翼政党下台；厄瓜多尔左翼执政党在 2017 年大选中受到严重冲击，继而在 2021 年失去执政地位。委内瑞拉、玻利维亚等国的左翼执政党遇到新难题，施政难度加大，社会主义实践探索遇到新阻力。

新自由主义"回潮"冲击拉美社会主义实践探索。如前所述，2015 年后右翼政党先后在巴西等拉美重要国家重新执政，新自由主义出现"回潮"。拉美右翼政党普遍具有亲市场和亲新自由主义的政策倾向，执政后进一步推动以市场为核心的经济改革，大幅调整前左翼政府的内外政策。拉美右翼政府积极向美国和欧洲靠拢，转变对委内瑞拉等国家左翼政府的态度，表现出对拉美社会主义实践探索的敌意；一些拉美右翼政府甚至积极参与美国等西方国家对委内瑞拉等国家左翼政府的"围剿"，参与对拉美社会主义实践探索的围攻，致使委内瑞拉等国的左翼执政党进行社会主义实践探索的地区环境不断恶化。

（二）社会主义实践遭右翼围攻，探索难度加大

在拉美社会主义实践探索遇到新挫折之际，右翼势力强化对拉美社会主义特别是"21 世纪社会主义"的批判和围攻，加大了其实践探索的难度。

对拉美社会主义实践，特别是委内瑞拉等国家"21 世纪社会主义"的实践探索，无论在拉美还是在其他地区，一直有人批评和反对。委内瑞拉左翼政治家佩特科夫（Teodoro Petkoff）早就认为，查韦斯倡导和推行的"社会主义"与现代社会主义毫无共同之处，其目的是巩固个人权力。西班牙前首相阿斯纳尔（Jose Maria Aznar）和墨西哥前总统福克斯（Vicente Fox Quesada）等人认为，查韦斯的"21 世纪社会主义"建立在陈旧和过时思想基础上，缺乏实用性；是远离"开放、自由、繁荣"的道路，是通向苦难和不幸的道路。2015年以后，伴随社会主义实践探索中的困难增多，拉美和国际右翼力量进一步加大对拉美社会主义特别是"21世纪社会主义"的攻击力度；渲染"21世纪社会主义是拉美最大的不幸和灾难"，强调"不应再犯21世纪社会主义的错误"[1]。在2018年联合国大会上，美国时任总统特朗普以委内瑞拉为例，对社会主义进行全面攻击，指出"委内瑞拉曾是南美最富饶的国家，但社会主义毁了这个石油丰富的国家，把人民引入贫困"；攻击社会主义产生苦难、腐败和腐朽，号召"抵抗社会主义及其带来的灾难"[2]。

（三）社会主义实践探索遭遇新挫折

委内瑞拉、玻利维亚、厄瓜多尔是拉美"21世纪社会主义"的主要试验场。在右翼抬头和新自由主义回潮背景下，这些国家的社会主义实践探索遇到新困难，甚至遭到挫败。一是持续14年的厄瓜多尔"21世纪社会主义"实践探索中止。左翼政党"祖国主权联盟"2007年开始执政，其创始人科雷亚（Rafael Correa）提出"公民革命"口号，并致力于在该国建设"21世纪社会主义"和"美好生活社会主义"；2017年其继任者莫莱诺（Lenín Moreno）执政后调整政策，加剧执政党内部矛盾。科雷亚指责莫莱诺背叛"公民革命"，两人的矛盾和分歧公开化。党内先是形成两派，2018年"祖国主权联盟"正式分裂。2021年厄瓜多尔大选，右翼政党取得执政地位，执政党更迭，该国本轮社会主义实践探索中止。二是委内瑞拉"21世纪社会主义"的实践前景更加不确定。自1999年起委内瑞拉左翼政党已连续执政20多年，然而其"21世纪社会主义"实践未有效解决困扰国家发展的经济、政治和社会难题，社会出现严重危机，其执政的合法性受到损害。2019年后，国内矛盾加剧，朝野争斗白热化，出现两位总统、两个国会、两套国家机构并

---

[1] 袁东振：《拉美政治生态的新变化与基本趋势分析》，《国际论坛》2019年第3期。
[2] "Read Trump's Speech to the UN General Assembly"，https：//www.vox.com/2018/9/25/17901082/trump-un-2018-speech-full-text.

存的混乱局面。由于内外压力空前增加，左翼执政党能否继续长期执政，其社会主义实践探索能否延续，有了更多不确定性。三是玻利维亚社会主义实践遇到新困难。"争取社会主义运动"党自2006年起执政，在重大改革议题上频遭右翼反对派干扰，其"社群社会主义"实践探索遇到百般阻挠。2016年，该党推动的修宪全民公投失利；2019年，莫拉莱斯总统受右翼逼迫辞职并流亡国外，该党遭受执政以来最严重挫败。2020年，该党虽再度执政，但其社会主义实践探索遇到前所未有的困难。

上述三国的社会主义实践探索被认为是21世纪以来拉美社会主义的重要风向标。因社会主义实践探索在三国受挫，不少人认为拉美社会主义实践陷于困境，甚至已步入末路。巴西学者洛佩斯（Sirio Lopez Velasco）认为拉美21世纪社会主义面临严重挑战。[①]委内瑞拉学者格拉（José Guerra）认为查韦斯当初所宣布的社会主义纲领和口号不复存在，已成为历史；委内瑞拉已完成从社会主义到野蛮资本主义的过渡。[②]

二 当前拉美社会主义发展现状和新特征

尽管社会主义发展的环境趋于复杂化，但拉美左翼政党和社会主义者依然坚守社会主义原则和方向，未放弃社会主义实践探索：在批判新自由主义和资本主义发展模式基础上，主张开展反对资本主义和帝国主义的斗争，继续探索资本主义和新自由主义的替代方案；在反思左翼执政经验及社会主义实践经验的同时，发掘社会主义实践探索的新方式和新路径。

[①] 参见袁东振《拉美21世纪社会主义研究》，中国社会科学出版社2021年版，第40—43页。

[②] José Guerra，"Venezuela 2021：la Transición del Socialismo al Capitalismo salvaje"，https://finanzasdigital.com/2021/12/venezuela-2021-la-transicion-del-socialismo-al-capitalismo-salvaje/.

（一）坚守和坚持

第一，坚守社会主义理念、原则和方向。拉美各国共产党坚守社会主义理念和原则。2016年8月，有拉美20多个政党参加的"拉美共产党和革命党国际大会"在秘鲁首都利马召开。会议通过的《政治宣言》重申"社会主义是反对资本主义唯一的选择"，号召"为建立在道德革命基础上的社会主义而斗争"[①]。2020年12月，智利共产党第二十六次全国代表大会的决议强调，党的"历史性目标、基本目的是建设社会主义社会，当劳动的尊严战胜资本的时候，社会主义社会也就成为现实"。智共二十六大是在阿连德领导的人民阵线政府成立50周年之际召开的，认为阿连德领导的智利人民建设社会主义的经验依然有效，"人民阵线政府的纲领依然是没有完成的工程，也是没有被打败的事业"；智利社会主义建设的经验依然"是通向社会主义、民族独立和各国人民团结的道路"[②]。2021年6月，巴拉圭共产党召开第九次全国代表大会，大会主题是"建立广泛和深入的团结、实现社会主义"。大会重申坚守社会主义的信念和建设社会主义的誓言，要摧毁剥削和压迫关系，使每个人都能真正享有自己劳动的成果，以有尊严的方式获得住宅、健康的食品、交通、有质量的教育和卫生，把自己的能力和才能的发展用于为社会发展服务[③]。2021年10月，巴西共产党第十五次全国代表大会的政治决议指出，"党代表着劳动者阶级最基本的利益，在其中寻找为民族发展新规划而斗争的力量，这是通向社会主义的巴西道路，也是巴西共产党存在的理由"[④]。

---

① "Declaración Políticaenel Encuentrode Partidos Comunistasy Revolucionarios"，https://pcecuadorcc.blogspot.com/2016/08/declaracion-politica-en-el-encuentro-de.html.
② "Resoluciones XXVI Congreso Nacional Partido Comunista de Chile"，https://pcchile.cl/2020/12/11/documento-resoluciones-xxvi-congreso-nacional-partido-comunista-de-chile/.
③ "Partido Comunista Apuesta a la Unidad Amplia y Profunda"，https://adelantenoticias.com/2021/07/08/partido-comunista-apuesta-a-la-unidad-amplia-y-profunda/.
④ PC doB，"PC doB Em Defensa de la Vida, de la Democracia y del Brasil！"，https://i21.org.br/es/pcdob-pronunciamentos/pcdob-em-defesa-da-vida-da-democracia-e-do-brasil/.

拉美左翼执政党继续坚守社会主义的原则和方向。委内瑞拉统一社会主义党及其领导人反复强调，将继续致力于"用社会主义替代毁灭性和野蛮的资本主义制度"，建设基于"社会主义生产的经济"，用社会主义替代"贪婪的"帝国主义，把建立"21世纪社会主义"作为历史性的英雄伟业。厄瓜多尔左翼执政党领导人也重申，社会主义是拉美发展的唯一道路，在拉美高度不平等的社会条件下，"没有比社会主义更好的选择"①。玻利维亚左翼执政党领导人也强调，社会主义不仅是一种未来，也是一种新社会，是人类社会的发展前景。②

第二，坚持社会主义的实践探索。仍在执政的委内瑞拉等国的拉美左翼政党未放弃社会主义实践探索，而是在总结过去经验的基础上继续前行。面对内外部环境恶化，2020年12月，委内瑞拉马杜罗总统号召建立"可以满足国家总体需求的、健康的社会主义经济""在交换过程、商业化和价格确定进程中，在满足人们基本需求的社会主义经济进程中，我们必须要建设健康的经济"③。委内瑞拉领导人还提出若干完善社会主义实践探索的举措，特别强调总结经验和巩固完善人民政权。一是倾听不同声音。马杜罗号召就完善社会主义规划展开讨论，倾听不同立场，倾听各部委实践经验，倾听劳动者意见。二是完善巩固人民政权。马杜罗号召巩固人民政权，"没有人民政权，我们就什么都不是"④。2021年12月，他要求新当选的州长和市长们以人民政权原则为基础，从委内瑞拉的社会主义出发，遵从人民的意愿，"与人民政权在一起，源自人民政权，建设人民政权"，改进治理体制；强调"与人民在一起，我们

---

① 袁东振：《拉美21世纪社会主义研究》，中国社会科学出版社2021年版，第269页。

② 参见袁东振《拉美左翼如何回应新自由主义的"回潮"》，《中国社会科学报》2017年8月31日。

③ "Maduro, Para 2021 Debemos Propiciar una Economia Sana y Socialista"，http：//ghm. com. ve/maduro-para-2021-debemos-propiciar-una-economia-sana-y-socialista/17/12/2020.

④ Maduro, Para 2021 Debemos Propiciar una Economia Sana y Socialista"，http：//ghm. com. ve/maduro-para-2021-debemos-propiciar-una-economia-sana-y-socialista/17/12/2020.

就拥有一切；不与人民在一起，我们就失去一切"①。三是强调满足人民需要。马杜罗号召推进"与人民在一起的工作进程"②，增加住宅建设，完善社区建设，以及可惠及绝大多数人的文化、教育和体育设施建设。四是进行政策调整。尝试进行初步经济开放，对私人部门采取较少的侵略性措施，准许外资特别是俄罗斯、伊朗、土耳其和中国等盟友的投资进入。③ 除委内瑞拉外，玻利维亚执政的"争取社会主义运动"党也未放弃对"社群社会主义"和"美好生活社会主义"的实践探索。

（二）批判和抗争

批判和反击新自由主义"回潮"和进攻。拉美左翼政治家们强调，该地区虽出现新自由主义回潮，但其自身并没什么新东西和新内容；新自由主义是保守的和右翼的发展战略，仅仅意味着对劳动者进行更大程度的超级剥削。玻利维亚社会主义理论家、前副总统加西亚（Alvaro Garcia Linera）指出，新自由主义的本质是掠夺，是"资本主义的一种方式"；新自由主义不仅已过时，而且可以被战胜；新自由主义及对它的信仰在拉美已坍塌，正在被"扔进历史垃圾箱"④。拉美共产党和革命党国际大会认为，新自由主义虽然在拉美曾猖獗一时，但它是不道德的发展模式，不仅没有成效，而且已经失败。2016年拉美进步政党第三次大会指出，新自由主义使拉美陷入贫困、边缘化、排斥和主权持续丧失的体制中。2019年古巴倡导召开的"争取民主、反对新自由主义、团结反帝大会"指出，新自由主义"不仅会成为人类的威胁，还会成为全球的威胁"，

---

① "Pdte. Maduro Insta a Dirigira Venezuela Desde el Poder Popular", https://www.telesurtv.net/news/presidente-maduro-gobierno-poder-popular-20211202-0003.html.

② "Pdte. Maduro Insta a Dirigira Venezuela Desde el Poder Popular", https://www.telesurtv.net/news/presidente-maduro-gobierno-poder-popular-20211202-0003.html.

③ Roberto Mansilla Blanco, "Venezuela: Tres Escenarios Para 2021", https://www.esglobal.org/venezuela-tres-escenarios-para-2021/.

④ 袁东振：《拉美"21世纪社会主义"的理论与实践特性——以玻利维亚为例》，《拉丁美洲研究》2016年第2期。

"我们的斗争就是抵抗"①。智利共产党二十六大认为，新自由主义发展模式的合法性危机变得更加广泛和深刻。新冠疫情发生后，新自由主义的失败以更加尖锐的形式表现出来。2021年，圣保罗论坛在官方网站宣布，在拉美开展反对新自由主义和帝国主义的斗争仍十分必要。2021年普埃布拉集团第七次会议提出，新自由主义发展模式虽在拉美广泛流行，但在过去30年间饱受质疑，已不符合潮流。莫拉莱斯以自身经历和玻利维亚历史为例，认为新自由主义政策已经失败。②

批判资本主义模式。拉美共产党和革命党国际大会认为，资本主义在解决人类面临的主要困难方面已经失败，处于历史上最严重的危机中，日益失去合法性；资本主义危机在全世界范围内加剧了不平等、不安定、贫困和不正义。在2021年召开的"争取民主、反对新自由主义、团结反帝大会"上，古巴外长罗德里格斯（Bruno Rodriguez）认为资本主义和帝国主义是拉美不平等问题的根源。智利共产党二十六大指出，在新冠疫情背景下，野蛮资本主义的后果更加暴露，社会矛盾和社会撕裂加剧。巴拉圭共产党九大对资本主义危机、剥削者和被剥削者间的力量对比、资本主义和社会主义革命的前景等问题进行重点讨论，认为资本主义处于结构性危机中，应站在全体劳动者智慧和力量的高度，以革命和社会主义的方式寻找出路。巴西共产党十五大认为，资本主义统治造成灾难性后果，政治和公民权利倒退，民族遗产和环境遭破坏，社会贫困化，排斥和不平等加剧，社会和劳动权利削弱甚至被剥夺，应建立民主力量的团结，在民主的指引下开辟民族重建之路。

号召开展反对资本主义的斗争。拉美左翼学者指出，资本主义

---

① "Envivo, Iniciόen La Habana el Encuentro Antimperialista de Solidaridad, por la Democraciay contraelNeoliberalismo", https://www.granma.cu/mundo/2019-11-01.

② FrancescoManetto, "La Izquierda Latinoamericanase Citaen México Para Cerrar Filas Contra la Injerencia Imperialista", https://elpais.com/mexico/2021-10-22/la-izquierda-latinoamericana-se-cita-en-mexico-para-cerrar-filas-contra-la-injerencia-imperialista.html.

固有的局限性更加明显，世界上许多治理难题源于资本主义，病根是资本主义。拉美人民应开展反对资本主义的斗争，"反对资本主义的剥夺和控制""实现对资本主义的超越"①。阿根廷知名左翼学者博隆（Atilio Borón）认为，"资本主义没有能力解决其自身所产生的问题和挑战"②，不能解决人类面临的主要问题，而且成为许多问题的根源。资本主义争夺霸权和扩张，摧毁了它自己曾经建立起来的合法性和体制性基础。拉美共产党和革命党国际大会强调，资本主义虽陷于历史上最严重危机，但变得更具有侵略性，并在世界范围内制定了战略。左翼进步力量需要制定共同的策略，反对资本主义的信息战、媒体战和文化战。巴拉圭共产党九大对工农和人民联盟为击败反动统治者所需要的组织方式等重要问题进行总结。2021年，马杜罗把委内瑞拉高通货膨胀的根源归于资本主义，他引用该国著名音乐家普里梅拉（Ali Rafael Primera）的名言"我的人民所遭受痛苦的所有根源依然存在"③，批评资本主义模式的不良经济后果，重申"要冲破资本主义代议制民主的桎梏"④。

主张开展反对帝国主义的斗争。拉美共产党和革命党国际大会认为，帝国主义的进攻以更野蛮、更暴力的形式表现出来，应以创造力和创新精神，回击其攻击，捍卫社会主义的旗帜。2020年召开的第二十四届"政党与新社会"大会⑤就世界地缘政治变化及"帝国主义的干涉"等问题进行专门辩论。墨西哥劳工党领导人古铁雷斯（Anaya Gutierrez）要求美国改变敌视拉美左翼执政国家的政策，

---

① Rafael Sandovalálvarez, "Antela Guerra Capitalista, Rebeldíay Construir Autonomía", Revista Herramienta N58.

② Atilio Borón, "el Marxismo en Nuestra América Latina de Hoy", http://pulsodelospueblos.com/atilio-boron-el-marxismo-en-nuestra-america-latina-de-hoy/.

③ 普里梅拉（1941—1985）是委内瑞拉音乐家、作曲家、诗人和政治活动家，被誉为"人民歌手"，他的歌曲谴责剥削压迫，歌颂抗争。

④ "Pdte. Maduro Insta a Dirigira Venezuela Desde el Poder Popular", https://www.telesurtv.net/news/presidente-maduro-gobierno-poder-popular-20211202-0003.html.

⑤ 墨西哥劳工党倡议召开的国际会议，至今已召开多届。

"即使不能祈求帝国主义放弃其统治、压迫、屠杀和剥削欠发达国家人民的本性，我们希望拜登政府改善与遭受某种迫害人民的关系"。莫拉莱斯在会上指出，帝国主义是人类的首要敌人，"如果想成为革命者，首先要确定自己是否反帝……不反帝就不会是革命者"①。2020年，南美12个共产党发表共同声明，强烈要求美国停止对古巴、委内瑞拉的制裁和反对尼加拉瓜的行动。2019年的"争取民主、反对新自由主义、团结反帝"大会谴责美国打压古巴和其他拉美国家、迫害拉美左翼领袖、把新自由主义强加给拉美，号召拉美人民加强斗争意识，继续迈向第二次和最终的独立。会议专门讨论"帝国主义进攻背景下左翼面临的挑战"，提出替代单极世界和资本主义模式。博隆指出，右翼力量掌控着强大媒体，拥有大量金钱，可以宣传自己的路线，掩盖事实真相：世界85%的新闻由帝国主义话语的五大传播链控制，这将左翼力量置于不平等的斗争中：左翼力量要协调合作，利用所有资源，开展反对寡头集团和霸权利益的思想斗争。②

（三）探索和创新

从理论上探索资本主义和新自由主义的替代方案。拉美共产党和革命党国际大会指出，新自由主义的方案已陷于危机；为了把拉美从贫困落后中解救出来，必须制订新方案，制订可以替代新自由主义的方案，可以顾及人民、正义和福利的方案。会议的宣言提出，"我们寻找纲领的一致，坚信社会主义是反对资本主义的唯一选择"③。秘

---

① "Se Inaugura el XXIV Semonario Internacional los Partidos y una Nueva Sociedad", https://partidodeltrabajo. org. mx/2017/se-inaugura-el-xxiv-seminario-internacional-los-partidos-y-una-nueva-sociedad/.

② Ana Laura Palomino García, Milagros Pichardoyotros, "Envivo: InicióenLaHabanael Encuentro Antimperia listade Solidaridad, porla Democraciay Contrael Neoliberalismo", https://www.granma.cu/mundo/2019-11-01/.

③ Declaración Política en el Encuentrode Partidos Comunistas y Revolucionarios", http://tercerainformacion. es/opinion/opinion/2016/09/05/declaracion-politica-en-el-encuentro-de-partidos-comunistas-y-revolucionarios-de-america-latina-y-el-caribe.

鲁共产党领导人克鲁斯（Roberto de laCruz）和莫莱诺（Alberto Moreno）指出，拉美共产党人应寻求替代新自由主义的新选择。古巴共产党国际关系部长巴拉格尔（Jose Ramón Balaguer）号召拉美左翼政党和组织更紧密团结起来，应对新自由主义。智利共产党二十六大提出，要积极地超越新自由主义，向社会主义的目标前进。2021年第二十五届"政党与新社会"大会认为，拉美和世界正经历着新自由主义危机及其赖以依存的资本主义体系破裂的危险，左翼力量必须团结，对拉美和世界现实进行理性思考，克服新自由主义的危机。[1]

在探索替代方案时强调思想和理论创新。拉美共产党和革命党国际大会主张，共产党人和革命党人需要讨论并制定一项适应各国独立自主、符合各国条件的共同政治规划。大会宣言提出不模仿、不照抄其他国家的经验，而是要创新。巴拉格尔引用秘鲁共产党创始人马里亚特吉（José Carlos Mariátegui）的名言"革命既不能模仿也不能照搬，而是需要英雄的创造"，提出一份题为《我们的美洲共识》的文件，主张制定共同行动纲领，并提出以上述文件作为共同纲领的基础。[2] 委内瑞拉统一社会主义党领导人认为，《我们的美洲共识》与美国强加给拉美的"华盛顿共识"针锋相对。与会者认为，《我们的美洲共识》包含左翼和进步政党指引实现拉美变革目标过程中遵循的概念、价值和规划，但并不构成每个国家或特定政党具体的行动计划；落实大会宣言提出的计划和倡议，应符合各国国情；各国国情和外部环境不同，政党党情也有差异，必须"尊重各国的国情"[3]。2017年第23届圣保罗论坛通过了古巴提出的

---

[1] "Partidos y movimientos políticos buscanen Méxicounidad de izquierda", https://www.prensa-latina.cu/2021/10/23/.

[2] Prensa Latina（PL），"Consenso Para Enfrentarla Contraofensiva de la Derecha, 28 de Agostode 2016", https://www.granma.cu/encuentro-internacional-de-partidos-comunistas-y-revolucionarios-de-america-latina-y-el-caribe/2016-08-28/consenso-para-enfrentar-la-contraofensiva-de-la-derecha-28-08-2016-23-08-19.

[3] Prensa Latina，"Porla Unidad, la Justicia y la Soberanía Nacional", https://www.granma.cu/encuentro-internacional-de-partidos-comunistas-y-revolucionarios-de-america-latina-y-el-caribe/2016-08-29/por-la-unidad-la-justicia-y-la-soberania-nacional-29-08-2016-22-08-49.

《我们的美洲共识》，并将其作为拉美左翼和进步政党对"华盛顿共识"的回应，作为应对右翼进攻、继续探索政治经济变革道路的新指引。①

反思左翼执政经验及社会主义实践探索的经验教训。一是反思官僚主义的危害。拉美有些左翼执政党忽视自身建设，致使任人唯亲和腐败现象蔓延，对社会主义实践探索造成严重伤害。马杜罗2020年年底指出，一些官员被无能、腐败和低效率所诱惑，天天躲在办公室，不再倾听基层大众呼声。他号召改变官员懒政、忽视大众意见的行为。② 二是保持左翼执政党初心。一些左翼执政党理论建设缺失，执政理念有偏差，政策有失误；有些党发生分裂，影响力下降。莫拉莱斯批评一些左翼执政者不关心人民，只对金钱和利润感兴趣，他呼吁执政者更诚实地工作，"政治是服务、努力和奉献的科学，应该为解放而从政"③。三是号召创造新的左翼文化。加西亚认为，拉美左翼未能创造出可替代新自由主义文化的大众文化，没有构建出可以解除新自由主义武装的文化，新自由主义文化并没有被打败，"我们使它出现裂缝，但它并没有被新的文化所取代"。他认为，目前拉美仍未形成左翼文化，没有形成大众的、激进的掌握话语权的获胜左翼的文化。④ 四是采取较温和实用方针。为维护和稳固执政基础，拉美左翼执政党政策不断调整。2017—2021年厄瓜多尔左翼政府政策有较大调整。玻利维亚左翼执政党表现出实用主义倾向，2020年重新执政后实行更加"自由的"社会

---

① Sergio Alejandro Gómez, "Consenso de Nuestra América Guiará los Destinos de la Izquierda latinoamericana", https://www.granma.cu/mundo/2017-07-18/consenso-de-nuestra-america-guiara-los-destinos-de-la-izquierda-latinoamericana-18-07-2017-22-07-07.

② Maduro: Para 2021 Debemos Propiciaruna Economia Sanay Socialista, https://www.ghm.com.ve/maduro-para-2021-debemos-propiciar-una-economia-sana-y-socialista/.

③ Lideres de Izquierda Participanen Seminario Internacional en México, https://www.telesurtv.net/news/lideres-izquierda-seminario-internacional-mexico-20211021-0033.html.

④ "La Cultura Neoliberal Muestra Fisuras, peronoha Sido Derrotada", http://www.jornada.com.mx/2021/12/12/.

主义，政策进一步温和化。2018年以后委内瑞拉马杜罗政府的政策也趋于温和。

三 拉美社会主义发展的前景与趋势

拉美社会主义发展有不少有利条件，也面临诸多制约。在有利条件和制约因素交互作用下，拉美社会主义发展将继续呈现曲折性、温和化和多样性趋势。

（一）拉美社会主义发展的有利条件

首先，拉美左翼力量强大坚实，是社会主义发展的有利政治条件。左右翼共存和竞争是拉美政治发展的重要内容。"左退右进""左进右退"交替出现，左右翼政党轮流执政是拉美政治发展的重要特征。拉美发展进程传统上多由右翼主导，但左翼一直处于上升状态，越来越具有与右翼分庭抗礼的能力和实力。特别是自20世纪末起，拉美左翼力量群体性崛起，政治影响力大增。从整体上看，拉美左翼和右翼力量对比已基本处于均衡状态。

如前所述，自20世纪末起左翼政党相继在十几个拉美国家执政。2015年以后，随着地区政治生态变化，拉美出现"左退右进"势头，一些左翼执政党相继丧失执政地位。然而，左翼仍有与右翼抗争的实力，有对右翼政府进行制约的手段，有再度重新执政的可能性。巴西劳工党虽在2018年总统选举中失利，但仍是众议院第一大党，有再度执政的实力；2018年，墨西哥左翼的国家复兴运动党上台执政，极大鼓舞了处于低潮的拉美左翼的士气；2019年和2020年阿根廷和玻利维亚左翼政党重新执政；2021年，秘鲁、智利、洪都拉斯等左翼政党候选人当选总统。截至2022年3月，左翼政党在阿根廷、墨西哥、智利、委内瑞拉、玻利维亚、秘鲁、尼加拉瓜、洪都拉斯等多国执政。左翼政党和组织是社会主义发展的重要政治基础，也是社会主义实践探索的重要践行者。左翼力量的发展壮大，是拉美社会主义发展必不可少的政治条件。

其次，拉美地区左翼进步力量相互支持和声援，为社会主义发展提供了重要支持。圣保罗论坛、玻利瓦尔美洲联盟、普埃布拉集团等成为拉美左翼政党积聚力量、加强团结的平台，为拉美社会主义发展提供了有利地区环境。

圣保罗论坛对拉美左翼力量成长具有重要推进作用，为拉美社会主义发展提供了有利环境。论坛1990年成立后一直活跃，特别是在2015年后拉美左翼出现地区性退潮情况下，发挥了协调和凝聚地区左翼力量的作用。2018年，第24届论坛在古巴举办，主要目的是制定抑制和应对拉美右翼的战略，号召左翼政党和进步运动加强团结，统一思想，应对帝国主义和右派进攻，支持处于困境中的拉美左翼执政党。2019年第25届论坛在委内瑞拉举办，谴责美国对拉美进步政府的制裁，号召拉美进步力量加强团结，支持一体化进程。2020年论坛召开视频会议，强调社会主义思想在帝国主义后院重获新生，谴责美国封锁和制裁拉美左翼政府。2021年论坛通过官方网站宣布，该论坛依然是构建"另一个拉美"的重要平台。

玻利瓦尔美洲联盟（以下简称"联盟"）对拉美社会主义发展具有重要激励作用。"联盟"成立于2005年，由古巴和委内瑞拉主导，成员逐渐扩展到拉美十多个左翼执政国家。"联盟"的宗旨是以南美解放者玻利瓦尔的一体化思想为指导，加强政治经济合作，反对美国控制。2018年12月"联盟"在古巴召开第16届峰会，强调促进拉美团结和一体化，反对门罗主义"复辟"，反对干涉主义，声援拉美左翼政府，要求美国取消对古巴的封锁。2019年5月，"联盟"第18次政治委员会会议支持委内瑞拉反对美国干涉，声援古巴反对美国封锁，谴责美国重拾门罗主义，号召加强拉美一体化。2020年，"联盟"召开系列视频会议，重申反对美国霸权主义,强调捍卫各国主权。2021年6月和12月,"联盟"先后在委内瑞拉和古巴召开第19届和20届峰会,制订2022年行动计划。"联盟"活动频繁,对拉美社会主义发展形成重要激励。

其他地区性左翼组织和平台也对拉美左翼和社会主义发展具有鼓舞作用,其中普埃布拉集团被认为是拉美最具影响力的进步联盟。该集团2019年7月成立于墨西哥普埃布拉市,声称是拉美"反思、行动和政治协商"的空间,目的是遏制拉美右翼保守势力,协调拉美进步领导人。集团成立后影响迅速扩大,目前成员包括阿根廷和玻利维亚现任总统,以及十多位拉美和西班牙的前国家领导人。

最后,拉美存在着有利于社会主义发展的社会条件。拉美国家长期缺乏深刻的社会变革,致使"社会排斥""边缘化"现象一直很严重。广大中下阶层有改变不平等社会结构、实现社会公平的诉求,社会主义思想和主张对其有巨大的吸引力和号召力。进入21世纪后的十多年间,拉美国家利用经济持续增长的有利条件,在减贫纾困、改善收入分配和社会公平方面取得明显进步,但并未从根本上解决问题。收入分配不公问题依然严重,社会财富仍高度集中在少数人手中,贫困现象仍然很普遍,社会不公平感仍然很强烈,90%以上的拉美人认为本国收入分配不公或极度不公。2020年,新冠疫情蔓延进一步凸显拉美社会的脆弱性。2020年,拉美贫困率回升到33%,与2010年前后持平,赤贫率为13.1%,回到20年前的水平;贫困和赤贫人口分别达到2.04亿和0.81亿。2020年和2021年拉美国家实施前所未有的社会救济计划,但效果有限,2021年贫困率和赤贫率为32.1%和13.8%,贫困和赤贫人口为2.01亿和0.86亿。[①] 民众对现状的不满及改变现状的渴望,与社

---

① CEPAL, "Panorama Social de América Latina", https://repositorio.cepal.org/bitstream/handle/11362/47718/1/S2100655_es.pdf.

会主义的变革主张有诸多吻合之处。在拉美特殊的社会条件下，无论是作为价值理念还是政策选择，社会主义都有巨大号召力、影响力和生命力，拉美社会主义仍有进一步成长空间。

（二）拉美社会主义发展的制约因素

拉美社会主义发展面临诸多内外部因素制约。首先是制度和体制的制约，执政党更迭风险加大社会主义发展前景的不确定性。多党制是拉美国家政治制度的基本特点，代议制、权力制衡、政党轮替等观念根深蒂固。长期掌控拉美发展进程的精英集团，为维护既得利益，不肯接受任何政党或政治家无限期执政。出于历史惯性，拉美部分选民也对某一政党或政治家长期执政感到"厌倦"和担忧。因此，即使一些拉美国家左翼政党能取得较好执政成绩，也很难突破既有体制的束缚和制约。通过选举实现执政党更替是拉美政治发展的"常态"，任何政党都只能在与其他政党的共存和竞争中求生存谋发展。执政党更迭的现实风险，难以保障社会主义实践的长期连续性。由于执政党更迭，社会主义实践探索进程在厄瓜多尔、玻利维亚都曾中断。在反对派掣肘下，委内瑞拉社会主义实践探索遇到前所未有的困难。其他拉美国家一些左翼政党虽自称社会主义政党，坚持社会主义理念，但受政治体制的约束，执政期间难以将社会主义理念应用于政策实践。

其次，拉美社会主义发展还受到左翼执政党自身局限性制约。左翼政党是社会主义思想和实践的主要践行者。拉美许多左翼政党不成熟，甚至有严重缺陷，有自身难以克服的局限性。许多党虽然具有鲜明社会运动的特征，但是理论体系不完备，组织机构不严密，干部队伍不健全，缺乏坚强的领导集体。政党领袖通常具有"克里斯玛式"[①]的个人魅力，在党内有崇高威信，这固然有利于增强党的影响力和凝聚力，但也容易形成监督缺失，增加庇护主

---

① 克里斯玛是外文 Charisma 的音译，意为领袖人物感人的超凡魅力或神授的能力。在拉美地区通常用来指魅力型政治家或政治领袖。

义、官僚主义和任人唯亲现象滋生的风险，损害治理效能，也损害其倡导和推动的社会主义实践探索。

最后，拉美社会主义发展还受外部因素制约。拉美社会主义发展和实践探索一直遭遇强大的外部阻力。美国、欧洲及拉美地区保守势力一直对拉美社会主义实践持敌视态度。美国在拉美一直奉行"拉右打左"策略，试图分化瓦解左翼力量，遏制拉美社会主义的发展。近年来，美欧和拉美保守势力支持委内瑞拉、玻利维亚、厄瓜多尔等国的右翼反对派，为这些国家的社会主义实践探索设置障碍、增添阻力。外部力量的敌视、阻挠和压力，成为拉美社会主义实践探索的重要阻力。

（三）拉美社会主义发展的基本趋势

在有利条件和制约因素交互作用下，拉美社会主义发展将呈现曲折性、温和化和多样性的趋势。一是曲折性发展。受政治体制、政治环境、左翼执政党能力及外部环境等因素制约，拉美社会主义发展面临一系列严峻挑战，未来的实践探索不会一帆风顺了在多党竞争和执政党轮替的政治环境和氛围下，拉美社会主义实践探索只能渐进式发展或波浪式推进，会呈现明显周期性发展的特点。二是温和化发展。如前所述，主导拉美发展进程的上层和精英集团是既得利益者，政治社会立场相对保守，它们既担心激进变革的发生，更有对革命的恐惧，只接受和容忍不会危及自身根本利益的有限变革。拉美中间阶层是现代化进程和经济增长的重要受益者，不希望自身利益因激进变革或革命得而复失，有维护政治社会稳定的心态，希望以平稳方式进行温和的变革。广大中下社会阶层虽对现实不满，但也从现代化和经济增长中获得一定利益，期盼通过获得更良好教育等途径实现社会升迁，也有求稳心态。温和的改良而非激进的变革更容易得到拉美各社会阶层的接纳和认可。在拉美特殊社会条件下，社会主义发展也将呈现温和化发展趋势。三是多样性发展。拉美社会主义发展一直具有多样性。共产党主张的社会主义、民族政党主张的社会主义、民主社会主义以及其他各种形式的社会主义思想和实践，都在拉美展现了自己的生命力，产生了独特影响力。拉美各种社会主义思想理论、政策主张和实践探索有共性也有差异，在一些问题上的立场和主张甚至存在对立。它们既相互竞争，也相互影响。在经历了21世纪新一轮实践探索后，拉美社会主义将继续呈现多样性发展趋势。

大变局下巴西共产党的社会主义
理论与实践探索[*]

何露杨

当前世界正处于百年未有之大变局，科技创新、经济全球化浪潮、中美战略关系调整等因素都在深刻影响和改变着世界秩序与国际格局，2020年年初以来席卷全球的新冠疫情更是起到了历史加速器和催化剂的作用。在全球政治经济持续变化的过程中，世界政党政治迎来调整与重塑的关键期，社会主义发展面临一系列新的机遇、风险及挑战。在变局中开新局，在危机中育先机，是中国共产党人坚持马克思主义斗争哲学的生动实践，也是巴西共产党推进社会主义理论探索和实践发展的行动目标。

成立于1922年3月25日的巴西共产党（以下简称巴共）将于2022年迎来建党100周年。作为拉美地区最具影响力的共产党之一，巴共是巴西国内最大的共产主义政党，是拉美除执政的古巴共产党外规模最大、力量最强的共产党，也是最早和中国共产党建立联系的拉美共产党。在近百年的曲折发展中，巴共的活动长期处于地下状态，尤其是在"新国家"[①]（1937年至1945年）和军政府（1964年至1985年）时期，巴共遭受了独裁政府和国内保守势力

---

[*] 原载《世界社会主义研究》2021年第9期。
[①] 由巴西政治强人热图利奥·瓦加斯（Getúlio Vargas）在其第一次执政阶段开启的极权统治时期。

的严重迫害。① 受苏联共产党二十大影响，20 世纪 60 年代巴共内部围绕革命性质、路线等核心问题出现分歧与斗争，最终导致组织分裂。改组重建的巴共于 1963 年与苏联正式决裂，成为第一个在中苏论战中站队的共产党。20 世纪 70 年代，巴共组建阿拉瓜亚游击队，以武装斗争抵抗军事独裁统治，为巴西的社会主义民主事业作出了巨大牺牲。1985 年，军政府还政于民，巴共重新获得议会合法地位。苏联解体、东欧剧变后，面对国内外形势的风云变幻，巴共及时调整党的政治斗争策略，确立"在国家现行法律范围内开展活动"的方针，选择与卢拉·达席尔瓦（Lula da Silva）领导的巴西劳工党等左翼政党结盟，参加政党竞争和议会选举。2002 年，工人出身的卢拉当选总统，巴西开启新的政治周期，巴共随之成为左翼联合政府的一员，开创了该党发展的历史新阶段。在 2003 年至 2016 年巴共参政的十余年中，其党员队伍不断壮大，政治地位和影响力持续上升。截至 2021 年 5 月，巴共拥有近 41 万名党员，② 在联邦众议院占有 7 个席位，③ 持有 1 个州长（马拉尼昂州）、46 个市长职位以及 700 多个市议会席位。④

在百年变局的大背景下，自 2016 年劳工党政府遭弹劾下台以来，巴西的国家发展面临多重问题叠加发酵的困境。2019 年，极右翼政客雅伊尔·博索纳罗（Jair Bolsonaro）上台执政，但并未从根本上扭转国家的发展颓势，失控的新冠疫情更是对巴西的政治生活和经济社会发展造成重创。围绕抗疫立场与政策措施的政治角力逐步扩散升级，全国多个城市爆发一系列大规模示威游行。受疫情冲

---

① Portal PCdoB, "Apresentação do Partido Comunista do Brasil", https：//pcdob. org. br/apresentacao-do-partido/.
② Tribunal Superior Eleitora " Estatísticas do eleitorado-Eleitores filiados ", https：//www. tse. jus. br/eleitor/estatisticas-de-eleitorado/filiados.
③ Portal da Camara dos Deputados, "Bancada dos partidos", https：//www. camara. leg. br/Internet/Deputado/bancada. asp.
④ Portal PCdoB, "Bolsonaro é derrotado nas eleições municipais do Brasil ", https：//eleicoes. pcdob. org. br/2020/12/03/bolsonaro-e-derrotado-nas-eleicoes-municipais-do-brasil/.

击和政治动荡的影响，2020年巴西经济萎缩5.3%，[①] 政府财政亮起红灯，贫困、失业问题明显加剧。

在世界秩序加速调整、国家面临多重危机的重要时刻，巴共从实现共产主义的最终目标出发，坚持马克思主义的根本指导地位，致力于反对资本主义和帝国主义的剥削与压迫。基于马克思主义的立场、观点和方法，巴共致力于科学研判国际变局和国内形势的发展趋势，从理论和实践层面带领全国人民积极探索巴西的社会主义发展道路。2017年11月17—19日，巴共召开第十四届全国代表大会，会议通过了《广泛的统一战线·巴西的新道路》[②]（以下简称《新道路》）决议。巴共计划于2021年10月15—17日召开第十五届全国代表大会（以下简称"十五大"），拟于会上审议新的决议草案[③]（以下简称《草案》）。本文重点围绕巴共即将召开的十五大会议文件，并结合其在后劳工党政府时期的斗争实践，论析巴共如何在变局与危机中坚持探索有巴西特色的社会主义道路、积极践行马克思主义政党策略，判断巴共未来的发展趋势和工作方向。

一 巴共对国际形势的整体研判

（一）疫情下世界秩序加速重构

2020年年初新冠疫情席卷全球，加剧了当前占主导地位的资本主义生产方式的固有矛盾，也加快了21世纪以来世界秩序正在经历的深刻转型。

一是世界多极化深入推进。当前世界秩序转型的突出特征是超

[①] CEPAL, "Balance Preliminar de las Economías de América Latina y el Caribe", Naciones Unidas, Santiago, 2020.

[②] Portal PCdoB, "Resoluções do 14o Congresso do Partido Comunista do Brasil", https://pcdob.org.br/documentos/resolucoes-do-14o-congresso-do-pcdob/.

[③] Portal PCdoB, "Projeto de Resolução ao 15o Congresso do Partido Comunista do Brasil", https://pcdob.org.br/documentos/projeto-de-resolucao-ao-15o-congresso-do-partido-comunista-do-brasil/.

级大国美国的相对衰落和若干新的经济、政治、外交和军事的力量极的出现，后者主要是旧的国际体系的外围或半外围国家。当前，国际局势中的争端与对抗有所加剧，美国千方百计地阻止其他国家自主地走上合作与和平的经济发展和社会进步的道路。

世界多极化趋势在新的地缘政治背景下不断巩固。多个国家纷纷打造国家发展计划，致力于维护主权并扩大自主权。这些国家的政治意识形态截然不同，包括俄罗斯、南非、印度、土耳其、伊朗和韩国等。尽管苏联解体导致世界社会主义运动至今仍处于低潮，但当前国际力量对比的变化为反抗霸权主义创造了更加有利的环境。

二是中美力量对比持续变化。美国的相对衰落和中国的快速发展构成了当代地缘政治的主要趋势。新冠疫情加剧了国际社会的不平等发展，进而破坏了美国在国际体系中的霸权基础及其实现霸权的多边机构。美国对中国的围追堵截具有常态化和长期化的可能性，也已经成为世界地缘政治的核心部分。在这种局面下，美国战略目标既着眼于全面遏制中国，也强调重塑本国经济活力并扭转霸权的衰势。

目前，美国对中国的全方位遏制已经扩展到包括5G技术在内的高科技领域。美国拉拢"七国集团"启动"重返更好世界倡议"（Build Back Better World），以对冲中国的"一带一路"倡议。拜登政府也在着力恢复美国同传统盟友的关系及其在多边机构中的领导地位，同时宣布对基础设施、能源转型、技术产业发展和创新等领域的一揽子公共投资。尽管如此，美国对传统盟友的"拉拢"效果尚不明朗。欧盟国家在对华合作问题上体现出了较强的自主性和务实性。

三是社会主义制度的优势性得到全面体现。从全球新冠疫情应对效果来看，社会主义国家表现出众。通过有效的政策安排和积极的社会动员，中国不仅极为高效地控制住了疫情，恢复了正常的经济民生，而且成功地阻断了疫情反复。此外，中国研发出四种疫苗，并向其他国家提供疫苗近6亿剂。[①] 不仅如此，古巴和越南等社会主义国家的抗疫过程也取得了优于资本主义国家的效果。

在国家治理层面，以中国为代表的社会主义国家通过科学的国家发展规划取得了举世瞩目的发展成就，充分证明了社会主义制度的现实可行性，也证明了社会主义国家在实现经济发展、消除贫困与苦难、扩大社会权利、增进民生福祉方面的优势。

四是新自由主义的持续衰落。疫情发生前，除少数国家外，世界经济整体上仍未走出2008年金融危机的泥潭。这场由资本主义基本矛盾引发的系统性危机更是直接造成了美欧发达国家的实力衰落。按购买力平价计算，1991年至2019年，美国和西欧国家占世界GDP的份额由41.6%降至28.9%，而中国和印度则从6.6%升至27.3%。2020年，世界经济萎缩3.3%，美国、英国、欧盟国家经济均出现较大幅度的负增长，而中国和越南GDP分别增长2.3%和2.4%，2021年也将呈现这种差异性发展。[②]

面对新冠疫情危机，以美欧为代表的资本主义国家也开始显露抛弃新自由主义的苗头，强化政府对市场的监管和引导，推出一系列国家投融资政策。美国银行的一项调查显示，为遏制疫情引发的系统性危机，97个国家各项投入超25万亿美元（占全球GDP的29%）[③]。总体来看，在全球抗疫过程中，国家的主导身份、公共投资的重要性得到普遍的强调，新自由主义的缺陷也进一步凸显。

（二）资本主义危机及其应对

在全球化快速推进的过程中，资本主义生产方式固有矛盾日益

---

① Portal PCdoB, "Projeto de Resolução ao 15o Congresso do Partido Comunista do Brasil", https://pcdob.org.br/documentos/projeto-de-resolucao-ao-15o-congresso-do-partido-comunista-do-brasil/.

② Portal PCdoB, "Projeto de Resolução ao 15o Congresso do Partido Comunista do Brasil", https://pcdob.org.br/documentos/projeto-de-resolucao-ao-15o-congresso-do-partido-comunista-do-brasil/.

③ Portal PCdoB, "Projeto de Resolução ao 15o Congresso do Partido Comunista do Brasil", https://pcdob.org.br/documentos/projeto-de-resolucao-ao-15o-congresso-do-partido-comunista-do-brasil/.

加剧，财富分配严重不公，底层民生恶化，垄断日益集中，金融寄生泛滥，环境退化，人类生存面临威胁。

对资本主义的绝望情绪，在全球范围内助长了反体制、反民主、极右翼的法西斯主义政治浪潮。特朗普的败选在一定程度上削弱了这股政治力量，尽管当前极右翼巴西总统博索纳罗在国际上遭到孤立，但仍是该势力的重要代表。同样令人担忧的是，西班牙呼声党、葡萄牙切加党、德国选择党以及匈牙利、波兰等国极右翼或法西斯政党及政治力量陆续在欧洲获得政治空间。美国维持帝国主义政策，试图借助各种权力资源阻碍新的多极秩序。其侵略性质通过所谓的混合战争表现出来，具体包括制裁等强制性单边措施，外交与媒体围攻，政变、干涉或直接战争等企图，对最基本的人道主义原则、国际关系准则、民族自决权构成威胁。

对于帝国主义的攻势，拉丁美洲人民进行了顽强的抵抗和反击。左翼政党"争取社会主义运动"候选人路易斯·阿尔塞（Luis Arce）赢得玻利维亚大选、中左翼正义党的阿尔韦托·费尔南德斯（Alberto Fernandez）领导阿根廷、智利左翼在地方选举和制宪会议代表选举中取得突出成绩、左翼自由秘鲁党候选人佩德罗·卡斯蒂略（Pedro Castillo）当选总统，这些都是左翼进步力量成长的标志。此外，委内瑞拉顶住美国的制裁压力，古巴共产党顺利于2021年4月召开第八次全国代表大会。秉持国际主义精神，巴共呼吁进步力量加强"巴西声援人民和争取和平中心"[①]的活动，坚决支持巴勒斯坦人民建立自由和主权国家的权利，重申对共产党和工人党国际会议的承诺，致力于建设和巩固圣保罗论坛。

进入21世纪以来，工人运动、人民运动，以及进步力量、革命力量等左翼力量总体上仍处于战略防御阶段。上述力量应利用

---

① "巴西声援人民和争取和平中心"（Cebrapaz）是一个秉持多元、民主、爱国、团结和人道主义精神的公民社会实体，该中心承诺为世界和平而斗争，反对并谴责战争，捍卫人权与国家主权。

当前形势开启无产阶级民主进步的新政治周期,争取维护国家主权、推动社会进步。中国特色社会主义的发展成就为世界所瞩目,中国同其他共产党执政的社会主义国家一道,向世界证明反对新自由主义和帝国主义的工人阶级与民族确实拥有不同于资本主义的替代选项。新的社会主义斗争正是在这样的政治周期中不断发展的。

二 巴共的政策路线和规划方针

巴共《草案》指出,博索纳罗政府加剧了巴西的系统性危机,导致国家制度陷入僵局,民主环境遭到侵蚀,人民经受巨大的苦难。首先,新冠疫情引发的健康危机酿成国家灾难。截至2021年8月4日,巴西的新冠确诊病例突破2000万,死亡人数超55万。[①] 医疗系统过载,疫苗接种缓慢,博索纳罗的否定主义思想、消极抗疫立场、错误防护举措是造成当前局面的重要原因。为此,国会已专门成立调查委员会,就政府抗疫不力展开调查。其次,新自由主义的经济政策加剧社会不公。巴西的"去国有化"和"去工业化"问题、社会排斥与贫富差距现象显著恶化,女性、黑人及土著的权利遭到侵犯,失业人口创历史新高,通货膨胀加剧,食物、电力、燃气短缺,给民众日常工作与生活造成严重影响。最后,政治孤立升级对民主构成威胁。博索纳罗以政变言论煽动支持者走上街头,赞美野蛮、宣扬暴力,还以2018年选举投票存在欺诈为由同高等选举法院展开较量,企图改变电子投票系统,扰乱2022年选举。随着博索纳罗反民主言行的升级,巴西民主政权面临的威胁日益严峻。

尽管博索纳罗当前面临政治孤立,但仍存在一定的支持基础和

[①] Valor, "Brasil supera a marca de 20 milhões de casos de covid – 19", https://valor.globo.com/brasil/noticia/2021/08/04/brasil-supera-a-marca-de-20-milhoes-de-casos-de-covid-19.ghtml.

操作空间。因此，不可低估其 2022 年竞选连任的实力和决心。若博索纳罗继续执政，国家和民主将面临更具破坏性的威胁。为此，巴共的中短期政治目标围绕党的建设的核心议题，旨在阻止博索纳罗连任，带领巴西走出危机、恢复民主发展。为了上述实现目标，巴共提出以下五点政策路线和规划方针。

（一）建立广泛统一战线

建立广泛的统一战线是巴共提出的首要政治任务。《新道路》指出，巴共是广泛统一战线的推动者和建设者，广泛统一战线应联合包括工人、青年、妇女和文化界的进步知识分子、法律界爱国进步人士等在内的不同政治团体及社会各界力量。为了尽快实现国家重建，《草案》进一步明确了落实该政策路线的三个重要方面。

一是通过积极的民众动员，向政府及新冠疫情国会调查委员会施压，扩大弹劾总统的政治声势。具体做法包括：加强医疗体系建设，旗帜鲜明地反对博索纳罗政府不科学的防疫政策，呼吁发放紧急援助抗击饥饿，保护并创造就业岗位，救助中小微企业，捍卫民主抵制政变。团结动员主要政治、社会、经济、文化和制度力量支持新冠疫情国会调查委员会开展工作，以最大限度地调查、追究总统及其助手的责任。同时加强民众动员力度，扩大对象范围，增加弹劾总统的压力。

二是团结各民主反对派力量采取共同行动，利用 2022 年大选的契机开启国家发展新阶段。近年来，针对博索纳罗的新法西斯主义等不当言行，民主力量奋起反抗，引发政治频繁震荡，增加未来不确定性，巴西又一次站在历史的十字路口。2022 年总统大选有望为国家和人民带来新的方向与希望。现阶段，巴共应同所有反对博索纳罗的民主候选人开展对话，团结一切进步力量，充分利用各种举措防止博索纳罗发动政变，争取通过选举带领巴西走出危机，重返民主发展的道路。

三是加强同民主进步人士的联合，克服当前的制度限制，确保巴共的政治代表性。尽管1988年宪法确立了巴西的多党制，但这并未有效扩大工人、妇女、黑人以及其他受压迫群体的政治参与。保守势力企图限制选举和政党制度，使之不断精英化。面对近年来保守势力的攻势，应基于巴西的特殊性，推动民主的政治改革和选举改革，完善政党政治体系。当务之急是增加立法的灵活性，允许政党联盟以选举阵线形式共同参与2022年竞选。

（二）加强党的建设

在当前形势下，巴共必须强化党的建设，通过信息传播、群众路线等途径落实党建的总体任务。要克服近年来出现的立法限制和资金不足，重塑巴共在社会斗争领域及中间阶层中的影响力。要根据当前阶级斗争的实际需要，及时更新党的行动路线及党的政治思想建设，将党塑造为团结对抗新法西斯主义的斗争力量，实现党的全面振兴。面对极端保守势力的打压，巴共需要提高辩论与沟通能力，利用网络媒介进行反击，适时更新党的形象与身份，积极投入多维度的社会斗争，完善组织网络并发挥领导层作用，为2022年大选积蓄力量。在当前的战略守势中，围绕政治建设，需深化党员干部对党的策略方针的认识，确保其享有畅通的发声渠道。同时不忘加强思想建设，以巴共纲领性文件为指引，将党员队伍的团结、自律以及党的集体精神发扬到底。

（三）制定党员干部政策

党的发展及其政策路线的落实离不开党员干部工作。巴共认为，应确保党员干部坚定马克思主义信仰、坚守共产主义信念，信守对社会主义纲领的承诺，引导广大党员干部共同努力，构建与人民斗争紧密联系的坚实组织基础；相关政策应具备灵活性和系统性，能够让党员干部各得其所、各展其长，使其在锻炼中学习领会如何建设基层组织、提高人民群众意识服务；需加强各级党委和执行机构的人员配置，选拔任用更多新人并提高妇女和青年的比例。

公众领袖需带头吸纳年轻干部，组建有影响力的候选人及团队，争取收获更多选票与议席；鉴于圣保罗、里约热内卢和米纳斯吉拉斯在国家政治生活与选举斗争中的重要地位，尤其需要加强在这三个州的投入。

(四) 更新群众路线

为了解决贫困、暴力、健康、教育等社会问题，巴共需和不同的组织积极开展对话与合作，从传统的工会、协会、委员会，到妇女集体、反种族主义运动、文化团体、环保组织、大众课程、经济互助中心、就业指导中心，再到对抗饥饿、关怀残障人士及社会弱势群体的行动，以及寺庙、教堂等组织的宗教活动；需深化和城乡广大工人等党所代表的基本阶级之间的联系，要掌握工人世界发生的变化，认识工人阶级的新形象；需特别关注遭受剥削、压迫的新兴青年劳工，在前线积极斗争并发挥领导作用的女性，面临种族主义威胁和暴力压迫的黑人，以及走上街头捍卫教育和民主，反对种族、性别及性取向歧视的青年。

(五) 优化数字传播

面对极右翼利用社交网络发动的文化战争，巴共亟须加强党在思想斗争领域的工作，制订行动计划和危机解决方案，对抗反动势力对共产党及整个左翼的污名化。当前，网络已成为政治、社会、文化、思想斗争以及党组织建设的主战场之一。鉴于手段与力量对比的悬殊，当务之急是提升数字传播质量和社会沟通能力，在个人、组织及运动实践中推进数字化，打破条块分割，实现门户网站、网络意见领袖、党的领导人及机构账号之间的协同效应，推进各州和全国中心的联通。数字传播应具备敏捷、轻松、有力的特点，扩大受众群体，打造具有特色的内容、语言和美学风格。以2022年选举为契机提升数字传播质量，离不开中央及各级地方党委的政治决断、政策与资源投入、直接参与及志愿支持。

三 巴共的社会主义斗争与实践

从理论层面不懈探索巴西社会主义发展道路的同时，巴共在深刻总结参政经验教训的基础上，通过选举运动、议会与司法斗争、社会动员、国际交流等方式，积极践行《社会主义纲领》《新道路》等党的成果文件中提出的战略部署和政策方针。

（一）选举运动

自2018年以来的历次选举运动中，巴共注重加强自身力量建设，凭借左翼依托打造政治新星，党的政治实力和影响力得到提升。2018年，巴西举行总统弹劾后的首次大选，受劳工党腐败丑闻与执政"滑铁卢"的影响，温和右翼、极右翼民粹等政治力量蓄势待发，左翼整体处于下风。对此，巴共果断放弃与劳工党结盟共同推举总统候选人的传统做法，推出本党总统候选人南里奥格朗德州州议员蔓努埃拉·达维拉（Manuela d'ávila）。面对选举新规出台和卢拉入狱无缘大选等变数，巴共中央适时调整竞选策略：将自由祖国党（PPL）并入巴共，以满足当选众议员的最低人数要求；以司法和舆论渠道支持并声援卢拉参选；在卢拉缺席大选的情况下，巴共决定由达维拉作为劳工党候选人费尔南多·阿达（Fernando Haddad）的副手参选。最终，阿达与达维拉的组合进入第二轮角逐。尽管未能战胜极右翼候选人博索纳罗，达维拉作为副手仍收获了人气，带动巴共影响力进一步扩大。

2020年市政选举因疫情推迟至11月举行，尽管左翼尚未恢复元气，但总体表现出强大的韧性。达维拉在南里奥格朗德州首府阿雷格雷港市市长一职的竞选中表现出色，在前总统迪尔玛·罗塞芙（Dilma Rousseff）、阿达、西罗·戈麦斯（Ciro Gomes）等多位知名左翼人士的支持下，达维拉顺利进入选举第二轮。尽管最终未能获胜，达维拉得票较其上一次竞选该职位增加了一倍，她本人也逐渐成长为进步力量广泛支持的新青年领袖。在左翼整体蛰伏的政治气氛下，巴共在马拉尼昂、伯南布哥、巴伊亚等州取得了不错的成绩，共收获46个市长和700多个市议员席位。

面对即将到来的2022年大选，巴共强调，尽管博索纳罗及其代表的极右翼的政治实力与影响力有所衰退，但仍不可小觑，2022年击败博索纳罗需要广泛的团结合作。为此，巴共积极推进构建民主统一战线，围绕大选议题同多个政党开展对话，肯定卢拉、戈麦斯、若昂·多利亚（João Doria）等反对派代表在斗争中的重要作用。同时，巴共也努力推动选举法改革。以巴共众议院领袖卡列罗斯（Renildo Calheiros）为首的议会力量通过密集的民主对话，推进国会批准创立政党联盟法案。

（二）议会与司法斗争

近年来，面对极右翼政治力量的打压，巴共以疫情治理、腐败问题及虚假新闻为契机发起有力的议会与司法反击，进一步巩固广泛民主战线。

面对博索纳罗政府抗疫不力、巴西疫情失控的现实，巴共一方面通过议会路径提交弹劾申请、推动新冠疫情国会调查委员会开展工作，双管齐下加大对博索纳罗的施压。2021年6月30日，包括巴共、劳工党、民主工党、社会主义自由党等在内的左中右多党众议员，连同多个行业协会、社会团体以渎职为由共同签署并向众议长递交了针对博索纳罗的"超级弹劾申请"。另一方面借助司法渠道加大对现政府的攻击力度。在巴共的推动下，联邦总检察长决定就联邦政府应对亚马孙州和帕拉州疫情不力一事对博索纳罗和时任卫生部部长爱德华多·帕祖洛（Eduardo Pazuello）进行评估。

此外，在巴共和社会主义自由党（PSOL）等反对党的联合要求下，检方还就第一夫人米歇尔·博索纳罗（Michelle Bolsonaro）发起的公益项目涉嫌违规向宗教团体拨款一事进行调查。由于博索纳罗及其子弗拉维奥·博索纳罗（Flávio Bolsonaro）和爱德华多·

博索纳罗（Eduardo Bolsonaro）频繁在社交网络上发布不负责言论，且爱德华多涉嫌通过社交媒体发布虚假新闻攻击政敌，巴共众议员佩尔佩图阿·阿尔梅达（Perpétua Almeida）以三人涉嫌制造传播虚假信息为由向联邦最高法院提交犯罪通知书，推动司法和检察机关对此展开调查。

(三) 社会动员

博索纳罗执政期间，妇女、黑人、土著等群体权利屡遭侵犯。在疫情发酵升级的背景下，多个社会指标出现下滑，贫困、失业、暴力问题加剧。作为马克思主义政党，基于为社会主义、共产主义以及全体巴西劳动者利益奋斗的目标，巴共联合其他左翼政党、工会及社会团体，积极动员组织民众走上街头，通过一系列游行示威表达诉求。2021年5月29日，巴西的反政府游行活动达到高潮。全国200多个城市爆发示威游行，数万名群众涌上街头，提出弹劾总统、重新发放紧急救助金、加快疫苗接种、减少针对黑人的暴力等诉求。这是疫情发生以来规模最大的反政府示威活动。进入2021年6月以来，反政府游行仍在陆续上演，巴共在其中的协调组织及先锋作用不断凸显。

同时，巴共利用主流媒体和社交网络进行宣传动员，强化对政府与反动势力的舆论反击。通过发布党的决议与说明，揭露政府的渎职行径，号召民众支持新冠疫情国会调查委员会，追究博索纳罗及其团队的责任，呼吁更多群众加入弹劾总统的队伍中，警惕其以专制手段实现连任，呼吁民众用选票击败博索纳罗。对于巴共党员达维拉及其家人受到网络威胁与攻击，巴共中央表示强烈谴责，指出这是博索纳罗及其追随者以极端形式传播仇恨、暴力的新法西斯战略，并积极声援达维拉及其家人，呼吁严查并追究有关人员责任。巴共为此在网络发起声援达维拉的团结运动，呼吁抵制性别政治暴力。[①] 此外，巴共

---

① Portal PCdoB, "Nota do Comitê Central em apoio a Manuela d'ávila", https：//pcdob. org. br/documentos/forcamanu-solidariedade-a-manuela-davila-e-punicao-aos-criminosos/.

于2021年3月成功召开第三届全国妇女解放会议，并筹备于年内召开第一届全国反种族主义会议。

(四) 国际交流

作为具有国际主义精神的马克思主义政党，巴共长期重视同其他国家的共产党及左翼政党之间的互动与交流。2019年10月18日至20日，巴共派代表参加了在土耳其伊兹密尔举办的第21次共产党和工人党国际会议。作为此次会议筹备工作组成员之一，巴共同其他与会政党表达了对共产国际成立100周年的纪念，并围绕会议主题分析局势、总结经验、明确任务和制订方案，通过了《第21次世界共产党和工人党国际会议呼吁书》，并签署了11份团结声明。2020年4月22日，巴共签署了共产党和工人党国际会议组织关于纪念列宁诞辰150周年的联合声明。同时，巴共以圣保罗论坛为政治协调的重要平台，积极声援本地区国家的进步力量开展反对新自由主义和法西斯主义的斗争。

在中国共产党成立100周年之际，巴共积极参与系列庆祝研讨活动，以期从中国共产党的发展中得到启发。2021年7月1日，巴共向中国共产党发来庆祝建党100周年的贺信，强调今天中国的蓬勃发展离不开中国共产党的领导。7月6日，包括巴共主席卢西亚娜·桑托斯（Luciana Santos）在内的多个巴西政党、政治组织领导人以视频连线方式出席中国共产党与世界政党领导人峰会，积极评价并响应习近平总书记重要主旨讲话。巴共主席桑托斯强调，中国共产党树立了社会主义发展的伟大典范，巴共密切关注中国共产党的发展道路，期待学习中国共产党治国理政的先进经验。[①]

---

① 参见《专访巴西共产党总书记卢西亚娜·桑托斯："中国共产党树立了伟大典范"》，http://www.cankaoxiaoxi.com/china/20210603/2445191.shtml。

四　结语

《巴西共产党党章》规定该党"长期致力于使无产阶级及其同盟者获得政权，捍卫科学社会主义"。面对世界百年未有之大变局，在国家面临多重危机的关键时刻，本着无产阶级政党反资反帝、实现共产主义终极目标的责任与使命自觉，巴共坚持运用马克思主义分析研判国内外政治经济形势，进行加强党和国家的建设、推进巴西社会主义发展道路的理论探索。在深刻总结反思劳工党政府时期的参政经验和教训的基础上，巴共通过选举运动、议会斗争、社会动员和国际交流等方式，全面推进党的各项工作，扩大广泛统一战线，致力于捍卫民主、保卫生命，为国家重建开辟道路。

2022年，巴共成立100周年之际，巴西将迎来新一届总统选举。巴共的百年奋斗历程表明，将马克思主义基本原理同国家实际相结合，在实践中不断丰富和发展马克思主义，是无产阶级政党探索马克思主义本土化、时代化和大众化的历史前提与基本路径。[1]面对即将到来的大选，极右翼政府在接受国会有关新冠疫情调查的同时，博索纳罗多次质疑抨击选举制度，民意支持率持续走低，与卢拉的差距逐渐拉大，巴共及左翼政党有望在选举和政治斗争中迎来转机。基于对世界秩序与国际格局调整、国家危机根源与出路的深刻洞察，巴共将以十五大为契机，通过落实党的斗争策略和实践纲领，指导巩固广泛统一战线，争取更大程度上参与和影响巴西社会政治变革的历史进程，从而最大限度地成为人民利益的捍卫者和新道路的引领者，带领国家向着党的终极目标不断前行。

---

[1] 参见贺钦《西班牙共产党的百年历程与时代启思》，《当代世界》2021年第5期。